北京大学道·安法学基金资助

中德私法研究 ㉒
夫妻财产制

Archiv für chinesisch-deutsches Privatrecht

荣誉顾问

江 平　王泽鉴

学术顾问

（按姓氏笔画排序）

米 健　孙宪忠　苏永钦　邵建东　黄 立　黄茂荣
〔德〕Rolf Stürner　〔德〕Thomas Raiser

主　编

王洪亮　张双根　张 谷　朱庆育　田士永

编辑委员

（按姓氏笔画排序）

王洪亮　田士永　申卫星　朱庆育　朱 岩　许 兰　许德风
李 昊　杨 继　杨淑文　吴从周　吴香香　沈冠伶　张 谷
张双根　陈卫佐　陈自强　陈聪富　金可可　涂长风　唐 勇
黄 卉　常鹏翱　董一梁　詹森林　蔡明诚
〔德〕Beate Gsell　〔德〕Sebastian Lohsse　〔德〕Thomas Rüfner

编辑部

主　任：唐 勇

成　员：王立栋　陈大创　陈 欢　赵文杰　柯勇敏　吴香香

图书在版编目(CIP)数据

中德私法研究. 22, 夫妻财产制 / 王洪亮等主编. —北京：北京大学出版社, 2023.9
ISBN 978-7-301-34160-5

Ⅰ.①中… Ⅱ.①王… Ⅲ.①私法—研究—中国 ②私法—研究—德国 Ⅳ.①D923.04 ②D951.63

中国国家版本馆 CIP 数据核字(2023)第 119055 号

书　　　名	中德私法研究（22）：夫妻财产制 ZHONG-DE SIFA YANJIU（22）：FUQI CAICHANZHI
著作责任者	王洪亮　张双根　张　谷　朱庆育　田士永　主编
责任编辑	焦春玲
标准书号	ISBN 978-7-301-34160-5
出版发行	北京大学出版社
地　　　址	北京市海淀区成府路 205 号　100871
网　　　址	http://www.pup.cn　http://www.yandayuanzhao.com
电子邮箱	编辑部 yandayuanzhao@pup.cn　总编室 zpup@pup.cn
新浪微博	@北京大学出版社　@北大出版社燕大元照法律图书
电　　　话	邮购部 010-62752015　发行部 010-62750672　编辑部 010-62117788
印 刷 者	北京虎彩文化传播有限公司
经 销 者	新华书店
	650mm×980mm　16 开本　28.5 印张　424 千字 2023 年 9 月第 1 版　2023 年 9 月第 1 次印刷
定　　　价	88.00 元

未经许可，不得以任何方式复制或抄袭本书之部分或全部内容。
版权所有，侵权必究
举报电话：010-62752024　电子邮箱：fd@pup.cn
图书如有印装质量问题，请与出版部联系，电话：010-62756370

目录

本期主题：夫妻财产制

主题报告

3　婚后资本所得归属的原理与规则　　　　　　　　　　贺　剑

46　夫妻共同财产制规则蕴含的价值判断
　　——对《婚后资本所得归属的原理与规则》
　　一文的评议　　　　　　　　　　　　　　　　　缪　宇

64　婚姻关系中房产归属与份额的理论重构　　　　　　汪　洋

94　家庭伦理、婚姻身份与法律
　　——对《婚姻关系中房产归属与份额的理论
　　重构》一文的评议　　　　　　　　　　　　　　孙维飞

主题文献

107　夫妻在婚姻的经济所得方面的参与分享权
　　——婚后所得补偿制与婚后所得共同制
　　　　　　　　　　　　安纳托尔·杜塔　著　季红明　译

130　联合财产制中原有财产的增值
　　　　　　　　　　　　汉斯·亨德林　著　王文娜　译

148　联合财产制下的增值和补偿请求权
　　　　　　　　　　　　汉斯·亨德林　著　任倩霄　译

168　以个人财产和夫妻共同财产取得的家庭住房的分割
　　　　　　　　　　　　彼得·摩尔达夫　著　王　倩　译

199　夫妻意思自治和家庭财产制度
　　　　　　　　　　　　费尔南多·博奇尼　著　越思雨　译

228　家庭利益中的债务
　　　　　　　　　　卢卡·巴尔基耶西　著　唐波涛　刘禹呈　译

专家专稿	283	法学方法论在英国 格哈特·丹纳曼 著 陶亚骏 译
	305	行为基础：一个新的法律概念（下）
		保罗·厄尔特曼 著 凌超羿 王吉中 译

私法教室	369	"丢失的快递"案例研习报告 马 强

法律法规	395	欧洲议会和欧盟理事会《关于货物买卖合同特定方面的2019/771/EU指令》
		张 彤 李祺含 杜祎凡 译
	424	《提供数字内容和数字服务的合同特定方面指令》的转化法 毛添萌 译 李源粒 校

学术信息	447	《中德私法研究》学术报告会

主题报告

婚后资本所得归属的原理与规则[*]

贺 剑[**]

摘要：夫妻个人财产的婚后资本所得（婚后财产收益）归属，在我国法律上争议甚多，属于检视一国法定夫妻财产制的"极限问题"之一。在价值层面，夫妻个人财产的婚后资本所得应适用统一规则。现行法上的"三分法"及其对应归属规则不甚合理。作为理想方案，夫妻个人财产的婚后资本所得应一律是夫妻共同财产（全有方案），从而为夫妻的婚后行为提供适当经济激励。在现行法上，作为次优选择，应以全有方案为原则，仅在少数情形下适用或者类推适用《婚姻家庭编解释一》第78条所代表的比例方案，即夫妻按一定比例分享夫妻个人房屋的婚后自然增值。比例方案因潜在依据不同而有不同版本。其中，"模拟自由交易"的比例方案关注夫妻财产之间的（被迫）经济支持，旨在弥补由此造成的交易自由缺失，相对更优。对于实务中最关切的前述第78条之适用，关键认识在于，夫妻婚后共同还贷的行为维持了抵押债务在整个婚姻关系存续期

---

[*] 本文系在作者此前多篇论文基础上大幅修订而成，感谢《中德私法研究》慨允发表。参见贺剑：《夫妻个人财产的婚后增值归属——兼论我国婚后所得共同制的精神》，载《法学家》2015年第4期；贺剑：《夫妻财产法的精神——民法典夫妻共同债务和财产规则释论》，载《法学》2020年第7期。

[**] 北京大学法学院长聘副教授。

间的存在,相应,夫妻共同财产有权获得整个抵押债务所对应的房屋婚后增值。

关键词:婚后财产收益;夫妻共同财产;自然增值;主动增值;投资收益;孳息

夫妻婚后应以某种方式分享彼此一定的财产,此为各国法定夫妻财产制的通例。其中,最受关注且命运迥异的是如下两类婚后所得:一是夫妻一方或双方基于劳动付出所取得的财产,即婚后"劳动所得";二是夫妻一方或双方基于既有财产进一步取得的财产,即婚后"资本所得"[1],通常也被称为婚后财产收益。

夫妻一方的婚后劳动所得应由夫妻双方分享,这是我国婚姻法领域的少数共识之一。《婚姻法》第 17 条第 1 款第(一)项规定,夫妻婚后所得的"工资、奖金"是夫妻共同财产,即蕴含此意。《民法典》第 1062 条第 1 款第(一)项在前述"工资、奖金"之后增列"劳务报酬",更是旨在明确,夫妻婚后的"劳动收入"[2]即婚后劳动所得,都是夫妻共同财产。

相比之下,夫妻一方个人财产的婚后资本所得是否应为夫妻共同财产,在立法、司法、学说层面众说纷纭。[3]就此而言,婚后资本所得的归属,实为法定夫妻财产制的关键问题之一。澄清该问题,有助于划定法定夫妻财产制之下夫妻分享财产的边界(在我国,即夫妻共同财产和夫妻个

---

[1] 明确提出"资本所得"者,参见冉克平:《夫妻团体财产与个人财产的法理构造》,载《法制与社会发展》2019 年第 5 期,第 29—35 页。此前的类似区分,参见贺剑:《夫妻个人财产的婚后增值归属——兼论我国婚后所得共同制的精神》,载《法学家》2015 年第 4 期,第 106、110 页。立法起草者将"劳动所得"和"资本性收入"、"劳动收入"与"资本收益"并举,表明对此也有所认识。参见胡康生主编:《中华人民共和国婚姻法释义》,法律出版社 2001 年版,第 65 页;黄薇主编:《中华人民共和国民法典婚姻家庭编释义》,法律出版社 2020 年版,第 81 页。本文在同一含义上使用收益和资本所得。

[2] 参见黄薇主编,见前注[1],第 81 页。此前,立法者仅将"工资、奖金"作为"工资性收入"(而非劳动收入)的示例。参见胡康生主编,见前注[1],第 64—65 页。

[3] 夫妻共同财产的婚后资本所得一律是夫妻共同财产。对此,现行立法、司法和学说罕有争议(和讨论)。形式层面的道理在于,似乎只能如此规定。但其实不然。例如,理论上不排除根据资本所得发生的原因、夫妻一方或双方对其作出的贡献等标准,使夫妻共同财产的婚后资本所得由夫妻一方独享或按一定比例分享。就此而言,本文所有的实质分析,同样适用于夫妻共同财产的婚后资本所得。

人财产的边界），但也因此不得不触及更为关键和根本大哉问，即一国法定夫妻财产制的"精神"或目的为何。[4]

本文的主要工作，并非在既有研究基础上再作创新——事实上，笔者也基本没有能力再超越自己以往的相关研究。相反，本文只是试图以较为清晰的脉络，以笔者的既往研究为底本，梳理婚后资本所得归属的一般原理，以及民法典时代解释论层面的具体规则。

一、婚后资本所得应适用统一规则

（一）婚后资本所得"三分法"

自《婚姻法》2001年修正以来，我国逐步确立了婚后资本所得的"三分法"，并延续至今。具体而言，夫妻一方个人财产的婚后收益（即婚后资本所得）主要包括三类：孳息、增值、其他收益。其中，"其他收益"主要包括生产、经营、投资收益。尽管不同版本的分类还有细节差异[5]，但大致都可归入前述"三分法"。

上述"三分法"集中体现于《最高人民法院关于适用〈中华人民共和国婚姻法〉若干问题的解释（三）》（以下简称《婚姻法解释三》，已失效）第5条，也即如今的《最高人民法院关于适用〈中华人民共和国民法典〉婚姻家庭编的解释（一）》（以下简称《婚姻家庭编解释一》）第26条。两者均规定："夫妻一方个人财产在婚后产生的收益，除孳息和自然增值

---

[4] 参见贺剑：《夫妻财产法的精神——民法典夫妻共同债务和财产规则释论》，载《法学》2020年第7期。
[5] 例如，"其他收益"往往被限定为投资收益。参见最高人民法院民事审判第一庭编著：《最高人民法院婚姻法司法解释（三）理解与适用》，人民法院出版社2011年版，第96页。又如，认为知识产权收益是一类婚后（财产）收益者，参见杜万华、程新文、吴晓芳：《〈关于适用婚姻法若干问题的解释（三）〉的理解与适用》，载《人民司法》2011年第17期，第29页；吴晓芳：《〈婚姻法〉司法解释（三）适用中的疑难问题探析》，载《法律适用》2014年第1期，第73页。反对将知识产权收益作为一类婚后（财产）收益者，参见最高人民法院民事审判第一庭编著，见前注，第96页。反对说更值赞同。知识产权的婚后收益归属，实质上涉及知识产权本身的归属。前述收益，应解释为知识产权的"全部财产权益"，即基于夫妻一方婚后脑力劳动取得的知识产权，至少就经济权能而言，应同其他类型的婚后劳动所得，属于夫妻共同财产。初步分析，参见贺剑，见前注[4]，第23页。

外,应认定为夫妻共同财产。"

(二)"三分法"是历史产物

从立法缘起来看,不同类型的婚后资本所得都分别旨在回应一时一地的现实问题或理论争议,是历史(而非逻辑)的产物。

1. 孳息的归属:源自物权法

最高人民法院将孳息单列,主要是受物权法上的孳息概念影响。在《婚姻法解释三》第5条制定过程中,围绕夫妻个人财产婚后孳息的归属,并非没有争议。[6] 最终的正式文本,旨在追随当时《物权法》第116条(对应于《民法典》第321条)及其所体现的孳息随原物(所有人或其他合法权利人)的民法理论。[7]

2. 增值的归属:主要源自美国法,部分源自本土实践

增值,即"物或权利在价格上的提升"。[8] 根据发生原因,增值通常被区分为自然增值(又名"被动增值")和主动增值。

夫妻一方个人财产婚后的自然增值,"是指该增值的发生是因通货膨胀或市场行情的变化而致,与夫妻一方或双方是否为该财产投入物资、劳动、努力、投资、管理等无关",比如房屋因市场价格上涨而产生的增值。[9]

相反,主动增值"与通货膨胀或市场行情变化无关,而是与夫妻一方

---

[6] 参见最高人民法院民事审判第一庭编著,见前注[5],第93—95页、第98页。
[7] 参见杜万华、程新文、吴晓芳,见前注[5],第29页;最高人民法院民事审判第一庭编著,见前注[5],第94、96、98页。此前的类似观点,参见最高人民法院民事审判第一庭编著:《最高人民法院婚姻法司法解释(二)的理解与适用》,人民法院出版社2004年版,第110页。
[8] 参见最高人民法院民事审判第一庭编著,见前注[5],第97页。
[9] 参见最高人民法院民事审判第一庭编著,见前注[5],第97页。类似但仅强调自然增值与"夫妻双方"的努力无关者,参见杜万华、程新文、吴晓芳,见前注[5],第29页(自然增值"是指该增值的发生是因通货膨胀或市场行情的变化而致,与夫妻双方的协作劳动、努力或管理等并无关联")。但是,该表述之后已被修正,参见吴晓芳,见前注[5],第73页(自然增值"是指该增值的发生因通货膨胀或市场行情的变化而致,与夫妻一方或双方的协作劳动、努力或管理等无关联")。从起源看,自然增值、主动增值是与夫妻双方,与夫妻任何一方,还是仅与夫妻另一方的贡献关联,以及是与直接贡献关联,还是与间接贡献关联,主要与美国各州不尽相同的法律规定相关,但是,最终的结果大体相同。参见贺剑:《"理论"在司法实践中的影响——以关于夫妻个人财产婚后孳息归属的司法实践为中心》,载《法制与社会发展》2014年第3期,第137—138页。

或双方对该财产所付出的劳务扶持、投资、管理等相关",比如一方个人房屋因另一方婚后装修而产生的装修增值。[10] 类似的表述例如,主动增值是指"一方的个人财产由于他方或双方所支配的时间、金钱、智力、劳务而增值",因"当事人的主观努力"而增值[11]、"基于人为努力而产生的"增值[12]等。

一般认为,夫妻一方个人财产婚后的自然增值,仍是该方的夫妻个人财产;相反,夫妻一方个人财产婚后的主动增值,则为夫妻共同财产。[13]《婚姻法解释三》第 5 条、《婚姻家庭编解释一》第 26 条的表述也可佐证。

主动增值、自然增值的区分以及归属,基本上是继受美国婚姻法的产物。[14] 当然,美国法的理论或规则,并非径直被翻译为我国司法解释的条文;在此之前,它们已经在我国理论界和实务界传播并广受认可。[15] 这也是理论继受的通常过程:一项外国的理论或规则,首先是成为本国的主流理论,甚至部分转化为司法实践,继而才会被本国的立法或司法正式接纳,成为本国法的一部分。在增值归属的理论继受过程中,夏吟兰教授关于美国法的以下介绍具有奠基性意义(稍加比对即可发现,相关定义也基本为我国法律所继受——笔者注)[16]:

> 在对增值的个人财产定性时,法院经常会区别是主动增值还是

---

[10] 参见最高人民法院民事审判第一庭编著,见前注[5],第 97—98 页。
[11] 参见杜万华、程新文、吴晓芳,见前注[5],第 29 页。
[12] 吴晓芳,见前注[5],第 73 页。
[13] 参见杜万华、程新文、吴晓芳,见前注[5],第 29 页。严格来说,夫妻一方个人财产的婚后主动增值并不必然是夫妻共同财产,而取决于资金或劳动的来源。夫妻婚后劳动固然总是对应于夫妻共同财产,但是,夫妻一方的婚前劳动,夫妻一方的个人财产,则可能对应于夫妻个人财产。
[14] 参见贺剑,见前注[9],第 134—136 页。被动增值(passive appreciation)在美国法上也被称为自然增值(natural increase)、内在价值(inherent value)等。See Marry M. Wenig, "Increase in Value of Separate Property during Marriage: Examination and Proposals", 23 Family Law Quarterly, 309 (1989).
[15] 对主动增值、自然增值在我国的理论继受过程的初步梳理,参见贺剑,见前注[9],第 134—136 页。另参见《上海市高级人民法院关于适用最高人民法院婚姻法司法解释(二)若干问题的解答(一)》"一";最高人民法院民事审判第一庭编著,见前注[5],第 98 页。
[16] 参见夏吟兰:《美国现代婚姻家庭制度》,中国政法大学出版社 1999 年版,第 244 页。学者此前受美国法启发所提出的零散的类似见解,参见杨立新:《夫妻共同财产范围的有关问题》,载杨立新:《民法判解研究与适用》,中国检察出版社 1994 年版,第 395、401 页。

被动增值。西弗吉尼亚州高级法院在 Roger 一案中指出:在适用州的公平分割法时,法院将个人财产的被动增值视为"因通货膨胀或其他不是因当事人的主观努力而是因市场价值的变化而产生的增值",这部分增值应视为个人财产,不参与公平分割。纽约州法院也认为,对于主动增值和被动增值区别的基本原则是:……当一方的个人财产由于他方或双方所支付的时间、金钱、智力、劳动而增值的应属于主动增值。……主动的个人财产的增值应视为婚姻财产并在离婚时予以公平分割。

但作为例外,在夫妻一方婚前按揭房屋的增值归属问题上,最高人民法院并未恪守前述源自美国法的"教义"。如下文所述,虽然夫妻一方婚前按揭房屋在婚后基于市场行情的增值是自然增值,但是,根据《婚姻法解释三》第10条(对应于《婚姻家庭编解释一》第78条),前述自然增值并非一律由拥有按揭房屋的夫妻一方独自享有,而是按一定比例,由参与婚后共同还贷的夫妻另一方分享。最高人民法院在此的首要考虑是公平解决现实中的大量此类问题,统一各地法院林林总总的立场。[17] 至于该规定是否违背了自然增值、主动增值的区分和归属,很可能被忽略或者淡化处理了[详见下文第六部分第(二)节]。

3. 投资收益等其他收益的归属:源自本土立法和司法

孳息、增值之外的其他收益,主要指生产、经营、投资收益。其中,夫妻的婚后生产、经营收益是夫妻共同财产,由《婚姻法》第17条第1款第(二)项明定,并由《民法典》第1062第1款第(二)项承继。虽然前述规定的文义较为明确,但是,其立法理由却不甚清晰。立法起草者给出的理由是:生产、经营收益"与工资、奖金一样,都是个人的收入,二者没有本质的区别,在共同财产制都应当属于夫妻的共同财产,否则与法理相悖"[18]。此种"本质""法理"的说法过于宽泛,难以让人信服。

关于投资收益,《最高人民法院关于适用〈中华人民共和国婚姻

---

[17] 参见吴晓芳:《当前婚姻家庭案件的疑难问题探析》,载《人民司法》2010 年第 1 期,第 57—58 页;杜万华、程新文、吴晓芳,见前注[5],第 25 页。

[18] 胡康生主编,见前注[1],第 65 页。

法〉若干问题的解释(二)》(以下简称《婚姻法解释二》,已失效)第 11 条第(一)项规定,"一方以个人财产投资取得的收益"是夫妻共同财产。该项规定的实质理由,依然是前述宽泛的"本质"和"法理"之说[19],欠缺说服力。不过,该项规定还有一项有力的形式理由,即投资收益与生产、经营收益非常相似,鉴于《婚姻法》明确规定,夫妻一方婚后的生产、经营收益为夫妻共同财产,《婚姻法解释二》关于投资收益的归属,只能与之相同。[20] 对于司法解释而言,前述形式论理无可厚非。但是,到了《民法典》第 1062 条第 1 款第(二)项,实质理由的探求才是关键。可惜,立法者跳过了这一环,其规定夫妻一方婚后"生产、经营、投资的收益"是夫妻共同财产,更多是简单沿袭此前《婚姻法》以及《婚姻法解释二》的规定[21],实质上是以偶然的"传统"代替了实质的"论证",有较强的历史惯性的色彩。

综上,现行法上生产、经营、投资收益的归属规则,大体是本土立法和司法的产物,主要根源于宽泛的、直觉式的价值判断,并不无历史惯性的痕迹。

(三)"三分法"的逻辑缺陷

由上可知,现行法上婚后资本所得的"三分法",主要是不同时期、不同关切的产物,而非逻辑区分的结果。在此背景下,不同类型的资本所得在逻辑上难免互有重合,进而导致法律适用的疑义。

其一,孳息与生产、经营、投资收益的重合。天然孳息如动物的幼崽、乳汁,植物的果实等,很可能也是(农业)生产收益;法定孳息如股息、房租、利息等,则可能构成经营或投资收益。

其二,增值与生产、经营、投资收益的重合。其中,房屋、股票、古玩、字画等具有投资属性的财产基于市场行情等产生的自然增值,可能也是投资收益;部分财产如有限责任公司的股权、合伙企业财产份额的自然增

---

[19] 参见最高人民法院民事审判第一庭编著,见前注[7],第 109—110 页。
[20] 参见最高人民法院民事审判第一庭编著,见前注[7],第 109 页。
[21] 参见黄薇主编,见前注[1],第 81 页(未阐释任何实质理由)。

值,以及股权或合伙份额中对应于夫妻一方婚后劳动价值的主动增值,还可能是经营收益。

上述逻辑重合的根源在于,以上三类婚后资本所得并不从属于统一的分类标准。以下进一步阐释,即使可以找到逻辑一贯的标准,在价值层面,也没有对各类婚后资本所得予以区别对待的理由。

(四)价值层面应一视同仁

1. 不论基于何种实质价值,婚后资本所得都应适用统一的归属规则

夫妻个人财产的所有婚后资本所得都应当一视同仁,适用统一的归属规则。背后的理由并非逻辑,而在于价值。在实质层面,各国夫妻财产法所信奉的价值判断或有不同;但是,在形式层面,不论相应的实质价值为何,夫妻财产法最终都关注经济意义上的财产在夫妻之间的分享。据此,只要是经济意义上的所得,任何类型的婚后资本所得都应当服从统一的实质价值和归属规则,不能仅因为形态的不同就区别对待。

以增值概念为例。假设(狭义)增值特指"与原物或原权利并未分离",仍属于一个物或权利的情形"。[22] 由此就可能引申出一项主张:由于增值与原物未曾分离,在物权法上,增值与原物从属于同一个物,拥有该物的夫妻一方其实并未获得该物之外的任何"所得"。据此,增值的归属与该物的归属不应有不同。更严格地说,在夫妻财产法上,根本就不应存在"增值"概念,所谓"增值"及其归属,完全可以由"物"及其归属规则所涵盖。

但是,上述主张并不成立。首先,前述狭义的增值是否与原物或原权利分离,完全取决于权利人的"变现"行为。权利人如果不变现,就存在增值;而一旦变现,所谓增值就与原物或原权利分离,就不复为增值,而转变为其他类型的资本所得。此种全凭权利人操控的变化,将模糊增值和其他资本所得的边界,在价值层面有鼓励机会主义的嫌疑。其次,也是更关键的,如前所述,夫妻财产法关注的是经济意义上的婚后所得,而非物权法意义上的"物"。婚后所得的概念旨在实现经济价值在夫妻之间的

---

[22] 此类定义,参见最高人民法院民事审判第一庭编著,见前注[5],第97页。

分享;而"物"的概念,尤其是独立性等特征,则旨在确保物权行使和变动的清晰性。两者风马牛不相及。从经济价值的角度审视,重要的不是婚后资本所得的形态,包括是否与原物或原权利分离,而是夫妻婚后是否在原物或原权利的"本金"基础上更有所得,即获得额外的经济利益。

2. 初步证据:司法实践中已有调和价值矛盾、谋求统一规则的努力

对于婚后资本所得"三分法"及相应归属规则,最高人民法院也很可能察觉到其中的价值矛盾,因而不无"找补"的努力。

对于孳息,最高人民法院采取了限缩解释。诸多需要夫妻婚后劳动投入的夫妻个人财产的婚后孳息,转而被界定为生产、经营或投资收益。

以夫妻一方个人房屋的婚后租金为例,负责起草工作的最高人民法院法官认为,"房屋租金与存款利息相比……其获得往往需要投入更多的管理或劳务,产生的租金收益应当属于夫妻共同所有。有人将租金看作法定孳息的一种,我们更倾向于将租金作为经营性收益看待"[23]。三年后,有关法官更明确指出,《婚姻法解释三》第5条的"孳息"一词应予限缩解释,"专指非投资性、非经营性的收益";此外,所有"人工孳息"(主要指"因耕作获得的果实")都应当界定为生产、经营收益。[24]

对于自然增值,最高人民法院也有类似动向。例如,婚前购买的股票、基金等,其"卖出和买进需要投入大量的时间和精力去经营",因此相应增值为夫妻共同财产。[25] 言下之意,前述股票、基金的增值虽然是基于市场行情等产生,但只要包含了夫妻一方或双方较多的婚后劳动投入,就应当界定为经营或投资收益。

从以上两方面的转变可知,最高人民法院实际更倾向于如下规则:婚后劳动所得应由夫妻双方分享。正因为此,一旦夫妻个人财产的婚后孳息、自然增值包含夫妻一方或双方较多的婚后劳动投入,前述孳息、自然

---

[23] 杜万华、程新文、吴晓芳,见前注[5],第29页。
[24] 参见吴晓芳,见前注[5],第73页。类似观点,参见最高人民法院民事审判第一庭编著,见前注[5],第96页。部分地方高院的司法文件此前就有类似观点,认为应当对孳息作"限缩解释","比如虽然房屋租金在民法理论上属于'孳息',但租金的获取也是需要对房屋进行经营后所获",故应认定为"投资性收益"。参见《江苏省高级人民法院婚姻家庭案件审理指南》"第六章、一、(二)、5"。
[25] 参见杜万华、程新文、吴晓芳,见前注[5],第29页。

增值就不再是夫妻一方的个人财产,而是夫妻共同财产。

当然,在孳息、自然增值和生产、经营、投资收益的界分和归属问题上,最高人民法院也不总是一以贯之。

例如,在界分方面,房屋的婚后自然增值是否为投资收益,主要并不取决于夫妻的婚后劳动投入,而取决于房屋的用途。只要不是家庭唯一住房,即不是用于家庭自住,而包含投资属性,夫妻一方个人房屋的婚后增值就一律是投资收益。[26] 与之类似,基于股票、基金的投资属性,其婚后增值也应一律是投资收益,而不宜根据夫妻婚后劳动投入的有无作区别对待,以免不公平。[27]

又如,在归属方面,现行法的规则也不无龃龉。在多数场合,一项资本所得只要包含了夫妻较多的婚后劳动投入或贡献,就一律是夫妻共同财产。但是,至少在按揭房屋的场合,夫妻共同的资产投入(共同还贷)并不会使得房屋的婚后增值全部变成夫妻共同财产,而仅使得一定比例的婚后增值被夫妻双方分享(实质上属于或类似于变成夫妻共同财产,参见《婚姻法解释三》第 10 条、《婚姻家庭编解释一》第 78 条)。

综上,在制定和适用司法解释的过程中,最高人民法院多少意识到基于特定的价值判断,有必要制定一贯的、统一的夫妻个人财产婚后资本所得规则。然而,因为种种局限,尤其是未能洞悉夫妻财产法的规范目的,前述价值一贯的愿景并未全部实现。而这,正是下文的重点。

二、婚后资本所得归属的潜在方案

(一)婚后资本所得的范围厘定

夫妻一方个人财产的婚后资本所得,可能单纯得益于该方个人财产的投入,但也可能混合了其他夫妻财产或夫妻劳动的贡献。后者涉及"混

---

[26] 参见吴晓芳,见前注[5],第 74 页;程律、吴晓芳:《一方个人财产婚后收益问题探析》,载《法律适用》2013 年第 12 期,第 116 页。

[27] 参见程律、吴晓芳,见前注[26],第 114 页。

合所得",主要情形包括:

其一,资本与劳动的混合所得。其典型为夫妻一方个人财产与夫妻婚后劳动的混合所得,如夫妻一方婚前财产的婚后生产、经营或投资收益。有地方法院认为,夫妻一方个人财产的婚后投资收益"凝聚的是双方或一方的体力或脑力劳动的付出",因此是夫妻共同财产。[28] 这不无洞见,但是走到了另一极端。它虽然认识到,夫妻个人财产的婚后投资收益包含了夫妻的婚后劳动(劳动投入),但却忽略了上述收益也得益于夫妻个人财产(资本投入)。

其二,资本与资本的混合所得。例如夫妻双方个人财产的混合所得、一方个人财产与夫妻共同财产的混合所得。

在混合所得的场合,只有夫妻一方个人财产对应的婚后资本所得才是本文的讨论对象,其他类型的资本所得和劳动所得应予剔除。以丈夫婚前果园的婚后生产收益为例,其中包含的夫妻婚后劳动的价值属于婚后劳动所得,应予剔除;剩余的部分才是丈夫婚前果园的婚后资本所得。又如,丈夫婚前房屋的婚后增值如果既包含基于市场行情的增值,又包含源自夫妻婚后劳动或夫妻共同财产投入的装修增值,后一部分增值就应予剔除。

(二)潜在归属方案

夫妻个人财产的婚后资本所得归属,理论上主要有以下方案:

①"全无方案":夫妻个人财产的婚后资本所得一律是夫妻个人财产。现行法关于孳息、自然增值的归属规定,即属此类。

②"全有方案":夫妻个人财产的婚后资本所得一律是夫妻共同财产。现行法关于生产、经营、投资收益以及主动增值等的归属规定,即属此类。

③"有条件的全有方案":在满足一定标准时,夫妻个人财产的婚后资本所得一律是夫妻共同财产。取决于相关标准的内涵,该方案有多种版本。

---

[28] 参见《江苏省高级人民法院婚姻家庭案件审理指南》"第六章、一、(二)、5"。

常见的版本包括:第一,只要夫妻个人财产的婚后资本所得混合了夫妻婚后劳动或夫妻共同财产的投入,该混合所得就一律是夫妻共同财产。

第二,只有当夫妻婚后劳动或夫妻共同财产的投入对前述混合所得作出了较多贡献或者实质贡献时,该混合所得才成为夫妻共同财产,否则就仍为夫妻个人财产。上文最高人民法院将包含较多婚后劳动投入的婚前房屋的租金界定为投资收益,即为例证。

第三,相关混合所得在扣除夫妻个人财产投入的通常回报(如市场利息)之后,剩余部分一律为夫妻共同财产。又或者相反,混合所得在扣除夫妻共同财产或夫妻婚后劳动的通常回报(如合理劳动报酬)之后,剩余部分一律为夫妻一方的个人财产。[29]

④"比例方案":在混合所得的场合[30],产生该混合所得的夫妻一方的个人财产和其他夫妻财产(包括夫妻共同财产、夫妻另一方的个人财产;夫妻婚后劳动所得的投入,相当于夫妻共同财产的投入),不仅可以收回各自的"本金",还可以按比例分享剩余的婚后资本所得。在非混合所得的场合,夫妻一方个人财产的婚后资本所得则一律是夫妻该方的个人财产,但是,这也可视为"比例方案"的极端情形,相当于夫妻一方个人财产的投入比例为100%。[31] 以下举例说明。

例如,丈夫的婚前房屋价值100万元,离婚时价值200万元。该100万元的婚后增值中,包含婚后(以夫妻共同财产)装修投入的价值20万元,以及基于市场行情的增值80万元。在比例方案之下,丈夫个人财产的投入是100万元,夫妻共同财产的投入是20万元(房屋的装修增值);真正有待判定归属的丈夫婚前房屋的婚后资本所得,应为80万元(房屋基于市场行情的增值)。该80万元,由丈夫的个人财产、夫妻共同财产按

---

[29] 这两类规则在比较法上的例证(涉及个人企业的婚后增值分配),参见胡苷用:《婚姻中个人财产增值归属之美国规则及其启示》,载《政治与法律》2010年第6期,第114—115页;American Law Institute, Principles of the Law of Family Dissolution: Analysis and Recommendations, American Law Institute Publishers, 2002, pp. 756-760。

[30] 注意,"比例方案"仅可能适用于混合所得的场合。只有当夫妻个人财产的婚后资本所得同时得益于两类以上的夫妻财产的投入时,才有在前述夫妻财产之间按比例分配的余地。

[31] 在比较法上,瑞士即采取此种方案。参见贺剑:《离婚时按揭房屋的增值分配:以瑞士法为中心》,载《政治与法律》2014年第10期,第139—146页。下文第六部分第(三)节的"模拟自由交易"的比例方案也属此类。

照各自的投入比例(100万元∶20万元)予以分享。

又如,丈夫的婚前企业在婚后继续经营,获得(净)收益100万元。假设该企业在双方结婚时的价值为20万元,夫妻一方或双方在婚后为经营企业所付出的劳动投入的价值总计也是20万元,则在比例方案之下:第一,前述100万元经营收益作为混合所得,首先应扣除其中的婚后劳动价值20万元,真正有待判定归属的丈夫婚前企业的婚后资本所得应为80万元。第二,对于该80万元,丈夫的个人财产投入为20万元,夫妻共同财产的投入也是20万元,两者应按照1∶1的比例予以分享。

注意,真正收回本金和按比例分享婚后资本所得或其他收益的主体,自然是"人"——既可能是夫妻个人财产的拥有者即夫妻一方,也可能是夫妻共同财产的拥有者即夫妻双方。但是,为了表述和计算方便,本文以相应的夫妻财产(丈夫个人财产、妻子个人财产、夫妻共同财产)作为前述本金或婚后收益的承受者。换言之,在计算的意义上,各类夫妻财产一定程度上被视为独立的"财团",承载相应的夫妻一方或双方的利益。实际上,如本文相关引述所表明的,这也是美国法、瑞士法文献和案例中的惯常表述。

⑤"有条件的比例方案":在混合所得的场合,夫妻一方的个人财产与其他夫妻财产固然可以收回各自的本金投入,但是,只有满足一定条件时,各方才能按比例分享相关的婚后资本所得。常见的条件例如,前述其他夫妻财产,必须对夫妻个人财产的婚后资本所得的产生作出了较多贡献或者实质贡献。[32]

仍以前述情形(4)之下的房屋增值为例。在本方案之下,夫妻共同财产所投入的房屋装修(价值为20万元),对于80万元的基于市场行情的房屋增值,通常就不具有任何贡献,因此,夫妻共同财产无权按比例分享该80万元的增值。相反,对于情形(4)之下的企业经营收益而言,夫妻一方或双方的婚后经营行为(价值)对于80万元的企业经营收益,可能就存在较多或者实质贡献,在"有条件的比例方案"之下,夫妻共同财产与丈夫的个人财产仍然可以按照1∶1的比例分享该80万元。

---

[32] 下文第六部分第(三)节的"论功行赏"的比例方案即属此类。

三、理想方案:全有方案

(一)价值基准:夫妻财产法应提供适当经济激励,不"折腾"婚姻

夫妻个人财产婚后资本所得归属的理想方案,并不是一个孤立的问题。决定婚后资本所得归属的价值基准,也很有可能决定其他类型的夫妻财产界分。关于夫妻财产法的基本价值判断,笔者在此前研究中已有论述,简述如下。[33]

从反面来说,宽泛含混的价值判断,例如个体与家庭的平衡,无力担当夫妻财产法的基本价值。因为这些成双成对的价值折中论,无法产生任何确定、一贯的规则,或者说,可以"予取予求",引申出解释者所想要的任何规则。

从正面来说,夫妻财产法应致力于提供适当经济激励,使得婚姻和家庭生活不受夫妻自利动机的妨碍。婚姻的本质是什么?家庭的意义何在?本文无力回答这些问题,在前述提供适当经济激励的框架下,也无须回答这些问题。一千对夫妻,可能有一千种想要的婚姻。有些人追求爱情甜蜜,有些人谋求大富大贵,也有些人只想生儿育女过日子。前述激励框架的目的,不在于积极帮助这些夫妻实现他们形形色色的婚姻理想,而主要在于,在消极层面,在经济激励的意义上,不给这些夫妻"添乱"。具体而言,前述激励框架旨在实现如下"不折腾""不添乱"的效果——即使部分夫妻在意离婚的风险,尤其是离婚时因夫妻财产法的适用而面临的一系列经济后果,他们在婚姻关系存续期间的行为依然不会因此发生任何改变。于此,笔者预设了,每一对夫妻都可以"各美其美",每一对夫妻关于婚姻的理想都值得尊重。夫妻财产法虽然无法让爱情更甜蜜,让婚姻更美满,但至少应当不妨碍每一对夫妻过他们想过的日子。无论这些夫妻是否知悉夫妻财产法的具体规则,他们的婚姻行为都不会因为夫妻财产法的存在或适用而有任何改变。

---

[33] 参见贺剑,见前注[4],第21页。本文在此基础上作了进一步阐释。

(二) 全有方案优于其他方案

相比于其他方案,全有方案是婚后资本所得归属的理想方案。因为,唯有全有方案能够创造前述适当的经济激励,避免婚后资本所得的归属规则"给婚姻添乱"。

具体而言,全有方案可以完美消灭夫妻一方在经济层面的自利动机。例如,它可以根除夫妻一方让自己的个人财产去投资、增值、产生收益,让夫妻共同财产以及对方个人财产去消费、贬值、白白耗费的"私心"。这就有利于夫妻在婚后的任何行为决策中,都可以只着眼于"过自己想过的日子",而没有经济层面的后顾之忧;他们绝不会为了万一将来离婚时自身经济利益的最大化,去管理、使用、处分自己所能影响或控制的任何夫妻财产,因为没有这个必要——在全有方案之下,婚后资本所得一律是夫妻共同财产且原则上平分,夫妻一方任何的投机行为对此都无影响,都是"无用功"。

反观婚后资本所得归属的其他方案,它们都或多或少允许夫妻个人财产的婚后资本所得成为该方的夫妻个人财产,从而产生相应的不当激励。

例如,在全无方案之下,夫妻个人财产的婚后孳息、自然增值等都是夫妻个人财产。于此,熟知规则且在意离婚经济风险的夫妻一方,就将面临如下制度激励或者说"诱惑"——他们应当尽可能将夫妻个人财产用于能够产生婚后孳息、自然增值的地方,而非用于家庭日常生活或者其他用途。进一步,他们还将关注夫妻个人财产的形态(房产还是存款)和用途(出租获利还是炒房获利),以及在此过程中是否使用、如何使用夫妻共同财产或者另一方的夫妻个人财产。

又如,在任何版本的比例方案之下,一方面,夫妻一方的个人财产不再能"无偿"使用,而必须"有偿"使用其他夫妻财产或者夫妻婚后劳动,亦即,被使用的其他夫妻财产不仅可以获得本金的返还,还可以按比例分享夫妻个人财产的婚后资本所得,这多少缓和了全无方案之下的不当激励。

可是,另一方面,比例方案仅关注实际产生婚后资本所得的特定夫妻个人财产,却忽略了婚后被单纯消耗的夫妻财产(后者至多能够得到本金的补偿),以及其他未能产生婚后资本所得,甚或还发生贬值的其他夫妻财产(也至多涉及本金的补偿)。这种有限、偏颇的关注视角,依然蕴含了不当的经济激励——经济理性的夫妻一方应当在能够创造个人财产婚后资本所得的场合,善加利用其他夫妻财产或者夫妻婚后劳动,以实现夫妻个人财产的最大化。例如,于此首先尽量使用己方的个人财产,其次使用夫妻共同财产,最后才使用夫妻另一方的个人财产;同时,在消费或盈利前景不明朗的场合,首先尽可能使用另一方的个人财产,其次使用夫妻共同财产,除非万不得已,绝不使用己方的个人财产。

四、全有方案的构造

全有方案清晰明了:夫妻个人财产的婚后资本所得,一律是夫妻共同财产。但是,也有一种情形须特别说明,即如何看待基于通货膨胀的财产增值。[34]

(一)基于通货膨胀的增值不应由夫妻分享?

通货膨胀(即货币贬值)的结果是,预设以该货币计价的资产通常都会升值。从比较法来看,不少国家的做法似乎都表明,基于通货膨胀的夫妻个人财产的婚后增值,不应纳入夫妻分享的范畴。

第一类是美国法上的自然增值、瑞士法上的景气增值等。这些概念虽然也原则上拒绝将基于通货膨胀的婚后增值纳入夫妻分享范畴,但与本文的关注点不同。

前述自然增值、景气增值,所对应的概念分别为主动增值、劳力增值,它们的出发点是婚后劳动所得共同,其并未真正认为,基于通货膨胀的增值不是增值。具体而言,在婚后劳动所得共同的理念下,基于通货膨

---

[34] 另外,关于贬值分担问题的初步分析或介绍,参见贺剑,见前注[4],第29页、第34页;贺剑,见前注[31],第141—142页。

胀的增值,与基于市场行情的增值才会被等量齐观,隶属于自然增值或者景气增值的概念,原则上成为相应夫妻一方的个人财产。但也正因为此,如果劳动所得共同的理念因为公平考量等被例外突破,即使是基于通货膨胀的自然增值或景气增值,也依旧可以被夫妻分享。[35]

第二类是德国法上的不真正增值。它特指夫妻个人财产基于通货膨胀的增值。全有方案是否应剔除基于通货膨胀的增值,德国法的经历颇值参考。[36]

在德国现行法上,只有所谓"真正增值"才能为夫妻分享,基于通货膨胀的"不真正增值",不在分享之列。[37] 但这个规则,在历史上并非当然之理。在1958年德国的法定财产制(净益共同制)施行之初,德国法学界和实务界对上述问题曾经有持续十多年的论战[38],直到1973年德国联邦最高法院出手,这一论战才告平息。

在1973年的里程碑式判例[39]中,夫妻于1948年结婚,1968年离婚,妻子作为原告诉请分享丈夫婚前房屋的婚后增值;经认定,该增值纯粹是基于通货膨胀。问:该增值是否属于《德国民法典》第1373条的净益,从而可以在经济上由夫妻双方分享?

德国联邦最高法院认为:前述增值不能由夫妻分享。其认为,应将初

---

[35] 关于美国法上自然增值可以被分享,参见下文第五部分;关于瑞士法上景气增值、劳力增值的介绍,参见贺剑,见前注[31],第142—143页。

[36] 少数美国学者也曾提出与下文德国法类似的主张,但并未得到立法或司法采纳。See Peter M. Moldave, "The Division of the Family Residence Acquired with a Mixture of Separate and Community Funds", 70 California Law Review, 1283 (1982), note 99; Thomas R. Andrews, "Income from Separate Property", 56 Law and Contemporary Problems, 212 (1993).

[37] 具体方法是根据消费者物价指数(CPI)对夫妻双方的全部初始财产进行价值换算。例如夫妻于2003年9月结婚,2005年6月离婚,两个时间点的物价指数分别为104.5和108.1。结婚时,夫妻一方的初始财产价值为15000欧元,则其在离婚时的价值应换算为15000欧元×108.1÷104.5 = 15516.75欧元。在此,只有超过15516.75欧元的财产价值才能视为夫妻一方的净益。Vgl. MüKoBGB/Koch, 6. Aufl., 2013, §1373, Rn. 5 ff.; Staudinger/Thiele, 13 Aufl., 2007, §1373, Rn. 9 ff.

[38] Vgl. Z. B. Thierfelder, Echter und unechter Zugewinn, Zeitschrift für das gesamte Familienrecht 6 (1959), 225; Thierfelder, Nochmals: Echter und unechter Zugewinn, Zeitschrift für das gesamte Familienrecht 7 (1960), 184; Thierfelder, Echter und unechter Zugewinn, Zeitschrift für das gesamte Familienrecht 10 (1963), 328.

[39] Vgl. BGH, NJW (1974), 137.

始财产(类似于我国法律中的夫妻个人财产)的婚后增值区分为两类:一类是基于通货膨胀的不真正增值,它纯粹是因作为价值尺度的货币发生贬值所致;一类是基于其他因素的真正增值,如股票因为股市行情、土地因为市场行情、两德合并等产生的增值;只有真正增值才属于第1373条的净益。[40]

对于前述限缩第1373条文义的结论,最重量级的教义学武器是目的解释(目的性限缩)。在基于立法历史,指出立法者对于上述问题并未作出决断,并推测这与立法当时通货膨胀不明显有关之后[41],德国联邦最高法院从主、客观两方面作了目的解释:第一,立法者肯定不愿看到,夫妻一方居然可以因货币严重贬值而分享另一方初始财产的增值,且货币贬值愈严重,分享增值愈丰厚。这一结果不符合净益共同制的目的。第二,这一结果也不符合婚姻命运共同体的理念。[42] 因为"货币贬值通常带来经济损失,是一种'厄运'",若夫妻一方还能因此获益,且是以夫妻另一方受损为代价,则很难说还符合婚姻命运共同体的理念。[43]

上述判例所确立的规则,在德国已通行约半个世纪,然而,它的核心论理却未必经得起推敲。首先,就目的解释的第二点而言,法院虽注意到,净益共同制应符合婚姻命运共同体理念,但在具体分析时却不无谬误。的确,货币贬值通常带来经济损失,是一种厄运,但这主要是对持有货币的人而言;对于持有非货币资产,尤其是持有抗通胀资产的人而言,货币贬值所带来的通常就不是经济损失,而是财富增长(至少是名义上的增长),这很难说是厄运。而且,并不是所有财产都可以因货币贬值而(自动)发生增值,这就更表明,跑得赢通货膨胀实在是一种幸运,甚至往往源自出色的投资决定。因此,基于婚姻命运共同体理念,初始财产的

---

[40] 严格说来,"净益"的范围大于"增值",但在讨论基于通货膨胀的增值时,二者所指无区别。文献和判决中也常常混用,如真正净益(echter Zugewinn)、不真正净益(unechter Zugewinn)、真正增值(reale Wertsteigerungen)、不真正增值(unechte Wertsteigerungen)等。

[41] Vgl. BGH, NJW (1974), 137 (138). 但法院也承认,立法者在立法时已注意到这一问题的存在。

[42] 在之前的论战中,不真正增值属于净益的主要论据正是婚姻命运共同体理念。Vgl. Hans Freiherr von Godin, Grobe Unbilligkeit des Zugewinnausgleiches, Monatsschrift für deutsches Recht 20 (1966), 723; Hans Dölle, Familienrecht, Bd. 1, 1964, S. 811.

[43] Vgl. BGH, NJW (1974), 137 (139).

不真正增值应作为夫妻一方婚后经济上的"幸运"而非"厄运"所得,理应由夫妻双方分享。[44]

退一步,即便将货币贬值一律看成厄运,将初始财产的不真正增值看成厄运的产物,结论依旧成立。在"厄运"所得的逻辑下,夫妻一方分享另一方初始财产的不真正增值,并不简单是前者得益、后者受损,而可以看作夫妻双方共同承担了婚后的货币贬值风险。而这正是婚姻作为命运共同体的应有之义。至此,前述目的解释的第一点也就站不住脚:货币贬值愈严重,分享增值愈多,这看似不公平,好像一方对另一方的趁火打劫,但是,从净益共同制的目的来看,这恰恰不是趁火打劫,而是"同甘共苦""祸福与共",契合"婚姻命运共同体"的理念,很难说不公平。[45]

另外,不少德国学者虽然赞同上述判例的结论,但出发点却不是婚姻命运共同体理念,而是协力理念。依其主张,不仅是不真正增值,就连与夫妻协力无关的真正增值,都不应作为净益。[46] 这些学者的主张,至少在逻辑上是一贯的。与之相比,德国联邦最高法院一方面认可婚姻命运共同体的理念,另一方面却又拥抱与之冲突的协力理念的推论,其核心论理也就难免经不起推敲了。[47]

上述德国法的瑕疵,主要源自德国联邦最高法院对于婚姻命运共同体理念的不当适用,以及德国理论界对于该理念的背弃。在应然层面,倘

---

[44] Vgl. Fritz Reichert-Facilides, Geldwertschwankungen und Privatrecht, Juristenzeitung 24 (1969), 622.

[45] 部分学者虽然没有虑及婚姻命运共同体的理念,但仍注意到,这一规则有助于强化夫妻彼此间的责任感和归属感。Vgl. Breetzke, Zugewinn bei Änderung des Geldwertes, Zeitschrift für das gesamte Familienrecht 6 (1959), 447.

[46] Vgl. Joachim Gernhuber/Dagmar Coester-Waltjen, Lehrbuch des Familienrechts, 6. Aufl., 2010, S. 419; Gerhard Stuby, Wertveränderungen an Gegenständen des Anfangsvermögens und ihre Auswirkungen auf die Berechnung des Zugewinnausgleichs, Zeitschrift für das gesamte Familienrecht 14 (1967), 184, 186.

[47] 有学者虽然赞同该判例的结论,但可惜对于净益共同制的目的以及其与婚姻命运共同体理念的关系却语焉不详,说服力有限。Vgl. Hermann Lange, Anmerkung, Juristenzeitung 29 (1974), 296. 当然,也有个别支持协力理念的学者坦陈,倘若遵循婚姻命运共同体的理念,就不应当对真正增值和不真正增值作区别对待。Vgl. Stuby, a. a. O. (Fn. 41), S. 184. 另外,芬克(Finke)法官虽说认可婚姻命运共同体的理念,但在论述不真正增值的归属时,他也只是照搬前述判例的论理而已。Vgl. RGRK/Finke, 12. Aufl., 1984, §1376, Rn. 26.

若认可夫妻财产法提供适当经济激励的规范目的,其实更容易得出基于通货膨胀的增值也应当被夫妻分享的结论。道理在于,一旦将前述增值排除出夫妻分享范畴,就必然产生鼓励夫妻一方尽量维系或取得能够产生相应不真正增值的夫妻个人财产的经济激励,万千夫妻各有不同的婚姻关系存续期间的行为,就或多或少会受到扰乱。

(二)全有方案的示例

①全款购房。男女双方于 2008 年 8 月结婚,婚后,男方用个人财产购买一套住房,总价 18.18 万元。此后女方以个人财产装修,花费 4.5 万元。2011 年 6 月,房屋以 44.8 万元的市价售出,其中包含房内家电(系共同财产)的折价 0.8 万元。2011 年 10 月,女方起诉离婚。[48]

该案中,房屋是男方个人财产,离婚时价值 44 万元(不含 0.8 万元的家电折价),在扣除男方个人财产的投入 18.18 万元、女方个人财产的投入 4.5 万元后,婚后增值为 21.32 万元。上述增值是夫妻共同财产,原则上平均分配。因此,女方可以分得房屋增值 10.66 万元及家电折价 0.4 万元。

②全款购房和按揭购房并存。男女双方于 2005 年 2 月结婚,同年 10 月,女方购房一套,总价 308 万元,其中首付 186 万元、按揭贷款 122 万元,房屋单独登记在女方名下。此后,女方以个人财产提前还清贷款。2012 年 6 月,女方将房屋出售,得款 1200 万元。2013 年,一方起诉离婚。经查,男方婚前也有房屋一套,婚后增值 300 万元。[49]

该案中,女方房屋婚后增值 892 万元,男方房屋婚后增值 300 万元,均是夫妻共同财产。以上总计 1192 万元的房屋增值,原则上应平分,双方各得 596 万元。

③股票、基金增值。夫妻一方婚前购买了 20000 元基金,婚后一直没有操作,离婚时账面市值 21950 元,婚后增值 1950 元。

---

[48] 该案例转引自程律、吴晓芳,见前注[26],第 113—114 页。
[49] 这是一个一线城市的案件。笔者对女方房屋出资情况和男方房屋婚后增值情况作了简化和假定。

该案中,1950元基金增值是夫妻共同财产,原则上应平分。[50]

④企业增值。夫妻一方婚前以100万元注册了一家一人公司,婚后从公司领取薪酬总计50万元,离婚时,公司估值500万元。

该案中,夫妻一方的婚后薪酬50万元以及该一人公司的婚后增值400万元都是夫妻共同财产。

⑤继承场景。男女双方于1997年结婚,男方2010年去世,未有遗嘱,留下三套婚前房屋,婚后增值总计100万元。另外,女方也有婚前房屋一套,婚后增值40万元。女方与男方既往婚姻中的子女发生遗产纠纷。争产期间,男方的房屋继续增值若干。[51]

该案中,上述总计140万元的房屋婚后增值(男方房屋婚后增值100万元、女方房屋婚后增值40万元)是夫妻共同财产,女方有权分一半,由于其中40万元的增值已经在她名下,所以她还能再分30万元。男方婚前房屋的其余70万元增值应为遗产。男方去世后,婚姻消灭,婚后所得共同制随之不再,所以,此后男方婚前房屋的增值就不复为夫妻共同财产,而是遗产,由全体继承人享有。

五、次优选择:全有方案+比例方案

在全有方案之下,现行法上的婚后资本所得"三分法"毫无意义。各类婚后资本所得都属于夫妻共同财产,无须区别对待。在立法论层面,这意味着孳息、自然增值、主动增值等概念均应退出夫妻财产法的舞台。但是,在解释论层面,由于种种因素,全有方案未必能全然实现。[52] 以下退而求其次,讨论现行法上的次优选择。

---

[50] 该案转引自程律、吴晓芳,见前注[26],第113—114页。潜在不同观点,参见杜万华、程新文、吴晓芳,见前注[5],第29页(仅提及基金投资"卖出和买进也需要投入大量的时间和精力"的情形)。

[51] 该案改编自四川省眉山市中级人民法院(2013)眉民终字第374号民事判决书。

[52] 完全贯彻全有方案的解释论,参见贺剑,见前注[1],第112—113页。

(一) 以全有方案为原则

上文第二部分已述,在现行法上,夫妻个人财产的婚后资本所得呈现多种方案并存的局面:①全有方案,主要适用于生产、经营、投资收益;②有条件的全有方案,以孳息为典型;③全无方案,这更多体现在文本层面(在实践中未必被贯彻),如孳息、自然增值;④比例方案,如按揭房屋的婚后增值补偿。

不仅如此,上述方案的适用范围还彼此交错。一旦解释者的价值判断改变,各方案的适用范围就会此消彼长。例如,司法解释中关于夫妻个人财产婚后孳息的归属,表面上采取全无方案,一律为夫妻个人财产;但是,基于最高人民法院的解释,则转变为有条件的全有方案——前述孳息只要包含较多的夫妻婚后劳动投入,就不再是孳息,而构成经营或投资收益。又如,夫妻一方个人财产的婚后增值,也可能受制于不同版本的有条件的全有方案,如是否包含较多的夫妻婚后劳动投入、是投资还是自用等。[53]

单从形式层面审视现行法上林林总总的方案,无疑有"精神分裂"之感。如何厘定各方案的适用边界也会成为难题。作为出路,应当回归实质视角,预先明确全有方案才是价值层面的理想方案,解释论的大方向才能确定。换言之,在现行法允许的范围内,应尽量贯彻全有方案。其要点在于,指向夫妻个人财产的两个概念——孳息、自然增值,原则上应予架空;其文义范围内的夫妻财产,应相应被界定为生产、经营或投资收益,从而成为夫妻共同财产。就此而言,最高人民法院限缩解释孳息、自然增值的诸多努力,虽然初衷或有不同,但效果上都接近或等同于全有方案。以此为基点,只要解释者从提供合理经济激励的角度理解夫妻财产法的规范目的,完全可以再进一步,彻底架空孳息和自然增值。

(二) 以比例方案为例外

在现行法上,全有方案的唯一障碍是婚前按揭房屋情形下的比例方

---

[53] 参见上文第一部分第(四)小节第2点。

案。《婚姻家庭编解释一》第 78 条(前身为《婚姻法解释三》第 10 条)对此有明确规定:

> 夫妻一方婚前签订不动产买卖合同,以个人财产支付首付款并在银行贷款,婚后用夫妻共同财产还贷,不动产登记于首付款支付方名下的,离婚时该不动产由双方协议处理。
>
> 依前款规定不能达成协议的,人民法院可以判决该不动产归登记一方,尚未归还的贷款为不动产登记一方的个人债务。双方婚后共同还贷支付的款项及其相对应财产增值部分,离婚时应根据民法典第一千零八十七条第一款规定的原则,由不动产登记一方对另一方进行补偿。

在最高人民法院未明确推翻或架空前述第 78 条之前,很难期待各级法院在此情形下背弃比例方案而改采全有方案。换言之,在解释论上,比例方案仍无法被全有方案彻底取代。进一步,比例方案可否类推适用于法无明定的其他场合,以及类推适用的边界何在,势必成为全有方案和比例方案之间的灰色地带。对此主要有两种方案。

第一,完全排除比例方案的类推适用。即在《婚姻家庭编解释一》第 78 条之外的其他情形,都适用全有方案。其弊端在于,在部分情形下,这会明显违背相同事物相同处理的原则,可接受度较低。例如,在该方案之下,夫妻一方婚前以个人财产购买的按揭房屋,婚后夫妻共同还贷,应适用比例方案;如果其他事实相同,但夫妻一方不是从银行贷款,而是从亲友处借款,却应适用全有方案。此等结论反差强烈,接近于否定比例方案,难以为司法实践所接纳。

第二,有限类推适用比例方案。本质上,这是一个"错上加错"、不得已而为之的方案:明明全有方案应当适用于所有场景,却因为司法解释对比例方案的有限加持,而不得不容忍比例方案的瑕疵以及其在有限范围内的扩张适用。此类"有限"类推,注定是艰难的权衡,充满矛盾和张力。这无关乎逻辑和价值,而有赖于司法实践的智慧。

作为初步建议,在划定前述有限类推适用的边界时,可考虑如下规则。

①限于夫妻一方个人拥有的家庭唯一房屋的婚后增值。一方面,除了《婚姻家庭编解释一》第 78 条的婚前按揭房屋的婚后增值,比例方案还可扩张适用于其他类型的夫妻一方个人拥有房屋的婚后增值。另一方面,第 78 条的适用范围也应予适当限缩,仅适用于夫妻一方个人拥有的家庭唯一住房的婚后增值;其他财产的婚后增值,包括其他类型房屋的婚后增值,均应认定为投资收益。[54]

②夫妻共同还贷行为之外的其他行为,如夫妻婚后劳动或其他夫妻财产的投入,在一定条件下也可触发比例方案的适用,从而允许有关夫妻财产分享夫妻一方个人财产的婚后增值。前述投入、条件的内涵为何,则取决于比例方案自身的原理和构造,以下详论。

六、比例方案的理由与构造

在民事财产法层面,夫妻一方使用夫妻共同财产偿还其个人房屋的按揭债务,至多只需按照借贷或不当得利的规则,向夫妻另一方返还相应本金即可。[55] 但是,前述第 78 条在本金返还之外,还要求"相对应财产增值"的返还,其背后立法理念如何,实有探讨必要。对于司法实践而言,该探讨同样重要,因为不同的立法理念很可能推导出比例方案的不同构造,进而影响前述第 78 条的解释适用。

(一) 比例方案与通货膨胀的抵消无关

在论证比例方案时,美国法上曾有一种损害赔偿的思路:在诸如《婚姻家庭编解释一》第 78 条的情形下,夫妻共同财产固然只能要求返还本

---

〔54〕 参见吴晓芳,见前注〔5〕,第 74 页;程律、吴晓芳,见前注〔26〕,第 116 页。当然,在全有方案的框架下,夫妻个人拥有的家庭唯一住房的婚后增值也应为夫妻共同财产。初步论证,参见贺剑,见前注〔1〕,第 113 页。

〔55〕 参见《最高人民法院关于人民法院审理离婚案件处理财产分割问题的若干具体意见》第 12 条前半句。美国法上的类似规定,参见《路易斯安那州民法典》第 2364、2366、2368 条;Elizabeth B. Brandt, "The Treatment of Community Contributions to Mortgage Payments (Including Principal and Interest) on Separate Property", 30 Idaho Law Review, 706, 722 (1994) ("interest-free loan" "prevent unjust enrichment")。

金,但是,为了抵消本金的通货膨胀,仍应进行增值分配。在1980年华盛顿州上诉法院的一个案件中,有法官就曾指出,本金返还规则在经济平稳期诚然是合适的,但在通货膨胀率已高达19%~20%的时期,若一仍旧贯,与夫妻共同财产当初投入资金的购买力相比,本金返还将不成其为"真正的返还"。因此,夫妻共同财产应有权根据其当初的出资比例,分享财产的本金及增值。[56]

该思路的缺陷在于,它在通货膨胀率和房屋增值率之间强行画了等号。如果二者相差悬殊(我国近年来即如此),这一等式就无法成立。

(二)比例方案与主动增值的返还无关

比例方案的另一潜在依据为:在夫妻一方个人按揭房屋的婚后增值中,夫妻婚后共同还贷款项的"相对应财产增值"是主动增值,而非自然增值,因而是夫妻共同财产。在我国,这是一项常见的论证,但也是一个常见的误会。

1. 比例方案中可被分享的增值并非主动增值

从正面来看,夫妻个人按揭房屋的婚后增值,包括共同还贷的"相对应财产增值"在内,与通常的房屋婚后增值并无不同。两者往往得益于市场行情、通货膨胀等因素,与夫妻婚后劳动投入、其他夫妻财产投入等夫妻的主观努力之间并无因果关系,故应界定为自然增值。[57]

从反面来看,现有研究所主张的夫妻共同还贷的对应房屋增值是主动增值,不无偷换概念之嫌。

其一,有些学者单纯强调,婚后共同还贷对应的房屋增值"离不开对方配偶的贡献"[58],甚至认为前述增值"不是因物价上涨等因素所致,而

---

[56] See McCoy v. Ware, 25 Wn. App. 648, 651 (1980) (J. Roe, concurring). 该意见后来被相关判例肯定,参见 In re Marriage of Elam, 97 Wn. 2d 811, 817 (1982)。

[57] 参见最高人民法院民事审判第一庭编著:《最高人民法院民法典婚姻家庭编司法解释(一)理解与适用》,人民法院出版社2021年版,第250页。关于《婚姻法解释三》第5条的类似状况,参见杜万华、程新文、吴晓芳,见前注[5],第29页;最高人民法院民事审判第一庭编著,见前注[5],第97—98页;

[58] 裴桦:《论夫妻一方婚前财产于婚后所生利益的归属》,载《当代法学》2008年第5期,第121页。

是凝聚了另一方的心血与贡献"[59]。这显然忽略了，房屋增值通常源于市场行情而非夫妻的主观努力；后者的典型仅限于房屋的装修增值等少数情形。

其二，夫妻的共同还贷等主观努力，并非夫妻财产产生增值的原因，而至多是夫妻得以保有财产增值的原因。而且，夫妻能够保有财产增值，首先也有赖于市场行情、通货膨胀等因素（产生增值），其次才得益于夫妻的共同还贷等行为（使得夫妻而非银行保有前述增值）。有学者认为，还贷行为使得房屋免于被银行拍卖，因而全部房屋增值是夫妻双方共同努力的结果，或者是自然增值和双方出资行为共同作用的结果。[60] 这关注到了前述两方面原因，但仍然混淆了增值的产生和保有。

2. 即使改造主动增值，比例方案也无从实现

或许有人会说，夫妻一方通常关注增值的"保有"，而非增值的"产生"。据此，有无可能改造主动增值的概念，即不论增值的"产生"原因为何，夫妻一方所"获得"（即保有）的财产增值只要部分或全部源自夫妻婚后劳动或者其他夫妻财产的投入，就可认定为主动增值？

上述改造难以成立。主动增值之所以被特殊对待，主要源自不当得利返还的公平观念（以及与之神似的添附场合的补偿规则）。只有当特定夫妻财产增值的"产生"部分或全部源自夫妻婚后劳动或者其他夫妻财产的投入时，才可能涉及主动增值的界定和返还。

例如，丈夫婚前房屋的 100 万元婚后增值中，如果包含夫妻婚后劳动的装修价值 10 万元，该 10 万元增值就应为夫妻共同财产；如果还包含妻子婚前财产的装修价值 20 万元，该 20 万元增值就应为妻子的个人财产。至于剩余的 70 万元房屋增值，作为与其他夫妻财产无关的增值，均应为丈夫的个人财产。可见，主动增值的概念和归属规则，旨在确保"还本"，并不蕴含分享额外增值或收益的可能性。

---

[59] 范李瑛：《物权变动模式与夫妻财产归属——兼论物权法在夫妻财产所有关系中适用的几个问题》，载《烟台大学学报（哲学社会科学版）》2010 年第 2 期，第 45 页。

[60] 分别参见余文玲：《试论离婚案件中按揭房屋的处理》，载《人民司法》2005 年第 4 期，第 24 页；潘强、张周斌：《共同还贷，增值部分共有》，载《人民法院报》2008 年 9 月 21 日，第 7 版。

参照前述理念,即使夫妻共同还贷对丈夫保有婚前按揭房屋的婚后增值作出了"贡献",夫妻共同体所能请求返还的增值也应为"不当得利",即共同还贷部分的本金(或者再加上利息)。严格说来,这对应于丈夫的房贷债务的减少("得利"),而非房屋的婚后增值。简言之,纵然对主动增值的概念施以前述改造,也无法实现比例方案意义上的(自然)增值之分享。

3. 比例方案的实质:自然增值的分享

事实上,部分研究逐渐意识到,夫妻个人财产的婚后自然增值也可以被界定为夫妻共同财产。[61] 而比例方案的精髓正在于此。

从规则源流来看,上述认识更契合美国法的规则。前文已述,主动增值、被动增值的区分和归属均源自美国法。在美国法上,夫妻个人的房屋随房价上涨产生的增值是自然增值(被动增值),且通常是个人财产。[62]但在一定条件下,上述个人财产的被动增值也可以成为共同财产(或称为婚姻财产)。在2010年的一个案件中,佛罗里达州最高法院对此有清楚的说明:

> 尽管初审法院和地区法院正确认识到,本案的家庭住房是男方的非婚姻财产,但是,该房屋的婚后(部分)被动增值却是婚姻财产,因为:(1)房屋在婚后增值,而婚姻财产被用于偿还按揭贷款;(2)女方为房屋作出了贡献。[63] 鉴于偿还按揭贷款是享受房屋增值的先决条件,我们认为,当非所有权人的夫妻一方为房屋作出了贡献,且婚姻财产被用于偿还按揭贷款时,公平(equity)原则不允许拥有房屋所有权的夫妻一方独享全部的被动增值。[64]

---

[61] 参见程律、吴晓芳,见前注[26],第116页;夫妻一方的个人房屋中由夫妻共同财产出资的"100万元及相应自然增值部分应作为夫妻共同财产"。

[62] See Brett R. Turner, "Unlikely Partners: The Marital Home and the Concept of Separate Property", 20 Journal of the American Academy of Matrimonial Lawyers, 104-105 (2006).

[63] 对于何为"为房屋作出了贡献",法院的表述并不清楚。但从上下文来看,被动增值分配的关键仍然是以婚姻财产还贷:"在家庭住房是非婚姻财产,但其抵押贷款却由婚姻财产偿还的情形下,该房屋在婚后被动的、由市场因素导致的增值"将在抵押债务的范围内构成婚姻财产,例如,如果夫妻一方婚前首付50%,其余按揭,婚后以婚姻财产还贷,该房屋婚后50%的增值就都是婚姻财产。See Kaaa v. Kaaa, 58 So. 3d 867, 872 (Fla. 2010).

[64] Kaaa v. Kaaa, 58 So. 3d 867, 871 (Fla. 2010). 强调为笔者所加;括号内文字为笔者根据上下文所作更正。

可见,《婚姻法解释三》第 5 条以及《婚姻家庭编解释一》第 26 条所代表的、迄今流行的夫妻个人财产的婚后自然增值一律是夫妻个人财产的观点,实为对美国法的失察。当然,这样的失察并不丢人:即使是在美国,多数学者和法院也不像佛罗里达州最高法院那么精准、坦陈,相反,在我国法律中流行的主动增值、被动增值的定义和归属均一再被提及,且多少被当作常识[65];部分学者对于上述概念甚至不乏曲解[66]。以上种种陷阱,还曾导致德国学者[67]、我国台湾地区学者[68]在梳理美国法时也产生了同样的误会。

(三)公平视角下比例方案的不同构造

比例方案最有可能诉诸的是公平价值。但公平观念言人人殊,往往导致不同版本、不同构造的比例方案。以下先反思其中明显不成立者,再讨论两种有代表性的公平观念及其对应版本的比例方案。

1. 公平视角下机会损失的赔偿路径难以成立

在我国法律中,比例方案的另一论据为:从公平角度出发,房价在结婚后的上涨"加大了无房一方的机会成本",无房一方"因为缔结婚姻而错过了最佳的个人购房时机"[69],丧失了"拥有自己房产或者投资于其他方面而获益的权利"[70],故应当以分割房屋增值的形式,让无房一方获得这种机会损失的赔偿。

---

[65] See American Law Institute, Supra note [29], pp. 740-741; John D. Gregory et al., Property Division in Divorce Proceedings: A Fifty State Guide, Aspen Publishers, 2006, pp. 3-50 ff.; Suzanne Renoylds, "Increases in Separate Property and the Evolving Marital Partnership", 24 Wake Forest Law Review, 284-286 (1989); Brett R. Turner, Supra note [62], 104.

[66] 以下文的 Antone v. Antone 为例,尽管该案法院从未提及主动增值,而只是认为房屋增值作为被动增值在一定情形下可以部分成为婚姻财产,但在学者的转述中,它就变成"法院将部分被动增值认定为主动增值"。See John D. Gregory et al., Supra note [65], p. 3-50.5 ("The appreciation in Antone was passive ... but the court classified part of the appreciation as active").

[67] Vgl. Robert Battes, Echte Wertsteigerungen im Zugewinnausgleich, Zeitschrift für das gesamte Familienrecht 54 (2007), 315.

[68] 参见柯政延:《剩余财产分配请求权中婚前财产与婚后财产认定之研究——以美国共同财产制为借镜》,载台大学 2011 年度硕士论文,第 186 页。

[69] 最高人民法院民事审判第一庭编著,见前注[5],第 163 页。

[70] 吴晓芳,见前注[17],第 58 页。

以上机会损失赔偿的路径欠缺说服力和解释力。其一,在构成要件方面存在缺失。如果夫妻双方不离婚,前述机会损失赔偿是否仍然成立?如果不成立,前述赔偿就应该与离婚的原因挂钩。此外,它仅能适用于请求分享房屋增值的夫妻一方没有任何住房的情形,解释力有限。

其二,在法律后果方面,机会损失赔偿的路径更难以推导出目前的比例方案。如果真要赔偿无房一方的机会损失,房屋的婚后增值应当由夫妻双方平分[71],或者更严格地说,应当赔偿无房一方婚后可用于购房的资金所对应的机会损失,而不应当根据夫妻共同还贷的数额作相应分配。因为购房后夫妻共同还贷的数额,只与房贷数额和期限、婚姻关系存续期间等因素有关,而与无房一方因结婚而错失的购房机会及其价值无关。

2. "论功行赏":对自然增值的保有作出贡献者,可按比例分享增值

如果单纯诉诸公平观念,还可能得出如下规则:当夫妻一方"保有"(取得)其个人财产的婚后自然增值,得益于夫妻婚后劳动或者其他夫妻财产的投入时,基于公平观念,应允许后者按比例分享前述自然增值。

此项规则所对应的,是一种"论功行赏"的公平观念。只有当夫妻一方保有自然增值得益于夫妻婚后劳动或者其他夫妻财产的投入或贡献,即两者之间有因果关系时,其他夫妻财产参与分享增值才被认为是公平的。于此,重点在于如何"论功",即如何量化和比较各方的贡献。

较为简单的情形是,夫妻以夫妻共同财产装修丈夫的婚前房屋。该装修投入与房屋的婚后自然增值的产生、保有都不存在因果关系。因此,根据论功行赏的公平观念,夫妻双方不能基于装修投入分享房屋的婚后自然增值。

较为棘手的情形如,夫妻以夫妻共同财产归还丈夫个人婚前房屋的按揭贷款。一般认为,共同还贷行为可以避免按揭房屋因逾期还款而被银行拍卖,因而对丈夫保有前述房屋的自然增值作出了贡献。但是,如果

---

[71] 美国有法院基于机会损失赔偿的思路,判决夫妻双方平分房屋的婚后增值,亦即平摊购房机会的损失。See Anthony v. Anthony, 514 A. 2d 91, 94–95 (Pa. Super. 1986); Peter Sevareid, "Increase in Value of Separate Property in Pennsylvania", 68 Temple Law Review, 563–565 (1995).

丈夫能够证明,即使不以夫妻共同财产还贷,自己仍有足够的夫妻个人财产用于偿还贷款,或者存在其他融资渠道,则夫妻共同还贷与丈夫保有房屋增值之间的因果关系就未必成立。夫妻双方基于夫妻共同还贷数额按比例分享房屋增值的正当性就会降低。进一步,如果恪守论功行赏的逻辑,还应辨明夫妻共同还贷与房屋自然增值的时间先后关系。例如,如果房屋价格大涨仅发生在夫妻共同还贷的第1年,之后房屋价格再未上涨,那么,夫妻就仅能基于第1年的夫妻共同还贷数额,而非整个婚姻关系存续期间的共同还贷数额,按比例分享房屋婚后增值。

论功行赏的公平观念还面临一个更大的诘问:为什么要论功行赏?纵然共同还贷等行为避免了按揭房屋被拍卖,从而确保丈夫可以获得相应房屋增值,但是,根据不当得利法的一般规则,以及背后的公平观念,贷款本金(及利息)的返还固然是理所应当的,但进一步"论功行赏"按比例分配却不具有必然性。换言之,公平是否必然意味着前述"论功行赏"的安排,依然可以见仁见智。

3."模拟自由交易":对特定夫妻财产"投资"者,按比例分享自然增值

另一种公平观念则旨在确立如下比例方案:夫妻一方的个人财产只要利用了夫妻婚后劳动或者其他夫妻财产,即使后者未曾对该个人财产的婚后自然增值的产生或者保有作出贡献,其他夫妻财产依然能够按比例分享该自然增值。[72]

前述公平观念的出发点为:不论是夫妻共同财产,还是夫妻一方的个人财产,都不应当"被迫"向其他夫妻财产提供"无息贷款"或者类似经济支持。[73] 而现实情况是,夫妻财产之间的经济支持往往是"被迫"的——不仅夫妻一方对另一方的经济支持是如此,夫妻一方内部的个人财产和共同财产之间的从左口袋到右口袋的经济支持更是如此。

对于提供经济支持的夫妻财产而言,前述"被迫"意味着它丧失了在通常市场环境下,向第三人提供经济支持时所享有的一系列交易自由,包括决定是否交易、和谁交易、决定交易方式和对价等。而比例方案,正是

---

〔72〕 关于该规则的具体构造,参见贺剑,见前注〔1〕,第101—102页。
〔73〕 参见 Brett R. Turner, Supra note〔62〕,90;贺剑,见前注〔31〕,第141—142页。

对上述交易自由丧失的补救,或者说,是对夫妻财产之间的、由于交易成本畸高而无法达成的自由交易的"模拟"。[74] 其结果是,把各类夫妻财产之间彼此提供经济支持的行为看成一类共同投资行为,并按投资比例分配收益。

当然,为何模拟的结果一定是按比例分享自然增值,而不是根据通常的市场价格(如资金的市场利率、劳务的市场报酬),由接受经济支持的夫妻财产向其他夫妻财产支付补偿,仍有讨论余地。

一种解释是,按比例分享增值,一方面是提供经济支持的夫妻财产所乐见的;另一方面,接受经济支持的夫妻财产的利益也未曾受损,因为它同样以实际出资为限,获得了通常所能期待的投资回报。[75] 可是,此种论证并未说明,接受经济支持的夫妻财产为何不能仅根据市场价格支付资金或劳务成本。换言之,为何前述经济支持必须是"股权投资"(按比例分享收益),而不能是"债权投资"(获得固定收益)?就此而言,倒不如泛泛地说,按比例分享增值的方案更契合公平观念,或者更契合夫妻双方的潜在意愿——这虽然失之宽泛,但至少符合直觉。当然,与任何宽泛的公平观念一样,这依旧是欠缺说服力的论证。[76]

(四)比例方案的解释论

1. "模拟自由交易"的公平观念相对更优

与"论功行赏"的公平观念相比,"模拟自由交易"的公平观念略胜一筹。前者只关注到对自然增值的保有作出贡献的特定"经济支持",并试图对之论功行赏;而后者则关注到所有实际产生自然增值的夫妻财产所涉及的"经济支持",以及相应的(事前层面的)交易自由的缺失。前者是一种就事论事的探讨,所诉诸的公平观念也不无见仁见智的余地;而后者则致力于补救被迫经济支持的情形下普遍存在的交易自由之丧失,更

---

[74] 这与法律经济分析中的"模拟市场"颇为相近。后者参见 Horst Eidenmüller, Effizienz als Rechtsprinzip, 2. Aufl., 1998, S. 65; David Campbell, "Welfare Economics for Capitalists: The economic Consequences of Judge Posner", 33 Cardozo Law Review, 2250 (2012).

[75] See Brett R. Turner, Supra note [62], 107.

[76] 对比例方案和全有方案的优劣比较,参见上文第三部分第(二)小节。

接近对自由价值(或意思自治原则)的维护。[77]

2."模拟自由交易"的比例方案之域外法

在比较法上,可资参考的是,美国法和瑞士法[78]大体采取了模拟自由交易的比例方案。自然增值的分享,并不局限于相关经济支持行为对自然增值的保有作出贡献的场合。以下结合我国的情况,作两点说明。

①在按揭房屋增值的场合,相关论述并不强调夫妻共同还贷对于增值保有的贡献,而更强调其"投资"的角色。

对于通过"投资"分享被动增值,美国明尼苏达州最高法院在2002年的一个案件中有清晰阐释:在婚前房屋的按揭贷款婚后由婚姻财产偿还的情形下,应当将相应的"因市场因素而产生的增值"作为婚姻财产,以免"剥夺婚姻财产的任何投资回报"[79]。

最高人民法院对于《婚姻法解释三》第10条的核心论证——此类房屋是"婚前个人财产(婚前个人支付首付及还贷部分)与婚后共同财产(婚后双方共同还贷部分)的混合体"[80],因而两类夫妻财产可以按所有权比例分享相应房屋价值(本金及增值),实际效果上也接近于前述共同投资的说法。

此外,加利福尼亚州(以下简称"加州")最高法院在摩尔案中的阐释也可资对照:

> 在夫妻共同财产向夫妻一方婚前购买的财产提供经济支持的情形下,加州的案例法承认,夫妻共同体在该财产上享有一个按比例计算(pro tanto)的共同财产利益……其体现为共同财产的投资在全部

---

[77] 在当事人之间没有任何合同约定时,自由价值,或者说广义的意思自治原则,也要求法律模拟最大多数当事人的意愿,设定相应的任意性规定。参见贺剑:《担保人内部追偿权之向死而生——一个法律和经济分析》,载《中外法学》2021年第1期,第110—111页。

[78] 参见贺剑,见前注[31],第139—146页。

[79] Antone v. Antone, 645 N. W. 2d 96, 103 (Minn. 2002).

[80] 杜万华、程新文、吴晓芳,见前注[5],第26页;最高人民法院民事审判第一庭编著,见前注[5],第161—162、164页。在少数场合,最高人民法院已然把夫妻另一方看成了投资人或合伙人:"既然房价上涨时,另一方要共享升值利益,那么,跌价时不共同承担损失就是不公平。"最高人民法院民事审判第一庭编著,见前注[5],第165—166页。另须指出,在阐释《婚姻家庭编解释一》第78条时,最高人民法院未再提及"财产混合体"的说法。参见最高人民法院民事审判第一庭编著,见前注[57],第664—669页。

个人和共同财产投资中所占比例。如果该财产的市价上涨……(夫妻共同体)有权按照前述比例分享增值。"[81]

可以看出,加州最高法院的上述做法与我国最高人民法院的"财产混合体"说法不谋而合。在美国,这一做法因为允许个人财产和婚姻财产"像共同投资人一样去分享资本的增值",所以被称作"共同投资模式"[82],有时甚至被称作"股权投资"[83]。在我国,其实也有研究认识到这一点,如其所言,不享有产权的夫妻一方享有"对房屋的投资权","当房产增值时,投资人自然应当获得回报","如果房产贬值,投资人也应承担相应的风险"。[84]

②对于房屋装修增值与房屋自然增值并存的场合,尤须特别予以说明。

在一个美国的案件中,房屋是妻子的婚前财产,结婚时价值 1.5 万美元,离婚时价值 3.4 万美元。1.9 万美元婚后增值中,基于共同财产出钱装修产生的增值为 0.55 万美元,基于通胀因素产生的增值为 1.35 万美元。华盛顿州最高法院认为,"共同财产有权依其所作贡献在个人财产价值中所占比例,分享个人财产因通货膨胀因素产生的增值",故共同财产不但可以获得装修增值 0.55 万美元,还可以获得通胀增值 3622 美元[$0.55 \div (0.55+1.5) \times 1.35$ 万美元]。[85] 在瑞士法上,结论也基本相同。[86]

在我国法律中,夫妻将夫妻共同财产用于夫妻个人房屋的装修,装修

---

[81] In re Marriage of Moore, 28 Cal. 3d 366, 372 (1980). 强调为笔者所加;括号内的原文为"妻子",这里作了不害原意的替换。

[82] Louise E. Graham, "Using Formulas to Separate Marital and Nonmarital Property", 21 Kentucky Law Journal, 63, 67 (1985) ("shared investment approach"); Brett R. Turner, Supra note [62], 90 ("joint investors").

[83] In re Estate of Kobylski, 178 Wis. 2d 158, 180 (Ct. App. 1993) ("equity investment"). 相关评论,参见 David R. Knauss, "What Part of Yours Is Mine?", 2005 Wisconsin Law Review, 887 (2005)。

[84] 王竹青:《婚前按揭房产的归属及分割》,载《人民司法》2010 年第 18 期,第 64 页。

[85] See In re Marriage of Elam, 97 Wn. 2d 811, 817 (1982). 但是,在装修增值能否引发被动增值分享的问题上,各州仍有分歧。如在加州,若装修增值源自金钱投入,就有被动增值的分享,若源自劳力投入,就不确定;而在威斯康星州却很可能相反。See David R. Knauss, Supra note [83], 864-869, 890-911。

[86] 参见贺剑,见前注[31],第 143 页。

对应的增值明显是主动增值,是夫妻共同财产。有意思的是,夫妻一方可否主张类推适用《婚姻家庭编解释一》第78条,基于前述房屋装修投入而进一步分享房屋的婚后自然增值? 有观点认为不可以。[87] 这实质遵循的正是"论功行赏"的比例方案。倘若采取"模拟自由交易"的比例方案,前述第78条也应当类推适用于装修增值,以及其他夫妻财产的经济支持与特定夫妻财产的自然增值的产生或保有不存在因果关系的场合。在我国法律中,这是适用前述第78条的关键点之一。

3. "模拟自由交易"的比例方案之解释论

在《婚姻家庭编解释一》第78条以及《婚姻法解释三》第10条的文义之下,任何版本的比例方案都有容身之地。

初步来看,最高人民法院的相关法官更青睐"论功行赏"的比例方案。他们类推适用《婚姻法解释三》第10条时,大多限于其他夫妻财产为夫妻购房提供贷款或资金,即与夫妻个人房屋婚后增值的保有存在一定因果关系的场合。主要包括:夫妻一方婚前按揭房屋的首付款源自两种或多种夫妻财产[88];购房出资部分源自夫妻一方个人财产、部分源自亲朋好友借款或者其他非按揭贷款,事后以夫妻共同财产参与还贷等情形。[89] 此外,关于比例方案可否适用于夫妻一方婚后以个人财产按揭购房且以夫妻共同财产还贷的情形[90],还存在相互对立的观点(按照前述类推适用的逻辑,自应允许类推适用)。

但需注意,上述相对保守的类推适用主张,并未明确排除进一步扩张适用的余地。基于"论功行赏"的公平观念,诚然应当采取前述有限类推的方案;可一旦转变观念,改采"模拟自由交易"的公平观念(严格来说是自由价值或者广义的意思自治原则),进一步扩展适用的大门就打开了。在上文房屋装修增值与房屋自然增值并存的场合,投入装修增值的夫妻就可以相应分享房屋的自然增值。

---

[87] 例如,张先明:《起草理念 利益衡量 农村女性特殊保护——专家学者就〈婚姻法解释(三)〉有关问题答记者问》,载《人民法院报》2011年9月6日,第1版。

[88] 参见杜万华、程新文、吴晓芳,见前注[5],第25页。

[89] 类似见解,参见杜万华、程新文、吴晓芳,见前注[5],第26页。

[90] 相反观点,参见最高人民法院民事审判第一庭编著,见前注[5],第166页(惜无说理)。

还须说明的是,实务中最常见、争议最大的《婚姻家庭编解释一》第78条的按揭房屋的婚后增值归属,并不会受前述方案之争的影响。不论是"论功行赏"的比例方案,还是"模拟自由交易"的比例方案,均可推导出该条之下自然增值的按比例分享。前述第78条的适用所需关注的,是更为细节的技术难题。鉴于该问题的重要性,以下专门论述。

七、按揭房屋的增值归属

按揭房屋的增值归属主要涉及两个问题:一是投资比例的确定,二是增值数额的确定。前者尤为关键。而如何看待抵押债务在投资比例中的角色,更是关键之关键。

(一)投资比例的确定之一:抵押债务是否算作投资?

早在《婚姻法解释三》第10条之下,对于共同还贷"相对应财产增值部分",各地法院就存在多种计算方法,争论不休。当然,也大体存在如下共识:①房屋增值包括三部分,即首付出资对应的增值、共同还贷(即已偿还的抵押债务)对应的增值和尚未偿还的抵押债务对应的增值;②夫妻共同财产仅能获得共同还贷对应的增值;③尚未偿还的抵押债务在离婚时应被作为拥有房屋的夫妻一方的个人债务,相应增值也应由其享有。[91]

在以上共识中,已偿还和未偿还的抵押债务都被看作一种"投资",可以分得相应房屋增值。但是,这并非当然之理。

例如,美国的一些州在计算夫妻双方的投资比例时,曾完全不考虑抵押债务。[92] 以加州为例,在历史上,加州的法院在计算投资时,要么只考虑首付出资和实际还贷的本金,要么只考虑首付出资和实际还贷的本金

---

[91] 参见张宝华、王林林:《婚前个人贷款婚后共同还贷房屋的分割——山东日照中院判决王明坤诉庄佃芝离婚纠纷案》,载《人民法院报》2012年4月12日,第6版;最高人民法院民事审判第一庭编著,见前注[5],第168页。

[92] See J. T. Oldham, Divorce, Separation, and the Distribution of Property, Law Journal Press, 2006, pp. 7-23.

及利息。[93] 当然,两种方案都有弊端:前一方案对还款一方不利,因为它没有考虑到,按揭还款的前期主要是在偿还利息;后一方案则对首付一方不利,因为贷款利息越高、还贷时间越长,首付的投资比例就越低。[94] 极端情形如肯塔基州的特拉维斯案[95],该案中,夫妻一方婚后一直以婚姻财产归还其个人房屋按揭贷款的利息,本金分文未还,按照前述两种方案,婚姻财产的投资要么为零,要于仅限于还贷利息,结果很难让人满意。这也就无怪乎,肯塔基州最高法院最后居然以明显有破绽的理由,将该案的房屋增值全部认定为婚姻财产。[96]

当然,美国多数州以及后来的加州其实都认可抵押债务或其对应贷款是一种投资。[97] 如在上文的摩尔案中,加州最高法院就指出,应将抵押债务对应的贷款视为一种出资,以承认用于购房的"贷款债务的经济价值"[98]。研究者还指出,这可以有效保障首付一方的投资利益,他支付几成首付,就分享几成收益,无须担心受其他因素影响。[99]

(二)投资比例的确定之二:抵押债务算是谁的投资?

在认可抵押债务或其对应贷款是一种投资以后,接下来的问题是确定:它是谁的投资,它对应的增值应由谁取得?

这一问题颇为棘手,以美国为例,各州在这一问题上的立场至少有7种。[100] 在笔者看来,这些分歧很大程度上源于各州法院并未认清抵押债务的"庐山真面目"。具体而言,抵押债务作为投资,究竟是一笔一次性投资,因而与"一投永逸"的首付出资相似?还是一笔持续性投资,需要

---

[93] 分别参见 In re Marriage of Jafeman, 29 Cal. App. 3d 244 (1st Dist. 1972); Vieux v. Vieux, 80 Cal. App. 222 (2d Dist. 1926)。

[94] See Peter M. Moldave, Supra note [36], 1284-1285.

[95] See Travis v. Travis, 59 S. W. 3d 904 (Ky. 2001).

[96] 具体批评参见该案少数法官的反对意见, Travis v. Travis, 59 S. W. 3d 904, 913 (Ky. 2001)。

[97] See J. T. Oldham, Supra note [92], pp. 7-23.

[98] 28 Cal. 3d 366, 373 (1980) ("recognized the economic value of the loan taken to purchase the property").

[99] See Peter M. Moldave, Supra note [36], 1286.

[100] See J. T. Oldham, Supra note [92], pp. 7-23 ff.

时时维护和经营?

美国各州大都倾向于前一种理解,并因此把抵押债务对应的贷款(loan proceeds),而不是抵押债务(loan)看作投资。[101] 这似乎符合交易现实,因为购房资金除了首付款,就是上述贷款。据此,在贷款合同签订、银行发放贷款时,抵押债务对应的投资就已到位和完成了。但是,这正是症结所在,并引发了一系列问题。

第一,由于抵押债务对应的投资在放款时即已完成,在确定这笔投资的归属时,就只能考察上述时点之前的相关因素,如贷款人签订贷款合同时的意思、抵押物是婚姻财产还是个人财产等,上文各州的 7 种立场即由此而来。

第二,由于抵押债务对应的投资在放款时即已完成,那么,这笔投资及其对应增值的归属就已确定,不再受事后还贷情况的影响。这首先导致了,抵押债务的对应投资及增值毫无道理地因"时"而定:即便房屋都是以个人财产按揭购买、贷款都是在婚后以共同财产偿还,只要贷款时间在婚前,上述投资及对应增值就是个人财产;而一旦贷款时间在婚后,却又都是共同财产![102] 其次,它还导致事后偿还抵押债务的行为在逻辑上无法被(重复)认定为"投资",因为抵押债务对应的投资已经到位和完成了。上文加州最高法院在摩尔案中宣示的共同投资理念,即让事后还贷的共同财产在个人房屋上取得一个"投资"利益,也将因此在逻辑上无法成立。[103]

在笔者看来,抵押债务应认定为一笔持续性投资,需要时时维护和经营。从反面来看,一旦借款一方不按时偿还债务,按揭房屋就有被拍卖抵债的风险。因此,构成对按揭房屋之"投资"或经济支持的,并非抵押债

---

[101] See J. T. Oldham, Supra note [92], pp. 7-23; American Law Institute, Supra note [29], pp. 768-769. 对两个概念混用者,如摩尔案,参见 In re Marriage of Moore, 28 Cal. 3d 366, 373 (1980)。

[102] See Peter M. Moldave, Supra note [36], 1287.

[103] 反倒是在此前的卢卡斯案中,加州最高法院的逻辑更为一贯:一旦抵押债务对应的投资确定,事后还贷的共同财产就仅能获得本金的返还,无权分享增值。See In re Marriage of Lucas, 27 Cal. 3d 808, 816, Fn. 3 (1980)。

务对应的贷款,而是抵押债务本身。[104] 唯有如此,事后偿还抵押债务的行为才能在逻辑上被视为某种投资,而不会沦为逻辑上不可能发生的"重复"投资。

进一步看,事后偿还抵押债务的行为通常包含两类投资:一类是还本,一类是付息。还本行为类似于首付出资,它减少了抵押债务,代之以自有资金,亦即将不稳定的"持续性投资"替换为稳定的"一次性投资"。付息行为则等同于抵押债务这一投资本身,因为正是利息的支付(在我国多数时候,还包括本金的支付)维持了抵押债务的存在——被支付的利息,实为已经偿还和尚未偿还的抵押债务的使用对价!对于上述两类投资,还可以套用经济学术语作形象的说明:抵押债务譬如一个"杠杆",还本行为是去杠杆化,是一种投资;付息行为是维持和使用杠杆,更是一种投资。[105]

在确定抵押债务及对应增值的归属时,尽管可以将还贷行为先细分为还本行为和付息行为,然后分别确定二者及对应增值的归属,但实践中却无此必要。具体而言:

①在夫妻婚后从未还本,而一直以共同财产付息的情形下(如上文美国的特拉维斯案),婚后整个抵押债务都应作为共同财产的投资,对应的房屋增值也都应作为共同财产。[106]

②在夫妻婚后一直以共同财产还本付息(如《婚姻家庭编解释一》第78条)的情形下,减少抵押债务的还本行为和维持抵押债务的付息行为可以合并看成一种投资——在婚后提供了(结婚时尚存的)整个抵押债务,因而夫妻共同财产有权获得前述整个抵押债务所对应的房屋婚后增值。[107] 这是一个对既有司法实践至关重要的认识!

---

[104] Similarly, see Peter M. Moldave, Supra note〔36〕,1289 ("'own' the loan").

[105] 这一分析仅适用于银行按揭等有偿借贷。在涉及无偿借贷时,尚未偿还的债务及对应增值应如何归属,仍取决于债务在法律上由谁承担。

[106] 该案少数法官在反对意见中的结论即为如此,但说理略有不同。See Travis v. Travis, 59 S. W. 3d 904, 913 (Ky. 2001).

[107] 佛罗里达州最高法院在上文提到的案件中也有相同结论。See Kaaa v. Kaaa, 58 So. 3d 867, 871 (Fla. 2010). 另外曾有该州参议员提出动议,要求将这一做法修改为类似于加州法院的做法,但未得到采纳。See The Florida Senate, Senate Bill 0752 (2012); Florida Statutes § 61.075 (6) (a) 2013.

换个角度说，既然夫妻个人财产在婚后的出资仅限于首付，它就只应获得首付部分对应的增值；其余增值，即结婚时尚存的（或者更准确说，夫妻开始共同还贷时尚存的）整个抵押债务所对应的增值，都应当由夫妻共同财产获得。[108] 这其实也是瑞士法数十年来的惯常做法。[109]

③在婚后夫妻个人财产和共同财产都参与还贷的情形下，计算时，可以先由二者共同分得整个抵押债务所对应的增值，然后在二者内部进行再分配。为简化计算，不妨不区分还本和付息，而直接按照二者各自的还贷总额计算分配比例。例如，假设整个抵押债务对应的婚后房屋增值是140万元，夫妻共同财产、夫妻个人财产的还贷总额分别是40万元和30万元，二者就可以按照4∶3的比例分享前该140万元增值。[110]

(三) 投资比例的确定之三：首付、税费及利息的地位

除去抵押债务这一特殊形式的投资，夫妻个人财产和夫妻共同财产的投资原则上都应以实际出资为准。除了首付，购房过程中的交易税费（如契税、中介费）也应视同首付，在计算投资比例时计入。因为交易税费虽未构成房屋的价值，却和首付一样，是购房的必要支出。当前，由于不同房屋的税收差别巨大，税收成本甚至直接影响房屋的市场价格。

至于还贷利息，它作为抵押债务的使用对价已经在确定抵押债务的归属时得到了考虑，因此，在计算投资比例时不能重复计入、重复评价。

---

[108] 目前一般认为，由于尚未偿还的抵押债务在离婚时被作为夫妻一方个人债务，后者在离婚后须单独还贷，并承担房价下跌风险，因此相应增值应是其个人财产。参见最高人民法院民事审判第一庭编著，见前注[5]，第161页；张宝华、王林林，见前注[91]；潘强、任爱卿：《离婚时，房贷未还清增值怎么分》，载《人民法院报》2009年9月6日，第7版。这一观点殊值检讨：其一，它忽略了付息行为对于抵押债务，尤其是尚未偿还的抵押债务在婚姻关系存续期间的维护作用；其二，权利与义务（风险）相一致的逻辑看似合理，但其实是将离婚后的"义务"（继续还贷）、"风险"（房价下跌）与婚姻关系存续期间的"权利"（婚后增值的分配）错配在一起。对此，以下思想实验不无启示意义：如果所有房屋在离婚时都被拍卖，并因此一次性偿还了剩余的抵押债务，那么，"尚未偿还"的抵押债务已不复存在，其对应的房屋增值又应当如何归属？

[109] 参见贺剑，见前注[31]，第144—145页、第148页。

[110] 在等额本息还款的情形下，由于每月还贷数额相同，夫妻共同财产和个人财产的还贷总额比例还可以简化为还贷次数的比较。See Peter M. Moldave, Supra note [36], 1289.

(四)增值数额的确定

在以《婚姻家庭编解释一》第 78 条为代表的比例方案下,被分享的增值特指房屋在婚后共同还贷期间因市场行情等因素而发生的价值提升(自然增值)。在确定增值数额时,需注意两点:

其一,计算时点的确定。这里的增值是指婚后增值,不包括婚前增值,后者一律是夫妻个人财产。当然,如果购房时点和结婚时点相隔不远,婚前增值不明显,不妨忽略上述差别[111];但如果婚前增值巨大,则应予区分,婚前增值应一律作为夫妻个人财产[112]。

其二,交易税费的处理。由于增值仅指房屋价值的提升,因此在确定房屋的初始价值时,通常应以成交价格或市场价格为准,不应计入交易税费[113];而在计算房屋的最终价值时,则应在成交价格的基础上扣除交易税费(如果该税费是由卖方承担的),以"净得价"为准。

(五)示例

案例:丈夫婚前购房,房价为 120 万元,其中首付 36 万元、按揭贷款 84 万元。贷款期限 20 年,年利率为基准利率(7.05%)的 85 折(5.9925%),等额本息还款,利息总计 603452.87 元,每月需还款 6014.39 元。婚后以共同财产还贷 3 年,之后离婚,此时房价为 400 万元。离婚时,如果房屋和剩余债务都被判归丈夫,妻子能向丈夫请求多少补偿?[114]

---

[111] 类似实践,如黄培良、董国庆:《离婚了,按揭房屋怎么分?——谈履行期限跨越婚前婚后的按揭房屋及其增值部分》,载《人民司法》2007 年第 2 期,第 30 页。

[112] 参见 In re Marriage of Marsden, 130 Cal. App. 3d 426, 438 (1st. Dist 1982);林劲标、江辉:《夫妻离婚,房产分割那些事儿》,载《人民法院报》2013 年 2 月 3 日,第 3 版。

[113] 这与计算投资比例时计入交易税费并不矛盾。例如,夫妻花 100 万元买房,支出税费 5 万元。尽管买房投资总计 105 万元,但房屋的市场价格还是 100 万元,换言之,任何买房行为在当时都是一个"亏本"投资。作为例外,在上文的税收成本与房价挂钩的情形中,交易税费也可以相应计入房屋的初始价值。

[114] 该案例及不同分析,参见最高人民法院民事审判第一庭编著,见前注[5],第 168 页(假设婚前增值可以忽略不计);该书中的观点也被部分地方法院采纳,如《北京市高级人民法院民一庭关于明确离婚时房屋补偿计算标准的通知》。相同观点,参见最高人民法院民事审判第一庭编著,见前注[57],第 667—668 页。比较法上对类似问题的处理,参见贺剑,见前注[31],第 148 页。

以上案例在实践中具有相当代表性。基于本文主张,相关计算过程如下。

①增值数额。房屋初始价值为 120 万元,最终价值为 400 万元,婚后增值为 280 万元。

②投资比例。丈夫个人财产的投资是首付款 36 万元;夫妻共同财产婚后一直负责偿还贷款,其投资是婚后的整个抵押债务,即 84 万元。二者的投资比例分别为 30% 和 70%。[115]

③增值分配。丈夫个人财产获得首付款对应的增值 84 万元(280×30%);夫妻共同财产获得婚后整个抵押债务对应的增值 196 万元(280×70%),原则上平分,故夫妻原则上各分得 98 万元。

④本金分配。对于 120 万元的购房本金,丈夫个人财产获得首付款 36 万元;夫妻共同财产获得 3 年的还贷本金总计 71569.42 元,夫妻各分一半,即 35784.71 元;剩余贷款本金 768430.60 元,由离婚时承担剩余债务的丈夫获得。[116] 须强调,由于贷款利息并不构成房屋的价值,而是夫妻共同财产使用抵押债务这一投资的对价,所以,3 年的贷款利息总计 144948.52 元应由夫妻共同财产自行承担,不能获得返还,以免重复评价。

综上,妻子原则上可以向丈夫请求补偿夫妻共同财产的一半,包括还贷本金 35784.71 元、房屋婚后增值 98 万元,合计 1015784.71 元。

八、结论

①在价值层面,夫妻个人财产的婚后资本所得应予统一评价,适用统一规则。现行法的"三分法",即将资本所得区分为孳息、增值、其他收益(主要为生产、经营、投资收益),并部分设置不同归属规则的做法,不具有正当性;最高人民法院在制定和解释司法解释的过程中,一定程度上也背离了该做法。

---

[115] 如果将交易税费(假设为 5 万元,由丈夫婚前支出)考虑进来,夫妻个人财产和共同财产的投资就分别为 35 万元和 70 万元,投资比例分别为 33.33% 和 66.67%。

[116] 关于该案还贷本金、利息和贷款余额的计算,可以参见网络上任何一个房贷计算器。

②夫妻个人财产的婚后资本所得归属,存在全无方案、全有方案、有条件的全有方案、比例方案、有条件的比例方案等多种选项。各种方案的比较、选择,必须立基于整个夫妻财产法的规范目的。在此过程中,切忌基于宽泛的价值权衡,陷入各说各话甚至予取予求的局面。

③以夫妻财产法应当提供适当经济激励作为价值预设,婚后资本所得归属的理想方案是全有方案,即夫妻个人财产的婚后资本所得一律是夫妻共同财产。这可以根除夫妻一方在经济层面的自利动机,让任何夫妻都不会因为潜在的离婚风险以及配套适用的法定财产制规则而无法"过自己想过的日子"。在规则方面,基于通货膨胀的增值并非"不真正增值",也应当是夫妻共同财产,由夫妻分享。

④在现行法上,《婚姻家庭编解释一》第78条(对应于《婚姻法解释三》第10条)的存在,使得全有方案难以彻底实现;比例方案仍有一定生存空间。基于前述为夫妻行为提供适当经济激励的规范目的,应以全有方案为原则;比例方案仅在《婚姻家庭编解释一》第78条以及其他类似情形下有限类推适用。此种有限类推包含价值层面的矛盾和张力,考验司法者的智慧。初步建议的类推适用范围为:以夫妻个人房屋的婚后增值为限,且限于家庭唯一住房;可以适用于各种类型的夫妻共同还贷行为,以及其他夫妻财产(以及夫妻婚后劳动)对夫妻一方个人房屋作出经济支持(但无须对房屋增值的产生或保有作出贡献)的行为。

⑤在实质理由层面,比例方案与通货膨胀的抵消、主动增值的返还均无关联,也难以诉诸公平观念之下的机会损失赔偿。相对有说服力的是"论功行赏"的公平观念和"模拟自由交易"的公平观念。进一步比较两者,"模拟自由交易"的公平观念关注婚姻场景下发生在各类夫妻财产之间的"被迫"的经济支持,旨在经由比例方案弥补此情形下的交易自由缺失,略胜一筹。据此,只要存在夫妻财产之间的(被迫)经济支持或曰"投资",不论该经济支持是否对于接受支持的特定夫妻财产的婚后增值作出了贡献,付出经济支持的夫妻财产都可以按比例分享前述婚后增值。

⑥比例方案的版本之争,并不影响《婚姻家庭编解释一》第78条的适用。该条所涉的婚前按揭房屋的婚后增值归属的关键在于,认清抵押

债务的"贡献"。在该条之下,夫妻婚后共同还贷的行为维持了抵押债务在整个婚姻关系存续期间(或者相应期间)的存在,相应,夫妻共同财产有权获得整个抵押债务所对应的房屋婚后增值。此等认识与瑞士法的多年实践(以及部分美国学者的认识)一致。目前司法实践中的各类做法就此都有误会,若能修正,善莫大焉。

夫妻共同财产制规则蕴含的价值判断

——对《婚后资本所得归属的原理与规则》一文的评议[*]

缪 宇[**]

不论是比较法上的夫妻共同财产制立法例，还是我国的《婚姻法》《民法典》，夫妻共同财产制规则均体现了立法者保护女方的基本理念。本文将以美国夫妻共同财产制州、法国和我国为例，对此进行说明。

一、比较法

(一)美国夫妻共同财产制州

夫妻共同财产制在美国落地生根，具有特定的历史背景。[1] 夫妻共

---

[*] 本文受中国政法大学青年学术创新团队项目(21CXTD03)资助。
[**] 中国政法大学民商经济法学院副教授。
[1] 关于夫妻共同财产制历史的简要说明，参见 Paul H. Dué, "Origin and Historical Development of the Community Property System", 25 Louisiana Law Review, Issue 1 (1964).

同财产制源于中世纪时期西哥特人的部落法,后来被西班牙皇家法令(Fuero Real)接受以保护地主阶层的利益。[2] 作为西班牙曾经的殖民地,受到西班牙法的影响,加利福尼亚、得克萨斯、新墨西哥、亚利桑那等州接受了夫妻共同财产制,先后处于西班牙和法国统治的路易斯安那州也维持了夫妻共同财产制;在加利福尼亚州(以下简称"加州")的影响下,爱达荷、华盛顿、内华达等州也将夫妻共同财产制作为法定夫妻财产制。[3] 威斯康星州则通过《统一夫妻财产法案》(Uniform Marital Property Act)确立了夫妻共同财产制。

夫妻共同财产制州可以大致分为管理模式、夫妻共同债务模式两种类型。[4] 管理模式、夫妻共同债务模式的根本区别在于,夫妻共同财产是否应当对夫妻一方的个人债务负责。在管理模式下,夫妻共同财产对夫妻双方的个人债务负责;在夫妻共同债务模式下,夫妻共同财产不应当对夫妻双方的个人债务负责。两种模式的区分可以追溯到19世纪。

在19世纪,美国大部分夫妻共同财产制州都认为,夫妻共同财产应当对丈夫的个人债务负责。这是管理模式和夫妻共同债务模式区分的历史原点。管理模式实际上是在这一立场上做加法,即提高妻子的地位,允许夫妻共同财产对妻子的个人债务负责;夫妻共同债务模式则是在这一立场上做减法,即保护妻子对夫妻共同财产的利益,限制甚至禁止夫妻共同财产对丈夫的个人财产负责。从19世纪到20世纪70年代,美国采纳夫妻共同财产制的几个州分别走向了夫妻共同债务模式和管理模式。这一分歧体现了美国已婚妇女权益保护不断强化、已婚妇女地位不断提升的特殊历史进程。

---

[2] See William A. Reppy, "Major Events in the Evolution of American Community Property Law and Their Import to Equitable Distribution States", 23 Family Law Quarterly, 166 (1989).

[3] See Clarence J. Morrow, "Matrimonial Property in Louisiana", 34 Tulane Law Review, 3-4 (1959); David S. Perkins and Elizabeth Barker Brandt, "The Origins of Idaho's Community Property System: An Attempt to Solve a Legislative Mystery", 46 Idaho Law Review, 47-52 (2009); Caroline Bermeo Newcombe, "The Origin and Civil Law Foundation of The Community Property System", 11 University of Maryland Law Journal of Race, Religion, Gender and Class, 2 (2011); Mennell and Carrillo, Community Property in a Nutshell, 3rd., West Academic Publishing, 2014, pp. 22-24.

[4] 参见缪宇:《美国夫妻共同债务制度研究——以美国采行夫妻共同财产制州为中心》,载《法学家》2018年第2期,第16页。

直到20世纪初,在美国采纳夫妻共同财产制的各州,丈夫作为一家之长负责管理夫妻共同财产甚至妻子的个人财产,丈夫在婚姻关系存续期间引起的债务,即使是个人债务,也应当以夫妻共同财产清偿。路易斯安那州、爱达荷州就持这一立场。[5]而按照当时《加利福尼亚州民法典》(以下简称《加州民法典》)第167—168条,不论是夫妻共同债务还是丈夫的个人债务,丈夫的债权人均可就夫妻共同财产和丈夫的个人财产受偿[6],但妻子的个人财产和收入除外。[7]在加州和路易斯安那州,妻子在婚姻关系存续期间负担的合同之债原则上是个人债务,不应以丈夫的个人财产和夫妻共同财产清偿。[8]

在20世纪20年代女权运动蓬勃发展的时代背景下,为了保护妻子的利益,亚利桑那州和华盛顿州走向了夫妻共同债务模式,即限制夫妻共同财产负责之债的范围,主张夫妻共同财产不对丈夫或夫妻任何一方的个人债务负责。具体来说,这两州首先通过司法实践承认妻子对夫妻共同财产的权益,随后为保护妻子对夫妻共同财产的权益禁止夫妻共同财产对丈夫个人债务负责,限制丈夫对夫妻共同财产的管理权限,最后通过立法赋予妻子与丈夫平等的管理权限,允许夫妻共同财产对妻子的债务负责。

以华盛顿州为例,华盛顿州的司法实践和立法通过以下几步确立了夫妻共同债务模式。

第一步,禁止夫妻共同财产为丈夫的个人债务负责。1917年,华盛顿州最高法院指出,作为夫妻共同体的法定代理人(statutory agent),丈夫是夫妻共同财产的管理人而非所有人,其管理控制权限包括对夫妻共有动产的绝对处分权,但只能为了夫妻共同体而为之[9],故夫妻共同财产

---

[5] See Harriet Spiller Daggett, The Community Property of Louisiana, State University Press, 1949, p. 19, 50; Holt v. Empey, 178 P. 703, 704 (Ida. 1919); Gustin v. Byam, 240 P. 600, 603 (Ida. 1925).

[6] See Frank L. Mechem, "Creditors' Rights in Community Property", 11 Washington Law Review and State Bar Journal, 83 (1936); Alan Pedlar, "The Implications of the New Community Property Laws for Creditors' Remedies and Bankruptcy", 63 California Law Review, 1617 (1975).

[7] See Street v. Bertolone, 226 P. 913 (Cal. 1924).

[8] See Harriet Spiller Daggett, Supra note [5], p. 52; Alan Pedlar, Supra note [6], 1618.

[9] See Schramm v. Steele, 166 P. 634, 637 (Wash. 1917).

不为丈夫的个人债务负责。[10]

第二步,承认妻子对夫妻共同财产的权益,但妻子引起的债务原则上不应以夫妻共同财产清偿。华盛顿州最高法院早在1892年就指出,在夫妻共同财产制存续期间,允许夫妻一方出售自己对共有不动产的权益,会破坏夫妻双方对该不动产的共有关系,既然夫妻任何一方均无权将自己对夫妻共同不动产的权益单独出售给他人,那么,债权人也无权就夫妻一方对共有不动产的权益受偿。[11] 在20世纪30年代,司法实践已经承认,妻子对夫妻共同财产也享有现实的、不可分割的一半利益(present, undivided, one-half interest),而非或然的、预期的利益(contingent or expectant interest)。[12] 然而,妻子在婚姻关系存续期间负担的合同之债,仅在满足必需品理论或得到丈夫许可时,夫妻共同财产才对其负责。[13] 此外,在丈夫已经授权或追认的情况下,妻子为夫妻共同体负担的债务也可由夫妻共同财产负责。[14] 换言之,妻子引起的债务原则上不得以夫妻共同财产清偿,而应以个人财产清偿。

第三步,以保护妻子对夫妻共同财产的权益为由,逐步限制丈夫对夫妻共同财产的管理控制权。在1972年华盛顿州改革夫妻共同财产制之前,丈夫为了夫妻共同体利益(for the community and in the community interest)管理和控制夫妻共同财产[15],但是,未经妻子同意,丈夫不得处分属于夫妻共同财产的不动产。[16] 妻子引起的债务原则上不得以夫妻共同财产清偿[17],只有丈夫能够通过合同负担由夫妻共同财产负责的夫妻

---

[10] See Snyder v. Stringer, 198 P. 733, 734 (Wash. 1921).
[11] See Stockand v. Bartlett, 31 P. 24 (Wash. 1892).
[12] See In Re Coffey's Estate, 81 P. 2d 283, 284 (Wash. 1938).
[13] See Streck v. Taylor, 23 P. 2d 415 (Wash. 1933).
[14] See Harry M. Cross, "The Community Property Law in Washington", 15 Louisiana Law Review, 664 (1955); Feise v. Mueller, 249 P. 2d 376, 377 (Wash. 1952).
[15] See Sun Life Assurance Co. v. Outler, 20 P. 2d 1110, 1110 (Wash. 1933); Hanley v. Most, 115 P. 2d 933, 945, 946 (Wash. 1941); Jarrett v. Arnerich, 265 P. 2d 282, 286 (Wash. 1954).
[16] See The Legal Status of Women in the United States of America, Report for Washington, Women's Bureau Bulletin, No. 157-45 (Revised), United States Government Printing Office, Washington: 1963, p. 10.
[17] See Harry M. Cross, "The Community Property Law in Washington", 49 Washington Law Review, 821 (1974).

共同债务,但夫妻共同债务的责任财产范围不包括妻子的个人财产。[18]

第四步,承认妻子对夫妻共同财产的平等管理控制权,允许夫妻共同财产对妻子引起的债务负责。1972年,华盛顿州法被修订[19],基本形成了现在的夫妻共同财产制。[20] 由此,夫妻双方对夫妻共同财产享有平等的管理权、控制权,除了法律明确规定的几种特殊情形(如处分夫妻共有的不动产、购买夫妻共有的不动产、为他人提供担保等),夫妻双方原则上均可单独管理和控制夫妻共同财产。[21] 不仅如此,妻子负担的合同之债不仅是其个人债务,还应被推定为夫妻共同债务[22],从而以夫妻共同财产清偿。[23] 因此,夫妻任何一方均可通过自己的行为引起夫妻共同债务。[24]

亚利桑那州也通过承认妻子对夫妻共同财产的权益、禁止夫妻共同财产对丈夫个人债务负责、限制丈夫对夫妻共同财产的管理控制权、承认妻子对夫妻共同财产的平等管理权逐渐确立了夫妻共同债务模式。

亚利桑那州最高法院于1914年承认了妻子对夫妻共同财产的利益,"法律并未就丈夫和妻子各自对夫妻共同财产的权利(right)作区别对待,法律并没有给予丈夫比妻子更多或更好的产权(title)……妻子对夫妻共同财产的利益并非仅仅是一种可能性(不是作为继承人对夫妻共同财产的期待利益),而是非常显而易见的"[25]。

在20世纪20年代,亚利桑那州效仿华盛顿州开始禁止夫妻共同财产为丈夫的个人债务负责。起初,亚利桑那州最高法院于1919年在判决

---

[18] See Harry M. Cross, "Equality for Spouses in Washington Community Property Law—1972 Statutory Changes", 48 Washington Law Review, 548 (1973).

[19] See Wash. Rev. Code Ann. §§26.16.030 (1972). 修订前后的对比,参见Harry M. Cross, Supra note [18], 527-553。

[20] See Harry M. Cross, Supra note [17], 734; Harry M. Cross, "The Community Property Law in Washington", 61 Washington Law Review, 18 (1986).

[21] See Harry M. Cross, Supra note [18], 541; Harry M. Cross, Supra note [17], 782.

[22] 夫妻一方负担的侵权责任不适用夫妻共同债务推定规则。See Harry M. Cross, Supra note [18], 550; Harry M. Cross, Supra note [17], 834-839。

[23] See Harry M. Cross, Supra note [17], 820.

[24] See Harry M. Cross, Supra note [18], 550.

[25] La Tourette v. La Tourette, 137 Pac. 426, 428, 429 (Ariz. 1914).

中承认了两项关于夫妻债务的普遍规则：其一，除法律另有规定外，夫妻双方的夫妻共同财产对丈夫在婚姻关系存续期间通过合同负担的夫妻共同债务负责；其二，一般来说，夫妻共同财产也对丈夫的债务负责。[26] 在该案中，亚利桑那州最高法院已经注意到，华盛顿州采纳了完全不同的立场，即夫妻共同财产不对丈夫的个人债务负责[27]，但是，亚利桑那州最高法院仍然认为，如果不存在持相反立场的成文法，作为一项普遍规则（general rule），夫妻共同财产对丈夫的债务负责似乎有理由得到支持，也契合亚利桑那州夫妻共同财产制的精神。[28]

随后，为了保护妻子的财产权益[29]，亚利桑那州最高法院在 1925 年改弦更张，明确反对以夫妻共同财产清偿丈夫的个人债务。该院认为，亚利桑那州司法实践的立场与华盛顿州一致，妻子对夫妻共同财产的权益是既得的法定利益，丈夫作为夫妻共同体的代理人，为了夫妻共同体利益处理和处分夫妻共有的动产，而且，《亚利桑那州法》第 3854 条应当被解释为，除法律另有明文规定外，夫妻共同财产只用于清偿夫妻共同债务（community property is liable only for community debts）。[30] 因此，在司法实践中，夫妻共同债务和夫妻一方的个人债务被严格区分，夫妻任何一方的个人债务不得以夫妻共同财产清偿。[31]

不过，就夫妻共同财产的管理和责任而言，在 1973 年之前，《亚利桑那州法》第 25-216 条第 2 款（《亚利桑那州法》原第 3854 条）仍然明确规定，除非法律另有规定，夫妻双方的夫妻共同财产对丈夫在婚姻关系存续

---

[26] See Villescas v. Arizona Copper Co., 179 P. 963, 965 (Ariz. 1925).
[27] See Brotton v. Langert, 23 P. 688, 689 (Wash. 1890). 严格来说，该案涉及的问题是，能否执行属于夫妻共同财产的不动产来清偿丈夫的个人债务。因为依据当时的《华盛顿州法》第 2410 条，丈夫虽然负责管理和控制夫妻共同财产，但是不得单独出售、转让属于夫妻共同财产的不动产或为其设立负担。
[28] See Villescas v. Arizona Copper Co., 179 P. 963, 965 (Ariz. 1925).
[29] See John D. Lyons, "Development of Community Property Law in Arizona", 15 Louisiana Law Review, 521 (1955).
[30] See Cosper v. Valley Bank, 237 P. 175, 178 (Ariz. 1925).
[31] See Prater v. United States, 268 F. Supp. 754, 754 (D. Ariz. 1967); Barr v. Petzhold, 273 P. 2d 161, 167 (Ariz. 1954).

期间通过合同负担的夫妻共同债务负责。[32] 换言之,夫妻共同财产原则上不应当对妻子引起的债务负责。[33] 当然,丈夫对夫妻共同财产的管理和控制受到了一定限制:丈夫可以独立处分属于夫妻共同财产的动产,但转让属于夫妻共同财产的不动产或设立负担须经过夫妻双方同意。[34]

1973年,亚利桑那州修正了州法[35],该修正具有两大特色[36]:其一,在第25-214条中承认了夫妻双方平等地管理和控制夫妻共同财产、平等地以夫妻共同财产对自己的债务负责;其二,在第25-215条中有限度地承认了夫妻共同财产对夫妻一方的婚前个人债务负责。[37] 就这样,亚利桑那州确立了夫妻共同债务模式,从责任财产范围上区分了夫妻共同债务与夫妻一方个人债务。

与此相对,加州、路易斯安那州则走向了管理模式。与亚利桑那州、华盛顿州相同的是,加州和路易斯安那州承认妻子对夫妻共同财产的权益;然而,加州和路易斯安那州没有像亚利桑那州、华盛顿州那样禁止夫妻共同财产对丈夫的个人债务负责,而是通过提升妻子的地位,赋予妻子与丈夫平等的管理权确立了管理模式。

1927年,加州修订了民法典,增设了第161a条。按照该条规定,在婚姻关系存续期间,丈夫和妻子对夫妻共同财产享有现实的、真实的和平等

---

[32] See Forsythe v. Paschal, 271 P. 865, 866 (Ariz. 1928); Gardner v. Gardner, 388 P. 2d 417, 417 (Ariz. 1964); Robert L. Wright, "Community Assets and Separate Debts: Increased Community Vulnerability in Arizona", 1975 Arizona State Law Journal, 798 (1975).

[33] 当然,依据必需品理论,妻子负担的合同之债仍然可能以夫妻共同财产清偿,妻子和丈夫对此负连带责任。See The Legal Status of Women in the United States of America, Report for Arizona, Bulletin of the Women's Bureau, No. 157-2 (Revised), United States Government Printing Office, Washington: 1949, p. 4.

[34] See The Legal Status of Women in the United States of America, Supra note [33], p. 5.

[35] See Alan Pedlar, Supra note [6], 1650.

[36] See Robert L. Wright, Supra note [32], 797.

[37] 《亚利桑那州法》第25-215条第2款仅适用于夫妻一方的婚前个人债务和责任,不适用于婚姻关系存续期间的个人债务和责任。See Robert L. Wright, Supra note [32], 799, 801. 这也得到了司法实践的承认。See Schilling v. Embree, 575 P. 2d 1262, 1265 (Ariz. App. 1978); McKee v. Conkle, 532 P. 2d 191, 192 (Ariz. App. 1975).

的利益(present, existing and equal interest)。[38] 然而,该规定没有改变《加州民法典》第 172 条和第 172a 条,仍然维持了丈夫管理、控制夫妻共同财产的立场。[39] 丈夫在管理和控制夫妻共同财产时对妻子的一半利益负有诚信义务。[40] 不过,这并不意味着夫妻共同财产应当对妻子婚后所负的合同之债负责。

1937 年,加州修订了民法典第 167 条和第 168 条。前者规定,夫妻共同财产原则上不对妻子婚后的合同之债负责,妻子的收入对妻子婚前、婚后负担的合同之债负责;后者则规定,妻子的收入原则上无须对丈夫引起的债务负责,但丈夫在夫妻同居期间为购置必需品负担的债务除外。[41] 实际上,在 1951 年之前,依据《加州民法典》第 172 条,妻子的收入作为夫妻共同财产也由丈夫管理和控制。[42]

1951 年 6 月,《加州民法典》增设第 171c 条,该条规定,作为夫妻共同财产,妻子的收入和因遭受损害而获得的金钱赔偿由妻子管理和控制。[43] 换言之,处于丈夫管理和控制之下的夫妻共同财产不对妻子在婚后引起的合同之债负责。在加州改革夫妻共同财产制前,丈夫对夫妻共同财产的管理权受到了一定限制。按照当时《加州民法典》第 5125 条的规定,丈夫负责管理和控制属于夫妻共同财产的动产,但是,未取得妻子的书面同意,丈夫不得将属于夫妻共同财产的动产赠与他人或未取得有

---

[38] See William M. Simmons, "The Interest of a Wife in California Community Property", 22 California Law Review, 417 (1934); Pamela Hemminger, "Prospective Changes in California Community Property Law", 2 Pepperdine Law Review, 103 (1974).

[39] 《加州民法典》在 1850 年至 1927 年的变迁,参见 William M. Simmons, Supra note [38], pp. 404-418。在 1927 年之前,如何理解妻子对夫妻共同财产的利益,参见 Robert G. Hooker, "Nature of Wife's Interest in Community Property in California", 15 California Law Review, 302-312 (1927)。

[40] See William Q. de Funiak, "Commonwealth v. Terjen: Common Law Mutilates Community Property", 43 Virginia Law Review, 55 (1957).

[41] See Barbara Nachtrieb Armstrong, "Recent Legislation: Community Property, Homesteads, Persons, Social Welfare", 26 California Law Review, 329 (1938).

[42] See The Legal Status of Women in the United States of America, Report for California, Bulletin of the Women's Bureau, No. 157-4 (Revised), United States Government Printing Office, Washington: 1950, p. 7.

[43] See William Q. de Funiak, "Community Property", 4 Annual Survey of California Law, 139 (1951-1952).

价值的对价即处分动产。《加州民法典》第 5127 条则规定,丈夫负责管理和控制属于夫妻共同财产的不动产,但是,不动产的出卖、转让和设立负担应当取得妻子的同意,从而由夫妻双方共同为之。丈夫违反上述规定擅自转让不动产或无偿赠与动产的,该合同为可撤销合同而非无效合同。[44]

加州修正夫妻共同财产制的法令于 1975 年 1 月 1 日起生效。[45] 修订后的《加州民法典》第 5116 条规定,夫妻共同财产对夫妻任何一方在婚后负担的合同之债负责。[46] 据此,丈夫不再单独管理和控制夫妻共同财产,妻子与丈夫平等地管理和控制属于夫妻共同财产的动产和不动产,从而,妻子也不能再单独管理和控制自己的收入和因遭受损害而获得的金钱赔偿。[47] 此外,依据《加州民法典》第 5116 条和第 5121 条,妻子在婚后负担的合同之债,以夫妻共同财产和自己的个人财产清偿;妻子在婚后负担的侵权之债,也应以夫妻共同财产和自己的个人财产清偿。当然,依据《加州民法典》第 5122 条,如果加害行为发生在为夫妻共同体利益从事的活动过程中,债权人先就夫妻共同财产受偿,其次就加害人个人财产受偿;反之,如果加害行为并未发生在上述活动过程中,债权人先就加害人个人财产受偿,其次就夫妻共同财产受偿。

在 1979 年改革夫妻共同财产制之前,路易斯安那州尽管承认夫妻双方均对夫妻共同财产享有现实的、不可分割的一半利益(present undivided one-half interest)[48],但夫妻共同财产处于丈夫的管理和控制之下,妻子只对个人财产享有完全的管理控制权限并以个人财产负担合同之债,既不能在未经丈夫同意的情况下出售夫妻共同财产,也不能通过合同负担

---

[44] See Trimble v. Trimble, 26 P. 2d 477 (Cal. 1933); Harris v. Harris, 369 P. 2d 481 (Cal. 1962). See also R. W. W., "Community Property: Right of the Wife to Set Aside Unauthorized Gifts by the Husband", 26 California Law Review, 376-383 (1938).

[45] 对改革的全面分析,参见 William A. Reppy, "Retroactivity of the 1975 California Community Property Reforms", 48 California Law Review, 986-1128 (1975)。

[46] 《加州民法典》在 1975 年前后的变化,参见 Pamela Hemminger, Supra note〔38〕, p. 108。

[47] 对夫妻共同财产管理和控制的分析,参见 Harry S. Laughran, "Management and Control of Community Property in California: Retroactive Application of the 1975 Amendments", 9 Loyola of Los Angeles Law Review, 495-498 (1976)。

[48] See LA. R. S. 9:2838(1) (Supp. 1978) (repealed 1979). See also Katherine S. Spaht and Cynthia Samuel, "Equal Management Revisited: 1979 Legislative Modifications of the 1978 Matrimonial Regimes Law", 40 Louisiana Law Review, 110 (1979).

以夫妻共同财产清偿的债务。[49] 司法实践直到1972年还认为,因为妻子无权使用夫妻共同财产,妻子对夫妻共同财产的利益是"不完美"的所有权(imperfect ownership),在夫妻共同财产制解体时成为完美的所有权。[50] 这意味着,夫妻共同财产只能用于清偿丈夫的债务,除非妻子作为丈夫的代理人负担债务[51],妻子无法以夫妻共同财产来偿还自己的债务[52]。

1979年,路易斯安那州改革了夫妻共同财产制,基本形成了现在的《路易斯安那民法典》第2325—2376条。[53] 在1980年1月1日修订法案生效后,原则上,夫妻双方均有权独立管理和控制夫妻共同财产,并能够负担夫妻共同债务。[54] 在婚姻关系存续期间,夫妻任何一方的债权人均可就夫妻共同财产和夫妻一方的个人财产受偿,不论该债务是夫妻一方的个人债务还是夫妻共同债务。进而,丈夫能以夫妻共同财产和个人财产清偿自己引起的债务这一特权实际上消失了,与丈夫一样,妻子不仅能负担夫妻共同债务,还能以夫妻共同财产清偿自己的个人债务。

实际上,在20世纪70年代,受到平权运动和《平等权利修正案》(Equal Rights Amendment, ERA)的影响,美国奉行夫妻共同财产制的州基本上都改革了夫妻共同财产制,承认妻子对夫妻共同财产的管理和控制权,允许妻子负担夫妻共同债务。[55]

---

[49] See The Legal Status of Women in the United States of America, Report for California, Bulletin of the Women's Bureau, No. 157-17 (Revised), United States Government Printing Office, Washington: 1956, pp. 6-7.

[50] See Creech v. Capitol Mack, Inc., 287 So. 2d 497, 508, 510.

[51] See Richard W. Bartke, "Reform of the Community Property System of Louisiana—A Response to Its Critics", 54 Tulane Law Review, 321 (1980).

[52] See William A. Reppy, Supra note [45], 1109.

[53] 关于改革的介绍,参见 Katherine S. Spaht and Cynthia Samuel, Supra note [48], pp. 83-145。

[54] See Richard W. Bartke, Supra note [51], 298.

[55] 除了加利福尼亚、路易斯安那、华盛顿和亚利桑那等州,爱达荷、内华达、新墨西哥、得克萨斯等采纳夫妻共同财产制的州也施行了夫妻共同财产制改革。这里不再一一介绍。See Alan Pedlar, Supra note [6], p. 1611, n. 3; Anne K. Bingaman, "The Impact of the Equal Rights Amendment on Married Women's Financial Individual Rights", 3 Pepperdine Law Review, 29 (1976). 关于新墨西哥州的改革,参见 Anne K. Bingaman, "The Community Property Act of 1973: A Commentary and Quasi-Legislative History", 5 New Mexico Law Review, 1-51 (1974)。关于爱达荷州的改革,参见 Terry L. Crapo, "Equal Management of Community Property: Creditors' Rights", 13 Idaho Law Review, (1977) 177-190。

(二)法国

妇女地位的提高和强化必然导致财产关系上的变化。这一变化也出现在欧洲大陆。

以法国法为例[56],在20世纪之前,夫妻共同财产为丈夫的债务负责,是法国夫妻共同财产制最重要的特征。[57] 按照1804年《法国民法典》第1421条和第1428条的规定,夫妻共同财产和妻子的个人财产由丈夫管理。[58]

直到20世纪30年代,已婚妇女原则上没有行为能力,无法独立进行财产交易,即取得或出售财产。[59] 妻子对个人财产的权利仅仅体现在,丈夫未经妻子同意不得出卖妻子的个人财产。[60] 由于丈夫在婚姻关系存续期间是夫妻共同财产的所有人和管理人,对夫妻共同财产的一切负债负责[61],因此,在婚姻关系存续期间由丈夫或妻子引起的应当由夫妻共同财产负责的债务,同时也是丈夫的个人债务,应当以丈夫的个人财产清偿。[62] 当然,丈夫在婚姻关系存续期间负担债务的,债权人不能要求以妻子的个人财产受偿。[63] 实际上,就夫妻一方在婚姻关系存续期间引起的债务而言,依据《法国民法典》第1409条第2项,只有丈夫引起的

---

[56] 关于法国夫妻共同财产制的发展史,参见 Schwarz, Die Gütergemeinschaft der Ehegatten nach fränkischem Rechte, 1858; Sandhaas, Fränkisches eheliches Güterrecht, 1866; Euler, Die Güter- und Erbrechte der Ehegatten in Frankfurt am Main bis zum Jahre 1509 mit Rücksicht auf das fränkische Recht überhaupt, 1841; ders., Mittheilungen über eheliches Güterrecht mit besonderer Hinsicht auf Fränkisches und Frankfurter Recht, 1869; ders., Ueber Fränkisches eheliches Güterrecht, 1871; Schroeder, Geschichte des ehelichen Güterrechts in Deutschland, Bd. 2., Das Mittelalter, 2. Abt., Das fränkische Recht, 1871; Binding, Die Lehre von der Haft der Eheleute für ihre Schulden nach dem Frankfurter ehelichen Güterrechte, 1871。关于法国夫妻共同财产制从1804年到1961年之前的发展历史,参见 Dieter Lincke, Entwicklungslinien im französischen gesetzlichen Güterrecht, dargestellt unter Berücksichtigung von Grundgedanken der deutschen Güterrechtsreform, 1961。

[57] Vgl. Heusler, Institutionen des Deutschen Privatrechts, Bd. 2, 1886, §150, S. 405.

[58] Vgl. Dieter Lincke (Fn. [56]), S. 52.

[59] Vgl. Arthur Curti, Frankreichs Privat-und Handelsrecht, Bd. 1, Personen-, Familien-und Erbrecht, 1934, S. 8 ff.

[60] Vgl. Dieter Lincke (Fn. [56]), S. 54.

[61] Vgl. F. A. H. Schneider, Die eheliche Gütergemeinschaft nach französischem Recht, 1849, S. 124.

[62] Vgl. F. A. H. Schneider, (Fn. [61]), S. 124.

[63] Vgl. Arthur Curti, (Fn. [59]), S. 95.

债务和妻子在丈夫同意的情况下缔结的合同之债才能以夫妻共同财产清偿。按照学者解释,妻子经过丈夫同意负担共同债务(Gemeinschaftsschulden)的,该债务也是其个人债务,以妻子的个人财产和夫妻共同财产清偿,丈夫因其同意也应当对债务负责。因此,依据1804年《法国民法典》第1419条,债权人可以就夫妻共同财产受偿,也可以要求丈夫或妻子以个人财产清偿债务。[64]

同时,1804年《法国民法典》第1426条则规定,妻子未经丈夫同意负担的债务,不得以夫妻共同财产清偿,但妻子依据1807年《法国商法典》第5条经过丈夫同意作为商人并为此负担债务的除外。换言之,在婚姻关系存续期间,妻子未经丈夫的同意负担的债务原则上不得以夫妻共同财产清偿,而应以妻子的个人财产清偿,比如,妻子依据《法国民法典》第1426条基于法庭授权负担的债务,妻子因无因管理或不当得利负担的债务,妻子因实施侵权行为负担的债务(按照《法国民法典》第1424条处理,妻子的行为导致夫妻共同财产受益的,夫妻共同财产在受益范围内对债权人负责)。[65] 当然,基于日常家事代理权,妻子在没有获得丈夫同意的情况下订立合同的,由此产生的债务也由夫妻共同财产清偿。[66]

随着妇女解放运动的勃兴,法国于1938年2月和1942年9月通过立法废弃了过去妻子无行为能力的立场。[67] 其中,前者废弃了丈夫的夫权(puissance maritale),承认了妻子的完全民事行为能力,但仍然坚持妻子在夫妻财产制领域中的民事行为能力受到限制;后者则限制丈夫在未经妻子同意时无偿处分共同财产的权利,赋予了妻子作为丈夫代理人对外订立合同的权利(mandat domestique),从而,丈夫也对妻子对外订立的

---

[64] Vgl. F. A. H. Schneider, (Fn. [61]), S. 125 f., 129.
[65] Vgl. Arthur Curti, (Fn. [59]), S. 95.
[66] Vgl. Arthur Curti, (Fn. [59]), S. 96 f.
[67] Vgl. Rudolf Moser, Emanzipation und Gleichberechtigung der Ehefrau in Brasilien und in den anderen Ländern des romanischen Rechtskreises, in: Rabels Zeitschrift für ausländisches und internationales Privatrecht, 29 (1965), 357, 367.

合同负责。[68] 不过,丈夫仍然负责管理夫妻共同财产甚至妻子的个人财产。[69] 除非债务系为家庭利益或妻子职业活动所负,妻子引起的债务原则上对丈夫和夫妻共同财产没有拘束力,即丈夫的个人财产和夫妻共同财产原则上不对妻子的债务负责。[70]

随后,1965年法国对夫妻共同财产制进行了改革[71],承认夫妻双方有权管理和自由处分自己的个人财产,但仍然维持了丈夫作为夫妻共同财产管理人的立场[72],只是限制了丈夫对夫妻共同财产的管理和处分权限[73],要求丈夫在实施某些法律行为时必须得到妻子的同意,否则妻子可以起诉主张该法律行为无效。[74] 当然,在1965年夫妻共同财产制改革后,妻子可以管理自己的个人财产[75],可以为家庭生活开支和子女教育独立负担债务,即夫妻双方均享有《法国民法典》第220条规定的日常家事代理权。[76] 除此以外,妻子在夫妻共同财产制存续期间负担的合同之债,原则上应以个人财产负责,仅在取得丈夫许可或获得法庭授权的情况下,妻子的合同之债以夫妻共同财产清偿。[77] 这意味着,在夫妻共同财产制领域,妻子尚未取得和丈夫平等的法律地位。

1985年12月,为了消除夫妻共同财产制中残留的性别歧视,解决夫妻共同财产制法律中技术上的内部矛盾[78],法国再次改革了夫妻共同财

---

[68] Vgl. Dieter Lincke, (Fn. [56]), S. 59 ff.

[69] Vgl. Dieter Lincke, (Fn. [56]), S. 63; Ferid/Sonnenberger, Das französische Zivilrecht, Bd. 3, Familienrecht, Erbrecht, 2. Aufl., 1987, Rn. 4B 204, S. 157.

[70] Vgl. Dieter Lincke, (Fn. [56]), S. 66.

[71] 1965年之前法国曾经试图改革夫妻共同财产制,但未能成功。关于1965年法国的改革尝试,参见 Ferid/Sonnenberger, (Fn. [69]), Rn. 4B 204, S. 157 f.。

[72] See Boele-Woelki, Braat and Curry-Sumner, European Family Law in Action, Volume Ⅳ, Property Relations between Spouses, Intersentia, 2009, pp. 60-61.

[73] Vgl. Ferid/Sonnenberger, (Fn. [69]), Rn. 4B 207, S. 159.

[74] Vgl. Ferid/Sonnenberger, Das französische Zivilrecht, Bd. 3, Familienrecht, Erbrecht, 1971, Rn. 4B 231 ff., S. 1227 f.

[75] Vgl. Ferid/Sonnenberger, (Fn. [74]), Rn. 4B 227, S. 1225.

[76] Vgl. Ferid/Sonnenberger, (Fn. [74]), Rn. 4B 240, S. 1229; Boele-Woelki, Braat and Curry-Sumner, Supra note [72], p. 164.

[77] Vgl. Ferid/Sonnenberger, (Fn. [74]), Rn. 4B 243 f., S. 1229 f.

[78] Vgl. Ferid/Sonnenberger, (Fn. [69]), Rn. 4B 207b, S. 160.

产制,在夫妻共同财产制中实现了夫妻的地位平等。[79] 依据《法国民法典》第1421条,夫妻双方均有权单独管理和处分夫妻共同财产,但是,在第1422—1427条的场合,夫妻双方仍然应当达成合意。进而,依据《法国民法典》第1413条,夫妻任何一方在婚姻关系存续期间引起的债务,均可以夫妻共同财产清偿。[80]

二、中国

在我国,1950年《婚姻法》第10条规定:"夫妻双方对于家庭财产有平等的所有权与处理权。"第23条第1款规定:"离婚时,除女方婚前财产归女方所有外,其他家庭财产如何处理,由双方协议;协议不成时,由人民法院根据家庭财产具体情况、照顾女方及子女利益和有利发展生产的原则判决。"这里的家庭财产的范围,在《中央人民政府法制委员会就有关婚姻法施行的若干问题的解答》(1950年6月26日)第7个问题"家庭财产的内容是什么"中得以明确。在该解答中,中央人民政府指出,家庭财产包括三类:①男女婚前财产。②夫妻共同生活时所得的财产,包括夫妻共同劳动所得的财产(妻照料家务抚育子女的劳动应与夫获取生活资料的劳动,看作有同等价值的劳动,因此,夫劳动所得财产,亦应为夫妻共同劳动所得的财产)、双方或一方在此期间内所得的遗产、双方或一方在此时间内所得的赠与的财产。③未成年子女的财产。此外,该解答在第8个问题中还详细说明了"平等的所有权与处理权"的具体内涵。对此,中央人民政府指出,夫和妻对于上述第一类和第二类财产有平等的所有权和处理权,对于第三类财产有平等的处理权。夫妻对于任何种类家庭财产的处理权与管理权,均得由双方自愿约定。

也就是说,在1950年《婚姻法》的框架下,夫妻双方的婚前财产、共同生活中取得的财产,一概属于夫妻共同共有的财产。[81] 不仅如此,为了

---

[79] See Boele-Woelki, Braat and Curry-Sumner, Supra note [72], p. 61.
[80] Vgl. Ferid/Sonnenberger, (Fn. [69]), Rn. 4B 283, S. 188.
[81] 参见马起:《中华人民共和国婚姻法概论》,湖北人民出版社1957年版,第56页。

保护妇女[82],夫妻双方在离婚时,男方的婚前财产按照夫妻共有财产分割,女方的婚前财产属于女方的个人财产。

不仅如此,1980年《婚姻法》第13条规定:"夫妻在婚姻关系存续期间所得的财产,归夫妻共同所有,双方另有约定的除外。夫妻对共同所有的财产,有平等的处理权。"这一规定将夫妻共同共有的财产限定于《中央人民政府法制委员会就有关婚姻法施行的若干问题的解答》所称的第二类财产,即夫妻共同生活时所得的财产,包括:①夫妻一方或双方在此期间的劳动收入和其他的合法收入;②夫妻一方或双方在此期间继承的遗产;③夫妻一方或者双方在此期间受赠的财产。[83] 对此,学界认为,在共有关系消灭以前,财产权利是一个整体,不能根据男女双方收入的多寡来确定财产权利的大小。因此,如果男方有劳动收入,女方承担家务劳动,则男方的劳动收入也属于双方共同所有,不能因为女方无劳动收入而影响她对夫妻共同财产享有的平等所有权和处理权。[84] 也就是说,即使女方从事无报酬的家务劳动,也具有与男方平等的所有权。[85] 这鲜明地体现了立法者对女方的保护。

2001年《婚姻法》完善了夫妻共同财产制,明确了夫妻共同财产的范围,强调夫妻双方对共同所有的财产有平等的处理权。对此,学界认为,婚后所得共同制有助于承认家务劳动与社会劳动具有同等价值,保障那些由于从事家务劳动而无收入或者收入较少的女性的权益。[86] 倘若不采夫妻共同财产制,转而采分别财产制作为法定财产制,将对妇女家庭经济地位造成冲击。[87]

不过,最高人民法院在制定婚姻法司法解释时,明显倾向于采纳财产

---

[82] 参见全国法院干部业余法律大学婚姻法教研组编写:《中国婚姻法教程》,人民法院出版社1989年版,第93页。

[83] 参见巫昌祯主编:《婚姻法教程》,中央广播电视大学出版社1990年版,第136页。

[84] 参见法学教材编辑部《婚姻法教程》编写组:《婚姻法教程》,法律出版社1982年版,第158页。

[85] 参见李忠芳主编:《中华人民共和国婚姻法概论》,山东人民出版社1986年版,第120页;杨怀英主编:《婚姻法》,四川省社会科学院出版社1986年版,第157页;陈明侠:《婚姻法》,四川人民出版社1988年版,第109页。

[86] 参见王洪:《婚姻家庭法》,法律出版社2003年版,第128页。

[87] 参见余延满:《亲属法原论》,法律出版社2007年版,第266页。

法规则来解决夫妻双方之间的财产关系,但是这一倾向并未得到彻底贯彻。比如《最高人民法院关于适用〈中华人民共和国婚姻法〉若干问题的解释(二)》(以下简称《婚姻法解释二》)第11条以下,《最高人民法院关于适用〈中华人民共和国婚姻法〉若干问题的解释(三)》(以下简称《婚姻法解释三》)第5条以下均体现了财产法的思路,《最高人民法院关于适用〈中华人民共和国民法典〉婚姻家庭编的解释(一)》(以下简称《婚姻家庭编解释(一)》)基本沿用这一思路。在这些规则中,《婚姻法解释三》第6条(《婚姻家庭编解释一》第32条)是体现合同法思维的典型规则。该规定将男女双方将一方所有的房产赠与另一方的约定认定为赠与合同,赋予赠与的一方任意撤销权。[88] 此外,《婚姻法解释三》第10条(《婚姻家庭编解释一》第78条)也从物权法的角度确定了房屋的所有权归属。按照这一规定,夫妻一方婚前订立房屋买卖合同,以个人财产支付首付并将房屋登记在自己名下,婚后以夫妻共同财产支付房贷的,倘若夫妻双方在离婚时对房屋的归属无法达成一致,按照物权法的思路,该房屋的所有权归属于夫妻一方。同时,夫妻一方以夫妻共同财产支付房贷,实际上是以夫妻共同财产清偿个人债务,因此,在夫妻共同财产制解体时,夫妻一方应当以个人财产对另一方进行补偿。也就是说,这一规则按照物权法思路,以登记为由将所有权归属于夫妻一方,另一方对夫妻一方享有补偿的债权。

值得注意的是,《婚姻法解释三》第10条并未彻底贯彻财产法的思路。这是因为,倘若严格遵循财产法的思路,那么,另一方仅对夫妻一方享有债权,无法参与分享房屋的增值。这意味着,虽然房屋的所有权归属于婚前支付首付的登记一方,但是,为了保护无法取得所有权的另一方,最高人民法院以夫妻共同财产偿还个人债务为由,允许另一方分享房屋的增值。与此类似,《婚姻法解释三》第5条(《婚姻家庭编解释一》第26条)也没有彻底贯彻财产法的思路。倘若严格按照物权法的思路,夫妻一方的个人财产产生的收益,原则上应当归属于夫妻一方。也就是

---

[88] 参见最高人民法院民事审判第一庭编著:《最高人民法院婚姻法司法解释(三)理解与适用》,人民法院出版社2011年版,第110页。

说,夫妻一方将个人所有的房屋出租获得的租金,仍然构成物权法意义上的孳息,属于夫妻一方所有。然而,最高人民法院为了保护女方的利益[89],将夫妻一方个人房屋婚后产生的租金认定为经营性收益,从而属于夫妻共同财产。对此,最高人民法院的法官指出,"尤其对那种夫妻一方依靠房租收益维持生计的情形,如果将一方所有的房屋婚后出租的租金收益认定为个人财产,而另一方的工资、奖金收入属于共同财产,显然是极不公平的"[90]。

也就是说,尽管最高人民法院试图以财产法的思路来处理夫妻双方之间的财产关系,但是,为了保护女方的利益,最高人民法院不得不"削足适履",区别对待孳息、增值、投资收益,甚至造成了物权法孳息归属和婚姻家庭法孳息归属的双轨制。不仅如此,这种"三分法"实际上会导致实践结果的复杂化。比如,男方在婚前购买房屋的,如果男方以个人财产支付首付,并在婚后以工资支付房贷,且男方在婚姻关系存续期间将房屋出租以获得租金,那么,男女双方在离婚时,房屋的增值与租金如何分割?倘若男方在租赁合同中与承租人明确约定,房屋的维修全部由承租人负责,那么,男方在整个租赁期内无须付出任何劳务,女方还能主张租金是夫妻共同财产吗?更有甚者,倘若男方在婚前就已经将房屋出租,婚后开始收取租金,同样男方在租赁合同中与承租人明确约定,房屋的维修全部由承租人负责,那么,租金还能作为蕴含了男方劳动的投资收益成为夫妻共同财产吗?

需要注意的是,从我国夫妻共同财产制规则的发展史来看,我国夫妻共同财产制实际上着眼于夫妻内部关系来不断提升妇女地位。这与比较法上夫妻共同财产制以"内外兼顾"来提升妇女地位的思路完全不一样:夫妻共同财产制在内部关系上,赋予妇女对个人财产、夫妻共同财产的管理权;在外部关系上,限制夫妻共同财产对丈夫的个人债务负责,或者,允许夫妻共同财产对妻子的个人债务负责。

---

[89] 参见最高人民法院民事审判第一庭编著,见前注[88],第99页。
[90] 吴晓芳:《〈婚姻法〉司法解释(三)适用中的疑难问题探析》,载《法律适用》2014年第1期,第73页。

关于夫妻财产法的价值立场，贺剑老师指出，夫妻财产法应致力于提供适当经济激励，使得婚姻和家庭生活不受夫妻自利动机的妨碍。对此，本文表示赞成，并认为这一立场可以进一步具体化。举例而言，如果夫妻一方负担的个人债务，原则上均应当以夫妻共同财产负责，那么，夫妻一方的责任财产就扩张了，夫妻一方的经济自由实际上扩张了。倘若任何第三人都会有这样的预设，夫妻一方以个人名义负担的债务，第三人都可以就夫妻一方个人财产和全部夫妻共同财产受偿，那么，第三人就不会担心夫妻一方没有足够的责任财产，从而愿意与夫妻一方交易，夫妻一方也有动力去积极参与交易，实现自利的动机。这也体现了上述经济激励的理念。然而，上述处理夫妻债务的方案是否妥当，实际上存在疑问。同样地，将夫妻共同债务一概升级为夫妻连带债务，结果也相同：第三人愿意与夫妻一方交易，因为如果这个债务能够升级成为夫妻连带债务，那么，第三人能够受偿的责任财产范围比较大，这从相反方向扩张了夫妻一方的经济自由。这与经济激励是何种关联，也值得进一步思考。对此，本文认为，"提供适当经济激励，使得婚姻和家庭生活不受夫妻自利动机的妨碍"是所有类型夫妻财产制都应当遵循的底线，但是我国的夫妻共同财产制可能还要在此基础上更进一步，即保护经济上处于弱势的夫妻一方。

婚姻关系中房产归属与份额的理论重构[*]

汪 洋[**]

摘要：婚姻关系中房产归属与份额的认定应当契合国家治理层面提升结婚率和生育率的价值立场。父母出资的资金归属与子女购房的房产归属完全脱钩，各种类型的父母出资行为都被推定为父母仅针对自己子女一方的赠与。房屋产权登记与夫妻内部房产归属完全脱钩，夫妻共同财产制和物权变动各自产生内部与外部效力。夫妻间赠与房产不直接发生物权效力，但直接产生夫妻内部归属效力，赠与方不享有任意撤销权。登记权利人对共同财产的单独处分属于有权处分，仅当无偿或低价转让的财产超过共同财产一半份额才类推适用债权人撤销权救济。夫妻内部房产归属的重要性弱于份额认定，夫妻享有的份额仅与资金来源挂钩，个人财产购房的婚后增值归入个人份额。离婚时若双方均主张产权、财产状况水平大致相当以及均同意竞价，通过竞价决定产权归属，否则优先考虑婚前购房首付一方或者出资份额多的一方获得房产，并对另一方进行价值补偿。

关键词：父母出资；共同财产制；婚姻内部归属；离婚财产分割

---

[*] 本文为清华大学自主科研文科专项（2021THZWJC20）的阶段性成果。
[**] 清华大学法学院长聘副教授，博士生导师。

一、问题现状与成因

夫妻于结婚前后按揭贷款购房,一方或双方父母为全部或部分首付款出资,夫妻婚后共同还贷,成为近二十年来我国城市房价高企现状下的普遍现象。父母出资的性质和归属如何认定?房屋所有权属于合同订立方、产权登记方、首付款支付方还是还贷方?登记产权人单方处分夫妻共同所有的房屋是否有效?夫妻关系内部如何计算各自份额?离婚时如何确定房产最终归属以及计算补偿价值?上述问题关涉夫妻双方、各自父母以及外部第三人各方权益,从婚姻法时代到民法典时代都是理论研究和司法实践的热点和焦点问题。

1980年制定《婚姻法》以及2001年颁布修正案之时,婚姻关系中的房产问题尚未凸显,立法未作明确规定。2003年《最高人民法院关于适用〈中华人民共和国婚姻法〉若干问题的解释(二)》(以下简称《婚姻法解释二》),第22条规定父母为子女购房出资性质的推定规则[1],第20条规定离婚时针对婚内房产的三种处理方式。[2] 经历21世纪第一个十年房价飙升后,2011年《最高人民法院关于适用〈中华人民共和国婚姻法〉若干问题的解释(三)》(以下简称《婚姻法解释三》),进一步完善了相关规范,第6条为夫妻间赠与房产的裁判规则[3],第7条对父母出资

---

[1]《婚姻法解释二》第22条规定:"当事人结婚前,父母为双方购置房屋出资的,该出资应当认定为对自己子女的个人赠与,但父母明确表示赠与双方的除外。当事人结婚后,父母为双方购置房屋出资的,该出资应当认定为对夫妻双方的赠与,但父母明确表示赠与一方的除外。"

[2]《婚姻法解释二》第20条规定:"双方对夫妻共同财产中的房屋价值及归属无法达成协议时,人民法院按以下情形分别处理:(一)双方均主张房屋所有权并且同意竞价取得的,应当准许;(二)一方主张房屋所有权的,由评估机构按市场价格对房屋作出评估,取得房屋所有权的一方应当给予另一方相应的补偿;(三)双方均不主张房屋所有权的,根据当事人的申请拍卖房屋,就所得价款进行分割。"

[3]《婚姻法解释三》第6条规定:"婚前或者婚姻关系存续期间,当事人约定将一方所有的房产赠与另一方,赠与方在赠与房产变更登记之前撤销赠与,另一方请求判令继续履行的,人民法院可以按照合同法第一百八十六条的规定处理。"

行为采取了不同于《婚姻法解释二》第22条的处理方案并引发巨大争议[4]，第11条规定了夫妻一方擅自处分共同所有的房屋的效力和救济问题[5]，第10条规定了离婚时房产最终归属、分割和补偿问题。[6]

《民法典》对婚姻关系中的房产纠纷依旧未置一词。最高人民法院系统清理整合前民法典时代的司法解释，于2020年年底颁布《最高人民法院关于适用〈中华人民共和国民法典〉婚姻家庭编的解释（一）》（以下简称《婚姻家庭编解释一》），实质变化是删除了《婚姻法解释三》第7条，第29条对《婚姻法解释二》第22条进行了重新表述[7]，其他条文内容基本照搬《婚姻法解释二》和《婚姻法解释三》，仅作些许修改。《婚姻家庭编解释一》架构起民法典时代处理婚姻关系中房产纠纷的外部规则体系：第29条规范父母为购房出资的性质认定，第28条和第32条分别规范夫妻一方对交易相对人以及婚内另一方的房产处分行为，第76条和第78条共同规范离婚时房产的处理方式、最终归属及补偿数额的计算。

各地高级人民法院近些年来也纷纷颁布各类涉及婚姻关系中的房产纠纷问题的指导意见、审理指南及会议纪要，规范内容相较于《婚姻法解释二》和《婚姻法解释三》更为具体庞杂。例如江苏省高级人民法院仅仅

---

〔4〕《婚姻法解释三》第7条规定："婚后由一方父母出资为子女购买的不动产，产权登记在出资人子女名下的，可按照婚姻法第十八条第（三）项的规定，视为只对自己子女一方的赠与，该不动产应认定为夫妻一方的个人财产。由双方父母出资购买的不动产，产权登记在一方子女名下的，该不动产可认定为双方按照各自父母的出资份额按份共有，但当事人另有约定的除外。"

〔5〕《婚姻法解释三》第11条规定："一方未经另一方同意出售夫妻共同共有的房屋，第三人善意购买、支付合理对价并办理产权登记手续，另一方主张追回该房屋的，人民法院不予支持。夫妻一方擅自处分共同所有的房屋造成另一方损失，离婚时另一方请求赔偿损失的，人民法院应予支持。"

〔6〕《婚姻法解释三》第10条规定："夫妻一方婚前签订不动产买卖合同，以个人财产支付首付款并在银行贷款，婚后用夫妻共同财产还贷，不动产登记于首付款支付方名下的，离婚时该不动产由双方协议处理。依前款规定不能达成协议的，人民法院可以判决该不动产归产权登记一方，尚未归还的贷款为产权登记一方的个人债务。双方婚后共同还贷支付的款项及其相对应财产增值部分，离婚时应根据婚姻法第三十九条第一款规定的原则，由产权登记一方对另一方进行补偿。"

〔7〕《婚姻家庭编解释一》第29条规定："当事人结婚前，父母为双方购置房屋出资的，该出资应当认定为对自己子女个人的赠与，但父母明确表示赠与双方的除外。当事人结婚后，父母为双方购置房屋出资的，依照约定处理；没有约定或者约定不明确的，按照民法典第一千零六十二条第一款第四项规定的原则处理。"

针对父母为子女出全资购置不动产,就事无巨细地区分了五种情形分别认定赠与对象及房产归属。[8] 上海市、河南省、广东省、江苏省等地高级人民法院对于婚内按揭房的归属问题,采用产权登记人、产权登记时间、婚前婚后付款时间、资金来源及其比例等截然不同的判定标准[9],源殊派异,令人无所适从。笔者整理了各地规范和司法实务中涉及婚内房产归属与份额的影响因素以及具体情形,列表如下(参见表1):

表1 婚内房产归属与份额的影响因素和具体情形

	影响因素	具体情形					
1	合同订立时间	婚前			婚后		
2	房产登记时间	婚前			婚后		
3	产权登记方	夫		妻		双方	
4	首付出资方	夫父母	妻父母	双方父母	夫	妻	双方
5	偿还贷款方	夫		妻		双方	
6	结论	夫个人财产		妻个人财产		夫妻共同财产	

影响因素大致有五类,每类又细化为几种情形,例如购房合同在婚前还是婚后订立,房产登记在婚前还是婚后,产权登记在丈夫、妻子还是夫妻双方名下,首付款是丈夫的父母、妻子的父母、双方父母还是丈夫、妻子或夫妻双方出资,由丈夫、妻子还是夫妻双方还贷。五类影响因素共计十六种情形,在复杂的生活实践中随机组合的具体场景在理论上多达216种!个案裁判时需要首先定位到具体场景,然后选择适配对应的规范内容。各条规范撷取的影响因素和具体情形不尽相同。《婚姻法解释二》第22条通过婚前、婚后以及首付出资方推定赠与相对方;《婚姻法解释三》第7条根据出资方以及产权登记方认定赠与相对方和房产归属;

---

[8] 参见江苏省高级人民法院民事审判第一庭印发的《家事纠纷案件审理指南(婚姻家庭部分)》。

[9] 参见《上海市高级人民法院关于适用最高人民法院婚姻法司法解释(二)若干问题的解答(一)》《河南省高级人民法院民事审判第一庭关于当前民事审判若干法律问题的指导意见》《江苏省高级人民法院关于适用〈中华人民共和国婚姻法〉及司法解释若干问题的讨论纪要》。

《婚姻法解释三》第 10 条糅合了合同订立时间、首付出资方、还贷方、产权登记方等影响因素,规范复杂性陡增。

这种立法模式存在严重问题:首先,规范内容覆盖的影响因素及具体情形并不周延,"头痛医头、脚痛医脚"的短视做法催生出更多场景下的法律漏洞。例如《婚姻法解释三》第 7 条第 1 款仅适用于父母全额出资为子女购买不动产且登记于自己子女名下的情形,未涵盖一方父母婚前全资购房、婚后登记在夫妻双方名下的情形,导致不同裁判观点的争议。[10] 其次,由于不同规范撷取的影响因素和具体情形不一致,优先适用哪一类影响因素并未明确,极易催生法律评价矛盾,直接导致裁判观点无法统一的混乱现状。最后,司法解释欠缺整体视角下解决婚姻关系中房产纠纷的理论构架,具体条文各自陷入并迷失在首付出资、婚前婚后等过于具体和零碎化的细节中,多项法律行为和法律关系被无益地纠缠,混同一处,该脱钩的不脱钩,未能清晰展示出论证逻辑和路径。遗憾的是,上述问题在《婚姻家庭编解释一》中未有丝毫改善。

本文尝试区分、拆解婚内房产纠纷涉及的多项法律行为和法律关系,使之相互脱钩但不区隔,便于厘清各自效力及法域维度,探究前列各影响因素和具体情形分别附丽并作用于哪项法律行为和法律关系,哪些影响因素和具体情形是冗余无意义的,在此基础上重构解决婚内房产纠纷的逻辑链条和理论框架。文章结构和分析思路如下:首先,表明法教义学论证的价值立场,应从国家治理层面消除婚姻房产规范中抑制结婚率的制度性因素(第二部分);其次,阐释父母为子女购房出资的行为性质与出资归属,使父母出资与房产归属脱钩(第三部分);再次,区分物权与婚姻两个维度的归属概念,使产权登记与婚姻内部房产归属脱钩(第四部分);复次,厘清影响婚姻内部房产归属及其具体份额的因素,房产份额仅仅与资金来源挂钩(第五部分);最后,明确离婚时房产的处理方式、最终归属以及补偿数额计算规则(第六部分)。

---

[10] 参见最高人民法院民事审判第一庭编:《民事审判指导与参考》2013 年第 4 辑(总第 56 辑),人民法院出版社 2014 年版,第 226 页;杜万华、程新文、吴晓芳:《〈关于适用婚姻法若干问题的解释(三)〉的理解与适用》,载《人民司法》2011 年第 17 期,第 25 页。

二、价值立场：国家治理视角下的婚姻、人口与住房问题

婚姻关系中的房产问题之所以引发社会关注和热议，与近二十年来我国婚姻状况、人口状况以及住房问题的急剧变化休戚相关。婚姻状况的变化主要体现为结婚率断崖式下跌和离婚率持续攀升。数据[11]显示，2013年至2020年，我国结婚登记对数从历史高点1347万对下滑至814万对，粗结婚率由9.9‰降至5.8‰；初结婚人数从2386万人降至1228万人。与此相反，1985年至2020年，离婚登记对数从45万对攀升至433万对，粗离婚率由0.44‰升至3.10‰。

婚姻状况关联着人口问题。20世纪七八十年代的计划生育政策导致出生率持续下滑，80后、90后和00后人口分别为2.19亿、1.88亿和1.47亿，适婚年龄人口不断减少。2015年年末全面放开二孩政策实施，2016年出生人口升至1786万人，但好景不长，2019年就降到1465万人，2020年进一步滑落到1200万人。出生率从1979年17.8‰降至2020年8.5‰，首次跌破1%，创下1978年来新低。考虑到出生人口中"二孩"占比自2017年开始基本保持在50%上下，人口问题业已相当严峻。人口问题关联着社会老龄化等结构性问题。2020年劳动年龄人口总量仍在下跌，60周岁及以上人口占总人口的比例上升至18.7%。社会老龄化趋势影响显著，养老负担严重拖累国家财政、制约经济活力。

住房领域从1998年商品房市场化开始，我国城镇住房制度改革全面停止了福利性的住房分配，改为住房分配货币化，住房问题成为最受关注的民生问题之一。各城市房价大幅上涨，1998年至2020年，全国新建商

---

[11] 本节所列数据来自国家统计局编：《中国统计年鉴2021》，http://www.stats.gov.cn/tjsj/ndsj/2021/indexch.htm，最后访问日期：2021年11月20日；《中国婚姻报告2021》，https://mp.weixin.qq.com/s/2DtAqp3UNxpPOJiAs1H4aw，最后访问日期：2021年11月20日；《中国2020年人口出生率为8.50‰创有统计以来新低》，https://news.ifeng.com/c/869gamJi57f，最后访问日期：2021年11月20日；《2020年全国50城房价收入比报告》，http://m.fangchan.com/data/13/2021-03-30/6782505295425114376.html，最后访问日期：2021年11月20日。

品住宅均价从 1854 元/m² 上涨至 9980 元/m²。2020 年 35 个大中城市住宅商品房平均销售价格为 15192 元/m²。2004 年至 2018 年,全国个人购房贷款余额从 1.6 万亿元增至 25.8 万亿元,占居民贷款余额比例 50% 以上,2018 年高达 54%。房贷收入比(个人购房贷款余额/可支配收入)从 16.2% 升至 47.6%,年轻人面临买婚房、还房贷的双重压力。由于房价畸高、工作结婚之初经济收入有限,年轻人无力独立购房,于是父母花费毕生积蓄甚至举债为子女购房成为普遍现象。另外,房产构成家庭核心财产之后,高离婚率给人们带来财产层面的失控感和不安全感[12],引发大量离婚时针对父母出资或夫妻双方按揭购房的纠纷。房产纠纷推高了离婚成本,彰显了现行婚姻制度均平夫妻双方财产和经济差距的强效力,吓阻了部分适婚人群的结婚意愿,成为导致结婚率下滑的元凶之一,连锁促成出生率的下跌以及人口老龄化趋势加剧。

因此,婚姻关系中的房产问题不单纯是法教义学层面的法律适用和解释路径选择问题,而应当在国家治理视角下通过立法决断提供解决方案。价值立场除了维护传统民法意思自治原则与婚姻家庭法婚姻保护价值,还应当契合我国的家庭及人口政策,即通过保障父母出资利益、适度限缩夫妻共同财产范围等正向激励机制,确保以夫妻财产制为代表的婚姻制度不会成为抑制结婚率和生育率的负面因素,助力维持社会经济正常发展所需的劳动力规模。上述价值立场构成本文于法教义学层面分析论证的前见。

三、父母为子女购房出资的性质与归属

(一)父母出资与房产归属脱钩

《婚姻法解释三》第 7 条第 1 款将父母赠与意图与产权登记挂钩,产权登记在一方名下的,推定为对出资人子女一方的赠与;同时将产权登记

---

[12] 参见金眉:《婚姻家庭立法的同一性原理——以婚姻家庭理念、形态与财产法律结构为中心》,载《法学研究》2017 年第 4 期,第 37—55 页。

与房产归属的认定挂钩,产权登记在一方名下的,认定为该方的个人财产。第 2 款又反过来弱化了产权登记的效力,在双方父母皆为购房出资的场景下,注重出资的构成,将房产归属认定为以出资份额按份共有。该条虽便于司法认定以及统一裁量尺度,但在教义学和价值伦理层面皆遭受学界诟病。[13]《婚姻家庭编解释一》保留了《婚姻法解释二》第 22 条的同时删除了《婚姻法解释三》第 7 条,为区分"父母出资的归属"与"子女所购房产的归属"提供了解释空间。

父母出资虽然为子女购房提供了金钱资助,但出资事实不应成为决定子女所购房产归属以及共有关系性质的依据。[14] "父母把钱给子女"的"出资行为"以及"子女拿着父母给的钱买房"的"购房行为"属于两项独立的法律行为,应当分别认定其性质和所涉财物的归属。《婚姻法解释二》已经意识到这一区分,官方释义将《婚姻法解释二》"要解决的对象目标确定为父母为子女购置房屋的出资问题,而不再是房屋"[15]。

父母出资与房产归属脱钩的步骤是,第一步,解决父母出资的归属,出资属于子女一方还是夫妻双方,涉及将父母出资的意思表示解释为赠与或借贷,合同相对方是子女一方或夫妻双方;还涉及法定财产制中夫妻共同财产与个人财产的边界。[16] 这一步完成之后,父母的出资转变为子女的个人财产或夫妻共同财产。第二步,解决子女所购房产的归属和份额,该步骤仍需考虑购房资金来源,但仅限于夫妻共同财产或某一方个人财产两个来源,不再溯源至双方父母的出资。

如果父母以子女名义购房,子女才是购房合同的买方,仍应区分出资归属与房屋归属。如果父母以自己的名义全款购房,随后过户到自己的子女或夫妻双方名下,赠与的客体是房产而非出资,依本文结论,推定为

---

[13] 参见薛宁兰、谢鸿飞主编:《民法典评注 婚姻家庭编》,中国法制出版社 2020 年版,第 188—192 页。

[14] 参见王丽:《婚后父母为子女出资购房的夫妻财产性质认定——兼评〈婚姻法司法解释二〉第二十二条与〈婚姻法司法解释三〉第七条之适用》,载《中国律师》2019 年第 3 期,第 62—63 页。

[15] 最高人民法院民事审判第一庭编著:《最高人民法院婚姻法司法解释(二)的理解与适用》(第 2 版),人民法院出版社 2015 年版,第 238—245 页。

[16] 参见于程远:《论离婚时对父母出资所购房产的分割——基于出资归属与产权归属分离的视角》,中国政法大学民商经济法学院学术成长沙龙第 20 期,2021 年 11 月 6 日。

对自己子女的赠与,成为子女个人财产;如果父母以自己名义按揭贷款购房并支付首付款,随后过户到自己的子女或夫妻双方名下,赠与的客体也是房产而非首付款,推定为对自己的子女的赠与,若由夫妻共同还贷,在婚姻内部关系中再行计算个人所有及共同所有的份额。

(二)父母出资行为的性质:借贷抑或赠与

现实生活中,由于父母与子女不和或者子女离婚时父母希望保全自己的购房出资等原因,父母会主张请求返还购房出资款,理由是出资的基础法律关系为借贷而非赠与。对出资行为的性质认定应当尊重当事人的意思自治,这是《婚姻家庭编解释一》第29条在《婚姻法解释二》第22条基础上增加"依照约定处理"的用意所在。《婚姻家庭编解释一》第29条第1款并未排除父母出资被认定为借贷的可能性,并非针对赠与或是借贷的推定规则,该条隐含的适用前提恰恰是出资行为业已被认定为赠与。《民法典》与《婚姻家庭编解释一》尚未解决的难题是,对出资性质没有约定或者约定不明确时,推定为借贷还是赠与?表面上涉及父母意思表示的解释问题,实质上仍是政策决断和价值判断问题。

基于父母子女间密切的人身关系和中国传统家庭文化的影响,实践中父母出资时一般都不会跟子女签署正式书面的赠与或借贷合同,离婚时关于是否存在口头合同及其内容往往成为争议焦点。[17] 最高人民法院的立场是推定为赠与,如果子女主张赠与而父母主张借贷;或者离婚时子女一方主张是借贷从而构成夫妻共同债务,借贷关系是否成立需严格遵循"谁主张谁举证"原则,理由是主张借贷关系的一方比主张赠与关系的一方更接近且更容易保留证据[18],将出资为借贷的证明责任分配给父母比将出资为赠与的证明责任分配给子女更符合证明责任分配原则。[19]

---

[17] 参见郑学林、刘敏、王丹:《〈关于适用民法典婚姻家庭编的解释(一)〉若干重点问题的理解与适用》,载《人民司法》2021年第13期,第44页。

[18] 参见最高人民法院民事审判第一庭编著:《最高人民法院民法典婚姻家庭编司法解释(一)理解与适用》,人民法院出版社2021年版,第283—288页。

[19] 参见最高人民法院民事审判第一庭编著:《民事审判前沿》第1辑,人民法院出版社2014年版,第241—244页。

有的法院因为无法排除倒签借据的可能性,以产权登记作为优势证据否定借据的效力。[20] 最高人民法院强调,在相关证据的认定和采信上,应适用《最高人民法院关于适用〈中华人民共和国民事诉讼法〉的解释》第105条,运用逻辑推理和日常生活经验法则,对证据有无证明力和证明力大小进行判断,准确认定法律关系的性质。

推定为赠与的实质性理由是,父母子女间的亲缘关系决定了赠与的可能性高于借贷。[21] 从中国现实国情看,子女刚参加工作,缺乏经济能力,无力独自负担买房费用,父母基于对子女的亲情,往往自愿出资为子女购置房屋。从日常生活经验看,大多数父母出资的目的是改善子女的居住条件,而非日后收回这笔出资。[22] 从传统观念的延续看,传统家庭历来选择子女结婚的当口作为两代之间"分家"传递家业的契机,将分家实践表述成赠与虽然别扭,后果上并无太大差别[23],若表述为借贷,则与分家观念完全相悖。

推定为借贷的实质性理由是,一方面,父母对成年子女原则上不负担抚养义务,对子女购房当然没有法定出资义务;另一方面,鉴于父母将多年积攒的全部或大部分养老积蓄用于子女购房,若子女对父母不尽赡养义务且出资被视为赠与,现实中父母可能会陷入"人财两空"的困境。[24] 为了在制度层面避免上述风险,不妨推定为借贷,保留父母的出资返还请求权。若子女仅为一人且不考虑时效,父母对子女享有的借款债权最终经由子女继承导致的债权人与债务人身份混同而消灭,保障父母权益的同时并不影响子女的实际权益。有裁判观点支持将父母出资推定为以帮助为目的的临时性资金出借,子女负有偿还义务。[25] 有观点从举证责任角度展开,认为赠与是无偿、单务的法律行为,对受赠人而言纯获利益,而对于赠与人影响极大,因此举证责任由主张赠与的一方承担,不能依据父

---

[20] 参见薛宁兰、谢鸿飞主编,见前注[13],第188—192页。
[21] 参见最高人民法院民事审判第一庭编著,见前注[18],第283—288页。
[22] 参见郑学林、刘敏、王丹,见前注[17],第45页。
[23] 参见赵晓力:《中国家庭资本主义化的号角》,载《文化纵横》2011年第1期,第32页。
[24] 参见王丽:见前注[14],第62—63页。
[25] 参见《婚后子女购房父母出资性质的认定》,载《人民法院报》2018年6月14日,第6版。

母子女关系自然推定为赠与。[26]

采取何种推定规则,很大程度取决于合同相对方是子女一方还是夫妻双方,即出资资金归属于谁。出资性质认定与资金归属两个问题环环相扣,如果推定为父母仅赠与自己的子女,则在房产内部份额取决于资金来源的结论下,父母的出资不会因离婚而被另一方攫取,这一结果反过来将最大限度地减少将出资认定为赠与的顾虑,没有必要认定为借贷。鉴于本文结论是推定为仅对自己的子女出资,因此视为赠与不会导致对父母不公的社会效果,还可避免借贷引发的返还关系,降低规范适用的复杂度。

(三)父母出资资金的归属:赠与子女一方抑或夫妻双方

《婚姻法解释二》第22条根据夫妻财产制规则,以结婚时间为节点采取截然相反的推定规则。双方结婚前,父母出资推定为对自己子女的赠与;结婚后推定为对夫妻双方的赠与,成为夫妻共同财产。[27]《婚姻法解释三》第7条采取将赠与一方还是双方的意思推定与产权登记主体挂钩的思路。实践中许多父母倾尽毕生积蓄为子女购房,透支日后的养老费用,又不想因为离婚导致子女丧失财产,于是父母通过登记一方名字这种含蓄的方式表示赠与一方的意思。[28] 最高人民法院认为,物权法已经实施多年,普通民众对不动产登记的意义有了较为充分的认识,将不动产登记在自己的子女的名下认定为父母将出资赠与自己的子女,符合当事人本意。[29] 如果一方父母出资却将房产登记在子女配偶一方名下,除非有明确约定或证明父母仅向子女配偶一方赠与,按照日常经验法则仍应认定为赠与夫妻双方。[30]

---

[26] 参见张振华:《〈民法典〉视阈下婚后父母出资购房性质研究》,载《中共郑州市委党校学报》2021年第3期,第67—68页。

[27] 参见最高人民法院民事审判第一庭编著,见前注[15],第238—245页;刘银春:《解读〈关于适用《中华人民共和国婚姻法》若干问题的解释(二)〉》,载杜万华主编:《解读最高人民法院司法解释、指导性案例·民事卷》,人民法院出版社2016年版,第159页。

[28] 参见薛宁兰、谢鸿飞主编,见前注[13],第188—192页。

[29] 参见最高人民法院民事审判第一庭编著:《最高人民法院婚姻法司法解释(三)理解与适用》,人民法院出版社2011年版,第28页。

[30] 参见吴晓芳:《〈婚姻法〉司法解释(三)适用中的疑难问题探析》,载《法律适用》2014年第1期,第71页。

《婚姻法解释三》第 7 条被删除意味着意思推定与产权登记脱钩,且双方父母出资时房产不再为按份共有。官方删除理由是按份共有与家庭的伦理性特征不相符,也与《民法典》第 1062 条在没有明确表示赠与一方的情况下,受赠财产应当归夫妻共同所有的规定相冲突。依据《民法典》第 308 条,在双方没有明确约定的情况下,基于家庭关系的特殊属性,亦不宜认定为按份共有。[31] 理论上,不动产登记簿的推定效力是对权利人和权利内容的推定,而非对导致物权变动的意思表示内容的推定,后者属于负担行为的任务。因此产权登记本身无法推出登记权利人通过何种途径获得房产,更无法推导意图赠与一方还是双方。[32] 实践中,购房环节包含诸多复杂情形,因为政策、贷款等原因,房产登记在一人名下同夫妻内部关于房产归属的意思可能并不一致,更无法通过登记推定父母的意思[33],删除《婚姻法解释三》第 7 条具有合理性。

《婚姻家庭编解释一》第 29 条回到《婚姻法解释二》第 22 条的传统立场。推定规则是否具有实质合理性,需要从三个方面依次验证:第一,是否符合现实社会中父母出资时的真实意愿;第二,是否有利于保障出资方父母因预支养老费用而换取的期待利益;第三,依据出资时间采取截然相反的推定规则的理由是否成立。

首先,须探究父母出资时的真实意愿。父母的真实意愿为何重要?因为在法定财产制下有必要区分交换所得和非交换所得。基于买卖、租赁等自愿有偿交易以及侵权、不当得利等非自愿行为的交换所得均具有对价性,相对方的意思和利益止于交换,并不关心作为对价的财产在所有权移转之后是否成为夫妻共同财产;即便相对方关心财产内部归属并与夫妻一方作出约定,基于合同相对性也只能约束交易双方[34],无法约束交易方的配偶,换而言之不能对抗法定财产制的效力。

---

[31] 参见郑学林、刘敏、王丹,见前注[17],第 45 页。
[32] 参见王丽,见前注[14],第 62—63 页。
[33] 参见康娜:《论婚后父母出资为子女购房的产权归属及离婚分割》,载《浙江工商大学学报》2015 年第 1 期,第 53 页。
[34] 参见贺剑:《夫妻财产法的精神——民法典夫妻共同债务和财产规则释论》,载《法学》2020 年第 7 期,第 28—30 页。

但在基于赠与、继承的无偿所得关系中,赠与财产的归属对基于身份关系或个人情感而作出的赠与行为具有决定性影响,赠与人通常不希望所赠财产由第三人分享。[35] 即便是同居共财的传统中国大家庭也区分劳动所得与无偿所得,家族中某人"白白"从别人那儿得到东西属于他的特有财产。[36] 因此,无偿所得的归属可转化为对赠与人真实意思的解释问题,关系到赠与人同夫妻双方的情感及利益关联、赠与的具体场景等社会生活事实。

父母为子女购房出资的主要目的是满足子女的婚姻生活所需,出资时父母都希望子女婚姻幸福稳定,不愿设想子女婚姻解体的可能。表达祝福时为了避免引起儿媳或女婿的不快和误会,父母一般不愿意明确出资性质和出资对象,也不会与子女签署书面协议,国人相对隐晦的行事风格导致事后父母通常无法提供明确赠与子女一方的证据。《婚姻法解释三》第7条为此才将把房产登记在自己子女名下的含蓄表达推定为父母只对自己子女赠与的意思。血亲与姻亲的天然差异,决定了为自己子女提供婚后居住条件,才是促使父母出资的本意。[37] 鉴于子女在未来可能面临的离婚风险,无论是婚前还是婚后,父母大额出资的真实意思表示都是对自己子女一方的赠与,属于子女的个人财产。如果一概将出资认定为父母对夫妻双方的赠与,势必违背父母为子女购房出资的初衷,缺乏社会认同。[38] 法律本质是不保护不劳而获的,因子女离婚而承担包括养老费用在内的家庭财产流失一半的严重后果,绝大多数出资的父母都无法接受。于是在实践中出现伪造债务、虚假诉讼甚至父母与自己的子女倒签赠与合同种种乱象,无非体现了父母希望在子女离婚时保住自己毕生辛苦积蓄的诉求。[39]

其次,须探究对父母出资后养老等期待利益的保护。父母为子女购

---

[35] 参见张振华,见前注[26],第67—68页。
[36] 参见[日]滋贺秀三:《中国家族法原理》,张建国、李力译,商务印书馆2013年版,第519页、第551页。
[37] 参见最高人民法院民事审判第一庭编著,见前注[18],第283—288页。
[38] 参见张振华,见前注[26],第67—68页。
[39] 参见吴晓芳,见前注[30],第70页。

房出资凝结着浓厚的伦理和亲情因素,既是家庭财产基于血亲关系传续的需要,也是子女更好地履行赡养义务的物质保障。父母为子女结婚购房往往预支了未来的养老费用,甚至向亲朋好友举债,出资很大程度上蕴含着对子女未来履行赡养义务的期待。《老年人权益保障法》第14条第3款规定:"赡养人的配偶应当协助赡养人履行赡养义务。"在当前闪婚、闪离现象增多和老龄化问题加剧的背景下,一旦夫妻离婚,原配偶连"协助"赡养义务都没有了[40],从《婚姻法解释三》公开征求意见反馈的情况来看,已经引起父母们的普遍担忧。[41] 法院系统从社会效果出发,明确提出离婚诉讼中不仅要保护婚姻双方当事人的利益,也要保护双方老人的合法权益。[42] 因此,从保护父母养老等期待利益的角度出发,不宜将父母出资认定为对夫妻双方的赠与。

最后,须探究以结婚时点为区分标准是否合理。夫妻关系不同于"一时性"债之关系的交易行为,结婚这一法律行为生效,仅仅意味着一段可能漫长的婚姻存续关系的开始。各方行为都围绕服务于婚姻生活这一"继续性"关系而展开,结婚的具体时点反而不具备重要性和敏感性。父母于子女"新婚之际"出资购房便可满足子女婚姻生活的居住需求,"新婚之际"体现为结婚登记前后的整块时间段而非某个特殊时点,实际出资在这一时点之前或之后具有偶然性,也完全不影响出资目的实现。传统社会同样存在类似观念,父母赠与女儿的嫁资未必在出嫁时交付,待出嫁后经过一段时间,确定夫妻和睦之后再交付的也不少。[43] 因此,《婚姻家庭编解释一》第29条的区分标准是一种没有实质合理性的形式逻辑推演,父母婚前或婚后出资都仅视为对自己子女的赠与。同理,房产登记时间以及登记方也具有偶然性,例如实践中常见因开发商的

---

[40] 参见吴晓芳,见前注[30],第70页。

[41] 参见《最高人民法院民一庭负责人就〈关于适用《中华人民共和国婚姻法》若干问题的解释(三)〉答记者问》,载杜万华主编:《解读最高人民法院司法解释、指导性案例·民事卷》,人民法院出版社2016年版,第190页。

[42] 参见《把握总基调 找准结合点 最大限度发挥民事审判在促进经济稳中求进和社会和谐稳定中的积极作用——在全国高级法院民一庭庭长座谈会上的讲话(节选)》,载最高人民法院民事审判第一庭编:《民事审判指导与参考》2012年第1辑(总第49辑),人民法院出版社2012年版,第7页。

[43] 参见[日]滋贺秀三,见前注[36],第451页、第519页。

原因导致购房人未能于婚前取得房屋产权证书。[44] 因此,《婚姻法解释三》第 7 条没有留存必要。

综上所述,父母为子女购房出资的理想规则是,无论出资发生在婚前还是婚后、部分还是全额、一方还是双方,都推定为对自己子女的赠与,成为自己子女的个人财产。通过保障父母出资利益不因子女离婚而受损,打消父母的担心,有利于将父母的意图统一推定为赠与而非借贷(图1),同时避免了赠与夫妻双方前提下迂回适用赠与所附条件不成就、所附义务未履行、因主观交易基础丧失的情事变更主张酌情返还[45]等救济手段,简化规范体系的复杂性。在解释论层面为了达到赠与自己子女的法律效果,对《民法典》界定个人财产的第 1063 条第(三)项"遗嘱或者赠与合同中确定只归一方的财产"中"确定"一词,宜作扩大解释。

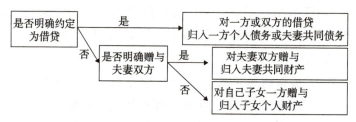

图 1 父母出资行为的性质认定与资金归属

四、房屋产权登记与婚姻内部房产归属脱钩

(一)房产归属应区分物权与婚姻两个维度

产生公示效力的产权登记与无须公示的结婚登记之间的关系长期困扰着夫妻财产法研究,依据"物权方案",婚姻关系直接发生财产物权归属层面的效力,由此法定财产制对物权公示系统构成极大挑战,不动产登

---

[44] 参见《准确适用婚姻法维护婚姻当事人的合法权益——最高人民法院民一庭庭长杜万华就〈最高人民法院关于适用《中华人民共和国婚姻法》若干问题的解释(三)〉答记者问》,载最高人民法院民事审判第一庭编著:《最高人民法院婚姻法司法解释(三)理解与适用》,人民法院出版社 2011 年版,第 12—13 页。

[45] 参见于程远,见前注[16]。

记簿的绝对公信力随着已婚人士取得物权比重的增加而大范围失灵。[46]与之相反,"潜在共有方案"与"债权方案"认为财产归属应当区分物权与婚姻两个维度。物权维度上以房产登记状态为准,婚姻关系中任何财产的物权变动仍应遵循物权法规则;婚姻维度上财产属于一方个人财产还是夫妻共同财产,仅依据法定财产制在夫妻内部发生效力,不波及婚姻关系之外的交易第三人[47],以实现交易安全与婚姻保护两全。换言之,共同财产制限于夫妻关系,对外依照物权公示原则实行分别财产制。

很多裁判意见已经开始区分物权和婚姻两个维度,"因房屋权属发生争议,在确认房屋产权所有人时,应以查明的出资购房事实为依据,而不应以房屋权属登记为准"[48]。"家庭成员在家庭共同生活关系存续期间共同创造、共同所得财产,虽登记在一人名下,仍应属家庭成员共同共有。"[49]"登记在户主名下家庭共有财产,家庭成员请求确认共有权的,法院不应依物权登记推定效力否定真正物权人权利。"[50]"婚后一方父母部分出资购房,夫妻共同还贷,产权登记在出资人子女名下,离婚时应作为夫妻共同财产予以分割。"[51]"登记在夫妻一方名下的房产,在另一方主张系其婚前个人财产并提供充分的相反证据情况下,应据实确定物权人。"[52]以上裁判意见虽然在术语使用上未厘清共有与共同所有、物权人与共同财产权利人之间的差异,至少不再仅仅以产权登记状态决定财产的婚内归属状态。

---

[46] 参见冉克平:《夫妻财产制度的双重结构及其体系化释论》,载《中国法学》2020年第6期,第74页。

[47] 参见贺剑,见前注[34],第28—30页。另参见贺剑:《论婚姻法回归民法的基本思路——以法定夫妻财产制为重点》,载《中外法学》2014年第6期,第1502—1505页。

[48] 国家法官学院、中国人民大学法学院编:《中国审判案例要览》(2011年民事审判案例卷),中国人民大学出版社2013年版,第431页。

[49]《人民法院案例选·月版》2009年第5辑(总第5辑),中国法制出版社2009年版,第41页。

[50] 最高人民法院民事审判监督庭编:《审判监督指导》2015年第4辑(总第54辑),人民法院出版社2016年版,第163页。

[51] 最高人民法院民事审判第一庭编:《民事审判指导与参考》2013年第2辑(总第54辑),人民法院出版社2013年版,第240页。

[52]《人民法院案例选·季版》2014年第3辑(总第89辑),人民法院出版社2015年版,第124页。

另有司法观点从区分登记权利人与真实权利人角度着手解决,"不动产登记簿作为不动产物权公示手段所具有的公信力,主要是针对不特定的第三人而言,但不适用于登记名义人与真实权利人之间的关系,他们之间的关系仍按照实事求是的原则处理。双方婚姻关系存续期间购买的公改房属于夫妻共同共有,虽然一方为登记名义人,但在另一方举证证明该房产为双方婚姻关系存续期间购买的情况下,应认定真实权利人为双方。人民法院在离婚析产确认夫妻共同财产范围时,即可直接进行确权认定,同时对该财产予以分割"[53]。这一观点被《最高人民法院关于适用〈中华人民共和国物权法〉若干问题的解释(一)》第 2 条采纳,《最高人民法院关于适用〈中华人民共和国民法典〉物权编的解释(一)》(以下简称《物权编解释一》)第 2 条延续了这一规定。[54]

"真实权利状态与登记状态不一致"的制度根源在于不动产登记仅具有权利推定效力,是对证明责任的分配,而登记的权属状态并不总是与真实物权状态相一致。法院可以根据当事人提交的证据推翻登记物权状态,确认不动产物权的真实权属。但是需要特别强调,不动产登记的权利状态是物权法层面的物权状态,"真实权利状态"与"不动产登记簿的记载"相对应,指的也是与登记相对应的物权状态。[55] 换言之,《物权编解释一》第 2 条处理的是不动产物权权属争议,并非婚姻家庭层面的财产内部归属争议,不能把"真实权利人"理解为夫妻共同财产制下的权利主体,上述司法观点对此有混淆之嫌。

夫妻之间也存在适用《物权编解释一》第 2 条的场景,例如夫妻共同出资签订房屋买卖合同,约定房产仅登记在夫或妻一方名下,但排除婚内赠与的意思。此时登记物权人是夫或妻一方,而物权层面的真实权利人是夫妻双方,婚姻家庭层面该房产也属于夫妻共同财产。该场景下真实

---

〔53〕 本刊研究组:《人民法院能否在民事诉讼中直接判决已登记的个人房屋为夫妻共同财产?》,载《人民司法》2013 年第 19 期,第 109 页。

〔54〕 《物权法解释一》第 2 条规定:"当事人有证据证明不动产登记簿的记载与真实权利状态不符、其为该不动产物权的真实权利人,请求确认其享有物权的,应予支持。"

〔55〕 参见司伟:《论不动产登记与权属确认——兼论对〈物权法司法解释一〉第 2 条的理解》,载《法律适用》2016 年第 5 期,第 18 页。

物权人被界定为夫妻双方,并非因为夫妻共同财产制的效力,而是因为房屋买卖合同加上夫妻之间的约定。

(二)例证:夫妻间赠与房产的效力认定

区分两个维度的观念还体现在夫妻之间赠与房产的效力设定上。《婚姻家庭编解释一》第 32 条在《婚姻法解释三》第 6 条基础上增加了实践中更普遍的将部分房产份额赠与另一方的"加名"情形[56],并且明确了《民法典》赠与合同一章中的任意撤销权并未将夫妻间赠与排除在外,契合很多裁判观点。[57] 在物权归属层面,该条贯彻不动产登记公示公信原则,夫妻间赠与房产不直接发生物权效力,房产权属的变化需通过登记体现。[58] 加名之后,受赠方离婚时对房产有权主张相应份额。[59]。

直接套用赠与合同的任意撤销权饱受争议。有学者建议新设夫妻特殊赠与制度。赠与方通常希望赠与配偶的财产仍为双方共同财产而非配偶的个人财产,真实意思表示与普通赠与明显有别。在内部效力层面,赠与方在给付前不享有任意撤销权;给付后短期内若因受赠方重大过错导致离婚,赠与方可行使法定撤销权;若无过错的受赠方提出离婚,赠与方可通过情事变更请求全部或部分返还赠与房产。[60] 在外部效力层面,无差别适用合同法与物权法相关规范,房产变更登记完成前,受赠方不得对抗第三人。即便完成变更登记,赠与方的债权人仍然可以行使债权人撤销权以保全债权。

笔者认为,在认定夫妻间赠与不直接发生物权效力之后,需要进一步探究夫妻间赠与是否直接产生婚姻维度的内部归属效力。《民法典》第

---

[56] 《婚姻家庭编解释一》第 32 条规定:"婚前或者婚姻关系存续期间,当事人约定将一方所有的房产赠与另一方或者共有,赠与方在赠与房产变更登记之前撤销赠与,另一方请求判令继续履行的,人民法院可以按照民法典第六百五十八条的规定处理。"

[57] 参见最高人民法院民事审判第一庭编:《民事审判指导与参考》2016 年第 1 辑(总第 65 辑),人民法院出版社 2016 年版,第 251 页。

[58] 参见最高人民法院民事审判第一庭编著,见前注[18],第 303 页。

[59] 参见金静诉殷伟离婚纠纷案,上海市第二中级人民法院(2008)沪二中民一(民)终字第 3010 号民事判决书。

[60] 参见叶名怡:《夫妻间房产给予约定的性质与效力》,载《法学》2021 年第 3 期;姚邢、龙翼飞:《〈民法典〉关于夫妻间财产协议的法律适用》,载《法律适用》2021 年第 2 期。

658 条第 1 款规定"赠与人在赠与财产的权利转移之前可以撤销赠与","权利转移"是否包括在夫妻关系内部一方个人财产转变为夫妻共同财产？鉴于赠与的物权效力仅针对夫妻关系之外的第三人,因此夫妻关系内部的权利转移及归属效力与外部公示方式无关,夫妻间赠与合意达成,内部归属层面直接发生效力,权利视为已经转移为夫妻共同财产,不存在适用赠与人任意撤销权的空间。

若夫妻双方将共同所有房屋的产权登记在未成年子女名下,离婚时不能仅仅按照产权登记情况将房屋一概认定为未成年人的财产,还应审查夫妻双方的真实意思表示。如果真实意思确实是将房屋赠与未成年子女,离婚时该房屋为未成年子女的财产,由直接抚养未成年子女的一方暂时管理;反之,将该房屋作为夫妻共同财产处理比较适宜。[61]

(三)产权登记方处分夫妻共同所有房屋的效力及其救济

在区分婚姻财产内外归属效力的大前提下,"潜在共有方案"于内部关系中考虑夫妻对于某项婚内财产的取得及其增值的实质贡献,判定某项财产是否属于夫妻共有。为了避免夫妻财产关系的复杂化危害交易安全,这种共有只是在离婚或者夫妻一方死亡时才显化为物权法层面的共同共有,用以清算分割。[62] 但潜在共有一旦转变为物权法层面的共有,仍会产生外部效力从而波及第三人。比如夫妻一方尚未完成的对共同财产的有权处分会降格为无权处分,夫妻一方个人债务的普通债权人无法对抗配偶在离婚时针对共有财产的分割请求权。[63]

与之相对,"债权方案"下夫妻共同财产任何情况下都不会转变为共有,仅在夫妻间产生债之关系,从而最大限度抑制共同财产对婚姻关系外部产生的影响。在术语选择上,立法者也有意识地区分了物权与婚姻两个维度。《民法典》第 1062 条并未照搬"物权编"第八章"共有"的相关概念,而是保留了《婚姻法》中"夫妻的共同财产""夫妻共同所有"的表述。

---

〔61〕 参见最高人民法院民事审判第一庭编:《民事审判指导与参考》(总第 43 集),法律出版社 2011 年版,第 237 页。

〔62〕 参见龙俊:《夫妻共同财产的潜在共有》,载《法学研究》2017 年第 4 期,第 28 页。

〔63〕 参见贺剑,见前注〔34〕,第 31 页。

《婚姻家庭编解释一》第 28 条更是主动将《婚姻法解释三》第 11 条"夫妻共同共有的房屋"修改为夫妻"共同所有的房屋"。

"债权方案"以登记状态推定物权归属并产生公信力，登记权利人的单独处分行为在物权法层面是有权处分，即便处分客体为夫妻共同财产，在有偿交易的场景下，共同财产仅发生形态上的变化，共同财产整体并未受损，配偶利益无须救济[64]，因而没有必要限制登记权利人一方对共同财产的单独处分，可以最大限度保障交易安全。《婚姻家庭编解释一》第 28 条第 1 款可以容纳三种情形[65]：第一种，登记权利人为夫妻双方时，其中一方与第三人买卖房屋；第二种，登记权利人仅为夫妻一方时，配偶与第三人买卖房屋；第三种，登记权利人仅为夫妻一方时，登记权利人与第三人买卖房屋。[66] 该款中的"善意"应解释为交易相对方对登记的信赖，第三人无须进一步核实登记事项与婚姻状况，因此该款仅适用于第三种有权处分，该情形下无须配偶同意或第三人善意要件即可发生效力。有的裁判观点作了正确表述[67]，有的裁判观点混淆了三种情形下无权处分与有权处分的区分。[68]

"潜在共有方案"对此提出"基于婚姻关系的财产处分限制"，不论夫妻某方是否有权处分，只要该处分可能导致婚姻生活无法正常延续，例如将婚姻家庭唯一住所转让给第三人，无论该房产是否属于共同财产，无论登记权利人是哪一方，都必须得到配偶同意或追认，以限制该处分行为效力，阻却第

---

[64] 参见贺剑，见前注〔34〕，第 31 页。

[65] 《婚姻家庭编解释一》第 28 条第 1 款规定："一方未经另一方同意出售夫妻共同所有的房屋，第三人善意购买、支付合理对价并已办理不动产登记，另一方主张追回该房屋的，人民法院不予支持。"

[66] 参见最高人民法院民事审判第一庭编著，见前注〔18〕，第 265 页。

[67] "夫妻一方处分登记在自己名下夫妻共同房产，相对人基于对不动产登记信赖而交易，其交易安全应受公信力保护。"参见国家法官学院、中国人民大学法学院编：《中国审判案例要览》(2007 年民事审判案例卷)，中国人民大学出版社、人民法院出版社 2008 年版，第 1 页。

[68] "夫妻一方将登记在自己名下的夫妻共有房产单方处分给第三人并办理过户手续，构成表见代理的，买卖协议有效。""夫妻一方处分其名下房产，他人有理由相信系夫妻共同意思表示的，另一方不得以不同意或不知道为由主张无效。"参见国家法官学院、中国人民大学法学院编，见前注〔67〕，第 469 页。

三人取得房屋,达到优先保护配偶利益和维持正常家庭生活的需要。[69] 有学者提出"婚姻住宅"概念,若住宅作为家庭住所,无论所有权人是谁,对住宅的处分都要避免一方配偶陷入无房居住的困境。[70] 但是在有偿交易的情形下,一方处分房产的对价是相应价值的货币或者其他财产,仅仅导致共同财产形态发生变化,通常不会威胁到婚姻生活的正常维系,没有必要以共同财产制为由限制登记权利人的处分权。最高人民法院进一步认为,对用于家庭生活的房屋作出例外规定在实践中很难操作,如果第三人耗尽财产仍无法取得房屋,夫妻一方却放任配偶以家庭生活用房为由追回别墅、公寓等豪华住宅,明显与社会一般观念不符。特殊情形下保护生存配偶的居住权,可以通过民事执行程序中对唯一住房不予执行来实现。[71]

真正的疑难问题在于,当登记权利人无偿或低价转让夫妻共同财产时,对配偶利益如何救济?有的裁判观点简单粗暴地认定无偿处分行为无效。[72] "潜在共有方案"基于婚姻关系的财产处分限制固然可以作为救济理由,但在我国实证法中并无这一概念,且背后逻辑仍然属于试图将婚姻家庭层面的价值穿透影响物权层面的处分效力。"债权方案"则利用财产法规则解决这一难题,《婚姻家庭编解释一》第 28 条第 2 款[73]的适用前提包含有权处分和无权处分夫妻共同财产的各种情形,无须考虑财产的物权登记状态。配偶受到的损失除了离婚时请求另一方损害赔偿,还可以通过主张另一方不分或少分共同财产而得到救济,并且不会影响交易相对方的利益。因为夫妻财产制预设夫妻双方对共同财产各自享有一半的潜在份额,因此不超过一半份额的小额赠与或低价转让原则上

---

[69] 参见黄诗怡:《婚前按揭房的所有权归属及其离婚时的分割》,载《东南大学学报(哲学社会科学版)》2019 年第 S1 期,第 51 页;龙俊,见前注[62],第 30 页。

[70] 参见田韶华:《婚姻住宅上非产权方配偶利益的法律保护——兼评〈婚姻法司法解释(三)〉中的涉房条款》,载《法学》2011 年第 12 期,第 124—131 页。

[71] 参见《最高人民法院民一庭负责人就〈关于适用《中华人民共和国婚姻法》若干问题的解释(三)〉答记者问》,见前注[41],第 190—191 页;最高人民法院民事审判第一庭编著,见前注[18],第 278 页。

[72] 参见金钢诉冯玉霞、李含放夫妻财产约定纠纷案,河南省洛阳市涧西区人民法院(2003)涧民一初字第 604 号民事判决书。

[73] 《婚姻家庭编解释一》第 28 条第 2 款规定:"夫妻一方擅自处分共同所有的房屋造成另一方损失,离婚时另一方请求赔偿损失的,人民法院应予支持。"

都有效,只有当赠与或低价转让的财产价值超过共同财产一半份额时,会实质性危及配偶的利益,配偶可类推适用合同法债权人撤销权制度〔74〕,撤销相应的赠与或低价转让行为。相比较无偿或低价取得财产的相对方,优先保护利益严重受损的配偶具有实质正当性。

五、婚姻关系内部房产的归属与份额

(一) 婚姻关系内部房产的份额计算比归属认定更重要

房产在婚姻关系内部的归属与物权法层面的归属无关,因此内部归属与作为负担行为的房屋买卖合同以及作为处分行为的产权变更登记都完全脱钩。购房合同由哪方在婚前或婚后订立,变更登记于婚前或婚后,登记权利人是哪方,这些影响因素都与内部归属无涉。对于婚姻关系内部的归属认定以及份额计算,唯一的影响因素是资金来源。

有学者质疑以资金来源精确界定房产归属是资本主义对中国家庭的入侵,"在房产上按照资本主义意识形态建立个人所有制,基本就等于在家庭中建立资本主义式的个人财产制"〔75〕。事实上资金来源不意味着个人所有,鉴于婚姻关系存续期间的还贷都被推定为共同还贷,并且共同还贷所占份额及其增值都认定为夫妻共同所有,这一结果已经体现了共同财产制下的婚姻保护与家庭伦理观念;而且计算房产份额在婚姻关系存续期间没有实际用处,其功能旨在平衡离婚之际双方的利益,而离婚意味着婚姻共同体濒临解体,因此份额计算与家庭保护无关,与离婚时对弱势一方的保护有关。

房产出资大致分为两种情形:第一种为夫妻一方全额出资购买房产,既包括一次性全额支付房价,也包括全额首付并以个人财产还贷。依照"不转化规则"或"代位规则",房产在夫妻内部属于买方个人财产,离婚时不涉及分割问题。第二种为夫妻双方出资购房,依据资金来源进一步分为三类场景:其一,一方用个人财产于婚前或婚后支付首付款,婚

---

〔74〕 参见贺剑,见前注〔34〕,第32页。
〔75〕 赵晓力,见前注〔23〕,第31页。

后双方共同还贷;其二,双方用各自的个人财产于婚前或婚后共同支付首付款,婚后共同还贷;其三,双方婚后用共同财产支付首付款并还贷。理论上还存在婚后双方以各自的个人财产共同还贷,但以婚后收入还贷通常推定为共同还贷,以个人财产共同还贷甚为罕见,无须赘述。

上述三类场景下,购房资金来源包含一方或双方的个人财产以及夫妻共同财产,房屋实质上成为个人财产与夫妻共同财产的混合体。[76] 有观点认为应当对比婚后共同还贷与婚前首付及还贷的金额比例,如果共同还贷金额在房产总价款中占比很大[77]或者超过一方婚前首付及还贷额,房产应被认定为夫妻共同财产。[78] 笔者认为,笼统地将房产认定为个人所有或共同所有,既不可能也无意义,重要的并非房产归属,而是精确地计算夫妻各自的份额(参见图2)。《婚姻家庭编解释一》第78条第1款也未聚焦于房产在夫妻内部的归属,仅授权双方离婚时协议解决。[79] 若达不成协议,第2款只是规定法院"可以"而非"应当"判决不动产归登记一方,留下自由裁量空间的同时,将重点转移到份额认定与补偿问题上。

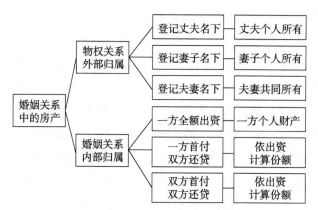

图2 物权关系与婚姻关系两个维度的房产归属

---

[76] 参见最高人民法院民事审判第一庭编著,见前注[18],第664—669页。

[77] 参见蒋月:《论夫妻一方婚前借款购置不动产的利益归属——对〈婚姻法〉司法解释(三)征求意见稿》第11条的商榷》,载《西南政法大学学报》2011年第2期,第103—104页。

[78] 参见张晓远:《论婚前按揭房屋的产权归属与分割——以〈民法典婚姻家庭编司法解释(一)〉第78条为中心》,载《西南民族大学学报(人文社会科学版)》2021年第5期,第123—128页。

[79] 《婚姻家庭编解释一》第78条第1款规定:"夫妻一方婚前签订不动产买卖合同,以个人财产支付首付款并在银行贷款,婚后用夫妻共同财产还贷,不动产登记于首付款支付方名下的,离婚时该不动产由双方协议处理。"

(二)房产份额与资金来源挂钩

房产份额取决于资金来源,具体包括丈夫的个人财产、妻子的个人财产以及夫妻共同财产三处来源,表现为首付款和按揭还贷两种形式。婚后共同支付的首付款和还贷部分及其增值,被归入夫妻共同所有的份额。何为"共同还贷",需结合法定财产制理解,即便夫妻一方婚后以自己的工资收入还贷也被视为共同还贷,因为婚姻关系存续期间双方所得工资、奖金及劳务报酬都属于夫妻共同财产,否认共同还贷的一方须承担举证责任。[80] 对夫妻关系中收入弱势一方的保护,通过共同还贷的认定得以充分体现。

一方个人财产在婚前或婚后支付的首付和贷款被归入个人所有的份额。争议是个人财产支付的首付和贷款在婚后的增值部分,归入个人所有还是共同所有?依据《婚姻家庭编解释一》第25条第(一)项与第26条[81],需要界定婚后房产增值属于主动增值的投资收益还是因市场价值变化而导致的被动自然增值。夫妻协力理论认为夫妻一方婚后财产所得包含配偶的付出、贡献或协力,主要聚焦于劳动所得。[82] 有学者认为夫妻协力理论推定夫妻对家庭贡献相等,作为共同财产的价值基础令人质疑,婚后劳动所得的归属与配偶的协力无关,旨在创造适当的行为激励从而有利于家庭利益最大化。婚后资本所得被归入夫妻共同财产同样是为了鼓励夫妻以家庭利益最大化为目标管理和处分双方所有财产。[83] 其要义是把婚姻看成命运共同体,夫妻婚后应分享彼此的劳动以及经济上的幸运或不幸,主张"婚后劳动和运气所得共同制"[84]。依据该理论,个

---

[80] 参见最高人民法院民事审判第一庭编:《民事审判指导与参考》2014年第4辑(总第60辑),人民法院出版社2015年版,第257页。

[81] 《婚姻家庭编解释一》第25条第(一)项规定,婚姻关系存续期间,一方以个人财产投资取得的收益属于应当归共同所有的财产。《婚姻家庭编解释一》第26条规定:"夫妻一方个人财产在婚后产生的收益,除孳息和自然增值外,应认定为夫妻共同财产。"

[82] 参见薛宁兰、许莉:《我国夫妻财产制立法若干问题探讨》,载《法学论坛》2011年第2期,第23页。

[83] 参见贺剑,见前注[34],第23—24页。

[84] 贺剑:《夫妻个人财产的婚后增值归属——兼论我国婚后所得共同制的精神》,载《法学家》2015年第4期,第107页。

人财产支付的首付和贷款在婚后的增值应被归入共同所有的份额。

有裁判观点认为一方婚后用个人财产购买房屋,离婚时该房屋及其增值都属于个人财产。[85] 另有裁判观点认为应区分是否为投资性购房,如果以个人财产购房,用途为安置父母的,属于非经营性购房,自然增值不属于生产经营性收益和夫妻共同财产。[86] 但并非为了家居需要而购买商铺,则被认定为投资行为[87],优先适用《婚姻家庭编解释一》第25条,并对《婚姻家庭编解释一》第78条的"不动产"限缩解释。[88] 部分学者也认为婚后房产增值主要是由于通货膨胀、市场行情等因素,婚后共同还贷行为纵然为取得完整的房产作出积极贡献,但性质仅仅是协助购房一方偿还银行贷款这一合同债务的履行行为,与房价上涨没有直接因果关系。[89]

分歧实质仍在于夫妻法定财产制下共同财产的范围,而范围大小归根结底取决于价值判断而非逻辑推演。依夫妻协力理论,如果宽泛认定共同还贷时已经考虑到夫妻家务劳动价值等贡献因素,那么认定个人财产婚后增值性质时为何要重复计算另一方的协力和贡献?依婚姻命运共同体理念,将个人财产婚后增值作为共同财产提高了离婚的经济成本,有可能维护婚姻稳定。[90] 但是提高离婚成本若通过强化法定财产制对夫妻财产状况"均贫富"来实现,同时可能意味着减弱高收入群体的结婚意愿。当婚姻预期存续期限不长时,具有财产优势的一方必然不愿意为了短期婚姻付出巨额财产代价。[91] 如果将个人财产婚后增值仍然界定为个人财产,适度限缩夫妻共同财产的范围,使夫妻法定财产制"均贫富"的效力不波及婚前个人财产,或许有利于正向激励结婚率的提升,并间接影响生育率。

---

〔85〕 参见最高人民法院民事审判第一庭编,见前注〔10〕,第118页。
〔86〕 参见陈芝芝诉赵连理离婚后财产纠纷案,载最高人民法院民事审判第一庭编:《民事审判指导与参考》2013年第1辑(总第53辑),人民法院出版社2013年版,第142页。
〔87〕 参见李某甲与李某乙离婚纠纷案,江西省宜春市中级人民法院(2013)宜中民一终字第157号民事判决书。
〔88〕 参见薛宁兰、谢鸿飞主编,见前注〔13〕,第201—202页。
〔89〕 参见张晓远,见前注〔78〕。
〔90〕 参见贺剑,见前注〔84〕,第111页。
〔91〕 参见冉克平,见前注〔46〕,第70页。

六、离婚时房产归属及补偿数额计算

(一) 离婚时房产归属的确定

离婚时对婚姻财产进行清算,需要确定房产的最终归属。《婚姻家庭编解释一》第 76 条改自《婚姻法解释二》第 20 条,列举了三种处理方式:双方均主张房屋产权的,竞价取得;只有一方主张的,评估后该方取得产权并补偿另一方;双方均不主张的,拍卖、变卖房产后双方分割价款。该条排除了离婚后双方按份共有房产的处理方式。最高人民法院认为,按份共有并不能解决双方离婚后实际面临的居住问题,在当事人明显失去共有基础时,强行判决按份共有只可能造成新的矛盾。[92] 北京市第一中级人民法院却认为,若离婚双方只有一套共有住房,均主张所有权但均无力补偿对方时,法院应当判决双方按份共有房产,并结合当事人生活需要、房屋结构等因素就房屋使用问题作出处理。[93] 若强行拍卖、变卖房产后分割价款,使双方都损失了未来房产继续增值的可能收益,不符合双方真实意思和利益。

离婚时房产最终归属哪方,实质意义在于:其一,获得产权一方享受离婚以后房产未来增值收益,同时承担房产未来贬值风险;其二,依据《婚姻家庭编解释一》第 78 条第 2 款,"尚未归还的贷款为不动产登记一方的个人债务",承担继续还贷义务。[94] 原则上,由购房决策方承受房产未来

---

[92] 参见本书研究组:《离婚诉讼的当事人只有一套性质为夫妻共同财产的房屋居住,又均无能力补偿对方,法院能否判令双方离婚后对该房屋各占二分之一产权》,载最高人民法院民事审判第一庭编:《民事审判指导与参考》2012 年第 4 辑(总第 52 辑),人民法院出版社 2013 年版,第 248 页。

[93] 参见高某诉罗某离婚纠纷案,北京市第一中级人民法院(2012)一中民终字第 12203 号民事判决书。

[94] 《重庆市高级人民法院关于当前民事审判若干法律问题的指导意见》第 30 条规定:"离婚案件中对按揭房的分割。婚姻关系存续期间夫妻一方或双方按揭贷款购买的商品房,一般应当认定为夫妻共同财产,双方另有约定或者以一方婚前个人财产购买的除外。诉讼中不需将贷款银行列为第三人,可采取协商或者竞价的方式确定房屋归属,但应明确分得房屋的一方承担偿还按揭贷款义务。"

增值或贬值更符合意思自治下的风险归责原则,婚前购房支付首付款一方优先获得房产。[95]另一个重要因素是房款中双方出资所占比例,出资份额多的一方优先获得房产。如果共同还贷款项远远高于一方所付首付款,或者购房一方因经济状况不具备继续还贷能力,而另一方有还贷能力,为了避免案涉房屋被银行行使抵押权,法院认为也可以判决房屋归非购房一方所有,承担继续还款义务并向对方补偿。[96]

在一方支付首付款以及双方出资份额悬殊这两种情形下,可否适用《婚姻家庭编解释一》第76条第(一)项的竞价规则决定房产最终归属?竞价规则的实质是由偏好该财产的人最终取得产权以达到物尽其用。双方均主张产权时并非自动适用竞价规则,法院还应遵循照顾子女、女方和无过错方权益的原则,存在将房屋判给直接抚养子女的一方、女方或无过错方的可能。最高人民法院认为适用竞价的前提还包括双方财产水平大致相当以及均同意采取竞价方式[97],否则财产弱势一方无力在竞价过程中反映自己的真实偏好价格,竞价是不充分的。强势一方以不充分的竞价价格为基础给予补偿,另一方损失了充分的补偿收益以及可能的未来增值收益。若双方未达成竞价合意,则优先考虑婚前购房支付首付款一方或者出资份额多的一方获得房产。在一方支付首付款、双方还贷的典型场景下,通常支付首付款一方所占份额也更多。

(二)未获房产一方补偿数额的计算

依据《婚姻家庭编解释一》第78条第2款的规定,需要对未获得产权一方进行补偿。离婚分割房产涉及多方权益,既要保护个人婚前财产部分对应的权益,又要厘清"双方婚后共同还贷支付的款项及其相对应财产增值部分",还要契合"照顾子女、女方和无过错方权益的原则",同时不能损害作为债权人的银行的合法利益。因此个案中不能把明晰财产关系

---

[95] 参见王明坤诉庄佃芝离婚纠纷案,山东省日照市中级人民法院(2012)日民一终字第104号民事判决书。

[96] 参见最高人民法院民事审判第一庭编著,见前注[18],第664页。

[97] 参见最高人民法院民事审判第一庭编著,见前注[18],第653页。

与分割共同财产等同[98],分割共同财产并不以计算的补偿数额为绝对标准,法官可根据实际情况行使自由裁量权。[99]

共同还贷的补偿数额有多套计算公式,《江苏省高级人民法院民事审判第一庭家事纠纷案件审理指南(婚姻家庭部分)》分为两步计算:第一步,不动产升值率=离婚时不动产价格÷不动产成本×100%,不动产成本=购置时不动产价格+共同已还贷利息+其他费用。其他费用指购房的必要支出,如契税、印花税、营业税、评估费、中介费等,但不包括公共维修基金和物业费,后者产生的基础并非交易,而是不动产长期使用中产生的费用。第二步,补偿数额=共同还贷部分×不动产升值率÷2。[100] 最高人民法院民事审判第一庭的计算公式为:补偿数额=房屋现值×[已共同还贷部分÷(房屋本金价格+所需偿还的利息费用+其他费用)×100%]÷2。两套公式只是计算参照物不同,第一套以房屋增值为比率计算共同还贷部分的增值,第二套以共同还贷部分所占比率计算不动产中归属共同财产的部分。[101]

鉴于离婚时贷款可能尚未清偿完毕,只能将夫妻共同偿还的利息计入不动产成本,不能将尚未还贷的利息都纳入成本,否则未获得产权一方未分享后续可能的升值收益,却要现实承担因计入所有利息导致补偿额降低的不利后果。另外,如果一方婚前支付首付款,且购房后经过一段时间才结婚,不动产升值率应以结婚时而非购置时的不动产价格作为计算依据,因为房产的婚前增值属于支付首付款一方个人财产[102],这种情况下需要将计算公式修正为:补偿数额=共同还贷部分×[离婚时不动产价格÷(结婚时不动产价格+共同已还贷利息+其他费用)×100%]÷2。

一方婚前支付首付款,双方共同还贷,若离婚时房屋贬值该如何处理?其一,支付首付款一方独立作出购房决策,由决策方承担贬值风险更

---

[98] 参见杜万华:《在全国高级法院民一庭庭长座谈会上的总结讲话(节选)》,载最高人民法院民事审判第一庭编:《民事审判指导与参考》2012年第1辑(总第49辑),人民法院出版社2012年版,第15页。
[99] 参见最高人民法院民事审判第一庭编,见前注[57],第164页。
[100] 参见最高人民法院民事审判第一庭编,见前注[57],第164页。
[101] 参见薛宁兰、谢鸿飞主编,见前注[13],第201—202页;张晓远,见前注[78]。
[102] 参见最高人民法院民事审判第一庭编著,见前注[18],第283—288页。

符合风险归责原则;其二,双方婚后收入属于共同财产,无论用哪方收入还贷都属于共同还贷,因此非决策方的共同还贷行为具有被动性;其三,房产增值或贬值是动态过程,离婚时贬值不意味着未来没有升值空间,获得产权一方只要不在贬值期间抛售房屋,实际利益并未蒙受损失;其四,配偶因另一方婚前已购房,可能导致在婚姻关系存续期间错过独资购房的时机。[103] 考虑上述因素,离婚时补偿另一方共同还贷数额的一半比较合理。

七、结论

婚姻关系中房产归属与份额的认定并非单纯的法教义学问题,无法回避国家治理视角下的立法决断。价值立场除了维护意思自治以及婚姻保护,还应当契合家庭与人口政策,通过保障父母出资利益以及适度限缩夫妻共同财产范围等正向激励机制,确保婚姻制度不会成为抑制结婚率和生育率的负面因素。

父母出资的资金归属与子女购房的房产归属完全脱钩。出资性质与资金归属环环相扣,各种出资方式都被推定为父母仅针对自己子女的赠与,更符合父母真实意愿,有利于保障父母养老利益,避免认定为借贷引发后续的返还关系。父母实际出资时间具有偶然性且不影响出资目的,《婚姻家庭编解释一》第 29 条与《婚姻法解释三》第 7 条采用的影响因素都不具有合理性。

产权登记与夫妻内部房产归属完全脱钩。夫妻内部财产归属与外部物权归属关系依夫妻财产制和物权变动规则各自发生内外效力,兼顾婚姻保护与交易安全。《物权编解释一》第 2 条处理物权权属争议,并非夫妻内部财产归属争议,不能把"真实权利人"理解为夫妻财产制下的权利主体。夫妻间赠与不直接发生物权效力,但直接发生夫妻内部归属效力,赠与方不享有任意撤销权,《婚姻家庭编解释一》第 32 条规定不妥当。"债权方案"下离婚时共同财产未转变为共同共有,仅在夫妻之间产

---

[103] 参见杜万华、程新文、吴晓芳,见前注[10],第 25 页。

生债权。登记权利人对共同财产的单独处分在财产法上是有权处分,有偿交易场景下共同财产仅发生形态变化,无须救济。《婚姻家庭编解释一》第 28 条第 1 款仅限于登记方有权处分情形,第 2 款适用范围包含有权处分和无权处分各种情形,登记权利人无偿或低价转让共同财产时,可通过损害赔偿以及离婚时少分或不分共同财产予以救济,仅当赠与或低价转让的财产价值超过共同财产一半份额时,配偶可类推适用债权人撤销权制度。

夫妻内部房产归属与份额计算的唯一重要影响因素是资金来源。当购房资金包含个人财产与共同财产时,笼统认定房产归属没有意义,应当精确计算夫妻各自份额。婚后共同支付的首付款、贷款及其增值归入夫妻共同所有,对共同还贷作宽泛认定。一方个人财产支付的首付款、贷款以及婚后增值部分归入个人所有。

《婚姻家庭编解释一》第 76 条排除了离婚后双方按份共有房屋,不妥当。最终获得产权一方继续还贷且承受房产未来增值收益或贬值风险。竞价规则的适用前提是双方均主张产权、财产状况水平大致相当以及达成竞价合意,且不与照顾子女、女方和无过错方权益原则相抵触。不能通过竞价决定房产归属时,优先考虑婚前购房支付首付款一方或者出资份额多的一方获得房产,并对另一方进行价值补偿。

家庭伦理、婚姻身份与法律

——对《婚姻关系中房产归属与份额的理论重构》一文的评议

孙维飞[*]

汪洋教授的文章《婚姻关系中房产归属与份额的理论重构》就相关实践和学理争议进行了详细梳理，给出了清晰的论点，进行了很有说服力的论证。其中，就一方父母为已结婚子女购房出资如何解释的问题，给出的答案是：应推定为对自己子女的赠与，成为自己子女的个人财产；作为夫妻共同财产的房屋，产权登记在夫妻一方时，就该方以登记房屋对外交易是否应适用善意取得制度的问题，给出的答案是否定的，理由是夫妻财产共同应仅具有内部效力，发生外部交易时，登记一方的处分应为有权处分。下文对上述观点尚无能力作出批评性的回应，仅试图提出不同思考的可能。[1] 由于着眼于可能性，下文也无法提出严密的论证，仅限于尽力把某种不同的思考呈现出来。

---

[*] 华东政法大学法律学院副教授。
[1]《婚姻关系中房产归属与份额的理论重构》一文还涉及对区分父母婚前或婚后出资所具有的"纯粹形式化逻辑推演的低劣趣味"进行的批判等内容，皆较具启发。不过，能力所限，本文的评论并不涉及父母在子女结婚前为子女购房出资应如何解释的问题。

一、家庭伦理的隐与现

父母为已结婚子女购房提供支持,排除父母以自己的名义购房再转移给夫妻的不常见情形,常见情形是,男女二人结婚后,男方父母部分或全部出资,所购房屋登记在男方一方或双方名下。

首先要问的是,子女成年,结婚买房,父母并无出资的法律义务,其何以要为子女购房进行出资?若父母为子女购房出资,仅为个别现象,需要探究的仅为个别父母子女特殊的所思所想;若父母为子女购房出资已成为广泛存在的现象,就其"广泛存在",不妨提供一般性的解释。本文认为,表达慈爱亲情的伦理压力与声誉或许是较为合宜的解释。伦理压力意味着男方父母如果不为子女购房进行出资,内心有愧,会觉得没有尽到父母的关爱之责任。伦理声誉意味着男方父母如果为子女购房进行出资,能收到较好的社会评价,尤其是女方以及女方父母的好评。依据中国传统的伦理观念进行解释,此种现象,体现的是社会对男方父母的美德(virtue)要求。与规范伦理学不同,中国传统的伦理观念更偏向于美德伦理学。前者侧重的是符合道义或产生最优后果的行为,后者侧重的则是拥有美德(即良好品行)的人。对后者来说,行为是否合乎道德或合乎伦理,应以一个拥有美德之人会如何去做为标准。在本文看来,中国传统的美德观念根源于情感,美德之人所作所为实乃美好情感的生发,有恻隐之心,自会有恻隐之举,同样,有慈爱之心,自会有慈爱之举。用美德伦理学的话语来说,慈爱的父母自然会在子女成家时给予资助,此种资助使子女的小家庭得享上一代的恩惠,开启代际接续的新历程。[2] 不过,也要注意到,从社会现象上看,资助出于情感,却可能走向礼仪。此时,父母为子女购房进行出资,成为表达慈爱亲情的外在仪式。社会更容易关注到的

---

[2] 这里,本文并未将父母在子女结婚时的出资定性为传统"同居共财"观念下的分家析产制度(偏向于此种定性的文章,参见赵晓力:《中国家庭资本主义化的号角》,载《文化纵横》2011年第1期,第32页),理由是此种定性假设当今社会的家庭财产观念仍属于清朝及之前的"同居共财"观念,难以得到认可。关于"同居共财"观念下的分家析产制度,参见[日]仁井田陞:《中国法制史》,牟发松译,上海古籍出版社2011年版,第169—181页。

就是外在的仪式,而非内在的情感。于是,欠缺外在仪式,即表征欠缺内在情感,伦理压力和声誉由此产生。即使缺乏慈爱之心,亦得表现慈爱之举。[3] 父母为子女购房进行出资的慈爱之举,体现的是上一代对下一代的爱,并非仅是男方父母对儿子的爱。如果仅将爱投入家庭中的一方,这种爱不再是支撑小家庭成长的爱。小家庭成立后的婚后购房,男方父母的出资作为外在仪式,观看评价的主体除了自己的儿子外,儿媳妇及其父母自不能在外,甚至更为重要。

当代法律并未将上述慈爱情感表达的仪式——为子女购房出资——上升为法律义务,但私法自治容许了此种伦理义务借由法律行为的途径来实现。也就是说,基于伦理压力或声誉的考虑,男方父母对缔结婚姻的儿子儿媳妇购房实施资助,其资助在法律上被评价为向结婚夫妻为赠与。[4] 出于亲情伦理的场域,不可期望此种赠与有合同的呈现及较清晰的形式边界,法律解释上不妨灵活。例如,女方实际知道此出资,哪怕是经由男方之口得知,亦不妨认定出资的男方父母的赠与意思表示已经到达或经由传达而到达女方当事人。

2020年年底颁布的《最高人民法院关于适用〈中华人民共和国民法典〉婚姻家庭编的解释(一)》(下文简称为《婚姻家庭编解释一》)第29条第2款规定:"当事人结婚后,父母为双方购置房屋出资的……没有约定或者约定不明确的,按照民法典第一千零六十二条第一款第四项规定的原则处理。"按照《民法典》第1062条第1款第(四)项规定的原则处理,将使出资成为对男女双方的赠与,并非借贷,亦非仅向一方为赠与。《婚姻家庭编解释一》第29条第2款的上述任意性规定,其实质是通过对"父母为购房出资"的解释,将表达慈爱亲情的伦理义务显性化。无视伦理压力或不在乎伦理声誉的父母,其不希望履行上述伦理义务的内心意

---

[3] 表达情感的象征,成为催生伦理压力的仪式,此时,仪式即成为情感的义务性表达。"情感的义务性表达"(L'expression obligatoire des sentiments),借自 Marcel Mauss, L'expression obligatoire des sentiments(rituels oraux funéraires australiens), Journal de psychologie, 18, 1921。

[4] 与赠与相区分,我国《民法典》第985条第(一)项尚规定有排除不当得利返还之一种情形——"为履行道德义务进行的给付"。本文认为,父母为子女购房出资尚不足以成为该条所言之"道德义务"。就赠与而言,有《民法典》第663条"悖德撤销权"之适用;而就履行道德义务进行的给付而言,并无"悖德撤销权"之适用。

图在法条上并未得到显现,须借助更为明确的外在表征而显现。比如,和儿媳妇讲好,出资只能算借贷。男方父母私下和自己儿子签订的借贷合同不足以否定外表上经由表达慈爱亲情的伦理义务显示出来的赠与双方的意图。[5] 此种借条,对儿媳妇而言,在法律上看,更类似于真意保留,除非对方明知,不影响赠与双方的效力,或者,至少不影响对另一方即儿媳妇赠与的效力。[6] 另外,《婚姻家庭编解释一》第29条第2款不再延续2011年《最高人民法院关于适用〈中华人民共和国婚姻法〉若干问题的解释(三)》第7条第1款之规定——"婚后由一方父母出资为子女购买的不动产,产权登记在出资人子女名下的,可按照婚姻法第十八条第(三)项的规定,视为只对自己子女一方的赠与,该不动产应认定为夫妻一方的个人财产"。这意味着《婚姻家庭编解释一》出台后,婚后一方父母为子女购房出资,仅产权登记在出资人子女名下,不足以遮盖显露出的表达慈爱亲情的伦理义务的实践,在意思表示的解释(偏重客观的社会意义)上仍会作为对夫妻双方的赠与,父母仅赠与一人的意图相当于仅停留在真意保留的层次。[7]

上述讨论父母为子女购房出资,侧重于男方父母的伦理义务。假如

---

[5] 实践中,有法官强调男方一方出具的借条,因为没有女方的签名,不予认可。本文认为,值得赞同。参见陈凤林、崔巍等民间借贷纠纷案,山东省淄博市中级人民法院(2021)鲁03民终3168号民事判决书。

[6] 对男方父母出资购房性质认定上产生纠纷的,通常是男方父母和夫妻中另一方(儿媳妇)。把父母的出资分解成两部分来处理,即父母与自己儿子,以及父母与儿媳妇。如此分解有助于有针对性地处理现实争议。当男方与父母私下事先(即出资时)写有证明出资为借贷的文书时,法官也不妨如此处理。在法律体系上,将使夫妻共同财产增加的父母出资行为分解为男方父母分别与夫、妻达成的法律行为,形式上可能略显别扭,但实质价值观上觉得依然可行。在伦理性较强领域发生的财产变动,法律解释上不妨灵活,更注重实质,而非形式。

[7] 不论将父母出资解释为借贷或赠与,前提都是父母并无法律义务。由此,有判决认为:"在当前高房价背景下,部分子女经济条件有限,父母在其购房时给予资助属于常态,但不能将此视为理所当然,也绝非法律所倡导;子女成年后,父母已尽到抚养义务,并无继续供养的义务。子女买房时父母出资,除明确表示赠与的以外,应视为以帮助为目的临时性资金出借,子女负有偿还的义务。"[李莹、郎志强等民间借贷纠纷案,辽宁省沈阳市中级人民法院(2021)辽01民终13462号民事判决书。]问题是,如果"在购房时给予资助属于常态",那么究竟赠与式的资助为常态,还是借贷式的资助为常态? 依本文看法,父母为子女婚姻生活提供借贷式的临时性资助并不合乎伦理压力与声誉下的生活实践。若真有此种意愿,须明确表达,方可得到法律的认可。这里,本文认为法律应顺从伦理习俗,并不存在通过法律"移风易俗"的实质理由。因此,父母通过出资而赠与,"绝非法律所倡导",也绝非法律所排斥。

女方父母亦受此种伦理义务之影响,或者,假如仪式化的伦理压力或声誉的影响不大,以至于近似单纯的无关伦理压力或声誉地表达慈爱亲情,那么,也宜和男方父母出资同样对待。因为不论有无伦理压力和声誉的影响,父母为子女购房出资所具有的仪式化的特点并未消失,即依然是表达慈爱亲情的一种仪式和象征。在法律行为的解释上,不妨同等处理。[8]

在个别案件中,父母为子女婚后购房出资时,对非亲生子女的夫妻另一方附加了如下约束:"只要你保持婚姻,都是你们的。"并保留了证据,法院由此支持了在夫妻离婚时让另一方返还50%所赠与财产的请求。[9] 就此须思考的问题是:此种将赠与和婚姻维持的约束联系起来,从社会伦理角度看,是个例中的特殊观念,还是普遍存在着的通常观念?在本文看来,更可能是后者。虽然父母为子女购房出资不再属于传统"同居共财"制度下的分家析产,但伦理观念上,此种出资依然体现着财产的代际传承,这种传承体现着上一代家庭与下一代家庭伦理上的联系。此种伦理上的联系意味着父母为结婚子女购房进行出资的赠与不大可能和子女婚姻家庭的维持没有关系。期待下一代家庭能够立起来,应该是赠与财产转移中父母无须明言的动机背景,此动机背景对受赠方来说亦难说无从领会。假如父母为子女购房出资体现着某种伦理仪式,那么此仪式中所包含的意义,实为参与者所共享,却不一定需明言的知识。赠与中无须明言的背景意义,不妨先从《民法典》第663条进行观察。该条第1款规定:"受赠人有下列情形之一的,赠与人可以撤销赠与:(一)严重侵害赠与人或者赠与人近亲属的合法权益;(二)对赠与人有扶养义务而不履行;(三)不履行赠与合同约定的义务。"在本文看来,该款规定应为任意性规定,而非强制性规定,实为对当事人意思的推定。此种推定将赠与中常未予明言的意义显性化。对于赠与人的伤害和(有扶养

---

[8] 不过,在当事人未明言的情形下,父母为结婚子女购房出资依然有解释为借贷的可能。本文认为,这主要发生在子女婚后购买第二套房屋时,此时,若无明确约定,宜认为父母只是一个更方便的借款渠道。参见卢莹莹、李秀德等民间借贷纠纷案,山东省东营市中级人民法院(2021)鲁05民终1352号民事判决书。

[9] 参见陈某、郑某离婚后财产纠纷案,福建省福州市中级人民法院(2021)闽01民终5702号民事判决书。

义务而）不扶养,有违伦理。《民法典》第 663 条第 1 款将此种常未予明言的伦理意义表达出来[10],构成赠与的一般场景,如果当事人意图的是不一样的场景,可通过约定排斥该款之适用。该款为赠与设置了一个一般化的伦理意义的场景,更偏向于慷慨与感恩的伦理意义,即接受他人慷慨施惠的人不应严重违背感恩的道德。就父母为子女购房出资中的赠与而言,法律需要为其设置的是一个更具体化的伦理意义的场景。其中,父母对下一代夫妻的赠与体现了慈爱,但这种慈爱常有着未予明言的动机,即资助下一代家庭,期待夫妻间守好培育好两者组成的家庭。本文认为宜将此种常为隐性的伦理意义,通过法律解释使其显性化。在没有任意性规定的情况下,不妨通过法官的补充性解释,认定父母为结婚子女购房出资所构成的赠与是附解除条件的,即以夫妻离婚为解除条件的赠与。不过,父母的资助实质上是对下一代家庭生活的支持,家庭生活在持续,父母的资助就被享用着。因此,夫妻离婚时,已经在婚姻生活中被享用被消耗的部分应认为无须返还。在如此的法律构造下,父母为结婚子女购房提供的资助,与附解除条件(有溯及力)的赠与相比,实质上更接近于附终止条件(无溯及力)的无偿持续性供给。[11] 对于父母为结婚子女购房提供的资助,目前司法实践似乎未见此种处理,但本文相信这可能是正确的方向。尽管尚有如何认定家庭生活中父母资助有多少已经被享用或消耗等难题,但本文希望这一方向的努力能够开启,在以后的实践中不断解决其中的难题。

---

[10] 侧重《民法典》第 663 条第 1 款的伦理意义,可帮助我们解决该款适用的一个争议话题,即该款第(一)项中的"严重侵害"是否仅限于故意。该争议内容,参见最高人民法院民法典贯彻实施工作领导小组主编:《中华人民共和国民法典合同编理解与适用(二)》,人民法院出版社 2020 版,第 1204—1205 页。在本文看来,侧重于伦理意义显性化的角度,宜认为该款第(一)项中的"严重侵害"仅限于故意。道德偏向于对人内心动机的考察,非故意的行为形成侵害时,从伦理道德意义上看,尚不足被评价为忘恩负义的行为,而悖德撤销权之规定应视为对赠与关系中忘恩负义行为的制裁。

[11] 解除或终止条件为离婚而非一方死亡,因此,就父母为婚后子女买房出资,房屋登记在出资方子女一方名下的情形,上述处理,与推定为仅对出资方子女一方为赠与相比,有一个不同之处,即在一方死亡而非双方离婚导致婚姻终止时,该房屋将作为夫妻共同财产,而非一方个人财产。

二、婚姻身份的隐与现

即使登记在夫妻一方名下的房产属于夫妻共同财产,该登记方向第三人出售或赠与该房产而为处分行为时,其处分行为为有权处分。此种观点意味着共同财产制中的"共有"针对的并非夫妻与第三人的关系,而仅为夫妻的内部关系。夫妻一方以共同财产对外处分房产时,在对外关系上,仅以登记来确定所有权归属,因此登记一方的对外处分应属有权处分,而非无权处分。有关夫妻共同财产的"债权方案"和"潜在共有方案"共享上述观点。汪洋教授所赞成的"债权方案",与"潜在共有方案"相比,不同在于,其主张:即使夫妻离婚或一方死亡,登记在一方名下的尚未分割的夫妻共同财产,其所有权仅属于登记一方,未登记的另一方仅拥有对登记的所有权一方的债权;另外,若登记一方与第三人的交易影响到另一方因"共同财产制"而享有的债权,按照一般的债权保全规定——债权人撤销权处理即可。"债权方案"的实质是将夫妻身份的信息排斥在交易关系之外,即使与房屋登记一方进行交易的第三人知道其有配偶,且房屋属于夫妻"共同财产",第三人亦可对夫妻身份"视而不见",仅需将其配偶理解为普通的债权人。

"债权方案"下,交易关系中的婚姻身份隐而不彰,即使未登记一方的债权需要受到保护,也是类推其为无关婚姻身份的一般债权人,通过债权人撤销权等制度来完成。首先遇到的难题是,此债权的内容是什么,《民法典》第 538 条和第 539 条债权人撤销权的构成要件中"影响债权的实现"如何判断?由于夫妻并无随时请求分割夫妻共同财产的权利,若债权的内容是指在离婚或一方死亡时未登记一方的就夫妻共同财产中应得份额的给予请求权,那么"影响债权的实现"即应指交易(含无偿行为在内)影响非对外交易的夫妻另一方在未来离婚或一方死亡情形下的给予请求权之实现,从责任财产角度看,即交易一方未来陷入无资力之状态。而未来夫妻离婚或一方死亡时,究竟能有多少夫妻共同财产面临分配,以及各自尚有多少个人财产,面临巨大的不确定性。如何在此基础上,建立债权人撤销权行使的基准条件,颇难思量。以交易时"赠与或低价转让的财产价值超过共同财产一半份额"的基准来说,似乎也仅是给了一个看似可行的判断,并未能结合债权人撤销权制度之宗旨给出正当性的说明。

"债权方案"下,作为"夫妻共同财产"的房屋,登记在一方名下时,该方在对外交易中即为所有权人,婚姻身份对交易不发生影响。其效果有二:一是与夫妻中登记一方交易的相对人若已经办理了受让过户登记,不必依赖善意取得制度,即可确定获得所有权,交易安全得到极大维护;二是交易相对方若尚未办理受让过户登记,即使其知道了登记房屋为夫妻共同财产,亦可要求与其交易的夫妻中登记一方履行合同,办理过户登记,而非登记的夫妻另一方无法阻止。效果一侧重交易安全之维护,效果二侧重交易相对人债权之实现。司法实践并未采用"债权方案",可观察到的现象是:就夫妻登记一方对外出售(或抵押)房屋的情形,若已经办理过户(或抵押)登记,多认定善意取得之成立。[12] 其中道理,如"在通常情况下,只要受让人信赖了登记,就应当推定为善意,不以受让人进一步核实登记事项为前提"[13],"无相关法律法规要求抵押权人签订合同时必须对担保人婚姻状况……尽到审查义务"[14]。若尚未办理过户登记,非登记的夫妻另一方阻止办理过户(或抵押)登记,则由于不符合善

---

〔12〕 例如:杨明秀与钟治强确认合同无效纠纷再审申请案,最高人民法院(2016)最高法民申第1047号民事裁定书;韩金龙、兰州市公航旅小额贷款股份有限公司企业借贷纠纷案,最高人民法院(2017)最高法民申1078号民事裁定书。

〔13〕 张华、绵阳富家众联房产经纪服务有限公司、原野等确认合同效力纠纷案,四川省高级人民法院(2019)川民申1160号民事裁定书。

〔14〕 程晓春与重庆文化产业融资担保有限责任公司合同纠纷再审案,最高人民法院(2019)最高法民申4188号民事裁定书。此案中,判决同时引用了原《最高人民法院关于适用〈中华人民共和国担保法〉若干问题的解释》第54条第2款规定,即"共同共有人以其共有财产设定抵押,未经其他共有人的同意,抵押无效。但是,其他共有人知道或者应当知道而未提出异议的视为同意,抵押有效"。在认定其他共有人同意(不论抵押合同订立或抵押权设定)的情况下,理论上不应再适用善意取得制度。但判决仍以善意取得为依据,支持了第三人有效取得抵押权。另外,《最高人民法院关于适用〈中华人民共和国婚姻法〉若干问题的解释(一)》第17条第(二)项规定:"夫或妻非因日常生活需要对夫妻共同财产做重要处理决定,夫妻双方应当平等协商,取得一致意见。他人有理由相信其为夫妻双方共同意思表示的,另一方不得以不同意或不知道为由对抗善意第三人。"该解释在《民法典》出台后被废止,相近的条文则为《民法典》第1064条第1款:"夫妻双方共同签名或者夫妻一方事后追认等共同意思表示所负的债务,……属于夫妻共同债务。"

意取得之成立要件,交易相对人要求办理过户(或抵押)登记的请求通常得不到法院的支持。其中,有法院错误地认为登记一方与第三人的买卖合同无效[15],将出卖人有处分权作为负担行为的生效要件,并不妥当;有法院则正确地认定登记一方与第三人的买卖合同有效,但由于非登记的夫妻另一方不同意过户,合同无法继续履行,判决支持交易相对人要求承担违约责任的请求[16],或者判决驳回交易相对人要求继续履行的请求[17]。以登记一方对外出售作为夫妻共同财产的房屋案型为例,比较"债权方案"和现行司法实践可以看出,若已经过户登记,司法实践并不主张交易相对人有审查处分人的婚姻状况以及房产是否属于夫妻共有财产的义务,在交易安全的维护上与"债权方案"差别并不大。[18] 若尚未办理过户登记,非登记的夫妻另一方阻止时,此时交易相对人无法受善意取得制度的保护,亦无法要求登记一方过户以履行合同,而"债权方案"认可登记一方对外拥有所有权,交易相对人自然可以要求登记一方过户以履行合同。由此,既有司法实践和"债权方案"差别甚大。此时并不涉及登记公信力以及与此相关的交易安全维护的问题,因为登记公信力支持的是过户后确定取得所有权,而不是订立合同后继续履行请求权的保障。另外,交易安全的维护通常并不要求在一切场合下否认登记错误的可能性,只是尽量让错误的登记不影响已经实现的物权变动。而"债权方案"的实质是要求在婚姻身份造成"共有财产"的场合下否认登记错误的可能性,从而确保交易相对人的继续履行请求权。因此,就"债权方案"来说,需要论证的是,是否在一切场合下都要否认

---

〔15〕 参见张泽花与张玉梅、田成勇等确认合同无效纠纷案,青海省高级人民法院(2020)青民申11号民事裁定书。

〔16〕 参见任建中、宋爱军与解鹏房屋买卖合同纠纷案,陕西省高级人民法院(2019)陕民申1524号民事裁定书。

〔17〕 参见杨洋、聂军商品房销售合同纠纷案,安徽省淮南市中级人民法院(2021)皖04民终914号民事判决书。

〔18〕 笔者对司法实践的了解,也仅限于"北大法宝"数据库中搜集案例所形成的印象。假如这个印象并不确切,不妨将正文中的观点改变为建议性的或假设性的,即假设(并建议)司法实践并不强调交易相对人有审查处分人的婚姻状况以及房产是否属于夫妻共有财产的义务,则其在交易安全的维护上,与"债权方案"差别并不大。换句话说,即在房屋出售交易中,"债权方案"所要维护的交易安全,在替代方案下,也可实现。

错误登记的可能性？若不是,那么在婚姻身份的场合否认错误登记的可能性,区别对待的依据是什么?[19]

只要将有关"夫妻共同财产"的法律条文中"共同"二字限缩(或限缩解释)为仅在夫妻关系内部有意义,则"债权方案"让婚姻身份面对财产交易时隐而不彰,自可构成逻辑自洽的方案。本文则愿意提出反对意见,更希望大致依循既有司法实践,让婚姻身份面对财产交易时的"表现"机会不至于被死死掐住。不过,赞成或反对,都涉及价值层面的考量,如何更好,恐怕还得在交流碰撞中慢慢呈现。

---

[19] 另外,假如认为有意识地造成的错误登记应不予认可,那么,认可或不认可的根据应在于有意识与否。在有意识地造成"错误"登记的情形下,体系上统一不予认可,婚姻身份的场合并非成为区别对待的根据。

主题文献

夫妻在婚姻的经济所得方面的参与分享权

——婚后所得补偿制与婚后所得共同制[*]

安纳托尔·杜塔[**] 著　季红明[***] 译

摘要：依比较法之观察，当今世界上的夫妻财产制显示出趋同性而非差异性，在夫妻财产分享范围方面尤其如此。就理念而言，夫妻财产制秉承夫妻平权原则，平等对待工作和家庭中的贡献，确保配偶分享婚后所得。但是，就从技术路径而言，当今的两种主要夫妻财产制，在法律构造

---

[*] 本文译自 Anatol Dutta, Die Beteiligung der Ehegatten am wirtschaftlichen Erfolg der Ehe-Errungenschaftsausgleich versus Errungenschaftsgemeinschaft, in: N. Witzleb, R. Ellger, P. Mankowski, H. Merkt & O. Remien (Eds.), Festschrift für Dieter Martiny zum 70, Geburtstag, 2014, S. 67-88。

[**] 作者安纳托尔·杜塔（Anatol Dutta）教授，1976年生于慕尼黑，在慕尼黑大学学习法学，于2003年获得牛津大学法学硕士学位，于2006年获得汉堡大学博士学位（因其博士论文被授予马克斯·普朗克学会的奥托·哈恩奖章），2007—2014年在马克斯·普朗克外国私法和国际私法研究所任于尔根·巴译多（Jürgen Basedow）教授之学术助手，于2014年在汉堡大学完成以继承法为主题的教授资格论文，获得教授民法、国际私法和诉讼法、比较法、民事诉讼法、商法和国际法的资格，于2014年任雷根斯堡大学民法、国际私法和比较法教席教授，2017年转赴慕尼黑大学执教，2014年起任德国《家庭法大全杂志》（FamRZ）共同主编，自2020年起任《欧洲私法杂志》（ZEuP）共同主编。承蒙作者慷慨授权翻译此文，特此感谢。

[***] 中南财经政法大学讲师，德国汉堡大学民法博士。同时，译者感谢中南财经政法大学法学院2019级硕士生国凯在翻译中提出的宝贵意见和建议。

方面确有不同。婚后所得补偿制以婚姻关系存续期间的分别财产加离婚时的债权性补偿方式分享婚后所得;而婚后所得共同制则在婚姻之初即行物权性质的婚后所得分享,在离婚时就具体财产标的进行分割。在德国,赞同婚后所得共同制的学者对现行法定财产制——增益共同制提出诸多批评。核心的原则性的质疑在于,婚姻关系存续期间的分别财产制造成夫妻双方在婚后所得财产上的差距,有违男女平等原则,而婚后所得共同制是实现男女平等的理想的婚姻财产制度。本文通过辨析两种技术路径在促进婚姻关系存续期间夫妻的财产权利实现、债务责任、离婚时的分割、程序法、跨境婚姻准据法方面的表现,证明德国现行法定财产制相较于婚后所得共同制,略胜一筹,至少毫不逊色。

关键词:夫妻财产制;夫妻财产分享;婚后所得补偿制;婚后所得共同制

一、导论:夫妻财产制之分享范围上的趋同、法律构造上的差异

在夫妻财产制方面,粗略的比较法观察最初显示出趋同而非分歧,至少在法定夫妻财产制度的夫妻财产分享范围方面是如此:在今天的大多数法律体系中,夫妻财产制的目的是确保配偶分享婚后所得(Errungenschaft),即"婚姻收益"(Ehegewinn)[1],诚然在细节上对此有不同的定义,但其基本理念并无不同。配偶双方应——遵循基于伙伴关系的婚姻形象,将工作和家庭中的贡献视为平等——平等分享婚姻的经济所得,即配偶双方在婚姻关系存续期间通过生产能力(Produktivität)和节俭获得的财产。[2] 相比之下,婚前获得的财产或无偿——特别是通过继承或赠

---

[1] Battes, FamRZ (2007), 313, 314.

[2] 比较法视角的文献例如 Battes, in: FS für Ulrich Huber (2006) 99, 109 f. 和 Pintens, ZEuP 2009, 268, 281。关于德国婚姻财产制度的论述,可参见者例如 BGH 22. 4. 1966, BGHZ 46, 343, 349 f.; BVerfG 8. 4. 1986, BVerfGE 71, 364, 386; BGH 9. 5. 1990, NJW (1990), 2745, 2746; BVerfG 5. 2. 2002, NJW (2002), 1185, 1186; BVerfG 20. 5. 2003, NJW (2003), 2819, 2820; BGH 11. 2. 2004, BGHZ 158, 81, 95; BT-Drucks. 2/224, S. 42; BT-Drucks. 16/10798, S. 10。

与——获得的财产在夫妻财产制中是中性的。

只有少数夫妻财产制体系仍然脱离这种婚后所得分享的路径。通常的分享婚后所得仅在个别情况下被拒绝。[3] 但分享范围超出婚后所得的法律制度的数量也在不断减少：少数制度，例如欧洲的荷兰和北欧的法律制度，将配偶的全部财产，即也包括婚前财产和无偿获得的财产，纳入夫妻财产制度分享之[4]，尽管与此同时，也有一些机制将婚姻财产制度的分享限制在婚后所得[5]。分享婚后所得的趋势，在将配偶之间的财产分享委托给法官酌情决定的法律体系（特别是在英美法系）中，也很明显。[6] 英格兰和威尔士的判例法越来越多地在离婚后的财产补偿中区分婚后所得财产和配偶的其他财产。[7]

尽管在夫妻财产制的分享范围上有此趋同性，但当涉及法律构造形式时，世界上的夫妻财产制体系之间的一个重大区别就会跃然纸上——这种区别将成为以下思考的主题，我谨以此献给迪特尔·马丁尼（Dieter Martiny），以示衷心感谢，尤其是对在汉堡马克斯·普朗克研究所的走廊

---

[3] Art. 3, 65, 67 balear. Compilació del dret civil; Art. 232-1 katal. Codi civil; Art. 44 Ley de régimen económico matrimonial (Valencia).

[4] Sec. 56 Abs. 1 und 2 Brit. Colum. Family Relations Act a. F. (至2013年3月，只要财产是用于家庭，参见 Sec. 58 Abs. 2); § 15 Abs.1, § 16 Abs. 2 dän. Retsvirkningslov; § 35 Abs.1 fin. Avioliittolaki; Art. 54, Art. 103 isl.Hjúskaparlög; Art. 1:94 Abs.1, Art.1:100 Abs.1 nied. Burgerlijk Wetboek; § 57 Abs.1, § 58 Abs.1 norw. Ekteskapslov; Kap. 7 § § 1 ff., Kap. 11 § 3 schwed. Äktenskapsbalk.

[5] 例如 § 61 dän. Ægtefælleskiftelov（在结婚时间短的情况下，不包括婚前财产或无偿获得的财产）；Art. 104 Abs.1 Satz 2 isl. Hjúskaparlög（存在婚前财产或无偿获得财产的情况下，有可能进行倾斜性分割）；§ 59 Abs.1 norw. Ekteskapslov（可以将婚前财产或无偿获得的财产排除在分割之外）。

[6] Vgl. § 46b-81 Connecticut General Statutes; § 31-15-7-4 lit. a Indiana Code; Ch. 208 Sec. 34 Massachusetts General Laws; § 552. 401 Michigan Compiled Laws; § 14-05-24 North Dakota Century Code; Sec. 23 ff. Matrimonial Causes Act (UK); Art. 307A Uniform Marriage and Divorce Act (USA); § 30-3-5 Utah Code. Vgl. auch § 771, § 768 Abs. 3 jap. Minpō.

[7] 关于"婚姻"和"非婚姻财产"之区分或者"家庭财产"和"其他财产"之区分，参见 Miller v. Miller, McFarlane v. McFarlane [2006] 2 AC 618 (HL) para. 21 ff. (Lord Nicholls) und para. 149 (Baroness Hale); 也可参见 White v. White [2001] AC 596 (HL) 610 (Lord Nicholls); Radmacher v. Granatino [2010] 3 WLR (SC) para. 79. 比较法方面的评价可参见 Pintens, ZEuP 2009, 268, 276 ff., 279。美国的情况也可参见 Mortensen v. Mortensen, 760 P2d 304 (Utah 1988); Lee v. Lee, 477 NW2d 429 (Mich. App.1991); Dart v. Dart, 597 NW2d 82 (Mich. 1999)。

和地下墓穴中进行的多次谈话致以谢意。[8] 虽然在大多数情况下,配偶通过婚后所得共同制(Errungenschaftsgemeinschaft)以物权的方式分享婚后所得,此种分享方式主要出现在罗马法系国家,不过在许多东欧和东南欧的法律体系中以及美国的一些州也是如此[9],但是少数夫妻财产制体系——其中包括德国和瑞士——只规定在婚姻终止的情况下,特别是通过离婚实现婚后所得的补偿(Errungenschaftsausgleich),这是由配偶根据债法上的金钱请求权实现的,这些金钱请求权是基于婚后所得的价值[10]。

尽管德国的增益共同制(Zugewinngemeinschaft)*在过去的时间里并不完全是家庭法学者挚爱的孩子[11],但其作为配偶双方分享婚姻的经济所得的机制,目前正面临着越来越大的压力:一些著名人士的意见正在否认婚后所得补偿的适用性,并主张将法定财产制度改为婚后所得共同制[12]。攻击点是什么呢?婚后所得补偿制在今天还能维持吗?严格来说,有两个基

---

[8] 而本文的这些思考以我在苏黎世大学(2013年4月29日)和雷根斯堡大学(2013年9月18日)所作的两场报告为基础。

[9] 例如 Art. 210 ff. arag. Código del derecho foral; Art. 1398 ff. belg. Code civil; Art. 250 ff. bosn. Porodi čni zakon; Art. 1658 ff. bras. Código civil; Art. 21 ff. bulg. Semeen kodeks (jedenfalls im Hinblick auf Sachen); Art. 1400 ff. franz. Code civil; Art. 177 ff. ital. Codice civile; Sec. 760 ff. Family Code (Kalifornien); Art. 45 ff. kosov. Ligji për familjen; §§ 248 ff. kroat. Obiteljski zakon; Art. 89 ff. lett. Civillikums; Art. 31 ff. poln. Kodeks rodzinny i opiekuńczy; Art. 1721 ff. port. Codigo civil; Art. 448 ff. québ. Code civil; Art. 51 ff. slowen. Zakona o zakonski zvezi in družinskih razmerjih; Art. 1344 ff. span. Código civil; §§ 3.001 ff. Family Code (Texas); §§ 143 ff. tschech. Občanský zákoník a. F. (bis 2014); §§ 26. 16. 010 ff. Washington Revised Code.

[10] §§ 1363 ff. BGB; Art. 4 ff. dt.-franz. Wahlgüterstandsabkommen; Art. 1397 ff. griech. Astikos kōdikas; Art. 196 ff. schweiz. ZGB. 作为补充,也可参见 Art. 414 ff. québ. Code civil。

* Zugewinngemeinschaft 的译法有净益共同财产制、增益共同制、财产增加额共同制,各种译法的差别并不影响对该制度的实质理解。本文采增益共同制之译法,仅为简短之便。此外,作者将德国的法定财产制——增益共同制归到婚后所得补偿制的大类之下,行文时常用婚后所得补偿制指代德国法定财产制。——译者注

[11] 例如 Gernhuber, NJW (1991), 2238, 将增益共同制描述为一个"不忠于原则的婚姻财产制度";下文脚注[26]中的20世纪50年代已经出现的主张引入婚后所得共同制的意见,也对增益共同制持批判态度。

[12] 尤其是 Röthel, in: Die Zugewinngemeinschaft-ein europäisches Modell?, hrsg. Von Lipp/Schumann/Veit (2008) 57; dies., FPR (2009), 273; dies., in: FS für O. Werner (2009) 486; dies., in: Begegnungen im Recht-Ringvorlesung der Bucerius Law School zu Ehren von Karsten Schmidt (2011) 173, 184 ff.。Vgl. auch M. Lipp, FamRZ (1996), 1117, 1124; Schwab, in: FS für Söllner (2000) 1079, 1093; Henrich, FF-Sonderheft 2004, 173, 177 f.; Battes, FamRZ (2007), 313, 316; Helms, in: FS für Speilenberg (2010) 27, 40 ff.

本要素可以证明婚后所得补偿制的正当性:一是婚姻关系存续期间的分别财产(见下文二),二是在婚姻结束时纯粹基于价值的补偿(见下文三)。

二、婚姻关系存续期间:自始的婚后所得共同或者分别财产?

在经典的婚后所得共同制中,配偶在婚姻关系存续期间即以物权方式分享婚后所得,该婚后所得作为财产集合由配偶双方共同所有。[13] 相反,在婚后所得补偿制中,婚姻对财产的所有权没有影响。夫妻双方的资产在婚姻关系存续期间保持独立。[14] 当然,婚姻关系存续期间的分别财产,不仅在婚后所得分享制(Errungenschaftsbeteiligung)的法律体系中可以想见,而且在分享范围超越婚后所得的法律体系中也可以想见,比如北欧的法律制度规定了全面的财产分享,但在婚姻关系存续期间保持财产分离。[15]

(一)对夫妻双方婚后所得上"物权的差距"的担忧

在婚后所得补偿制的情况下,反对这种自始的分别财产的主要论点——这也是批评婚后增益补偿的核心论点——是分别财产并没有完全

---

[13] 例如 Art. 210 arag. Código del derecho foral; Art. 1398, Art. 1405 belg. Code civil; Art. 252 Abs. 1 bosn. Porodični zakon; Art. 1658 bras. Código civil; Art. 21 Abs. 1 bulg. Semeen kodeks; Art.1401 franz. Code civil; Art. 177 ff. ital. Codice civile; Sec. 760 Family Code (Kalifornien); Art. 47 Abs. 1 kosov. Ligji për familjen; § 248, § 249 Abs. 1 kroat. Obiteljski zakon; Art. 89 Abs. 2lett. Civillikums; Art. 31 poln. Kodeks rodzinny i opiekurńczy; Art. 1724 port. Código civil; Art. 448 ff. québ. Code civil; Art. 51 Abs. 2 slowen. Zakona o zakonski zvezi in družinskih razmerjih; Art. 1344 span. Código civil; § 3.002 Family Code (Texas); § 143 tschech. Občanský zákoník a. F. (至 2014 年); § 26. 16. 030 Satz 1 Washington Revised Code.

[14] Vgl. § 1363 Abs. 2 Satz 1 BGB; Art. 2 Satz 1 dt.-franz. Wahlgüterstandsabkommen; Art. 1397 griech. Astikos kōdikas; § 1233 Satz 1, § 1237 öster. ABGB; Art. 196, Art. 201 Abs. 1, Art. 202 schweiz. ZGB. Vgl. auch Miller v. Miller, McFarlane v. McFarlane [2006] 2 AC 618 (HL) Rn. 151 (列治文的何熙怡女男爵认为,"我们还没有一个共同财产制体系,不论是完全的,还是迟延的");§ 762 Abs. 1 jap. Minpō; Art. 414, Art. 415 Abs. 1 québ. Code civil.

[15] Vgl. § 16 Abs. 1 dän. Retsvirkningslov; § 34 finn. Avioliittolaki; Art. 58 isl. Hjúskaparlög; § 31 Abs. 1 norw. Ekteskapslov; Kap. 1 § 3, Kap. 7 § 1 schwed. Äktenskapsbalk.

落实夫妻双方平等分享婚姻的经济所得的理念。[16] 分别财产对没有(或至少没有完全)从事职业的配偶不利,即在今天的许多婚姻中仍然对妻子不利。通常情况下,由于没有收入(收入的物权只归从事职业的配偶),婚后所得不会反映在无业的配偶的财产中。因此,配偶之间存在"物权的差距"[17];夫妻财产制中的平权是"未完成的"[18],它使婚姻中的权力对比向丈夫倾斜[19]。夸张地说,这种批评可以概括如下:因为分别财产,相对于有收入的且因此富有的丈夫来说,没有收入的妻子在婚姻关系存续期间就成了乞求者。

这一无疑非常原则性的批评在政治上并非没有反响:在联邦政府2011年的第一份平等地位报告中,一个专家委员会认为婚后所得共同制是男女平等的要求[20],并呼吁将其作为法定的婚姻财产制[21]。早在1979年瑞士联邦参议会在其全面修订婚姻财产制度的草案中就已强

---

[16] M. Lipp, FamRZ (1996), 1117, 1119, 1122 f., 1124; Dethloff, in: Verh. 67. DJT I (2008) A 1, 113; Welskop – Deffaa, in: Wer hat Angst vor der Errungenschaftsgemeinschaft?, hrsg. Von Brudermüller/Dauner-Lieb/Meder (2013) 7, 11; Meder, in: a. a. O. 13, 17; Dauner-Lieb, in: a. a. O. 47, 51 ff.; Gerdes, in: a. a. O. 87, 88; Mecke, in: a. a. O. 111, 140 f.; Vgl. auch Henrich, Deutsches, ausländisches und internationales Familien-und Erbrecht (2006) 11, 13. 也可参见在后文脚注[26]中已经出现的批评的声音。

[17] Röthel in: Die Zugewinngemeinschaft (oben N.12) 65 ff.

[18] Helms, in: FS für Speilenberg (2010) 27, 40 ff.

[19] Helms, in: FS für Speilenberg (2010) 27, 41; ders., in: Wer hat Angst vor der Errungenschaftsgemeinschaft?, hrsg. von Brudermüller/Dauner-Lieb/Meder (2013) 89.

[20] Erster Gleichstellungsbericht der Bundesregierung: Neue Wege–Gleiche Chancen, Gleichstellung von Frauen und Männern im Lebensverlauf, BT-Drucks. 17/6240, S. 66("相反,婚后所得共同制的婚姻财产制度反映了一种基于伙伴关系的婚姻形式,并以《联邦德国基本法》第3条第2款中的平等权利原则为导向。在婚后所得共同制中,配偶双方对婚姻关系存续期间获得的财产标的已经有了物权性的共同权利,无论哪一方赚取或获得这些财产。为便于从事照顾而放弃收入之事,对于放弃的配偶——通常是妻子——来说,与失去财产事务方面的法定(共同)形成权没有关系。即使在(双方同意的)放弃自己的收入期间,作为照顾者的配偶在财产法上与另一配偶平等。在这个婚姻财产制度中,婚姻分工和对婚姻财产的物权性的权利是脱钩的。同时,这种婚姻财产制度反映了配偶双方在婚姻关系存续期间已经在经济事务上承担的法律责任。")以及 S. 76("另一方面,它符合现代婚姻的形象,即以伙伴关系为基础,分享在婚姻中共同取得的财产以及分担在婚姻关系存续期间和婚姻结束之后共同建立的责任。婚姻关系存续期间和离婚后共同的父母照顾,离婚时增益补偿,以及要求引入婚后所得共同制……,这些都表明了一种婚姻概念,即赋予夫妻双方平等的权利和义务,特别是还赋予未从事职业的妻子以独立和平等的法律地位。")

[21] Gleichstellungsbericht (Fn. [20]) S. 80, 240. ("法定的夫妻财产制——增益共同制应被欧洲通行的婚后所得共同制模式所取代。")

调,婚后所得共同制最符合基于伙伴关系的婚姻形象。[22] 当然,这种对婚后所得补偿制的批评不乏某种历史的讽刺意味。例如,在德国(1957年)和瑞士(1988年),20世纪下半叶引入婚姻关系存续期间的分别财产制,目的是通过取代丈夫对婚姻财产的家父性质的管理权力[23],并向妇女承诺平等权利[24],以确立妻子的经济自主权。正如斯特凡·梅德尔(Stephan Meder)和克里斯托夫-埃里克·梅克(Christoph-Eric Mecke)最近指出的那样,在19世纪和20世纪初的妇女权利运动中,分别财产制已经被呼吁作为法定的婚姻财产制度,以确保妻子在婚姻关系存续期间拥有财产法上的独立性。[25] 20世纪50年代的部分德国文献已经认为,配偶双方对婚后所得缺乏物权参与有违权利平等。[26]

但是,理论上不可否认的(婚后取得上的)物权差距是否真的对配偶中的一方不利,尤其是对妻子不利?首先,批评自始的分别财产的实际前提(die tatsächlichen Prämissen)需要在一定程度上加以限定:对配偶一方不利的物权差距不一定在所有婚姻中都会发生。尽管单一收入者婚姻或主要收入者型婚姻——配偶一方主要从事职业活动,另一方则承担家庭工作——仍然是一种实际发生的现象,但如今——也可以通过经验证明[27]——在大多数婚姻历程(Ehebiographien)中只作为一个阶段:特别

---

[22] Vgl. Botschaft des Bundesrats über die Änderung des Schweizerischen Zivilgesetzbuches (Wirkungen der Ehe im allgemeinen, Ehegüterrecht und Erbrecht) vom 11. 6. 1979, BBl.1979 II, S. 1191, 1216. ("与其他任何婚姻财产制度相比,婚后所得共同制在财产法方面更能实现夫妻双方通过婚姻结合成一个全面的生活共同体的理念。通过夫妻双方共同管理和使用共同财产,即婚姻关系存续期间赚取的收入,婚后所得共同制特别考虑到了将婚姻理解为一种伙伴关系。")

[23] 被取代的,在德国是由夫对妻的财产进行管理和享有用益权的婚姻财产制度,在瑞士则是联合财产制的夫妻财产制。

[24] Vgl. BT-Drucks. 2/224, S. 34 ff. Vgl. auch Reinicke, NJW (1957), 889.

[25] Meder, Grundprobleme und Geschichte der Zugewinngemeinschaft (2010) 15 ff.; Mecke, AcP 211 (2011) 886, 922 f. 同时参考了 Emilie Kempin-Spyri, Helene Lange, Marie Munk, Sera Proelß, Marie Raschke und Marie Stritt。

[26] 因此,在当时,主要是出于平等的原因,人们就已经支持建立婚后所得共同制,支持意见参见 Beitzke, JZ (1952), 744, 746; Jung, DRiZ (1953), 97, 98; Bosch, JZ (1953), 448, 449 f.; ders., FamRZ (1954), 149, 152, 153 ff.; Maier-Reimer, Deutsche Rechts-Zeitschrift (1950), 289, 291 也支持"婚后所得共同制",据此,她提出的法定婚姻财产制度更类似于今天瑞士的婚后所得分享制,在婚姻关系存续期间,夫妻应独立管理各自的婚后所得,因此恰恰不应发生婚后所得财产的共有化。也可参见 Krauss, FamRZ (1954), 89, 91(但其甚至支持建立一般共同财产制)。

[27] 这些数字仅见于 Dethloff, in: Verh. 67. DJT I (2008) A 1, 16 ff.。

是在孩子出生后的几年里,与父亲相比,母亲减少了职业活动,只是后来又重新工作。当然,人们可以说,正是在这一单一收入者阶段,母亲特别脆弱,需要通过对丈夫的所得的物权方式的分享,增强其经济上的收入。[28] 然而,不应忽视的是,在家庭创始阶段,往往没有形成重大的婚后所得。这个阶段伴随着高消费需求,在大多数家庭中这些需求会消耗掉收入,如果在这个阶段仅由配偶一方单独赚取收入的话,尤其如此。当然,人们不应该闭目不视,在单一收入者型婚姻或主要收入者型婚姻之外,还存在婚后所得财产有差距的威胁:从长远来看,在双职工婚姻中,丈夫在婚姻关系存续期间通过收入获得的财产往往多于妻子,即使在今天亦是如此。[29] 这种收入差距——至少在有孩子的家庭中——肯定在某种程度上与(家庭)关系有关,只要它是由于妇女在家庭创始时缺失了职业技术上的重要年份或受家庭所限从事兼职工作所致。此外,大多数劳动力市场上仍然普遍存在的男女工资差异也留下了印记——这种不良状况很难通过夫妻财产制得到纠正。

然而,具有决定性的是一个完全不同的考虑,它使人们对婚后所得补偿制中的物权差距的关注似乎没有乍看之下所假设的那么紧迫。从经济上讲,夫妻在婚姻关系存续期间经常生活在一个家庭(Haushalt)中,一群人一起工作,相互用他们的个人财产来满足对方的需求。因此,他们构成了一个经济单位。在家庭关系中,家庭财产(作为家庭成员个人财产的总和)的物权归属更多的是一种法律现象,在实际层面上并不产生影响。[30] 在现实中,在关系完好的期间,夫妻将定期通过相互协商来管理和使用他们的家庭财产,就好像这些财产——因此也包括任何婚后所得——是夫妻双方共同拥有的[31],而婚姻财产制度不必规定这种相互的财产分享。

---

〔28〕 此种观点可参见 Meder (oben N. 16) 20。
〔29〕 Dauner-Lieb (oben N. 16) 56; Helms (oben N. 19) 89 f.
〔30〕 对于婚姻的家庭关系也持此种倾向者,参见 Boehmer, MDR (1950), 450, 451, 453; Dölle, JZ (1953), 617, 618; Brudermüller, in: Die Zugewinngemeinschaft-ein europäisches Modell?, hrsg. von Lipp/Schumann/Veit (2008) 3, 19; Meyer, in: Wer hat Angst vor der Errungenschaftsgemeinschaft?, hrsg. von Brudermüller/Dauner-Lieb/Meder (2013) 79, 82。
〔31〕 此种观点已见于 Wedgwood, The economics of inheritance (2. Aufl. 1939) 77; Krauss, FamRZ (1954), 89; Greven, FamRZ (1954), 93; Meston, Jur. Rev. (1982), 172, 178; Henrich, Studi in onore di Cesare Massimo Bianca (2006) 281, 292。

在经济上,这种合意的使用和管理主要可以用配偶之间的利他主义来解释。尤其是加里·贝克尔(Gary Becker)在他的家庭经济学著作中表明,家庭中的利他主义确保了劳动分工,增加了家庭成员的普遍利益[32],从而保障了他们的利益,因此也可能确保了适当的财产管理。但事实上的一般共同财产制的结论也可以从经验上得到证实:例如,德国最近一项关于夫妻对其关系的法律框架的看法的研究得出的结论是,在法定财产制下的大多数夫妻甚至认为他们在财产方面生活在一个一般共同财产制中。[33] 与这种情况亦相匹配的是——在收集实际的继承事件的数据时尤其必须考虑到这一点——夫妻之间基于继承法的财产转移往往不被配偶视为继承,而仅仅是家庭内部的财产转移。[34] 还有其他迹象表明,夫妻双方行事如同家庭财产属于他们两个人。例如,夫妻双方经常共同取得家庭住房[35],从取得过程的形式来看,这并不令人惊讶。在这种情况下,夫妻双方必须考虑物的物权归属,这与动产取得的情况不同。简而言之,法律只能对婚姻家庭中的财产分享产生有限的影响。因此,即使在自始分别财产的情况下,事实上通常也存在对婚后所得财产的分享,而不考虑在家庭中该婚后所得财产在物权上归属于谁。

在婚姻家庭中,无论如何都需要保护配偶一方免受另一方任意处分之危及,这些处分危及家庭的经济基础,特别是涉及家庭住宅和重要的家庭用具,即使这些处分是出自配偶的良好意愿,并且主观上是为了家庭利益。然而,这种保护的需要不仅存在于婚后所得的物品上——因此,婚后所得的共有在这里没有什么影响——而且存在于婚前取得或无偿取得的

---

[32] Vgl. G. S. Becker, Economica 48 (1981) 1 (10); G. S. Becker, A treatise on the family (1991) 295.

[33] Vgl. Wippermann/Borgstedt/Möller-Slawinski, Partnerschaft und Ehe-Entscheidung im Lebensverlauf (2010) 49 f. 也可参见先前的研究,Alebrand, AcP 152 (1952/1953) 373, 382,该研究已经得出了完全类似的结论,据此,绝大多数的受访者希望看到一个婚姻财产制度,其中婚姻关系存续期间赚取的财产成为共同财产;另可参见 Meder (oben N. 16) 18 mit Fn. 13 的评估。

[34] Kohli u. a., Zusammenhänge und Wechselwirkungen zwischen Erbschaften und Vermögensverteilung (2005) 130.

[35] Henrich, FF-Sonderheft 2004, 173, 174. 就这方面而言,斯特凡·梅德尔(Stephan Meder)正确地称之为"按份共有"的婚姻财产制度。Vgl. Meder, Gesetzliches Güterrecht und sozialer Wandel (2011) 33 f.

物品上,这些物品也可以构成家庭的经济基础。[36] 因此,对于家庭住宅和家庭用具,无论这些物品是不是婚后所得的一部分,都需要对其处分进行限制,这种限制几乎是我们普遍遇到的一种形式(有时甚至独立于夫妻财产制,作为婚姻一般效力的一部分)[37],恰恰是在德国,关于保护家庭住宅的规定似乎并不充分[38]。此外,根据一般财产法,在婚姻关系存续期间共同取得的财产在很多情况下将成为夫妻的共同财产[39],无论它是否属于婚后所得的一部分。不拥有财产的配偶不仅在外部关系中受到保护,而且在内部关系中也受到保护,例如,扶养法规定配偶双方互负以其财产扶养家庭之义务[40],或者在德国,婚姻之共同生活的一般义务(《德国民法典》第1353条第1款第2句)是为非所有权人的配偶确立家庭住宅的使用权[41]。因此,进行共有化——特别是仅对婚后所得实行共有,没有必要。[42]

鉴于缺少这种在直接保护家庭财产之外予以夫妻相互的以物权方式分享对方财产的需要,所以毫不奇怪的是,法律也不愿意超越法定的婚姻财产制度在婚姻关系存续期间将婚姻财产共有化,只要在婚姻财产制度

---

[36] Beitzke, FamRZ (1954), 156, 158.

[37] Siehe §§1365, 1369 BGB sowie BGH 28. 4. 1961, BGHZ 35, 135 (143); BGH 26. 2. 1965, BGHZ 43, 174 (174 f.); BGH 22. 4. 1975, BGHZ 64, 246 (247); BGH 25. 6. 1980, BGHZ 77, 293 (295); BGH 12. 1. 1989, BGHZ 106, 253 (256)(对《德国民法典》1365条的扩大解释); Art. 5 dt.-franz. Wahlgüterstandsabkommen; Art. 215 §1 belg. Code civil; Art. 1647 bras. Código civil; Art. 26 bulg. Semeen kodeks; §19 Abs. 1 dän. Retsvirkningslov; §§38, 39 finn. Avioliittolaki; Art. 215 Abs. 3 franz. Code civil; Art. 60, 61 isl. Hjúskaparlög; Art. 231-9 katal. Codi civil; Art. 215 luxem. Code civil; Art. 1: 88 Abs. 1 lit. a nied. Burgerlijk Wetboek; §§32, 33 norw. Ekteskapslov; Art. 37 §1 poln. Kodeks rodzinny i opiekuńczy; Art. 1682, Art. 1682-A port. Código civil; Art. 401f., Art. 404 f. québ. Code civil; Kap. 7 §5 schwed. Äktenskapsbalk; Art. 169 Abs. 1 schweiz. ZGB sowie Art. 266m ff. schweiz. OR; Art. 1320 span. Código civil.

[38] Schwab, in: FS für Söllner (2000) 1079, 1082 ff. ["然而,人们可能会认为,一个对杯子和啤酒杯的转让进行限制的婚姻财产制度(《德国民法典》第1369条)更应该处理家庭住宅的处分问题。"]Vgl. auch Henrich, Bitburger Gespräche-Jahrbuch 2001, 57, 63, 67; ders., FamRZ (2002), 1521, 1523; Meder (oben N. 25) 47.

[39] Henrich, FF-Sonderheft (2004), 173, 174; ders. (oben N. 16) 2 ff.

[40] 明确规定者如 §1360 Satz 1 BGB; Art. 1: 84 Abs. 1 Satz 1, Abs. 2 nied. Burgerlijk Wetboek; Art. 1318 span. Código civil。

[41] BGH 13. 10. 1976, BGHZ 67, 217 (221); BGH 7. 4. 1978, BGHZ 71, 216 (222 f.); BGH 31. 1. 1979, NJW (1979), 976 (977). 也可参见早前的裁判:RG 29. 4. 1915, RGZ 87, 56 (61 ff.); BGH 26. 2. 1954, BGHZ 12, 380 (399 f.)。

[42] Vgl. Beitzke, FamRZ (1954), 156, 158.

终止后配偶可以分享婚姻的经济所得。因此,在德国的附属的夫妻财产法(Nebengüterrecht)*中,即使夫妻双方通过超出一般的共同生活的贡献形成了财产,也并没有形成共同的财产[43],而只是形成了一个内部合伙[44],在合伙解散的情况下,主要是赋予没有财产的配偶补偿请求权(类推适用《德国民法典》第 738 条第 1 款第 2 句),但并不影响婚姻关系存续期间的物权归属。

(二)债权人对婚后所得财产的危害

现在可以论证说——如果夫妻双方已经通过共同协议在经济上使用和管理家庭财产——在婚姻关系存续期间以物权方式分享婚后所得并无妨碍,相反只是在法律上再现夫妻双方在经济上已经历之事。[45] 然而,这种观点忽略了一个关键点:以物权方式分享婚后所得可能使法律更接近于夫妻双方的现实,并且在经济上是中立的——对配偶的债权人来说,这种物权归属的变化是相当重要的。[46] 在婚姻关系存续期间,无论谁赋予夫妻对等的财产权——这就是对婚后所得财产的物权分享,谁都潜在地使债权人加入进来,他们可以对婚后所得财产中的这些财产地位采取行动——这是一种责任,例如,这种责任恰恰阻碍了德国立法者在 1957 年将婚后所得共同制作为法定的婚姻财产制度,因为它涉及对法定债务的责任,特别是对侵权或扶养费债权人以及婚前债务的责任。[47]

---

* "附属的夫妻财产法"主要是指配偶内部合伙(Ehegatteninnengesellschaft)和与婚姻有关的给予(ehebedingte Zuwendung),这些构造是德国司法通过法的续造,以弥补婚姻财产法的不适当结果。判例将这些构造建立在配偶双方默示的合同之上。——译者注

[43] 不过此种观点可参见者如 M. Lipp, FamRZ (1996), 1117, 1119 f.(认为附属的婚姻财产法是"婚姻关系存续期间已经进行的财产分享"的表达);Röthel, in: Begegnungen im Recht (2001) 173, 187 (将婚姻内部合伙评价为"秘密的共有化");类似见解已见于 Bosch, JZ (1953), 448, 449, 450;但也可参见 Bosch, FamRZ (1954), 149, 152, 154。

[44] 例如,参见 BGH 28.9.2005, BGHZ 165, 1。

[45] Röthel, in: Die Zugewinngemeinschaft (oben N. 12) 66 f.; Meder (oben N. 16) 16. 类似观点已见于 Bosch, FamRZ (1954), 149, 152, 154; 也可参见 Krauss, FamRZ (1954), 89, 90; Greven, FamRZ (1954), 93, 95 f. (然而,其甚至支持建立一般共同财产制)。与此相反,Rauscher, in: Aktuelle Fragen des Familienrechts, hrsg. Bayer/Koch (2009) 9, 20 f.认为,在婚姻中"平等分享所获财产的共同体"并不普遍,仅仅因为这个原因就没有必要实行共有化。

[46] Brudermüller (oben N. 30) 19.

[47] BT-Drucks. 2/224, S. 35, 36.

然而,为什么婚后所得对配偶债务的这种责任是值得怀疑的？没有人反对婚后所得财产对挣得婚后所得财产的配偶的债务承担责任:配偶也参与经济生活,其中有各种机会和风险。配偶各自的婚后所得只是清偿其债务后剩余的积极财产。然而,夫妻间相互以一方挣得的婚后财产对另一方的债务承担责任[48]是没有道理的,至少在债务不是由满足日常家事需要的法律行为产生且从而使配偶双方受益的情况下,是没有正当理由的。一方面,这种相互的婚后所得财产的责任很难与婚后所得分享制的基本理念相一致:夫妻双方平等分享婚姻的经济所得,而非损失。[49] 另一方面,这种财产领域的混合也几乎不符合婚姻中的经济现实。马克斯·韦伯已经指出,现代家庭在经济上是一个纯粹的消费共同体[50],因此,最多就消费债务相互承担责任是合理的,正如我们在许多法律制度中发现的那样(在我们这里,以《德国民法典》第1357条之日常家事代理权的形式)[51],但对来自家庭具体成员领域的其他债务,特别是来自他们各自职业领域的债务,则没有责任。配偶间的相互责任甚至可能对婚姻中的分

---

[48] Vgl. auch Dölle, JZ (1953), 617, 619 f.; ders., FamRZ (1954), 205, 206; Beitzke, FamRZ (1954), 156, 157; Henrich, FamRZ (2000), 6, 12; ders., FamRZ (2002), 1521, 1525 f. 原则上持相同立场者,可参见 Mecke (oben N. 16) 176 f., 依此,"婚姻财产制的任何一方都不必承担其非属于法定债务人以及意定债务人应负责的负担"。不同观点,参见 Anders Dauner-Lieb (oben N.16) 52 f., 据此,在增益共同制的情况下,责任的分离导致了"有违体系地优待有职业的配偶的债权人"。也可参见 a. a. O. 57 f. und 62 ff., 据此,婚后所得财产的责任将限于与婚姻有关的债务。同样,Bosch, FamRZ (1954), 149, 152, 156 也未对婚后所得财产的责任表示任何根本性的反对意见,他认为:"此外,在我看来,夫妻一方也应该为另一方的债务承担责任,这并不那么离谱。"Vgl. auch Bosch, JZ (1953), 448, 450.

[49] Vgl. Dölle, FamRZ (1954), 205, 206.

[50] M. Weber, Wirtschaft und Gesellschaft (1922) 208 ("不再是一个共同生产的地方,而是一个共同消费的地方。")

[51] Vgl. auch Art. 6 dt.-franz. Wahlgüterstandsabkommen; Art. 222 Abs. 1 belg. Code civil (siehe auch Art. 1408 Spiegelstrich 2 und 3, Art. 1414 Abs. 1, Abs. 2 Nr. 1); § 11 Abs. 1 Satz 3, § 14 dän. Retsvirkningslov; § 52 Abs. 2 finn. Avioliittolaki; Art. 220 Abs. 1 Halbsatz 2 franz. Code civil; Art. 69 isl. Hjúskaparlög; Art. 186 lit. b und c, Art. 190 ital. Codice civile; § 761 Satz 1 jap. Minpō; Sec. 914 lit. a kaliforn. Family Code; Art. 220 Abs. 1 Halbsatz 2 luxem. Code civil; Art. 1: 85 nied. Burgerlijk Wetboek; § 41 Abs. 1 norw. Ekteskapslov; § 96 Satz 1 und 3 öster. ABGB; Art. 30 § 1 poln. Kodeks rodzinny i opiekuńczy; Art. 1691 Abs. 1, Art. 1695 Abs. 1 port. Código civil; Art. 397 Abs. 1 québ. Code civil; Art. 1319 Abs. 2 und 3 span. Código civil; Art. 166 Abs. 1, Abs. 2 Nr. 2 und Abs. 3 Fall 2 schweiz. ZGB; Art. 56 Abs. 2 slowen. Zakona o zakonski zvezi in družinskih razmerjih; § 3. 201 lit. a Ziff. 2, Sec. 2. 501 tex. Family Code; § 26. 16. 205 Washington Revised Code. Vgl. auch Art. 1663 § 1 Fall 2 bras. Código civil.

工产生影响,并对就业机会较少的配偶施加压力,使其不从事职业活动,以免危及另一方较好的职业机会。

采现代婚后所得共同制的法律体系也看到了这个责任难题,并经常阻止婚后所得财产对配偶的债务承担全部责任。因此,就外部关系而言,婚后所得共同财产通常只对夫妻双方的债务承担部分责任,在此问题上,有时极其复杂的责任规定在细节上极为不同。[52] 然而,仅仅粗略地看一下相关的规定,就可以看出,如果不给配偶的债权人造成不必要的负担,就很难保护配偶一方的婚后所得财产不受另一方的债务影响:①首先,婚后所得财产的补充责任(subsidiäre Haftung)提供的保护很少,就可供债权人支配的财产而言,婚后所得财产的顺位后于负有责任的配偶的个人财产,无论是在外部关系中,例如通过先诉抗辩权,还是在内部关系中,例如通过婚后所得财产对责任配偶的补偿请求权,皆如此。如果负有责任的配偶的个人财产过度负债,这种补充责任就没有价值。[53] ②对婚后所得财产按夫妻各自的份额规定责任也是不够的。如果不想让债权人在婚姻关系完整期间违背夫妻的意愿拆散婚后所得共同共有关系,就很难认真考虑扣押有责任的配偶的婚后所得份额[54],这不仅会导致配偶的家庭财产,尤其是无责任的配偶的家庭财产出现相当大的动荡[55],而且对债权人来说,这也将是实现其债权的一个更为艰辛的途径[56]。然

---

[52] 可参见如下规定:Art. 218 ff. arag. Código del derecho foral; Art. 1406 ff., 1409 ff. belg. Code civil; Art. 261, Art. 262 bosn. Porodični zakon (vgl. auch Art. 255 Abs. 2); Art. 1664, 1666 bras. Código civil; Art. 1409 ff. franz. Code civil; Art. 186 ff. ital. Codice civile; Sec. 910 ff. Family Code (Kalifornien); Art. 57 kosov. Ligji për familjen; Art. 96 ff. lett. Civillikums; Art. 41 f. poln. Kodeks rodzinny i opiekuńczy; Art. 1690 ff. port. Código civil; Art. 56 f. slowen. Zakona o zakonski zvezi in družinskih razmerjih; Art. 1362 ff. span. Código civil; § 3.202 Family Code (Texas); § 144, § 145 Abs. 3 tschech. Občanský zákoník a. F. (bis 2014); § 26. 16. 190 ff. Washington Revised Code.

[53] Vgl. auch Dauner-Lieb (oben N. 16) 63; Mecke (oben N. 16) 182.

[54] 但是 Bosch, FamRZ (1954), 149, 152, 156 持此种观点。

[55] Dölle, JZ (1953), 617, 619 in Fn. 18, 据此,基于债权人的原因而解散共同财产是"不可容忍的"。"在婚姻关系存续期间是否要分割夫妻共同财产,不能取决于第三人的意愿";赞同观点参见 Möller, Die Gütergemeinschaft im Wandel der Gesellschaft (2010) 230 f.。即使同意 Bosch, FamRZ 1954, 149, 152, 156 的观点,即应允许无责任的夫妻一方别除源自他的物品,这也同样适用。

[56] Beitzke, FamRZ (1954), 156, 157. 同样观点参见 Dauner-Lieb (oben N. 16) 63("不太符合实际情况);Mecke (oben N. 16) 182 f.。

而,即使婚后所得之标的的责任不超过负有责任的配偶的一半份额的价值,也不能阻止相互的婚后所得财产的责任。不负有责任的配偶挣得的婚后所得财产可以超过这个价值,然后将对另一配偶的债务负责。③将配偶一方的由婚后所得财产负担的债务限制在某些债务上(如婚后设立的债务或共同债务),最多只能治愈相互责任的症状,但不能治愈其本原。此外,将某些债务排除在婚后所得的消极财产之外的做法也值得商榷。从债权人的角度来看,无法理解为什么负有责任的配偶挣得的婚后所得财产不能全额作为责任财产供其强制执行。[57] ④在配偶另一方过度负债的情况下,终止婚后所得共同制的权利也只在有限的范围内保护无责任的配偶,因为这只排除其未来的婚后所得财产的责任。[58] ⑤最多可以想象到——尽管就目前来看,没有任何一种采婚后所得共同制的体系会完全采取这种激进的做法——为了责任的目的,保持财产的分离,只允许配偶一方的债权人获得通过该配偶流入婚后所得的标的(包括代位物),特别是持续性的收入(das laufende Einkommen)。[59] 这样,婚后所得共同制将只会对配偶双方有利,而不会对他们造成负担;对债权人来说,将出现虚拟的分别财产制。

(三)可行性问题

恰恰是对婚后所得财产为配偶债务承担责任的审视,也揭示了反对自始的婚后所得共同制的另一观点:对可行性的考虑。即使婚后所得共同制比带有财产补偿性的分别财产制在夫妻权利平等思想的表现方式上更有美感,但《德国民法典》的立法理由书对婚后所得共同制的评价至今仍然适用:"尽管这一制度的基本思想看起来简单自然,而且对人有吸引

---

〔57〕 Dölle, JZ 1953, 617, 619("剥夺债权人的权利");Beitzke, FamRZ (1954), 156, 157;在基本原则方面相同的意见也可参见 Dauner-Lieb (oben N.16) 62, 但她认为排除与婚姻无关的债务是合理的。不同观点参见 Haff, JZ (1955), 43, 44,其认为:对于配偶的婚前债务,婚后所得财产不必负责,因为"贷款……无疑是针对有关债务人在婚前存在的财产和劳动力而发放的";同样的倾向,也参见 Möller (oben N. 55) 231 f.;相比之下,Mecke (oben N. 16) 184 f. 正确地持谨慎的态度。

〔58〕 Bosch, FamRZ (1954), 149, 152, 156; Vgl. auch Dauner-Lieb (oben N. 16) 63.

〔59〕 Möller (oben N. 55) 232.

力,但其法律实施却面临很大的困难和顾虑。"[60]

在债务责任及其限制方面,婚后所得共同制——正如刚刚所指出的[上文第二部分之(二)]——需要作出相当大的努力。首先,在婚姻关系存续期间,需要对各自配偶的不同财产集合进行永久性划分,即个人财产和婚后所得共同财产。[61] 在婚姻关系存续期间债权人强制执行财产的情况下,不仅要像在分别财产制的情况下一样,始终要明确夫妻双方的某项财产标的应归属于哪一方,而且要明确在责任制度不同的情况下,应归属于哪一财产集合。正如各法律体系中非常不同的方法所显示的那样,责任的限制[62]也并非无关痛痒之事,在有关的法律体系中,责任之难题有时占据了大量的空间[63]。

与此相反,在婚后所得共同制下,对婚后所得共同财产的管理并没有造成太多的实际困难,尽管在过去,人们一再认为,婚后所得财产只能由夫妻双方共同管理,因此这种婚姻财产制度是非常麻烦的。[64] 正如刚才所强调的[上文第二部分之(一)],即使没有法律规定,夫妻双方也会在婚姻关系存续期间以非正式协议方式管理家庭财产,同时也会通过双方的非正式协议的方式管理婚后所得共同财产。因此,法律规定的共同管理婚后所得,即规定配偶双方依法协作参与每一项管理措施,是没有必要的[65],而且在大多数采婚后所得共同制的法律体系中也没有要求:相反,在这里,夫妻双方原则上(竞合性地)单独管理,只有在特殊情况下,例如在特殊的法律行为的情况下,才会在双方同意的情况下管理婚后

---

[60] Motive zum Bürgerlichen Gesetzbuch IV S. 152.
[61] BT-Drucks. 2/224, S. 34 f., 37. 同样观点也可参见 Beitzke, FamRZ (1954), 156, 157 f.。
[62] Botschaft des schweizerischen Bundesrats (oben N. 22) S. 1218.
[63] 仅参见前注[52]中的例证。
[64] BT-Drucks. 2/224, S. 35 f.; Botschaft des schweizerischen Bundesrats (oben N. 22) S. 1216 也持类似观点; Vgl. auch E. Huber, Erläuterungen zum Vorentwurf des Schweizerischen Zivilgesetzbuchs (1902) 117; Dölle, JZ (1953), 617, 618 f.; ders., FamRZ (1954), 205, 207; Beitzke, FamRZ (1954), 156, 157.
[65] Henrich, FamRZ (2002), 1521, 1525;Möller(oben N. 55) 223 ff.; Meder (oben N. 16) 20; Brudermüller, in: Wer hat Angst vor der Errungenschaftsgemeinschaft?, hrsg. von Brudermüller/Dauner-Lieb/Meder (2013) 41, 44; Dauner-Lieb (oben N. 16) 60; Mecke (oben N. 16) 160 ff.

所得共同财产[66]。因此,对婚后所得共同制的拒绝——至少在这一程度上——只能用对捆绑式家庭财产的普遍拒绝(例如表现为禁止家庭特定世袭财产)加以解释,作为一种"市场社会的婚姻财产制度",它对家庭捆绑式财产感到厌恶。[67]一方面,家庭财产(Haushaltsvermögen)已经脱离了法律上的管理制度,事实上受到配偶的利他主义的约束[上文第二部分之(一)]。另一方面,对家庭特定世袭财产的禁止(Familienfideikommissverbot)——顺便说一下,这种禁止也见于实行婚后所得共同制的法律体系,这些法律体系与沿袭法国大革命传统的罗马法系一样,甚至比我们更怀疑家庭连带财产[68]——较少针对那些由配偶自己赚取的连带的婚后所得共同财产,而是针对由几代人积累的财富,在王朝内部传承,巩固了社会财富的分配,使其免受经济动态的影响[69]。

自始的婚后所得共同制的另一个缺点也不应该被掩盖——这个缺点特别是对跨境活动的配偶有影响:婚后所得共同制在跨境背景下产生了相当大的困难[70],正如本文所庆贺的寿星本人已经强调的那样[71]。一方面,这种婚姻财产制度的物权性质往往必须与适用的财产法——特别是物权法——相协调,如果个别财产标的不受婚后所得共同制的约束,这就导致了特别是在夫妻财产制登记簿和土地登记簿方面的挑战。另一方

---

[66] Vgl. Art. 229 ff. arag. Código del derecho foral; Art. 1415 ff. belg. Code civil; Art. 1663 bras. Código civil; Art. 24 bulg. Semeen kodeks; Art. 1421 ff. franz. Code civil; Art. 180 ff. ital. Codice civile; Sec. 1100 ff. Family Code (Kalifornien); §250, §251 kroat. Obiteljski zakon; Art. 36 ff. poln. Kodeks rodzinny i opiekuńczy; Art. 1678 port. Código civil; §145 Abs. 2 tschech. Občanský zákoník a. F. (bis 2014); vgl. aber auch Art. 253 bosn. Porodični zakon; Art. 49, Art. 51 kosov. Ligji për familjen; Art. 90 Abs. 2 und 3, Art. 93 lett. Civillikums; Art. 52 f. slowen. Zakona o zakonski zvezi in družinskih razmerjih; Art. 1375 ff. span. Código civil; §3. 102 Family Code (Texas); §26. 16. 030 Satz 2 Washington Revised Code.

[67] Schwab, in: FS für Söllner (2000) 1079, 1081 ff.

[68] 仅参见 Art. 896 franz. Code civil a. F. (1804)中对物上代位、前位继承和后位继承的普遍禁止,这种禁止在今天也可见于 Art. 896 belg. und luxem. Code civil; Art. 692 Abs. 5, Art. 698, Art. 795 Abs. 1 ital. Codice civile; Art. 964 poln. Kodeks cywilny; Art. 79 Abs. 3 slowen. Zakon o dedovanju.

[69] 例如,详见 Dutta, Warum Erbrecht – Das Vermögensrecht des Generationenwechsels in funktionaler Betrachtung (2013) §7 II 1. a sowie §8 II. 3。

[70] Röthel, in: Die Zugewinngemeinschaft (oben N. 12) 61 f.; Rauscher (oben N. 45) 20.

[71] Martiny, FS für Schwab (2005) 1189, 1202.

面——这是跨境案件中的第二个困难——婚姻财产制度中的准据法变更,只要这种变更得到承认(即使只是在反致[72]的情况下),且导致婚姻关系存续期间适用的婚姻财产法发生变更[73],如果配偶在采婚后所得共同制和采婚后所得补偿制的法律体系之间进行变更,就会改变财产的物权归属。例如,从债权人的角度来看,无法理解为什么配偶个人标准的变更——如住所或惯常居所的改变——或随后的法律选择会对可用的责任财产产生影响。[74] 然而,在自始的分别财产制中,这些问题不会出现。

三、婚姻终止时:(延迟的)婚后所得共同制或者婚后所得补偿制?

当然,赞成在婚姻财产制度中实行分别财产制的决定,并没有说明在婚姻财产制度终止时——无论是通过离婚还是因配偶一方的死亡——是否不需要进行嗣后的,因而也是推迟的婚后所得共同制。如果只有在婚姻财产制度解体时才形成共同的婚后所得财产,如新西兰的情况[75],在某种程度上也如奥地利的情况[76],那么,与典型的自始的婚后所得共同

---

[72] 关于这种"可变动的反致"的相关性,参见 Münch. Komm. BGB/Siehr, Art. 15 EGBGB Rn. 125, 127。

[73] 在客观连接点下的变更,可参见 Art. 30 Abs. 1 Satz 1 i. V. m. Art. 29 Abs. 1 und 2 ital. Legge di diritto internazionale privato; § 4 Abs. 2 schwed. Lag (1990: 272) om internationella frågor rörande makars och sambors förmögenhetsförhållanden, vgl. auch § 5(1); Art. 55 schweiz. IPRG。与此相反,一些立法规定了一个不可改变的(客观)连接点:Art.15 Abs.1 EGBGB; § 19 öster. IPRG; Art. 53 Abs. 1 und 2 port. Código civil; titulo preliminar Art. 9 Abs. 2 Unterabs. 1 span. Código civil。按照 Art. 17 des Kommissionsvorschlags für eine Verordnung über die Zuständigkeit, das anzuwendende Recht, die Anerkennung und die Vollstreckung von Entscheidungen im Bereich des Ehegüterrechts, KOM (2011) 126 endg. vom 16. 3. 2011, 夫妻财产制准据法也应是不可改变的,参见其中的 Erwägungsgrund Nr. 23;然而,即使在有客观连接的情况下,如果配偶双方在婚后才建立共同的惯常居所,也可能导致适用的婚姻财产法发生变化,参见 Art. 17 Abs. 1 lit. a。婚姻财产制度准据法还可能因为其他事由发生变更;只要允许配偶嗣后选择法律,那么依据 Art. 15 Abs. 2 EGBGB (siehe Münch. Komm. BGB/Siehr, Art. 15 EGBGB Rn. 37) oder Art. 18 Unterabs. 1 und 2 des Kommissionsvorschlags,可变更婚姻财产制度准据法。

[74] 针对嗣后的法律选择,也可参见 Art.18 Unterabs. (Fn. [73]), 3 des Kommissionsvorschlags("如果夫妻双方决定这一变更应具有溯及效力,那么该溯及力不应影响先前根据当时适用的法律实施的法律行为的有效性,也不影响根据先前适用的法律产生的第三人的权利。")

[75] Vgl. Sec. 8, 10A Property (Relationships) Act 1976 (Neuseeland)。

[76] Vgl. §§ 81 ff. öster. Ehegesetz(至少在生前婚姻终止的情况下如此)。

制的情况[77]一样,存在与标的有关的分享;夫妻双方必须就共同财产的标的的分配达成协议。相反,婚后所得补偿制——类似于德国法律规定的特留份请求权——导致了与价值相关的分享:有权获得补偿的配偶仅仅获得另一配偶的婚后所得中换算为金钱的份额。当然,混合解决方案也是可以想象的。一方面,存在一些组合模式,如英美法系中的组合模式。在此,法官在其全面的裁量决定的框架内,可以通过各种方式让配偶分享财产,例如通过货币支付或分配个别物品。[78] 另一方面,在某些情况下也有区别,例如在德国,在生前婚姻终止的情况下,原则上规定了与价值有关的参与分享[79],而在因死亡而终止婚姻的情况下,则规定以与财产标的有关的分享为优先,即根据婚姻财产法通过总括性增益补偿的方式增加配偶法定遗产份额的四分之一[80]。

赞成一种或另一种参与分享方式的论据是什么？乍一看,可以说是支持与财产标的相关的分享制,因为只有这样才能保持财产分享的稳定性。在分割框架中分到某一物品的配偶,可以不作任何改变——就像在婚姻家庭生活期间已经发生的那样——使用和管理这一物品。在婚姻结束后,配偶能够因之继续其以前的生活,特别是那些在经济上和情感上构成以前生活方式基础的物品,如配偶自住的房产。仅仅是金钱请求权——人们可能认为[81]——并不能满足这里配偶的需要:承担补偿义务的配偶可能不得不出售以前属于家庭财产的物品,以履行金钱请求权,而

---

[77] Vgl. Art. 258 ff. arag. Código del derecho foral; Art. 1445 ff. belg. Code civil; Art. 255 bosn. Porodični zakon; Art. 1475 ff. franz. Code civil; Sec. 2550 Family Code (Kalifornien); Art. 89 ff. kosov. Ligji për familjen; Art. 731 ff. i. V. m. Art. 89 Abs. 2 lett. Civillikums; Art. 210 Satz 1 i. V. m. Art. 1035 poln. Kodeks cywilny i. V. m. Art. 46 poln. Kodeks rodzinny i opiekuńczy; Art. 58 Abs. 1 slowen. Zakona o zakonski zvezi in družinskih razmerjih; Art. 1396 ff. span. Código civil.

[78] Sec. 23 ff. Matrimonial Causes Act (UK)(针对因离婚而终结婚姻的情形). Sec. 1 ff. Inheritance (Provision for Family and Dependants) Act 1975 (UK)(针对因死亡而终结婚姻的情形).

[79] §1372ff. BGB. 也可参见§1383 BGB 中的例外。

[80] §1371 Abs. 1 BGB, 据此,配偶另一方可以通过死因处分单方面撤回这种分享,其结果是,此时又只有一种与价值有关的分享:第1371条第2款、第1373条及以下(增益补偿)和第2303条及以下(特留份)。

[81] 例如,参见 Haff, JZ (1955), 43, 44。

有权获得补偿的配偶将只获得现金财产而不是这些物品[82]。然而,在婚姻结束后保持财产分享的稳定性不应该是婚姻财产制度的任务,而应该独立于夫妻财产制进行调整,例如在家庭住宅和家庭用具的分配框架内,就像在我们这里——至少在通过离婚结束婚姻的情况下——在《德国民法典》第1568a条、第1568b条的框架内予以调整。因为在此[参见上文第二部分之(一)],以下情况亦适用:构成生活方式的财产标的不一定是婚后所得财产的一部分,也可以来自配偶的其他财产。此外,即使在婚姻结束后夫妻双方进行与财产标的有关的分享的情况下,财产分享的稳定性也没有任何保证,因为财产标的在性质上不能进行实物分割,也不能分配给配偶一方,而是必须为分割目的而出售,从而分割出卖价款。[83]

然而,与财产标的有关的分享至少可以缓解确定婚后所得补偿方面的问题。[84] 最重要的是,有了与财产标的有关的分享,配偶财产价值的波动很容易在婚姻财产法方面保持中立化。[85] 这也特别适用于婚姻关系存续期间配偶双方在婚前取得的或无偿取得的财产的价值增加,如继承家族企业的增值,而这本身并不是婚后所得(Errungenschaft)的一部分。在一个纯粹以价值为准据的方法中,就像德国法律规定的那样,这些价值的增加被纳入婚后所得财产,具体来说,它们在增益补偿中增加了——当然是根据通货膨胀进行调整后的——最终财产,因为根据《德国民法典》第1374条第1款和第2款以及第1376条第1款[86],只有相应财产标的(如企业)的初始价值被归入初始财产[87]。另外,通过一个(延迟的)婚后所得共同制进行的与标的有关的分享,从一开始就会忽略这些

---

[82] 特别是就家庭住宅方面持此种意见者,参见 Dethloff, in: Verh. 67. DJT I (2008) A 1, 111, 113 f, 115。

[83] Vgl. Art. 827 Abs. 1 i. V. m. Art. 1430 Abs. 4 belg. Code civil (vgl. auch Art. 1446 f.); Art. 735 i. V. m. Art. 109 Abs. 4 lett. Civillikums; Art. 1062 Abs. 2 i. V. m. Art. 1410 span. Código civil; auch Art. 257 bosn. Porodični zakon(不过,配偶有优先购买权).

[84] Vgl. BT-Drucks. 2/224, S. 39; Henrich, FF-Sonderheft 2004, 173, 175 f., 176.

[85] Schwab, in: FS für Söllner (2000) 1079, 1084 ff.; Dethloff, in: Verh. 67. DJT I (2008) A 1, 112; vgl. auch bereits Haff, JZ (1955), 43, 44.

[86] Art. 9 Abs. 1 Nr. 1 und 2 dt.-franz. Wahlgüterstandsabkommen 也是如此。

[87] Vgl. BGH 14. 11. 1973, BGHZ 61, 385 (388); BGH 9. 6. 1983, BGHZ 87, 367 (374); BGH 14. 3. 1990, BGHZ 111, 8 (11 f.).

价值的增加。[88] 在这里,婚后所得仅仅是以标的来定义的。原则上,婚前获得的标的或无偿取得的财产标的,包括其价值的增加,最初都不包括在内。[89] 如果价值的增加要纳入分割,例如,因为它们是基于婚后所得的资金,那么这必须由法律予以积极规定。[90] 然而,不应忽视的是,这种增值的中立性——只要从法律政策的角度看是可取的[91]——只要有一点立法想象力,也可以在与价值有关的分享的情况下通过婚后所得补偿制[92]加以实现,例如,瑞士法显示,它在价值方面对婚后所得进行补偿(《瑞士民法典》第 215 条、第 210 条第 1 款),但在财产标的方面对其进行定义(《瑞士民法典》第 197 条及以下)。夫妻双方还可以在夫妻财产制契约(Ehevertrag)中将与标的有关的要素加入婚后所得补偿,例如,在德国将夫妻的某些财产标的——如一家企业——包括其价值的增加,排除在增益补偿之外,并在这方面根据《德国民法典》第 1408 条在其夫妻财产制自由的范围内修改增益补偿。[93] 价值波动的一般问题在于,在附带

---

[88] Henrich, FF-Sonderheft 2004, 173, 176 f.; ders., Studi in onore di Cesare Massimo Bianca (2006) 281, 293 ff.; Meder (oben N. 16) 20; Brudermüller (oben N. 65) 43 f.; Dauner-Lieb (oben N. 16) 57; vgl. auch Rauscher (oben N. 45) 14, 据此,这"仅仅是将婚后所得共同财产的理念转化为没有独立的财产集合的分别财产模式的一个受技术条件限制的怪念头"。

[89] Art. 1399 Abs. 1 belg. Code civil; Art. 22 Abs. 1 Satz 1 bulg. Semeen kodeks; Art. 1405 Abs.1 franz. Code civil; Art. 179 Abs. 1 lit. a und lit. b ital. Codice civile; Sec. 770 lit. a Nr. 1 und Nr. 2 Family Code (Kalifornien); Art. 46 Abs. 1 und Abs. 2 kosov. Ligji për familjen; § 253 kroat. Obiteljski zakon; Art. 91 Abs. 1 Nr. 1 und Nr. 3 lett. Civillikums; Art. 1405 Abs. 1 luxem. Code civil; Art. 33 Nr. 1 und Nr. 2 poln. Kodeks rodzinny i opiekuńczy; Art. 1722 Abs. 1 lit. a und lit. b port. Código civil; Art. 51 slow. Zakona o zakonski zvezi in družinskih razmerjih; Art. 1346 Abs.1 Nr. 1 und Nr. 2 span. Código civil; § 3.001 Nr. 1 und Nr. 2 Family Code (Texas); § 26. 16. 010 Washington Revised Code; vgl. auch Art. 251 Abs. 2, Art. 254 bosn. Porodični zakon.

[90] 例如,参见 Art. 1435 Satz 2 belg. Code civil。

[91] 关于在婚后所得分享制框架内考虑生产性财产的价值增加的诸多理由,可参见 Dutta, in: Liber amicorum Walter Pintens I (2012) 535, 543 ff.。

[92] Henrich, Bitburger Gespräche-Jahrbuch 2001, 57, 61; Dethloff, in: Verh. 67. DJT I (2008) A 1, 95; Battes, FamRZ (2007), 313, 316 f.; Rauscher (oben N. 45) 14. 反之亦然,在婚后所得共同制之下夫妻一方的个人财产之增值也可以作为婚后所得的一部分,参见上文和脚注[90]以及一般性规定 Art.1660 Ziff. IV bras. Código civil("对夫妻各方的个人财产进行的改良……属于共同财产"); Sec. 9A Property (Relationships) Act 1976 (Neuseeland)。

[93] 已见于先前的裁判 BGH 26. 3. 1997, FamRZ (1997), 800;即使是对夫妻财产制契约内容进行审查的判例,也不妨碍夫妻双方以契约修改增益补偿,参见 OLG Hamm 24. 3. 2006, FamRZ (2006), 1034;因为德国联邦最高法院在其核心领域理论的框架内认为,无论如何,增益补偿都相当"远离核心领域",参见 BGH 21. 11. 2012, FamRZ (2013), 269。

基准日原则的婚后所得补偿的情况下,如果财产标的在计算婚后所得补偿时价值特别重大或没有价值,就会导致偶然性和不公平[94];当然,在婚后所得共同制的情况下,这一问题也仅在有限的范围内得到处理[95]。在这里,婚后所得财产标的的价值也在分割中发挥作用,只要这些标的未进行实物分割,而是分配给配偶并从他们的份额中扣除,如果有这种情况的话,也许从价值补偿中扣除。[96] 即使是为了分割而出售标的[97],价值的波动也会对配偶双方产生不利的影响。

最后,从程序法的角度来看,更好的论据也可以说是赞成婚后所得补偿制。婚后所得共同财产的分割问题需要花费大量的精力。[98] 它和继承人共同财产的分割一样不需要缴纳娱乐税,特别是因为这里不仅需要分割财产,而且——就像婚姻关系存续期间债务责任的情况一样[上文第二部分之(三)]——必须首先确定要分割的财产,并与配偶自己的财产画出界线;必要时,必须清偿补偿义务。当然,计算增益补偿绝对不是一项富有成效的工作。但在这方面,婚后所得补偿制可能比婚后所得共同制领先一步,也就是说,它在程序法方面可能产生较少的成本。马克斯·冯·吕梅林(Max von Rümelin)*——1957年的德国立法者也提到了他[99]——已经指出,关于婚后所得共同财产的争端"如此复杂",以至于"没有公共当局的参与,很难处理"[100]。特别是在离婚的情况下,婚后所得财产的分割往往不能协议进行,而是需要一个体贴关怀的非诉事件

---

[94] Schwab, in: FS für Söllner (2000) 1079, 1087 f. Vgl. auch ders., FamRZ (2009), 1445, 1450.

[95] 例如,参见 Meder (oben N. 35) 36; Brudermüller (oben N. 65) 44。

[96] 例如,参见 Art. 267 Abs. 2 arag. Código del derecho foral; Art. 1446 f. belg. Code civil; Art. 1475 Abs. 2 franz. Code civil. 此外参见 Art.1476 franz. Code civil, 该规定参引关于遗产分割的规定,其中也可能涉及在进行价值补偿的前提下将个别物品分配给一方的问题,参见 Art. 826 Abs. 4; 类似规定参见 Art. 1062 Abs. 1 i. V. m. Art. 1410 span. Código civil; 也可参见 Art. 92 Abs. 2 kosov. Ligji për familjen; Art. 61 Abs. 2 slowen. Zakona o zakonski zvezi in družinskih razmerjih; Art. 1407 Satz 2 span. Código civil。

[97] 参见前注[83]中的例证。

[98] Dölle, JZ (1953), 617, 619. 不同的评估,可参见 Dethloff, in: Verh. 67. DJT I (2008) A 1, 112。

* 1861—1931,德国法学家,与菲利普·黑克同为利益法学的创立人。——译者注

[99] BT-Drucks. 2/224, S. 35.

[100] Das neue Schweizerische Zivilgesetzbuch (1908) 13.

程序,由法官进行调解或进行分割。例如,从德国在继承人共有关系(Erbengemeinschaft)纠纷方面的经验就可以看出这一点,它被认为不合于实际,主要是因为缺乏强有力的司法手段。[101] 弗里德里希·威廉·博施(Friedrich Wilhelm Bosch)——当时是婚后所得共同制的热情倡导者——将婚后所得共同制的实物(reale)财产分享当作"对离婚的有效阻止"加以宣传[102],这不是没有道理的。现在,婚后所得补偿也经常不经由配偶双方同意而进行。但是——这也是与婚后所得共同财产的分割不同的地方——可以通过民事诉讼的方式单方面执行该补偿,而不需要再做其他事情。当然,这些差异是否可以被量化是一个开放的问题。

四、总结

从论证和修辞理论中可以得知,只有通过明显的优势论据才能说服听众改变状态。这也适用于婚姻财产制度的改革,特别是由于这里的观众席非常多,而且涉及大量的业务,公证员和法官已经习惯了目前的状态。[103] 如果采用这一标准,根据(我的这份)目前的纲要,婚后所得补偿制转为婚后所得共同制的希望不大。[104] 最多,我们可以考虑将婚后所得共同制作为一种可选择的婚姻财产制度——类似于1958年之前[105]已经提供的制度[106],正如将婚后所得共同制作为法定婚姻财产制度的体

---

[101] 例如 Münch. Komm. BGB/Ann, § 2042 BGB Rn. 3。
[102] Bosch, JZ (1953), 448, 450.
[103] 这里似乎对别的体系特别怀疑,就此可参见 Henrich, FamRZ (2000), 6, 12; ders., FF-Sonderheft (2004), 173 f.; Meder (oben N. 16) 21。
[104] 因此,德国联邦政府的修正增益补偿法和监护法的立法草案(Gesetz zur Reform des Zugewinnausgleichs-und Vormundschaftsrechts, BT-Drucks. 16/10798, S. 1,该草案之后通过成为法律,参见 BGBl. 2009 I S. 1696)还简明扼要地确认:"增益补偿法在实践中证明了自身的价值。"
[105] Vgl. §§ 1519 ff. BGB a. F.
[106] 持此种观点者,例如 Mecke, AcP 211 (2011) 886, 927; Brudermüller (oben N. 65) 43, 44; Dauner-Lieb (oben N. 16) 65; 也持肯定态度者,参见 Helms (oben N. 19) 91; der Gleichstellungsbericht (oben N. 20) S. 80, 240 也认为,至少作为引入婚后所得共同制为法定婚姻财产制度之前的一个中间阶段。赞同约定的婚后所得共同制继续存在的意见,已见于 Alebrand, JZ (1953), 573。

系，也提供了附带婚后所得补偿的分别财产制作为可选择的婚姻财产制度。[107] 这样，那些在婚姻关系存续期间就希望有物权分享，且在婚姻结束后又希望有与财产标的有关的分享的配偶就有了选择，而不必通过谨慎的法律预防努力使一般共同财产制适应他们的需要。[108] 如果各自的国内法承认外国的婚姻财产制度——无论是婚后所得共同制还是带有婚后所得补偿的分别财产制，至少作为一种可选择的婚姻财产制度，那么，法官在处理跨国界的外国婚姻财产制度时也可能会更容易一些。[109]

最近的两个发展表明，一个国家仍然有可能以婚后所得补偿制作为基本模式：一方面，《德国法国选择性夫妻财产制条约》规定了作为可选择模式的婚后所得补偿制[110]，该制度与法国法中的婚后所得共同制不同。另一方面，欧洲家庭法委员会最近提出了其关于婚姻财产法的原则，并且受庆贺的寿星也对其作出了贡献[111]，欧洲家庭法委员会无法对两种分享模式中的任何一种作出承诺，并且在婚姻财产法的建议中既提出了婚后所得共同制的变体，也提出了婚后所得补偿制的变体[112]。这也表明，"婚后所得补偿制还是婚后所得共同制？"这个问题更多关注的是法律形式而不是实质。

---

[107] 例如 Art. 1672 ff. bras. Código civil; Art. 1569 ff. franz. Code civil; Art. 51/2 ff. poln. Kodeks rodzinny i opiekuńczy; Art. 1411 ff. span. Código civil; vgl. auch Art. 33 ff. bulg. Semeen kodeks.

[108] 只要这一点是可能的，就此详见 Mecke, AcP 211 (2011) 886, 896 ff.。

[109] Henrich, FamRZ (2002), 1521, 1522.

[110] Art. 12 dt.-franz. Wahlgüterstandsabkommen.

[111] Vgl. auch Martiny, in: Die Zugewinngemeinschaft - ein europäisches Modell?, hrsg. von Lipp/Schumann/Veit (2008) 39.

[112] Vgl. Boele-Woelki/Ferrand/González-Beilfuss/Jänterä-Jareborg/Lowe/Martiny/Pintens, Principles of European Family Law regarding property relations between spouses (2013) 139 ff. und 219 ff.

联合财产制中原有财产的增值

汉斯·亨德林* 著   王文娜** 译

摘要：在联合财产因离婚解体时，为查明盈余，区分婚后所得和原有财产十分重要。但《瑞士民法典》并没有清楚回答，新取得的财产到底属于上述哪种财产类型。由于补偿债权价值恒定不变，新取得的财产归属于哪一种财产类型，其价值变化就会影响该财产类型的价值。当归属于原有财产的不动产增值，如果增值是由于丈夫的非常规管理行为，则增值要计入婚后所得；如果增值仅基于市场发展，则增值不计入婚后所得。倘若妻子或丈夫的原有财产中包含企业，由于企业既不是物，也不是法益，而是一系列的权利总和，丈夫的管理及于作为整体的企业。如果企业属于妻子的原有财产，企业的固有资产和固有资产的替代财产仍由妻子所有；归属于企业流动资产的物和不可归入妻子财产的物由丈夫所有，在财产制解体时，这可能导致企业分裂；如果企业属于丈夫的原有财产，则不会发生上述问题。如果企业的整体价值上涨，且增值是基于丈夫的独特经营方式，则该增值计入婚后所得。企业的整体价值上涨究竟基于何种因素，法官有自由裁量权。解决货币贬值带来的问题，可以将价值不变的补偿债权转化为可变的得利债权；在实践中，区分原有财产、婚后所得

---

* Hans Hinderling, 1901—1983,曾任瑞士巴塞尔大学私法教授。
** 首都经济贸易大学法学院讲师，民商法方向。

以及可能的补偿债权十分困难,修订联合财产制规则,刻不容缓。

关键词:联合财产制;婚后所得;原有财产;增值

一、前言

最近,联邦法院公布了一份判决文书,研究了离婚时(《瑞士民法典》第154条)财产分割面临的重要问题。[1] 在此不引述文献,仅简要概述如下:如果丈夫以出卖不动产为目的,对归属于其原有财产的土地进行合并和划分,进行并非仅旨在保存其财产的、非常规的管理活动,且该不动产交易非商业经营活动,在计算盈余(Vorschlag)时,应将不动产的升值以及相应的收益和对价全部计算在内。不区分对待由于丈夫的劳动引起的收入(Gewinn)和由于经济发展而产生的收入,因为对二者进行区分在实践中是不可能的,而且也不存在进行区分对待的实质理由。如果不动产的所有权属于丈夫所有的合作社,上述规则同样适用,因为丈夫是合作社的唯一机关,丈夫加诸不动产的行为显然超出了通常的管理范围。在查明盈余时,也要将婚姻关系存续期间发生的合作社份额的增值考虑在内。如果合作社利润未分配,或者婚姻关系存续期间以合作社名义购买的不动产增值了,从而使得合作社份额增值,该增值也适用上述规则。

上述判决引起了轰动。因此,我们有必要对联邦法院的观点和与之相关的一些问题进行评析。[2]

二、联合财产制中的婚姻财产

在联合财产制中,除特有财产(Sondergut)外,夫妻双方的积极财产

---

[1] 88 II (1962) 143 f.
[2] 判决并没有直接表明当事人适用的是联合财产制(Güterverbindung),但是丈夫拥有合作社的(单独)所有权,该线索表明这对夫妻生活在联合财产制之中。此外,在离婚或者进入特别法定财产制(der außerordentliche Güterstand)时《瑞士民法典》第154条和第189条),联合财产制中取回个人财产和计算(即使并非分配)盈余的规则,同样适用于共同财产制(Gütergemeinschaft)。

将成为统一的"婚姻财产"(eheliches Vermögen)(《瑞士民法典》第194条),然而该统一体纯粹是目的共同体,旨在实现对婚姻财产的统一经营。[3] 除《瑞士民法典》第199条和第201条第3款规定的特殊情形外,联合财产制并不改变夫妻双方对原有财产的所有权状况,也不会使得夫妻双方共同共有新获得的财产。在该目的共同体中,丈夫对婚姻财产享有全面的使用权、管理权和处分权,而妻子则仅享有受限的管理权和处分权(《瑞士民法典》第200条至第203条和第163条至第166条)。夫妻双方的原有财产是结婚时就已经属于夫妻双方的财产,或者是婚姻关系存续期间通过继承或者其他方式无偿取得的财产(《瑞士民法典》第195条第1款和第2款),夫妻双方的原有财产是并非特有财产的积极财产,属于婚姻财产。婚后所得(Errungenschaft)[4]包括婚姻关系存续期间有偿取得的积极财产;根据《瑞士民法典》第195条第2款,这类财产由丈夫单独所有。婚后所得当然也包括原有财产的收益(Erträgnisse)(《瑞士民法典》第201条第1款和第195条第3款),即天然孳息(natürliche Früchte)和法定孳息(zivile Früchte)、利息(Zinsen)、利润份额(Gewinnanteile)(也包括参与合伙公司而得的利润份额)、分红(Dividenden)以及丈夫通过劳动所得的报酬(Einkünfte)。但是,若某一婚姻关系存续期间取得的财产是妻子或丈夫原有财产的替代物(Surrogat),那么就要像对待原有财产那样对待原有财产的替代物,替代物不属于婚后所得(《瑞士民法典》第196条第2款)。[5]

根据《瑞士民法典》第154条第1款,无论夫妻双方生活在何种财产制中,离婚时婚姻财产都将被划分为丈夫的个人财产和妻子的个人财产。对于联合财产制来说,这只能意味着,基于《瑞士民法典》第199条和第201条第3款的所有权移转,要回溯到结婚前的状态,并且基于《瑞士民

---

[3] A. Egger, Art. 194, N. 5.

[4] "婚后所得"这个概念仅仅出现在《瑞士民法典》的共同财产制(《瑞士民法典》第239条)中,但是这个概念对于联合财产制也是至关重要的,欧根·胡贝尔(Eugen Huber)已经阐述过本文意义上的"婚后所得"。

[5] Vgl. hiezu namentlich P. Lemp, Ersatzanschaffungen nach ehelichem Güterrecht, ZBJV 93 (1957), 289 ff.(作者原文是 hiezu,但译者认为应该是 hierzu。——译者注)

法典》第 200 条以下，与财产制相关的管理权、使用权和转让权不复存在。在离婚时，要对盈余进行计算和分配，这要从确定婚后所得入手。将增大或减少婚后所得的补偿请求权（Ersatzforderung），以及使得婚后所得承受负担的第三人债权（Drittguthaben），计入婚后所得中，除去夫妻双方的个人财产，可以得出盈余，盈余是通过计算得出的大于零的数值。为查明盈余，区分婚后所得和丈夫的原有财产必不可少；但这一区分在联合财产制存续期间是根本不重要的，因为丈夫是婚后所得和其原有财产的所有权人，丈夫对这两类财产享有同样的权限。[6]

上述的论述已经表明，原有财产和婚后所得（以及特有财产）是彼此相对的两种财产类型。如果某物属于妻子的原有财产，则妻子有该物的所有权，丈夫则是婚后所得的所有权人。虽然《瑞士民法典》第 193 条和第 196 条第 1 款的证明责任规则，不利于特有财产而有利于婚姻财产和丈夫的财产（实际上首先还是有利于婚后所得），但这并没有完全解决以下问题：即各类财产类型的边界到底在哪里，以及某种财产到底归属于哪种财产类型。举例而言，在婚姻关系存续期间，如果夫妻用属于原有财产的股票认购权和与前者等值的婚后所得购买了新的股票，新的股票属于原有财产还是婚后所得呢？[7] 如果一位父亲想要以优惠的价格，将某不动产留给已婚的儿子（混合赠与），儿子用婚后所得来支付这一费用，该不动产到底属于原有财产还是婚后所得呢？[8] 虽然补偿请求权可以补偿上述的财产支出，但补偿多少仅取决于当初支出了多少，因此补偿请求权的价值是恒定的。[9] 新取得的财产归属于哪一种财产类型，其价值变化就会影响该财产类型的价值，因此，确定财产归属十分重要。而且，潜在的通货膨胀也不会影响补偿请求权的价值。《瑞士民法典》认为货币

---

[6] Lemp, ZBJV 93, 311. 根据 H. Deschenaux, ZSR NF 76 (1957)，妻子对盈余也有参与权，如果认为丈夫要为其挥霍婚后所得的行为承担夫妻财产制责任，则可以得出不同的结论。反对观点：Ch. Knapp, Le régime matrimonial de l'union des biens (1956), 271 N. 812, Lemp, Art. 212 und 213 N. 27.

[7] 主流观点可能是正确的观点，认为新的股票是原有财产，婚后所得可向原有财产主张补偿请求权（H. Merz, ZBJV 94, 9; Lemp, ZBJV 93, 293），但是联邦法院认为新的股票属于婚后所得，且原有财产不得向婚后所得主张补偿请求权（82 II 492）。

[8] 这里也应该适用同样的解决方案。因此，结果是：50 II 430 ff.。

[9] Lemp, ZBJV 93, 203.

价值稳定,其仅考虑物和其他资产的价值变化(同等考虑减值和增值),并且认为补偿请求权的价值与上述因素无关。若新取得的财产增值,如果可以从中获利,那么人们可能也乐于接受上述状况,但这几乎不成立。根据《瑞士民法典》第201条第3款,原本属于妻子的可替代物和无记名证券由丈夫所有,作为对这些的补偿,妻子可以得到补偿请求权,而补偿请求权的价值同样是根据可替代物和无记名证券转移时的价值确定的,因此债权的价值不会变化。[10] 如果——就如根据《瑞士民法典》第201条第3款那样——新取得的财产的价值增长使得盈余增加,这一价值增长可以使妻子获利,但是并不能达到像丈夫那样的获利程度(《瑞士民法典》第214条第1款)。而且,若将原有财产转让,如果并没有利用原有财产购置替代物,则原有财产享有补偿请求权,补偿请求权的价值根据转让原有财产时的出售价值来确定,之后不会发生变化。[11] 如果没有直接使用婚后所得来购买股票,而是通过银行贷款购买股票,且股票售卖之后再去偿还银行贷款,会形成用于清偿债务的债权[12],该债权同样不会发生价值的变化。这恰恰说明,在直接使用婚后所得的情况中,只有存在特殊的法律关系(公司)时,才能适用不同的解决方案。但是,我们却不得不考虑货币贬值带来的消极影响,补偿请求权旨在补偿婚姻财产(原有财产、婚后所得),但是只有到财产制解体时,当事人才能主张补偿请求权,财产制未解体的几十年内当事人不能对其提出主张(比较《瑞士民法典》第201条第3款和第209条第1款)。除夫妻财产制关系是继续性法律关系这一原因外,还有其他原因可以导致相似的不公平情况,这是一个根本问题。当事人努力谋求财产增值,但法律却根据票面价

---

[10] Vgl. z.B. 47 II 132 und 52 II 9. Knapp (28 N. 128) und Lemp (Art. 201, N. 70) 甚至认为,补偿请求权的价值不受合同约定的保值条款保护。在我看来,这一观点有些离谱了。到丈夫手中的财产价值到底有什么样的命运,我们很难知道,这说明《瑞士民法典》第201条第3款——补偿请求权的价值不会发生变化——有一定合理性(特殊规则的合理性);但这并不适用于有编号的无记名证券。

[11] 62 II 340, 81 III 43, 85 II 9.

[12] Lemp, Art. 209, N. 38. (vgl. Knapp, 117/118 N. 388/389, abweichend Lemp, Art. 201, N. 25 ff.)

值理论确定补偿请求权的价值,两者之间相互矛盾。[13]

夫妻财产制中财产类型的相对性,导致相同的资产(权利)只能归属于一种财产类型。但是,夫妻双方仍然可以共同共有某物(动产),即《瑞士民法典》第 196 条第 2 款意义上的替代物。[14] 在具体个案中,难以确定的是,夫妻双方是否有这样(真实的或者拟制的)补偿意思,即旨在成立共同共有的意思。[15] 还有一种更为大胆的观点,即某项财产虽然只可以属于配偶一方,然而仍可以——按比例——归属于该配偶拥有的不同财产类型(原有财产、婚后所得或者特有财产),但是并没有人在学术文献中主张这种观点。此观点使得夫妻双方弹性参与财产增值成为可能,不再仅是通过僵化的补偿请求权。但是,这使得本已经困难重重的联合财产制更加复杂。而且,适用的前提条件是,参与其中的财产类型属于财产的所有人;如果丈夫拥有某财产的所有权,该财产的任何部分都不可能成为妻子的原有财产。[16]

三、原有财产中不动产的增值

①联合财产制成立时归夫妻一方所有的不动产,属于该方的原有财产,在计算盈余时,不计入内。离婚时,其仍是该方的个人财产,就像联合财产制成立之前那样。这是《瑞士民法典》第 195 条第 1 款、第 154 条和

---

[13] Vgl. H. Merz, Kommentar zu Art. 2 ZGB N. 181 ff. und N. 207 ff. 若归属于婚姻财产的某一财产增值,婚姻财产因此得利,但这可能是由于使用了并非婚姻财产的其他财产,相应的补偿请求权很早之前就成立了,因其票面价值不变,货币贬值会导致其遭受巨大的不利益,这一情形令人错愕。面对这样的冲突情况,可以听一听《瑞士民法典》第 2 条或第 1 条第 2 款的指示。

[14] Vgl. Schrifttum und Rechtsprechung zu § 1381 a. F. BGB, z. B. Enneccerus-Wolff, Familienrecht (1931), 202 und RGZ 152, 355.

[15] 根据主流观点,在购买某资产时,若既使用了丈夫的财产,又使用了妻子的原有财产,该资产仍然只能归属于一种财产类型(Lemp, Art. 196, N. 25)。

[16] 此时,经常会提及联邦法院并未官方公布的一个判决,该判决是关于不动产的,购置该不动产时既使用了妻子的特有财产,又使用了婚后所得[ZBGR 35 (1954), 322]。判决认为,不动产不仅仅是一种财产类型的替代物,而且是另一种财产类型的替代物,因此两种财产类型都可以参与不动产之后的增值。虽然,若妻子享有单独所有权,则意味着不动产不能被归入婚后所得,因为根据《瑞士民法典》第 195 条第 2 款,婚后所得的所有权人是丈夫。但是,联邦法院借助于以下假设,即妻子的单独所有权乃基于对发生财产分割的预期。

第212条以及第213条的明文规定。唯一的问题是,是否与该不动产相关的任何事件都可以导致补偿请求权的产生,从而使得其他的财产类型获益?

②未经夫妻双方参与的、纯粹由市场(经济发展)导致的价值变化,并不会导致补偿请求权形成。到目前为止,对此存在共识。[17] 从联合财产制的构造来看,当市场发展导致的价值变化发生在归属于婚后所得的财产上时,市场发展导致的价值变化才会影响盈余的计算。[18]

③由法定规则可知,常规管理导致的价值增长,不适用特殊规则。丈夫对妻子的原有财产享有——对婚后所得有益的——使用权,因此,为管理妻子的原有财产而产生的费用,由丈夫予以承担(《瑞士民法典》第200条)。[19]

④根据主流观点,如果丈夫采取的特殊措施超出了一般或者通常管理的范围,该措施带来的原有财产增值应计入婚后所得。[20] 这需要一些解释。欧根·胡贝尔已经认识到,由于实际情况纷繁复杂,这个问题并不容易回答,因此放弃制定一条相应的规则。[21] 该有意为之的漏洞由法官来填补(《瑞士民法典》第1条第2款)。但要注意,为了保护妻子的原有财产,有时候丈夫也有义务作出特殊措施,该特殊措施虽然并非通常的管理,但属于符合规则的管理。[22] 另外,丈夫对管理措施享有一定的自由裁量空间,因此采取某些特殊管理措施并非丈夫的义务,而纯粹是一种权限。[23] 在对这些特殊措施进行补偿时,要区分垫款意义上的花费和基于劳动的个人投入。

a) 如果丈夫在实施非常规管理措施时,支出的花费(垫款)达到了特殊程度,赋予丈夫的使用权不能抵偿该花费。只要花费仍在适法的管理

---

[17] Sten. Bull. 15, 711, 714, 715 (E. Huber), 40 Ⅱ 172, 41 Ⅱ 333, 58 Ⅱ 326, 85 Ⅱ 8; Lemp, Art. 189, N. 11, Art. 214 N. 44 und dortige Zitate.

[18] Vgl. auch hinten S. 124.

[19] 有关论述(Ⅰ, 193)指出,使用丈夫常规管理下得到的常规收入来支付的一切都属于丈夫的负担,ebenso 58 Ⅱ 92 und 62 Ⅲ 150。

[20] 50 Ⅱ 435, Lemp, Art. 200, N. 27, Art. 214, N. 44, vgl. auch 81 Ⅱ 92.

[21] Erl. Ⅰ, 176.

[22] Vgl. BGB § 1374 a. F. und Enneccerus-Wolff, 206.

[23] Vgl. 81 Ⅱ 92.

范围内,即被认为是必要的、有用的或者是符合当时的关系的,就可能导致补偿请求权的产生。此时,适用使用权人和所有权人之间的规则(第753条第1款和第765条第3款)。[24] 如果使用婚后所得来进行垫付,且该垫付有利于一方原有财产,此时可能成立补偿请求权,该债权应计入盈余中,补偿请求权的价值根据垫付多少来确定。[25]

b) 基于劳动的个人投入,要区分的是:

从商业角度来看,在某些组织中,每一项给付都可以对应一张账单,但婚姻并非这样的组织。[26] 丈夫在婚姻关系存续期间投入的高强度劳动,如果仅仅是一次或零星几次的话,仍使人觉得是无偿给付。[27] 所以,如果一方管理了属于另一方原有财产的绘画或者邮票收藏,其不能向另一方主张什么。[28] 因此,如果丈夫对自己的原有财产也进行了这样的管理,并不会产生可以计入婚后所得的补偿请求权。

上述规则在以下情形不适用,即若丈夫为夫妻一方的原有财产投入劳动,该劳动投入超过了通常管理的范围,并且该劳动投入是高强度的、范围广的、持续性的、需要长期花费时间的活动,其并不因此而丧失作为管理行为的特点。[29] 如果相应增长的用益不能补偿婚后所得的损失,而且丈夫的劳动投入——对比其对妻子的原有财产所作的劳动投入——并非基于特别约定,则会导致补偿请求权的产生,该补偿请求权要计入婚后所得。原因很简单,如果丈夫的劳动投入,不能因其价值较小或者因其意图使得妻子获利,而被定性为无偿给付,那么该劳动投入的结果必须计入婚后所得。尤其是,在妻子不同意时,丈夫不能通过高强度活动,以牺牲婚后所得为代价,来充实自己的原有财产。补偿请求权的价值并非不言自明,根据欧根·胡贝尔以及联邦法院的观点[30],丈夫通过劳动投入使

---

[24] 81 II 93, Lemp, Art. 200, N. 27.
[25] Egger, Art. 212/213, N. 5.
[26] Vgl. 82 II 95 ff.
[27] Egger, Art. 212/213, N. 5; Knapp, 263 N. 784.
[28] Abweichend A. Huber, SJZ 8, 187.
[29] Vgl. Egger, Art. 154, N. 7. 无偿劳动和有偿劳动的边界在哪里,在一定程度上仍然是可以自由裁量的问题。
[30] Erl. I, 176(没有区分劳动投入和花费), 50 II 435, 88 II 143 f.

得原有财产增长的价值即为补偿请求权的价值。如果没有约定劳动投入可以对应多少报酬，上述观点是值得赞同的，因为这符合人们自然而然的看法，即劳动的成果表现为价值增长（工业化添附）。[31] 如果不同的财产类型之间发生财产移转，补偿请求权价值的确定与上述规则不同（参看《瑞士民法典》第201条第3款和第209条）。

难以回答的问题发生在如下情形，妻子本来无须为婚姻共同体负担义务（《瑞士民法典》第161条第2款），但如果其对婚姻财产进行了管理，即若妻子为丈夫的生意或者职业提供支持，比如作为医生助手了呢？在具体个案中，如果妻子的活动不被视为在履行婚姻法中的义务，并且债法上的关系不因其性质与婚姻的本质相违背，夫妻之间可能成立债法意义上的合同。[32] 但是，即使夫妻之间可以成立合同关系，法院仍认为，妻子在这些情况中的劳动是对家庭的无偿贡献，妻子并非雇佣关系中的下属，也并不期望获得报酬（《瑞士民法典》第320条第2款），因此联邦法院非常谨慎地对待妻子的报酬请求权。[33] 从结果上来说，婚姻关系确实影响到法院对于以下问题的判断，即合同关系（雇佣合同、合伙）到底是否成立。之所以是这种结果，是因为法院权衡了以下情况，即在联合财产制中，妻子投入劳动使得盈余增长，妻子是可以参与盈余分配的。然而，根据法律的任意性规则，妻子仅仅可以享有三分之一的份额，因此还是存在不平等。而且，根据"自由职业者"相关规则，即妻子在家庭之外通过劳动取得的报酬属于其特有财产，并不会有利于婚后所得（《瑞士民法典》第191条第3项）。另外，若丈夫为妻子的生意提供支持，生意仍然归属于妻子，根据《瑞士民法典》第191条第2段和第3款，所有的收入都属于妻子的特有财产，为了不使丈夫在付出很多劳动后什么都得不到，必须找到解决办法。[34] 因此，法院承认他们之间成立了默示的雇佣合

---

[31] Egger, Art. 154, N. 7.

[32] Vgl. Egger, Art. 161, N. 13; Lemp, Art. 161, N. 51.

[33] 72 Ⅲ 122, 74 Ⅱ 208, 82 Ⅱ 95, vgl. auch 48 Ⅱ 422 und 87 Ⅱ 166 f. 这个判决给了妻子道德上的敬意，但是却并不能使妻子满意，因为这意味着法院不会同意她的请求权。

[34] 判决（66 Ⅱ 233）没有表明，是否可以根据《瑞士民法典》第195条第2款，认为丈夫被妻子雇佣而取得的报酬应归属于婚后所得，因此进入盈余之中。

同,赋予丈夫报酬请求权,根据收益多少确定报酬请求权的数额。[35] 然而,此种辅助构造可能原本就没有必要,因为如果丈夫投入了大量劳动,即使没有合同约定,在具体个案中该劳动投入也不会被推定为无偿给付,从联合财产制的构造来看,该劳动所得也应归属为婚后所得。

⑤关于联邦法院裁判案件(88 Ⅱ 143 ff.)的上述论述意味着什么呢?

如联邦法院认为的那样,丈夫对其原有财产中的土地进行了合并、划分或扩大,并非商业行为,而仅是上述论述意义上的管理行为,其不仅是非通常管理行为,而且是高强度、连续的管理行为,丈夫这些特殊行为导致的价值增长要计入婚后所得。但是,判决内容也就止步于此了。如果在个案中,并非仅仅由两个因素中的一个因素(丈夫的劳动投入,市场发展),而是两个因素共同导致了价值增长,难以理解法院为什么不再区分对待市场发展导致的价值增长和基于劳动的价值增长,对两者区分对待曾是联邦法院一直坚守的观点。市场发展导致的增长可能是由于可以充分利用土地(高楼、公寓),虽然很难确定市场发展在多大程度上使得土地的价值出现增长,但即使这个问题难以回答,也不应改变上述结论。[36] 不可否认,实践中进行区分很难。法院要考虑丈夫做了什么、相似不动产的通常价格以及附近类似不动产的价格,在鉴定专家的帮助下,得出一个公平的结果,在不甚清楚的时候,法官还可以使用自由裁量权。如果丈夫立足于当时的情境作出行动,该行动会被认为是丈夫理所应当作出的,此时就要谨慎克制地判断,丈夫的行动对于价值增长到底有多大意义。在这些情境下出现的价值增长也基于当时的特殊情况,即使没有丈夫的行动,价值增长的可能性也是存在的。丈夫是否行动了,以及丈夫的行动是否导致了价值的增长,相应的举证责任由提出上述主张的主体以及可以因此获得权利的主体承担。[37] 如上面阐明的那样,证明标准不应过高。在婚姻关系存续期间获得的不动产是婚后所得,只要其并非为替代曾经

---

[35] 66 Ⅱ 233, vgl. auch 74 Ⅱ 209.

[36] 即使增值的不动产不属于丈夫的原有财产,而属于妻子的原有财产,也仍将产生上述结果,这清楚地表明,区分非人为赚取的增值和基于劳动的增值十分重要。这揭示了,如果丈夫没有为妻子的财产的增值做些什么,该增值就不应当使婚后所得以及丈夫享有的盈余份额获利。

[37] Teilweise abweichend Knapp, 263 N. 786.

转让的不动产而购置。

⑥州法院认为丈夫利用土地从事商业活动,这会产生怎样的夫妻财产法影响,联邦法院在 88 Ⅱ 143 ff. 中没有表明观点。如果认为丈夫在从事商业行为,就会出现棘手问题。作为整体的商店可以成为妻子的原有财产,这是文献肯定的。[38] 前提条件是,妻子并非在经过丈夫同意后以自己的名义,将其作为特有财产来经营,而是丈夫基于管理权和使用权作为事务管领人以自己的名义来经营妻子的商店。如果认为妻子的商店可以归属于其原有财产,相同规则也应当适用于丈夫的商店。[39] 实践中通常的情况是,丈夫拥有的作为整体的商店属于其原有财产,在婚姻关系存续期间继续经营,这会导致什么样的夫妻财产制结果呢？我们在文献中仅能找到少量有价值的提示。因此,一份全面的论述并不可少,但本文只能勾勒出一个大概。

还要注意的是,企业和商店是所谓的"法律概念"或者说"法律实体",是围绕同一目的的组织统一体,包括物、权利和实际关系（机会、商誉）。[40] 根据现行法律,组织上和经济上被视为整体的商店在法律上并不被认为是一个统一体,在个案中,仍待讨论且存在争议的是,在多大程度上可以对其进行统一处理,这导致了很多疑难问题,在夫妻财产法领域也是如此。[41]

a) 根据瑞士私法,作为整体的商店并非物,即并非物权的标的物。只有商店中单一的物上才能成立所有权、担保物权和用益物权。[42] 然而,用益物权一旦以这种方式确立,用益物权人应当取得的用益（Nutzung）（《瑞士民法典》第755条第1款）,并非单一的物产生的成果

---

[38] Knapp, 104 N. 348; Lemp, Art. 195, N. 11.

[39] 50 Ⅱ 433, Lemp, Art. 195, N. 42 und dortige Zitate. 相比于论证妻子的商店为何归入妻子的原有财产,论证丈夫的商店应归入丈夫的原有财产要更容易一些,因为若商店本来就是丈夫的,在婚后仍是丈夫在经营该商店,商店的持续性和独立性就不会被质疑。

[40] Enneccerus-Nipperdey, Allg. Teil des Bürgerl. Rechts, I, 1. Halbband (1959), § 133 I, Meier-Hayoz, Kommentar z. Sachenrecht, Syt. Teil, 41 N. 88.

[41] Vgl. vor allem F. Kellerhals, Die Nutznießung am Handelsgeschäft, ZSR NF 31 (1912) 269 ff. und R. von Godin, Nutzungsrechte an Unternehmen und Unternehmensbeteiligungen, Berlin, 1949. 法国法和意大利法参见 die Zitate bei Meier Hayoz a. a. O. N. 89。

[42] Meier-Hayoz, a. a. O.

(Ergebnis),而是经营商店赚取的年度净利润(Reingewinn)。[43] 这意味着法律将商店作为一个整体来对待。在联合财产制中,为有利于婚后所得(《瑞士民法典》第 195 条第 2 款和第 3 款),丈夫对自己的原有财产和妻子的原有财产享有所有权或者使用权(《瑞士民法典》第 201 条第 1款),在查明因此产生的收益(Ertrag)时,应当适用和查明用益(Nutzung)时一样的规则。[44] 在联邦法院判决的这个案件中,如果认为丈夫使用不动产进行了商业行为,因合并、划分和转让不动产而导致的收益表现为逐年增长的利润,由于丈夫拥有不动产的所有权和使用权,该收益属于丈夫所有。根据商人法的基本规则,在查明商店的净利润时,不用考虑收益到底是由于经济发展,还是由于劳动的投入,也无须考虑不动产是否该商人的原有财产。

b) 就像用益那样,丈夫的管理和管理义务(如果企业是妻子的原有财产)及于作为整体的企业。该一体的管理措施也赋予了丈夫处分权。[45] 丈夫有义务谨慎管理企业,在财产制解体后,企业应处在这样一种状态,即正确的管理下应该处于的状态,如果并非如此,妻子有损害赔偿请求权(《瑞士民法典》第 201 条第 1 款和第 755 条第 3 款)。比如,若丈夫公开了商业秘密或者忽视了顾客。对于丈夫自己的原有财产,联合财产制规则并不要求丈夫承担谨慎管理的义务。[46]

c) 在物权法的用益物权领域,物上替代规则的适用虽然有争议,但被肯定,据此,为替代企业中的物,基于相应的处分权购置的替代物取得原

---

[43] H. Leemann, Kommentar zu Art. 766, N. 28, Kellerhals, 298; K. Wieland, Handelsrecht Ⅰ, 268. 对属于子女财产的企业,父母(父亲)的用益权被规定在《德国民法典》原第 1655 条。德国学理和判决将该规定运用到了其他类型的用益关系中。《德国民法典》第 1655 条还规定,前一年的损失由后一年的利润来补偿。只有在适用这一重要商业原则的前提下,非因父母过错导致的损失才由子女承担。妻子不能根据《瑞士民法典》请求比之更优的待遇。

[44] 在企业上成立的物权性的用益与根据联合财产制规则成立的用益,可以适用同样的解决方案,但必须合理,必须考虑两者不一致的情况。丈夫的使用权到底是及于作为整体的妻子财产,还是及于归入妻子财产的各个物,这一争议没有什么意义,因为即使主张前一种观点的人也认为,要根据原有财产中的各个具体标的物,来判断使用权规则。(Lemp, Art. 201, N. 8, ebenso schon Ennecerus-Wolff a. a. O. 192 ff.)

[45] M. Gmür, Kommentar zu Art. 202, N. 14.

[46] 丈夫对自己的商店也负有谨慎管理义务,这可由扶养义务(《瑞士民法典》第 160 条第 2 款)推出。

物的地位。[47] 在联合财产制中,如果企业属于原有财产,也会产生相应的问题。《瑞士民法典》第 196 条第 2 款明确规定了物上替代规则,该规则也应当可以适用于丈夫的原有财产以及企业的经济价值。但是在联合财产制中,对于属于妻子原有财产的企业,由于特殊的原因,物上替代规则的适用受到限制;最近的瑞士文献认为,即使是归属于企业的可替代物,也应当优先适用《瑞士民法典》第 201 条第 3 款,据此,拥有使用权的丈夫取得用益。[48] 适用《瑞士民法典》第 196 条第 2 款和第 201 条第 3 款会导致相反的结果。[49]

如果企业属于妻子的原有财产,则企业的固有资产和《瑞士民法典》第 196 条第 2 款意义上的固有资产的替代资产(比如在妻子名下的土地、归属于企业的机器和家具),仍由妻子所有,归属于流动资产的物以及不能依据《瑞士民法典》第 196 条第 2 款归入妻子的财产的物由丈夫所有(比如库存货物)。丈夫管理旧债权,但旧债权仍归妻子所有,新债权则由丈夫所有。不难看出,在这种法律状况下,企业中的财产归属于不同的主体,如果夫妻双方没有约定离婚财产制解体时——比如夫妻一方死亡时(《瑞士民法典》第 212 条以下)——如何分割财产,财产制解体可能会导致原本由丈夫统一管理的企业分裂。企业是一个整体,这意味着妻子一定会收回属于企业的一切实际关系(顾客、商业秘密)。但除此之外,其他物的所有权并非只归属于夫妻一方。本归属于妻子的原有财产的可替代物,以及该物的替代物,由丈夫所有,妻子只能主张补偿请求权。根据德国文献的观点,由于企业的统一性,在企业上成立的用益物权,就像成立用益租赁情况那样,义务人除了负担物权性的返还义务,还负担债法上的返还义务。这是由《德国民法典》第 1055 条(《瑞士民法典》第 751

---

[47] Leemann, Art. 766, N. 27, Kellerhals, 292, von Godin, 20/21; vgl. im übrigen für die dingliche Surrogation 71 Ⅱ 94 ff. und Meier-Hayoz, a. a. O. 26.

[48] Knapp, 24 N. 104 ff., Lemp, Art. 201, N. 55;对比旧观点:Gmür, Art. 201, N. 27 und Egger, Art. 201, N. 12。根据新观点,在企业上成立的物权性用益,要适用"非真正用益"的相关规则(《瑞士民法典》第 772 条第 1 款=《德国民法典》第 1067 条);如果物是可消耗物,则该物的用益物权人是所有权人(Leemann, Art. 766, N. 26, von Godin, 21)。

[49]《瑞士民法典》第 196 条第 2 款旨在使妻子的财产保持原状;第 201 条第 3 款则为了简化法律状况,使丈夫取得所有权。

条)推导出来的。然而,究竟在何种程度上成立债法上的返还义务,存在不同观点。[50] 这一方案也会对夫妻财产法产生影响,它有很多优点,但是哪些情形下可以适用这种方案以及这种方案的影响到底是什么,都具有不确定性,因此十分复杂。[51] 而且,这个方案的实质理由也令人生疑。[52] 将上述方案适用于流动财产,会与《瑞士民法典》第772条第3款相龃龉,该款规定,如果是库存货物或者与之类似的物,用益物权人不负担债法上的返还义务。

要注意的是,如果由于夫妻离婚(《瑞士民法典》第154条)或者进入特别法定财产制,联合财产制解体,只要《瑞士民法典》第201条第3款引起的法律效果没有导致混合(Vermischung)的发生,就不再适用该款。这意味着,根据《瑞士民法典》第201条第3款转移给丈夫的流动资产,只要还存在或者流动资产的替代物还存在,就仍(又)归属于妻子。如果丈夫的过错导致了价值减少或者财产丧失,根据《瑞士民法典》第201条第1款,丈夫要承担责任。[53]

如果企业并非妻子的原有财产,而是丈夫的原有财产,法律分析就简单多了。《瑞士民法典》第201条第3款的适用条件是,原本的所有权人(妻子)丧失了使用权(由丈夫取得),如果联合财产制并没有改变物的所有权人和使用权人,比如联合财产制不会改变丈夫对其原有财产的所有权和使用权,那么第201条第3款就没有适用空间。如果丈夫继续经营自己的企业,则婚前归属于企业的物,以及《瑞士民法典》第196条第2款意义上的新取得的替代物,都是丈夫的原有财产。为了经营企业,使用归属于原有财产的企业财产购买物,该物自然应当属于原有财产。如果丈夫为了经营企业,使用归属于婚后所得的财产购买物,则该物属于婚后所得。这是适用《瑞士民法典》第196条第2款的当然结果。要注意的

---

[50] Vgl. z. B. Düringer – Hachenburg, Das Handelsgesetzbuch §25, Anm. 36 (1930) und Würdinger, Kommentar der Praxis zum HGB, §22 Anm. 45 (1951). Eingehend und stark differenzierend von Godin, 44 ff.
[51] 购置替代物后,会发生补偿请求权,这已经使得财产分割很复杂,债法性的物上替代会使其更加复杂。
[52] Vgl. auch Kellerhals, 337 ff.
[53] Lemp, Art. 189, N. 24.

是,在查明作为用益和婚后所得的净利润时,商人有很大的自由裁量权(《瑞士民法典》第 959 条)。物权性的用益物权人为了自己的利益,会确保净利润不会因不必要的折旧而减少;但是在联合财产制下,如果丈夫经营自己而非妻子的企业,可以想象的是,他会利用用益来将企业做大做强。这不应当影响婚后所得的价值,妻子对婚后所得有参与权。如果收益被用于企业投资,该收益仍然是婚后所得,其引起的进一步的收益也属于婚后所得。但是,法院在认定某种财产到底属于哪种财产类型时,还是会遇到困难问题,因此需要进一步讨论。而且,在分割时,当事人还可以主张《瑞士民法典》第 209 条规定的补偿请求权,这也是不能忘的。[54]

婚姻关系存续期间,随着顾客的增多、商业秘密的增加和经验的增长等,企业整体的价值会增加。这会如何影响夫妻财产关系呢? 过去发展出的规则可以回答这一问题:在对财产制进行清算时,若只是由于经济的发展,归属于夫妻一方原有财产的企业出现了增值(比如出于政治或者一般的经济原因,销售条件改善了),该增值不属于婚后所得。但是,如果经过丈夫非通常的、不可替代的经营,企业增值了,而且该增值又不能完全体现为收益,这些基于经验、商业秘密、顾客等因素的增值应当归入婚后所得,即在这个增值范围内,婚后所得享有补偿请求权。如果夫妻一方不能参与到这部分的盈余分配中,可能是不合理的。但是,在此基础上,有必要进一步说明:如果丈夫的给付并非不可替代,即通常情况下,若给有能力的第三人合适的报酬,该第三人也可以提供像丈夫那样的给付,那么,只要该增值超出了报酬,取得的增值乃基于企业的发展潜力,而非丈夫的行动。因此,在计算盈余时,虽然雇佣的第三人也可以提供独特的给付,但是并不能期待该第三人一直提供独特的给付,并且长期来看,只有给予特殊的等价物才能购买到这种独特的给付,因此只有那些基于丈夫独特给付的增值才能计入盈余中。在区分增值到底是基于何种因素时,法官有自由裁量权。

⑦在本案中,增值的不动产并非由丈夫所有,而是由属于丈夫的个人

---

〔54〕 Vgl. Lemp, Art. 209, N. 15 und 20. 对于企业的(物权性的)用益来说,企业消极财产的内部补偿也是一个问题。

合作社所有,联邦法院认为这一事实并不重要。[55] 除了文章中已经讲到过的,要区分基于劳动的增值和由经济发展引起的增值,法院的观点是值得赞同的。虽然,从形式上看,合作社份额属于丈夫的原有财产。若该份额在婚姻关系存续期间增值,当增值基于丈夫的行为和未分配的收益,而非纯粹由于经济发展导致的不动产价值上涨时,则婚后所得对此享有补偿请求权。如果这样得出的结果对妻子不利,即该结果比不存在合作社时的情况更糟糕,无论出于什么原因,为了经济上的实际状况,要"打破"[56]法人法律上的独立性。原因在于,如果合作社不再仅仅追求法律允许其追求的目的,即"促进和保障成员的特定经济利益",而是仅仅被用作围栏,仅仅为了使得某一成员可以更容易地通过扩大或利用不动产来利用资产,那么合作社就仅仅是"假的合作社",这违背了法秩序,因此合作社应该因无效而解体。[57]

若一人股份公司或相应的有限责任公司属于丈夫的原有资产,如何"揭开其面纱"是很难回答的问题,如何处理这个问题只能留待以后讨论。[58]

四、结语

以上简短的概述还让我们看到以下两点负面内容:

①本文并没有讨论货币贬值和价格上涨的进一步影响,在联合财产制中,有特殊和足够的理由,可以通过以下方法来解决,即将原本认为价值不变的补偿请求权转化为可变的得利债权,使其可以面对货币贬值问题,但这也可能使权利人遭受实物贬值的风险。没人能够保证,现在的货

---

[55] 应认为丈夫在结婚前就已经取得了合作社的份额,虽然法院在 88 Ⅱ 143 f. 中没有明确指出。

[56] W. Müller-Freienfels, Archiv für die civ. Praxis 1957, 522 ff.; H. Merz, Kommentar zu Art. 2 ZGB N. 286 ff.

[57] Vgl. M. Gerwig, Schweiz. Genossenschaftsrecht (1957), 116 ff., 169, 188 und 194.

[58] 为了企业的"长远发展"和分红补偿,允许企业进一步地储备和折旧,因此情况会更复杂。

币发展趋势将会一直继续下去,所以人们的担心不无道理。[59]

②谨慎考量下制定出的规则,只有足够实用,才是合理的。仅仅出于这一原因,我们就必须考虑,尽快修订联合财产制规则,不过迄今为止这一点并没有受到重视。在一些案件中,区分原有财产、婚后所得以及可能的补偿请求权十分困难,法律人在处理财产分割问题时就像走入了迷宫。虽然,在不动产增值时,区分该增值到底是基于经济发展还是基于劳动投入,对于法院来说并非不可能完成的任务。但在其他情形中,区分起来就难多了。尤其是,当拥有(或没有)不动产的企业归属于原有财产时,还要考虑夫妻财产法以外的其他特殊因素,企业既不是物,也不是法益,而仅仅是一系列的权利总和(Rechtsgesamtheit),另外,由于经济上的整体性,又会引起一定的法律效果。如果在某一特定情形下,准确区分并非人为赚取的增值和基于劳动的增值非常困难,则要放弃这一基本并有重要意义的区分,只求一个差不多的结果。这样处理不仅是基于多年来的学说和判决,而且也可以直接由现行法推出:在盈余的分配方面(《瑞士民法典》第214条第1款),给予丈夫优待本来就有争议;如果盈余增加是因为妻子的原有财产增值,且该增值并非人为赚取,肯定会导致更加不合理的结果。[60] 而且,在离婚(《瑞士民法典》第154条)或在向特别法定财产制过渡(《瑞士民法典》第189条)时,将经济发展引起的增值计入盈余,也符合法律的倾向,即尽可能恢复到就像婚姻关系不曾存在过一样[61],此外,计算损失时,适用与计算盈余时同样的规则。但是,若市场发展(并非妻子的原因)导致妻子原有财产贬值,如果由丈夫一人承担全部损失(《瑞士民法典》第214条第2款),是不合理的。[62] 如果将并非基于劳动的增值计入盈余,就和德国的增益共同制差不多了。德国的增益共同制规定了一种整体性方案,在这个方案中,夫妻双方平等地参与盈余分配,与之相应,妻子通过个人劳动取得的财产(《瑞士民法典》第191

---

[59] 比如1962年的股灾。
[60] Vgl. vorn N. 35.
[61] 41 II 332 f.
[62] 58 II 327.

条第 3 段)也不再享受优待。但是,增益共同制仍非常复杂。[63] 如果婚姻因为夫妻一方死亡而解体,考虑到婚姻生活共同体直到一方死亡都存在,将并非人为赚取的增值计入盈余确实合理。但是,同样的结果出现在离婚的情形中却有问题,比如导致离婚的一方,可以因另一方原有财产的增值而获利。在夫妻一方死亡时,《德国民法典》规定了盈余分配的继承法方案,在离婚时,若存在"重大不公平",可以降低夫妻一方参与盈余的比例(《德国民法典》第 1381 条)。这给予了法官相对宽松的——或许过大的——裁量空间。要制定出简单、灵活和实用的夫妻财产制,在婚姻关系存续期间和婚姻结束后够实现我们所预期的经济后果的夫妻财产制,仍然是一项艰巨的任务。[64]

---

[63] 即使不考虑《德国民法典》解决方案中包含的本可避免的不合理之处,增益共同制仍然十分复杂。目前,处理货币贬值导致的虚假增益问题非常困难。

[64] Vgl. Deschenaux a. a. O. 473a, 630/31a.

联合财产制下的增值和补偿请求权[*]

汉斯·亨德林[**] 著 任倩霄[***] 译

摘要：理论与实务对联合财产制下夫妻财产增值以及由此而生的补偿请求权等问题关注较少。瑞士联邦法院于1962年作出的一则判决，引起相关讨论。在此背景下，以下五种情形中夫妻财产的增值和补偿问题值得探讨：①在丈夫携入的土地上，利用所得财产营造建筑物；②在妻子携入的土地上，利用所得财产营造建筑物；③利用一方的携入财产在另一方携入的土地之上营造建筑物等，而该标的物依规定又被归入另一方的携入财产；④在第③种情形下，资金来源存在争议，而所得财产又因此而获利；⑤利用夫妻财产在属于一方的特有财产的土地上营造建筑物等，而该建筑物依相关规定又成为一方的特有财产。按照《瑞士民法典》确立的补偿请求权不变原则处理以上问题，结果不尽如人意，因此，应支持补偿请求权可变并以此为基础修法。

关键词：联合财产制；财产增值；补偿请求权不变；补偿请求权可变

---

[*] 本文译自 Hans Hinderling, Wertsteigerungen und Ersatzforderungen bei der Güterverbindung, SJZ 61 (1965), 17—27. 本文引用的《瑞士民法典》条文皆为1984年之前的旧法。

[**] Hans Hinderling, 本文发表之时任瑞士巴塞尔大学 (Universität Basel) 教授。

[***] 瑞士弗里堡大学法学博士，吉林大学法学院讲师。

虽然该问题在实践中意义重大,但迄今为止实务和理论对此讨论不多,笔者曾在1963年的《瑞士法学家大会祝贺文集》中撰文探讨(以下简称"1963年文")。[1] 该问题发端于1962年瑞士联邦法院公布的一则判决(88 Ⅱ 143 ff.):丈夫将一宗土地(Liegenschaft)携入联合财产制下的夫妻财产。在夫妻关系因离婚而消灭前,土地存在明显增值,增值原因有二:其一,受经济景气影响;其二,丈夫实施了有助于土地增值的行为。联邦法院认为,在夫妻关系存续期间的全部增值皆应列入盈余清单(Vorschlagsrechnung),与联邦法院相反,"1963年文"则认为应区别对待。由于该宗土地属于丈夫之携入财产(Einbringen,又译"原有财产"),故仅因经济景气而产生的增值不应列入盈余清单。相反,如增值系因丈夫之劳作所致,则应赋予所得财产(Errungenschaft,又译"婚后所得")一项"对丈夫携入财产"相应的补偿请求权(Ersatzforderung)。依现行法,亦应秉持上述观点。因丈夫之劳作而获得的改良部分,又可因经济景气而再次增值,依现行法,该部分增值同样会使所得财产获益。

然而有疑问的是,对于"1963年文"中未曾提及的情形,法律状况是否亦已得到充分澄清。如果丈夫利用源于所得财产的资金(例如工作收入之积蓄)在其携入的土地之上营造建筑物(别墅、多家共用建筑或商铺)并且——在夫妻财产关系(Güterstand)存续期间——不仅地皮明显增值,建筑物亦然,那么,在财产法上应如何处理?例如,地皮价值受其自身状况、地段以及携入时间等因素影响增加了十倍,建筑物价值自建造以来虽有磨损亦有两到三倍的增值。如果案情改为建筑物系经妻子同意(《瑞士民法典》第202条第1款),由妻子之携入财产出资建造,而该部分资金又未能依据第201条第3款进入丈夫之财产,应该如何处理?如果土地属于妻子之携入财产或属于所得财产,但营造建筑物所需之资金却源于其他类型的夫妻财产*,又应如何处理?最后,如果特有财产(Sondergut)参与其中,又应如何处理?

---

[1] Verlag Helbing & Lichtenbahn, Basel, S. 107 ff.

* 修法前,瑞士法上的夫妻财产共有五类:所得财产、丈夫携入的原有财产和特有财产、妻子携入的原有财产和特有财产。详细介绍请参见贺剑:《离婚时按揭房屋的增值分配:以瑞士法为中心》,载《政治与法律》2014年第10期,第137—150页。——译者注不同类型的夫妻财产相互之间发生转移会产生补偿请求权,此类补偿请求权既非基于(管理或使用的)特定责任,亦非基于夫妻间特定的法律行为,此前的学说认为,所有此类请求权皆应依照成为夫妻财产之时的价值确定并且保持不变;这一原理亦应适用于前述案例。"1963年文"赞同上述学说[2]观点。该观点似乎可以得到第199条、第201条第3款和第209条第1款的支持,这些条文规定的是不同类型的夫妻财产之间互相转移的特定构成要件以及补偿请求权,根据法律之文义(第199条非常清楚,第201条第3款则稍欠)以及毫无争议之学说[3],此处的补偿请求权应以上述方式计算之。就该请求权范围之限制,之前曾有文章提出,支出的资金按用益权人支出的费用(Verwendungen eines Nutzniessers)来处理即可,职是之故,没有太大的必要再寻找其他解决方案。相反,对于导致额度增加并且使(土地)明显增值的投资,则应认真加以考虑。在此情况下,固守补偿请求权额度不变之立场会导致令人难以接受的结果。有疑问的是,立法者虽未曾预见具体的有形资产(Sachwerte)升值的程度,但这是否就意味着对法律的解释亦应不变?[4] 下文将提出一套可能让人觉得富有"革命性"的解决方案,该方案也许值得认真检讨。在讨论该问题时,我们总是在以下意义上使用"费用支出"(Verwendung)一词:具有金钱价值的给付被用于某个非常确定的物上,并且该给付直接导致不同类型的夫妻财产之间发生转移。在讨论之时应区分如下情况:不同类型的夫妻财产之间是否发生过相互转移,如果发生过,又是在哪些案例类型之间发生的。

①土地由丈夫携入,建筑物则系由所得财产出资建造,亦即,以应列入盈余清单正资产一栏的夫妻财产出资建造。

基于从属性原则,建筑物将成为土地的成分(《瑞士民法典》第667

---

[2] P. Lemp, Ersatzanschaffungen nach ehelichem Güterrecht, ZBJV 93 (1957), 293; Lemp, Komm. zu Art. 196, N. 20, Art. 212 und 213, N. 32 ff.——本文完成之后,笔者才发现 Ch. Knapp, Le régime matrimonial de l'union des biens, Neuchâtel(1956), 263. N. 784 ff.,虽无详细论证,却也支持将婚内支出(impenses maritales)纳入妻子个人财产的景气增值考虑范围。

[3] Ch. Knapp, 28, N. 128, und 225, N. 704; Lemp, Komm. zu Art. 201, N. 70, und Art. 209, N. 38, vgl. auch 81 Ⅲ 43.

[4] 支持"事实"之改变对法律解释具有意义,参见 Meier-Hayoz, Komm. zu Art. 1 ZGB, N. 514; ferner H. Merz, Arch. Z. P. (1964), S. 321。

条第 2 款)并因此成为丈夫携入财产的一部分[5]，同时，所得财产取得一项对丈夫之携入财产的补偿请求权。如果补偿请求权的额度等于使用的资金并且保持不变，那么丈夫携入之财产将不仅仅因地皮的景气升值而获益，并且建筑物的景气升值亦将全额归入丈夫的携入财产(这本来已经引人注意，而在极端情况下，例如在建筑价值翻番或翻三倍时，就未免令人不快了)；与 1962 年瑞士联邦法院判决(83 Ⅱ 143 ff.)的立场相反，笔者认为，将地皮的景气升值归入丈夫的携入财产，符合联合财产制的本质。利用所得财产之资金于土地之上营造建筑物后，最终结果真的应当取决于土地到底属于哪一类型的财产(所得财产或携入财产)吗？如果土地之购入以及土地上房屋之建造皆由所得财产出资，那么，在夫妻财产关系消灭时方可确定的建筑物增值，无疑会扩大财产盈余。在其他情况下，根据前面介绍的解决方案，从属性原则将对结果产生重要影响，但该结果很可能跟联合财产制的本质(盈余共同体)存在一定的冲突：如果丈夫"盘活"(arbeiten läßt)所得财产之资金(例如工作收入之积蓄)，将其投资到自己的携入财产，那么，以下做法将更符合大家观察问题的方式，这种方式既与盈余财产制之意义协调一致且"自然而然"：将投资之结果同样视为所得财产并将其纳入盈余清单，而非根据此前业已形成且被采纳的模式，以投入的时间为准将其范围固定在特定额度。以如此僵化的方式确定补偿额度，符合债法上的费用补偿或赔偿规则，当然，多数情况下从不当得利，或者从物权法上有关加工、附合和混合以及在他人土地上营造建筑物后的补偿规则观察，问题也不大；多数情况下这与依据无因管理规则得出的更具弹性的方案一样无足轻重。实际上，仅仅从联合财产制和婚姻的结构与本质出发，就足以作出相同判断了。[6]

如不额外考虑一项特别因素，仅基于上述理由就接受不变的请求权，仍会

---

[5] 除非建筑物被建造在所有人建筑权(Eigentümerbaurecht)上，此时不再适用从属性原则。(关于所有人建筑权，参见《瑞士民法典》第 779—779c 条。——译者注)

[6] Vgl. Art. 209 Ⅰ und Erl. Ⅰ, 204.——另外，当然也不能忽视的是，此处丈夫其实是两类夫妻财产(所得财产和丈夫的携入财产——译者注)的所有人，在这两类财产之间亦有补偿问题，此处，仅能借用"请求权"一词，说二者间存在补偿"请求权"(vgl. von Tuhr, Schweiz. Obligationenrecht, § 2, N. 1a; Knapp, 224, N. 698)。

有疑问:在不同类型的夫妻财产之间产生的补偿请求权,除了第 174 条、第 175 条和第 210 条的例外情形,只有在联合财产关系解体时方能到期,并且在此之前不计利息。[7] 依此前之观点,这意味着,妻子只能无可奈何地坐视所得财产及其相应的盈余份额保持不变,然而,如果允许该请求权提前到期,则可能引起迟延的后果。无论所得财产的补偿请求权是根本不存在抑或(仅仅)是尚未到期,通过以上就妻子之利益所为之衡量可得,其结果并无二致。尽管尚未到期的补偿请求权原则上亦可转让[8],但对上述结论却无影响,因为,就算将未到期之债权让与第三人,亦无法在经济上弥补其未到期之缺憾。因此,有人想到下列方案:所得财产对丈夫之携入财产的补偿请求权,其额度应随其投入之价值的增长而作调整。补偿请求权的额度可变,并且,如果该请求权在夫妻财产关系消灭之时才到期,其额度看上去亦与因投入而于此刻获得的收益相符。据此,所得财产对丈夫之携入财产在经济上的贡献应与丈夫之超乎寻常的劳动投入同等处理,这些劳动投入同样应当(通过所得财产对丈夫之携入财产的补偿请求权)获得补偿,所得财产的补偿请求权在范围上随增值而作调整并在该意义上额度可变。[9] 若无正当理由支持额度变动,则补偿请求权同样应保持不变。接下来将会看到,《瑞士民法典》第 199 条明确承认的、第 201 条第 3 款默示承认的以及第 209 条第 1 款同样采纳的请求权之不可变,远非定于一尊的公理。[10]

如果利用所得财产之资金获得的结果在婚姻关系存续期间并非增值,而是——有时幅度还挺大的——贬值,则上述观点亦须经得住检验。与增值的情况类似,在贬值时,补偿请求权的额度应相应地下调。这一结

---

[7] 这本身亦不重要(vgl. auch hinten S. 24)。
[8] 根据瑞士联邦法院的观点,妻子自有财产之请求权及其优先权亦可依《瑞士民法典》第 211 条转让(40 Ⅲ 196 ff., 57 Ⅱ 13 f.)。然而,这两个观点皆有争议(vgl. Lemp, Komm. zu Art. 211, N. 33 und dortige Zitate)。
[9] Hinderling, a. a. O., S.114.
[10] 额度可变以及尚未到期两个属性使此类请求权在性质上接近于(例如妻子嗣后参与分配盈余的)纯粹的期待(Anwartschaften);与期待相反,补偿请求权却是当下的,而非未来的请求权(vgl. N. 37)。家事法上的扶养请求权之数额原则上亦可变(常常依法院判决确定,仅可通过裁判变更)(例如根据第 160 条第 2 款和第 152 条),其与可变的补偿请求权之区别在于,扶养请求权总是持续性地或周期性地以具体请求权的形式更新。

果恰恰符合盈余共同体的本质。如果丈夫基于其管理权和处分权在其权限范围内将所得财产投入其携入之土地,那么,当投入的财产价值已经蒸发时,让丈夫之携入财产向所得财产承担更高程度的责任就没有意义。也就是说,让作为所得财产法定管理人的丈夫承担风险,就是让他承担依夫妻财产制之本质在法律上本来无须承担的责任——这没有意义。[11]

在下述情况中,结果类似:补偿请求权之产生并非基于从属性原则(地上物从属于土地,superficies solo cedit),而是因为某物之购入系由所得财产和丈夫携入财产共同出资,并且根据相关标准,尽管可将其视为代位物,然而,却不能将其划归到所得财产,而应将其归为丈夫携入财产。在此前的论文中有两个例子可以证明,笔者新近提出的方案亦可适用于上述情况,其结果也更令人满意:新购入的股份*与丈夫携入之股份的优先承购权(Bezugsrechte)在价值关系上大致相当,却由所得财产出资购入。学理[12]支持将新股份作为签署权(Zeichnungsrechte)的代位物归入丈夫的携入财产,但瑞士联邦法院反对之,它认为新股份应没有任何负担地(!)归入所得财产(82 Ⅱ 492)。然而,在依财产法分割财产时,如欲确定所得财产(对丈夫携入财产)的补偿请求权之额度,根据笔者此处赞同的、适用到上述例子亦可能更令人满意的观点,具有决定性意义的是,投入之额度占股份于购入之时的价值的比例。以下考量亦支持上述弹性且平衡的解决方案:是否应认可代位物(Ersatzanschaffung, Surrogat)以及在必要时应将代位物归入何种类型的夫妻财产,取决于细致且难以把握的标准,然而,正如实务和学说之争议向我们清晰地展示的那样,在具体个案中,可以强度相当的理由作这样或那样的解读。[13]

此前的文章曾引用另一个案例,该案例亦可向我们展示同样的观察角度、疑虑和可选的解决方案:父亲——以半卖半送的方式——给了已婚

---

[11] 在标的物明显升值时期,补偿请求权保持不变所带来的保障不仅不能弥补价值交换之缺失,而且在标的物贬值时,会招致不公平的后果。

＊ 原文为 neu ausgegebene Aktien,按照作者"1963 年文"第 109 页,此处指的应该是新购入的股份。——译者注

[12] Vgl. Lemp, ZBJV 93, 293; H. Merz, ZBJV 94, 9. 如果购买了多份股份,亦可考虑以"实物"的形式相应地分割。

[13] Vgl. Knapp, 37, N. 158 ff.; Lemp, a. a. O., 289 ff.

的儿子一宗土地,儿子用所得财产向父亲支付了优惠价(50 Ⅱ 430 ff.)。几个月后,丈夫(即案例中父亲的儿子)就把土地转卖给他人,因丈夫之特殊劳作导致转卖时赚到了差价,在离婚之时,夫妻双方一致承认尚未将该部分钱款投入他用,瑞士联邦法院则正确地将差价归为所得财产。有疑问的是,该宗土地本身究竟应被视为丈夫的携入财产还是所得财产(参见《瑞士民法典》第 195 条第 1 款)。因为土地之取得和转卖间隔很短,在当时(1924 年)土地并无升值,故瑞士联邦法院未探讨该问题。否则,根据此前的观点,将土地归为此类或彼类夫妻财产必将影响最终的盈余清单,在有些情况下影响还挺大,与此同时,在把(增值)归入丈夫之携入财产时,如承认(所得财产对携入财产)享有额度可变的补偿请求权,从而使所得财产根据(所得财产之)投入参与分配增值部分,那么上述分歧将得到弥合。(如将土地视为所得财产,应如何处理携入财产的补偿请求权,下文将展开论述。[14])

在具体个案中,交易价值是否有变动以及变动幅度如何[14a],在检验之时须极为克制。在有疑义时,补偿请求权保持不变。亦应适用下述原则:法官不管鸡毛蒜皮的小事(minima non curat praetor)。另外,针对一些既难以期望亦难以期待被转让的物品,判断其价值时更应注重其内在的、持续性的价值,而非假定的临时性报价。[15] 但是,恰恰是这些为建筑用地支付的价款和建造费用,近十多年来持续地明显增值,以至于我们

[14] 是否应认可代位物以及应将其归入哪类夫妻财产,对该问题的答案又会引发哪些困境,可以通过 Lemp, ZBJV 93, 293 加以展示:夫妻二人利用各自的部分携入财产再加上部分所得财产,实现了汽车梦,之所以用三部分财产支付,是因为任何一部分都不足以单独支付汽车价款。至于哪一部分财产在数量上占比最高,会产生决定性影响吗? 在有疑义时,难道不应该忽视代位物并基于该理由而认为(全部)系以所得财产购得吗?但是,这么做的话不过是给问题换个外壳,因为此时须追问,在上述情况下,双方携入财产的补偿请求权应保持不变抑或可变(vgl. hinten Ziff. 3 ff., S. 6 ff)?另一个例子(Lemp, ZBJV 93, 294),亦可提供类似观点:购买一宗土地时,接受了贷款并设立抵押权,价款额度与抵押权额度相同(零首付——译者注)。依伦普(Lemp)之见,以谁的财产为贷款设立了担保,土地就应该归谁。然而,如果夫妻双方向抵押债权人承担的是连带债务,又应该如何处理? (Vgl. auch Hinten N. 19 a. E.)

[14a] 当然——与支出的费用一样——原则上需要举证。

[15] 近几年股价之走势提醒我们应该谨慎些;另外,股票恰恰不需要长期持有,并且,如果补偿义务人已经充分考虑过股价走势带来的机会或风险,万一他不想卖掉股票,应该也不会有怨言。

不能不关注其发展趋势。通常情况下,系争的关键数字之查明须由专家辅助并由法官行使裁量权。(然而,法官在联合财产制下亦不免要解决类似难题,例如,在评价根据《瑞士民法典》第214条应纳入盈余清单的积极所得财产之时。[16])

因磨损和老化而导致的贬值,有别于因市场不景气导致的贬值。磨损和老化导致的贬值不会影响补偿的额度,因为,采购而来的新物会使负有补偿义务的夫妻财产类型增值,而因使用而导致的价值减损则会使其贬值。在相应的价值增加方面,二者之间没有相关性[16a],并据其性质依习惯和惯例保持不变。如果丈夫携入一辆汽车(参见 aber Art. 191 Ziff. 1),然后用该辆汽车以及所得财产的资金换购到一辆新车,该新车作为代位物又被归为携入财产,那么,所得财产应获得一项不变的补偿请求权。

②如果在妻子携入的土地上由所得财产出资营造建筑物或利用此类资金购入其他物品,但该物品根据相关标准不应归入所得财产,而应作为代位物归入妻子的携入财产,这与(在丈夫携入之土地上营造建筑物)的解决方案并无二致。因应盈余共同体之本质,补偿请求权仍应在夫妻联合财产制下的财产关系消灭之时才到期,并应依据增值作调整,在该情形下这将有助于维护丈夫的利益,因为,此处获利者并非丈夫之财产,而是妻子之财产获利并导致所得财产受损。大家或许还会有问题:在丈夫于妻子的土地上建房之时,是否未逾越其无须妻子配合的管理权[17];如果须于土地之上设立担保物权以获得融资,则在任何情形下丈夫皆须获得

---

[16] 在具体个案中确定的增值并非基于对特定有形资产特别有利的经济景气,而是仅仅基于通货膨胀,在此范围内,相应地提高补偿请求权之额度是否亦为正当? 如果其他标准亦合适于数额可变的请求权,那么,相应的区分既意味着更加复杂化,也会遇到质疑。有关德国的净益共同体,该问题亦有争议[vgl. P. Thierfelder, FamRZ (1963), 328, Landgericht Freiburg, ebenda 647],在德国法上尚需满足其他要件,因为,根据《德国民法典》第1373条及其以下条文,非由所有权人赚得的升值部分原则上亦应相互补偿。在处理该问题时,所谓的"非真正"增值同样被包括在内,可能会出现"严重不公"(参见《德国民法典》第1381条)。对《瑞士民法典》中有关夫妻财产的规定而言,这一特殊观察角度未获得关注。亦参见对《瑞士民法典》第619条提出的修正建议稿。

[16a] 可能要排除牲畜、植物及类似的东西,针对它们,补偿请求权保持不变。

[17] 在不存在法律行为意义上的处分时,通说否认之(Lemp, Komn. zu Art. 202, N.5 und dortige Zitate)。

妻子的同意。[18] 如果妻子之配合不可或缺，或许可以为认可夫妻合伙关系（die Annahme eines Gesellschaftsverhältnisses zwischen Ehegatten）寻找理由。[19] 如果大家愿意接受以下观点，亦即，根据有关合伙的规定（Gesellschaftsrecht）以盈利为表现形式的增值亦应对半分[20]，那么，在增值的情况下［不考虑合伙关系（Gesellschaftsverhältnis）存续期间长过夫妻财产关系的情况，78 Ⅱ 311］，如涉及合伙将会导致非常不同的结果。通过灵活的财产法方案也能凑合着满足双方的利益，因此，在双方欠缺相应的意思表示时，几乎不会有人尝试适用有关合伙的规定。

③如果由（丈夫或妻子）一方的携入财产出资在另一方携入的土地之上营造建筑物或利用此类资金购买标的物，而该标的物依照处理代位

---

［18］ 夫妻之间实施的须征得监护机关（Vormundschaftsbehörde）同意的法律行为（《瑞士民法典》第 177 条第 2 款），于此处不成立 (41 Ⅱ 12, Lemp, Komn. zu Art.177, N. 6 und 8)。

［19］ 如果在联合财产制下生活的夫妻将二人登记为新土地的共同共有人，根据联邦法院之见，应认为双方默示约定了合伙（Gesellschaft），在巴塞尔即为如此。原因在于，夫妻和联合财产制［这与财产共同体（Gütergemeinschaft）不同］皆不足以作为形成共同共有的法律关系（78 Ⅱ 310 ff.）。一直以来，在巴塞尔，由于大家"不假思索地"仿照旧财产法登记为共同共有［H. P. Friedrich, BJM (1954), 192］，故有疑问的是，大家是否本来应该用另一种方式处理这种情况，并且在欠缺其他支持"合伙意思"（animus societatis）理由之时是否本来就应将双方之间的共同共有视为无效？在这类情形中，夫妻（并且如巴塞尔的例子所示，有时公证人员也）未曾考虑两人间的内部法律关系。就算新取得之土地被登记为妻子单独所有，在无其他情事充当正当事由时，例如支持将代位物归入妻子之携入财产的资金来源，这也不必然意味着，登记到丈夫名下（的土地）同样不能归入所得财产。《瑞士民法典》第 195 条第 2 款规定，丈夫为全部夫妻财产（妻子的携入财产除外）和所得财产的所有人，那么，对于所有权归属问题具有决定性的外部关系则不能贯彻到底。然而，上述情况并非第 195 条第 2 款之重点，其重点为，根据所得财产之规则，任何为夫妻财产而购入的财产（构成其他类型的夫妻财产之代位物的除外），皆应纳入盈余清单。若如此操作，则在依财产法分割财产之时妻子亦不会丧失其所有权，在此过程中，无须就"携入之盈余份额的事先分配"（74 Ⅱ 148）做什么事（74 Ⅱ 145 ff., 82 Ⅱ 100 und Friedrich, a. a. O. 的结果与此相同）。这一问题没少让学界伤脑筋：Guhl, ZBJV 86, 57 ff., und Knapp, 17, N. 77 sowie 267, N. 799 认为，妻子携入的财产，在计算盈余之时应按照计算所得财产的方式处理（！）。Lemp, Komn. zu Art. 195, N. 44 虽亦持对妻子之携入财产较为有利的观点，却赞同 58 Ⅱ 335 中的拟制，亦即，拟制夫妻双方达成了负有（返还）义务的信托约定，至迟于夫妻财产关系消灭时，将财产回复让与丈夫。另外，针对于 74 Ⅱ 145 ff. 裁决的特殊情形，Lemps (ZBJV 93, 294) 之观点或许是有道理的，因土地系由妻子经丈夫之同意而接受抵押债务后并以通过抵押获得的款项购入，土地应归入妻子的携入财产。

［20］ Knapp, 45 ff., N. 186 und insbes. N. 204 持此观点。Friedrich, a. a. O., 198 持相反观点，认为，在分配合伙之盈利时，投资额度应该起决定性作用。应分摊到所得财产的利润应得份额肯定会使盈余扩大。从周边情况可得推知的合同意思亦可能支持将土地之增值（在该宗土地按照其价值被携入的情况下）纳入盈余清单（vgl. auch K. Naef, ZBJV 96, 325 ff.），考虑到《瑞士民法典》第 177 条第 2 款，这终将使法律情况彻底复杂化。

物的相关标准又被当作积极财产(Aktívum)归入另一方的携入财产,又应该如何处理?再次可以确定的是,此处应成立的补偿请求权亦应于联合财产制终止之时才会到期;原因在于,此处涉及的是夫妻财产内部的相互补偿,这亦与《瑞士民法典》第209条第2款规定的情形不同。由于此处的补偿非由所得财产支付[21],补偿请求权之可变性不能直接从被利用之资金的功能以及盈余财产共同体(《瑞士民法典》第214条第1款)的意义中推导出来。法情感于此处或许亦难以确保一视同仁。例如,丈夫经妻子同意将后者的携入财产以本文开头提及的方式投入丈夫自己的携入财产,万一这些有形资产又发生剧烈的价值波动或干脆发生了明显的价值下降,则人们或许又容易接受妻子的补偿请求权不变,并以投入之时的额度为准。然而,在此处,我们可以接受依据财产法以投入的最终价值为准确定补偿请求权,亦即在该意义上补偿请求权是可变的,其简要理由如下:即便不考虑此处与所得财产之功能的特殊关联,该结果也更为符合以夫妻命运共同体为依归的联合财产制,也与丈夫责任的范围更为相称。[21a]在丈夫将妻子的携入财产投入其他类型的夫妻财产之时,就妻子之配合而言,无须征得监护机关之同意[22],虽然这看起来与"保守"方案配合得更好。但是,该理由并非理所当然,因为,上述规定存在原则性失当,显然应对其作限缩解释。

④如果关于以上述方式投入的资金之来源(究竟是由丈夫还是妻子的携入财产出资)存在争议,而所得财产又因此获利,将产生棘手问题。[23] 如果此处的补偿请求权亦保持不变,其结果是,因支出而获得的增值通过所得财产进入盈余财产,夫妻双方皆参与分配。如果夫妻一方(其携入财产被用于支出)亦以这种方式从最终的结果上获益,那么,这至少部分弥补了补偿请求权保持不变的缺憾,较之于通过可变的补偿请

[21] 然而,如往常一样,在这类案件中,所得财产可以基于丈夫之非比寻常的(无论精细还是粗放)管理行为取得一项特别的补偿请求权(Festgabe für den Schweiz. Juristentag 1963, S. 114 ff., 此处亦论及妻子之相应的付出)。

[21a] 然而,此处须加以注意的是,磨损和老化并非减轻责任的因素。

[22] Vgl. Lemp, Komn. zu Art.177, N. 6 und 8.

[23] 其前提为,此处所涉及的财产并非依据《瑞士民法典》第201条第3款基于法律规定由妻子之财产转为丈夫的财产(所得财产)。

求权使配偶在此范围内丧失机会亦免除风险,允许夫妻另一方也参与分配,其相应的结果似乎更符合管理共同体(联合财产制体现了管理共同体)的意义。然而,似乎有疑问的是,根据原本辅助性的、实践中却一直在适用的法律规定,妻子可分得的盈余份额只有丈夫的一半(第214条)。在有些情况下仅妻子可获得利益(特别是《瑞士民法典》第191条第2项和第3项、第211条),这虽不能抵销掉上述不平等,但可解释之,当然,依现行法,在原则上还无法消除这种不平等。如果盈余基于不劳而获的(unverdient)增值(历史上的立法者从未在范围上对其作出规定),尽管该增值系通过妻子携入财产的资金而获得,但因其并无代位物或基于附合等原因而不能归入妻子的携入财产,而是将其归入所得财产——由于妻子可分得的盈余份额只有丈夫的一半——这种做法就有些令人不快了。不考虑增值之来源即将景气升值纳入盈余共同体,顺应了法律的继续发展趋势,不仅为大家所接纳,甚至还得到了赞扬,然而其(获得接纳和赞扬的)前提应当是:增值源于夫妻一方的携入财产,不能让携入财产的一方只获得较少的份额。以合理方式相应地扩大盈余共同体应以双方平等为前提,例如在合伙制度中即是如此:假定未通过合同确定价值的计算方式,如果以携入之时标的物的价值为准计算某位合伙人(Gesellschafter)的补偿请求权(《瑞士债务法》第548条第3款),那么,除非另有约定,在分配携入财产之盈利时,应当平均分配(nach Köpfen),亦即应遵循平等对待原则(《瑞士债务法》第549条结合第533条)。于此之际,尚需注意以下问题:合同约定的效果可能比按照《瑞士民法典》第214条第3款分配的效果要自由得多。当因经济环境不景气而贬值时,按照通说的必然结果是,就妻子之——按最初规划不变的——补偿请求权,丈夫亦应承担亏损,也就是说,丈夫不仅须以所得财产,甚至在没有任何过错的情况下亦须以自有财产(携入财产、特有财产)向妻子承担责任(参见 Lemp, Komn. zu 24 Art. 214, N. 66),这也令人讶异。不可讳言,在案例类型④中,笔者建议的解决方案(补偿请求权可变)比其他方案更易于接受。如果原则上允许(补偿请求权)可变,那么,笔者于此处亦应承认之。在其他层面,亦有理由支持以下观点:如果增值与所得财产无关,而是——没有(从所得财产)支出,亦无相应的财产损益——直接源于一方的携入财产,那么,从一开始就不能考虑将景气增值列入盈余。除不平等的盈余分割之外,尚需考虑现行法发展趋势:在离婚时(《瑞士民法典》第 154 条以及第 189 条),财产状况应尽可能恢复到双方如未结婚而应有的状态。[24]

然而,针对所有的案例类型,都会遇到原则性的反对意见:基于《瑞士民法典》第 199 条、第 201 条第 3 款产生的补偿请求权同样是在夫妻财产关系消灭时才到期,同样不计利息[25],并且根据法律条文清晰的文义(第 199 条)或根据无异议之观点(第 201 条第 3 款、第 209 条第 1 款),其数额应以投入之时为准并且保持不变。[26] 显而易见,这些规定既未考虑到货币贬值,亦与个别有形资产不成比例的增值不协调(例如土地、艺术品)。有疑问的是,能否由此得出下述结论:就算暂且不管《瑞士民法典》第 2 条或第 1 条第 2 款确立的特殊矫正规则,在确定其他补偿请求权的额度时,这类价值变动也不应加以考虑。类比推理立足于显而易见的类似性,利用类比推理追求尽可能简洁且直观之秩序者,将声称可对上述问题作出肯定回答,或许也支持在案例类型①和案例类型②中(由所得财产出资投入其他类型的夫妻财产而取得的补偿请求权)以最初额度为准确定补偿请求权并保持不变。然而,从《瑞士民法典》第 199 条、第 201 条第 3 款、第 209 条第 1 款得出的结论几乎经不住价值批判之审视,原因在于,上述任何一条规定皆需满足特殊条件,而这些条件又使这些条文规定的补偿请求权不可变具有一定的合理性,与此同时,有关附合、代位物及费用支出的规定却明显可提供其他方案:《瑞士民法典》第 199 条规定了统一财产制(Güterstand der Gütereinheit),而该种财产制在《瑞士民法典》颁布之时即已过时,之所以作出规定,是顺应专家委员会考虑到其此前的

---

[24] 当然,这亦应适用于因《瑞士民法典》第 214 条第 1 款而获得优待的丈夫之补偿请求权(携入财产对所得财产的补偿请求权)。如果在例外情况下夫妻双方就盈余和亏损之分配通过婚前协议排除平等原则(《瑞士民法典》第 214 条第 3 款),那么,毫无疑问应固守补偿请求权不变;无论如何,此处亦有疑问,其原因在于《瑞士民法典》第 154 条第 3 款。机械地固守妻子财产的补偿请求权不可变会导致什么结果,体现在针对财产共同体解释《瑞士民法典》第 224 条(在强制执行中妻子相对于丈夫的地位)所得出的结论上(vgl. Lemp, N. 34f.)。

[25] Knapp, 224 f., N.699 und 704; Lemp, Komn. zu Art. 201, N. 73, Art. 209, N. 40.

[26] 52 Ⅱ 9 (für Art. 201 Ⅲ); Lemp, Komn. zu Art. 214, N. 46.

分布情况(伯尔尼、阿尔高)而提出的动议;如果双方已经通过婚前协议明确约定妻子财产之转移以及补偿请求权不变,并且[27]已经获得监护机关之批准,此种统一财产制在适用中本来只处于次要地位。更为重要的是,要关注一下《瑞士民法典》第201条第3款。在妻子财产中的(可替代)物和有价证券发生基于法律规定的权属变更时,如果认为财产的补偿请求权之最终价值应以权属变更之时的价值为准,那么,首先不能忽视的是,《瑞士民法典》第201条第3款已关于妻子财产对所得财产之请求权作出规定。[28] 但是,如果以此为据而为完全相反的情形或其他情形(案例类型①—③)得出结论,就未免操之过急了,因为,此处具备支持请求权可变的特殊理由。即便不考虑上述情况——并且从上述分析可知《瑞士民法典》第201条第3款亦不会为案例类型④提供裁判方案——亦不免会有疑虑,亦即,财产权归属之变更系基于法律规定,它是基于《瑞士民法典》第201条第3款的补偿请求权,如此处理的理由在于相关财产的本质:此类财产属于积极财产,通常情况下,如未特定化并因此而有混合之虞,将不能或须大费周章方能追踪其去向。让妻子的财产权转移给丈夫,将会简化法律状况并避免权属不清晰,以免有人不当利用权属不清借助妻子之所有物返还请求权损害债权人利益。[29] 在确定补偿请求权之额度时,如果仅考虑使用了多少(由妻子)转移(给丈夫)的资金,这毫无疑问有违立法者之本意(ratio legis)。在《瑞士民法典》第201条第3款的适用范围之外,亦即在利用妻子之已特定化之资金时(参见 auch N. 29),却有作其他解释的空间。如此前的文章已经根据立法材料、判例和学说作过阐述,因法官受制定法约束,故不能将自有财产及其增值纳入盈余清单;就费用支出和代位物而产生的补偿请求权而言,大家普遍觉得有必要进行法之续造,尽管法官受制定法约束,但不必然因为阶段规制

---

[27] 在婚前已经排除的除外,Lemp, Komn. zu Art. 199, N. 8。

[28] Lemp, Komn. zu Art. 195, N. 44.

[29] Erl. Ⅰ, 196. 然而这并不需要排除以下情况:根据《瑞士民法典》第201条第3款的法定权属变更会使财产得以特定化,如果购入代位物的实际效果与特定化相同,那么,通过同时购入代位物即可阻止法定的财产权转移(Knapp, 84, Anm.188,与此不同的观点,Lemp, Komn. zu Art. 196, N. 28,亦参见 Lemp, ZBJV 93, 305)。如不采纳该观点,或许可以认为,在该情形下,基于《瑞士民法典》第201条第3款的补偿请求权已通过代物清偿提前获得了清偿。

(Teilregelung)之正当性仅限于法律为其预定的范围之内,从而类推该阶段规制反对进行法之续造。已有方案将增值视为有偿劳动(von entgeltlicher Arbeit, accessio industrialis)之成果,况且根据由欧根·胡贝尔提出且被瑞士联邦法院所接受的观点,增值之额度应根据劳动产生的价值增量确定,亦即根据可变标准确定[30],至于为何关于因财产损益而产生的增值不适用上述方案,而是一定要适用完全不同的方案(grundsätzlich andere Lösung),却未见有合理解释。相反,第201条第1款所确定的不变性原则上亦适用于第209条第1款,原因在于,由该条文规范的不同类型的夫妻财产之间互负的补偿债务,同样不以待补偿之给付和具体购置之间存在直接事实关联以及由此而生的价值变动为前提。[31] 妻子财产亦可主张基于附合和购置的补偿请求权,笔者提议对该请求权采可变性原则。几乎没有什么理由反对笔者的提议,否则妻子将面临风险,也就是说,由妻子财产出资购入的新资产贬值时,尽管贬值非因妻子引起,妻子却仍须分担夫妻财产之亏损——这有违第214条第2款。原因在于,丈夫或妻子携入的积极财产之单纯价值变动——并且这即是调整补偿请求权之后的结果——既不能成为盈余,亦不能成为亏损(58 Ⅱ 326)。[32] 不计利息当然不仅仅是该项补偿请求权的特征,而是旨在平衡夫妻财产关系的全部补偿请求权的共通特征,在下列情况下只能获得部分补偿,例如,根据第201条第3款,当所得财产因付出的对价(Gegenwert)而获利,盈余财产亦随之获利时;升贬值在长期夫妻关系中影响甚巨,妻子之补偿请求

---

[30] 此处指的是丈夫就其自己或妻子携入之财产所付出的非比寻常之辛劳(Bemühungen)。Vgl. meine frühere Arbeit S. 114; Erl. Ⅰ, 176. 附带一提,有意思的是,此处未区分劳作与费用支出(Spesen);50 Ⅱ, 435, 88 Ⅱ 143 ff.

[31] 就算存在此类关联,或许同样可对其作特别处理。

[32] 当然,问题恰恰在于,考虑到第214条第2款,如果会导致妻子蒙受不利益,补偿请求权之可变性有无正当性。根据立法者之本意(ratio legis),应予以肯定,原因在于,丈夫对于(作为正文案例之前提的)妥善管理之后果不应承担责任(58 Ⅱ 327, Lemp, Komn. zu Art. 201, N. 30 ff. und Art. 210, N. 24)。也就是说,补偿请求权的处理方式类似物上代位。如果拒绝这一观点,则应采纳受第214条第2款限制但有利于妻子的可变性。但是,如此一来,妻子财产所享有的请求权(也仅限于该请求权)之可变性会面临质疑。当请求权从未低于其初始价值时,这当然有利于妻子,(在丈夫陷入经济崩溃时)也有利于家庭。但是,不能为了解决问题而不顾解决方案的妥当性,原因在于,已经通过第211条的优先权(《德国民法典》原第1363条规定的"用益管理"财产制与此类似,但未规定优先权)充分顾及妻子和家庭之利益,但有损债权人。

权在货币持续贬值、实物持续升值时期仍不计利息且以初始额度保持不变,显得不近人情。[33] 将《瑞士民法典》第 2 条纳入考量范围,尽管可在特定时期(亦即在国家采取特别措施协助稳定货币之时)为就极端情况作出或此或彼之裁决(aut-aut-Entscheidungen)[34]留出一线机会,但司法实务却不应过度依赖此类裁决,原因在于,在根据第 2 条第 2 款考虑业已变动之情势时,显然无法以靠谱的方式确定其要件。[35]

上述针对全部案例类型(①—④)所为之论述的前提如下:在丈夫(携入财产、所得财产)或妻子(携入财产)的土地上已由其他类型的夫妻财产出资建造了房屋,或者由其他类型的夫妻财产出资购入新的物品,上述财产在夫妻财产关系因死亡、离婚等原因消灭之时仍然存在。然而,如果此类财产在夫妻关系消灭前已被转让,又应如何处理?根据一般原理,以诚信方式获得的变价所得可以终局性地决定补偿请求权的额度。类推适用第 198 条第 2 款,根据参与其中的夫妻财产类型亦可类推适用第 201 条第 3 款,二者皆可作为支持上述观点的理由。然而,变价之所得又可被立即用于购入新物件,于此之际,有时可能会满足法律意义上代位物的条件。补偿请求权是不是不应受此类后续情况变化的影响,还是说亦应随之作调整?此处须加以考虑的是,往往需要大费周章方能查明后来接二连三的交易情况,有时甚至无法查明并因此只能推算其大略,在长期婚姻中尤为明显。如果第 201 条第 3 款——如上文所述——原则上亦不能被用于否定所有补偿请求权的可变性,那么可以认为,该规定旨在追求简化为基础,而追求简化符合大家的普遍性考量,这说明必须避免过度复杂化,否则,在具体个案中考虑这些复杂化的情形,恰恰会导致形成联合财产制下的多层次财产制,这未免有些荒唐。就此点而言,应重点考虑可行性方面的理由,据此,在通常情况下,无论盈亏皆应以首次变价所得为

---

[33] 批评性意见,Hedwig Widmer, SJZ 51, 357 ff.。

[34] 如果投入的财产与补偿请求权间(亦因货币贬值)比例之失衡只达到引人注意的程度,甚至在某种程度上已经让人反感,仍将不能通过第 2 条获得矫正;相反,如果比例失衡到让人无法忍受,那么应给予完全补偿,并非像人们本来认为的那样,仅就超出大家接受范围的部分差额进行补偿。

[35] Vgl. H. Merz, Komm. zu Art. 2, N. 81 ff.

准。例外情况下或许有必要采纳其他方案:用妻子之财产购买有价证券后,丈夫在市场短期低迷期间以诚信方式将其出售并蒙受损失,如果(利用出售之所得购买的新有价证券)紧接着又持续上涨,从而导致夫妻财产的最终状况有所改善,那么我们有理由认为,丈夫通过变价所得再次获得丰厚收益,在此情形下,仅赋予妻子额度较低的补偿请求权并保持不变,将难以服众。[36] 此处,因情况特殊,有必要将补偿请求权提高至最初的额度,亦即,被使用的资金在支出之时的价值。[37] 反之,如果先以高价卖出,后续的投资却因市场持续低迷而导致夫妻财产最终相应地减少,则有必要将补偿请求权减少至最初的额度。在这些特殊情况下,尽管存在卖出的情况,补偿请求权之额度仍应在夫妻财产关系消灭、请求权随之到期之时,才能最终得以确定,这虽有违形式逻辑之嫌,却有其正当性:就补偿请求权的目的而论,它既反对补偿请求权不变,亦可确定补偿请求权发生变动的前提条件、范围及其界限,因此,在例外情况下,可导致恢复原状(restitutio ad integrum)。应赋予法官一定的裁量空间,此类裁量当然亦可通过简而化之的估算来实现,如无裁量空间,上述问题将难以得到妥善

---

[36] 如果以该方式处理,妻子之处境将不会比下述情况差:标的物被携入之后又被以诚信方式转让给他人,如果标的物被按照第 198 条估价,那么标的物的补偿请求权将被固定为变价之所得。之所以为正文中案例提出其他解决建议,原因在于,不同情况的出发点亦有不同:如果补偿请求权起初额度较高,那么在出现特殊事由时,可适当将其调低;从结果上看,这无异于又放弃了一般规则(不可变性)的例外情形。如果认为,此前与增值相关的收入(租金!)将会导致盈余扩大,而妻子对盈余贡献的比例又较小,此时,对妻子的补偿请求权之减少,亦有必要保持克制。这亦有可能增加案例类型③中的补偿请求权。妻子根据第 205 条第 2 款请求提供担保时,最终结果具有不确定性,故有必要优先考虑补偿请求权起初的额度。当然,还应注意以下问题:恰恰可从支出的方式判断丈夫是否违反注意义务,原则上应由丈夫承担举证责任,证明已经尽到注意义务(Vgl. Lemp, Komn. zu Art. 201, Nr. 24 ff.)。在此情形下——不考虑一般性的减少事由——不能容忍的是,将损害赔偿的范围限于价值减少或损耗发生之时具体财产的价值(不同观点,Lemp, N. 25 unter Berufung auf 81 Ⅲ 43, welcher Entscheid aber in einen andern Sinnzusammenhang gehört)。

[37] 然而,如果因出卖而获利或受损之后债权人主张补偿请求权并因此而导致权利到期(第 175 条、第 210 条,亦参见第 174 条),只要尚未做其他交易,那么就应该以变卖所得为依据确定请求权之额度。如果丈夫在未来仍然可能达成其他可能获利的交易,那就不能允许丈夫通过向妻子支付缩水后的补偿金而摆脱一项(尚未到期的)补偿请求权(未经妻子和监护机关之同意,第 177 条第 2 款)。

解决。[38] 这些后果(针对其细节可进一步展开论述)却显示,如果围绕补偿请求权之不变原则夹缠不清的话,联合财产制终究会被搞得越来越复杂,并且更加难以一目了然。由此而产生的疑虑,也注定难以轻易化解。因此,在货币和有形资产长年稳定的时期,大家未认真考虑笔者为此建议的(补偿请求权可变的)例外情形,也就不足为奇了。婚姻乃命运共同体,联合财产制之本质即由此决定,在制定《瑞士民法典》之时未曾预见到的现实情况之变迁,恰恰可促使大家按照联合财产制之本质接受一套不同的秩序。如果上述内容妥当——本文之论述以对其妥当性之确信为基础——那么,与制定法之文义相符的解决方案亦不能因与历史上立法者之观点相左而落空。依据《瑞士民法典》第2条第2款,在其他情况下通常不可避免地需要对结果进行检验,这将会以类似方式提高分割财产的难度。同时,通过各种方式已足以验证之前结论的正确性[39],即因缺乏可行性,再加上现行联合财产制已经过时且有实质缺陷,有必要尽快修法。现如今,人们很少提起财产法诉讼,走完诉讼程序的则更少,这大概不能说明法秩序富有智慧,有助于解决当事人之纠纷,而是反映出法秩序缺乏说服力以及欠缺透明度。如果上述理由迫使当事人接受和解,这对一部法律而言绝非吉兆。因此,于修法之际不仅应力求采纳实质上的最佳方案,亦应简化财产法上的分割方式。在伯尔尼市有些公证员,他们推荐在夫妻财产协议中对内采共同财产制,对外采联合财产制,如此操作,可兼顾依份额的务实分配方案以及对夫妻双方都有利的债务和责任规制方案。尽管在现行法上尚无规定,但有必要仿照德国法上的净益共同体模式[39a],亦将携入财产的景气升值一般性地纳入盈余清

---

[38] 如有特殊情况,自始即可排除因贬值风险而带来的不利后果,例如妻子之资金未被用于购置新物,而是在经济不景气的情况下,为避免履行迟延的后果以及所得财产中的土地被强制执行,而被用于清偿债务。在相同条件下,这亦可适用于不同类型的夫妻财产之间的关系,例如,妻子(与丈夫)对抵押权人负有共同债务又因该债务而被起诉,并且——例外地——不能主张担保物检索利益抗辩权(beneficium excussionis realis)。(担保物检索利益抗辩权是指,在主债务人和第三人皆为债务提供担保时,主债务人的担保财产未被执行之前第三人可以主张先诉抗辩权。就本脚注提及的情况而言,妻子因为自己也是债务人,无法主张该抗辩权。中国《民法典》第392条的原理与此类似。——译者注)

[39] Festgabe, S. 124.
[39a] 至少应像德国法那样废除管理共同体。

单,这可作为未来——辅助性的——制定法规则。然而,其前提是,夫妻双方获得相同的份额,并且在考虑双方的工作收入时,亦应平等对待。如此,可从源头上消除本文所提及的困境或减少其不利影响。[40] 当然应避免前后矛盾以及德国法上原本就不必要的烦琐。亦须找到适于离婚情形的、灵活的规制方式(参见《德国民法典》第1381条、第1478条的新规定)。根据《瑞士民法典》第154条(参见第189条),在离婚的情况下,应尽可能恢复至假定双方从未结婚的状态。因此,在存在基于夫妻财产协议的财产共同体时,应将夫妻财产划归各自的自有财产,并且根据夫妻财产制仅需分配盈余部分;法定继承权和约定继承权皆无适用之余地,全部基于婚姻协议的权利皆失其效力。婚姻失败导致的经济补偿请求权只能由无过错方向过错方主张(第151条),与此相对,在双方皆无过错而离婚时,无过错的一方只能向同样无过错的另一方主张旨在满足迫切需求的请求权(第152条)。[41] 就联合财产制而言,离婚亦意味着夫妻财产关系解体(第154条第1款),其主要体现为第201条的诸项法律效果之终止,但立法者为不同法律效果之终止确立的规则并不一致,与此相对,在财产共同体的模式下,在离婚之时,则可将更重大且更有意义的不利后果加诸夫妻之一方。这在通常情况下没有问题,但绝非必然,特别是在夫妻关系存续多年,后来又仅仅是因为客观原因而失败的情况下;因为在这种情况下,第151条和第152条未对财产法上的利益丧失提供任何补偿。总的来看,该方案(包括盈余之分配在内,将夫妻财产划归各自的自有财产)立足于简化(法律关系的)理念。原因在于,谁也不能保证夫妻双方(如果没有结婚)就一定会各自独守空房;他们或许会另娶或他嫁,或者,妻子如果不结婚的话,亦有或大或小的可能性去工作。

---

[40] Vgl. aber vorn N. 16. ——此类可行性方面的理由亦对德国家事财产法之修正产生影响,即德国在修正夫妻财产制时未采纳瑞士方案,而是让对净增益无贡献或贡献较少的一方分得另一方(包括景气增值在内的)所得收益的一半(vgl. G. Scheffler, RGR-Kommentar zu BGB §1376)。初始财产不能为负值(vgl. Lemp, Komn. zu Art. 214, N. 38),并且不必分担"亏损",这样可以避免《瑞士民法典》其他尚未全部得到解决的问题。在因夫妻一方去世而导致夫妻财产关系终止时——可按继承法处理财产分割问题——为简化法律关系,有人建议将这套机械的"继承法"方案(《德国民法典》第1371条)适用于离婚时的财产分割,该建议在实质上有失公允而备受批评(Beitzke, Familienrecht, §13 Ⅲ)。

[41] Vgl. Hinderling in BJM (1964), 1 ff.

至于在补偿问题上是否会取得成功,亦即能否找到一套既公正又灵活还清晰的秩序,时至今日,答案仍在未定之天。如果能够证实 H. Deschenaux[42]的担忧乃无稽之谈,那么,可以用 Paul Valéry 的名言说明夫妻财产制度的尴尬处境:"一切简单的皆谬误,而复杂的则无从实现。"

⑤亦有可能出现下面的情况:利用夫妻财产的资金(一方或另一方的携入财产、所得财产)在属于一方特有财产的土地上营造建筑物,或者购买某个物品的部分价款由此类资金出资,而该物品又属于一方的特有财产。反过来看,特有财产之资金亦有可能被用于增加夫妻财产。

在这些情形中——这对笔者而言具有重大意义——由此而产生的补偿请求权将立即到期,亦即可立即主张并在无特别约定的情况下至少可在迟延之时计利息。[43]由于在夫妻之间不得强制执行,虽容易出现不履行的情况,但这也会引发损害赔偿义务(《瑞士债务法》第106条)。与上文提及的情形不同,此处补偿请求权的额度应当以投入之时的价值衡量并保持不变。在妻子财产或所得财产对丈夫之特有财产享有补偿请求权时,又应如何主张之?由于相关的各类财产皆由丈夫管理,丈夫可以无所作为(这不必然违反管理义务)。妻子亦可同意补偿请求权延缓到期。因此,下述问题具有一定的现实性:有无必要承认夫妻间成立合伙关系[44],万一再有财产增值,可使补偿请求权从中适当分得一部分。在无法推断出双方之意思表示时[45],则应谨慎。只有符合婚姻之意义并且在具体个案中亦符合其特殊利益状况时,才可以考虑参照适用有关合伙的具体规定。[46]上述说法只有在以下情况下才容易理解:两类财产之间需要互相补偿并且构成这两类财产的具体财产又归同一权利人所有(携入财产或特有财产)。在无约定的情况下仅"依其意义"适用

---

[42] ZSR (1957), 630a.

[43] Knapp, a. a. O.; Lemp, Komn. zu Art. 209, N. 41 und 43.

[44] 或者其他合同,例如分红贷款(partiarisches Darlehen)或委托。在各自的特有财产在夫妻之间互相转移并采纳分别财产制(Gütertrennung)的情况下,亦有相同问题(vgl. auch Art. 242 II ZGB und 89 II 412 ff.,于本文付梓后才出版)。

[45] 另外,在涉及妻子之投资时,亦是因为有第177条第2款之规定。

[46] Vgl. vorn N. 18 und die auch für das schweizerische Recht bedeutsamen Ausführungen von W. Müller-Freienfels, Die Gesdlschaft zwischen Ehegatten, Festgabe für S. Maridakis, Athen. 1963, S. 357 ff.

("sinngemäße" Anwendung)有关合伙的规定,如果亏损之发生非因妻子所致(第214条),或许亦不得通过让妻子分担损失使其蒙受不利益。正是在该领域内,司法实务有必要作出有意义的努力,就算要修改法律,司法实务亦应勉力而为。[47]

最后,笔者再次对本文的基础性考量作一总结:异常的经济发展会引发法律问题,欲解决此类问题,传统的法律解释要么无能为力,要么力有不逮。此时面临的任务是,在既有法秩序框架内找到新的解决方案,亦即在不违反法律的前提下进行法律续造。在此意义上,本文对某些问题作了研究,而这些问题与1964年瑞士法学家大会主题之一相关,但须按照妥当的夫妻财产制和夫妻关系的意义与精神作特别处理。毋庸讳言,该任务困难重重。

在法政策上非常有必要将携入财产的景气增值亦纳入盈余清单,这以第214条在分割盈余之时未能实现的男女平等、对有关特有财产的规定(第191条第2项和第3项)作修正以及离婚时的弹性解决方案等为前提;瑞士联邦法院此前依现行法所为之零星表态(88 Ⅱ 143 f.),致使须承认所得财产亦享有相应的补偿请求权,而将携入财产的景气增值亦纳入盈余清单却与瑞士联邦法院的观点相左,也因此未能得到贯彻。如果补偿请求权按可变处理,正如在满足特定条件时本文所推荐的解决方案那样,则应区分不同情况。区分不同情况牺牲了规则的清晰性和可预见性,却应当被接受,原因在于,只有这些方案才能实现有效的矫正,考虑到某些有形资产的异常升值,这些矫正渐渐被证明不可或缺。但是,从另一方面讲,可行性方面的理由又要求将基于增值的补偿请求权之可变性限定于那些显著情形,在这些情形中,明显的增值与源于其他类型夫妻财产的费用支出之间存在显而易见的、常常又很直接的关联。

---

[47] 瑞士联邦法院有一份未正式公开的判决涉及一宗土地,在土地登记簿中,该宗土地的所有人被登记为妻子[ZBGR 35 (1954), 319 ff.]。取得该宗土地以及后续营造建筑物所需之一部分资金源于妻子的特有财产,妻子亦为此付出个人辛劳,另一部分资金则使用了所得财产。瑞士联邦法院认可妻子的特有财产,但不是在代位物意义上(这显而易见),而是通过拟制,亦即假定夫妻双方已经预先分割财产完毕,妻子已经因此取得单独所有权。值得注意的是,基于程序方面的原因,法院未就所得财产对于潜在增值是否亦有贡献展开讨论,但并未宣布排除上述情况。

以个人财产和夫妻共同财产取得的家庭住房的分割*

彼得·摩尔达夫** 著　王　倩*** 译

摘要：在婚姻关系解除时,应如何分割以个人财产和夫妻共同财产取得的家庭住房,尚无定论。在卢卡斯案和摩尔案中,加州最高法院对以个人财产支付的首付款进行了认定,并确立了分割家庭住房的资金来源法。然而,加州最高法院在卢卡斯案中对《加州民法典》第5110条中家庭住房推定的解释是错误的,卢卡斯案/摩尔案方法对贷款收益的分配也是错误的。为了正确认定以个人财产支付的首付款,并能够简单而公平地分割家庭住房,本文提出两项建议:首先,对在婚姻关系存续期间以个人财产支付的首付款,不应要求夫妻双方以协议确定该首付款的个人财产属性,并应废除卢卡斯案的赠与推定;其次,以个人财产和夫妻共同财产支付按揭贷款的,应根据个人财产和夫妻共同财产占已支付贷款的比例分配贷款收益。

---

* 本文译自 Peter M. Moldave, "The Division of the Family ResIdence Acquired with a Mixture of Separate and Community Funds", 70 Calif. L. Rev. 1263–1290 (1982)。

** 1980年哈佛大学文学学士,1983年加州大学伯克利分校法学博士;1982年发表本文时是加州大学伯克利分校博尔特霍尔法学院三年级的博士研究生;现是格斯默·厄普德格罗夫律师事务所(Gesmer Updegrove LLP)合伙人,业务领域包括计算机软件许可交易、公司法和证券法。

*** 北京大学法学院博士研究生。

关键词:个人财产;夫妻共同财产;家庭住房;首付款;分割

对于许多离婚诉讼的当事人而言,家庭住房的分割是婚姻关系解除时的一个关键问题,部分原因在于大部分家庭财产仅用于这一资产的投资。[1] 在加利福尼亚州(以下简称"加州")等实行夫妻共同财产制的州,无论将家庭住房归为夫妻共同财产,还是归为夫妻一方的个人财产,都会对夫妻双方依据财产分割法令获得的财产数量产生巨大影响。

根据加州的法律,婚前获得的财产以及通过赠与或继承获得的财产,均被归为夫妻一方的个人财产。[2] 在婚姻关系存续期间,如同以个人财产出资购买的财产属于个人所有的资本性资产一样[3],个人财产产生的收益属于个人所有的资本性资产。[4] 在婚姻关系存续期间获得的其他财产,包括就业收入,都被归为夫妻共同财产。[5]

因此,在婚前或者婚姻关系存续期间,仅以夫妻一方的个人财产购买并以个人名义取得所有权的房屋,在婚姻关系解除时仍属于个人财产。仅以夫妻共同财产购买的房屋,通常以公平分割出卖房屋所得收益的方式在夫妻之间进行分配。

然而,如果房屋是以个人财产和夫妻共同财产混合购买的,经常会导致婚姻关系解除时的房屋归属问题不太明朗。对此,要想准确适用夫妻共同体原则,至少会面临两个问题:一是,应当根据购房资金来源对房屋进行分割,还是根据产权证书指定的所有权形式对房屋进行分割?二是,如果根据购房资金来源进行分割,应当考虑哪些出资*因素,以及为

---

〔1〕 E. g., California Continuing Education of the Bar, California Marital Dissolution Practice §§ 9.1-.24 (1981).
〔2〕 Cal. Civ. Code §§ 5107-5108 (West 1970).
〔3〕 See Supra note〔2〕; see also Huber v. Huber, 27 Cal. 2d 784, 791, 167 P. 2d 708, 712-13 (1946).
〔4〕 See Supra note〔2〕; see also Boyd v. Oser, 23 Cal. 2d 613, 621, 145 P. 2d 312, 316-17 (1944).
〔5〕 Cal. Civ. Code § 5110 (West Supp. 1982).
* 关于 contribution 的含义,既有"分摊(额);分担(额)"的意思,也有"捐献;出资(额)"的意思。参见薛波主编:《元照英美法词典》,潘汉典总审订,北京大学出版社2014年版,第316页。回顾既有文献,有学者将其翻译为"贡献"。参见夏吟兰:《美国现代婚姻家庭制度》,中国政法大学出版社1999年版,第239、241、244页;贺剑:《夫妻个人财产的婚后增值归属——兼论我国婚后所得共同制的精神》,载《法学家》2015年第4期,第98页;缪宇:《美国夫妻共同债务 (转下页)

了计算夫妻双方在该房屋中的份额,应当如何权衡这些因素?

加州最高法院最近在卢卡斯案(In re Marriage of Lucas)[6]和摩尔案(In re Marriage of Moore)[7]的判决中认为,除非夫妻之间存在相反的约定,否则依据所有权形式对房屋进行分割;如果夫妻之间存在相反的约定,就依据资金来源对房屋进行分割。同时,根据卢卡斯案/摩尔案资金来源法(以下简称"卢卡斯案/摩尔案方法"),只需考虑"对净资产的出资",包括首付款、月供的本金支付和可归属于各方的贷款余额,而不包括已支付的利息、保险或财产税。

本文分析了卢卡斯案和摩尔案确立的家庭住房分割规则。第一部分总结了卢卡斯案和摩尔案的判决结果。第二部分批判了卢卡斯案的"赠与推定",该规则认为,除非可以证明夫妻之间存在相反的约定,否则在婚姻关系存续期间以个人财产对购房款进行的出资是对夫妻共同体的赠与。第三部分首先审查了卢卡斯案和摩尔案在婚姻关系解除时分割家庭住房的不同方法,其次批判了卡斯案/摩尔案方法,最后为了减轻该方法的苛刻结果而提出一种修正方法。

一、卢卡斯案和摩尔案

(一)卢卡斯案及其赠与推定理论

在卢卡斯案[8]中,布伦达·卢卡斯(Brenda Lucas)和杰拉德·卢卡斯(Gerald Lucas)于1964年3月结婚。四年后,他们买了一套房子,其中,首付款以布伦达的个人财产支付,按揭贷款则由他们共同偿还。同时,他们以"夫妻作为联合共有人"的身份取得了该房屋的所有权。除了

(接上页)制度研究——以美国采行夫妻共同财产制州为中心》,载《法学家》2018年第2期,第27页。译者认为,在涉及出资购房的场合,翻译为"贡献"固然可以理解,但翻译为"出资"更恰当。因而,译者统一将其翻译为"出资"。——译者注

[6] 27 Cal. 3d 808, 614 P. 2d 285, 166 Cal. Rptr. 853 (1980).
[7] 28 Cal. 3d 366, 618 P. 2d 208, 168 Cal. Rptr. 662 (1980).
[8] 27 Cal. 3d 808, 614 P. 2d 285, 166 Cal. Rptr. 853 (1980).

用布伦达的个人财产对该房屋进行价值约3000美元的改造,与该房屋有关的其他费用都以夫妻共同财产支付。[9] 1976年,布伦达和杰拉德分居,随后离婚。

在认定争议资产属于夫妻共同财产还是个人财产的审判中,初审法院将布伦达的首付款视为以个人财产出资购房[10],而将贷款本金视为以夫妻共同财产出资购房。首先,初审法院退还了夫妻双方对购房款的出资。其次,在分割房屋的增值部分时,初审法院先计算首付款和贷款本金的总额,并计算布伦达的个人财产份额(首付款)和夫妻共同财产份额(贷款本金)占总额的百分比,再根据这些百分比来分配房屋增值。[11]

加州最高法院的一致裁决推翻了初审法院的判决,理由在于,要想保持该首付款的个人财产属性,布伦达必须证明夫妻双方就此达成了"协定"或"协议"。[12] 加州最高法院的判决来源于其对《加州民法典》第5110条中"家庭住房"推定所作的解释,即夫妻双方在婚姻关系存续期间以联合共有人身份获得的房屋,将在婚姻关系解除时被推定为夫妻共同财产。[13] 卢卡斯案的终审判决认为,查明以个人财产支付首付款并不能推翻家庭住房推定,只有约定以个人财产支付首付款将保持该首付款的个人财产属性的协议,才能推翻家庭住房推定。[14] 该判决的结果是,布伦达的首付款被视为对夫妻共同体的赠与。

加州最高法院判决只有协议才能推翻家庭住房推定的理由是:

---

[9] 27 Cal. 3d 811, 614 P. 2d 287, 166 Cal. Rptr. 855 (1980).

[10] 27 Cal. 3d 812, 614 P. 2d 287, 166 Cal. Rptr. 855 (1980).

[11] See Appellant's Opening Brief at 5, Lucas.

[12] 27 Cal. 3d 816, 614 P. 2d 289, 166 Cal. Rptr. 858 (1980).

[13] 《加州民法典》第5110条(West Supp. 1982)的有关部分规定:(除了被定义为个人所有的财产,)位于本州的所有不动产以及在本州居住的已婚人士在婚姻关系存续期间获得的所有个人财产……是夫妻共同财产;但是,如果已婚妇女在1975年1月1日之前通过书面文书获得任何不动产或动产,或其中的权益或产权负担,则推定该不动产或动产为其个人财产,而如果已婚妇女和其他人共同通过书面文书获得任何不动产或动产,或其中的权益或产权负担的,则推定她以共有人身份享有权利,除非书面文书另有约定;此外,如果夫妻通过一份表明夫妻身份的书面文书获得某项财产,则推定该项财产为夫妻共同财产,除非书面文书中表达了不同的意图。如果夫妻在婚姻关系存续期间以联合共有人身份获得了家庭唯一住房,仅就婚姻关系解除或合法分居时的房屋分割而言,推定该家庭唯一住房为夫妻共同财产。

[14] 27 Cal. 3d 814, 614 P. 2d 288, 166 Cal. Rptr. 856-57 (1980).

由所有权形式(对此,契据约定卢卡斯夫妇作为联合共有人)产生的推定,应与《加州民法典》第5110条规定的在婚姻关系存续期间获得的房屋属于夫妻共同财产的一般推定区别开来。就所有权形式产生的推定而言,由于在转让所有权时肯定性行为已经指定了房屋的所有权形式,因此不适用夫妻共同财产的一般推定。相反,正是因为指定了所有权形式,才需要一个更有力的证据去推翻由所有权形式产生的推定,而不是去推翻夫妻共同财产的一般推定。就夫妻共同财产的一般推定而言,如果夫妻之间没有任何关于所有权份额的指示,只需查明购房资金来源属于个人财产,就可以推翻该推定。[15]

由于卢卡斯案的初审法院尚未裁定当事人是否就首付款的个人财产属性达成了协议,因此加州最高法院将案件发回重审以解决该问题。为了指导下级法院在该案中找到此份协议,加州最高法院概述了一种方法,用于计算房屋在婚姻关系解除时的夫妻共同财产份额和个人财产份额。[16] 该方法的主要特点是,在确定房屋的个人财产份额和夫妻共同财产份额时,须将贷款产生的收益(以下简称"贷款收益")作为一项资产计算在内。然而,贷款收益属于个人财产还是夫妻共同财产,取决于在婚前还是在婚姻关系存续期间获取贷款。本案在婚姻关系存续期间获取贷款,所以贷款收益属于夫妻共同财产。[17]

(二)摩尔案及其分割方法

摩尔案的初审法院通过详细说明贷款收益的计算方式,阐明了卢卡斯案的房屋分割方法。在摩尔案[18]中,莉迪·摩尔(Lydie Moore)和大卫·摩尔(DavIbid Moore)于1966年结婚,此后一直共同生活,直到1977年两人分居。与卢卡斯案不同,摩尔案的房屋是莉迪·摩尔在婚前购买

---

[15] 27 Cal. 3d 814–15, 614 P. 2d 288, 166 Cal. Rptr. 857 (1980).

[16] 27 Cal. 3d 816 n. 3, 614 P. 2d 290 n. 3, 166 Cal. Rptr. 858 n. 3 (1980). 这个方法源自奥夫穆斯案[In re Marriage of Aufmuth, 89 Cal. App. 3d 446, 456–57, 152 Cal. Rptr. 668, 674–75 (1st Dist. 1979)]。

[17] 27 Cal. 3d 816–17 & n. 3, 614 P. 2d 290 & n. 3, 166 Cal. Rptr. 858 & n. 3 (1980).

[18] 28 Cal. 3d 366, 618 P. 2d 208, 168 Cal. Rptr. 662 (1980).

的。莉迪·摩尔用她的个人财产支付首付款,并以个人名义获得一笔按揭贷款,还以"莉迪·多克,一位单身女性"的身份取得了房屋的所有权。与卢卡斯案一样,该房屋在婚姻关系存续期间产生的所有费用均由夫妻共同财产支付。在审判中,初审法院推定该房屋主要是莉迪的个人财产,但夫妻共同体对该房屋享有份额,因为贷款本金是用夫妻共同财产支付的。[19]

为了明确房屋中的夫妻共同财产份额和个人财产份额,摩尔案初审法院使用了与卢卡斯案初审法院相同的计算方法。[20] 大卫提起上诉的理由是,初审法院应当将税费、利息和保险计算在内,而不是仅计算已支付的贷款本金。[21]

在上诉案中,加州最高法院虽然不同意初审法院关于房屋分割的判决,但也不接受大卫关于非主要项目应纳入计算范畴的主张。加州最高法院的判决[22]认为,在计算对购房款的出资时,应仅计算以夫妻共同财产和个人财产出资而导致贷款本金减少的部分。加州最高法院的理由是,

---

[19] 28 Cal. 3d 370, 618 P. 2d 209, 168 Cal. Rptr. 663 (1980).莉迪未对夫妻共同体就该房屋享有份额提出异议[See 28 Cal. 3d 271 & n. l, 618 P. 2d 209-10 & n. l, 168 Cal. Rptr. 663-64 & n. 1 (1980)]。人们一直在猜测为何夫妻共同体对该房屋享有份额这一事项不存在争议,并好奇这对作为先例的摩尔案有何影响[See, e. g., 1980 Cal. Fam. L. Rep., 1458, 1460]。因为摩尔案的判决晚于卢卡斯案一段时间,所以可能莉迪的律师们都没有预料到加州最高法院会愿意把整个房子都判给她。一种可能的原因是,有充分的证据证明存在一份夫妻协议,使得当庭提出异议也无济于事。

由于莉迪未对夫妻共同体就该房屋享有份额提出异议,因而摩尔案的判决至少可以通过两种不同的路径进行解释。第一种解释路径是,摩尔案可以被解读为卢卡斯案的反例,这意味着如果莉迪对这个问题提出异议,她将获得这所房子100%的个人财产份额,除非大卫能够证明存在一份与之相矛盾的夫妻协议。因为莉迪未对夫妻共同体就该房屋享有份额提出异议,所以该问题未被提交至加州最高法院。第二种解释路径是,无论莉迪是否对该问题提出异议,夫妻共同体都会对该房屋享有份额。初审法院得出的结论是,"由于夫妻共同体在婚姻关系存续期间以夫妻共同财产支付了按揭贷款,因此其(对该房屋)享有份额" [28 Cal. 3d 370, 618 P. 2d 209, 168 Cal. Rptr. 663 (1980) (emphasis added)]。加州最高法院没有明确推翻初审法院的结论,并声称"维持了其他方面的判决" [28 Cal. 3d 375, 618 P. 2d 212, 168 Cal. Rptr. 666 (1980)]。

[20] 将卢卡斯案中第5页的上诉人开场白和摩尔案中第3—4页的听证会请愿书进行比较。

[21] 28 Cal. 3d 372, 618 P. 2d 210, 168 Cal. Rptr. 664-65 (1980).

[22] 虽然加州最高法院的最终结论是初审法院的判决属于无害错误的产物[28 Cal. 3d 374, 618 P. 2d 212, 168 Cal. Rptr. 666 (1980)],但初审法院关于分割房屋的方法并不是法官的个人意见。加州最高法院必须先找到划分个人财产份额和夫妻共同财产份额的适当方法,才能确定哪一方会从无害错误中受益。因此,分割方法是判决的组成部分。

"不动产的价值通常体现为所有权人的净资产,但净资产并不包括财务费用或因维护该项不动产而产生的其他费用"[23]。加州最高法院补充说,如果在计算夫妻共同体的出资时考虑了税费、利息和保险,那么"根据公平原则,也应当将夫妻共同体为使用该项不动产而产生的费用考虑在内"[24]。

随后,加州最高法院应用了卢卡斯案方法,把莉迪的首付款和贷款本金视为她的个人财产出资,因为两者都是她在婚前支付的。[25] 由此,夫妻共同财产出资仅限于在婚姻关系存续期间因偿还贷款而减少的贷款本金。因此,只有极少量的房屋增值可分配给夫妻共同体。[26]

(三)适用卢卡斯案/摩尔案方法的例子

根据不同的案件事实,卢卡斯案和摩尔案所确立的方法会导致截然不同的两种结果。将在婚姻关系存续期间以个人财产支付的首付款推定为赠与,而将婚前以个人财产支付的首付款推定为非赠与,意味着在婚前还是在婚姻关系存续期间购买房屋,会对夫妻共同财产份额和个人财产份额产生重大影响。将按揭贷款视为个人财产出资还是夫妻共同财产出资,取决于在婚前还是在婚姻关系存续期间设立按揭贷款,这同样会导致不同的结果。因此,根据卢卡斯案和摩尔案的判决,结婚前一天购买的房屋将比将结婚后一天购买的房屋拥有更少的夫妻共同财产份额。

接下来的例子可以用来说明卢卡斯案/摩尔案方法的效果。一对夫妻以 100000 美元的价格购买一套房屋,并以联合共有人身份取得该房屋的所有权。其中,妻子以个人财产支付了 20000 美元首付款,这对夫妻还通过信托契据的方式获得了 80000 美元的按揭贷款。几年后,由于以夫妻共同财

---

[23] 28 Cal. 3d 372, 618 P. 2d 211, 168 Cal. Rptr. 665 (1980).

[24] 28 Cal. 3d 372-73, 618 P. 2d 211, 168 Cal. Rptr. 665 (1980).

[25] 28 Cal. 3d 373, 618 P. 2d 211, 168 Cal. Rptr. 665 (1980).

[26] 在摩尔案中,夫妻共同体在房屋总资产中的份额约为 13%。在卢卡斯案中,这一比例约为 63%。这两个数字之间存在显著差异,是因为卢卡斯案的月供都不是以个人财产支付,而摩尔案却有七笔月供是以个人财产支付。28 Cal. 3d 370, 618 P. 2d 209, 168 Cal. Rptr. 663 (1980); 27 Cal. 3d 812, 614 P. 2d 287, 166 Cal. Rptr. 855 (1980).

产偿还贷款,贷款余额[27]已降至 78000 美元,房屋售价为 180000 美元,因而房屋增值[28]为 80000 美元*。至此,婚姻关系终止。

将卢卡斯案/摩尔案方法应用于示例,整个房屋就会被推定为夫妻共同财产,因为首付款和贷款都是在婚姻关系存续期间支付的,贷款本金也是以夫妻共同财产支付的。不过,如果妻子能够就首付款的个人财产属性达成协议,首付款就被视为她在房屋中的个人财产份额。由于她的首付款占购房款的20%**,因而分配给她的个人财产份额包括20000 美元首付款,以及 80000 美元房屋增值的 20%(16000 美元***)。102000 美元****房屋净值[29]中剩余的 66000 美元*****可分配给本金支付和贷款余额,并被视为夫妻共同财产。

相反,如果示例中的房屋是妻子在婚前购买的,卢卡斯案/摩尔案方法就会导致另一种截然不同的结果。由于首付款是妻子在婚前支付的,因此不能推定首付款是对夫妻共同体的赠与。此外,由于贷款是妻子在婚前获取的,因此贷款余额将计入房屋增值中妻子的个人财产份额,而不是夫妻共同财产份额。据此逻辑,由于贷款本金中减少的 2000 美元******是

---

[27] 贷款余额是指贷款的未偿本金余额。通常,金融机构的按揭贷款需要在 30 年内按月支付。如果贷款以每月分期付款的方式全额摊销,则早期月供的本金部分非常低而利息部分非常高,但月供的本金部分会在贷款期限内持续增加。

[28] "增值"是指出卖房屋时的市场价值比购买房屋时的市场价值高的部分(如有)。

* 180000 美元(房屋售价)-100000 美元(购房价格)= 80000 美元(房屋增值)——译者注

** 20000 美元(妻子支付的首付款)÷100000 美元(购房款)×100% = 20%(妻子的个人财产份额)——译者注

*** 80000 美元(房屋增值)×20%(妻子的个人财产份额)=16000 美元(妻子享有的房屋增值)——译者注

**** 180000 美元(房屋售价)-78000 美元(贷款余额)= 102000 美元(房屋净值)——译者注

[29] "净值"是指房屋的市场价值减去贷款的未偿本金余额(贷款余额)。因此,净值通常包括首付款8 贷款本金支付总额和房屋增值。

***** 102000 美元(房屋净值)-20000 美元(妻子支付的首付款)-16000 美元(妻子享有的房屋增值)= 66000 美元(夫妻共同体享有的房屋净值)——译者注

****** 80000 美元(按揭贷款)-78000 美元(贷款余额)= 2000 美元(减少的贷款本金)——译者注

夫妻共同体对购房款的唯一出资,因此只有 2%*的房屋份额属于夫妻共同体。换言之,80000 美元房屋增值的 2%(1600 美元**),以及贷款本金中减少的 2000 美元,均用于夫妻共同财产的分配。102000 美元房屋净值中剩余的 98400 美元***则是妻子的个人财产份额。

综上所述,卢卡斯案/摩尔案方法在房屋分割方面的巨大差异,取决于在婚前还是在婚后获取贷款及首付款。如果在婚前获取贷款,贷款余额就被视为以个人财产出资,相反,如果在婚姻关系存续期间获取贷款,贷款余额就被完全视为以夫妻共同财产出资。此外,如果在婚前以个人财产支付首付款,该首付款就被视为以个人财产出资,如果在婚姻关系存续期间以个人财产支付首付款,并且夫妻作为联合共有人取得房屋所有权,该首付款就被推定为夫妻共同财产。本文的后两个部分,将会批判卢卡斯案/摩尔案方法引发的这些分歧。

二、卢卡斯案赠与推定

加州最高法院对卢卡斯案作出判决,推定布伦达·卢卡斯在支付家庭住房的首付款时存在将该首付款赠与夫妻共同体的意图。[30] 即便能够查明以个人财产支付首付款,也不能推翻这一推定。虽然初审法院相信布伦达关于没有赠与意图的证词,但这已无关紧要[31];因为只有证明存在相反的约定,才能推翻家庭住房推定。[32] 故而,除非布伦达能够证明存在相反的约定,否则该房屋将被完全归为夫妻共同财产。[33]

本部分认为,卢卡斯案对第 5110 条中家庭住房推定的解释是错误

---

　* 2000 美元(减少的贷款本金)÷100000 美元(购房款)×100% = 2%(夫妻共同财产份额)——译者注

　** 80000 美元(房屋增值)×2%(夫妻共同财产份额)= 1600 美元(夫妻共同体享有的房屋增值)——译者注

　*** 102000 美元(房屋净值)-1600 美元(夫妻共同体享有的房屋增值)-2000 美元(减少的贷款本金)= 98400 美元(妻子享有的房屋净值)——译者注

〔30〕 27 Cal. 3d 813, 614 P. 2d 287, 166 Cal. Rptr. 856 (1980).
〔31〕 27 Cal. 3d 815, 614 P. 2d 288, 166 Cal. Rptr. 857 (1980).
〔32〕 See Supra note[30].
〔33〕 See Supra note[31].

的,该解释将在婚姻关系存续期间以个人财产支付的首付款推定为夫妻共同财产。本部分第(一)项回顾了加州财产法的相关背景,包括第 5110 条四项推定的历史。本部分第(二)项认为,通过对法律解释、立法历史和政策依据的合理探索,加州最高法院对卢卡斯案作出的判决是不正确的。

(一)法律背景

这里将简要回顾加州适用夫妻共同财产制的历史。在此过程中,将讨论立法通过第 5110 条四项推定的原因,并探究司法推定联合共有人可依据契据享有房屋所有权的理由之所在。

传统的大陆法系规定,已婚人士拥有的财产被归为个人财产或夫妻共同财产,这种规定在建州以前的加州和在其他司法辖区均得以施行。只要查明获得财产的资金来源于个人财产还是夫妻共同财产,就可以对已婚人士拥有的财产进行此种分类。[34] 例如,夫妻一方在婚前通过赠与或购买获得的财产被归为个人财产。相反,夫妻一方在婚姻关系存续期间通过劳动获得的财产被归为夫妻共同财产。此外,获得财产的资金来源于个人财产还是夫妻共同财产,将会决定该财产的法律地位。根据民法的规定,这种依据购买财产的资金来源而对财产进行分类的方法通常不会被夫妻间的婚后协议所改变。[35] 故而,主张将财产从夫妻一方转移至另一方的契据,并不会导致接收财产的夫妻一方被推定为拥有该财产。[36]

---

[34] 具体区别在于"无偿取得所有权"还是"有偿取得所有权"。See W. de Funiak and M. Vaughn, Principles of Community Property § 62 (2d ed. 1971).

[35] 例如,根据西班牙法律的规定,夫妻一方可在去世前撤销其对另一方的赠与。Loewy, "The Spanish Community of Acquests and Gains and its Adoption and Modification by the State of California", 1 Calif. L. Rev., 32, 41 & n. 44 (1912-1913); R. Ballinger, "A Treatise on the Property Rights of Husband and Wife", Under the Community or Ganancial System § 58 (1895); Fuller v. Ferguson, 26 Cal. 546, 573-75 (1864).

[36] See, e. g., Meyer v. Kinzer, 12 Cal. 247, 253 (1859) (Field, J.):"即使所有权登记在她名下,也不能提出对她有利的推定"[quoting with approval Smalley v. Lawrence, 9 Rob. 210, 214 (La. 1844)];R. Ballinger, Supra note[35], §§ 38 & n. 4, 170 & n. 4. But cf. id. § 171:"丈夫或第三人对妻子的契据推定为赠与"。See generally De Funiak and Vaughn, "Why Community Property is so Misunderstood-Knowing its Origin is the Key", 1 Community Prop. J., 97 (1974).

根据加州第一部宪法的规定,加州的立法机关采纳了夫妻共同财产制。[37] 相应的,加州关于夫妻共同财产制的立法于 1850 年开始施行。该制度的基础是"一般的夫妻共同财产"推定,其规定在婚姻关系存续期间获得的财产为夫妻共同财产。[38] 这一推定是现行《加州民法典》第 5110 条的四项推定之一。

加州采纳夫妻共同财产制时,并未完全遵循大陆法系司法辖区的做法。最重要的是,普通法是加州的主要裁判规则[39],并且普通法的财产法原则对加州早期的财产学说产生了深远影响。普通法的地产权与加州的夫妻共同财产制并存,衍生出一个混合的普通法/夫妻共同财产制,并伴随着两个相互独立且经常相互矛盾的财产学说。这种混合的普通法/夫妻共同财产制适用普通法规则而不适用大陆法规则,前者允许通过协议改变夫妻双方对特定财产的权利,后者则禁止通过协议改变财产的法律地位。[40]

普通法原则还影响了夫妻对财产管理权的分配。1850 年关于夫妻共同财产的立法,不仅赋予丈夫对夫妻共同财产的管理和控制权,还赋予丈夫对妻子之个人财产的管理和控制权。[41] 这种将管理和控制权赋予丈夫的做法,产生了一种与普通法州《已婚妇女财产法》效果相当的婚姻财产制[42]——它使妻子对夫妻共同财产享有的份额降为一种"单纯的期待"[43]。

1872 年《加州民法典》通过时,这种近乎消灭妻子对夫妻共同财产的

---

〔37〕 Cal. Const. of 1849, art. XI, § 14. See Loewy, Supra note[35], at 32; see also McMurray, "The Beginnings of the Community Property System in California and the Adoption of the Common Law", 3 Calif. L. Rev., 359 (1915); Prager, "The Persistence of Separate Property Concepts in California's Community Property System", 1849-1975, 24 UCLA L. Rev., 1 (1976).

〔38〕 Act of Apr. 17, 1850, ch. 103, 1850 Cal. Stat. 254.虽然该法规的这一部分是以声明的形式存在的,但它被视为一项法律推定。如果可以证明财产是在婚前获得的,或者是以《加州民法典》第 5107—5108 条(West 1970)(界定夫妻的个人财产)规定的方式获得的,则该财产不属于夫妻共同财产。在缺乏此类证据的情况下,该财产就会被推定为夫妻共同财产。See e. g., In re Marriage of Cademartori, 119 Cal. App. 3d 970, 972, 174 Cal. Rptr. 292, 293 (1st Dist. 1981); but see Fidelity and Cas. Co. v. Mahoney, 71 Cal. App. 2d 65, 161 P. 2d 944 (1945):两个月以内的婚姻,不得将夫妻双方拥有的财产推定为夫妻共同财产。

〔39〕 Act of Apr. 13, 1850, ch. 95, § 1, 1850 Cal. Stat. 219.

〔40〕 Cal. Civ. Code § 5103 (West 1970).

〔41〕 Act of Apr. 17, 1850, ch. 103, § 6, 1850 Cal. Stat. 254, 254.

〔42〕 See Prager, Supra note[37], at 34, 39-46.

〔43〕 Van Maren v. Johnson, 15 Cal. 308, 311 (1860) (Field, J.).

权利的做法，被认为已经背离了适用夫妻共同财产制的初衷。因此，妻子被赋予了某些足以与丈夫抗衡的权利。[44] 根据1872年《加州民法典》的规定，妻子重新获得对其个人财产的完全管理权。[45]

  1889年，立法机关颁布了关于"已婚妇女"推定的法律[46]，规定已婚妇女通过书面文书获得的财产所有权被推定为她的个人财产，如果该财产由妻子和他人共同持有所有权，妻子就以混合共有人身份持有其份额。这是《加州民法典》第5110条现有的第二个推定。该推定显然基于这样一种理论依据，即由于丈夫可以管理和控制夫妻共同财产，而已婚妇女却只能控制她的个人财产，因此她必须明确地以自己的名义持有该财产，以便第三方能够信赖她对该财产行使的管理权。[47]

  然而，已婚妇女推定产生了始料未及的不良影响。由于已婚妇女推定适用于已婚妇女通过书面文书获得的"任何不动产或个人财产，或其中的任何权益"[48]，从而导致在转移给夫妻的且未指定所有权形式的财产中，妻子可获得不成比例的大部分份额。许多法院作出判决，将以此种方式转让的财产推定为由混合共有人共同持有的财产[49]，其中一半财产属于妻子的个人财产，另一半财产虽然以丈夫的名义持有，但仍属于夫妻共同财产。[50] 因此，已婚妇女推定的结果是，对于在婚姻关系存续期间转移给夫妻的所有财产而言，已婚妇女在婚姻关系解除时可获得四分之三的财产份额——所有财产的二分之一是她的个人财产份额，剩余财产的二分之一是她在夫妻共同财产中的份额。这违背了夫妻共同财产制的根本目的，即夫妻应对夫妻共同体获得的财产享有平等的份额。[51]

---

[44] See Prager, Supra note[37], at 39-46.
[45] See Cal. Civ. Code § 107 (West 1970).
[46] Act of Mar. 19, 1889, ch. 215, § 1, 1889 Cal. Stat. 328, 328.
[47] See Prager, Supra note[37], at 44.
[48] Cal. Civ. Code § 5110 (West Supp. 1982).
[49] See Supra text accompanying note[46].已婚妇女推定适用"除非书面文书中表达了不同的意图"的规定。See Supra note[13].
[50] Dunn v. Mullan, 211 Cal. 583, 587-88, 296 P. 604, 606 (1931).
[51] Compare Prager, "Sharing Principles and the Future of Marital Property Law", 25 UCLA L. Rev., 1 (1977) with Glendon, "Is There a Future for Separate Property", 8 Fam. L. Q., 315, 315-16, 326 (1974). See generally Bruch, "The Definition and Division of Marital Property in California: Toward Parity and Simplicity", 33 Hastings L. J., 769 (1982).

这种不平等的分配方案被1935年的补充条款推翻,该补充条款是第5110条的第三个推定,即"夫妻"推定:转移给夫妻的财产会被推定为夫妻双方的夫妻共同财产。[52] 夫妻推定推翻了加州最高法院对已婚妇女推定的解释,并恢复了婚姻财产在夫妻之间平等分配的原则。

　　根据当事人之间的条款,如果契据中表达了不同的意图,则既不适用已婚妇女推定,也不适用夫妻推定。[53] 如果契据指定了一项普通法财产,则适用普通法财产规则而不适用夫妻共有财产规则。例如,在西伯雷尔诉西伯雷尔案(Siberell v. Siberell)[54]中,法院在立法通过夫妻推定之前作出判决,认为"作为联合共有人"的字眼足以使得财产权转移证书不适用已婚妇女推定。因为适用已婚妇女推定会导致夫妻双方不平等地持有财产,而这一结果与联合共有的定义不符。[55] 所以西伯雷尔案的法院作出判决,认为此种情形可以推定夫妻双方同意以所有权文件指定的方式持有财产。[56] 要想推翻由契据引发的这一推定,需提供证据证明存在相反的约定。[57]

　　西伯雷尔案的一个后果是,大量的婚姻财产受普通法规则的管辖,而不受夫妻共同财产规则的管辖。在西伯雷尔案之后,加州的离婚法庭拒绝作出此类判决,即法院不会为了推翻联合共有契据中的个人所有权推定,而去查明获得财产的资金是否来源于夫妻共同财产。[58] 这一系列案件使离婚法庭处于一种特殊的境地。离婚法庭对夫妻共同财产拥有管辖

---

　　[52]　Act of July 16, 1935, ch. 707, § 1, 1935 Cal. Stat. 1912, 1912.

　　[53]　See Supra note[13].

　　[54]　214 Cal. 767, 7 P. 2d 1003 (1932), discussed in note 3, Joseph D. Cooper, "Community Property: Status of Property Conveyed to Husband and Wife as Co-Grantees", 20 Calif. L. Rev., 546 (1932).

　　[55]　联合共有契据对西伯雷尔案的结果很重要。不平等的共有权与以混合共有人身份持有财产并不矛盾。如果尚未明确所有权形式,则推定由一名妇女与另一个人(如果不适用夫妻推定)混合共有(See Supra note[13][49])。这就阐明了西伯雷尔案和邓恩诉穆兰案(Dunn v. Mullan)之间的差异。在邓恩诉穆兰案中,没有指定所有权形式,而是推定为混合共有,所以夫妻份额不平等的事实不会造成任何理论问题(See Supra note[50]and accompanying text)。

　　[56]　214 Cal. 773, 7 P. 2d 1005 (1932).

　　[57]　See, e. g., Gudelj v. Gudelj, 41 Cal. 2d 202, 212, 259 P. 2d 656, 662 (1953); Socol v. King, 36 Cal. 2d 342, 345, 223 P. 2d 627, 629-30 (1950).仅查明资金来源属于所有权人以外的其他人,尚不足以推翻由契据引发的推定,因为这与契据并不矛盾。

　　[58]　See, e. g., 41 Cal. 2d 212, 259 P. 2d 662 (1953).

权,并有权决定财产是夫妻共同财产还是个人财产。然而,一旦认定为个人财产,离婚法庭就失去了对该财产的管辖权,从而失去了在夫妻之间分割该财产的权力。[59] 更有甚者,由于加州的夫妻通常联合共有普通法财产的所有权,因此离婚法庭不能出于抚养子女的目的,而把家庭住房判给获得子女监护权的夫妻一方。[60]

加州的立法机关意识到了这个问题,为了赋予离婚法庭对联合共有房屋的处置权,其在 1965 年通过了"家庭住房"推定,即第 5110 条的第四个推定。然而,该推定的结构在卢卡斯案中存在争议。家庭住房推定规定,在婚姻关系存续期间获得的且由夫妻双方联合共有的房屋被推定为夫妻共同财产。[61]

针对第 5110 条的最后一次修订发生在 1973 年。那一年,立法机关规定在 1975 年以后转移财产的情形不再适用已婚妇女推定[62],并对《加州民法典》进行修订,从而确立了对夫妻共同财产的共同管理权。[63]

(二) 对卢卡斯案判决的批判

在卢卡斯案中,加州最高法院作出的判决认为,虽然家庭住房推定将以联合共有形式享有所有权的普通法财产推定为夫妻共同财产,但是立法机关仍旧打算在家庭住房推定中融入推翻普通法契据中所有权推定的所有要求。[64] 不过,鉴于第 5110 条中四项推定的法律术语和立法目

---

[59] Fox v. Fox, 18 Cal. 2d 645, 646, 117 P. 2d 325, 326 (1941); 7 B. Witkin, Summary of California Law Community Property §§ 92, 98 (8th ed. 1974); see Cal. Civ. Code §§ 4800, 4813, 5102 (West Supp. 1982).

[60] See, e. g., "Final Report of the Assembly Interim Common Judiciary Relating to Domestic Relations", vol. 23, no. 6, pt. 5, at 117, 122–23, reprinted in 2 App. Cal. Assem. J. (1965) (hereinafter cited as Domestic Relations Report).

[61] Act of July 17, 1965, ch. 1710, § 1, 1965 Cal. Stat. 3843, 3843–44.

[62] Act of July 17, 1965, ch. 1710, § 5, 1973 Cal. Stat. 1898.

[63] Act of Oct. 1, 1973, ch. 987, §§ 14–15, 1973 Cal. Stat. 1897, 1901–02. 该修正案的生效日期为 1975 年 1 月 1 日。Id. § 20, 1973 Cal. Stat. 1905.

[64] "没有任何迹象表明立法机关打算以何种形式修改证据规则,即未明确推翻所有权形式产生的推定需要何种证据强度和证据类型的规则。" 27 Cal. 3d 814, 614 P. 2d 288, 166 Cal. Rptr. 857 (1980).

的,卢卡斯案关于推翻家庭住房推定所需证据的判决并未得到很好的支持。* 首先,第 5110 条的文本中没有任何内容表明家庭住房推定比该条的其他推定更具有分量,因为该条的其他推定都可以通过查明购买资金来源的方式予以推翻。其次,该条的立法历史表明,立法机关原本就打算使家庭住房推定可通过查明购买资金来源的方式予以推翻。最后,即便查明购买资金来源的事实清楚地表明了其他可能,房屋仍能被推定为夫妻共同财产的规则——实际上推定为对夫妻共同体的赠与——也不再具有政策依据上的合理性。

1. 法律语言和历史渊源

考虑到其颁布情况,第 5110 条关于家庭住房推定的措辞表明了若干迹象,即该推定本来就可以通过查明购买资金来源的方式予以推翻。首先,第 5110 条中的其他推定——一般夫妻共同财产推定[65]、已婚妇女推定[66]、夫妻推定[67]——已被判决可以通过查明购买资金来源的方式予

---

* 加州最高法院的判决认为,要想推翻家庭住房推定,当事人须提供证据证明夫妻之间达成了相反的协议,明确约定在婚姻关系存续期间以个人财产支付的首付款属于个人财产。因而,仅查明购买资金来源尚不足以推翻家庭住房推定,只有提供证据证明存在相反约定的协议才能推翻家庭住房推定。笔者认为,家庭住房推定可以通过查明购买资金来源的方式予以推翻,因而指出加州最高法院关于推翻家庭住房推定所需证据的判决并未得到很好的支持。

[65] In re Marriage of Mix, 14 Cal. 3d 604, 611–12, 536 P. 2d 479, 484, 122 Cal. Rptr. 79, 84 (1975); See v. See, 64 Cal. 2d 778, 783, 415 P. 2d 776, 780, 51 Cal. Rptr. 888, 892 (1966). See generally 32 Cal. Jur. 3d Family Law § 435 & n. 98 (1977); 7 B. Witkin, Supra note[59], Community Property § 33.

[66] See In re Marriage of Rives, 130 Cal. App. 3d 138, 162–63, 181 Cal. Rptr. 572, 586 (2d Dist. 1982); see also Thompson v. Thompson, 172 Cal. 491, 494, 157 P. 595, 596 (1916); Attebury v. Wayland, 73 Cal. App. 2d 1, 5, 165 P. 2d 524, 526 (1st Dist. 1946). But cf. Whittaker v. Whittaker, 137 Cal. App. 396, 399, 30 P. 2d 538, 539 (3d Dist. 1934);除非有其他可信证据表明没有赠与意图,否则仅查明资金来源不足以将其裁决为赠与;意图无须披露。

[67] Cardew v. Cardew, 192 Cal. App. 2d 502, 515, 13 Cal. Rptr. 620, 627 (1st Dist. 1961); 7 B. Witkin, Supra note[59], Community Property § 46; cf. In re Marriage of Wall, 30 Cal. App. 3d 1042, 1048, 106 Cal. Rptr. 690, 694 (2d Dist. 1973). But cf. Williams v. Williams, 178 Cal. App. 2d 522, 526–27, 3 Cal. Rptr. 59, 63 (3d Dist. 1960).在卡迪尤案中,加州最高法院表示:"我们还认为(夫妻)例外效果只是为了确立一个推定——这是夫妻共同享有的财产——该推定同样适用于第 164 条(现第 5110 条)规定的在婚姻关系存续期间获得的所有财产。"192 Cal. App. 2d 515, 13 Cal. Rptr. 627 (1st Dist. 1961).然而,加州最高法院有其他理由充分支持初审法院对夫妻共同财产作出的裁决;例如,所有权形式是所有权公司提出来的,而购买行为是丈夫以商船船长身份在出航期间作出的。192 Cal. App. 2d 513, 13 Cal. Rptr. 626 (1st Dist. 1961).

以推翻。通常而言,除非立法机关另有意图,否则一个法条中的类似术语就被推定为具有相同的含义。[68] 因此,除非有充分的理由认为不能这样做,否则家庭住房推定应可以通过查明购买资金来源的方式予以推翻。[69]

其次,家庭住房推定规定,如果一套房屋是联合共有财产,则"推定该家庭唯一住房为夫妻共同财产"[70]。因为家庭住房推定涉及所有权被契据指定为联合共有的房屋,所以加州最高法院在卢卡斯案中作出的判决认为,该推定与普通法联合共有契据中的所有权推定适用相同的证据标准。先前的判例一贯认为,查明购买资金来源不足以推翻联合共有契据中的所有权推定[71],这种裁判观点源于一种理论,该理论认为所有权的不平等证明与所有权的联合共有形式并不相符。[72] 这些判例明确否定了让与人的隐藏意图(例如,保持首付款之个人财产属性的意图)可以推翻家庭住房推定的可能性[73],这正是其他判例在适用第5110条的其他推定时偶尔会提到的一个因素。[74] 故而,加州最高法院对卢卡斯案作出判决,认为家庭住房推定无法通过查明购买资金来源的方式予以推翻。

然而,卢卡斯案在确定哪些证据可以推翻家庭住房推定时,错误地参照了联合共有契据中有关房屋的一般推定,而不是参照第5110条关于在婚姻关系存续期间获得房屋的具体推定。家庭住房推定的宗旨在于否定

---

[68] 2A C. D. Sand, Sutherland Statutory Construction § 51.02 & n. 10 (4th ed. 1973 & Supp. 1982) (citing People v. Hill, 103 Cal. App. 3d 525, 532-35, 163 Cal. Rptr. 99, 103-06 (1st Dist. 1980)).

[69] 主张第四个推定与前三个推定针对的问题并不相同也许是一个"好理由",因为第四个推定关注的是将房屋用于抚养未成年子女的问题,而不是将房屋用于平衡夫妻之间权力的问题。可以说,查明资金来源与第四个推定的目的背道而驰,因为在某些情况下,查明资金来源可能会得出因房屋属于个人财产而不可用于抚养未成年子女的结论。虽然这种说法同样适用于所有的家庭住房,但是家庭住房推定却仅适用于联合共有的家庭唯一住房。如此一来,这种说法要证明的情形就太多了,因为它通常与加州采用的夫妻共同财产制相悖。

[70] See Supra note[13].

[71] E. g., 41 Cal. 2d 202, 212, 259 P. 2d 656, 662 (1953); 36 Cal. 2d 342, 346, 223 P. 2d 627, 630 (1950); Machado v. Machado, 58 Cal. 2d 501, 506, 375 P. 2d 55, 58, 25 Cal. Rptr. 87, 90 (1962).

[72] 214 Cal. 767, 771-73, 7 P. 2d 1003, 1005 (1932).

[73] 58 Cal. 2d 506, 375 P. 2d 58, 25 Cal. Rptr. 90 (1962); also see 41 Cal. 2d 212, 259 P. 2d 662 (1953); 36 Cal. 2d 346, 223 P. 2d 630 (1950).

[74] E. g., 137 Cal. App. 396, 399, 30 P. 2d 538, 539 (3d Dist. 1934);已婚妇女推定。

联合共有契据的法律效力,而不是推定该房屋为夫妻共同财产。因而,在确定查明购买资金来源对被依法推定为夫妻共同共有之房屋的影响时,参照联合共有的所有权推定并不符合逻辑。相反,应当参照夫妻共同财产的判例规则,通过查明购买资金来源的方式对房屋进行分类。[75]

最后,当立法机关为了增设家庭住房推定而修订第 5110 条时,其必定知道法院通常会允许该条的其他推定通过查明购买资金来源的方式予以推翻。[76] 因此,立法机关可能打算以相同的方式解释新条款。这一结论得到了家庭住房推定之历史渊源的明确支持:

> 该提案并不排除夫妻作为联合共有人实际持有财产的可能性。它只是给他们施加了推翻相反主张的责任。如今,该责任也会反作用在他们身上,因为他们必须推翻该房屋已从夫妻共同财产变成联合共有财产的推定。在任何一种情况下,要想推翻这一推定,就得通过查明购买资金来源或者出示夫妻双方之协议的方式进行举证。[77]

综上所述,第 5110 条的历史渊源与合理的法律解释支持了这种立场,即家庭住房推定可以通过查明购买资金来源的方式予以推翻。

2. 反对卢卡斯案赠与推定的政策依据

本部分认为,在与卢卡斯案类似情形[78]中的赠与推定不具有政策依据上的合理性,理由在于:第一,在与卢卡斯案类似情形中,通常没有赠与意图;第二,1975 年采纳夫妻共同财产的共同管理权时,支持此类情形中

---

[75] See De Funiak and Vaughn, Supra note[36].

[76] See Malcolm v. Superior Court, 29 Cal. 3d 518, 528, 629 P. 2d 495, 500, 174 Cal. Rptr. 694, 699 (1981); Enyeart v. Board of Supervisors, 66 Cal. 2d 728, 735, 427 P. 2d 509, 513, 58 Cal. Rptr. 733, 737 (1967);"立法机关被假定为知道国内现有的司法裁判,并在修订法院已解释的法规时将这些司法裁判铭记于心";2A C. D. Sand, Supra note[68], § 22. 35 (4th ed. 1972).

[77] Domestic Relations Report, Supra note[60], at 124 (emphasis added).

[78] 当然,在其他一些情形下,出于政策方面的原因,仍有必要作出这样的推定。一种情形是资金无法用于偿还贷款,例如没有用这些资金购买财产。"家庭开支"推定也许就是一个例子[See infra note[86] and accompanying text],人们不希望发生的情形是,夫妻共同体对夫妻一方的个人财产负担债务,从而导致分割财产后夫妻一方对另一方负担净债务。不过,有更直接的方法来避免这种结果。例如,夫妻之间具有扶养义务,可以据此来证明拒绝返还用于夫妻共同体开支的个人款项具有正当性,而无须借助赠与推定来达到这一证明目的[see Cal. Civ. Code § 5100 (West 1970)]。

赠与推定的理由就失效了；第三，赠与推定将任何特殊案件的处理都建立在很久以前是否存在口头约定的基础之上，而这通常是行不通的。

（1）没有赠与意图

一种推定认为，在婚姻关系存续期间以个人财产支付的首付款属于赠与，理由是夫妻在大部分情况下都有赠与意图，只有在婚姻关系恶化时才会拒绝赠与。

的确，许多夫妻在此类情形中都有赠与意图。并且，至少可以说赠与符合了法律关于交付的要求。由于夫妻双方都对夫妻共同财产享有份额，不能要求受让方以专有使用的方式来确定交付。因而，可能仅需夫妻一方允许另一方使用争议物，就能符合法律关于向夫妻共同体进行"交付"的要求。

然而，对这种情形最现实的看法是，夫妻双方对离婚时财产的处置没有任何想法。很可能的情形是，他们既没有考虑过离婚后财产的处置，也没有讨论过离婚后财产的处置，更没有理解法律关于以各种方式享有所有权的真实含义（除外情形是联合共有可能豁免夫妻一方进行遗嘱认证的义务）。因为人们在结婚的时候，通常不会考虑到离婚的情形。

更准确的推定是，婚姻关系存续期间的赠与乃基于维系婚姻关系的假定，故而婚姻关系存续期间的赠与应以婚姻关系的维系为条件。这种观点已被路易斯安那州和一些国家所接受。[79] 此外，即使在美国的司法辖区，附条件赠与的概念并不罕见[80]；可以肯定的是，如果赠与人在危难中得以幸存，他在考虑死亡时作出的赠与就会被撤销。[81] 相反的推定认为，即使可能会离婚，夫妻一方仍会作出无条件赠与的行为，但这种推定

---

[79] 26 Cal. 546, 573-74 (1864)：根据墨西哥的夫妻共同财产法，可以撤销夫妻之间的赠与；La. Civ. Code Ann. art. 156 (West 1952)：离婚后，夫妻一方不再享有另一方的"赠与物"（赠与财产）。See also Code Civil arts. 267-269 (Fr. 1968), translated in J. Crabb, The French Civil Code 68-69 (1977); Marriage Code § 73 (W. Ger. 1946), translated in Introductory Act to the German Civil Code and Marriage Law of the Federal Republic of Germany 52 (S. Goren trans. 1976); F. Lawson, A. Anton and L. Brown, Amos and Walton's Introduction to French Law 70 (3d ed. 1967); 1 Planiol, Traite Elementaire de Droit Civil nos. 1267-1332 (La. State L. Inst. trans. 1959).

[80] See 24 Am. Jur. 2d Husband and Wife § 93 & nn. 10-11 (1966).

[81] Cal. Civ. Code § 1149 (West 1954); but see id. § 1148 (West 1954)：不能撤销其他赠与。

是没有说服力的。

(2)改采共同管理权

将以个人财产支付的首付款推定为对夫妻共同体的赠与的第二个政策理由在于,防止对妻子存在偏见。在1975年以前的加州,丈夫对夫妻共同财产[82]和夫妻生活方式享有唯一的管理权。[83] 正因如此,任何涉及丈夫并影响夫妻共同开支和夫妻共同资产的交易都要受到仔细审查,以确保丈夫没有利用妻子。[84] 例如,任何出于丈夫的个人财产需要而挪用夫妻共同财产的行为,都要受到夫妻共同体主张赔偿的制约。[85] 又如,如果丈夫用其个人财产让家人达到的生活水平高于用夫妻共同财产所能达到的生活水平,则丈夫无权要求补偿。[86] 再如,如果丈夫用夫妻共同财产或其个人财产来改良妻子的个人财产,则丈夫无权要求妻子补偿,因为这是丈夫的授权支出。[87]

然而,在1975年以后,丈夫对夫妻共同财产享有优先管理权的法律基础消失了,取而代之的是夫妻的共同管理权。[88] 虽然在社会现实层面仍有许多家庭由丈夫主导,但通过指出法律中的不平等条款可发现,推定以个人财产赠与夫妻共同体(反之亦然)的性别评定规则不再具有合理性。最起码,目前的法律状态需要统一。如果卢卡斯案的赠与推定成立,则用于改良个人财产的夫妻共同财产应被视为夫妻共同体作出的赠与或日后必须偿还的贷款,无论接受改良的是丈夫抑或妻子的个人财产。

---

[82]　Cal. Civ. Code §§ 5125, 5127 (West 1970).

[83]　Cal. Civ. Code § 5101 (West 1970):"丈夫是一家之主。他可以选择任何合理的居住地或生活方式,妻子必须遵守。"

[84]　Cf. Schindler v. Schindler, 126 Cal. App. 2d 597, 603, 272 P. 2d 566, 569 (2d Dist. 1954): 没有赠与,为了妻子的利益而严格限制丈夫对夫妻共同财产的控制;In re Estate of McNutt, 36 Cal. App. 2d 542, 552, 98 P. 2d 253, 258 (2d Dist. 1940).

[85]　211 Cal. 583, 296 P. 604 (1931); In re Marriage of Warren, 28 Cal. App. 3d 777, 782-83, 104 Cal. Rptr. 860, 863-64 (2d Dist. 1972).

[86]　64 Cal. 2d 778, 785, 415 P. 2d 776, 781, 51 Cal. Rptr. 888, 893 (1966); see In re Marriage of Epstein, 24 Cal. 3d 76, 83 n. 1, 592 P. 2d 1165, 1169 n. 1, 154 Cal. Rptr. 413, 417 n. 1 (1979):丈夫不应凭借其单方面选择生活方式的权力,制造出有利于自身的夫妻共同债务,从而"增加"夫妻共同资产的权利负担。

[87]　Shaw v. Bernal, 163 Cal. 262, 124 P. 1012 (1912).

[88]　See Supra note[63]。

鉴于已经改采共同管理权,更好的规则应是推定为没有赠与。如果一项交易被错误地视为非赠与,受赠人至多失去了对赠与收益的期待利益。[89] 相反,如果一项交易被错误地视为赠与,所谓赠与人就会切实丧失其在婚前对金钱或财产所享有的无可争议的所有权。因此,相较于错误的非赠与推定而言,错误的赠与推定致使所谓赠与人遭受更大的不公平。之所以有可能导致更大的不公平,是因为在没有证人在场的情况下,很难证明可能花费大量时间共同生活的人之间不存在赠与。[90] 职是之故,对夫妻双方可能存在偏见的现实评估,不再支持夫妻双方与夫妻共同体之间的赠与推定。

(3)行政管理的难点

除有关首付款的推定并不公平以外,以假定当事人动机为前提的推定通常都是糟糕的法律规则。这些推定不仅在制度上难以管理,还使伪证和欺诈成为可能,而且经常在没有动机的情况下假定有动机。

首先,就制度而言,赠与推定要求法院裁定哪些证据会构成一项足以推翻赠与推定的"协议",这是一项艰巨的任务。[91] 一方面,要求夫妻一方证明每件财产都存在明确的口头协议或书面协议是不公平的,因为该方总以为其个人财产会一直保持个人财产属性,从而忽略了为每件具体的财产达成此类协议。另一方面,夫妻双方关于财产管理情况的证据必然是模棱两可的;并且,夫妻双方对财产的使用既不是赠与的决定性因素,也不是同赠与不可调和的矛盾。

其次,由于诸多原因,伪证和欺诈存在相当大的风险。第一,赌注可能非常高;以口头协议处置数千美元的首付款[92],可能取决于若干年后对此类协议的证明。第二,可能缺乏中立的证人。因为在夫妻双方达成

---

[89] 所谓受赠人可能会辩称,他由于信赖所赠与而放弃了购买个人房屋的机会。本文的第三部分提出了一种分割房屋的方法,该方法可以补偿因信赖而丧失的机会利益。See infra text accompanying notes 118-22.

[90] 法律往往不赞成将其裁决为赠与。因此,作为一项一般规则,必须有明确且令人信服的证据将其证明为赠与[see e. g., 35 Cal. Jur. 3d Gifts § 47, at 374 & n. 28 (1977)],且不存在关于赠与的一般推定。Denigan v. Hibernia Sav. and Loan Soc'y, 127 Cal. 137, 141, 59 P. 389, 390 (1899).

[91] See Comment, "Form of Title Presumptions in California Community Property Law: The Test for a 'Common Understanding or Agreement'", 15 U. C. D. L. Rev., 95 (1981).

[92] 7 B. Witkin, Supra note[59], Community Property § 73.

此类协议时,无利害关系的第三人不太可能在场。当此类协议的存在受到正式质疑时,夫妻双方可能处于愤怒和不安的状态,而不是处于确认未经验证的协议是否存在的最佳状态。

最后,如前所述,假定协议真实存在是不现实的。因为大多数婚姻都不是在考虑离婚的情况下进行的。无论法律制度对此类书面协议的要求多么简单,迫使人们签署此类书面协议似乎都是不现实的。

三、家庭住房的分割

在卢卡斯案和摩尔案中,如何在夫妻之间合理分割家庭住房,可能是加州最高法院面临的最艰巨任务。主要问题在于,应当如何分割家庭住房在婚姻关系存续期间实现的重大增值。[93] 首先,本部分第(一)项分析了在婚姻关系解除时分割家庭住房增值的几种推荐方法并认为,即使加州最高法院在上诉案中使用过的替代方案好不到哪里去,但其在卢卡斯案和摩尔案中使用的本金和利息法是存在缺陷的。紧接着,本部分第(二)项提出了一种用于分割家庭住房的新方法,这种方法不仅保留了卢卡斯案/摩尔案方法的简单性,还具有不易受到夫妻双方的计划操控的显著优势。

(一) 分析已有的方法

1. 公平分割

被提倡用来分割家庭住房的一种方法是,强制性地"公平"分割夫妻

---

[93] 虽然加州最高法院处理的摩尔案属于在婚前获得按揭贷款的案件,但该案显然没有提供足够的信息来确定房屋增值是婚前增值还是婚后增值。在后来的一个上诉案件中[In re Marriage of Marsden, 130 Cal. App. 3d 426, 181 Cal. Rptr. 910 (1st Dist. 1982)],加州最高法院注意到该信息。在解释卢卡斯案和摩尔案时,加州最高法院认为婚前增值完全属于个人财产。因为在缺少某种赠与推定的情况下,夫妻共同体不会对房屋的婚前增值享有任何份额,这一结论似乎必然会遵循个人财产的定义。因而,在夫妻一方对房屋的婚前增值提供证据证明后,该方应有权对房屋的婚前增值享有个人财产份额。

共同财产和个人财产(译者称"全部财产公平分割法"*),而不是根据《加州民法典》第4800条的规定严格地均等分割夫妻共同财产(译者称"夫妻共同财产均等分割法"**)。[94] 其他几个实行夫妻共同财产制的州都采用了全部财产公平分割法。[95] 这个方法可以适用许多类型的公式,但本部分仅考虑其中的几个公式。这个方法的核心特点是,法院可根据案件的具体情况决定适用哪个公式。

然而,全部财产公平分割法是不可取的,因为它赋予了主审法官很大的自由裁量权。根据这个方法,类似案件可能会得到区别处理。例如,特定案件可能会适用特定公式,因为以结果为导向的法官希望作出有利于特定诉讼当事人的判决,只要法官认为该方当事人受到了另一方当事人的不公平对待。相反,主张适用第4800条中夫妻共同财产均等分割法的一个原因是,全部财产公平分割法是"无过错"离婚体系的一部分,而"无过错"离婚体系既不会考虑是哪一方导致婚姻关系的解除,也不会(以不均等分割夫妻共同财产的方式)对该方进行惩罚。[96] 主审法官的自由裁量权的大幅增加,可能会破坏"无过错"离婚体系。因此,如果能够找到公平分割房屋的一种公式,最好是统一适用该公式,而不是让法院自行决定是否适用。

---

* 夏吟兰教授在介绍美国的"全部财产公平分割法"时指出:"美国有很少一部分的州……在离婚分割财产时不区分婚姻财产和个人财产,全部财产均适用公平分割法。"该表述与译文中"'公平'分割夫妻共同财产和个人财产"同义,为了简化译文的表达,译者借鉴夏吟兰教授的表述,将其称为"全部财产公平分割法"。夏吟兰:《美国现代婚姻家庭制度》,中国政法大学出版社1999年版,第238页。——译者注

** 夏吟兰教授在介绍美国的共同财产制时使用了"离婚时应当均等分割共同财产"的表述,此与译文中"严格地均等分割夫妻共同财产"同义。夏吟兰教授在介绍"双重财产制公平分割法"时指出,该方法是指在离婚分割财产时对婚姻财产适用公平分割法,个人财产则仍归个人所有,并且公平分割并不以均等分割为原则。可见,前述两种分割方法存在差别,一种是均等分割夫妻共同财产,一种是公平分割夫妻共同财产。考虑到译者通篇使用"夫妻共同财产"的表述,译者在借鉴夏吟兰教授关于前述两种方法之表述的基础上,将"严格地均等分割夫妻共同财产"称为"夫妻共同财产均等分割法"。参见夏吟兰:《美国现代婚姻家庭制度》,中国政法大学出版社1999年版,第235—236页。——译者注

[94] Cal. Civ. Code § 4800 (West Supp. 1982).

[95] E. g., Tex. Fam. Code Ann. § 3. 63 (Vernon Supp. 1981).

[96] In re Marriage of McKim, 6 Cal. 3d 673, 678 & n. 5, 493 P. 2d 868, 871 & n. 5, 100 Cal. Rptr. 140, 143 & n. 5 (1972); 33 Cal. Jur. 3d Family Law § 584 (1977).

2. 在所有情形中向夫妻共同体分配增值

几位评论员[97]提出了另一种方法,即将房屋在婚后的所有增值在夫妻共同体间进行分配。这种方法的明显优势是,只需进行一次简单的计算。然而,根据《加州宪法》对个人财产作出的定义,这种方法能否适用尚不明确。[98] 例如,根据这种方法,即使在婚前以个人财产购买的房屋并未花费任何夫妻共同财产,但该房屋在婚姻关系解除时可部分成为夫妻共同财产部分成为个人财产。[99] 虽然这个方法存在违宪的可能性,但这种可能性并非不可避免,因为《加州宪法》的修正案并不像《美国联邦宪法》的修正案那样罕见。[100] 不过,修改宪法是解决房屋分割问题的一个极端措施,本部分第(二)项将讨论一个更具有可行性的分割方法。

3. 严格估算夫妻双方享有的成本和收益

还有一种可能的分割方法是,严格核算谁支付了购房款以及谁获得了房屋所有权的收益。然而,精密计算房屋所有权的成本和收益是有一定难度的。首先,正如加州最高法院在摩尔案中说的那样,如果在确定夫妻双方分别享有的房屋份额时考虑了除本金以外的其他费用,那么从

---

[97] Bruch, Supra note[51]; "Comment, What's Yours is Mine and What's Mine is Mine. The Classification of the Home Upon Dissolution", 28 UCLA L. Rev., 1365, 1386-88 (1981). 没有一位评论员讨论自分居后到庭审前的房屋增值。据推测,自分居后到房屋分割前的房屋增值都是夫妻共同财产。

[98] Cal. Const. Art. Ⅰ, § 21. 一位评论员认为,之所以允许这样的改变,是因为"打算采用一种框架灵活的制度"(Bruch, Supra note[51], at 795 n. 104)。不过,尽管实行夫妻共同财产制的其他司法辖区将个人财产的收益分配给夫妻共同体(see Bruch, Supra note[51], at 795 n. 103),但根植于法国或西班牙模式的美国系统并未将资本增值分配给个人财产的所有权人之外的任何人(See Bruch, Supra note[51], at 796 n. 106)。亚利桑那州、加州、新墨西哥州、内华达州和华盛顿州将收益和资本增值分配给个人财产的所有权人(See W. de Funiak and M. Vaughn, Supra note[34], at 169-70 & n. 41)。虽然得克萨斯州、路易斯安那州和爱达荷州将个人财产的收益分配给夫妻共同体,但这些州将个人财产的资本增值分配给个人财产的所有权人(See W. de Funiak and M. Vaughn, Supra note[34], at 170-71)。因此,这种修改似乎不仅仅改变了"灵活的框架"。

[99] 如果一般通货膨胀率是房屋增值的唯一原因,以便房屋相对于经济体制中其他商品的价值保持不变,那么分配给夫妻共同体的房屋增值并非来自任何实际的(经通货膨胀调整的)财富增长。没有财富的实际增长,只有美元之名义价格的增长。因而,如果夫妻共同体仅因一般通货膨胀率而获得对该房屋的收益,可以说,这不仅是对个人财产的重新定义,也是随着婚姻进程而逐渐减少个人财产的一种计划。若是如此,似乎很难与当前的宪法方案保持一致。

[100] E. g., "Is the Referendum Process Out of Hand?", San Francisco Chron., Feb. 20, 1982, at 28, col 2.

公平的角度来说,法院应当向夫妻共同体收取与房屋公允租金等额的费用。[101] 在计算成本时,法院还应当将维护费用、火灾保险和意外保险计算在内。[102] 其次,法院必须辨明资本支出和非资本支出。[103] 最后,因扣除财产税和利息支付而产生的所得税收益,法院应当允许抵销。[104]

如果要顾及所有费用,初审法院将不得不考虑夫妻双方关于房屋所有权之税收、维护、保险和其他费用的证据。并且,鉴定人很可能就房屋的公允租金价值出示相互矛盾的证据。因而,对房屋的分割方案进行微调也只能获得微乎其微的准确性优势[105],而这种微乎其微的准确性优势并不值得付出如此复杂的计算成本。也许正是出于这个原因,法院采用了基于利息和本金支付的变量方案,这些项目很容易得到验证,并且通常不会引发争议。

4. 基于本金/利息的计算方法

在卢卡斯案和摩尔案中,为了分割房屋中的夫妻共同财产和个人财产,基于夫妻双方支付的本金和利息的三种方法被提交到法院。本部分将分析这三种方法,其中包括被加州最高法院采用的方法。

(1) 维厄案方法

第一种方法基于维厄诉维厄案(Vieux v. Vieux)。[106] 根据这种方

---

[101] 28 Cal. 3d 372-73, 618 P. 2d 211, 168 Cal. Rptr. 665 (1980).

[102] 在某些司法辖区,法院还考虑了夫妻双方的年龄和身体状况,对未来扶养的相对需要,导致婚姻破裂的相对过错,以及夫妻双方的相对收入能力等因素。See e. g., Ruprecht v. Ruprecht, 255 Minn. 80, 90, 96 N. W. 2d 14, 19 (1959); Fuqua v. Fuqua, 541 S. W. 2d 228, 230 (Tex. Ct. Civ. App. 1976).

[103] 改造费用等资本支出将被适当地从产权收益中扣除。维护费用等非资本支出将被适当地从非产权收益中扣除。任何能提高房屋价值且只能在长期内收回的东西都可以被视为资本支出,但对特定费用进行分类并不容易。

[104] Wetzel v. Wetzel, 35 Wis. 2d 103, 107-09, 150 N. W. 2d 484, 485-86 (1967). See I. R. C. § 163 (1976); Cal. Rev. & Tax. Code § 17203 (West Supp. 1982).

[105] See An Economic Model of the Lucas and Moore Situation (Aug. 20, 1982) (unpublished computer program on file with the California Law Review):通过使用复杂的模型,变量之间的微小差异就能彻底改变分割方案。例如,如果假定租金成本占房屋价格的百分比从5%变为6%,那么最终的资源分配可能会相差10%。

[106] 80 Cal. App. 222, 229, 251 P. 640, 643 (2d Dist. 1926). See Petition for Hearing at 1-3, Moore (citing Vieux).维厄案涉及的是投资地产,而不是家庭住房,并且该案似乎并未像被告的请愿书中说的那样一语中的。不过,他的建议是合理的,这里将对其进行分析。

法,房屋的总份额将依据夫妻双方在首付款和月供中的相对份额,按比例划分为夫妻共同财产份额和个人财产份额。维厄案方法的显著特征是,除了计算首付款和月供的本金支付,还计算月供的利息支付。[107]

维厄案方法不尽如人意的地方在于,它可能会对支付首付款的夫妻一方不太公平。因为支付首付款的夫妻一方直接以个人财产出资购房,而不是以贷款出资购房。然而,支付首付款的夫妻一方所享有的房屋份额会直接受到按揭贷款中利息支付的影响。同时,利息支付会受到贷款利率的部分影响。贷款利率越高,月供就越高,并且每支付一笔月供,支付首付款的夫妻一方所享有的房屋份额就进一步减少。因此,根据维厄案方法,借款人寻求低利率贷款的动机较小,因为随着已支付利息数额的增加,部分已支付的利息数额会被借款人将获得的较高房屋增值所抵销。虽然维厄案方法能够为以高利率获得贷款的借款人提供缓冲,但是牺牲了支付首付款的夫妻一方之利益。

(2)贾菲曼案方法

第二种分割房屋的方法是在贾菲曼案(In re Marriage of Jafeman)中提出来的。[108] 根据贾菲曼案方法,首先,要用个人财产份额和夫妻共同财产份额偿还贷款本金。其次,依据个人财产和夫妻共同财产在已支付的贷款本金中占据的份额,把房屋增值按比例分配给个人财产份额和夫妻共同财产份额。这种方法只计考虑首付款和月供的本金支付,而不考虑贷款余额和其他因素。

如果房屋刚买不久就被分割,贾菲曼案就会超额补偿支付首付款的夫妻一方。因为在此期间,月供中只有一小部分是本金支付;其余部分都是利息支付。[109] 因此,最初几笔资金主要用来支付贷款利息,其在婚姻关系解除时产生的收益将远小于等额首付款产生的收益,因为等额首付款完全是本金支付。根据贾菲曼案方法,如果夫妻双方认为婚姻关系可

---

[107] 80 Cal. App. 229, 251 P. 643 (2d Dist. 1926); see 28 Cal. 3d 371, 618 P. 2d 210, 168 Cal. Rptr. 664 (1980).

[108] 29 Cal. App. 3d 244, 256-57, 105 Cal. Rptr. 483, 491-92 (1st Dist. 1972).

[109] 例如,在利率为 10% 的传统型 30 年期按揭贷款中,大约 0.53% 的首年还款被计入本金。

能在购房后的一二十年内解除,那么即便夫妻双方都有能力支付首付款,他们各自还是会尽可能多地支付首付款而试图让对方支付月供,因为这对支付首付款的夫妻一方更为有利。[110]

(3) 卢卡斯案/摩尔案方法

第三种方法源于奥夫穆特案(In re Marriage of Aufmuth)[111],并被加州最高法院用来审理卢卡斯案和摩尔案。[112] 正如贾菲曼案方法一样,卢卡斯案/摩尔案方法能够偿还夫妻双方的本金支付。不过,这种方法在分配房屋增值时并非只考虑本金支付这个因素。与贾菲曼案方法不同的是,根据卢卡斯案/摩尔案方法,享有贷款收益的夫妻一方有权获得贷款余额在分居时产生的房屋增值。

根据卢卡斯案/摩尔案方法,将房屋增值按比例分配给享有贷款收益的夫妻一方,可使首付款成为共有人的一种购买行为,从而完全独立于另一方可能执行的任何融资计划。尽管不同于另一方的利息支付或本金支付,但是20%的首付款能够使支付首付款的夫妻一方据此享有20%的房屋份额。虽然婚姻关系维系的时间越长,房屋增值的可能性就越大,但至少在贷款由夫妻一方取得并由该方偿还的情况下,婚姻的长短并不影响分配给夫妻双方的房屋增值比例。

不过,在按揭贷款由夫妻一方在婚前取得并由另一方或者夫妻共同体在婚后偿还时,卢卡斯案/摩尔案方法就会有缺陷。缺陷在于,当依据购买价格的分摊比例分配房屋增值时,卢卡斯案/摩尔案方法就会把贷款收益视为一项资产,完全作为个人财产或夫妻共同财产进行分配。[113] 这意味着贷款收益在某种程度上被错误分配了,因为本金支付并不包括贷款利息。

判断贷款是个人财产出资还是夫妻共同财产出资,需参考加州法律对借钱购买资产的分类予以确定——通过查明贷款人寻求贷款担保的资

---

[110] 28 Cal. 3d 372, 618 P. 2d 211, 168 Cal. Rptr. 665 (1980).
[111] 89 Cal. App. 3d 446, 454-57, 152 Cal. Rptr. 668, 673-75 (lst Dist. 1979).
[112] 27 Cal. 3d 816, 614 P. 2d 289-90, 166 Cal. Rptr. 858 (1980); 28 Cal. 3d 373, 618 P. 2d 211, 168 Cal. Rptr. 665 (1980).
[113] 28 Cal. 3d 373, 618 P. 2d 211, 168 Cal. Rptr. 665 (1980).

金来源进行分类。[114] 通常而言,当以预先存在的个人资产作为贷款担保时,由此产生的贷款收益被归为个人财产。[115]

然而,不同于以预先存在的个人资产或夫妻共同资产提供担保的贷款类型,因为按揭贷款是以所购资产提供的担保,所以在试图对按揭贷款的贷款余额进行分类时会存在一种固有的循环。为了解决这个问题,公认的法律规则是,要将贷款收益归为个人财产,就必须证明按揭贷款是以个人财产提供的担保,否则就适用夫妻共同财产的一般推定。[116] 因而,在婚姻关系存续期间取得的按揭贷款被归为夫妻共同财产,只有在特殊情况下才不被归为共同财产,例如完全依靠个人收入(例如投资)生活的夫妻。但是,婚前的按揭贷款被归为个人财产,因为贷款人必须以个人

---

[114] Id.:"该笔贷款由个人资产提供担保,因而是个人财产出资";see 27 Cal. 3d 816 & n. 3, 614 P. 2d 290 & n. 3, 166 Cal. Rptr. 858 & n. 3 (1980); 7 B. Witkin, Supra note[59], Community Property § 31 (8th ed. 1974 & Supp. 1980); 32 Cal. Jur. 3d Family Law § 415 (1977).

根据贷款担保的类型对未偿贷款收益进行分类的做法,乍一看似乎有些奇怪,因为正在购买的房屋是(除了收入之外)唯一的贷款担保。摩尔案的法院反对将已支付的利息和已履行的其他贷款义务排除在"由法院分割的财产"之外,这似乎也是对贷款余额的恰当描述。因为根据已偿贷款总额和贷款余额折现计算的房屋净现值可能等于零或者负数。此外,与以预先存在的其他个人资产或夫妻共同资产提供担保的贷款类型不同,按揭贷款是以所购资产提供的担保,因而在试图对贷款余额进行分类时会存在一种固有的循环。不过,公认的法律规则似乎是,一般而言,为了将贷款收益归为个人财产,必须证明贷款是以个人财产提供的担保,否则将适用夫妻共同财产的一般推定。41 Cal. 2d 202, 210, 259 P. 2d 656, 661 (1953).

在对贷款收益进行分类时,加州的法律和其他实行夫妻共同财产制的州的法律存在差异[See Young, "Community Property Classification of Credit Acquisitions in California: Law without Logic?", 17 Cal. W. L. Rev., 173 (1981)]。在其他州,例如华盛顿州,审查的是借款人打算以何种资金来源偿还贷款(See id. at 243-45)。然而,即使根据这一规则,也不清楚借款人意图的后续变化是否会导致贷款收益被重新分类。根据加州法律的规定,在获取贷款时就已确定贷款收益的分类,后续的还款模式对该分类没有影响[Id. at 175-76 [citing Ives v. Connacher, 162 Cal. 174, 177, 121 P. 394, 395 (1912)]]。这种区别在摩尔案等此类案件中可能是至关重要的:如果莉迪·摩尔知道她要结婚,并以她(后来)的夫妻共同收入偿还贷款,那么根据华盛顿州的规则,贷款似乎是夫妻共同财产。然而,如果她在获取贷款时没有考虑结婚,但后来决定结婚并打算以夫妻共同财产偿还贷款,那么华盛顿州的法律会对贷款进行何种分类就不得而知了。

加州方法的另一个奇怪之处在于,夫妻对家庭唯一住房的按揭贷款没有个人责任[Cal. Civ. Proc. Code §§ 580a-c (West 1976)]。因此,夫妻双方签署贷款文件的事实并不意味着夫妻双方都负担可强制执行的个人义务。如果只有夫妻一方支付首付款,那么另一方的负债就不会超过其实际支付的贷款金额。如同无个人责任的规则一样,签署贷款文件的事实并不足以证明签署人"享有"贷款收益或用贷款收益购买的任何财产。See Hicks v. Hicks, 211 Cal. App. 2d 144, 153-54, 27 Cal. Rptr. 307, 313 (4th Dist. 1962).

[115] E. g., Heney v. Pesoli, 109 Cal. 53, 63, 41 P. 819, 822 (1895).

[116] 41 Cal. 2d 202, 210, 259 P. 2d 656, 661 (1953).

财产作为担保。

根据加州的法律,一旦贷款收益被归为个人财产或夫妻共同财产,其在接下来的婚姻中就不会被重新分类。[117] 因此,可根据获取贷款时的一组事实来确定贷款收益的分类,这种分类方法非常重视获取贷款的时间,而不关注谁是实际借款人。例如,卢卡斯案和摩尔案中分配方案的巨大差异在于,摩尔案的贷款人必须从莉迪·摩尔的个人财产中获得担保,因为她在获取贷款时还没结婚,所以该笔贷款被归为个人财产。即便她后来结了婚并用夫妻共同财产偿还了大部分贷款,这种分类仍然有效。相比之下,卢卡斯案的贷款是在婚姻关系存续期间获得的,所以该笔贷款被归为夫妻共同财产。然而,卢卡斯案和摩尔案之间的这种差异并不存在强有力的理由。

(4)小结

迄今为止,每种使用过的本金和利息的方法都可以被描述为一种分数。在维厄案方法的分数中,分子是夫妻各方为购买房屋而投入的资金数额(包括首付款、本金和利息支付),分母是夫妻双方投入的总金额,该分数用于计算房屋的总份额。在贾菲曼案方法的分数中,分子是夫妻各方支付的本金数额(包括首付款),分母是夫妻双方支付的本金总额。在卢卡斯案/摩尔案方法的分数中,分子是夫妻各方支付的本金数额(包括首付款),加上其在贷款余额中可供分配的份额,分母则是购买房屋的原始价格。在贾菲曼案方法和卢卡斯案/摩尔案方法中,为购买房屋而支付的本金需退还给夫妻双方,只有房屋增值才适用分数。

(二)提倡的解决方法

为了纠正卢卡斯案/摩尔案方法对贷款收益的错误分配,本文建议修正贷款余额的分配方法。[118] 这种修正方法对夫妻双方支付的贷款金额

---

[117] 162 Cal. 174, 177, 121 P. 394, 395 (1912).

[118] 这个提倡的方法类似于一篇评论中概述的方法[Comment, "Apportionment of Home Equity in Marital Dissolutions Under California Community Property Law: Is the Current Approach Equitable?", 9 Community Prop. J. 31 (1982)],但该评论没有涉及这里考虑的许多问题(例如,婚前增值和婚后增值,以及操纵该方法的可能性)。

更为敏感,且不太容易被操纵。

提倡的方法是,从获取贷款到夫妻双方分居期间,可根据以个人财产或夫妻共同财产支付月供的总金额,将贷款收益的房屋增值按比例分配给个人财产份额或夫妻共同财产份额。[119] 为了防止夫妻一方可能在分居前通过提前偿还部分或全部贷款来操纵适用该方法的结果,在分配房屋增值时,应只考虑正常月供中包含的本金支付,而不考虑任何额外的本金支付。所有的本金支付,包括超出正常月供范围的本金支付和夫妻双方分居后的本金支付,均应退还给进行本金支付的夫妻一方,但基于这些额外支付产生的房屋增值不应分配给该方。[120]

为了追求简单和公平,应当根据月供的次数而不是月供的本金支付分配房屋增值。一种反对理由是合计不同的本金数额会导致该方法变得复杂,更为重要的反对理由是该方法给后偿还贷款的夫妻一方带来了意外之财,因为月供的本金部分会在完全分期偿还的贷款期限内上升。然而,只计算月供的次数就可以避免时间因素给房屋增值带来的影响。

提倡的方法和卢卡斯案/摩尔案方法主要有两个差别。第一,卢卡斯案/摩尔案方法将所有的贷款余额份额分配给提供贷款担保的个人财产份额或夫妻共同财产份额,提倡的方法则根据个人财产份额或夫妻共同财产份额在本金支付中的比例来分配贷款余额份额。第二,在处理超出正常月供范围的贷款支付方面,这两种方法存在差异。根据卢卡斯案/摩尔案方法,如果夫妻一方完全还清贷款而不是正常支付月供,该方就可以使房屋分割方案朝对其有利的方向发生根本变化。相比之下,为了避免夫妻一方达到前述目的,提倡的方法会退还超出正常月供范围的贷款支付,并依据正常月供的情况分配房屋增值。

由于婚姻关系存续期间的还款模式决定了哪一方可出于分割房屋的

---

〔119〕 因此,如果丈夫支付了 20 笔贷款而夫妻共同体支付了 100 笔贷款,并且分居时的贷款余额为 50000 美元,那么丈夫将分到 20/120×50000 美元=8333 美元的贷款余额,夫妻共同体将分到 100/120×50000 美元=41667 美元的贷款余额。

〔120〕 因此,在脚注〔119〕的例子中,如果丈夫在分居后再支付 15 笔款项,他将有权拿回他在这 15 笔款项中支付的本金,但这些款项不会计入归属于夫妻双方的贷款余额中。此外,根据未修正的卢卡斯案/摩尔案方法,相关的贷款余额为分居时的贷款余额,而不是分割房屋之日的贷款余额。

目的而"拥有"贷款,因此提倡的方法优于未修正的卢卡斯案/摩尔案方法。允许借款后的事件影响分割方案是可取的,这有几个方面的原因。第一,贷款人的预期担保为衡量谁实际承担借款义务提供了不可靠的判断标准。例如,如果以未来收入为摩尔案的贷款提供担保,未来收入在获取贷款时就属于个人财产。但是,自莉迪·摩尔结婚时起,未来收入就变成了夫妻共同财产;而根据卢卡斯案/摩尔案方法,贷款收益不会被重新分类。* 第二,提倡的方法对证据的要求低于卢卡斯案/摩尔案方法,因为提倡的方法不必询问贷款人的意图。[121] 第三,提倡的方法可防止实际经济意义较小的事件对分割方案产生影响,例如可防止结婚与购买房屋的相对顺序对分割方案产生影响。[122] 第四,提倡的方法与卢卡斯案/摩尔案方法都有相似的计算公式,因而保持了提倡的方法的相对简单性。

四、结论

为了完善卢卡斯案/摩尔案方法在婚姻关系解体时的家庭住房分割方案,本文提出了两项建议。第一,对在婚姻关系存续期间以个人财产支付的首付款,不应要求达成协议来确定其个人财产属性,并应废除卢卡斯案的赠与推定。第二,如果以个人财产和夫妻共同财产支付按揭贷款,例如在婚前和婚姻关系存续期间分别以个人财产和夫妻共同财产共同支付

---

* 根据卢卡斯案/摩尔案方法,在获取按揭贷款的时候,提供贷款担保的个人财产或夫妻共同财产可以在婚姻关系解体时获得贷款余额。在摩尔案中,莉迪·摩尔以自己的名义获得了按揭贷款,并以"莉迪·多克,一位单身女性"的身份取得了房屋的所有权。这意味着莉迪是以个人财产(所购房屋)作为担保获得的贷款,所以在婚姻关系解体时,贷款余额将作为莉迪的个人财产份额,而非夫妻共同财产份额。因此,根据卢卡斯案/摩尔案方法,即便莉迪的未来收入在婚后变成了夫妻共同财产,也不会导致贷款余额因此而变成夫妻共同财产份额。——译者注

[121] 如前所述(参见脚注[105]的附注),贷款中实际支付金额的证明可能是最可靠和最实用的证据,因为这可以从银行或财务公司的记录中获得,并且在一般情况下不会引起严重争议。要想证明贷款人的意图,需要提供信贷员的证词或贷款机构的信贷档案。关于贷款人会提供何种证词的调查,See Young, Supra note[114], at 251-54.

[122] 结婚与购房的顺序可能与影响分割方案的事件有关,例如贷款支付和婚前的房屋增值。然而,贷款支付和房屋增值对分割方案的影响与婚姻的长度大致呈正相关,与之不同,贷款余额的分配与婚姻的长度呈负相关。随着婚姻的延长,未偿贷款收益会减少,其分配也就变得不那么重要了。当贷款全部还清后,除了对婚前增值和婚后增值的计算存在差异外,贾菲曼案方法、卢卡斯案/摩尔案方法和提倡的方法关于分割房屋的方式都是一样的。

按揭贷款,贷款收益就应根据个人财产和夫妻共同财产占已支付贷款的比例进行分配。

虽然两项建议只是对卢卡斯案和摩尔案确立的分割方法进行了相对简单的修正,但这会大大提高分割的公平性,而且不会增加任何烦琐的证明责任或计算要求。尽管可以尝试更准确地估算个人财产份额和夫妻共同财产份额所能获得的收益,但相比于提升理论方面的准确性而言,提升实践方面的准确性更为重要。

夫妻意思自治和家庭财产制度[*]

费尔南多·博奇尼[**] 著 越思雨[***] 译

摘要：《意大利民法典》只有第四编的债法规定了契约自治，第一编的家庭法中则无相关规定。但是，夫妻二人在协议确定家庭财产义务的过程中，他们享有的意思自治与契约自治具有相同的原理和基础。与此同时，现代核心家庭摆脱了传统的父权制，夫妻双方既可以签订涉及家庭生活方案的夫妻协议来实现意思自治，也可以签订涉及家庭财产方案的婚姻协议来实现意思自治。因此，本文在《意大利民法典》家庭编"婚姻财产制度"一节的基础上，通过夫妻间签订的协议构建出了夫妻意思自治体系；而借助夫妻意思自治，传统的夫妻共同财产制不仅可以被阐释为一种更加灵活的法定家庭财产制度，而且也适用于民法典关于契约自治的规定。

关键词：意思自治；家庭财产制度；婚姻协议；夫妻共同财产制

---

[*] 本文在进行一些内容补充和加注后，转载在"自由与限制中的意思自治"（Autonomia negoziale tra libertà e controlli）第六次法学研讨会的报告中，研讨会由蓬蒂诺公证委员会（Comitato Notarile Pontino）于 2000 年 5 月 26 日和 27 日在加埃塔（Gaeta）组织召开。

[**] 那不勒斯费德里克二世大学（Università degli studi di Napoli Federico II）法学院私法教授。

[***] 意大利罗马第一大学博士研究生。本文摘要、关键词以及二级标题均为译者添加。

一、围绕意思自治的争论

如今,有一项围绕夫妻自治的原因及行使方式的激烈讨论,讨论聚焦在调整夫妻双方关系的法律规范领域,或者说是在更加广泛的家庭生活与经济治理层面。虽然没有一项具体的相关立法,但是讨论在各种理论贡献和司法实践中取得的最新成果表明,单独且分散的规范可以为法律解释提供相应的基础和依据。实际上,讨论的内容是更加一般性的价值,这些价值既联结私人自治和公共管制,又促进个人在社会构成尤其是在家庭团体中的流动。这样一来,即使人们普遍赞同《意大利宪法》第2条关于家庭社会组织地位的规定,但如果缺乏相关的具体规范来允许人们拥有确定可信的解决方案,讨论得出的再先进的建议,也会沦为解释者以某种方式对婚姻和家庭的意义及功能发表的个人观点。[1]

意思自治在家庭关系中的实施问题也适合在该背景下加以讨论。*在《意大利宪法》的多元主义和个人主义视角下,家庭的制度配置显然不

---

〔1〕 现在,对于家庭定义在社会组织中的延伸,参见雷希尼奥(Rescigno)的全部著作,其最新的著作收录在 Matrimonio e famiglia, Torino, 2000; Bessone, Rapporti etico-sociali, in Comm. della Cost., a cura di Branca, sub artt. 29-34, Bologna-Roma, 1976. 广泛性的参考还有 Bessone-Alpa-D'Angelo-Ferrando-Spallarossa, La famiglia nel nuovo diritto, 4ª ed., Bologna, 1997, p. 15 ss.

* 意大利民法中关于自治(autonomia)的表述有三种,"autonomia privata""autonomia contrattuale"和"autonomia negoziale",本文使用了最后一种表述。这三种表述都有自治之意,但是三者存在细微的差别。其中,第二种自治即"契约自治",规定在现行《意大利民法典》第1322条,是当事人确定合同内容的自由,特指财产性合同领域中的自治。而第一种与第三种表述均可译为"意思自治",因此需要进一步明确这两种自治表述的内涵和区别。多数意大利民法学家们并没有区分二者,例如,民法学家托伦特(Torrente)将"autonomia privata"与合同相关联,将其定义为私人根据法律规定,对相互间法律关系进行规制的行为,本文作者同样没有区分二者。但是,民法学家佩林杰里(Perlingieri)对其进行了区分。他首先指出第一种表述中的"privata"(私人的)有误导之疑。原因在于传统"autonomia privata"的表述是指私法承认或赋予所有的法律主体的一项权利,来自主决定(auto-regolare)属于自身的利益,法律主体不仅是私人(privato)而且也包括公法主体。因此,他改用"autonomia negoziale"来代指一种更加广泛的自治,具体来说,这种自治不仅仅指具有经济价值的双方或多方行为,还包括单方行为,以及不具有财产内容的行为。总的来说,他给"autonomia negoziale"的定义为,法律制度承认或赋予的一种权利,权利主体可以是私法主体也可以是公法主体,因此权利内容是以其自身的意思表示来规范不一定属于自己的私人利益或公共利益。但无论如何,区分两种表述与否,并不能否定自治的效果是产生私法上的效力。按照佩林杰里的定义,在我国,与"autonomia negoziale"对应的自治表述为"私法自治"或"意思自治",对前者的认识可参见德国学界对其的定义,即弗(转下页)

是为了实现公共利益而预先设定的,更何况是超越了个人利益的(较高的或至高的)公共利益。[2] 但这并不意味着具有公共秩序特征的私人利益在现有的法律规范中不存在,相反,在个人不能违背公共秩序中他人利益的意义上,涉及这种私人利益的规则是有所增加的。[3] "私人性"不能从家庭关系的共同需求中抽身。首先,法律规范倾向于保障家庭团体中弱势主体(子女,尤其是未成年子女)的需求,使他们免受家长无限度的支配。其次,与此类似的一种情形是在夫妻关系中法律对弱势一方的保障,尽管二者有一些细微的差别,但是在经济手段匮乏程度以及感情状况方面,尤其是在家庭组织破裂时,夫妻中弱势一方与未成年人的地位相似。这样一来,虽然(1975年家庭法改革之前的)旧法律规定的财产义务[例如贡献(contribuzione)和养育(mantenimento)义务]是私法义务体系的一部分[4],但它们同样受到家庭法原则的影响,与那些受家庭法调整的义务并无二致。其中,大部分能够实现私人利益的义务,其内容和对象都具有强制性,原因在于这些义务具有保障家庭单个成员人格的功能。调整这些义务的一般性私法规则,必须与所有被实现利益的性质兼容。由此可见,家庭关系中意思自治的基础同私人意思自治(l'autonomia dei privati)的一般性原理一样,但是前者并没有被规定在现行《意大利民法

(接上页)卢梅给出的经典定义:"个人依其意志自主形成法律关系"。私法自治借助法律行为,所产生的是私法领域的法律效果。而于后者可参考法国学者卡尔波尼对其作出的定义,虽然意思自治是法国合同法的基本原则之一,但是从卡尔波尼的表述"人的意志可以依其自身的法则去创设自己的权利义务,合同是民事法律关系的核心,个人意志是合同的核心"中可以看出,意思自治并不仅仅发生在合同领域,还体现在更广泛的民事法律关系领域。无论是"意思自治"还是"私法自治",二者均不会产生佩林杰里所提出的误导之嫌,也不会将自治限制在财产领域,并且二者本意相同。因此,本文将原文中的"autonomia negoziale"译为"意思自治"。参见朱庆育:《民法总论》(第2版),北京大学出版社2016年版,第75—111页;梁慧星:《民法总论》(第4版),法律出版社2011年版,第160页;P. Schiesinger, A. Torrente, F. Anelli, C. Granelli, Manuale di diritto privato, Milano, 2019, p. 512; P. Perlingieri, Manuale di diritto civile, Napoli, 2017, p. 331。——译者注

  〔2〕 奇库(Cicu)在他多个有关家庭法的著作中采用传统观点,主张在家庭组织中重新引入国家独裁。特别参见 Il diritto di famiglia, Roma, 1914; Lo spirito del diritto familiare, in Scritti minori, I, 1, Milano, 1965, p. 123 ss.。

  〔3〕 Cfr. Giorgianni, L'obbligazione, Milano, 1951, p. 74 ss.

  〔4〕 V. per tutti Angeloni, Autonomia privata e potere di disposizione nei rapporti familiari, Padova, 1987, p. 3 ss.

典》第 1322 条中,反而是宪法体系中具有更加普遍的参考作用(《意大利宪法》第 2 条、第 3 条和第 41 条)[5],尤其是与本文主题直接相关的第 29 条、第 30 条和第 31 条。*

此外,如今对家庭中意思自治的阐释,暴露出了一个在过去并不为人所熟知的问题。一个多民族社会的逐渐扩张,迫使人们在对立但受到宪法平等保障的需求之间建立平衡。例如,一方面是《意大利宪法》第 7 条规定的宗教信仰平等,对家庭生活模式具有关键的影响;另一方面则是《意大利宪法》第 29 条预设的家庭模式,该模式在一些层面上受到天主教教义的影响,在另一些层面上则重新确认了"人权"的共同价值。不同文化和宗教之间的相互作用涉及很多方面,既有民法领域也有刑法领域。但是,在众多差异之中占据主导地位的是宪法公共秩序的管控,它包含所有的规范价值,并将人置于这些价值的顶端。

二、父权制家庭中的家庭间协议: 社会地位的稳定

(一) 1865 年《意大利民法典》沿用的父权制家庭体系

1942 年《意大利民法典》的优点之一,是指出了夫妻之间的财产关系规范必须从财产转让方式规范中剔除,并将其设置在第一编中。原因在于,"如果是因为家庭而成立的财产关系,第一编是相关规则最合适的位置"[6]。但是这种新的敏感性并没有为夫妻财产关系带来一个新面

---

[5] V., in particolare, Barcellona, Diritto privato e società moderna, con la collaborazione di Camardi, Napoli, 1996, p. 379 ss.; Perlingieri, Il diritto civile nella legalità costituzionale, Napoli, 1991; Rodotà, Rapporti economici, in Comm. dell a Cost. a cura di Branca, II, sub artt. 41-44, Bologna-Roma, 1982.

* 《意大利宪法》第 2 条、第 3 条和第 41 条规定了公民的自由平等基本权利,以及个人权利不受侵犯;第 29—31 条则是有关社会伦理关系的规定,具体规定了家庭的各种权利和义务。具体条文内容参见 https://www.senato.it/sites/default/files/media-documents/COST_CINESE.pdf,最后访问日期:2022 年 6 月 20 日。——译者注

[6] Relazione Commissione parlamentare, p. 761. 相似的还有 Relazione Guardasigilli al progetto definitivo, p. 169.

貌,相关内容反而是继续沿用传统规定,偶尔伴随少量毫无意义的创新。

此外,参考(1865年《意大利民法典》采用的)"婚姻契约"(Del contratto di matrimonio)一节到(1942年《意大利民法典》采用的)"家庭财产制度"(Del regime patrimoniale della famiglia)一节过程中章节名称的变化,新法典的编纂工作并没有产生一个理想的转折点。夫妻之间的财产关系规范在两部法典中的不同位置及不同名称,只是一部纯粹的法典在技术合理化中的结果。但人们发现,这种改变"是正确的,还因为这些财产关系并不总是产生于合同,有时还直接来源于法律规定"[7]。先前的表述"实际上并不准确贴切";新的表述则"清楚地明确了节标题所包含的内容"。[8]

1942年《意大利民法典》实际上重复了1865年《意大利民法典》的体系安排,因此也是对《拿破仑法典》传统的重复。这种体系安排围绕"家主形象"中的二元化关系,重建了家庭关系规范。1942年《意大利民法典》*中已废除的第144条和第145条(对应1865年《意大利民法典》第131条和第132条),为丈夫施加了一项供养妻子(mantenimento della moglie)的个人义务,根据一种相互机制,与此对应的是一项个人服从义务。类似地,(1942年《意大利民法典》中)已废除的第147条、第148条和第315条及以下(对应1865年《意大利民法典》第138条和第220条及以下)为父母施加了抚养(mantenere)、教育(educare)和培养(istruire)子女的义务,而根据一种子女物化的机制,相对应的则是子女尊重且听从父母的义务。

1942年《意大利民法典》已废除的第160条(与1865年《意大利民法典》第1379条并无二致)规定,禁止夫妻侵犯家主享有的权利、违反双方承担的义务,以便在独特的家主管理机制中,概括出"家庭社会"的统一性。母亲在抚养子女方面做出的贡献,实际上是通过嫁资机制实现的。1942年《意大利民法典》已废除的第148条(重复了1865年《意大利民法

---

[7] Relaz. Comm. reale, p. 106.
[8] Relaz. Guard. Prog. def., p. 169.
* 在本文中,现行《意大利民法典》指的是1975年家庭法改革之后的民法典版本,也是现在有效的民法典。1942年《意大利民法典》指的是1975年之前的民法典版本。——译者注

典》第138条)规定,父母根据双方财产状况按比例承担抚养子女的义务,嫁资作为妻子提供给丈夫用来减轻家庭负担的财产,"计算为妻子的财产"〔9〕。

在这个背景下,对于家主享有的决定需求的权利,和他承担的满足(以及借助嫁资满足)需求的义务,夫妻在家庭生活中并没有协商的空间。协商因此只能发生于婚礼之前,也就是为新家庭单位的产生作准备时。

得出以上结论后,可以进一步思考这些婚前协议(accordi prematrimoniali)的功能,检验并且掌握家庭管理规范和婚姻意思自治规范之间的关系。

人们普遍认为,(1865年《意大利民法典》中的)"婚姻契约",即(1942年《意大利民法典》中的)"婚姻协议"(convenzioni matrimoniali)[也被称为婚前协议(capitoli matrimoniali)]。是"在亲属同意下建立的新家庭的宪法宪章"〔10〕。根据1942年《意大利民法典》已废除的第211条(1865年《意大利民法典》第1426条),具有独立财产(i beni parafernali)的妻子在婚姻协议确定的范围内承担家庭义务*;或是在没有婚姻协议的情形下,根据第148条的规定承担责任。** 因此,婚姻协议决定了夫妻对家庭义务的承担方式。同样,嫁资是妻子提供给丈夫的用于减轻家庭负担的财产(1942年《意大利民法典》第177条,重复了1865年《意大利民法典》第1388条,现已废除)。通常,确定具体婚姻义务的做法是,如果不根据

---

〔9〕 一些学者主张的原则也适用于配偶关系间,因为已被废除的(涉及妻子独立财产的)1942年《意大利民法典》第211条回应了第138条的内容。Cfr. Tedeschi, Il regime patrimoniale della famiglia, in Trattato dir. civ. it., diretto da Vassalli, 4ª ed., Torino, 1963, p. 15 s.

〔10〕 Cfr. Ferrara, Diritto delle persone e della famiglia, I, Napoli, 1941, p. 306; Tedeschi, op. cit., p. 60.

* "i beni parafernali"一词中的"parafernale"来源于希腊语 παράφερνα,在词源学上指的是一类不属于嫁资的财产。优士丁尼时代,罗马法采用该词并扩充了其含义,不仅指妻子所有的、不构成嫁资的财产,还指妻子为新家庭带来的且丈夫有权管理的财产。1865年《意大利民法典》第1426条规定了这种财产,指的是妻子所有的、不构成嫁资的财产,既包括妻子在嫁资形成之前取得的财产,也包括妻子在嫁资形成之后取得的财产。——译者注

** 1942年《意大利民法典》第211条规定,具有独立财产的妻子,按照婚姻协议中确定的方式,或者在缺少协议时按照第148条的规定,承担婚姻义务。第148条第1款规定,父母应按照他们的财产份额、母亲嫁资的份额承担抚养、教育和培养子女的责任。——译者注

原第145条的规定由丈夫确定,那就要由婚姻协议(如报酬条款、妻子私房钱条款等)来确定。* 然而,由于妻子的贡献是通过预先将用于婚姻负担的财产交予丈夫来实现的,那么显然婚姻协议履行了双重职能:一方面,明确了丈夫抚养义务的具体内容;另一方面,通过预设丈夫的抚养义务即对子女承担的义务(该义务限制在1942年《意大利民法典》第148条规定的范围之内),确定了妻子应承担的家庭义务(根据1942年《意大利民法典》第145条该责任本不属于妻子)。[11] 就"未来已经确定的婚姻"签订的"婚姻赠与"协议(1942年《意大利民法典》第785条),也是为了家庭义务的承担。实践中,只根据夫妻在婚姻关系存续期间所取得财产的归属来选择婚姻财产制度(例如仅采取夫妻共同财产制)的做法,几乎是闻所未闻的。

(二)家庭间协议不可更改原则与家庭社会组织稳定

《拿破仑法典》第1595条规定婚姻协议"不能在婚礼举行后修改",来源于该规定的"协议在婚姻关系存续期间不可更改"的严格原则(规定在1942年《意大利民法典》被废除的第162条,是对1865年《意大利民法典》第1382条、第1383条和第1385条的重复),曾在两部《意大利民法典》中都有效。[12] 那么,该规定的基础是什么?这是后续理解夫妻意思自治含义的关键步骤,也有助于了解有关规定的创新点。

需要着重强调的是,有关婚姻的协议总是在有财产介入的情况下签订的,以将财产的所有权和用途纳入协议。此外还需指出,如同1865

---

* 1942年《意大利民法典》第145条规定,丈夫有义务保护妻子,将妻子留在身边,并根据他的能力为妻子提供生活必需的一切必要条件。如果丈夫没有足够的经济来源,妻子应当对丈夫的基本生活提供帮助。——译者注

[11] Cfr. Ferrara, op., cit., p. 302.

[12] 似乎有一项规定违反了该原则,即已废除的1942年《意大利民法典》第162条的最后一款。但是该款规定与其说是实实在在地违反了该原则,不如说只是表面上的违背。该款规定,夫妻只有在法律特定的情形下,才可以在婚礼后签订婚姻协议,但无论如何不能更改已经订立的婚姻协议。因此,夫妻不仅不可以改变财产制度的种类,也不可以更改已采用的财产制度的内容。总之,更改只发生在嫁资形成或增加的情形下(1942年《意大利民法典》第178条),以及构建家庭财产的情形下(已废除的1942年《意大利民法典》第167条第3款)。因此,婚姻财产关系受到事先已签订的婚姻协议和法律的规制(已废除的1942年《意大利民法典》第159条,重复了1865年《意大利民法典》第1378条,现已废除)。

年和1942年《意大利民法典》中规定的那样,在严格的以农业且一般是不动产为基础的经济中,家庭财产是通过死因继承和婚姻加以传承的。因此,有关婚姻的协议产生于夫妻双方的原生家庭之间,这些协议就是"家庭间协议"(i patti tra famiglie,或"家庭协议")。由此,家庭构成必须"坚定地保障家庭所维系的多元且复杂的利益"[13]。

不动产意味着家庭的社会结构地位,而通过婚姻协议,这种地位得以在新的家庭中传承与延续。家庭间协议为即将诞生的核心家庭提供了必要的准备,因为新家庭映射出与(原生)家庭本质一致的生活方式、习惯和社会结果。在这个背景下,"协议在婚姻关系存续期间不可更改"原则得以正当化。人们想要借助该原则来避免一种情况,即夫妻生活和家庭生活中的焦虑不安,可能会影响到家庭的社会结构地位以及家庭团结。而这二者恰恰需要受到保障和捍卫,因为它们是维系社会组织的稳定剂。

类似地,需要强调的还有夫妻能够相互转移财产的自由,即对预先设定的财产制度的改变。在这个背景下,有一种禁止夫妻间赠予的严格禁令。由此,"在婚姻关系存续期间,夫妻双方不能赋予对方任何财产转移的自由",符合财产用途的财产转移除外(现行《意大利民法典》第781条,重现了1865年《意大利民法典》第1054条)。在夫妻继承领域,只允许继承人继承有限数额的财产(现行《意大利民法典》第540条,重现了1865年《意大利民法典》第812条)。这种机制通过保障财产在同一家庭内部的保存和流转,避免了财产的分割,社会结构正是在这种方式下得到了维持。这种做法的本质是,在财产传承中尊重多数人(意大利只在1866年取消过该制度)。另外,保障财产统一性也提高了财产的使用效率。

总之,"在父权制家庭中,相较于家庭生活,家庭的社会维度具有更大的价值",而且新的家庭(即由亲属一同组建的家庭)必须反映出原生家庭的社会地位。如此,人们可以从两种协同的视角来观察父权制家庭:一个是关于家庭社会地位的外部视角,这种社会地位体现在家庭间协议中,延续着社会关系的重要性;另一个关系到家庭生活管理的内部视

---

[13] Ferrara, op. cit., p. 306.

角,存在于"家主权力(夫权和父权)"的实践中,家主权力保障着家庭的整体性。第一个视角在观察家庭财产关系和家庭社会维度中必不可少;第二个视角主要涉及夫妻间以及夫妻与子女的个人关系。

不管是以何种方式实现的家庭统一,其本身便表达了一种价值。因为家庭统一意味着社会稳定,所以该价值无关家庭经济生活,而是由维系家庭资产的客观需求加以巩固。收入来源必然与家庭的阶级地位相关,而阶级地位又深刻影响着家庭的消费模式。一种实质上静态的经济,不要求家庭经济组织具有不断适应多变社会经济环境的能力,因此,人们也察觉不到为婚前选择的财产制度保留永久可协商性的需求。

(三) 家庭间协议不可更改原则和法定制度严格性原则

家庭间协议不可更改原则(即婚姻协议不可更改原则),其正当化还在于它能够解释"法定制度严格性"(indeformabilità dei regimi legali)原则,该原则在已废除的规则中具有成熟的效力。

一个普遍的观点认为,契约自由只允许人们选择法律规定的各种典型制度,这些制度"在本质上是不能被改变的"[14]。这个说法的理由在于,当时的习俗是在举办婚姻庆典的同时签署婚姻协议。如同我们看到的那样,婚姻协议的目标在于采用预防性的方式来为婚姻中的义务承担作准备。因为财产制度被认为是与婚姻义务制度交织在一起的,所以我们可以这样理解,不允许对这些制度进行更改,是因为这些制度反映了立法者针对满足家庭需求的手段和家庭生活模式作出的谨慎选择。

实际上,不乏这样一些人,在现行《意大利民法典》已废除的"禁止选择一项不同于那些法定制度的制度"规范还有效时,他们就忽视该规范的存在意义,并坚持认为双方可以通过协商来建立起一种更合适的制度,因为这种制度是双方实际共同决定的,且没有违反强制规定。[15]但这是一种纯技术型的解释,它并没有现实加以支撑,该现实就是这一原则在当时社会背景下的意义。婚姻协议的稳定性和财产制度的确定性,表现了

---

[14] Ferrara, op. cit., p. 297; Tedeschi, op. cit., p. 47.
[15] Cfr. Gangi, Il matrimonio, 3ª ed., Milano, p. 15.

当下现实的结构和功能,是一枚硬币的两面,它们同生死共存亡。

三、核心家庭中的夫妻协议 社会经济和制度创新

根据《意大利宪法》和1975年家庭法改革所描绘的家庭组织模式,人们在新的基础上重新提出了夫妻意思自治体系。* 与此同时,无论是家庭单位所处的经济环境,还是家庭的社会法律地位,都发生了改变。

(一)家庭所处经济环境的变革

在经济环境方面,生产经营(l'impressa)作为经济生活中无可争议的领导者,它的出现改变了社会关系的基本模式。将家庭先按照"收入等级"进行划分,进而按照行为等级来划分的做法[16],已经逐渐减少。相比于生产经营创造出的财富逐渐增加,强制和超前的消费模式则逐渐削弱;如此一来,在家庭和经济生活中,货币的替代性用途正在显现。在成熟的资本主义社会中,家庭取得财富的方式越来越多,这些方式通常是同时存在的,例如时薪(salari)、工资(stipendi)、奖金(premi)、盈利(profitti)、租金(rendite)、利息(interessi)或者政府津贴(sussidi)和补助(integrazioni)等;财产的形式总是动产,而生产交易活动作为财产形式,在家庭财产中的典型性较小。由于在核心家庭中,各种形式的收入混合到一起,因此家庭需要确定货币的使用方式。首先,家庭(根据基本的选择)或将其用于储蓄或

---

* 1975年5月19日颁布的《第151号法律》对1942年《意大利民法典》中的家庭法部分进行了修改。——译者注

[16] Cfr. Besta, La famiglia nella storia del diritto italiano, Milano, 1962, p. 25 ss.; Manoukian, Introduzione, in I vincoli familiari in Italia dal sec. XI al sec. XX, a cura di Manoukian, Bologna, 1983, p. 29 ss.; Ramella, Famiglia, terra e salario in una comunità tessile dell'Ottocento, ivi, p. 265 ss.; Testa, La strategia di una famiglia imprenditoriale tra Otto e Novecento, ivi, p. 393 ss.; C. Saraceno, La famiglia operaia sotto il fascismo, ivi, p. 409 ss.; Famiglia e mutamento sociale, a cura di Baragli, Bologna, 1977, specie Anderson, Famiglia e rivoluzione industriale, p. 141 ss.; La famiglia nella storia. Comportamenti sociali e ideali domestici, Torino, 1979, passim; Forme di famiglia nella storia europea, a cura di Wall, Robin e Laslett, Bologna 1984, specie Hajnal, Due tipi di sistema di formazione dell'aggregato domestico preindustriale, p. 99 ss.

将其用于消费。但同时也要做到:于前者,选择不同的储蓄方式;于后者,在核心家庭的不同需求[17]或者广告刺激下的多样选择中进行。

生产体系的工业化改革,决定性地消灭了"大家庭"的存在需求,从而也消灭了等级性组织和角色多样化的存在必要。一个所谓的核心或者浓缩家庭的产生,加强了家庭组织的内部结构,使其免受夫妻所属的原生家庭群体的影响。家庭角色的预先决定性逐步减弱,核心家庭正在进一步紧缩。妻子在生产活动和家庭外部其他活动中,可以直接获得个人报酬,有时为家庭经济带来的经济贡献甚至超过丈夫。

与经济体系转变的一般进程一致,家庭经济通过提升经济动力,已经从一种以享有并保留静态权利为基础的主观视角,转化为一种实用且客观的视角,这传达出对"勤奋夫妻"(coniuge operoso)概念清晰的支持。"勤奋夫妻"为促进家庭经济而行动(也包括只在家庭内部的行动)。借助经济发展现象中物权客观化和职能化的趋势,生产经营权得以渗透到家庭权利和家庭集体利益中,并且从长远来看,还能够渗透到国家经济利益中。[18]

作为法定家庭财产制度,1975年家庭法改革确定的共同财产制,借助在夫妻个人需求、财产使用需求以及法律交易准确性之间的一种持续平衡,也在向着这种客观视角转化。在夫妻一方维护共同财产利益与另一方捍卫经济创新利益的冲突中,立法者(部分地)牺牲前者来保护后者。一方面,生产经营的理由要比共有的理由更占优势,因为前者是财富创造活动(所谓动态财产),后者则是单纯的享有(所谓静态财产)。另

---

[17]　Cfr. Manoukian, Introduzione, in Famiglia e matrimonio nel capitalismo europeo, a cura di Manoukian, Bologna, 1974, p. 26 ss.; Weber, La dissoluzione della comunità domestica, ivi, p. 137 ss.; Ungari, Storia del diritto di famiglia in Italia, Bologna, 1974, p. 39 ss.

[18]　岑多(Cendon)观察到(Comunione fra coniugi e alienazioni mobiliari, Padova, 1979, p. 289 ss.),虽然家庭不是一个以盈利为目的的实体,但事实是,在家庭的各种本质目标中,也的确有维持并可能增加家庭成员经济福祉的目标。在适当的比例下,家庭对财产动力的需求在本质上和真正的资本公司并没有什么不同,至少对那些由于过度保护而使其潜在价值受到损害的资产来说是如此。V. anche Veniamin, Le régime dotal dans les codifications du XXe Siécle, in Rev. int. dr. comp., 1952, p. 13 ss., p. 50; Friedmann, A Comparative Analysis, in Matrimonial Property Law, a cura di Friedmann, London, 1955, p. 449 s.; Mertens, La valeur économique du travail ménager, in La femme dans notre société, 1965, p. 106; Verdot, De l'influence du facteur économique sur la qualification des actes《d'administration》et de《disposition》, in Rev. tri. dr. civ., 1968, p. 469.

一方面，在没有因指定的宣传或生产经营活动导致第三方不合理利益的情形下，循环以及市场的需求也居于夫妻利益之上。这些现象在新法典中并不陌生，1975年家庭法改革是对这些现象的准确体现。作为改革创新点的生产经营活动，以其所具有的特征被法律承认和保护。因此，这意味着"对夫妻双方行为的重视"，也意味着根据行为开展方式对行为进行保护，如消除性别歧视以及对妻子的行为施以法律保护。妻子的行为不能由于法典中家庭共同连带义务的表述，甚至碍于尊重婚姻权威，而在缺乏法律保护的情况下进行。

（二）家庭社会法律地位的革新

在家庭的社会法律地位层面，存在一种日渐成熟的认识，即家庭逐渐被剥夺了它具有的（社会的、经济的、宗教的）传统制度特征。现在的家庭是在它最真实、最持久的使命中形成的，它象征着所有家庭成员的需求、情感和抱负，是他们表达个性的特权地。这意味着家庭团体的组织自治在国家的干预和保护下得到了承认。这是意思自治的形象在家庭关系中的重要演变。

众所周知，在制宪会议期间，由第一次立法会议提出且得到议会通过的，家庭作为"自然社会"的概念（《意大利宪法》第29条第1款），曾是激烈讨论的对象，对该批准通过具有决定性意义的是多数人对该表述内涵的声明。莫罗（Moro）当时指出，这一概念旨在确立"相对于国家而言，家庭有自己的自主秩序领域，当国家介入该领域时，面对的将是它无法破坏或改变的现实"；拉皮拉（La Pira）补充道，这一概念表明了"一种自然法秩序，根据家庭组织的类型，该秩序需要一部宪法以及一个目标"。莫拉蒂（Morati）对这场辩论总结如下："这个概念……揭示了其规范性的特点，其目的是赋予家庭机构以原始的自主权，旨在限制未来立法者对其进行管理的权力。"[19]总之，承认家庭是一个"自然社会"，意味着对国家干预家庭组织设定了限制，而家庭生活则是由家庭关系自由开展所决定的，这就是家庭"意思自治"的基础。现行《意大利民法典》第1322条可

---

[19] Cfr. Lavori preparatori alla Costituzione.

以适用于家庭组织,因为根据《意大利宪法》第 29 条,家庭被普遍承认为"自然社会"。

《意大利宪法》第 29 条确立了"夫妻双方道德和法律平等"原则(第 29 条第 2 款),即夫妻双方的社会尊严和法律尊严平等原则。立法者此种做法更普遍的理由表明,该原则旨在结合经济发展和人文发展。据此,夫妻平等原则影响了整个家庭法改革。家庭统一不再(像过去一样)是法律赋予并强制实行的一种社会地位;反而,家庭统一体现了一种价值,在家庭统治下达成的协议实现并且保护着这种价值(现行《意大利民法典》第 144 条)。

此外,(《意大利宪法》第 29 条第 2 款规定的)夫妻道德平等和法律平等,并不是(《意大利宪法》第 3 条第 1 款规定的)性别平等原则的一个分支,而是权利实施"效力原则"(il principio di effettività)的进一步重要体现,并且还是(《意大利宪法》第 2 条最后一部分规定的)社会共同体义务。*

虽然国家不能据此来确定家庭组织需要达到的目的,但是国家必须设置不能逾越的界限,因为组织自治不能危及单个成员的人格。现行《意大利民法典》第 160 条规定了产生于婚姻的义务不可违背(相关义务规定在现行《意大利民法典》第 143 条以下),表达了宪法引入的新价值。

由此,产生了一种可以在两个层面加以适用的混合规范:一是利用家庭作为社会形态最隐秘最私人的一面,通过承认团体的组织自治且允许夫妻借助离婚消灭该自治的权利,个体的人格得以开展;二是在家庭破裂时,为保护子女、未成年人或夫妻双方中弱势一方,将家庭生活置于公共管控下。这些家庭存在于现实之中,它们虽然受到民法规范保障,但因它们也具有公共意义,所以还受到刑法的保护(《意大利刑法典》第 570 条)。

司法裁判也是多种监管方式的一部分,它越来越多地将夫妻的个人

---

* "效力原则"是一项宪法基本原则,是对个人权利绝对的司法保障。Cfr. Patroni Griffi, Il Giudice Amministrativo e L'Europa, in Principi generali del diritto, diritti fondamentali e tutela giurisprudenziale: Nuovo questioni, a cura di L. Daniele, A. Buratti, Roma, 2019, p. 17.——译者注

保护与家庭组织的"经验"联系起来,从而与夫妻一方的集体义务联系起来。[20] 与此同时,宪法法院通过扩张公共部门的干预,扩大了公共管控在程序效力上的范围。[21]

在立法方面,1995年5月31日《第218号法律》(该法律代表着意大利国际私法体系的改革)表达的态度很重要。其中根据第29条、第30条和第31条的规定,在没有国家共同法律的情况下,夫妻个人和婚姻关系、法定分居和婚姻解除由"婚姻生活"所在国的法律来规制。

(三)夫妻协议的本质

这就是现在我们谈论的夫妻意思自治问题的背景。由于被剥夺了传统的社会和经济功能,现在的家庭建立在情感最为紧密的夫妻和子女关系上。夫妻和子女按其资产和工作收入能力比例,一同为满足家庭需求作贡献(现行《意大利民法典》第143条和第315条)。从未成年子女财产的合法用益权中获得的财产,也将用于维系整个家庭以及所有子女的教育和抚养(现行《意大利民法典》第324条),而不会优先考虑拥有该财产的子女。此外,提供抚养费的义务植根于浓缩家庭团体的连带效力中(受赠人的义务除外)(现行《意大利民法典》第433和437条)。因此,关于核心家庭生活管理的协议基本上是在夫妻之间达成的,它们是婚姻协议而非家庭间协议。

另外,工作机会与条件以及夫妻可用资源持续不断地变化,要求家庭

---

[20] 1970年12月1日《第898号法律》第6条第6款规定,"任何情况下,为了分配家庭住宅……法官必须保护夫妻中弱势一方"。意大利最高法院拒绝了对不动产不享有任何物权或其他权利的夫妻一方的居住权,前提是该方不是未成年子女监护人(affidatario),或没有与不具有经济能力的成年子女同住(Cfr. Cass., Sez. un., 28 ottobre 1995, n. 11297; Cass., 16 marzo 1996, n. 2235)。同样地,虽然《第898号法律》第5条第6款规定,夫妻一方有义务定期向"没有足够财产或因客观原因无法获得财产"的另一方提供补助,但是意大利最高法院对婚姻关系存续期间的补助给予了绝对的重视,认为在一段"短暂"的婚姻中,没有必要确保较不富裕的夫妻一方(在离婚后)享受与婚姻关系存续期间一样的生活水平,因为该方对家庭的经营和精神统一的构建没有任何贡献(Cfr. Cass., 29 ottobre 1996, n. 9439; Cass., Sez. un., 29 novembre 1990, n. 11490)。相反,意大利最高法院强调了夫妻双方对家庭经营的个人贡献和财产贡献标准,其唯一的特点是对贡献的举证责任,其中也涉及双方分居的时间(Cfr. Cass., 15 febbraio 1995, n. 1616; Cass., Sez. un., 29 novembre 1990, n. 11490)。

[21] Cfr. Corte cost., 9 novembre 1992, n. 416.

经济组织也要持续不断地调整。婚姻协议受婚姻生活轨迹影响产生的变化,与家庭规划或者实际取得的经济资源的变化保持一致。这是现行《意大利民法典》第 162 条的基础,根据该条,"可以在任何时候订立"婚姻协议。

四、(续)意思自治的实施和家庭弱者保障

为了刻画家庭组织中意思自治的现行基础,确定并核实可更改性原则的含义,需要重建本质上属于意思自治的一般性限制,并进一步确认婚姻协议条款中具体限制的内容。[22]

我们首先从一般性限制谈起。根据现行《意大利民法典》第 160 条的规定,夫妻双方不能违反"法律为了婚姻效力规定的"权利和义务。夫妻双方既不能通过约定违反个人权利,也不能通过约定违反衍生于婚姻的夫妻相互性财产权利(第 143 条及以下)。违反个人权利的约定,既因违反忠实(fedeltà)、协助(assistenza)、同居(coabitazione)、合作(collaborazione)的相互性权利义务而无效,又因违反基于约定建立家庭生活的组织性规范而无效。相对应地,违反相互性财产权利的约定,既因违背夫妻双方的贡献义务而无效,又因违反比例性规则而无效。同样,关于管理合法共同财产,违反管理规则以及份额平等规则的约定无效(现行《意大利民法典》第 210 条)。如同笔者在其他文章中提到的,公平的管理是一个公平组织的表现。[23] 此外,因为从婚姻中衍生出了对子女承担的强制性义务,所以损害子女个人和子女财产的条款也是无效的。现在的公共干预,反而通过那些基于父母权利制定的规则,变得更加深入。

对比夫妻传统地位的不一,夫妻地位的统一体现出夫妻之间取得了法律上的平等。这是一种价值(虽然取得该价值的时间较晚),它可以被理想地纳入为统一权利主体而制定的公民权利清单。20 世纪宪法的特

---

[22] Cfr. Donisi, Limiti all'autoregolamentazione degli interessi nel diritto di famiglia, in Famiglia e circolazione giuridica, a cura di G. Fuccillo, Milano, 1997, p. 5 ss.

[23] Cfr. F. Bocchini, L'amministrazione dei beni in comunione legale, in Diritto privato. L'invalidità, a cura di Furgiuele, di prossima pubblicazione.

殊性在于,除了权利清单,它还包括一个价值目录以保证这些权利的有效行使,从而使公民的人格在各种社会关系中得到实际体现。在这个意义上,夫妻的"道德平等",作为他们社会尊严平等的表现,体现了家庭关系新型且重要的特征,因为道德平等除了承认夫妻平等的行为自由,还保障了夫妻人格的实现。财产分离当然能更好地保证个人的(平等)自由,但采纳财产共有作为法定制度,是社会关系管理中一种较为新型的思想流派。[24]

在这个背景下,现行《意大利民法典》第 160 条禁止夫妻双方协议违反婚姻权利和义务,发挥了《意大利宪法》第 29 条中平等原则的支撑和保障功能,该功能不仅仅对夫妻间歧视,还对夫妻尊严的自我制约起到了不可逾越的限制作用。

在《意大利宪法》第 29 条的保障下,现行《意大利民法典》第 161 条禁止夫妻一般性地援引外国法律或习俗来规制财产关系。要求明确说明协议的内容,是为了避免夫妻一方被迫签署一个未知的财产制度。这是对一种一般性价值"透明"的保护,实现这种保护必须对缔约加以监督。在特殊情况下,这也避免了人们通过忽略约定中的内容来逃避现行《意大利民法典》第 160 条的禁止性规定。此外,第 161 条的规定仅限于对缔约模式的要求,该模式并不对约定的内容产生影响。因此,对内容的限定需要寻求其他规范。除了对意思自治的一般性限制,现行《意大利民法典》第 160 条还规定了单个婚姻协议订立的特别限制,将在接下来的段落予以论述。为此,根据婚姻协议是否确定家庭生活方案以及方案实施方式(所谓主要制度),或者是否涉及家庭财产制度的选择以及对单个财产归属和用途的法律条件(所谓次要制度),可将不同的夫妻协议划分为两大类。下面一节将致力于讨论第一大类,第六节则讨论第二大类。

---

[24] Cfr., in particolare, Bin, Rapporti patrimoniali tra coniugi e principio di eguaglianza, Torino, 1971, p. 93 ss.

五、引导和助力家庭生活的夫妻协议

(一) 夫妻协议的概念

首先要指出的是,同另一种(后面将要讨论的)协议相比,法律在文字表述中凸显了这类协议的特殊性,既因为这类有关婚姻的协议没有使用婚姻协议那种模式,也因为法律没有为其制定规则。由于这类有关婚姻的协议是决定家庭生活方案的固有约定,因此可以使用"夫妻协议"(gli accordi coniugali)来表示,以将这种协议和在法律中具有准确技术含义的婚姻协议区分开。

因此,现行《意大利民法典》第144条为夫妻协议确定了一个家庭组织的一般标准:夫妻双方都具有共同确定家庭生活方案的义务(第1款);夫妻任一方都有权落实这种已经确定的方案(第2款)。由此,可以从两个密切相关的视角来观察家庭组织:一个致力于确认在家庭治理中协议的签订,另一个则旨在确定家庭生活方案的内容。

(二) 作为家庭治理规则的夫妻协议

关于第一个视角,第144条在规定以协商一致的标准作为确定家庭生活方案的方法时,仅限于表达一项原则性的声明,表明夫妻平等以及在家庭组织中永久实现该平等的方法。[25] 协商一致的标准不仅是对行为的主观要求,而且它必须由双方共同作出。作为夫妻行为的规则,在家庭生活规划中,协商一致的标准必须遵守平等原则。"夫妻共同商定"这一表述应理解为夫妻双方平等地参与对家庭生活方案的确定。目前,与国外(特别是美国)的一些经验不同,夫妻双方签订婚前协议或者在婚姻关系存续期间签订协议来规范家庭生活的现象,仍然是很罕见的。[26] 即

---

[25] 立法报告以一种意义深远的方式来表述:"必须鼓励夫妻双方一起协商,一起决定";报告更进一步指出"协议是所有家庭在家庭生活的时时刻刻都应该实现的目标"。

[26] Cfr. Oberto,《Prenuptial Agreements in Contemplation of Divorce》e disponibilità in via preventiva dei diritti connessi alla crisi coniugale, in questa Rivista, 1999, Ⅱ, p. 171 ss.

使夫妻双方签订了协议,也很难找到完整和明确的涉及家庭生活方案的协议,就像改革赋予夫妻商定家庭生活方案的权利(第144条第2款)所暗示的那样。

由于组织多样性以及组织成员实现稳定的独特性,人们无法事先标准化家庭生活的模式,而只能确定各种(相同的或相互的)强制性义务的类型。在这个领域中,协议的规则作为一种一般性条款,它只能根据实践中具体采用的家庭模式作出决定。通过协议中的规则,理想家庭模式的确定拥有了一个非立法性的渊源。而正是由于这种协议,该渊源获得了法律意义,并对夫妻双方都具有约束力。因此,协议(或更为常见的意愿)在成为调整婚姻关系的规范时,要遵守法律规范的评价兼容性特征,协议不仅要全面地评价整个体系,还要特别注意夫妻的平等(和互惠)原则,而且协议本身也是实现该原则的参考。[27]

(三)确定家庭生活方案的夫妻协议

关于第144条提到的第二个观察视角,需要提到的是,经济关系和家庭所处的社会环境的多变性,使得人们对家庭生活方案很难作出稳定的规划。特别是在婚前,夫妻可能会就共同生活中双方都认为重要的方面达成一般性协议,例如,子女的生育和成长、夫妻双方的工作、家庭住所以及如何满足经济需求。但是,在协议有效的情况下,即使是一些非常抽象的指示,也注定要被接下来的一系列变量左右,例如,意料之外的子女以及他们的成长,经济、社会、生物、环境等因素,这些情形和因素可能会也可能不会和事先确定的方案相一致。

决定婚姻财产义务时的参考因素(夫妻的资产以及他们的职业或家庭工作能力:现行《意大利民法典》第143条第3款),在家庭生活中具有可变性,以防止义务的"僵化"。夫妻之间协商所达成的任何规则只是夫妻行为的一个时刻或一个方面,夫妻行为的整体才能体现出他们事后重

---

〔27〕 司法裁判施加给夫妻一种订立协议的义务,体现他们更加广泛的合作义务;夫妻就通过单个决定而达成协议的意愿,体现了他们履行从婚姻衍生出的合作义务的程度。Cfr. Cass., 9 maggio 1985, in Corr. giur., 1985, Ⅰ, p. 1134, con nota di Ferrante.

新确定的家庭生活方案。然而,夫妻双方总是可以根据婚姻关系法律规定的强制性,来摆脱仅由一方强加和/或维持的家庭政策,或避免不再符合家庭组织现状的后果。

确定家庭生活方案对实施意思自治产生的影响显而易见。比例性标准不可违背已经得到证实,因此可以说,夫妻可以确定比例性标准的行使模式,从而确定对家庭生活的贡献模式,并通过这些来调整家庭生活的方案。

意思自治的实施涉及所有家庭成员的利益。第144条规定夫妻应该根据"家庭的首要需求"共同确定家庭生活方案。事实上,连带效力将家庭组织中所有成员的个人需求聚集在一起,任何成员的个人需求也是所有家庭成员的共同需求。

确实,家庭成员的人格可以从两个维度加以实现:第一个是主体存在和个体实现的维度,因此也称个人利益的实现[28];第二个则是实现家庭组织生活特征的维度。要满足的利益是归属于家庭中的个别成员(如夫妻一方或子女的医疗保健,个别子女的学费)还是归属于家庭中的所有成员(如家庭住宅的装修工程),这一点并不重要。重要的是,根据所有家庭成员承担的连带性义务(il dovere di solidarietà),实现的个人利益的结果归属于所有成员,因此个人利益的实现也是所有成员利益的实现。所以,确定个人利益享有的共同性特征时要符合兼容性要求,在具体情况下,考虑到家庭组织的资源和实际采用的家庭模式,个人利益要和其他家庭成员的利益兼容并存。

确定家庭生活方案是夫妻意思自治的一种实施方式。[29] 这种自治可以通过明确的约定实现,或者通过行为默认的方式实现。无论如何,自治的实现都与集体自治相关,因为集体自治致力于实现一个共同的目标,即家庭所有成员利益的综合。正是因为夫妻意思自治,家庭的共同行为得以不受制于特殊的形式,进而持续地发展,如同家庭各个成

---

[28] 坎帕尼亚(Campagna)认为,这种利益的主体是个人,而不是组织"成员"(Famiglia legittima e famiglia adottiva, Milano, 1966, p. 68)。

[29] Cfr. Falzea, Il dovere di contribuzione, in questa Rivista, 1977, Ⅰ, p. 617.

员不断变化的需求一般,与此同时,这些需求反过来对意思自治起到促进作用。[30]

很明显,《1975年改革法》与现行《意大利民法典》规范相互独立。在现行《意大利民法典》调整下的家庭组织中,缔结婚姻时,通过确定对新家庭团体的贡献,并相应地承担婚姻关系存续期间应履行的基本财产义务,意思自治可以在多个家庭间关系中得到实施(而与此同时,过去的多个家庭间关系以丈夫作为家主所拥有的权力统一体为基础展开)。而在《1975年改革法》之下,一方面,是夫妻的意思自治而不是家庭自治得以实施;另一方面,自治不仅具有规划和组织财产贡献与相关行为的功能,而且具有规划和组织家庭生活本身的功能(家庭的团结是由家庭生活的一体性,以及希望和维护家庭生活的共同承诺来保证的)。

构建家庭财产基金的婚姻协议也以这种方式实施意思自治,其目的是满足家庭需要(现行《意大利民法典》第167条)。* 但是财产基金对个人财产状况的影响,也使得财产基金成为涉及个人法律地位的协议的本质问题(接下来将予以讨论)。

六、涉及财产归属和用途的婚姻协议

(一)婚姻协议的概念

正如我们所看到的,法律为第二类夫妻协议保留了"婚姻协议"的技术性表述(现行《意大利民法典》第159条和第162条)。当然,从这种表述方式的普遍性来看,该表述可以包括夫妻间或夫妻与第三方订立的与

---

[30] Cfr. Santoro Passarelli, L'autonomia privata nel diritto di famiglia, in Dir. e giur., 1945, p. 3 ss., poi inserito in Saggi di diritto civile, Ⅰ, Napoli, 1961, p. 381 ss. Vedi anche le pagine di Rescigno, L'autonomia dei privati, in Persona e comunità, Ⅱ, Padova, 1988, p. 430 ss.; Id., Appunti sull'autonomia negoziale, ivi, p. 472 ss.

* 现行《意大利民法典》第167条第1款规定,任何一方配偶或配偶双方或第三人都可以为家庭的需要以公证的方式、遗嘱的方式将特定的财产、不动产、应当进行登记的动产或证券设立为家庭财产基金。参见《意大利民法典》,费安玲、丁玫译,中国政法大学出版社1997年版,第58页。——译者注

婚姻有关的任何协议。但是该规则(前述两条规定)的本意是为了给这种表述附加上一种更具限制性的含义,即对家庭法定财产制度的违背,现行《意大利民法典》第 159 条的明确规定正表达了这种含义。* 根据第 159 条的规定,家庭法定财产制度"在不存在据第 162 条规定签订的协议时,为共同财产制"。而第 162 条的标题正是"婚姻协议的形式"。这两条规则都被放在关于家庭财产制度的"一般规定"中。

(二) 婚姻协议与家庭财产基金

但是需要强调的是,涉及"家庭财产制度"的现行《意大利民法典》第一编第六章第六节也包含了财产基金的管理规则,当然这个不是家庭的婚姻财产制度,而是一种可以与其他任何制度共存的、具有协助作用的制度。虽然法律没有明确规定财产基金协议是原第 162 条规定的婚姻协议,但是法律规定的这种机制正含此意。此外,现行《意大利民法典》按照第 163 条的字面含义,要求更改婚姻协议的公证书除非是在"所有协议当事人或其继承人同意"的情况下制定的,否则不具有效力。这明确表示,婚姻协议中除夫妻双方以外的其他当事人只存在于建立财产基金场合。[31] 这个结论来自立法规则。

财产基金在法律规范中具有双重含义。一方面它在功能上是为了"满足家庭需要"(现行《意大利民法典》第 168 条);但另一方面,它并不是通过对夫妻施加行为义务来追求这一结果,而是通过单独赋予每项财产使用效力来实现。特别是在财产使用具有特定目的时,财产使用将关系到为实现目标预先设置的手段性规范,这种现象正逐渐增加。[32] 根据特定目标,财产基金制度确立了法定财产共有制的例外规则。现行《意大

---

* 现行《意大利民法典》第 159 条规定,在未按照本法第 162 条的规定进行约定的情况下,法定家庭财产由受本章第三节调整的共同财产构成。参见费安玲、丁玫译,见前注,第 56 页。——译者注

〔31〕 这个是司法裁判确定的原则,参见 Cass., 1° ottobre 1999, n. 10859; Cass., 19 novembre 1999, n. 12864; Cass., 6 aprile 1995, n. 111。

〔32〕 一般性论述参见 Rascio, Destinazioni di beni senza personalità giuridica, Napoli, 1971; La Porta, Destinazione di beni allo scopo e causa negoziale, Napoli, 1994。有关财产基金的特别论述参见 T. Auletta, Il fondo patrimoniale, in Il codice civile. Commentario, diretto da Schlesinger, 1992, p. 27 ss.; 司法裁判参见 Cass., 29 novembre 2000, n. 15297; Cass., 28 novembre 1990, n. 11449。

利民法典》第169条规定,当有子女存在时,除非是在基金设立文书(l'atto di costituzione)中明确规定或法律授权(根据《意大利民法典实施规则和过渡性规则》原第32条的规定,需由检察机关同意)*,否则财产基金的资产不能转让、抵押、质押或在其上设立其他任何一种约束,有明显必要或需要的情况除外。此外,根据第171条的规定,即使婚姻失去效力,即婚姻解除或婚姻民事效力终止,该基金仍持续成立直到最后一个孩子成年。现行《意大利民法典》第170条、第189条和第190条规定的财产执行条件和方法各不相同,而恰恰是这些关于法定共有财产的不同规定,使得人们通过公证建立的财产基金与婚姻协议相当,成为违背第159条规定的法定财产制度的手段。由此,第162条及以下同样适用于财产基金。并且基金设立需要在结婚证中进行(永久性)公示。

(三)婚姻协议与家庭财产制度

实际上,第162条中使用的"婚姻协议"一词具有广泛的含义,它包含了所有规范家庭财产制度的协议。这些协议决定了夫妻财产归属或去向或多或少地异于法定财产制度或者采用的其他不同财产制度所产生的后果。特别是,在缺乏有关财产的共同目标时,私人自治只构成家庭财产制度的次要内容。这时,婚姻充当了利益安排合理性的前提,并由此赋予了当事人意思自治的特征,该当事人在夫妻利益规划中实施意思自治,受制于调整夫妻利益的规范,这种规范(在某种程度上)不同于那种调整普遍私人自治的规范。上述结论不仅适用于采用约定共有制**(或者重新采用法定共同财产制)以及建立财产基金的情形,而且也适用于选择财产分割制度的情形(现行《意大利民法典》第217条和第219条)。另外,夫妻利益规划还可以通过引导尚未实现的法律情形,对未来和最终的利益进行安排;这类似于利益规划可以通过行使它在个别法律情形中固有的

---

* 《意大利民法典实施规则和过渡性规则》(Disposizioni per l'attuazione del codice civile e disposizioni transitorie),于1942年3月30日颁布。——译者注

** "约定公有制"是法定共同财产制度的一种。根据现行《意大利民法典》第210条的规定,夫妻双方可以通过婚姻协议约定法定财产共有制的财产范围。参见费安玲、丁玫译,见前注,第67页。——译者注

处置权利,来对现有利益产生影响。即使确定资产归属和资产使用行为不符合婚姻财产制度(或以前通过的制度),也同样受到第 162 条及以下条款的约束。

因此,婚姻协议一方面是在一般性财产制度基础上具有计划性的协议,比如(协议)选择财产分割制度或者重建法定共有制度;另一方面则是基于财产制度单个方面的计划性协议,因为协议修改了法定财产制度(约定共有制),或规划了仍需赚取的每项财产的归属和使用,或影响了现存每项财产的状态(所有权和使用权)。然而,法律虽然明确规定了财产制度的一般性选择,但是却没有类似的规范性参考来帮助决定具体细节(因而被大多数人忽视[33]),所以需要对此进一步研究。

七、夫妻共同财产客体的变更

(一)夫妻共同财产客体可变更的背景

愈来愈多的法律规范证实了婚姻协议内容广泛的重要性。一方面,现行《意大利民法典》第 210 条第 1 款和第 2 款在文义上允许配偶"修改共同财产制",将法律上不构成财产的"物品"涵盖其中,但前提是它们

---

[33] Cfr. per tutti Gabrielli-Zaccaria, Comment. dir. it. fam., diretto da Cian, Oppo e Trabucchi, V, Padova, 1992, p. 397 ss.; Laurini, Sul rifiuto del coacquisto da parte del coniuge in comunione legale, in Scritti in onore di G. Capozzi, I, 2, Milano, 1992, p. 745 ss. 广泛性的参考, v. Quadri, Della comunione convenzionale, ivi, III, p. 390 ss.; Gabrielli-Cubeddu, Il regime patrimoniale dei coniugi, Milano, 1997, p. 294 ss.。关于婚姻协议功能更广泛的含义,即将财产置于特定的所有权、管理和流通制度之下,参见 Roppo, voce《Convenzioni matrimoniali》, in Enc. giur., Roma, 1988, p. 2; Sacco, op. cit., p. 329。关于将婚姻协议归于单纯的婚姻财产制度选择的角度,参见 Russo, Convenzioni matrimoniali, Milano, 1983, p. 152 ss。有观点坚持将婚姻协议视为合同,但是却赋予婚姻协议一项功能,来协调"总是超越合同当事人个人领域"的利益,因此婚姻协议也被认为是"特殊的合同",参见 Moscarini, Convenzioni matrimoniali in generale, in La comunione legale, a cura di Bianca, II, Milano, 1989, p. 1003 ss。关于 1942 年《意大利民法典》规定的婚姻协议和婚姻契约之间的关系,参见 Busnelli, voce《Convenzione matrimoniale》, in Enc. del dir., X, s.d., ma Milano, 1962, p. 512 ss。该作者赋予婚姻协议旨在规制,且或多或少完全规制婚姻财产状况的含义,与此同时他认为婚姻契约是使一个或多个协议合法的形式性手段。

与第 179 条第 c 项、第 d 项和第 e 项规定的物品不同*;另一方面,现行《意大利民法典》第 2647 条第 1 款规定了需要登记的婚姻协议:"如果以不动产为标的……从夫妻共同财产中排除不动产的婚姻协议。"**因此,两条规定促生了夫妻的一般权利,以规划在共同财产中纳入按照法律规定不属于共同财产的那部分,或者排除按法律规定属于共同财产的那部分。

现行《意大利民法典》第 2647 条规定,只有在共同财产中排除不动产的婚姻协议需登记,该条意在否定扩大共同财产客体的权利。这个规定的合理性在于,它确认了夫妻在缩减共同财产客体方面的权利,否则该规定将会产生疑问。如果缩减共同财产客体的协议需要登记,为了最大化的合理性,那些增加共同财产客体的协议也必须登记,这是法律规定的制度。在两种情形中,共同财产客体的变更导致了共同财产制度的改变。第 2647 条第 2 款规定中"以后……将不再属于夫妻共同财产的不动产,也需要按照前款规定进行登记"的"也"暗示着,规定了财产并非将来而是现在已经不再属于共同财产的婚姻协议也需要登记。*** 更广泛地说,应该指出,第 210 条第 2 款的精确措辞(如上所述)有利于扩张共同财产的客体,因为它只对在共同财产中纳入新财产施加了一种消极的限制。共同财产中不能包括与夫妻个人领域有关的财产(即第 179 条第 c 项、d 项和第 e 项所规定的财产),由此来赋予在共同财产中纳入其他财产的广泛自由。

---

* 现行《意大利民法典》第 210 条第 1 款规定,在不与本法第 161 条的规定相抵触的情况下,夫妻双方可以根据本法第 162 条的规定以协议的方式修改法定夫妻共有关系;该条第 2 款规定,本法第 179 条第 c 项、第 d 项和第 e 项规定的财产不属于协议共同财产的范围。第 179 条规定,下列物品不构成夫妻共同财产,属于夫妻个人所有:……c.属于个人使用的物品及其附属物;d.属于配偶一方的职业用品;但是,属于夫妻共同财产的、用于企业经营的财产不在此限;e.因损害赔偿以及因部分或全部丧失劳动能力而获得的赔偿。参见费安玲、丁玫译,见前注,第 67 页。——译者注

** 《意大利民法典》第 2647 条第 1 款规定,如果以不动产为标的,则家庭财产基金的设立,从夫妻共同财产中排除不动产的婚姻协议,解除夫妻共有的文件和决定,根据第 179 条第 c 项、第 d 项、第 e 项和第 f 项的规定取得由夫妻双方分别承担的家庭财产基金中的个人财产,属于夫妻一方的、非公有财产中的个人财产或者不再属于公有财产的个人财产的文件,应当登记。参见费安玲、丁玫译,见前注,第 703—704 页。——译者注

*** 《意大利民法典》第 2647 条第 2 款规定:以后将属于家庭财产一部分或将不再属于夫妻共同财产的不动产,也需要按照前款规定进行登记。参见费安玲、丁玫译,见前注,第 704 页。——译者注

(二)夫妻共同财产客体的扩大

从一个不同的视角出发,需要强调的是第 210 条第 3 款(不可违背规定法定共同财产客体的财产份额均等)在缩减共同财产客体权利中起到的限制作用。[34] 实际上,该款并不涉及财产协议共有的具体模式,只是"有限"地规定了法定共同财产的客体需遵守份额均等和行政管理的相关规定。换句话说,法律只是确定了一个不变的最低标准,因为在一个(即使是协议形成的)共同财产制度中,如同组织平等的表述那样,至少要保障第 177 条和第 178 条中规定的财产类别的份额均等和管理平等。[35] 但是在这种情形下,夫妻一方仍可以自由地将其低于一半份额的私人财产出售或捐赠,或在其上为他人设置权利(现行《意大利民法典》原第 179 条)。

然而,还存在一些其他支持扩大共同财产客体的规定。根据现行《意大利民法典》第 211 条的规定,对于夫妻一方在婚前承担的义务,该方按照双方根据现行《意大利民法典》第 162 条签订的协议,以其婚前所有的财产价值在共同财产中的份额有限地承担责任。夫妻双方将一方的婚前财产纳入共同财产,必然意味着对具体财产的提及。此外,1975 年 5 月 19 日颁布的《第 151 号法律》(即前述《1975 年改革法》)第 228 条的过渡性规定提到并且主张一种可能性,即允许夫妻双方将在本法生效前取得的财产纳入共同财产制中,以免缴"税收和费用"(imposte e tasse)。[36] 此外,现行《意大利民法典》第 191 条第 2 款文义上规定了通过婚姻协议

---

[34] Cfr. De Rubertis, La comunione convenzionale tra coniugi, in Riv. not., 1989, p. 19 ss.
[35] Cfr. nostro L'amministrazione dei beni, cit.; Corsi, Il regime patrimoniale della famiglia, II, Milano, 1984, p. 75.
[36] 但是,意大利最高法院将第 228 条第 3 款规定的税收优惠,仅限制在夫妻一方将《1975 年改革法》生效前获得的财产纳入合法共同财产的婚姻协议,并且婚姻需持续有效。意大利最高法院赋予第 228 条一项独有的功能,即允许夫妻双方将新的财产制度协调于婚姻存续的整个期间,因而夫妻双方可以将在婚姻缔结后但是在《1975 年改革法》生效前单独取得的财产也纳入法定共同制(所谓纯粹的共同制)中。Cfr. Cass., Sez. un., 18 febbraio 1999, n. 77, in Fam. e dir., 2000, p. 221, con nota di Caravaglios; analogamente Cass., 22 febbraio 2000, n. 1973.

来解散夫妻共同经营的企业。*

(三)夫妻共同财产客体可变更的原因

最后,需要讨论另一个因素。根据现行《意大利民法典》第180条的规定,夫妻双方可以共同进行特别管理行为,因此可以(有偿或无偿地)处置共同财产。否定婚姻协议可以决定单项资产的状态,会导致一个荒谬的结果,即夫妻有权利将共同财产出售或捐赠给第三方,但没有权利将上述财产划分为普通份额的共有,更没有权利将某一项资产的排他所有权集中在夫妻一人手中。换句话说,在特别管理的(共同)行为下,所有的共同财产很可能通过转让给第三方而被耗尽,而各单项资产却不能为了夫妻一方的利益而得到处置。

实际上,需要深入地看待前述问题。这首先是一个相当常见的观点,即为了利于财产分割,如果可以协商取代法定共同财产制,那就更有理由承认减少(或扩大)共同财产客体的可能性。

但是,也存在另外一种评价性且决定性的观点来支撑夫妻变更共同财产客体的一般权利。正如我们看到的,婚姻协议已经失去了其作为"家庭组织宪章"的传统特征。这种特征在1942年《意大利民法典》中仍然存在,其主要表现是婚姻协议具有实质的不可更改性(现行《意大利民法典》已被废除的第162条)。由于所谓核心或浓缩家庭已经取代了所谓大家庭或父权制家庭,成为家庭组织的普遍模式,因此,夫妻已经完全自主地决定双方间的财产关系规制:婚姻协议成为调节夫妻关系的次要内容即财产内容的工具。

另外应加以强调的是,解除法定制度的诉求往往是出于规范个人关系的需要,而不是产生于对财产普遍性规范的需求。众所周知,实践中公

---

* 关于此点,参见 Laurini, L'esclusione parziale della comunione legale, in Riv. not., 1985, p. 1077 ss.。但是作者认为这是一种例外。2015年5月6日颁布的《第55号法律》第2条第1款为现行《意大利民法典》第191条新增了第2款,文中提到的原第2款现为第3款。现行《意大利民法典》第191条第3款规定,在涉及本法第177条d项规定的企业时,夫妻共有关系的终止可以由双方按照本法第162条规定的程序协商决定。参见费安玲、丁玫译,见前注,第64页。第177条规定了夫妻共有财产客体的种类:下列财产属于共有财产:……d.婚后设立且由夫妻双方共同经营的企业。——译者注

证员的登记顺序是,先登记建立了财产分割制度的婚姻协议,然后再登记有利于夫妻一方的转让行为,并依次对财产编号。因此,在符合法律规定的理由之外,承认夫妻具有违背法定共同财产制的权利似乎更为简单,甚至当财产制度关系到具体财产时亦如此。实际上,约定共有制的意义在于,它是一种法定制度的候补制度,只要夫妻不接受这种制度,那么他们就会一致同意用有利于财产分割的制度取代它。增强夫妻在决定共同财产客体方面的自治(这也是放弃法定财产制度的主要原因),常常意味着避免夫妻一同走向财产分割这一不可避免的终点。

与此同时,也不能相反地认为,这种方法将会以牺牲夫妻中较弱势一方的利益为结局,完全地耗尽法定共同财产制的财产客体。很多情况下较弱势一方并不能否认夫妻双方缩减法定共同财产客体的主张,如果夫妻一方不能在口头上尝试反对限制法定共同财产客体的主张,很明显他/她更没有力量反对一个订立财产分割协议的主张!保护在资源分配场合中夫妻较弱势一方,实际上是通过同意维护该方的地位实现的。同意的形成常常和社会的经济性动机相关联,如果想要拥有有效的意思自治自由,就必须考虑到这些动机。[37] 从目前的情况来看,《1975年改革法》对共同财产制的支持,倾向于扩大而不是缩小对意思自治范围的解释。在法律规定的范围内,利用对特殊核心家庭需求有帮助的共同财产制度,可以避免夫妻(或者是表示同意的夫妻一方)更轻易地(根据一个不断升高的标准,特别是在经济较为发展地区或该地区的社会阶层中)进行财产分割。

实际上,对较弱势一方的保护,只可能来源于扩大不可违反的规则的规制范围,一同扩张的还有法定财产制度的客体。此外,家庭法领域的改革法首次得到适用的经验,也提供了一个不同的、鼓励法定共有制的模式。

在《1975年改革法》生效后的两年时间中,根据该法第228条的规定,人们广泛地将资产纳入共同财产。经夫妻双方同意,在改革法生效前

---

〔37〕 在重新平衡消费者缔结格式合同权利的规范时所进行的"长征",就是关于该方面的一个重要证据。

取得的财产可以通过免税的方式成为共同财产制的客体,在涉及后续的权利转移时也是如此。

在共有制规则缺失的那段短暂时间内,鼓励支持增加共同财产的原因众所周知:利用免税转移财产的可能性,人们期望减少集中在夫妻一方手中的家庭财产的税率(le aliquote di imposta)。这种已经过时的做法可能会为旨在家庭经济中建立集体元素的改革提供有益的因素。在税收普遍审查的机制下,人们可能会考虑对法定共同财产进行税收。这需要等待有机的立法干预,重新划定夫妻的个人财产和共同财产之间的界限,确定少量却有约束力的共同要素。

八、法定财产制度的可塑性

在改革后仍然盛行的一种思想认为,不能违背法定财产制度以及该制度产生的婚姻协议典型性原则。[38]

但如同我们看到的,这项原则以在父权制家庭中实施意思自治为特征,这种家庭没有现行的立法基础。前面已经指出,传统的家庭间协议必然要涉及对新家庭产生的贡献,因此也涉及关系到妻子(原生家庭的)贡献的丈夫的行为。现在,现行《意大利民法典》第143条及以下已经确定了责任贡献机制的强制性,嫁资制度也已经废除。因此,并没有理由再去反对典型制度的变形,只要非典型财产制度或混合财产制度遵守婚姻责任的不可违背性(现行《意大利民法典》第160条),就有理由承认它们。法定财产制度不可违背原则的历史和前面强调的规范,都关系到自治模式中蕴含的个人利益重构,它们证明了现行《意大利民法典》第1322条适用于婚姻协议;夫妻双方可以采用非典型的财产制度,因而可以建立不同于立法者规定的夫妻关系。

显然,保护家庭团体成员人格的一般性原则,也在实施意思自治时发

---

[38] Cfr. V. per tutti Oppo, Autonomia negoziale e regolamento tipico nei rapporti patrimoniali tra coniugi, in questa Rivista, 1997, Ⅰ, p. 19 ss.; Quadri, Autonomia negoziale e regolamento tipico nei rapporti patrimoniali tra coniugi, in Giur. it., 1997, Ⅳ, c. 229 ss.

挥团体必要黏合剂的作用。禁止将现行《意大利民法典》第 179 条第 c 项、第 d 项和第 e 项中提到的个人财产纳入共同财产制度，是为了保障夫妻的个人存在，这项禁止不会随着婚姻的解除而消灭，而必须和婚姻产生的需求保持一致。现行《意大利民法典》第 161 条禁止笼统地提及外国法律或习俗，要求夫妻双方具体说明他们打算用来规范其关系的协议内容，以保障透明原则。

此外，因为法律禁止设定嫁资（现行《意大利民法典》第 166 条附加条），所以婚姻协议必须考虑到一种无效后果，那就是违反法律规定（现行《意大利民法典》第 1344 条），或间接违反法律规定损害夫妻平等原则的协议无效。

国际私法规范已经确认，当至少有一方夫妻为该国公民，或者定居在该国时（1995 年 5 月 31 日《第 218 号法律》第 30 条），夫妻的财产关系由该国的国内法进行调整，夫妻可以通过书面形式违背在他们财产关系所适用法律中的特殊标准。[39]

总的来说，现行《意大利民法典》第 1322 条及以下条款适用于婚姻协议，但不能违背第 162 条及以下关于婚姻能力、虚假婚姻协议、婚姻协议的形式以及公示的规定。然而，仍然缺乏一项有关协议效果的特殊规定，所以需要对此加以说明。只有在更改共同财产客体关系到现有财产时，财产的归属才是紧随婚姻协议而来的实际效果。相似的情况也适用于因设立财产基金而产生的使用限制。其他婚姻协议具有规划未来财产制度的功能，也就是规划将未来赚取的财产纳入或排除出共同财产。在这些协议中，有利于夫妻一方或双方的财产归属并不是某个协议的即时效果，而是协议促进单个购买行为后产生的即时效果，但这仅限于协议将财产归属的效果规定为不同于购买行为造成的自然效果的情形。

---

[39] Cfr. Andrini, L'autonomia negoziale dei coniugi nella riforma del diritto internazionale privato, in Studi in onore di P. Rescigno, Milano, 1998, Ⅱ, 1, p. 3 ss.

家庭利益中的债务[*]

卢卡·巴尔基耶西[**] 著　唐波涛[***]　刘禹呈[****] 译

摘要：关于夫妻一方为了满足家庭的利益和需要，以自己的名义缔结合同所产生的连带责任问题，意大利的司法实践与学说讨论引发了较大的争议，特别是在1975年的家庭法修订案通过以后。面对家庭利益和家庭需要的界定以及是否会产生共同连带之债，应该回到《意大利民法典》第143条和第144条来进行理解。这两条规定其实超越了夫妻财产制，因为不论在哪种夫妻财产制之下，都应该遵循这两条规定。为了满足家庭利益而产生连带债务的一般性基础建立在《意大利民法典》第143条家庭贡献制度与第144条第2款所规定的夫妻双方拥有实现协定生活方式的权力之上。

---

[*] 本文译自 Luca Barchiesi, Sull'obbligazione nell'interesse della famiglia, Rivista del diritto commerciale e del diritto generale delle obbligazioni 93, 1994, pp. 207-265.
　　本文得到了国家社科基金青年项目"生态环境损害救济制度冲突与消解研究"（20CFX071）与国家社科基金"民法典解释的社会主义核心价值观融入研究"（19VHJ011）的支持。由于本文行文极其复杂，本文的翻译得到了唐勇副教授、刘征峰副教授、Domenico Dursi 博士、Bruno Concas 博士、Giulia Gugliemi 博士、Salvatore Casarrubea 博士、Gianmatteo Sabatino 博士、Giulio Macario Ban 博士等良师益友诸多建议和耐心帮助，特此致谢。——译者注

[**] 马切拉塔大学（Università degli Studi di Macerata）法学院民法学教授。

[***] 苏州大学王健法学院讲师。第一部分至第八部分的翻译系由其负责。

[****] 罗马第一大学博士研究生。第九部分至第十六部分的翻译系由其负责。

关键词:家庭利益;家庭贡献;连带债务;实现协定生活方式的权力

一、私人自治与夫妻作为法律主体的地位

在家庭法领域法律交易产生了一系列的重要问题。[1] 这一系列问题与将夫妻作为主体法律状态的复杂功能本质有关[2],最为主要的是将夫妻视为一种法律地位(status)。[3] 他们主体状态的性质或被限定为公

---

[1] 夫妻法定共有制(coniuge in comunione legale)作为一种典型名义(titolo),主要涉及使夫妻如何自主取得财产的所有权的问题。当事人可以通过约定将合意"对象"在共有份额中进行"削减",并对此进行公证。或者通过一种单方宣告行为来表明"放弃转让"拒绝法定的共有效果。Cass. 2 giugno 1989, n. 2688, in Foro it., 1990, I, c. 608, con note di F. Parente, Il preteso rifiuto del coacquisto ex lege da parte di un coniuge in comunione legale; A. Jannarelli, Comunione, acquisto ex lege, autonomia privata. 夫妻通过合意将个别的财产排除在法定共有制之外,算得上是一种补充家庭财产制度的非典型合意。对此,有人认为法律应进行限制。G. Lo Sardo, Scioglimento parziale della comunione legale ed estromissione di singoli beni dalla massa comune, in Riv. not., 1990, p. 1001 ss. 与《意大利民法典》第177条第(a)款和第179条的效力相关的是在公证实践中发展起来的扶养合同(contratto di mantenimento)。通过这种合同,配偶一方向另一方转让财产以换取扶养和帮助(S. Catti, Contratto di mantenimento e comunione legale, in Vita not., 1991, p. 324 ss.)。对于为家庭利益而订立合同所产生的债务问题,可以参阅如下两个方面:其一,可以参见为规制配偶一方单独签订的财产购买合同所产生的债务承担(debito accollato)的规则,也即其是否符合或者不符合第186条第(c)项的含义。或者说该债务是否源自用益物权(diritti reali di godimento)或配偶的其他个人的财产权利[G. Capaldi, Acquisto di usufrutto in comunione legale e accrescimento (art. 177, lett. a), in Rass. dir. civ., 1991, p. 1 ss.]。其二,配偶一方的财产被用来满足家庭的需要,该配偶的行为将受到限制,这并不利于该配偶的利益(Cfr. F. Bocchini, Rapporto coniugale e circolazione dei beni, Napoli, 1989, p. 66 ss., p. 261 ss.; P. Stanzione, in Questioni di diritto patrimoniale della famiglia, discusse da vari giuristi e dedicate ad Alberto Trabucchi, Padova, 1989, p. 279 ss.);为了保护该配偶,在夫妻法定共有制之下,一方配偶可与另外一方共同分担家中维修保管(manutenzione)和修缮装修(ristrutturazione)的负担(P. Stanzione, in Questioni di diritto patrimoniale della famiglia, discusse da vari giuristi e dedicate ad Alberto Trabucchi, Padova, 1989, p. 279 ss.)。

更加常见的讨论是,在分别财产制(regime di separazione dei beni)之下,一方配偶为家庭利益所订立合同而产生的债务,是否可以要求另外一方承担(Cfr. E. Perego, in Questioni di diritto patrimoniale', cit., p. 405 ss.)。

[2] P. Stanzione, Rapporto giuridico. II) Diritto civile, in Enc. giur. it., XXV, Roma, 1991, p. 6 ss.; ID., in Questioni, cit., p. 286 ss.

[3] F. Gazzoni, Manuale, di diritto privato, Napoli, 1993, p. 71 ss. 在该书中,有人指出:一个主体法律状态(situazione giuridica soggettiva)所产生的权利与义务,可以自主性地受到保护。为了创造这种法律主体状态的存在,必须核实是否同时存在实质性条件与形式性条件。该实质性条件指的是该主体在"组织体"(collettività organizzata)中所处的位置。形式性条件则指的是该法律主体状态的存在形式是否受到法律或者司法权的特别保护。尤其值得注意的是,科拉萨尼蒂(Corasaniti)指出,根据1975年的家庭法修订案所纳入的平等模式,夫妻的身份状态(转下页)

法性的,或被限定为私法性的。[4] 不过,一旦认为夫妻的主体状态构成一种例外时,则将受制于《意大利民法典》序编第 14 条所规定的禁止类推的规则。* 根据这一条,对于特别规范中的漏洞(lacuna della normativa speciale),我们在处理具体的案例时,不能类推适用《意大利民法典》中的一般规范(norma generale)。[5]

此外,以夫妻共同利益作为参考对象,为夫妻创造一个"统一体"的法律身份,这无法说明根据家庭法改革后的立法原则所得到的解决方案不同于一般法针对债务履行的财产责任问题所规定的解决途径的合理性。关于一般法中债务履行的责任,行为的产生以如下两个原则为基础:行为的作出者与法律结果承受者是相同的,债务的产生者与责任承担者之间是相同的。[6] 如此一来,这种没有得到合理说明的分歧使家庭债务的确认,更多地基于社会规范,而不是法律规范。当立法规则阙如

(接上页)(statusdi coniuge)不仅仅与夫妻双方互相扶持的权利与义务有关,也与家庭事务管理(gestione del ménage familiare)中的决策权和亲权(potestà genitoriale)事务管理中的决定权有关。A. Corasaniti, Stato delle persone, in Enc. dir., XLIII, Milano, 1990, p. 948 ss. (ivi a p. 975).

[4] 在处于"家庭的法律主体地位"(status familiae)的含义十分广泛的背景下,第一种含义的讨论并不周延。应当指出,有关法律主体的规范通常具有强制性的事实并不能作为排除夫妻的法律主体地位是私法性的论据,因为"不可违背性"并不是公法的一个典型和排他性的特征。与夫妻有关的这些强制性的规定基本上与《意大利民法典》第 160 条所规定的婚姻权利和义务有关。其实,婚姻财产制度通常会允许夫妻之间存在一定的自治权,不过,该自治权存在边界,要求遵循法律所规定的优先事项以及要在《意大利民法典》第 210 条的规定范围之内。S. Pugliatti, Diritto pubblico e privato, in Enc. dir., XII, Milano, 1964, p. 696 ss. (ivi a p. 711 ss.). 另外,配偶的身份状态总是严格地遵循夫妻双方的决定,这其实是一个由配偶自己的选择以及国家作为集体利益保护者的干预两者结合的结果。V. De Paola, Il diritto patrimoniale della famiglia coniugale, Milano, 1991, p. 227. 不过,这并不能证明"公法性质"的地位中存在一种"一般性的要素",当满足该要素时,即其自动获得公法性质的地位。F. Gazzoni, O. l. u. c. 该公法上的状态,正如人们所看到的,若满足法律严格规定的基本条件或者有时也可以通过《意大利民法典》第 249 条规定的"准正之诉"所确认的要素,就可获得相应的法律地位。A. Bucciante, Filiazione, II) Filiazione legittima, in Enc. giur. it., XIV, Roma, p. 3; G. Cattaneo, Filiazione legittima, in Comm. del cod. civ., Scialoja e Branca, Bologna-Roma, 1988, p. 224.

* 《意大利民法典》序编第 14 条规定:"刑法以及相对于一般法律或者其他法律而言的特殊规则,只能适用于由刑法和特殊规则所规定的情形。"参见《意大利民法典》,费安玲、丁玫译,中国政法大学出版社 1997 年版,第 5 页。——译者注

[5] 根据禁止推理这一原理,首先排除了对《意大利民法典》第 190 条的扩张解释。其次,也会排除根据《意大利民法典》第 2740 条所推断出来的配偶一方基于家庭利益所承担的债务对另外一方不产生连带责任的规则。De Paola, Il diritto patrimoniale, cit., p. 56 ss. (ivi a p. 131).

[6] V. De Paola, Il diritto patrimoniale, cit., p. 131.

时,社会风俗通过不同的解释程序转变为规范原则。而根据这些社会风俗所产生的规则,夫妻一方实施财产性的行为不得不承担连带性的责任。[7]

二、在改革中的家庭管理:立法、学说作品与司法实践

在社会与经济生活中,对于夫妻一方为了满足家庭集体的直接利益(interesse)和需要(bisogni),以自己的名义(in nome proprio)缔结合同所产生的债务(le obbligazioni contratte)的连带责任(responsabilità solidale)问题[8],在家庭法改革生效之后[9],在这样一套规范已经得到根本性改

---

[7] E. Russo, Bisogni ed interesse della famiglia: il problema delle obbligazioni familiari, in Le convenzioni matrimoniali ed altri saggi sul nuovo diritto di famiglia, Milano, 1983, p. 241, spec. 242.

[8] 这一点表明了近年来学界与实务界两者的协作关系。理论与学说一直试图在为夫妻债务这样一个争议纷纭且无法避免的问题寻找一个法律基础。但相对于理论研究所扮演的角色而言,司法实践与理论研究保持了一定距离,并且在实践中,观点之间的争议也比较大。F. Pennisi, Le iniziative patrimoniali dei coniugi prima della riforma: il potere domestico della moglie, in Il dovere di contribuzione nel regime patrimoniale della famiglia, Seminario del Corso di diritto civile nell'anno accademico 1977-1978, Milano, 1980, p. 53 ss., spec., 83. 直到1975年的改革,理论界已试图提出多种解决方案。这些方案,一方面是受到某些法典中比较成熟制度的启发,另一方面则是为了使家庭关系体系适应宪法原则。最早的理论尝试是基于默示委托的理论(la teoria del mandato tacito)来解决这一问题。A. Nattini, La dottrina generale della procura, Milano, 1910, p. 188;U. Miele, Responsabilità del marito per le obbligazioni assunte dalla moglie, in Giur. it., 1954, I, 1, 385. 关于这一问题的深化考虑,还可以参见 E. Russo, Sulla responsabilità del marito per i debiti della moglie, in Annali fac. giur. Univ. Genova, 1963, II, p. 140. 默示委托理论将责任基础建立在丈夫对于妻子的默示委托的意图之上。因此,只有在每一个事项中具体证明了委托关系之后,才可以要求丈夫承担责任。采纳了默示委托理论这一原则的判决,可参见 Cass. 6 maggio 1957, n. 1529, in Foro it., Mass. 1957, p. 33; Cass. 18 maggio 1953, n. 1047, in Foro it. Mass. 1953, p. 283. 这些判决书中的折中性立场在以"家庭生活"为目的从事外部代理活动的外在表现的客观限制中,又以家庭内部关系中的"默示授权"(procura tacita)以及扶养义务(obbligo di mantenimento)的主观视角来作为丈夫的责任基础。该客观限制需要以第三人是否可以察知为标准。原因有二:其一,是基于自主责任所产生的义务;第二,以一种最高法院的判决[Cass. 7 ottobre 1975, n. 3177(Giust. civ. 1975, I, p. 1804)]中所采纳的更开阔视野,也即基于一种期待获得夫妻配偶责任信赖(affidamento)保护的权利。根据外观原则(il principio dell'apparenza)的体现,该权利系由于配偶双方之前的行为(如参与购买、支付定金等行为)以及夫妻生活社会环境中的家庭消费习惯对于第三人产 (转下页)

(接上页)生的信赖效果所致。E. Russo, Bisogni ed interessi, cit., p. 244. 这一判决书批评性地审查了学说和司法实践中的观点。这些批判性的观察,除前面提到的有效的"无因管理"与"代位"理论之外,其他的大致意见可以参见 V. De Paola, Il diritto patrimoniale, cit., pp. 125-126。

该判决还试图调和排除妻子在家庭事务中所享有权力(il potere domestico)的依据。关于人们都应该对自己所负的债务负责与权利外观原则只是用来保护善意第三人的信赖这两条原则,如果没有详细规定的例外存在(F. Pennisi, Le iniziative, cit., p. 78),那么,丈夫的义务只限于夫妻内部,也排除对于第三人保护的效力(参见判决:App. Milano 18 ottobre 1958, in Giust. civ. 1959, I, p. 1142 e in Riv. dir. matr. 1959, p. 249, con nota di L. Frontieri, Responsabilità del marito per i debiti contratti dalla moglie nell'interesse della famiglia; Pret. Roma 7 dicembre 1961, in Temi romana 1961, p. 552;参见理论论述:F. Santosuosso, Il matrimonio e il regime patrimoniale della famiglia, in Giur. sist. civ. e comm. Bigiavi, Torino, 1965, p. 375)。因此,基于《意大利宪法》第 29 条第 2 款中的夫妻平等原则,宪法法院 1970 年 7 月 13 日第 133 号判决庄严地重申了这一点,该判决表明了第 145 条第 1 款是不符合宪法规定的,从而修正了《意大利民法典》中的规定。因为第 145 条第 1 款并不符合当妻子没有足够的财产时,丈夫有义务按照其能力保障妻子的生活需要(i bisogni di vita)。由于严重缺失排除一方基于共同利益而缔结合同的债务产生消极连带责任的规则,有学说(S. Alagna, S. Ciccarello, R. Tommasini, La responsabilità per i debiti della famiglia, in Eguaglianza morale e giuridica dei coniugi, Atti di un convegno di studi organizzato dall'istituto di diritto privato della Facoltà di economia e commercio dell'Università di Napoli, Napoli, 1975, e in Dir. fam. e pers. 1974, p. 205 ss.)认为,这将导致立法承认一项新的连带原则,从而使妻子为丈夫所缔结合同产生的家庭债务承担责任(采纳这种思考方式的判决参见 Trib. Foggia 3 giugno 1962, in Daunia giudiziaria, 1963, 31)。该观点通过减少家事权事先安排的必要性,来保护作为第三人的债权人(F. Pennisi, Le iniziative, p. 79)。从基于默示授权的意定代理(rappresentanza von)角度来解释夫妻关系,其本质仍然建立在排除另外一方执行一般家事权之上,该理论的一个变体可以称为推定委托(mandato presunto, L. Tartufari, Della rappresentanza nella conclusione dei contratti, Bologna, 1892, p. 185; F. Ferrara sen., Diritto delle persone e della famiglia, Napoli, 1941, p. 267)或推定授权(procura presunta, F. Messineo, Manuale di diritto civile e commerciale, II, Milano, 1965, p. 621)。根据推定授权的理论,妻子是否具有使丈夫承担责任的权力,取决于妻子是否在配偶的同意下开展家庭的日常管理。关于这种家庭事务管理的权力是否可以被丈夫限制或排除,可以通过以下事实得到验证。众所周知,丈夫是亲自管理家庭经济的,或者通过适当方式的声明让第三方知道丈夫是亲自管理家庭经济的。推定授权的理论也被应用于事实婚姻的同居(convivenza more uxorio)案例中,以保护管家、仆人甚至是与户主一起生活的陌生人。因为,这是基于日常生活的共有财产制以及该机制对于第三人所形成的信赖所产生的效力。

这种理论其实削弱了已婚妇女在家庭中地位的重要性。对此,在《德国民法典》第 1357 条的影响之下,有人提出"妻子有权管理家庭的理论"(F. Santoro-Passarelli, Saggi di diritto civile, Napoli, 1961, p. 523 ss.),并在《意大利民法典》第 143 条中找到了文本与规则基础。在这一条中,人们发现妻子对于家庭外部事务的管理存在"代理代位"的权力,以作为妻子具有协助丈夫义务的一部分。因此,丈夫也不能够随意限制和排除妻子的家事代理权。这一解决方案以及在其之后的其他解决方案,都是通过家庭制度中的代理机制去论证家事权的合理性。关于丈夫作为一家之主的法定代理权的资格,可以参见 V. Neppi, La rappresentanza del diritto privato moderno, Padova, 1930, pp. 264-265; essa si sviluppa, pur nella diversità dell'impostazione, in G. Ghezzi, La prestazione del lavoro nella comunità familiare, Milano, 1960, p. 108; G. Stella Richter, Profili attuali della potestà maritale, Milano, 1970, p. 179; L. Mosco, La rappresentanza volontaria in diritto privato, Milano, 1961, pp. 232-233; V. Lojacono, La potestà del marito nei rapporti personali tra coniugi, Milano, 1963, pp. 227. 对于(转下页)

变的图景之中,理论与实践仍对于这一问题存在较大的争议。其实,当时

(接上页)前述理论,有人提出了反对。反对的目的在于消除1942年《意大利民法典》中的家庭法规则对于《意大利宪法》第29条第2款的违背。该观点认为,特别是在妻子有自己的财产时,丈夫没有义务通过履行妻子的债权人的请求来承担婚姻负担。G. U. Tedeschi, Il regime patrimoniale della famiglia, in Tratt. di dir. civ. it,, Vassalli, Torino, 1956, p. 18 ss. 如果不是根据一般法中的原则,那么,第三人就不可能找到执行参与交易的丈夫的财产的合理性依据。该合理性依据系指《意大利民法典》第2028条所规定的有效无因管理(由妻子所进行的无因管理)理论。但是,在这个案例中缺少"得利人障碍"(absentia domini)或者说缺少为丈夫利益的第三人这一条件。也就是说,妻子也许只是在为自己的个人目的从事事务管理,而没有管理他人法律事务(animus aliena negotia gerendi)的目的。但事实上,为他人的利益从事管理是无因管理的基本构成要件。还有人提出按照《意大利民法典》第2900条,妻子与之缔约的当事人可以就妻子针对丈夫的权利而具有代位诉权(potere di surrogare)。但有人反对,第三人只能就自己的权利向丈夫提起代位诉讼,而不是妻子要求抚养的权利。因为妻子要求抚养的权利是个人性的、不可转让的,因此不能适用代位诉讼。关于这一批判,可以参见F. Santoro-Passarelli, Saggi, cit., pp. 542-543。在判例中,法院允许对丈夫提出诉讼,但没有明确规定是以无因管理(gestione d'affari)还是以不当得利(arricchimento senza causa)为基础(Cass. Sez. Un. 13 aprile 1949, n. 886, in Giur. compl. cass. civ. 1949; Cass. 28 giugno 1960, n. 1695, in Giust. civ. rep. 1960, voce Matrimonio, nn. 58-59)。

〔9〕 最高法院的判决称,即一方配偶基于家庭需要缔结合同所产生的债务,另一方不需要承担责任。除非夫妻之间存在合同主体代位的习惯机制。这其实是为了适应新的家庭法改革。Cass. 7 ottobre 1975, n. 3177, cit. 在改革中,需要表明的是,丈夫对妻子因订立合同所产生的债务负有责任,不仅是因为他明示或默示地授权妻子代理其订立了合同,也可以是因为配偶双方的行为方式使第三方根据外观原则产生了认为合同是妻子为了丈夫利益而签订的合理信赖(ragionevole affidamento)。合理信赖必须是由审理实体问题的法官(Giudice di merito)根据夫妻双方以前的行为和社会习俗来判断。最近有观点(E. Quadri, Obblighi gravanti sui beni della comunione, in La comunione legale a cura di C.M. Bianca, Milano, 1989, Ⅱ, p. 748)指出,考虑到判例中的规则与新的家庭法中的制度不一致,必须要重新认识判例规则不可改变的特征。

而且,是否已经解决了丈夫的连带责任问题,也遭到了怀疑和批判,参见N. Scannicchio, Individualismo e solidarietà nelle obbligazioni del menage, nota a Cass. 18 giugno 1990, n. 6118, in Foro it. 1991, I, p. 831 ss.。这篇文章指出,1975年的判决并没有解决基于家庭需要的分配所产生债务的连带问题,而更多的是解决了基于宪法法院1970年第133号判决所产生的"一方配偶对于另外一方的扶养义务"问题。但1975年的判决排除了将1970年第133号判决具体应用于司法实践,而是将1942年《意大利民法典》中个人责任的一般原则进行了具体化,从而达到排除以"家庭内部的权力"为基础的目的,并利用财产分别制(il regime di seperazione dei beni)来承认和保证配偶双方的合同自主权。这样,也不用处理《意大利民法典》中贡献义务制度(regime c.d. primario dell'obbligo di contribuzione)与财产制度之间的关系这一复杂微妙的问题。前文引用的判断与之前所形成的判断之间存在一种延续性,对此可参见之前的判决要旨,Cass. 6 maggio 1957, n. 1529, cit. E. Russo, Bisogni ed interesse, cit., p. 243 ss.,该书的作者假定了整个法律体系和解释传统中包含可以找到积极解决家庭义务责任问题的办法的一般原则。家庭义务并不属于由丈夫负担的抚养义务(旧观点)及与夫妻双方相关的贡献义务。这两种义务本质是仅仅在内部运作的。然而《意大利民法典》第144条第1款的规定强调了这些家庭生活的外观重要性与对第三方债权人所产生的信赖。《意大利民法典》第144条第2款继而明确承认了一种一方配偶可以为另一方设定负担的与身份状态(status)有关的权力。易言之,这是一种独立于明示委托或预见默示委托之外的"主观状态"(situazione soggettiva)。Cass. 23 settembre 1986, n. 5709, in Dir. fam. e pers. 1987, p. 94 ss 判决认为妻子为管理家庭而产生的债务,如果可以查证妻子是(转下页)

的立法者就提前注意到这一问题,但故意忽略了其他法律体系[10]中所提出的统一解决方案。[11] 另值得一提的是,家庭法改革之后的新的家庭管理模式的含义还不是十分清晰。这种新的家庭管理模式源自1975年《意大利民法典家庭法修订案》第144条[12]与第143条。[13]这两条被公认为

(接上页)基于丈夫满足家庭需要(esigenze familiari)的意愿,并具有表见代理的形式,则丈夫作为一家之主应当对该债务负责。App. Perugia 3 aprile 1987, in Dir. fam. e pers. 1987, p. 662 判决基于《意大利民法典》第143条第3款、第168条第3款、第170条、第179条、第186条第(c)项、第215条,将一方配偶为家庭需要(necessità della famiglia)产生的债务责任,另外一方也应当承担责任的规则扩展至每一种婚姻财产制度。

来自德国的钥匙权及相关理论是男女不平等时代的产物,这些理论现已经被抛弃。——译者注

〔10〕 比较德国、法国以及西班牙等法体系关于夫妻债务的讨论,可以参见 S. Domaniello, Cenni sul regime patrimoniale primario nel diritto francese, in Il dovere di contribuzione, cit., p. 247 ss.; A. R. Briguglio, Contribuzione dei coniugi e governo della famiglia nel diritto della Repubblica federale tedesca, in Il dovere di contribuzione, cit., p. 291 ss.; A. Di Majo, Doveri di contribuzione e regime dei beni nei rapporti patrimoniali tra coniugi, in Riv. trim., 1981, p. 349 ss. (spec. p. 334 ss.)。

原文注释11。——译者注

〔11〕 M. Costanza, Amministrazione dei beni in comunione de residuo, in La comunione legale, cit., p. 684, s 一书指出,对于第三方而言,这些法律所规定的配偶的权力,只在法定的婚姻财产制度和家庭财产基金之下,对第三方才有实际意义。不过,这些规定似乎忽略了一方配偶管理和处分另外一方的收入,更多可能不是依据共有制度的规范,而是从夫妻贡献义务制度(regime primario)推导出来的规范。一方配偶根据第210条的含义,可以通过特殊协议约定将《意大利民法典》第186条至第190条应用于这两条原本打算规制的范围之外。对于相关判决,参见 Pret. Ceglie Messapico 15 novembre 1977, in Giur. it., 1979, Ⅰ, 2, p. 34; Trib. Reggio Calabria 27 gennaio 1979, in Giust. civ., 1980, Ⅰ, p. 2821 (con nota di F. Pannuccio, In tema di responsabilità dei coniugi per le obbligazioni assunte nell'interesse della famiglia)-, Pret. L'Aquila 3 aprile 1985, in Giust. civ., 1986, Ⅰ, p. 2039 (con nota di S. Bartolomucci, Il diritto del dentista che presta la sua opera a favore di un minore)。就通过合同约定改变"费用和债务承担"的规则而言,有权威观点(E. Russo, Bisogni, cit, p. 250 ff.)警告说,这是一种虚无主义的观点。这种虚无主义的观点建立在废除家庭法改革的文本上。家庭法的改革确定了对于家庭开支,每一方配偶都应当承担责任的规则(关于家庭法改革的讨论以及相关论述,参见 Commentario alla riforma del diritto di famiglia, a cura di Carraro, Oppo e Trabucchi, Ⅱ, Padova, 1977, p. 267 ss.)。让人感到困惑的是,尽管通过当事人的约定在形式上无可厚非,但它在内容和范围上掏空了家庭法改革所引入的规则(家庭贡献义务和执行协定生活方式的权利)与司法判决关于家庭债务所设计的所有原则……可以看到,在特定规则的解释结果和家庭法改革径直追求"团结原则"(i principi solidaristici)之间存在一个难以解决的问题。

原文注释10。——译者注

〔12〕 关于第144条的立法准备工作,可以参见 G. D'Amico, L'accordo tra i coniugi (art. 144 c. c.), in Il dovere di contribuzione, cit., pp. 140-I42。

《意大利民法典》第143条规定:依据婚姻的效力,丈夫和妻子互相取得同等的权利和义务。依据婚姻的效力,夫妻间负有互相忠诚的义务,在精神与物质上互相扶助和支持的义务,(转下页)

是规制婚姻共同体(comunita fondata sul matrimonio)的本质性原则。[14]
有人认为,《意大利民法典》第 143 条与第 144 条的应用范围应限定为夫妻内部的个人关系(rapporti personali tra coniugi),因为扶养(mantenimento)义务不等于让参与交易的配偶具有让没有参与交易的配偶直接对外部第三人为其交易行为负有个人责任(personale responsabilità)的权力(Potere)。但如果满足有益的无因管理(utile gestione)的构成条件,或者某人需要履行"父母"已经达成的协议的某一项具体决定,并且基于该决定,可以应用法定代理权(rappresentanza ex lege)制度[15],则允许一方配偶对外的活动,使没有参与交易活动的配偶负担个人责任。也有人提出了一种较具有说服力的学说,即认为夫妻贡献这样强制性的制度隐含了一种可变性。这种观点指出,对于家庭内部事务的履行权力可以通过约定的方式进行运作。而且,当一方的家庭财产不足以维持生活时[16],另一方履行

(接上页)应基于家庭利益互相合作与同居的义务。夫妻双方负有根据各自的财产状况、工作能力或持家能力承担满足家庭需要(bisogni della famiglia)的义务。第 144 条规定:夫妻双方应该根据双方各自的需要和家庭的需要,通过协商方式确定家庭的生活方式与居所。实现协定生活方式的权力属于夫妻双方。这两条的翻译可参见《意大利民法典》,费安玲、丁玫译,中国政法大学出版社 1997 年版,第 51 页。——译者注

〔13〕 司法实践、法学理论以及宪法对《意大利民法典》第 145 条改革前的规定进行了深入的研究。众所周知,该前提涉及两种不同的扶养义务。第一种针对丈夫,第二种针对妻子。但这些义务都是辅助性的与可能发生的,因为只有当一方配偶没有足够的财力维持生计时,才会发生。P. Gaeta, L'obbligo di mantenimento tra vecchio e nuovo diritto, in Il dovere di contribuzione, cit., p. 10 ss.

〔14〕 所有观点参见 F. Santoro-Passarelli, sub art. 143, c.c., in Commentario, cit., p. 224, nota 6; G. Alpa e M. Bessone, Riforma del diritto di famiglia e regime dei rapporti patrimoniali, in Giur. merito, Ⅳ, 1977, p. 689 ss. (spec. pp. 693-694)。

〔15〕 A. Trabucchi, sub art. 148, c.c., in Commentario, cit., p. 260 ss. (spec. p. 271 e p. 276); A. e M. Finocchiaro, Riforma del diritto di famiglia, Commento teorico pratico alla l. 19 maggio 1975, n. 151, m, Milano, 1979, p. 165.

〔16〕 F. Santoro-Passarelli, Poteri e responsabilità patrimoniale dei coniugi per i bisogni della famiglia, in AA.VV., Diritto di famiglia. Raccolta di scritti di colleghi della facoltà giuridica di Roma e di allievi in onore di R. Nicolò, Milano, 1982, p. 423, ovvero, in Riv. trim., 1982, p. 1 ss. 有必要指出的是,《意大利民法典》第 143 条不论先前采用了什么样的夫妻财产制,基于第 143 条的本质,这一条应当适用于所有的婚姻关系中。E. Perego, in Questioni, cit., p. 409.

家庭贡献义务的行为(dovere di contribuzione)＊也可以引起外部的信赖。旧的规范则赋予丈夫特别性的权威,隐藏性地在立法中表达了丈夫是一家之主。[17] 但新的家庭法修正案已经修改这一权力成立的根基。就此,有一些观点认为,夫妻所采纳的法定共有制不对第三人直接产生效力。[18] 根据外观原则(il principio generale dell'apparenza del diritto),不属于自治行为的夫妻财产责任仅在一方配偶确有义务利用另外一方名义去从事某事时才可能成立。[19] 即便存在不少对于将家庭团体视为一个"完美

＊ "dovere di contribuzione"是一个较难翻译的词汇。该词出自《意大利民法典》第143条第3款,所使用的表达为"contribuire ai bisogni della famiglia",在费安玲与丁玫教授所翻译的《意大利民法典》中,该词翻译为"满足家庭需要"。参见《意大利民法典》,费安玲、丁玫译,中国政法大学出版社1997年版,第51页。结合整条可以知道,该义务就是指夫妻双方均负有通过自己的财产(proprie sostanze)、职业劳动能力(propria capacità di lavoro professionale)或者家务劳动(casalingo)来满足家庭需要(bisogni della famiglia)的义务。该义务不仅是合作义务(dovere di collaborazione)或者物质支持义务(assistenza materiale)的反映,还代表了夫妻是一个经济互为支持的统一体。这是一个与所采纳的家庭财产制度都无关的义务。该家庭贡献义务是夫妻双方均负有的义务,既是家庭夫妻平等的反映,也体现了家庭团结原则(principio di solidarietà)。我们也不能将该词等同于扶养义务(la obligacion di mantenimento)。在意大利学者看来,扶养义务主要指的是一方配偶无法维持生计时,另外一方所负有的义务。因此,在参考contribuzione原义的基础上,即贡献、捐助、纳税等含义,将"obbligazione di contribuzione"翻译为"家庭贡献义务"。M. G. Cueddu Wiedmann, Art. 143. 3° comma Diritti e doveri reciproci dei coniugi, in Commentario del codice civile e codici collegati Scialoja - Branca - Galgano, 2017, pp. 717-718.——译者注

[17] F. Tuccari, Brevi note sul lato attivo del dovere di contribuzione, in Il dovere di contribuzione, cit., p. 227. 该书指出,这很可能是一种新的权力(potere),但不能将其描绘为基于授权所展开的活动。因为如用"委托"或者"代理"这些概念描绘该行动,不再具有意义,而且与夫妻真正的平等是不相吻合的。

《意大利民法典》第170条规定:在债权人明知合同并非满足家庭需要而订立,不得请求以家庭财产设立的基金(beni del fondo)及该基金所产生的孳息来清偿债务。第186条规定:由夫妻共同财产承担的债务有:(a)取得该共同财产时,在该财产上所设有的负担和义务;(b)为管理该财产而支出的费用;(c)为维持家庭生活和教育子女所支出的费用,以及夫妻双方为家庭利益所共同或者分别缔结合同所产生的债务;(d)由夫妻双方共同所缔结的债务。这两条的翻译可参见《意大利民法典》,费安玲、丁玫译,中国政法大学出版社1997年版,第59、63页。——译者注

[18] A. Trabucchi, sub art. 147, c. c., in Commentario, cit., p. 260; G. Cattaneo, sub Art. 217, c. c., in Commentario, cit., p. 478; G. Palermo, Obbligazioni solidali nell'interesse della famiglia?, in Riv. notar., 1979, p. 512 ss.; A. e M. Finocchiaro, Diritto di famiglia, I, Milano, 1984, p. 281 ss.

[19] A. e M. Finocchiaro, Diritto di famiglia, I, cit., p. 292.

共同体"或"统一的组织体"的怀疑观点[20],但还是有人认为,修正案引入配偶任何一方去实现协定生活方式的权力,那么,当另一方配偶所从事的个人行为可以理解为家庭的共同活动时,该个人行为所产生的法律效果,也可以归于未参与家庭活动的一方。[21] 而被修正案废除的规则的特征是,丈夫

---

[20] G. Palermo, Obbligazioni solidali, cit., p. 517; 在相同领域的论述,还可以参见P. M. Vecchi, Obbligazioni nell'interesse della famiglia e responsabilità dei coniugi, in Riv. dir. civ., 1991, II, p. 631 ss. (spec. p. 656 ss.)。韦基(Vecchi)解释道,生存作为家庭这样的共同体维持内部团结的基本要素,并没有为一方配偶基于群体利益以自己的名义缔结合同的债务责任扩展到另一方,提供一个外部基础。权威理论[A. Di Majo, Obbligazioni solidali (e indivisibili), in Enc. dir., XXIX, Milano, 1974, p. 85 ss.]指出,连带债务人之间存在共同利益事实上与债务连带制度(regime di solidarietà nell'obbligazione)没有关系。一方面在于《意大利民法典》第1298条所规定的连带债务也包括了债务人之间不存在共同利益(comunone di interessi)的情形,另一方面则在于,最近一致认同的学说认为,连带债务是一种解决某些财产性利益具体冲突的抽象方案,但这一方案并不考虑这些利益的具体情况。即使人们希望基于共同利益使某一债务存在共有的债权人,但共同利益与"连带"仍是两种不同法律现象,因为可能是依据不同的法律规定才产生这类现象,例如,债的可分性(la parziarietà)。较有益处的构建可以参见Bocchini, Rapporto coniugale, cit., pp. 236-240。博基尼(Bocchini)指出,《意大利民法典》第190条作为第1314条下属特殊规则(sub speciem),并结合第1294条的假定,可排除夫妻之间成立连带债务。可分之债的多主体性的产生与民法典中的共同债务承担可以联系起来。不论采用哪一种财产制度,根据夫妻平等的一般原则的内在理性,都可以发现其产生的可分的债务责任。或者以一种更为全面的视野,即从《意大利民法典》第144条建立以持续合意制为基础的共同生活来看,也可以发现前述这一点。关于"持续合意制"(regime consensuale permanente)的表达,参见A. Falzea, Il dovere di contribuzione nel regime patrimoniale della famiglia, in Riv. dir. civ., p. 609 ss., (specie p. 614)。

[21] Da ultimo, F. Bocchini, Rapporto coniugale, cit., p. 70 ss.; E. Perego, in Questioni, cit., p. 405. 对于那些认为为了家庭利益而缔结合同产生的关于家庭生计的债务直接来自可普遍适用于所有婚姻关系的夫妻贡献义务制度的理论,这些学者[参见F. Santoro-Passarelli, Poteri e responsabilità patrimoniali dei coniugi per i bisogni della famiglia, cit., p. 423 ss.(引用最多的论述); 随之可参见L. Mengoni, Intervento, in La riforma del diritto di famiglia, in Atti dei convegni lincei, Roma, 1978, p. 68; S. Path, Diritto al mantenimento e prestazione di lavoro nella riforma del diritto di famiglia, in Dir fam. e pers., 1977, p. 1369; A. Di Majo, Doveri di contribuzione, cit., p. 368; E. Quadri, Obblighi gravanti sui beni della comunione, in La comunione legale, cit., p. 745 ss.]普遍认为,在经典的论述中,家庭贡献义务指的是当没有特定的物品用来满足家庭需要时,任何一方配偶为了满足家庭需求有权(potere)对外代替另一方。连带责任产生的基础即建立在家庭贡献义务具有外部效力之上。同样,根据《意大利民法典》第144条也可以推断出,一方配偶在执行协定生活方式的权力时所产生的债务也可以拘束另外一方。F. Santoro-Passarelli, O.u.c., p. 429; 有所保留的观点,参见F. Corsi, Il regime patrimoniale della famiglia, in Tratt. di dir. civ. e comm. Cicu e Messineo, Milano, 1979, p. 40 ss.; G. Furgiuele, Libertà e famiglia, Milano, 1978, p. 149; G. D'Amico, L'accordo tra i coniugi (art. 144 c. c.), cit., p. 171; P. Zatti, I diritti e i doveri che nascono dal matrimonio e la separazione dei coniugi, in Tratt. di dir. pRiv. Rescigno, 3, p. 79; S. Alagna, Famiglia e rapporti tra coniugi nel nuovo diritto, Milano, 1983, p. 318; M. Paradiso, La comunità familiare, Milano, 1984, pp. 144-415; A. Pino, Il diritto di famiglia, Padova, 1984, p. 98; A. de Cupis, . indirizzo della vita familiare e responsabilità patrimoniale, in Riv. dir. civ., 1985, II, p. 4; A. Giusti, L'amministrazione dei (转下页)

享有"夫权"的特别权威,而且丈夫必须履行家庭扶养义务。[22] 只有当丈夫没有足够的手段来维持家庭生计时,妻子才必须负责维持家庭的生计。如果在财产分离制度之下,面对前述情况,丈夫对于妻子的行为负责是建立在非法律文本之外的家事权力对于妻子的授权基础上的,也或许妻子负责家庭生计这些行为本身就是丈夫同意或者默认的。

三、在家庭贡献制与财产所有制之下基于家庭利益所负的责任

在一些典型的判决中,可以看到,判例在重复以前旧学说的观点[23]并试图从客观上减少夫妻债务责任问题的复杂性。[24] 这些学说始终围绕着一个基本问题呈现出来:不论夫妻双方此前选择了何种夫妻财产制,都必须利用同一种措施来处理家庭的债务责任问题(la responsabilità per le obbligazioni famigliari),还是必须结合具体情况,以决定不同的处理方案。[25]

(接上页) beni della comunione legale, Milano, 1989, p. 39, nota 22; A. Lener, in Questioni, cit., p. 9 ss., (spec. p. 18)也对代理人产生的名义或者根据法律产生的受托人的名义有相关论述(A. Trabucchi, sub art. 148, c. c., in Commentano, cit., pp. l, 260; G. Tamburrino, Lineamenti del nuovo diritto di famiglia italiano, Torino, 1978, pp. 198–199)。

[22] 就此,比较有参考价值的文献有 V. Lojacono, La potestà del marito, cit., p. 219 ss., 226 ss. (spec. p. 228); G. Stella Richter, Profili attuali della potestà maritale, cit., p. 188 ss. (spec. pp. 192 ss., 200); S. Alagna, S. Ciccarello, R. Tommasini, La responsabilità per i debiti della famiglia, cit., p. 198 ss. 关于 1942 年《意大利民法典》第 145 条、第 148 条和第 211 条的改变,存在一个学说的演变过程,有为数不多但非常权威的文献(A. Cicu, Separazione personale–Alimenti, in Riv. dir. civ., 1940, p. 481; G. U. Tedeschi, Sul contributo della moglie al mantenimento degli oneri del matrimonio, in Giur. it. 1932, I, 2, p. 513; A. C. Jemolo, Condizioni economiche della moglie separata e diritto al mantenimento, in Giur. it., 1961, I, 1, p. 843)。这些学说指出,既然夫妻之间存在平等的扶养义务,那么,不论是妻子或者丈夫都存在履行家庭事务的权力,因此配偶双方对家庭债务负有共同责任。

[23] Cass. 23 settembre 1986, n. 5709, in Dir. fam. e pers., 1987, p. 94. 该判决确认了丈夫的资产可用于清偿妻子为满足家庭需要而负担的财产性债务。一方面是因为妻子根据默示授权拥有代理其配偶的权力,另一方面是因为丈夫作为一家之主,也希望满足家庭的需要。

[24] App. Perugia 3 aprile 1987, in Dir. fam. e pers., 1987, p. 662. 该判决确认,无论实践中采用何种婚姻财产制度,都必须视不同的情况根据《意大利民法典》第 143 条第 3 款、第 168 条第 3 款、第 170 条、第 179 条、第 186 条第(c)项和第 215 条的规定,确认配偶对另一方为家庭需要缔结合同所产生的债务承担责任。

[25] Russo, Bisogni , cit., p. 245.

于是,有人提议将解决方案建立在《意大利民法典》规范表述的狭义框架内。在他们看来,《意大利民法典》第 186 条第(c)项很好地重复表达了第 143 条与第 170 条所提到的家庭需要(bisogni di famiglia)这一规范概念。具体而言,夫妻共同债务指的是《意大利民法典》第 186 条第(c)项所规定的"维持家庭生活的费用"(spese per il mantenimento della famiglia)与"对子女的教育培养费用"(l'istruzione e l'educazione dei figli)。但值得注意的是,为家庭利益缔结合同所产生债务的含义其实更加广泛,"为家庭利益缔结合同所产生债务"是一个与基于家庭需要所产生的费用相对立的概念,因此,从体系的角度出发,"为家庭利益缔结合同所产生债务"应仅视为一种夫妻共有财产制度下的责任产生名义(titolo)。而这也证明了《意大利民法典》第 190 条*限制用夫妻个人的全部财产来清偿债务的合理性。[26]

---

* 《意大利民法典》第 190 条规定:如果无法以夫妻共同财产清偿全部债务,债权人可以请求将夫妻个人财产补充来清偿债务。但是,以满足债权额的半数为限。参见《意大利民法典》,费安玲、丁玫译,中国政法大学出版社 1997 年版,第 63—64 页。——译者注

〔26〕 Russo, O. l. u. c.,总是基于《意大利民法典》第 186 条第(c)项的规定和第 190 条之间的相互关系,通过将家庭利益分别从事家庭事务的权力的规制基础定位为第 190 条,而得出了相反的解决方案[V. De Paola e A. Macri, Il regime patrimoniale della famiglia, Milano, 1978, p. 266; S. Maiorca, Regime patrimoniale della famiglia (Disposizioni generali), in Noviss. dig, it., App., Ⅶ, Torino, 1986, p. 502]。根据第 190 条,即使从不同的观点出发,也会得到相同的结论(F. Bocchini, Rapporto coniugale, cit., p. 232)。如将该思路延伸到财产分离的制度,在这种情况下,当共同财产不足以清偿一方配偶为家庭需求所承担的债务时,另一方也应以其个人财产承担责任,但只限于该债务数额的一半。对此,权威学者的观点持完全相反的立场(F. Santoro-Passarelli, Poteri e responsabilità patrimoniali dei coniugi per i bisogni della famiglia, cit., p. 1 ss.)。帕萨雷利(Passarelli)认为,《意大利民法典》第 190 条将"个人财产"作为限制性和辅助性责任的机制仅仅设定在有特定的财产用于满足家庭需要的假定之下,这代表了该条对于选择夫妻法定共有制的配偶的保护。还有一种不同的观点认为,任何为家庭利益缔结合同所产生债务的情形,即便夫妻之间不是采纳夫妻法定共有制,也可以适用《意大利民法典》第 186 条第(c)项所代表的新原则,从而将基于家庭利益缔结合同所产生的债务与家庭贡献义务置于同等的地位。参见 A. Falzea, Il dovere di contribuzione nel regime patrimoniale della famiglia, cit., p. 624 ss.; G. D'Amico, L'accordo tra i coniugi, cit., p. 171 ss.; A. Di Majo, Doveri di contribuzione, cit., p. 313 ss.; R. Perchinunno, Le obbligazioni nell' interesse familiare, Napoli, 1982, p. 94 ss. e 202 ss. 因此,一方配偶使另一方负担债务的权力不能在共有制度之中找到其发生名义,因为共有制度中对于债务的产生名义有着明确的规定。该权力的成立基础存在于家庭贡献制度之中,因此,共有制度只服务于将没有参与缔结合同产生家庭之债一方配偶的责任限制为辅助性和可分的。但在财产分离的制度中,没有参与缔结合同产生家庭之债一方配偶的财产则不是辅助性或者部分性的责任,而是连带和无限的责任。然而,有人反对这些论(转下页)

总之,有观点认为,即使在共同所有制之下,只要是与家庭内部当下的需要和与家庭管理(conduzione della cosa)相关的费用,人们必须直接或间接地适用《意大利民法典》第144条。*《意大利民法典》第144条赋予夫妻中的任何一方行使夫妻协定生活方式的权力(il potere di attuare l'indirizzo concordato)[27],但夫妻双方必须遵守《意大利民法典》第143条第3款中的强制性规定。为了限定用个人财产来清偿债务,按照《意大利民法典》第190条的含义,将夫妻个人财产的责任限制在一半的债

(接上页)点,一方面,并不是因为共同制度对外规则的法律效果,产生了可以拘束配偶双方的行为的债务承担(C. M. Bianca, I rapporti personali nella famiglia e gli obblighi di contribuzione, in AA. VV., La riforma del diritto di famiglia dieci anni dopo. Bilanci e prospettive, in Atti del Congresso di Venezia 14-15 giugno 1985, dedicato alla memoria di L. Carraro, Padova, 1986, p. 81; A. e M. FINOCCHIARO, Diritto di famiglia, cit., 288),另一方面,一般来说,与其说因为没有特别规则可以排除配偶的财产责任制度,还不如说家庭法是民法的一部分。对于配偶的财产制度可以适用一般法(ius commune)的原则,即适用《意大利民法典》第2740条。根据这一条,财产责任不能由其他人承担。G. Palermo, Obbligazioni solidali, cit., p. 150 ss. 类似的考虑,参见 V. De Paola, Il diritto patrimoniale, cit., p. 131。德保拉(De Paola)还指出,《意大利民法典》序编第14条禁止特殊规则类推适用,因此不能将第190条这样一个特殊与例外规则扩展到所有案例的情形。也不可能从法律制度的一般原则中推导出一条专门规制这样情形的规则,更不可能从外国立法中推导出这样的规则。这与其他欧洲国家的立法经验相反。在这些欧洲国家,一条一般性的原则与配偶有权单独从事家事活动中的连带责任是同时存在的。F. Tuccari, Brevi note sul lato attivo del dovere di contribuzione, cit., pp. 232-233. 它还基于家庭贡献制度的存在合理性排除了类推适用《意大利民法典》第186条第(c)项的可能性。P. M. Vecchi, Obbligazioni, cit., p. 642. 韦基补充道:"夫妻共同制中的夫妻责任规则所预设的结果与实践操作所带来的结果可能存在差异,即实际可能产生连带责任与可分责任。"新的批评观点反对共有制度为基于家庭利益缔结合同所产生的债务提供合理性基础的观点。其认为,即使在共有制度中,也许更多考虑的是个人利益,而不是集体利益。但是在贡献义务中,有学者指出(E. Perego, in Questioni, cit., p. 411),在第186条第(c)项中提到的共有制度的连带责任是以家庭利益为基础而构建的,这种连带责任的机制并不适用于非共同取得某物以及取得某物时具有不同目的的情形。因此,家庭利益是产生连带责任的一个必要条件,凭借这一条件并不足以产生消极的连带责任。一方面,必须基于夫妻之间的法定共有制取得某物,另一方面,除此之外,还必须考虑是共同取得某物,且是基于共同利益。这样,共有制度中将排除某几种特殊的交易方式会产生连带责任。那么,在分别财产制之下,一方对于另外一方的购买行为,原则上并不产生连带效力。

　*《意大利民法典》第143条第3款规定:夫妻双方负有根据各自的财产状况、工作能力或持家能力承担满足家庭需要的义务。参见《意大利民法典》,费安玲、丁玫译,中国政法大学出版社1997年版,第51页。——译者注

　[27] 理论否认在分别财产制度中,一方配偶为了家庭利益缔结合同所产生的债务,另一方需要承担连带责任。但一方配偶对于履行协定生活方式所产生的债务,另一方则需要承担连带责任。A. Trabucchi, Commentario, cit. Trabucchi, in Commentario, cited above, p. 1, sub art. 148, Civil Code, p. 260; G. Tamburrino, Lineamenti, cited above, Turin, 1978, pp. 198-199; G. Ciam, Introduzione generale, in Commentario, cit., pp. 48-49.

务份额之内。这一条只能针对基于家庭利益缔结合同所产生的债务,因为家庭利益是夫妻法定共有制中的一个非常重要的组成部分(proprium)。[28]博基尼在他的专著《夫妻关系与财产流转》(rapporto coniugale e circolazione dei beni)中进一步确认这一理论趋势。[29] 该理论认为,从保障家庭成员公平的角度,即使在没有特别规定的情况下,不考虑具体所采纳的夫妻财产制,而以家庭生活的特征和功能为主要的考量原则,来确认夫妻双方是否就另一方单独产生的债务承担连带责任。实际上,这一理论源自最高法院法官的判决。[30]

前述理论其实背离了连带责任仅产生于与家庭需要(bisogni della famiglia)紧密关联的债务的结论。前述理论还确认了对于没有参与交易的配偶一方的财产设定负担的权力,总是可以在第144条所规定的实现协定生活方式之中找到正当性基础。如果无法通过证明配偶双方的行为可使人相信没有参与订约的合同当事人也是法律关系主体,以应用代理或者表见代理制度时,人们可以将《意大利民法典》第144条与第143条第3款所规定的义务(dovere)相结合,让利益相关的第三人去证明夫妻

---

[28] E. Russo, Bisogni , cit., p. 252. 如果这种理论可以很好地克服连带原则的误用所带来的问题,那么,可以很好地理解分别财产制之下的连带责任与夫妻共有制下个人责任的辅助性与可分性之间的冲突。另外,该解决方案会带来一个重要后果。在法定共有制背景下,即根据利益与家庭需要关联的紧密程度,对于相关费用的连带责任进行限制。该重要结果是对于较少具有财产价值的债务则存在更加广泛的责任。这一逻辑本身可能会带来不同的解决方案。显然,对某些财产性后果的规定可以理解为是为了落实连带原则。但这并不能证明区别对待履行贡献义务的行为(旨在满足家庭需要的经济义务)和表达合作义务的行为(行为义务)的正确性。因为根据《意大利民法典》第144条第1款所规定的协定决定生活方式,在完全连带原则的背景下,后者也存在根据主体的总体经济能力进行定性的问题。See F. Tuccari, Brevi note sul lato attivo del dovere di contribuzione, cit., p. 221 ss. (spec., pp. 240-242).

[29] F. Bocchini, Rapporto coniugale, pp. 223-256. 原文的表述中并没有出现"博基尼的理论"。但本文作者的表达过于繁杂,按照原文的翻译,根本无法让中国的读者理解,因此,译者进行了适当的添加和转换,以期能使中文语境下的读者更容易理解。——译者注

[30] 笔者不打算提及,但如稍后将看到的,人们对于最高法院判决 Cass. 7 ottobre 1975, n. 3177 中的理论观点的实质性认同。该判决通过使用代理中"使用被代理人名义"(contemplatio domini)的标准,将合同效力也归于非缔约方的配偶。也有人提议将理论与Pret. Prato 28 gennaio 1974(in Foro it. 1974, I , p. 878) 判决联系起来,并指出,由于过于求助连带责任的概念,被人所熟知的债的共同体产生的是竞合责任(responsabilità concorrente) ("responsabilità concorrente"是一种指代涉及所有在观念上或者事实上参与某个行为的主体的责任——译者注)。

所展开的家庭活动与法律行为(atto negoziale)之间的关联性。[31] 事实上,这种理论确定了两种将非缔约方的配偶纳入债务中的标准。这两个标准:一是建立在配偶行为的基础之上;二是将合理性建立在保护第三人信赖的必要性之上[32],最终也是为了保护夫妻双方的自主性。

第一个标准被认为是客观的。因为不考虑代理人使用被代理人名义(contemplatio domini)的形式性事实,而是需要通过证明配偶在订约中的明示或者默示行为,来表现配偶的行为与家庭共同利益之间的关联性。如果无法证明配偶在订约时的行为与家庭共同利益的关联性,那么,对于缔约之后的表现进行证明,也可以达到同样目的。往往在这种情况下,第三人无法利用主观标准,而只能求助于客观标准。如果达到了这一证明标准,债权人也可以要求未参与订约的配偶成为合同关系的主体,并根据《意大利民法典》第190条,要求没有参与订约的配偶承担部分责任。《意大利民法典》第190条其实是第143条与第144条所规定的夫妻平等与家庭负担平等分配的一般性表述。不论采用何种夫妻财产制,都可以单独适用《意大利民法典》第143条与第144条。

第二个标准是主观的,其涉及的是配偶双方的行为。如上面所论述的,该标准主要是让第三人去证明未参与交易的配偶也是法律关系的主体之一,因为未参与交易一方配偶的行为导致另外的配偶明确地或者默示地使用自己的名义。在这种情况下,一方配偶明确使用另一方配偶的名义,即便只是"表见的",根据独立于夫妻财产制的交易活动主观归责原则,配偶双方都将成为连带债务责任人,而且夫妻双方都应当承担无限责任。[33]

前文所述的理论确认了因为家庭利益所产生的债或者因共同利益(rectius: comune)所产生的债,可以不受夫妻所采纳的财产制度的限制。

---

[31] Bocchini, Rapporto coniugale, cit., p. 226 ss.
[32] 特别是当第三方无法证明这两个标准中的任何一个的话,可根据《意大利民法典》第2740条,因为无论采用何种财产制度,配偶都应对用自己名义所负的债务承担无限责任。显然,这是最能保护第三人债权人的方法。Bocchini, O. c., p. 259.
[33] 通过扩张解释《意大利民法典》第186条第(d)项,将每一种夫妻双方共同承担的债务都纳入这一条中(ID., O. c., p. 257)。

由于这种情况下的个人行为与家庭的共同活动高度融合，也就是说，可以将这一配偶的个人行为视为根据第 144 条所确定的实现协定生活方式的一种继续性的行为。[34] 配偶平等履行家庭贡献的原则可以普遍适用于婚姻关系中有关财产的问题。由第 190 条所规定的关于夫妻共有制下的合同债务部分责任，其实也是《意大利民法典》第 143 条第 3 款和第 144 条规定的配偶平等履行家庭贡献原则的体现。从这可以看到，法定共有制与分别财产制的唯一差异在于，只有在法定共有制之下，对于第 186 条第（c）项所规定的且客观上可估算的债务，个人财产才作为辅助性的手段就共同债务的一半承担责任。[35]

---

[34] 这样一来，有关协定生活方式的举证责任的相关问题似乎得到了解决。仔细观察，并没有解决所有问题。因为对于夫妻进行的家庭活动的相关性的推定，可以通过一种相反的证明来得到说明，即非缔约配偶可以通过证明行为与家庭活动无关或者家庭没有从该行为中受益来进行反驳。Bocchini, O. c., p. 256 ss. (spec. p. 259). 因此产生了一个合理的要求，作为被告一方的配偶为了对抗原告的要求，必证明存在本应当保密的家庭冲突的存在。因此，被告必须作出一个艰难的选择，要么承担原本不应由被告负担的责任，要么向第三方披露具有隐私性质的个人事务（E. Perego, in Questioni, cit. 412）。同样，相反的证明必须包括一个部分，即证明当事人的不同代理权（F. Bocchini, O. l. u. c.），从这个角度看，另外一个与《意大利民法典》第 144 条规定确定实现协定生活方式的权力完全无关的事实被赋予重要性，因为一方配偶以自己之名义与第三人缔结相关的合同债务，或许是在行使实现协定生活方式的权力，或许仅仅是自己主动在缔结债务（E. Perego, O. l. u. c）。这些观点也适用于这样的情况：有人想要证明某种行为与协定生活方式实现的相关性，而最终只能依靠针对没有参与缔约的配偶提出诉讼的第三人，来证明协定生活方式的具体内容。认为应由第三人证明其对于债务人责任担保财产的扩张具有特殊利益的观点，是可以理解的。但是，人们也会毫无疑问地赞同这样的看法，即这样的制度安排最终会使原告（第三人）承担几乎是恶魔一般的举证责任（E. Perego, O. l. u. c.）。该理论（G. Palermo, Obbligazioni solidali, cit., p. 509）的可取之处在于，根据该理论，属于配偶双方约定实现协定生活方式的权力并不会改变关于债务关系成立的一般规则。

基于保护第三人的立场，权威学说（F. Santoro-Passarelli, in Commentario, cit., Note introduttive agli artt. 24-28, p. 222；A. Falzea, Il dovere di contribuzione, cit. p. 628; F. Tuccari, Brief notes on the active side of the duty to contribute, cit, pp. 244-245）指出，应当将《意大利民法典》关于家庭基金规定的第 170 条确认为一项具有普遍适用性的规定，从而可以通过类比原则来扩展适用这一规定。因为，当具有必要的财产满足家庭需要时，对于贡献义务而言，家庭基金处于一个辅助地位。

[35] 个人财产作为辅助性的手段对于《意大利民法典》第 186 条第（d）项中的"费用"承担连带责任与无限责任。但在分别财产制之下，并不存在对于主观的共同债务承担连带责任。F. Bocchini, Rapporto coniugale, cit., p. 260.

四、批评：共同生活和共同管理与"实现协定生活方式的权力"

在上述论述中，与债务相关的特殊组织[36]，均以共同生活和共同管理为其主要特征。但仔细观察，会发现"家庭共同体"这是一个缺乏文本依据的假设。因为这个假设仅仅是以物质和经济上要素为支撑基础，实际上，物质和经济上要素并不适合用作将家庭共同体构建为一个"统一的中心"的基础，并以此来实施与家庭相关的法律行为且承担其相应的法律效果。这种观点并没有考虑到一方配偶可以实施对于另一方的财产也发生效力行为的合法性本质根源。[37] 可以发现，对于前述观点的类似批评，也可以在第144条第2款中直接找到相应依据。因为，根据《意大利民法典》第144条第2款所规定的实现协定生活方式的权力，一方配偶在从事某事时所产生的效力可以及于另外一方。这一权力是家庭共同体的内在反应。设定实现协定生活方式的权力的目的是保障夫妻双方在同居与合

---

[36] 专门针对夫妻共同财产的与此相关债的类型的学说指出，夫妻共同生活其实受到特殊组织的规制，对于与此相关的债务类型，也有必要对该组织构成的特殊性进行研究。F. D. Busnelli, Obbligazioni soggettivamente complesse, in Enc. dir., XXIX, Milano, 1979, p. 329 ss. (spec. 330-331). 有学者建议，以一种批评性类比的视角，确定为家庭利益而产生的合同性债务，可以不受所采用的婚姻财产制度的限制，而应当将其置于整个家庭关系中进行考虑。R. Perchinunno, Le obbligazioni nell'interesse familiare, cit., p. 89 ss.; ID., Dovere di contribuzione e responsabilità per i debiti familiari, nota a Cass. sez. Ⅰ, 18 giugno 1990, n. 6118, in Rass. dir. civ., 1992, p. 631.

[37] P. M. Vecchi, Obbligazioni, cit., pp. 658-660 一文指出，共同管理只在追求盈利目的的典型商业关系中才产生共同参与人的连带责任与个人责任。例如，《意大利民法典》第38条所规定的基于设想目的成立社团。在建筑物的共有中(condomino)，就存《意大利民法典》第1115条所规定的情形。该条预设了一种介入多数人之债与集体之债之间的一种债务。该条作为规定共同所有权组织内部的规则，对于以共有财产共同体名义缔结的债务或者为了使共有财产受益而产生的债务，可以要求共有人之间承担连带责任。而且，这一条规则是非强制性的。A. Natucci, La comproprietà nella giurisprudenza, in Raccolta sistematica di giurisprudenza e diritto, Padova, 1977, p. 199; G. Branca, La comunione, in Comm. del cod. civ., Scialoja e Branca, Bologna-Roma, 1982, p. 334; G. Pescatore, R. Albano, F. Greco, Della proprietà, in Comm. del cod. civ. Utet, Torino, 1958, pp. 114-115. 一般来说，为团体利益负担债务的人与承担责任的人应该同一，除非其不具有自己的人格，也没有独立的财产。不论是哪种情况，是将债务归属于法人(persona giuridica)，还是将债务以连带的方式归属于团体的各个成员，依据法律或者团体成员的授权，代理人在"代理"机制的基础上，有权为团体缔结债务。

作基础上平等开展日常生活。简而言之,实现协定生活方式是基于平等持续生活而形成的,不需要夫妻双方就此不断地进行合意交换的参与性规则。[38] 以《意大利民法典》第 144 条第 2 款为基础的实现协定生活方式的权力是夫妻双方单独享有管理权的合法性根源。据此,一方实施的行为可以如同另外一方本人实施,且会对家庭内部的经济生活产生影响。但从长远来看,这一影响并不必然局限于夫妻内部。[39] 另外,基于赋予规范以实际意义的目的,确认"实现协定生活方式的权力"可以产生外部效力。否则,则会认为这不过是再一次确认《意大利民法典》第 143 条[40]已规定的平等原则。但仔细来看,后一种观点存在重大歧义。

事实上,《意大利民法典》第 144 条所规定的实现协定生活方式的权力与第 143 条所规定的平等原则的目的不完全一致。《意大利民法典》第 144 条将夫妻作为一个共同体来理解,这种统一体不仅仅体现为配偶之间的机会平等,还需要通过他们互相协议的规则来实现。对此,完全可以说,《意大利民法典》第 143 条简要表达了婚姻中配偶个人权利义务的重要性;第 144 条则提供了具体的操作规范。《意大利民法典》143 条所规定的相应权利和义务通过第 144 条而实际成为特定规制婚姻共同体的基本法规。

---

[38] 有学者指出,配偶同居生活最终仍然以两者之间的合意为条件。F. Santoro-Passarelli, Il potere, cit., p. 155.

[39] P. M. Vecchi, Obbligazioni, cit., p. 160 ss. 该作者将夫妻合意(accordo)看作配偶一方实施行为对于形式上没有参与法律行为的另一方也产生拘束力的一般合法性的来源。并指出,对其约束力的解释已脱离法律行为的假定本质。从这个角度来看,将实现家庭生活方式的权力转变为一种必须包含在配偶协议中的相互委托(mandato reciproco),并不能解决法律行为的效果归属问题,除非可以进一步证明这些协议本身明确了配偶之间存在互相授权(procura reciproca)。另外,这种观点还可能带来一种结果:即事实上,不存在没有协定的生活方式代为履行或者说分别履行。这样,《意大利民法典》第 144 条第 2 款所规定的"实现协定生活方式的权力"也没有意义。对于这一观点的引用,可以参见 G. D'Amico, L'accordo tra i coniugi (art. 144 c. c.)。一方面,该作者将夫妻"合意"定位为本质性的,因为该合意源于家庭存在的方式,另一方面,作者将合意与限定配偶外部权力范围的功能联系起来。同样,参见 F. Tuccari, Brevi note sul lato attivo, cit., pp. 236-243 (spec. p. 240). 图卡里(Tuccari)认为,以夫妻合意为中心存在一个"财产完全连带"原则(piena solidarietà patrimoniale),夫妻合意就可以成为一个将个人利益转化为家庭利益或家庭需要的手段。如果一方配偶没有对另一方具有负担债务的权力,那么根据权威学说(Corsi, Il regime patrimoniale della famiglia, cit., p. 41),《意大利民法典》第 144 条第 2 款将为配偶一方(基于家庭利益代理另一方的代理人)确立对另一方的一个简单的追偿权(diritto di rivalsa)。

[40] P. M. Vecchi, Obbligazioni, cit., p. 660 (spec. nota 103).

立法者虽然想要通过一系列强制性的夫妻双方义务典型化夫妻关系[41]，但本质上，这是《意大利宪法》第29条所规定的"道德和法律平等原则"（eguaglianza morale e giuridica）的体现。[42] 在一般人看来,在上述规定之下[43]，通过配偶个人的积极举动来实现个人利益,同样会推动真正落实夫妻平等原则。就此来看,实际上,以实质性平等为中心的夫妻关系理念主导了《意大利民法典》第144条规定的家庭管理标准。因为第144条有利于消除配偶在经济和社会秩序方面的障碍。否则,这些障碍将影响与宪法团结原则保持一致并为《意大利宪法》第3条第2款以及《意大利民法典》第143条所承认的夫妻平等法律主体地位的具体落实。

五、批判：夫妻合意与
实现协定生活方式的权力

根据《意大利民法典》第144条的规定,夫妻可以自主约定生活方式。然而这完全不会将夫妻双方的单独执行权限定于夫妻内部的关系,因为家庭贡献义务和合作义务在具体应用时也会涉及夫妻关系之外的领域。但一方面,根据《意大利民法典》第143条第3款所采纳的规则,并不能排

---

[41] Cass. sez. II, 13 ottobre 1976, n. 3412, in Gust. civ. Mass., p. 1438 认为配偶一方承诺向另一方归还其以抚养名义所得的费用（somme ricevute dovutegli a titolo di mantenimento）的合同条款无效。Cass. sez. I, 21 maggio 1984, n. 3115, in Giust. Civ. Mass., p. 1049 认为分居配偶放弃扶养费（assegno alimentare）的行为确定为无效。关于《意大利民法典》第143条不可适用于未结婚而同居的夫妇,参见 F. Prosperi, La famiglia non fondata sul matrimonio, Napoli, 1980, p. 260；相反 G. Furgiuele, Libertà e famiglia, cit., p. 288 e, in giurisprudenza, Cass. sez. II, 3 febbraio 1975, n. 389, in Giust. civ. Mass., p. 184 则认为同居伙伴之间存在平等的道德扶助义务。关于男子为与他一起生活的妇女支付的扶养费用,可以依据自然之债,不可请求返还。Cass. sez. I, 8 febbraio 1977, n. 556, in Giust. civ. Mass., p. 237.

[42] F. Santoro-Passarelli, Note introduttive agli artt. 24-28, nov., cit., p. 218; P. Perlingieri, Sull' eguaglianza morale e giuridica dei coniugi, in Rapporti personali nella famiglia, a cura di Pietro Perlingieri, Napoli, 1982, pp. 13-17.

[43] 有人指出,《意大利民法典》第143条并没有穷尽规定婚姻关系中的主观权利与义务,因为根据《意大利宪法》第2条,国家对于能够体现其人之个性的社团成员,承认并保障其人权不可侵犯,夫妻双方还负有相互尊重与自由、尊严、隐私（riservatezza）、身份（identità）等价值有关的基本权利的义务。P, Zatti, I diritti e i doveri che nascono dal matrimonio e la separazione dei coniugi, in Tratt. di dir. priv. Rescigno, 3, Torino, 1982, p. 46.

除这些行为所引发的责任可能更适合用夫妻的个人财产来承担;另一方面,上述所提到的那些行为也不必然会涉及连带性的债务。正如我们已经看到的那样,连带效果的规定与维护婚姻关系中的经济平衡问题无关。[44]

这样,与最高法院审查实体问题的法官观点[45]一致的是,似乎唯一从连带责任中受益的是债权人。现在有必要找到一个明确规定应最大保护债权人利益的规范。事实上,如果配偶没有自己的收入或资产,只是一个从事家务劳动的人,也可以根据《意大利民法典》第143条规定的相互负有的家庭贡献义务,来评估其家务劳动的价值。一方面,这是根据《意大利民法典》第144条所规定的家庭任务协议分工;另一方面,即便该配偶没有资产[46],他也同样可以享有实现协定生活方式的权力(diritto di attuazione dell'indirizzo familiare)。需要注意的是,共同管理为夫妻双方产生个人责任与连带责任的一般前提。[47] 想要克服共同管理中物质和经济事实的模糊性,就需要在法律中确定实现协定生活方式的权力的唯一来源。但《意大利民法典》并没有因此为配偶就如何参与家庭生活[48]以及如何组织家庭生活[49]以保证家庭生活方式协定的落实提供足够清晰的前提性规定,以处理一方配偶在不同的时刻履行"实现协定生活方式的权力"时,与家庭之外的主体发生交易,如何归属交易活动的效果问题。

但在解释这一观点的原因之前,值得指出的是,以婚姻统一体为基础的合作与同居下"配偶生活方式的合意"的存在,其实具有推定的性

---

[44] Cass. 18 giugno 1990, n. 6118, cit. 担心家庭风险不能由夫妻双方分担,对于承认第三方债权人也有可能要求未参与契约的配偶的财产作为连带责任财产的做法,该法院(Cass. 18 giugno 1990, n. 6118)认为,这可能危及配偶之间商定的管理方案。如果单一债务的经济负担也可以通过协议只落在一个债务人身上,故意忽视共有人之间所确认的共同利益的重要性[因为"共同利益"其实是对共同体基本功能整体和抽象思考的结果,参见 P. M. Vecchi, Obbligazioni, cit., pp. 626 ff. (spec. p. 637)],那么,鉴于《意大利民法典》第1203条和第1298条及以下条款,配偶还可以选择通过代位权和追索部分或全部财产的机制来恢复上述经济平衡(F. Santoro-Passarelli, Poteri e responsabilità patrimoniali dei coniugi, cit., p. 108)。

[45] Cass. 18 giugno 1990, n. 6118, cit.
[46] Contra, P. M. Vecchi, O. c., pp. 669-671; M. Paradiso, La comunità familiare, cit., p. 414.
[47] P. M. Vecchi, Obbligazioni, cit., p. 658.
[48] ID., O. c., p. 665
[49] F. Bocchini, Rapporto coniugale, cit., p. 65.

质,因为合意协议的存在只能被推定,就像婚姻关系仍处于"健康状态"一样,也只能被推定。因此,正如我们所理解的,在一个家庭共同体中关于"实现生活方式合意"的识别规则问题一直没有得到解决。可以这样说,虽然关于家庭共同体持续存在的事实无疑可以从实现家庭生活方式的合意中推导出来。但不能简单地(sic et simpliciter)从家庭共同体或者说仅仅从以同居要素为代表的外部事实来推导夫妻的真实意志。

六、批判:家庭管理与代理代位

根据当下的理论,如果一方当事人的行为可以被评价为是为了另一方合作者的利益,也可以产生与代理完全相同的效果。因为,这是管理关系。* 明确或者假定是对他人利益进行管理,在该管理关系中,即使不存在合格代理人(legittimazione rappresentativa),他们之间的关系的法律效力也不会仅仅局限于管理人(gestore)和受益人,也会扩展到外部。[50]至少在特定的案例中,会是这样。如果不详细地论述这个主题,我们似乎

---

* 在此,其实作者并未明确指出是否适用委托中的管理还是无因管理中的管理。在意大利,其实不论是委托合同还是无因管理,为他人计算或者为他人利益均是这两个制度的重要成立要件。在译者看来,这里的管理应该指的是无因管理。因为在意大利,无因管理制度中,管理人也具有法定代理权。而且,作者在后面的注释中也引用了代理权的存在与否需要通过是否存在管理关系来证明。根据《意大利民法典》第2028条,无因管理指的是,管理人没有管理义务而有意对于他人无法管理的利益进行管理。无因管理的构成要件包括:其一,受益人管理受碍(impedimento dell'interessato),即受益人无法行使其管理行为;其二,管理人有意管理他人的利益;其三,管理人行为具有自愿性(La spontaneità dell'interessato),非基于合同或者其他法律义务;其四,管理行为具有最初的有益性(utilità iniziale),即要求管理人从事管理行为表现出对被管理人有益即可,不要求最终结果对于被管理人有益。该制度之所以常与代理效果发生混淆,原因在于,根据《意大利民法典》第2031条,被管理人应履行管理人以其名义所负担的债务。对于管理人以被管理人的名义从事管理事务,管理人的代理权源于法律规定,而不是法律行为。管理人也可以不行使其享有的代理权(il potere di rappresentanza)与以自己的名义履行管理事务。对于这种情况,管理关系就类似于没有代理权的委托关系。根据《意大利民法典》第1706条,对于以自己的名义从事管理事务的,管理人与第三人之间成立债务关系。但受益人可以代位行使产生于管理事务的债权(i diritti di credito)。Cfr. C. Massimo Bianca, il diritto civile, 2002, Milano, pp. 137-151.——译者注

[50] P. Papanti-Pelletier, Rappresentanza e cooperazione rappresentativa, Milano, 1984, pp. 9 ss. (spec. p. 21 ss. e 35 ss.).

有理由认为,家庭生活和管理的共同体作为配偶之间内部关系的基础,似乎不会产生代理的法律效果,但配偶却不可避免地为"他人利益"而采取管理活动。似乎该管理活动具有两方面的利益性质:一方面是为了管理者(cooperatore)*自己的利益,另一方面是相对于受益人(dominus)的利益。[51] 但值得指出的是,管理者的行为对受益人发生实际的效力,并不是因为管理者与第三人的法律行为发生了债务的继受,也不是因为管理者将法律效果转交给委托人(mandante)。而且,也不能证明这是受托人根据法律(ex legge)将法律效果转交给委托人的债务承担(accollo cumulativo)或者合同转让的结果。也就是说,在此,一方主体(管理者)与第三方缔结合同所产生的约束力将继续约束原来的当事方,而不是未参与交易的那一方(受益人)。[52]

当配偶一方在与第三人交易时,没有使用另一方的名义,另一方在形式上也没有参与交易,在考虑代理效果是否会涉及另一方的财产时,家庭共同体中是否存在共同管理的事实就是一个不能不考虑的因素。而在一般的观点看来,这完全排除了表见代理的可能性。并不是因为,第三人对所谓被代理人的故意(doloso)或者过失(colposo)行为产生合理信赖,从而认为存在代理关系。而是因为,面对夫妻关系的存在,第三人的"善意状态"不会获得任何好处。正如已经多次所提到的那样,夫妻关系是按照共同利益的规则设计的,而不是按照为了他人的利益设计的。[53] 由于夫妻之间的法律关系状态容易被人们所周知,所以,不

---

* Cooperatore 原本含义为合作者或合作社成员,本句中其实翻译为管理者更加贴切。但在理解上,将管理者视为被委托人或被代理人,就会更加清晰地理解后面的论述。——译者注

[51] P. Papanti-Pelletier, Rappresentanza, cit., p. 21 ss. (spec. p. 65, nota 3); M. Paradiso, La comunità familiare, cit., p. 411,他正确地指出,由于目前个人关系中的财产连带义务的实际状况与在各种财产制度中关于配偶个人责任规则的可变性,当然,不可能利用基于为他人考虑的模式去描绘有关互惠性关系。

[52] P. PapantI-Pelletier, O. c., p. 35 (spec. nota 51),其中,作者援引了其他权威学说所得出的某些结论。

[53] 因此,需要说明的是,如果事先仍然存在《意大利民法典》第 153 条第 3 款规定的消极或积极的特殊公示制度,不能援引代理制度中的外观原则(在这个意义上,参见 V. De Paola, Il diritto patrimoniale, cit. p. 133),原因很简单,在正式作为合同一方的配偶与被忽视成为合同一方的配偶之间,难以发现这是一方配偶基于家庭需要的介入行为。而这是"受益人"与"管理人"之间的管理关系中产生代理效果不可缺少的要素(P. Papanti- Pelletier, Rappresentane, cit., p. 65)。

能就此认为可以适用法律表见或者信赖原则。这种众所周知的事实避免了表见代理或者无过错的代理应用的可能性。这并不是因为参与缔约的配偶没有公开其夫妻关系[54]，而恰恰因为婚姻关系的存在，就足以使一方配偶对外的法律行为对没有参与交易的配偶产生法律效力。

如此，是否查证，是否知道夫妻采纳了哪种婚姻财产制度，或者查证缔结合同之前、之中和之后的一系列情况其实都不那么重要。就第一种情况来看，不论之前选择哪一种财产制度，没有参与法律行为缔结的配偶均不与另一方形成连带债务。事实上，没有参与缔结法律行为的配偶在共有制度中是重要的，因为在如下情况下，债权人可以获得足够的保护：法律行为的债权人可以请求将没有参与法律行为缔结的配偶与参与法律行为缔结的配偶的共有物作为担保以清偿债务，以及在符合《意大利民法典》第189条与第190条的限定时[55]，债权人还可以将没有参与法律行为缔结的配偶的个人财产作为担保以清偿债务。而关于第二种情况，考虑到缔约先后情况，非常适合通过外部的说明来证明另一方主体[56]的代理责任，从而使其产生消极的连带效果。例如通过连续的、具体的、没有矛盾的情况证明，如消极债务关系产生的根据或者名义身份。或者更为具体的，即对双方存在共同承担债务(assunnzione congiunta dell'obbligazione)的客观信任(situazione oggettiva di apparenza)情况(例如，妻子陪同丈夫去商店，并一同选择商品)进行说明。这些事实的特征就是表明第三人符合主观善意的条件(una condizione soggettiva di buona fede)。[57] 可以看到，通过一系列事实来推定没有参与交易的配偶具有代理权与针

---

[54] Cass. 28 aprile 1992, n. 5603, in Dir fam. e pers., 1992, p. 997 ss.
该判决中的理由部分指出，配偶之间带有一定公示性的财产制度，本身并不妨碍援引权利的外观原则，即使所表现出来的情况(la situazione apparente)与上述的公示结果并不一致，因为这正是最高法院审查实体问题的法官的任务所在，即查证表征事实，如对使第三方产生信任的事实，以及可被原谅的错误事实进行查证。在查证中，夫妻双方的行为，甚至在以前的合同中的行为，合同关系重复性、付款方式和具体案件的其他特殊性均具有显著性。

[55] Cass. 18 giugno 1990, n. 6118, cit.

[56] M. Paradiso, La comunità familiare, cit., pp. 417-418.

[57] F. Gazzoni, Manuale di diritto privato, Napoli, 1990, p. 353. 作者并没有在第4版中改变观点。在最近的学说中[F. Bocchini, Rapporto coniugale, cit., p. 238 (spec. nota 17)，他在此还参考了其他权威文献]，《意大利民法典》第186条第(d)项所规定的配偶共同承担的债务，(转下页)

对没有参与交易的配偶而产生代理效果之间,会产生一个根本性冲突的结果。因为,前述事实系建立在相同利益的基础上,在技术上就不可能将这些行为视为一种管理行为。[58]

七、续:受托人为自己的利益而履行委托事务

根据刚才所论述的,这种代理代位(sostituzione rappresentiva)的解释方案,非常不合适。[59] 即便是在如下案例中:有的人假设一方使用夫妻共同的名义从事交易活动,事实上却是《意大利民法典》第1723条第2款

(接上页)不被第186条前几项的规定视为共同的合同债务,该项要求配偶承担无限的财产责任,根据一般规则,它们仍然受配偶双方的合同义务约束。恰恰是当它在合同中不被视为第186条前几项意义上的共同义务时,引起了两个共同债务人的无限资产责任。根据一般规则,配偶仍然受到连带责任的约束。《意大利民法典》第186条第(d)项所规定的支出不是家庭共同活动的一部分或者本身与家庭需求没有密切联系。相反,配偶对家庭需求负有可分的责任。然而,如果这种观点将实现家庭生活方式与积极连带债务的产生的关联性绝对分开,而将连带责任与共同参与交易的要素联系起来,这其实与本文的观点相反。这种观点对第186条第(d)项进行了扩张性的解释。该观点让任何一种关联性的行为都被视为共同的债务承担,都置于第186条第(d)项之下。这包括使用了被代理人名义(contemplatio domini)的行为及表见代理的行为。ID, O. c., p. 257.

〔58〕 当人们在证明代理制度与管理关系的必要联系时,代理的效力总是被赋予精确的功能内涵。管理关系被确定为代理人合法性的来源和代理人行为的正当性支持的来源。该合法性来源既可以是被代理人(dominus)和代理人(procurator)之间有明确的以不同的方式授予权力的管理协议,也可以是双方尚未达成任何明确管理协议的简单行为授权。事实上,在后一种情况下,不能从隐含的或假定的管理债务关系中抽象出代理效力,正如授权从来都不能等于抽象的法律行为(negozio)。特别是,代理权需要通过一个有效的名义来获得其正当性,所以在代理人与被代理人之间需要存在管理关系。而在管理关系中更为重要的是代理人使用被代理人的名义。这种管理关系的存在是以可令人信服的事实(facta concludentia)来还原事实。若代理权被行使,当证明代理人是为了被代理人的利益展开代理活动时,就可以据此来证明管理关系的存在。P. Papanti-Pelletier, Rappresentanza, cit. p. 109 ff.

〔59〕 有人正确地指出了有关委托和代理制度的问题,如果一方配偶为了满足家庭利益缔结合同,并不会引起涉及配偶双方的法律效果。因为,没有参与交易的一方配偶必须被认为是法律关系中实质性的一方。但应当知道,代理人一般不承受他以其他名义所实施行为的效力,除非两个人共同参与法律行为之中,也就意味着一方配偶以自己的名义参与了法律行为,并作为受托人(mandatario)实施了法律行为而且后一种这种行为必须得到证明。如果代理人没有向第三人作出代理另一方配偶的明确表达,就需要通过缔结合同的情况来还原代理权授予的事实。参见 P. M. VECCHI, Obbligazioni, cit., pp. 647-648;判例可参见 Cass. 28 aprile 1992, n. 5603, cit.。

中所规定的出于自己的利益（in rem propriam）而履行委托事务。* 这种情况,也是不适合的。

在此,解释者对于代理制度一些细小的构成要件存在一些分歧,主要是在确定代理人或第三方的利益的概念方面。[60] 一个具有充分理由的观点是,对于该利益概念,不能简单地满足将其定位于存在一般利益或经济利益的重合,因为该概念所指的利益是一种"法律上的利益"（interesse giuridica）。[61] 也就是说,在多数情况下,这不是直接由委托本身所产生的利益,甚至与委托的利益是相异的。[62] 人们必须承认,受托人拥有与"管理关系"相连的特定利益或权利,但这些利益或者权利并不是产生于管理关系。因为委托（mandato）只是一个进一步落实利益计划的条件和方法,一个利益计划得到贯彻的保证[63],委托并不属于管理关系。

正如前所说,由一方配偶基于家庭利益产生的债务所引发的代理效果与管理关系想要规制的图景并不相符。"为他人利益"是构成管理的

---

* 基于自己利益的委托,对于我国读者来说也许是奇怪的。根据《意大利民法典》第 1723 条第 2 款,委托涉及第三人或者受托人的利益（interesse del mandatario）时,委托人除非有正当理由或者依据其他法律规定,否则不能撤销委托合同。——译者注

〔60〕 对于学说和判例中相关观点的详细考察,参见 A. Luminoso, Mandato, commissione, spedizione, in Tratt. dir civ e comm. Cicu e Messineo, Milano, 1984, p. 92 ss.。

〔61〕 参见 P. Papanti-Pelletier, Rappresentanza, cit., p. 69。该作者指出,代理人在执行委托任务中的法律利益必须来自特定的债务关系,或者预先存在该关系或与委托合同同时存在。因此,受委托人的活动也受到《意大利民法典》第 1723 条所规定的"为他人利益"评价的限定。相反观点参见 A. Luminoso, O. c., p. 92 ss. (spec. pp. 94 e 99, nota 142)。卢米诺索（Luminoso）认为,受委托人或第三方的法律利益的存在似乎是无用的,没有必要,也没有充分根据。在第一种意义上,事实上,很难理解为什么当事人不能利用"不可撤销的委托"（mandato irrevocabile）来实现纯粹的事实利益,在第二种意义上,有人指出,如果法律利益在委托合同中并不重要,除非法律利益已经通过某种方式进入合同的内容中,并成为"具体原因"（la causa concreta）的一部分。因为与法律行为相关的规则也通常会考虑到与合同所预设的计划无关的进一步利益的实现。

〔62〕 G. Bavetta, Mandato (dir. priv.), in Enc. dir., XXV, Milano, 1975, p. 371 ss.

〔63〕 F. M. Dominedo, Mandato (diritto civile), in Noviss. dig. it., X, Torino, 1964, p. 132 ss.; G. Bavetta, O. c., pp. 374-375. 仔细观察,不难发现,从认为利益存在于委托合同的内部,而非外部的观点看来,显然,"管理关系"是一种可以进一步保证功能计划落实的工具。不同的观点认为,委托合同利益的重要基础并不必然存在于外部的债务关系之中,通过默示条款或者依据管理性的功能的法律行为,也可以在相同有关管理的法律行为中发现委托合同的存在基础。事实上,在进一步确定和具体化被委托人的利益时,产生了间接法律行为（negozio indiretto）的现象或者需要通过更为间接的交易关系。在这种情况下,往往是管理者在履行管理活动方面没有或者具有较少的一般义务（Luminoso, O. c., p. 105）。或者说,在大多数情况下,其实是受托人的地位相对于委托人的利益更占据上风（G. Bavetta, O. c., p. 373）。

重要基础。但在一方配偶为家庭利益而缔结的法律行为中,并没有办法从事实构成中找到基于"为他人利益"所构造的不可或缺的代理代位这一要素。

说到这里,可以说,即便可能将上述义务关系界定为为自己利益而从事委托,也可以得出同样的结论。事实上,如果我们坚持大多数人的观点,将受托人利益放置于一种独特的债务关系之中,就不能不同意进一步的考虑,按照《意大利民法典》第 1723 条第 2 款的假定,受托人的行为将通过"为他人利益"来进行评价。[64] 但如果想要坚持不可撤销的法律效果,那么,还是需要符合第 1723 条第 2 款所规定的构成要件,要求在同样的委托合同中,还必须考虑到"受托人的利益"。但当改变合同的具体原因时[65],会涉及一个实质性的问题,即我们不能在管理中确定管理者的独立利益。因为一方配偶为家庭支出缔结的合同债务可能只对其中的一方配偶有利。那么,就很难说,从中可以找到两个不同的且独立的利益计划。[66]

八、无法逾越的对家庭贡献制度可以产生外部效力的批评不成立

鉴于家庭贡献义务具有外部效力的观点受到了不少批评,为了支持该观点有人提议,对于反对家庭贡献义务具有外部效力的意见进行批评性的详细研究。[67] 如果《意大利民法典》第 143 条具有外部效力,赋予配偶一方为满足家庭需要对另一方的资产设定负担的权力,那么,另一方也应该有相应的权力使用一方的资产来满足家庭需要,例如,妻子可以直接

---

〔64〕 P. Papanti-Pelletier, O. c., p. 68.

〔65〕 A. Luminoso, O. c., p. 94 ss.
在意大利法中,存在两种可撤销委托合同类型。一是绝对可撤销的委托合同,二是相对可撤销的委托合同。按照《意大利民法典》第 1723 条第 2 款,涉及第三人利益或者受托人利益的委托,除非具有其他的正当理由和规定,该委托不可撤销。——译者注

〔66〕 N. Scannicchio, Individualismo e solidarietà, cit., p. 835.

〔67〕 F. Bocchini, Rapporto coniugale, cit., p. 226 ss.

从丈夫的储蓄中提取资金来满足家庭需要。[68] 有人回应称,家庭中没有履行贡献义务的一方,不能处分另一方的财产。如果存在处分行为,那么该行为是不具有效力的。[69]

不难发现,上述意见其实不是最重要的。重要的可能是,我们应当将讨论确定"建立一个规范体系以保护一方配偶反对另一方配偶不履行家庭贡献义务"。事实上,就是为了这个目的,权威的学说[70]才将对外从事外部交易的权力理解为使另一方配偶负担债务的权力,而不是对另一方配偶财产的处置权。考虑到外部权力扩展所带来的风险,尽管这并没有打破夫妻平等原则,但根据批评该行为的观点[71],如果当双方同意用某物来满足家庭需要时,该行为会产生一种这样的效力,这一行为不仅仅会拘束作为该物的所有人的那一方配偶的使用,还意味着依据《意大利民法典》第144条,不是该物的所有人的那一方配偶具有处分该财产的权力。

---

[68] A. Falzea, Il dovere di contribuzione, cit., p. 269; da ultimo, E. Perego, in Questioni, p. 409.

[69] P. M. Vecchi, Obbligazioni, cit., p. 668 ff. 该书也得出了类似意义的结论。一方面,认为处分权(il poteree di disposizone)是一个与责任规则完全无关的法律现象。例如,成员承担无限责任的社团制度就证明了这一点。也就没有人由此认为,社团的管理人员可以直接处分成员的财产。另一方面,韦基认为,通过转让行为,一方配偶的被转让财产完全承担了基于家庭利益所带来的损害。首先,需要指出的是,夫妻一方处分另一方财产的合法性问题,就意味着要选择满足家庭需求的解决方案。而这些解决方案完全与无因管理的规则以及夫妻一方管理另一方个人财产的规则有很大不同(作者提出的解决方案可以参见 ID., O. l. u. c.)。事实上,这些规则群似乎可以根据需求选择性地适用。在第一种情况下,受益人管理事务受阻(abentia domini)的要素被认为是一个必要的法定要素(该论点源自司法实践,参见 F. Gazzoni, Manuale di diritto privato, cit, p. 662);在第二种情况下,它明确表示一个与《意大利民法典》第217条第4款相反的观点,并作为排除管理行为滥用的一个必要条件。有部分人认为,可将无因管理的规则适用于容忍的管理人(ipotesi dell'amministratore tollerato)。因此,配偶作为管理者负有债务说明的义务,以及对所有因有效无因管理开始以后由另一方配偶所负担的债务,也负有说明义务(F. Corsi, O. c., 1984, p. 71)。

关于第一种情况,必须指出,在作者看来,针对"非独立财产"的问题,避开构成团体中单一成员承担无限责任的个人担保财产的处分限制规定,以排除绝对的财产分离与关联,这是没有意义的。因为,例如在简单的伙伴关系中,根据《意大利民法典》第2270条第2款,当股东的财产不足以保证债务履行时,特别债权人有权在任何时候要求清算股东本人在合伙中的股份。如果是在法人社团中,该成员以社团的名义从事交易所负的债务,根据《意大利民法典》第38条,社会管理人的行为使社团的财产均应用来担保债权的实现。关于第二种情形,基于建立在每个人财产基础上的平等和协商的家庭贡献义务财产,财产被转让的配偶所承担的损失与另一方所承担的其他不同的损失不具有同等性。

[70] F. Santoro-Passarelli, Poteri, cit., pp. 10-11.

[71] F. Bocchini, Rapporto coniugale, cit., p. 66 ss., p. 261 ss. (spec. p. 270).

配偶持续不断地实施这一行为,能够使第三人认识到可以遣责实现生活方式的协定。而这一行为可以被视为缺少公示时的替代品。因此,证明配偶中的一方没有遵守关于实现生活方式的协定,人们可以说,家庭与该行为无关或者家庭并没有从该对外的行为中获利。[72] 正如我们所看到的,正在讨论的这个观点认为,这些证据尽管证明第三人意识到合同当事人具有不同代理权,但阻止了与家庭活动无关的处分行为和夫妻双方的联系,不论是对被处分物具有所有权的配偶,还是没有所有权的配偶实施的处分行为(l'atto dispositivo)。[73] 如果第三人提起的诉讼是针对没有参与缔约的配偶,而该配偶已经履行了其在家庭关系中的家庭贡献义务,例如,该配偶已向另一方支付购买某物所需的款项,无疑该诉讼是完全不成立的。因此,第三人作为配偶之间财产关系的仲裁者(giustizere),只能向未履行《意大利民法典》第 143 条所规定义务的主体追责。考虑到前述这一点,有的人于是反对《意大利民法典》第 190 条所确认的规则的存在,因为该规则忽视了配偶之间费用的分配模式。[74] 依据这一条,如果配偶根据《意大利民法典》第 144 条已经完全履行了自己的内部贡献义务,还可能继续被要求承担一半的债务。

以自己的名义引发的债务,应当由自己负责。这与所采纳的财产制度无关。而且,根据《意大利民法典》第 2740 条,关于费用的责任是不受财产限制的。只有在符合某些主观或者客观的情况下,才会存在可分的

---

[72] ID., O. c., p. 259.

[73] ID., O. c., p. 270. 就单独对外行使家庭事务权力的外部效力,权威观点承认,为满足家庭需要,在《意大利民法典》第 180 条第 1 款和第 186 条第(c)项两者协调的基础上,夫妻可以单独对属于夫妻共同所有的财产行使处分权。权威观点还认为,利用共同财产履行家庭债务(le obbligazioni familiari)仍然属于普通的管理行为(atto di amministrazione straordinaria),可以由配偶双方分开进行。如果一方是为了家庭的利益,通过特殊管理行为而单独缔结合同债务,也是允许的。A. Falzea, Il dovere di contribuzione, cit., pp. 629-630. 更加重要的是,其他的学说确认了通过赋予家庭贡献制度规则的优先性,合理化限制属于配偶个人财产所有权的处分及使用的规则。M. Paradiso, La comunità familiare, cit. p. 428.

[74] F. Bocchini, Rapporto coniugale, cit., p. 227.

债务或者连带债务。[75] 如果都能接受这样的观点,那么就能保护好已经履行了家庭贡献义务的配偶。根据家庭自由原则,只有配偶在家庭内部才可以规定费用(spese)[76]的分担比例。有人反对这个原则,其指出,费用分担以及法律所规定的分担比例是夫妻必须履行的义务客体,而不是他们可以通过合同权利支配的对象。[77] 作为确定和分配婚姻负担的协议,似乎是义务的客体,而不是权利的客体。[78] 另外,有人认为,关于家庭开支分配的协议在任何情况下都不能完全取消配偶双方对于家庭开支的分担义务,即不能约定完全排除由一方负担另一方承担的家庭贡献义务。不过,在另一方配偶的经济状况不断变差无法执行原来的协议时,则有必要免除该配偶的家庭贡献义务。配偶的经济状况与家庭贡献义务分配负担的比例是相应不断变化的。[79]

然而,下面这些观点可以很好地反驳上述观点。确定和分配家庭负担只不过是一种确定家庭贡献义务和配偶互为扶持义务的方式,其仍然在《意大利民法典》第143条第2款所规定的协定比例分担的法律标准范围之内。换句话说,这仍然在配偶双方的自治范围之内。此外,确定和分配家庭负担还代表了一种主观的法律状态。[80] 而且,该主观的法律状态会转成一种负担。该负担会令配偶不是考虑为了实现其他人的利益[81],而是考虑为了追求自己的利益,即使这一利益是与另一方配偶共同的利益。

---

〔75〕 ID., O. c., p. 259.
本文此处的观点,作者是引用了博基尼的观点,但作者说得十分模糊。按照博基尼的观点,如果是按照名义标准(il criterio della spendita del nome),那么,没有参与合同交易的配偶可能需要承担无限责任。但如果是按照家庭共同活动的标准,则可能承担可分的责任。——译者注

〔76〕 Cass. 18 giugno 1990, n. 6118, in Giust. civ., Ⅰ, 2891 ss.
〔77〕 N. Scannicchio, Individualismo e solidarietà, cit., p. 835.
〔78〕 R. Pacía Depinguente, Rapporti personali tra coniugi, in Riv. dir. civ., 1990, I, p. 449.
〔79〕 P. M. Vecchi, Obbligazioni, cit., p. 638 ss.
〔80〕 A. e M. Finocchiaro, Diritto di famiglia, Ⅰ, cit., p. 320. 该书批判的观点认为,配偶双方对家庭贡献的特殊安排不在根据《意大利民法典》第144条所约定的协议范围之内。S. Alagna, Famiglia e rapporti tra coniugi, cit., Milano, 1983, p. 216. 相同观点,参见 G. D'Amico, L'accordo tra i coniugi, cit., p. 142 ss.。
〔81〕 在这个意义上,学说认为家庭的更高利益与一方配偶力求达到的职位、职能以及待履行的义务相应。L. V. Moscarini, Pania coniugale e governo della famiglia, Milano, 1974, p.-102 ss., da ultimo, M. Bessone, in Commentario alla Costituzione Branca, sub artt. 29-31, Bologna-Roma, 1977, p. 67, nota 1 指出了研究协议必要特征的重要性。

此外,有观点认为,夫妻财产连带制度建立在消弭配偶因另一方无力支付而无法承担家庭贡献义务的内外部风险之上。这种观点与希望在夫妻之间的贡献义务矛盾诞生之前就解决这一问题的观点完全不同。[82] 事实上,可以认为,将贡献义务的冲突从夫妻之间转移到家庭与第三方债权人之间,不是为了在矛盾产生之前就解决夫妻共同家庭需要被满足的难题。[83] 因为,夫妻一方所引发的连带责任问题恰好是在为家庭利益缔结的债务已经形成,即为了满足家庭的直接需求而产生的债务已经形成的情况下。这些产生连带责任的债务一般与提供货物或约定了延期付款的服务提供合同所产生的费用有关。从这也可以看到,连带责任只是为了保护债权人的利益,具有加强债权保护典型功能。[84] 事实上,不能认为当一方配偶未能满足家庭需要时,通过履行《意大利民法典》第 144 条特别规定的强制性义务来解决这一问题。[85] 即论证基于实践可行性或者非法律之外的逻辑,试图让第三方可以对与协议无关的配偶的财产采取直接行动的合法性。

这种承认第三人有权要求履行全部义务的考虑是,这种方法作为一种权宜之计,一方面惩罚了不履行贡献义务的配偶,另一方面防止配偶就相关费用单独承担财产责任,虽然该财产责任并不是来自夫妻内部的分担协议。

现在,假定已经履行了家庭义务的配偶的行为事实上正如前面所描述的,即决定不以债务承担的方式支付另一方应付的费用。非常有必要指出,一方面,上述论点可能会陷入一个错误之中,即认为夫妻在外的主体可以行使本质上属于配偶自己的特权。[86] 另一方面,还同时假定对于将来相关消费的需要存在一个共同与客观的认识。上述论点

---

[82] 这种观点参见 P. M. Vecchi, Obbligazioni, cit., p. 639。
[83] N. Scannicchio, Individualismo e solidarietà., p. 835.
[84] E. Perego, in Questioni, cit., p. 410.
[85] 在这一点上,学说是统一的,有关论述可以参见 F. Santoro-Passarelli, Sub art. 144, c. c., cit., p. 238。
[86] G. D'Amico, L'accordo tra i coniugi, cit., p. 213.

会将问题的解决诉诸立法政策的单纯考虑[87],以应对夫妻违反根据《意大利民法典》第 144 条所规定的满足家庭需求的贡献方式的具体约定问题,并提出不限于解决这一问题的技术性措施。[88]

九、方法论层面的考量

由此,上述诸多困惑使人们想要从方法论层面以不同的角度对婚姻家庭的财产法[89]规则进行剖析。[90] 如上文所述,即打算将法定共有制应用到更为广泛的财产关系中,并基于家庭利益特别考量。[91] 事实上,考

---

[87] 耐心地说,如果将配偶对家庭债务的连带责任的规范基础建立在家庭贡献义务具有外部效果之上,则需要将解释者置于立法者位置。因为前一做法被认为是需要履行贡献义务以及使其具有实际效力的必要一步。但这要求超越法律上的行为主体的合法性规则,从而让一方主体实施的有关法律上行为(atti giuridici)针对第三人也具有效力,参见 P. M. Vecchi, Obbligazioni, cit., p. 656。

[88] 众所周知,在家庭事务中存在一个保护群体自治的宪法原则。这一方面是为了减少法官的干预。另一方面根据《意大利民法典》第 181 条和第 316 条第 2 款的规定,对一方声誉好的配偶进行保护有利于维护家庭或子女利益的措施。在这种情况下,因保护共同体的利益而对配偶平等原则进行了限制。E. Roppo, Coniugi, I) Rapporti personali e patrimoniali tra coniugi, in Enc. giur. it., Roma, 1988, p. 2. 另外,对于家庭陷入危机时参考《意大利民法典》第 145 条第 2 款中法官干预措施的问题(R. Pacía Depinguente, Rapporti personali tra coniugi, cit., p. 434),可以发现,人们很难通过自主援引一方配偶违反协议而求助于法官。因为协议大部分约定的是分居期间的情况,且往往是为了限制或者为了发挥《意大利民法典》第 151 条第 2 款的效力。因为《意大利民法典》第 151 条第 2 款其实就是一种限制第 143 条所规定的义务的工具。G. D'Amico, O. c., pp. 217-218 (spec, nota 175)。

[89] V. De Paola, Il diritto patrimoniale della famiglia coniugale, cit., p. 4 ss. 作者强调即使在 1975 年 5 月 19 日第 151 号法律颁布后,婚姻家庭财产法的主要来源依旧是《意大利民法典》第 159 条及其下述条款。且依通说,该法案必须由婚姻产生的权利及义务(《意大利民法典》第 143—148 条)和家庭企业制度(《意大利民法典》第 230 条附加条)相协调。

[90] 对于此种研究方法的批评,参见 M. Nuzzo, Interessi individuali e interesse familiare nella disciplina della comunione legale, in La comunione legale, tomo I, cit., p. 26; L'oggetto della comunione legale tra coniugi, Milano, 1984, p. 31 ss. (特别是 p. 34)。作者将此视为方法论层面的谬误,即设置某种参照标准,以评价家庭的宪法性原则在现行法中是否得以实现。须知如此将导致上述宪法性原则被赋予其本不具备的价值,从而无法与宪法体系相融贯。

[91] A. Falzea, Il dovere di contribuzione nel regime patrimoniale della famiglia, cit, pp. 615-624, 625, 643. 依权威观点应予特别考量,但其结论在于,与贡献义务类似,第 186 条第(c)项中确定配偶双方为家庭利益而签订对另一方具有约束力的债务这一权利的合理性与普遍性。关于这一点另参见 R. Perchinunno, Le obbligazioni nell'interesse familiare, cit., pp. 94 ss., 202 ss., 共同的法律主体地位亦可作用于个人利益,而共同财产制度恰恰是通过贡献义务来实现的,并非仅依法律规范调控。

虑到将整个婚姻财产的整体研究状况纳入标准的必要性,以便从实证性与制度体系层面验证规范的表达,笔者认为以某种既定的方式去理解改革所鼓吹的团结精神或许有待商榷。[92] 从当前重构存在于某特定关系中的另一点来看,其纵使在立法层面上没有被明示,却已然为公众所确认。即根据《意大利民法典》第 144 条第 2 款,赋予配偶一方主动权,除所选财产所有权制度所产生的效果外,依据其他规则所产生的法律效果的效力问题。[93] 就第一个问题,考量位序的二重性引出一种解释性的假设,即通过《意大利宪法》第 2 条和第 3 条规定的团结原则所提供的解释标准解决不同利益冲突的方法。该方法获得了与其法律制度中差异性地位相称的保护[94];家庭群体的制度性概念与个人主义概念的比较。在私人自治的语境下考虑宪法团结原则的适用范围问题之顾虑,并不足以减损特定研究

---

[92] L. Carraro, Il nuovo diritto di famiglia, in Riv. dir. civ., 1975, p. 101; L. Bar-Biera, Comunione legale e regime patrimoniale della famiglia, Bari, 1978, p. 5; G. Cian, U. Villani, La comunione dei beni tra coniugi (legale e convenzionale), in Riv. dir. civ., 1980, p. 338 ss. 依上述文献作者观点,《意大利民法典》第 177 条及其后规范之目的在于保障并促进家庭团结;而参照 V. De Paola, Il diritto patrimoniale, cit., pp. 19-20. A. Di Majo, Doveri di contribuzione eregime dei beni nei rapporti patrimoniali tra coniugi, cit., pp. 351-380,作者认为在宏观层面质疑将团结原则作为婚姻家庭法改革的理由,并构成对于《意大利民法典》第 159 条规定的共同财产制的背离,从而与第 160 条"配偶双方不得违反婚姻权利与义务的规定"的表述相左;然而,按 M. Nuzzo, L'oggetto, cit., pp. 35-36,作者认为,一方面,配偶间平等原则就改革措施而言并不具有代表性,因为即使在宪法层面,家庭关系所涉及的个人利益也大多存在特别保护。故此,婚姻家庭法改革所建立的以个体利益为中心的互惠型婚姻关系,扭转了传统意义上制度要义优先于婚姻关系要义的立场。另一方面,团结原则有利于对代表个体利益的法律主体地位进行解释,确保了在共同生活语境下个体实施自主性法律行为的理论可能与物质基础。

[93] 相反观点参见 A. Di Majo, Doveri di contribuzione, cit., p. 381 ss. 作者倾向于否定配偶的主动权与特定的婚姻财产制度联系起来的规范方法,认为应将此种主动权限制在一方或双方贡献义务之范围内,便于进行规范。其原因,一方面在于对婚姻家庭法中主体情况的考察是出于政策性的考量,即假使经济实力较强的配偶一方的收入能力亦不一定有贡献于共同财产,则宜另寻他路进行规范,这正是在特定情况下避免诉诸共同财产责任的机制目的之所在,以回应第 186 条第(c)项的规范内容;另一方面参见 A. Falzea, Il dovere di contribuzione, cit., pp. 623-624,即可能存在两种要求:使家庭生活方式的贯穿执行更好地适应财产因素的要求,更有效地实现配偶间的平等。

[94] M. Nuzzo, L'oggetto della comunione legale tra i coniugi, cit., p. 41 ss.; ID., Intererssi individuali e interesse familiare, cit., p. 27.

方法的妥适性。[95] 任何一种基于恒量分析的研究方法,其本质均趋于相同,即都通过对共同行为的客观承认以及对个体角色的假设,试图描刻从整体体系中分离出来的个人法律地位的重要性[96],以及个人法律地位对教条语境下家庭制度的影响程度及普遍程度。[97] 这一点可借助集体利益和个体利益之间可能发生冲突的情形进行概括理解,在确定法律内涵的同时,通过否认超出公认主观情形的权力以获得

---

[95] 在家庭的制度性概念方面,权威观点参见 F. Santoro-Passarelli, L'autonomia privata nel diritto di famiglia, in Saggi di diritto civile, I, Napoli, 1961; ID., Sub art. 143, c. c., in Commentario alla riforma, cit, pp. 225-226,其中关于集体性利益的归属及落脚点的论述,将配偶一方的个人利益同样置于显著位次,从而体现了对于配偶一方自主权的认可;参见 A. Cicu, Lo spirito del diritto di famiglia, Macerata, 1914,再版参见 Scritti minori, Milano, 1965; L.V. Mosca-Rini, Parita coniugale e governo della famiglia, cit., pp. 90 ss., 107,作者强调家庭作为一个中间调和概念的调节性作用,而另一种方法则是对此种方法的补充,即倾向于国家的作用,强调国家导向下的超个人主义目标是配偶自主权的指导标准所在;根据 L. Mengoni, La famiglia crocevìa della tensione tra pubblico e privato, Milan, 1979, 271 ss, Atti della Relazione su La famiglia nell'ordinamento giuridico italiano, tenuta in occasione del 49°corso di aggiornamento della Università Cattolica del Sacro Cuore sul tema La coscienza contemporanea tra pubblico e privato: la famiglia crocevia della tensione, Reggio Calabria, 9-14 September 1979(会议论文),在这样的概念背景下,夫妻关系是一种主要以追求个人利益为目的的工具,即把婚姻看作两个人的联合体,在为双方提供的服务中获得意义和价值,作为幸福最大化的手段,其自主性的明确,系在遵循共同利益路径的前提下,对成员个体自主性抽象的叠加;在这个角度,统一性具有主观意义上的价值,是与配偶的合意相一致的,因此配偶的互爱和共同利益的存续为条件。家庭利益即是共同利益,团结不再仅限于制度价值层面,而得以在合意的条件下得到保证;参见 G. Furgiuele, Libertàe famiglia, cit., p.83,这种对家庭的独立或开放概念的表达,似乎也是对作为个人核心的群体概念立场的调整,解决"家庭"一词出现在表述中的含义(《意大利宪法》第29条,以及《意大利民法典》第143条、第144条、第145条、第192条),而非仅仅是在口头上将群体利益的概念单纯统合为个人利益之和,导致个体利益无法在具体内涵上与共同利益相区分。根据 M. Paradiso, La comunità familiare, cit. 145,作者认为该概念的转变过程证明了与个人利益相适应的判断所产生的优先权的存在是合理的,其与社会层面的背离程度恰是衡量共同生活容忍限度的标尺。

[96] M. Paradiso, O. l. u. c., nota 27. 尽管该学说明确了个体作为集体成员在功能层面上的意义,并与纯粹私益的个人形象相区分,但其似乎并没有跳出人在各种表现形式上的概念,从而归纳出群体功能主义的理论,这实际上是个人主义思想的典型。根据 E. Russo, Considerazioni sull'oggetto della comunione, in Le Convenzioni matrimoniali, cit., p. 379,这同时也隐含对于主体的双重保护标准,即分别在具有平等地位的公民与具有特殊地位的家庭成员两个角色层面切换,此时的个人地位,依据一般性原则应当给予相同的对待。

[97] V. De Paola, Il diritto patrimoniale, cit., p. 53,也见于一些理论重构中,即试图将集体与利益语境相区分,通过表达家庭必须构成促进个人发展场所的想法,认为有必要以统一的方式对主体进行划分。

解决途径。[98] 事实上，宜采用这样一种观点，即在二元地承认个人利益和家庭利益的前提下，仍然相信对整体家庭婚姻状况进行分析的有效性，其中的体系结构冲突则依包容、明晰且双向的解释方法进行缓和。[99] 如此意味着个人主观法律情形的重建，即个人自然法意义上的形成权与现实维度的实在法层面的婚姻及家庭财产状况相关联。[100] 纵使已然假定其不应与集体发生关联。[101]

上述研究，相较于内生（nomogenesi）的事物本性（in rerum natura）而言，似乎有借于外源（ab externo）之方法，构成对总体权益（uti universus）的额外之保护，同时也构成对个人权益（uti singulus）渊源的不朽之辩证。质言之，在此语境下的夫妻关系之定位，在业已指明的利益层

---

[98] M. Nuzzo, Utilita sociale e autonomia privata, Milano, 1975, passim. 解释性学说主要集中在对个体在调节经济关系和实施法律行为方面的权利空间进行界定，而这取决于所参照的规范。对此进行考察的主要目的在于核实"自治"这一概念能否自治，而无须借助其他外部性规范（见第27—29页）；个体意思自治的尽头是共同的意思自治，因此，若前者在范围上超越了后者，引用一些权威性的表述（F. Santoro-Passarelli, Dottrine generali del diritto civile, Napoli, 1966, p. 77），则不属于被法律所认可的"自治"，也不构成对权利的滥用，相反，处在权利的范畴之外，是权利的延伸，因此根据一般规则，可以将之理解为"非法"（第48页）；质言之，对于个体意思自治的承认在规范内部反映了宪法、普通法和个人利益之间相互协调的结果，在此意义上表明了一系列基本利益，标志着宪法对所涉情形进行规范的界限。故允许立法者进行干预，以实现个人利益和社会利益之间的最佳平衡。且又在消极意义上，在涉及集体利益时，对个体意思自治的范围进行了限制。ID., L'oggetto, cit., p. 29 ss.，在《意大利民法典》第177—179条所设计的所谓混合制度中，部分为真正意义上的"共有"，余下则是调和性的建立在"共有"残余之上的"分离"。在此种语境下，须承认个体的法律地位，然后根据宪法规范所预设的关系类型进行不同的类型化，如此，体系便可以衍生出调节道德和法律平等原则与保护个人财产、工作和私人经济活动之间的冲突的技术。

[99] 此处显然指代的是传统意义上的围绕个人与群体的功能性关系进行比较分析的观点。事实上，从传统的视角来看，宜认为上述两个比较术语与两个利益归属核心相关，而在立法技术中却无法实现其主体的客观化，因其在严格意义上仍为相对的外部参考标准，且在此外观下，仅为其他规范主体的间接构成部分。其他权威学说参见 N. Irti, Introduzione allo studio del diritto privato, Padua, 1990, p. 10 ss.；在对社会现实中某类利益进行评价或确定评价准则这一问题中，存在一方面试图在承认配偶的整体法律地位中找出追求超个体的且在任何情况下都优于个人利益的群体利益，另一方面又将群体利益作为实现个人利益之工具的双重标准倾向。

[100] 这显然忽视了相关权威学说的贡献（M. Nuzzo, Social Utility, cit., p.17），该学说在赋予私人自治概念以科学性标准的同时，也认为必须在实证的基础上对其进行重构和研究，以确定其本身的意义，及其所试图先验地解释的现象。

[101] V. De Paola, Il diritto patrimoniale, cit., p. 49.

面以外[102],既是追求的目标,也是实现的手段。

十、夫妻关系在交易行为中的重要性

因此,假定夫妻的法律行为具有双重性的分析着实有待商榷。在法律行为内部,即关涉夫妻间代理与缔约的第三人之间的关系;在法律行为外部,即侧重于具有夫妻内核之本质的缔约夫妻间的关系。此外,将所谓夫妻关系与配偶一方行为赋予体系上的双向性内涵,着实颇具误导之嫌。正如前者有可能影响交易结果一般,后者亦可对家庭活动及法定共有产生作用。[103] 因此,在以配偶一方不平等参与作为特征的交易场合,夫妻间代理对随之而来的利益冲突之预设亦具有同样的意义,即主观上的夫妻间代理人纯为自身利益的行为未被赋予独立的法律内涵。[104]

功能层面的规范语境,与作为独特法律事实的夫妻间复杂却又统一的规范地位,二者相互吻合[105],质言之,后者已被前者全部吸收。于是,在夫妻关系之外似不可能呈现更进一步的代理关系。若仔细思索,所谓夫妻共同体,经由对共同生活的意愿的合意,事实上已经在生理层面重塑了个体的含义。[106] 由此便使得强调对家庭利益毫无功用的个体权利

---

[102] M. Nuzzo, Ultilita sociale, cit., passim. 作者明确指出,社会性、平等和团结的基本原则在具体规范中得到了发展和具体阐释,故而在此意义上,它们塑造了私法自治的权利形式,并将之嵌入具体的法律行为之中。

[103] F. Bocchini, Rapporto coniugale, cit., pp. 1 ss., 5 ss.

[104] ID., O. c., p. 14.

[105] ID., O. c., p. 30. 这一论点关涉本文开篇所讨论的夫妻法律地位的概念,其在严格意义上应为人身性的、不可让渡的、不可剥夺的,且一般为不可利用的。F. Jannelli, Stato della persona e atti dello stato civile, Camerino, 1984, passim; da ultimo, G. Criscuoli, Variazioni e scelte in tema di status, in Riv. dir. civ., 1984, I, p. 157 ss.; V. De Paola, Il diritto patrimoniale della famiglia coniugale, cit., pp. 9-13;其假定对于特定之主体与利益,存在一个不同于普通私法规范的制度,并同时具备两个制度规范的核心———个与婚姻财产关系有关(《意大利民法典》第143条及以下),另一个与家庭财产制度有关(《意大利民法典》第159条及以下)。

[106] F. Corsi, Il regime patrimoniale della famiglia, I, cit., p. 36 ss.; P. Perlingieri, Riflessioni sull'unità della famiglia, in Rapporti personali nella famiglia, a cura di Pietro Perlingieri, in Quaderni della Rassegna di diritto avile, diretta da Pietro Perlingieri, Napoli, 1982, p. 11 ss. 其表明了家庭团结概念的效益性,这个概念在共同生活之外也是有效的,易言之,家庭与家庭生活……得成为实施充分和完全尊重配偶及其子女的人格的最真正之工具……家庭团结,即使在分居的情况下,也可能存在……尽管有不同的表现形式……

理论基调(与家庭之本义)显得自相矛盾。原因在于,家庭利益完全是通过恪守家庭义务来实现的,这些义务源自婚姻这一法律关系,构成婚姻关系的内部管理规范,而非仅体现为一种包容性的权利。所谓配偶一方能够完成自我实现,即在一方自发地履行家庭义务,另一方通过将个人利益内化为家庭利益,在维系家庭平衡的同时最大化个人利益与家庭利益,直至个人利益与家庭利益之间的界限变得模糊,如此对《意大利民法典》第144条的表述进行解释,方能使配偶一方的权利得到完整实现。[107]

十一、对家庭利益影响的语境分析

对家庭利益的影响进行讨论研究,这在方法层面似乎是可行的,一方面在于债务责任生于法律关系或事实关系之特征,即这两种关系的责任产生名义;另一方面在于家庭情况的复杂性,暨对其单独进行保全的必要性。

第一种观点,即通过使债务结构功能化以保护配偶中非缔约方的利益,同时也为家庭利益提供一定程度上保护的措施,置于第186条的标题表述(以共同财产承担债务)之下似乎遭到明显的否定。《意大利民法典》第

---

[107] 关于将个人利益融入家庭关系过程的意义,参见 R. Perchinunno, Le obbligazioni nell' interesse familiare, cit., p. 150 ss. (spec. p. 157)。
作者强调,在具体情况下,利益内化的过程可能一蹴而就,也可能会不断更新或发生转换,甚至不发生,其结果是个人利益本身仍然受到法律保护,如某些形式的隐私利益(或隐私权);但是,人作为个人的不可侵犯的权利和人作为家庭成员的相应权利之间趋同性的内化过程是必然会发生的。因此,若家庭的理由在个人理由方面缺乏自主性(P. Perlingieri, i diritti del singolo quale appartenente al gruppo familiare, in Rapporti personali nella famiglia, cit., p. 44 ss.),或只同意那些认为家庭的自主性具体体现在其成员的个人自主性的叠加与相互决定的共同利益上,反之亦然(L. Mengoni, La famiglia crocevìa della tensione tra pubblico e privato, cit.)。即使在最近提出的对已婚人士的人格进行二维分析的学说中,也可以寻觅到这种本质区别化的理论(F. Bocchini, Rapporto coniugale, cit, 30);在明确了主观法律状况对家庭生活发展的非功能性本身并不足以排除家庭层面的功能性后,显然,如果要进行就特定利益的个人法律地位的兼容性判定,而从其所谓促进家庭生活的角度提出,就不可能在双方之间作出区分。从其作为夫妻义务的具体内容之促进的角度来看,它应该符合所采用的家庭模式,且不应被排除在内化过程的运作之外,因为兼容性问题和团结义务的运作都将在数量和质量上影响共同利益。甚言之,就是要克服家庭的制度性概念和个人主义概念之间的冲突,盖前者是一中间性群体,公民社会的多元秩序在这个群体中得以实施,后者则是对家庭权利的保护,只意味着对人在家庭、社区中实现的基本保护。其余对于上述观点的理论支持参见 P. Perlingieri, U. c., p. 44-; M. Nuzzo, Interessi individuali e interesse familiare, cit., p. 19 ss.; G. D'Amico, L'accordo tra i coniugi (art. 144 c. c.), cit., p. 170。

186条的表述明确,即立法者的意图不在于建立一种独立的债务责任类型,而是使债务的财产责任,尤其是在单独由夫妻一方承担的情况下,得到适当分担[108];同样,家庭利益的满足,在家庭这一有机体的多方利益相互趋同的假设之下,不宜用强制履行以实现债权的传统观点进行衡量。[109]不难看出,将《意大利民法典》第 186 条解释为存在对第三人财产担保的期待,其实是具有误导性的。该条关于家庭利益的规范实质上是将夫妻双方共同作为债务承担人。[110] 第二种具有上述功能化特征的理论同样不足以解决问题,即在义务关系中独立出个体地位与特殊情况,并通过确定债务人受保护的利益比例,以相同的债务产生名义进行统一,与《意大利民法典》第 186 条的规范进行比较(参见《意大利民法典》第 1206 条关于债权人迟延、第 1236 条关于债务免除及第 1180 条关于第三人履行的规范)。

因此,应将家庭利益置于债务之外的层面,代之以复杂的家庭事务。[111] 唯有在此种语境下,即在与责任来源和名义相关的家庭贡献义务中,"夫妻共同财产"概念才能够获得比基于规范文义更广泛的理解。[112]

---

[108] R. Perchinunno, Le obbligazioni nell'interesse familiare, cit., p. 38 ss. 对某一类义务的否定还表现在将自主的、典型的家庭赡养或儿童教育和抚养的规定排除在相关支出之外。这些表述代表了一种活动,根据《意大利民法典》第 143 条,这种活动构成差异性质的广泛义务的对象,因此,倾向于将旨在履行更广泛的贡献义务的家庭管理行为,与法律行为和家庭活动实质上转化的义务区分开来的观点看似颇值赞同。然而,正如下文将详述的,这两个层面的活动之间的关系问题,以及因满足家庭需求而产生的贡献负担的动态平衡之实现,并不能通过将个人的财产制度功能化得到解决。

[109] H. Siber, Schuldreckt, Laipzig, 1931, p.1;通常将债权债务关系定义为一个有机体,以指代该关系在债务与债权的附属方面的复杂结构(如公平责任、催告等)。

[110] 事实上,很难深入划定这种实质性趋同的确切范围,原因在于,一方面,理应实现不确定利益在债务中的客观评价方式,因为债务与债务人,即家庭利益的承担者直接相关,而不确定利益则与债务人在不履行义务的情况下获得更大的保障相关。根据《意大利民法典》第 1174 条,债权人的利益与债务人的债务相匹配,自然包含债权实现的便利性。另一方面,应关注到所谓财产理论的不稳定性,因为它可能导致对债权人利益的限制(M. Giorgianni, L'obbligazione (la parte generale delle obbligazioni), Ⅰ, Milan, 1968, pp. 145 ff., 234 ss.)。

[111] R. Perchinunno, Le obbligazioni, cit., p. 66 ss.

[112] R. Perchinunno, O. c., p. 70 ss.; A. Falzea, Dovere di contribuzione, cit., p. 624 ss.; contra, C. M. Bianca, I rapporti personali nella famiglia e gli obblighi di contribuzione, in La riforma del diritto di famiglia dieci anni dopo, cit., p. 81; A, e M. Finocchiaro, Diritto di famiglia, Ⅰ, cit., p. 288; A. Di Majo, Obbligazioni (obbligazioni solidali), cit., p. 308. 上述文献作者指出,配偶之间的团结可能被立法所排除,原因或在于立法摒弃了唯意志主义与法外因素,而仅承认其本质上的规范性基础。

而从一般家庭现象出发,将为家庭利益而订立的债务视为一种维系家庭生活所特有的,且具有一般家庭贡献义务的临时手段,并经由对《意大利民法典》第186条进行扩张解释而建立起的一般之类别,事实上已经超出了夫妻共同体的涵摄范围。[113]

十二、对结果的批判性验证：为家庭利益承担的一般性义务之否定

上述观点倾向于在法律行为之外对家庭利益的管理行为进行吸收,从而混淆两个不同的规范:一个在本质上与婚姻关系内部的经济层有关,另一个则在更具体的意义上关乎婚姻内部财产关系的外部影响。也就是说,在关乎法律行为的外部层面,尽管总是需要参考诸多特别规范,但将义务关系领域的保护单独参照财产制度规范予以定义,而非与一般性规范一同定义,无疑是一种更为正确的方法。[114] 在这方面,如果无法为要求配偶承担的义务客体,在专门用以协调婚姻关系中财产性法律行为的规范体系内找到妥适的定位(分居制度不包含这方面的任何规定),则可以认为,在某些情况下,立法者事实上不认同将家庭意义上的经济利益功能作为规范的基础。若果真如此,则宜自问,在区分和确定为家庭利益而订立的一般义务类别时,其意义究竟如何。基于特定的法律行为客观与主观方面的不同表达而去承认其目的上的差异,这显然更为合理。毕竟,合同义务及其相关义务均源自合同本身,而非预先设定的法律规则。

虽然不可否认的是,对家庭利益进行管理的行为可能导致合同的订立,进而产生更多的义务。但是,从严格的实证法层面上来看,这本身并不足以穷尽或解决规范体系内部出现的义务性规范的正当性问题。若承认上述问题的本质是家庭利益管理行为与人身关系中贡献的方向性关

---

[113] R. Perchinunno, Le obbligazioni, cit., p. 90 ss.

[114] ID., O. c., p. 89 ss. 根据F. Bocchini, Rapporto coniugale, cit., p. 42 ss. (spec. p. 66 ss.),作者旨在强调家庭活动财产流动重要性的系统结构,并预设了不同的结论,与个人承担旨在满足家庭需求的义务的现象相关。

联,那么就无法否认《意大利民法典》第 186 条的性质,即假定适用于家庭关系的一般层面上的行为方式。[115] 相反,宜将更为复杂的家庭活动的一部分行为,视作完全在家庭内部因家庭义务所作出的贡献[116],又或是在更广泛的意义上,通过协作解决问题。易言之,其揭示并肯定了协商方式的可能性,而非基于现实规则,承认当事人在自身权限范围内与第三人间表现出的合同自治行为。

由此可以衍生出这样一种观念,即如果为私人自治行为预先确定了一个规则,该规则预见了家庭利益的功能性目的(协商一致),则此规则(或自治行为本身)便构成了除《意大利民法典》第 1372 条第 2 款之外的财产性责任的又一来源。依据《意大利民法典》第 189 条和第 190 条所提供的准则,此规则除构建家庭生活和家务管理(menage)合作行为的外部表达之外,还可能形成冠以夫妻名义的追索权,将责任承担范围限制在配偶一方个人资产或共同财产之一半的信用范围内。否则,若私人自治行为在结构和功能上不符合任何立法层面的定义,则有必要诉诸关于个人法律行为和家庭目的的一般规则,即相关开销只能以负担婚姻家庭内部义务(onera matrimonii)作为标准,如此方不致减损《意大利民法典》第 1372 条第 2 款的立法目的。易言之,在配偶一方和第三人之间的财产关系中,只有在存在特殊债务规则的情况下,才有必要考虑构成"外源"(ab externo)性质的债务因素[117],并被赋予识别配偶一方个体形成权的特定表达,以及随之而来的,法律行为上基于功能性的类型化。故唯有如此,方能理解(为家庭利益的)财产管理行为所折射出的对家庭贡献偶发性的积极影响之存在。也正是出于此点,以及其中所表达的婚姻生活的统一方式,有必要研究其对财产性制度所起到的

---

[115] R. Perchinunno, Le obbligazioni, cit., p. 95 ss.

[116] ID., O. c., p. 43 ss.

[117] M. Giorgianni, L'obbligazione, cit., p. 150 ss. (spec. pp. 155–156). 作者对债及债务关系进行了历史考察与比较研究,旨在证明在债务关系的结构中始终存在两个相互对立的因素:即为其所应为的"务"(debitum)与恪守或屈服的"责"(obligatio),其对象可以是债务人本身(如罗马法),或债务人的一个或多个物(如现代法)。

持续且体系性的影响。[118]

十三、《意大利民法典》第144条合意性规范的功能及实现方法

通过对婚姻关系进行功能层面的分析,可对所谓共同利益之类别和一系列家庭首要功能进行定性区分:前者可包括与家庭生活没有直接关联的主体在现实中或经济意义上的特殊权限,后者则可能包括与共同生活的组织体更密切相关的需求。[119] 然而,上述体系在与合意的统一标准相协调时,经历了近乎完全的重构。由此可见,为了能够更为客观地依据《意大利民法典》第144条从协商一致的家庭生活方式中推导出共同利益,并在此意义上将之视为一个整体来理解,应尽可能地消除最低生活水平(一个关涉家庭生存的概念)与改善性需求之间的差异,毕竟其源自不可违背的共同意愿之选择。[120] 由此,个人利益逐渐转化为共同利益,并经由合意契约之途径,与最基本的家庭利益相融合。[121] 在这一点上,欲

---

[118] 非经正确地理解,该观点可能存在局限;两种制度之间存在的联系,与其说是强调身份关系的存在,不如说是强调法律共同体几乎是婚姻关系的一种自然映射,在生活共同体方面具有显著的特征。如此或致使对婚姻财产关系规则标准的解释,囿于其他次要法律规范而产生偏颇,因此必须援引主要制度的基本原则。出于上述原因,分别财产制或财产所有权共同体制度,由于没有遵循上述的对称性,在确定其具体操作方式时,将无法援用主要制度的指导原则进行解释。相反,将两种不同的情况并列在一起似乎更合适,因为主要情况的适用并不是因为它与次要的法律情形完全毗邻,而是因为它在各方面代表了一个共同的基础,在此基础上,共同体及共有表现为特殊的规范形式。

[119] F. Bocchini, Rapporti coniugali, cit., p. 37 ss.

[120] F. Carresi, in Commentario, cit., sub artt. 159, p. 355. G. D'Amico, P. D'Ascola, A. Gorassini, Il dovere di contribuzione, in Il dovere di contribuzione nel regime patrimoniale della famiglia, cit., p. 96 ss. (spec. pp. 101-103); P. Stanzione, Comunione legale tra coniugi, cit., p. 222. 上述文献对家庭义务的性质进行了讨论;相反观点参见 E. Russo, Bisogni ed interesse della famiglia, cit., p. 241 ss.:作者认为仍有必要区分为家庭利益而承担的义务和与家庭需要有关的义务,前者的内容更广泛,且只有在共有制度下才能成为债务的来源。

[121] F. Bocchini, Rapporto coniugale, cit., p. 39 ss. 其中适当地强调了《意大利民法典》第144条中提到的配偶双方的需求和家庭需要之间的二元论。考虑到配偶有无子嗣的两种可能性:在第一个假设中,配偶根据双方的共同利益商定家庭生活的方式;在第二个假设中,这种方式反映的不仅是配偶的需求和利益,还应包括每个家庭成员的需求和利益。因此,假想的配偶在现实家庭中所谓压倒性利益的资格地位,实际上并无独立意义。

归纳出一个适合所有财产制度(共有财产、家族企业、婚内协议、分别财产制)的规则之根据(ratio)是合乎逻辑的,即配偶一方对以双方为名义的优先性的考虑。[122] 合意性规范的功能已如前述,有必要从实施方式的角度对其进行定性。就此,不宜将《意大利民法典》第 144 条的规定认定为限制性条款,而应将之视为在配偶间具有普遍性的一般性条款。该条款作为对配偶之间更为宽泛的平等原则的支持,系在家庭生活过程中,通过夫妻间对财产的具体实践,呈诸法律层面之上的。它必藏匿于体现家庭关系最深层次的事实本质之中,通过外化的行为方得寻觅,而这些行为在参照客观评价,或存在相互联系的情况下,能够代表特定家庭活动模式的诸多细节。[123] 倘若依此解释路径,其所指代的便是某种检验所谓家庭生活方式的特定方法,或在更广义的层面指向解决关涉《意大利民法典》第 144 条的合意属性之问题[124],则必须依照体系性的处理方式,将此种标

---

[122] A. Falzea, Il dovere di contribuzione, cit., p. 615. 如上所述,这些制度规范表达了显著的个人主义特征。

[123] Per tutti, F. Bocchini, Rapporto coniugale, cit., p. 51 ss.

[124] 较具有说服力的学说参见 F. Santoro-Passarelli, in Commentario, cit., Ⅰ, 1, sub art. 144, c.c., p. 241 ss.; ID., Questioni di diritto patrimoniale della famiglia, cit., p. 3; G. Cian, in Commentario, cit., Ⅰ, 1, p. 47 ss.; P. Re-Scigno, Tre brevi saggi sul diritto di famiglia, Ⅱ Note a margine della riforma italiana, in dir. fam. e pers., 1978, p. 923 ss. (spec. p. 930 ss., p. 933 ss.)。其次参见 F. Corsi, Il regime patrimoniale della familia, cit., p. 37; P. Zato, I diritti ed i doveri che nascono dal matrimonio e la separazione dei coniugi, cit., p. 77 ss.; A. e M. Finocchiaro, Diritto di fami glia, I, cit., p. 329。就行为性质进行探讨的文献参见 G. Furgiuele, Libertà e famiglia, cit., p. 45。将之视为意思表示而非债因的文献参见 S. Alagna, Il regime patrimoniale primario, cit., p. 867 ss.。仅视为行为而非法律行为的文献参见 L. Mengoni, La famiglia crocevìa della tensione tra pubblico e privato, cit., p. 277, nota 19; V. De Paola, Il diritto patrimoniale, cit., pp. 87-88。相反立场见解文献参见 L. V. Moscarini, Parita coniugale e governo della famiglia, cit., p. 89 ss.。认为合意与家庭管理的私法功能相左的文献参见 F. Santoro-Passarelli, Note introduttive agli artt. 24-28, Nov., in Commentario alla riforma del diritto di famiglia, cit., p. 216, nota 4。非出于反对立场而仅将之视为个人意思自治的观点参见 M. Bessone, G. Alpa, A. D'Angelo, G. Ferrando, La famiglia nel nuovo diritto, Bologna, 1977, p. 38 ss.。认为集体利益需要保护且位于个人利益之上,但若干个人利益并存且相互冲突,则必须考虑到每个主体的特殊性以进行调解,宜采取动态理解的视角应对动态的客观事实。此观点参见 G. D'Amico, L'accordo tra i coniugi (art. 144 c. c.), cit., p. 203。关注到理论缺陷并认为其属于个人法律行为,但受制于合意属性的观点参见 F. Santoro-Passarelli, O. c., p. 242。应综合地看待法律行为的效力、夫妻的履行能力与合意,因为合意本身即是一个客观事实,即"基于行为即事实本身"(rebus ipsis ac factis),将之置入家庭生活背景下理解则具有连续性,放置于法律行为架构下理解则为静态的观点参见 A. Falzea, Il dovere di contri-buzione, p. 637. 意在将对家庭组织结构的分析从行为逻辑转变为关系逻辑的观点,参见 G. Furgiuele, Libertà e famiglia, cit., p. 140 ss。依据第 144 (转下页)

准从抽象的规范层面落实到具体的实践层面,放置于由联合家庭内部成员而构成的,尤其是配偶间的自发性行为相互交汇而形成的家庭生活中进行解决。[125] 若将配偶间行为的标准置于技术意义上进行评价,则必须对合意性方式的"假定性映射力"(supposta capacità segnalativa)进行某些批判性的考虑,因为这种映射力是对各种行为之间可能存在的功能性关联或结果判断而进行的"统一性还原"(reductio ad unitatem)。[126] 事实上,与给付相关的类型化已然被部分排除,因为任何类型的开销性支出本身都可能适用于实现家庭利益之目的。[127] 有鉴于特定的整体效用须经对比核准,如果个别行为本质上是中性的,便无从对其功能性关联进行建设性的评估。"假定性映射力"之所以被冠以"假定"之名,恰恰在于其预设效用,系基于自身的真实性与半独立性,故而显得不可检验。[128] 并且,受《意大利民法典》第186条规定的确定财产责任的规范性标准的启发,通过效用对比检验婚姻关系的外部行为[129],在重要性的选择上确实面临问题[130],毕竟目标利益之实现与责任承担之确立间必然存在某种紧密的重要性关联。

暂且搁置家庭利益维系的重要性问题,另有必要就以家庭利益为

(接上页) 条将之理解为"君子协定"(gentlemen's agreement)而非法律约束的观点参见 G. D'Amico, O. c., pp. 191-296 ss. (spec. p. 214). 对上述"君子协定"不予讨论的相反观点参见 V. De Paola, Il diritto patrimoniale, cit., p. 88. 其明确指出,合意的共同基准是存在排除强制力的主观意图,须肯定履行情况下的勤勉义务,同时不排除任何具体的合意可能具有磋商的性质,但也应看见,合意规则的运作方式决定了对其的遵守与否并不是先验的。对于婚姻家庭法改革前的权威学说参见 G. D'amico, O.l.u.c.。家庭生活的方式可能无法预先确定,也就无从用以评估考量个人行为;配偶的行为通过客观评估和相互关联,可能揭示了夫妻行为的模式所在。因此,决策与执行的视角可能存在颠倒,而后者实际上更能客观体现,参见 F. Bocchini, Rapporto coniugale, cit., p. 55。

[125]　G. D'Amico, O. c., p. 216; V. De Paola, O. c., p. 86; P.M. Vecchi, Obbligazioni, cit., p. 966. 宜排除法律关系的直接来源或原因性质,原因在于法律关系本是由规范预先确定的,不能由配偶之间的协议产生或减损。

[126]　F. Bocchini, O. c., p. 55, nota 63.

[127]　R. Perchinunno, Le obbligazioni, cit., p. 41 ss.

[128]　F. Bocchini, Rapporto coniugale, cit., p. 63.

[129]　ID., O. c., p. 55, nota 63.

[130]　R. Perchinunno, O. c., p. 160 ss. 详见下文所述,其将家庭利益的实现时间与预期的或实际的方式进行了关联。

目的的夫妻共同行为的资格问题进行探讨。[131] 在该问题上,或认为将超个人价值纳入对个人行为的规制,会导致其客观化,或者更恰当地说,导致其非个人化。此时,家庭行为的法律后果可由典型的社团形式承担[132],并以此种方式取得所谓外部显著性,因为透过婚姻关系表现的法律地位,可以通过夫妻双方合意采用的家庭生活方式这一继续性行为对抗第三人……[133]配偶双方的行为作为一个整体,不能在技术意义上被视为法律行为的要素[134],因为它仅具备此外部表征,而并非一个统一体或综合体。在《意大利民法典》第144条所表达的规范语境下,配偶个人明示承认的责任承担限度,就其个人而言,宜被视为实在法意义上私人自治的简单表达。[135] 这样一种整体性的法律地位,反映的是根据社会原则、平等原则和团结原则等基本原则进行协调后的各种

---

[131] F. Bocchini, O. c., p. 61.

[132] ID., O. I. U. C. 其讨论点仍然落在家庭的体系性概念之范畴内(F. Santoro-Passarelli, Note introduttive agli artt. 24-28 Nov., cit., p. 216 ss.),总而言之,将家庭置于中间性团体的多元主义学说语境下(P. Rescigno, La tutela della personalita nella famiglia, nella scuola, nelle associazioni, in Persona e comunita, Saggi di diritto privato, II, Padova, 1988, p. 251 ss.)。

[133] F. Bocchini, Rapporto coniugale, cit., p. 225. 以体系化的角度观之,使用二元的内外部关系进行分析的理论,且由此社会现象延伸出对第三方主体进行保护的规定,即使用社会性理论阐释具有共同意向的多边合同的外部相关性的做法,也已然受到诟病(P. Spada, La tipicit' delle societa, Padova, 1974, p. 27, nota 36)。更何况,该方法的弊病在家庭财产领域的体现尤为明显(C. Slavich, Rapporti interni ed esterni a proposito di societa ed impresa familiare: un equivoco?, in Giur. comm., 1983, I, p. 206 ss., spec. p. 213):事实上,婚姻只在配偶间产生约束力,因此,以夫妻之名义与第三方之间的所谓外部关系与民事法律行为,在涉及第三方主体而产生财产责任时,情形必定有所不同。因此,具有差异性质的特殊案例往往对公众更具备特殊意义,即表达出与个体行为无关之概念(P. Spada, O. c., p. 28)。

[134] G. Auletta, Attivita (dir. priv.), in Enc. dir., III, Milano, 1958, p. 982;对其而言,民事法律行为与目的性和功能性层面统一的一系列行为相吻合,并且在整体上是一项规范的客体,而不同于对个别法律行为进行的规定。此种概念性规则的妥适性,已在对其本质的论证中被证实,且在对行为规范之主观标准的统一过程中变得十分显著;而当事人行为的实施往往存有多重意图,故此,不宜将诸多行为同而论之。

[135] 参照本文开篇确定的方法论框架,在构建配偶的法律地位时,应将协商确定的利益类别纳入规范所关注的结构性与功能性组成部分的范畴内。一方面,统一的,即可从协商中推导出的目标,是夫妻共同法律行为的特征,在法律效果上等同于以个人名义实施的法律行为;另一方面,其无法区别于所谓个人法律行为的规范基础,在于给予夫妻双方的保护至少必须等同于其在一般原则基础上受到的保护,易言之,对其进行规制的规范具备排他性(Cfr. M. Nuzzo, L'oggetto, cit., p. 35),且不再承认存有多个利益归属。

利益相互制衡的结果。[136]

十四、重要性问题在功能层面的映衬

上述观点为在具有积极化外观的法律行为中确定家庭利益的相关重要性问题提供了一些助益。如前所述,唯有如此方能推导出家庭利益体系化的关联性外观,并对应于两个不同的点,分别予以呈现:其一,在合同外部结构的意义上,已知学说将财产责任理解为与债务强制履行方案有关的自发性行为的作用[137],但仍需比照自发行为的限制性规范;其二,是通过协调基本原则以平衡《意大利民法典》第144条语境下配偶间的内部关系。

如此一来,囿于方法上的原因,在审视并限缩了清偿性债务(obbligazioni de quitms)的相关范围后,似有必要进行重构的尝试,以强调在确定家庭利益之重要性的标准方面存在明显的比照。[138] 从实践角度观之,在发生债务不履行时,不可否认功能层面的相关问题会反复显现。倾向于从《意大利民法典》第190条出发的解释性观点,即排除有利于《意大利民法典》第186条规定的配偶个人财产的实际执行的见解,可能就源于此。[139] 这便间接地造成了配偶间个人地位的恶化,一方为了能够利用另一方财产的连带责

---

[136] M. Nuzzo, Utilita sodale e autonomia privata, cit., p. 61 ss. (spec. pp. 64, 84,86). 这一点涉及宪法团结原则及平等原则对个人意思自治限制问题的前瞻性分析[R. Nicolo, Diritto civile, in Enc. dir., XII, Milano, 1964, p. 904 ss.(spec. p. 910)];不同见解,参见P. Rescigno, Il principio di eguaglianza nel diritto privato, in Persona e comunita, Saggi di diritto privato, Bologna, 1966, p. 351; ID., Ancora sul principio di eguaglianza, ivi, p. 364:作者认为宪法原则不宜直接或间接地适用于个人意思自治的法律行为问题(参见ID., L'autonomia dei privati, ivi, p.12 ss.),强调私法中的平等原则不能直接溯及《意大利宪法》第3条,否则,个人意思自治制度就会因契约自由、遗嘱自由与处分和支配自由遭到限制而彻底崩坍。

[137] R. Perchinunno, Le obbligazioni, cit., p. 160 ss. (spec. p. 166); C. M. Bianca, Diritto civile, 4, l'obbligazione, Milano, 1990, p. 36 ss. 按财产权制度理论,债权根本上为对债务人所有财产的权利,因此可以强制执行。

[138] R, Perchinunno, Le obbligazioni, cit., 160.

[139] F. Gazzoni, Manuale di diritto private, cit., p. 369. 作者指出,即使在法定共有情形下,也不可能完全确定地划定一个符合家庭利益的一般义务之类别,这也是相对于债权人而言的一个外部所有权。事实上,当认为《意大利民法典》第190条规定的个人财产的附属性质不足以确定履行利益时,第186条之规定可以规范配偶间家庭内部关系中运作的财产和债务的分配及分割原则。

任,必须进行措施必要性和有效性的举证,且该举证内容必须能够证明家庭利益借由其措施得到了有效且具体的实现。[140] 同理,依此逻辑:根据《意大利民法典》第 186 条第 3 款的规定,单独承担义务的配偶,在大多数情况下,于诉讼阶段有义务证明个人财产符合利益最大化,且另一方没有义务承担诉讼费用。在进行履行的实际阶段,多数当事人会发现,需要以其个人财产全部或部分地支付相关费用,以支撑其个人所实行的法律行为。即使是部分承担,也几乎是在依据《意大利民法典》第 190 条之规定重新划分了责任承担的范围之后。[141] 并且,若欲将确定充分实现家庭利益存在重要性问题的条件之事实转化为法律事实,即通过其表现方式确定具体的规则,那么根据《意大利民法典》第 186 条共同分担的规范,要寻求一个选择性的标准以确定责任的产生与利益的实现之间的重要性关系,便显得毫无必要。[142] 如此反而证明了,家庭利益确定的客观性与一致性是存在于责任构成的范畴以外的,映衬了与《意大利民法典》第 144 条规定的实现协定生活方式有关的更加宽泛的语境。基于此,配偶关系间意思自治的自发性行为只有在特定情况下才能够归纳其特点,否则便仅表现为对先前确定的家庭生活方式的执行。[143]

---

[140] R. Perchinunno, Le obbligazioni, cit., p. 164 ss. 就证明家庭利益的实际实现问题而言,具体情形或存在偏差,可能存在对第三方债权人有利的情况,导致债务人财产担保责任加重且负举证责任;若如文中情形,所需证明事宜虽大体一致,但从不同角度分析,可能直接或间接地有利于债务人对第三人的履行。

[141] A. Di Majo, Doveri di contribuzione, cit., pp. 378-379. 以最终结果排除视角观之,这一点关涉履行出资义务与共同财产之间的关系。

[142] R. Perchnunno, O. c., pp. 165-168 ss; P. M. Vecchi, Obbligazioni, cit., p. 650. 配偶一方实施法律行为,间接获取金钱利益,即为家庭利益所行有利之事,或许与家庭将来之发展并不相关,却终得以于"致富"层面丰富家庭责任的内涵。

[143] 由于《意大利民法典》第 144 条规定的协定确定生活方式的特殊规范,或宜认为家庭利益之实现,应在债务产生之前。事实上,就《意大利民法典》第 186 条的共同财产负担,与其认为全然地、有效地、具体地实现与满足家庭利益,不如将其视为共同生活而取得的财富(P. Di Martino, Gli acquisti in regime di comunione legale fra coniugi, Milano, 1987, p. 174);债务之目的(P. Cendon, Comunione tra coniugi e alienazioni mobiliari, Rist., Padova 1989, p. 268, nota 268)与其说是债务本身(即强调债务的产生名义而非其强制性),不如说是确定生活方向的措施。因此,家庭利益与产生相应支出的重要性有关,而非与其中的可得利益相关联;(转下页)

十五、体系化概括:作为债权人的第三人之角色定位

从历史性方法入手,对上述两个家庭利益的不同呈现点进行研究,这在逻辑分析层面是缺乏关联性的。一方面,按《意大利民法典》第186条的规定,财产担保的可操作性已然不受实质性目的实现的重要性所影响。另一方面,就确定该重要性的过程而言,债务在实际意义与功能意义上的产生之间不可能存在交替关系[144],且对实际层面的解释倾向于用债务的产生取代潜在的其他方式[145],因此,很难将其与同一规范名目下的核心,以及根据《意大利民法典》第144条所采取的体系性方式区分开来。在功能意义上,应用性规范的原因也难以忽视。其导致《意大利民法典》第186条规定的共同负担支出的反复应用,甚至对债务性质判定本身产生影响。

鉴于此,有必要进行体系化的概括,将家庭利益作为单独的要素,置于夫妻债务履行的整体框架之下进行作用分析。就债务结构而言,其首先指明了财产责任所代表的自主行为的概括相关性,随后明确了在《意大利民法典》第144条语境之下关涉家庭内部基本规范中的重要性与固有性。诚然,按《意大利民法典》第186条的规定,与其说是为了从本质上保护债权人的地位,不如说是为了实现家庭目的而提供一种推进方式(uno strumento di pressione)或由债权人方面(a parte

---

(接上页)承担债务可能导致损失的产生,或惠及配偶以外的人,也可能涉及额外服务(如假期开销、课程培训)而未惠及配偶任何一方,也可能只使配偶一方受益(如一方进行外科手术),但不因此影响《意大利民法典》第189—190条规定的适用(N. Scannicchio, Individualismo e solidarieta, cit., c. 832 ss., spec. 835)。

[144] R. Perchinunno, Le obbligazioni, cit., p. 163.

[145] ID., O. c., p. 161, nota 229. 一些学者认为一项债务是否为家庭利益而确立,取决于其对共同财产是否存在增益,毕竟抽象地分析是否满足这种利益并不足以契合第186条第(c)项所规范的情形(A. e M. Finocchiaro, Riforma, cit., I, p. 561;P. Standone, Comunione legale tra coniugi, cit., p. 222)。另有学者认为,债务的共同属性必至少以默许的形式,贯穿法律行为规范本身(F. Bocchini, Rapporto coniugale, cit., p. 244 ss.)。

creditoris)主导的协作[146],这可以通过将对既定规范的解释性分析限制在上述第一种情况所指定的范围内来达成。

易言之,必须在所有权制度的派生体系下划分家庭利益的概念,且在此基础上,还必须承认第三方缔约人与所关涉客体的延伸概念存在功能性上的关联。

憾然,如此的处理方式存在绝对意义上的缺陷。

一方面,应当意识到,管理财产支出费用这一规范并不包含任何自主性行为的解释空间,因为就特定家庭而言,家庭利益具有特殊性,任何一种管理方式与机制均是经过了深思熟虑,并历经生活检验的。

在同一体系框架内,或许可以得出同样的结论,即可以更好地保护上述规范目的。[147] 诚如是,则可以想象第三方债权人所起到的参与性作用。倘若其余各方均表达对家庭生活方式的认同,则不能参与对家庭利益的认定。因此,《意大利民法典》第186条的规范目的与上述主体(第三方债权人)在前述功能性层面的关联并不紧密,而仅仅是基于不同的预设与财产责任标准,在资格地位上与假设性映射(从身为非债权人的其他主体角度出发)的家庭利益相关联。于是乎,相比使家庭目的得以实现,在区分划定个人责任的情况下去保护配偶个人的目的可能显得更加必要。[148] 因此,在确定了除与共同责任分担有关的文义外,无法从"为维持家庭生活而产生的费用"的担保性规范中推断出更多的内涵,如此方与其余部分的文义相一致。更有甚者,第三方债权人的地位在进行相同判定的阶段可以被视为没有得到体现,即使在具体的情况下,协商性条款也是通过联系上下文义并对私人自治行为进行解释后才实现的。易言

---

[146] R. Perchinunno, Le obbligazioni, cit., p. 165, nota 234, p. 166. C. M. Bianca, Diritto civile, cit., pp. 379-380,它区分了适用于债权人权限范围内行为的合作义务与《意大利民法典》第1175条所规定的基于公平交易义务所产生的合作义务,要求债权人在不构成自身利益损害的情况下,于权利范围之外进行合作。

[147] Cm. Bianca, O. l. c.

[148] F. Corsi, Il regime patrimoniale della famiglia, cit., p. 7 ss.; A. Di Majo, Doveri di contribuzione', cit., p. 323 ss.; L. Garofalo, I rapporti patrimoniali tra coniugi nel diritto internazionale privato, Bari, 1987, p. 123. 该观点与诸学说相一致,适当地区分了调节配偶之间财产关系的两个基本意义:所谓贡献意义,旨在满足家庭的需要;所谓分配意义,为配偶的个人利益服务。

之,在将个人利益转化吸收入家庭利益的过程中,明显不宜承认第三方债权人对此具有任何功能性层面的贡献。故此,将其视为家庭利益的实现手段或由第三方进行的协作实属不妥。[149]

十六、对家庭利益因果关系之批判

部分学说认为,或可以通过将家庭利益归入因果关系以超脱《意大利民法典》第1372条所表达的合同相对性原则,因为家庭债务的性质本身就代表了将法律行为的主体身份地位及财产性责任置于配偶双方的标准下审视。[150] 就这一点,或有观点正确地指出,虽然债务本身符合家庭需要的事实可被视为适用特别规范的特殊因果,然而,确无规范规定配偶间连带责任形式可以类推适用。此外,更重要的是,不能从现有对法律行为或主体身份地位标准的规范中推断出一般规则,以使假自己名义行事的配偶一方有权实施同样影响他人财产状况的行为。[151] 在阐明此点后,还应指出的是,将家庭利益作为某项法律行为之特殊因素的考量,从而产生一种偏见性的方法论上的踌躇,该现象与一种逐渐蔓延的概念模式相关。该模式认为只有通过对具体的法律行为予以考察,将之作为具体利益考量,通过各方在成立法律行为时明示或默示的真实意思,才能对原因行为的客观性与一致性进行完整的分析。[152] 此外,其他学说也遵循同样的逻辑路径,在确定合同产生的事实情况时,预先假定存

---

[149] R. Perchinunno, Le obbligazioni, cit., p. 167;A. Falzea, L'offerta reale e la liberazione coattiva del debitore, Milano, 1947, p. 57. 整体而言,债务的名义可能明示或暗示了,债权人的受偿权与债务人请求债权人进行协作的权利互相对应且平等这一事实因素。

[150] P. M. Vecchi, Obbligazioni, cit., p. 643 ss. 及同页中所涉参考文献。

[151] ID., O. c., p. 652.

[152] 对于原因概念的再思考,参见 A. Checchini, Re-golamento contrattuale e interesse delle parti (Intorno alla nozione di causa), in Riv. dir. civ., 1991, I, p. 229 ss.。这导致对合同功能概念的重述,该概念与纯粹的主观目的无关,而是取决于当事人使用的手段与打算通过这些手段满足的具体利益之间的关系。一方面,这一提议恰恰在解释者要作出不同价值判断的假设上,为客体与原因的区分提供了一些教条式的提示;客体与原因的区分是基于解释者的价值判断不同的假设。然而,另一方面,自20世纪40年代末以来,理论上的阐述似乎没有增加任何实质性内容,该理论将原因定义为基本法律行为效果的综合,同时认为始终有必要提及当事人的主观意愿和打算实现的实际意图。事实上,就此问题的首个方法论原则即包括准确识别该意(转下页)

在一个识别规范标的之难题[153],或者质疑规范的内容[154],并将之视为当事人自行设立的条款而进行一般性理解。[155] 上述疑虑中的事实要素或

(接上页)图及其与合同所欲实现的法律功能的关系,参见 S. Pugliatti, in Diritto civile, Saggi, Milano, 1951, pp. 75 ss., 120;并且,大约在20世纪60年代中期,经济学上的"个人功能主义"原因的权威理论及意见已经确立,参见 G. B. Ferri, Causa e tipo nella icona del negozio giuridico, Milano, 1966, pp. 364-365;又或是建立在合同具体构成要素基础上的功能解构,参见 A. Cataudella, Sul contenuto del contratto, Milano, 1966, p. 321;在考虑合同类型和当事人追求的利益组合的基础上,进行了关键性与重要性两种类型划分,参见 A. Cataudella, O. c., p. 192 ss., spec. p. 202;上述传统学说的理论发展为剖析问题提供了更好的方法指导,它阐述了关于可得利益与可以被证实的利益(即可以在法庭上被要求承认的利益)的问题。在整个契约缔结过程中出现的参考因素,被视作客观数据进行运算与评估。在此理论语境之下,基本要素、偶然要素、附带因素、预设与动机之间的区别具有纯粹的讨论与研究价值;在评价法律制度的概况时,动机的重要性在其中得到了体现(居间合同、信托合同等,参照《意大利民法典》第1362条关于缔结者意图及共同意愿的规范)。此外,从具体考察原因相关性的角度来看,在联营合同中,所有缔约方的共同利益(营利、互助、福利等)被客观化并成为功能要素的一部分,在原因和不具备相关性的动机之外,不存在共同意思等其他可能空间,参见 G. B. Ferri-O. c., passim-M, Bessone, Causa tipica e motivo del contratto, dogmi di teoria generale, orientamenti della giurisprudenza, in Riv. trim. dir. proc. civ., 1979, p. 1109;G. B. Ferri, O. c., p. 381 ss.。鉴于澄清了类型所承担的作用,从适用于当事人所选择的契约规则的角度来看,即根据《意大利民法典》第1374条规定的规范性标准,在确定规则结构所能产生的效果的意义上,对意图的行为进行限定。而与此相关的是,从评估各方所追求的利益性质的角度来看,为了使相关规则结构在法律体系中具有可嵌入性,应从个人层面理解其对契约的影响(G. B. Ferri, O. c., passim)。认知性和评价性在理论上也是如此,与原因问题同样产生联系,契约的缔结必须在此基础上进行,被理解为当事人作出的一系列决定,且能够从外部表示理解内部意思,因为其与每个缔约方所预设的情况直接相关。因此,不存在特定且具体的合意,即双方把其中一方的目的提升为合同的目的。另一方同意预设情况的存在或持续存在是肯定的,但这并不能使另一方为其专属利益所追求的目的的结论合法化,要产生预设情况,只需有一项合意即为已足,无论发生明示或默示的表意,都采取上述特征的表意形式。易言之,并非仅仅知道或意识到另一方预设了一个特定的情况,若其在合同的规范中没有被赋予功能性,则不宜视为充分(A. Cataudella, Sul contenuto, cit., pp. 175 ss., 271 ss.)。

[153] V. Pietrobon, L'errore nella dottrina del negozio giuridico, Padova, 1963, pp. 503 ss., 527 ss.; ID., Presupposizione (dir. civ.), in Enc. giur. it., XXV, Roma, 1991, p. 5. 作者认为对"客体"一词的理解与履行无关,尽管后者有时被理解为更广泛的意义(Osti, voce Contratto, in Noviss. dig. it., IV, Torino, 1959, p. 503 ss., F. Messineo, Il contratto in genere, in Tratt di dir. civ. e comm. Cicu e Messineo, Milano, 1968, p. 136. 上述文献作者准确地界定了成为买卖、使用、担保等标的且具有经济价值的财产,将《意大利民法典》第1346条所要求的特征与财产的履行联系起来),即不仅包括当事人承诺的给予或做的事情,还包括当事人负担的承诺所导致的物质状况的改变(G. Mirabelli, Dei contratti in generale, in Comm. del cod. civ. UTET, Torino, 1980, p. 174),且似乎欲涉及《意大利民法典》第1429条第1款中的规范性参考。从本质性错误的角度来看,是对具体原因的概述,因为该假设作为合同的规范层面(原因)和客观方面(标的)之间的过渡点而出现的,因此是对该具体功能的参考,合同系针对其设立的,故其必须参与其中。因此,合同订立之时的利益纠纷即在于此。

[154] E. Betti, Teoria generale del negozio giuridico, in Tratt. di dir. civ. Vassalli, Torino, 1950, p. 79; A. Checchini, Regolamento contrattuale, cit., p. 238, nota 42, e p. 244, nota 62, 及同页中所涉参考文献。

[155] N. Irti, Oggetto del negozio giuridico, in Noviss. dig. it., XI, Torino, 1968, p. 803 ss.

法律要素[156]，由于没有进行表达，实际上与规范无涉，但却以《意大利民法典》第 1325 条意义上的基本要素的形式参与了法律行为的构成，且妄想预设未发生的事实[157]，对当事人表意的画蛇添足，造成了合同在无效或不生效力的处境间反复切换。[158]

---

[156] Cass. 3 dicembre 1991, n. 12921, in Foro it., Mass., 1991.

[157] A. Checchini, Regolamento contrattuale, p. 239 (spec, nota 47).

[158] Cass. 31 ottobre 1989, n. 4554, in Rass. giur. energia elettrica, 1991, p. 523. 文书中裁判可对应文献 G. B. Ferri, Causa e tipo, cit., p. 381。作者剖析了基于共同意思的错误预设之无效性，根据 A. Cataudella, Sul contenuto, cit., p. 326 ss., 此处所指是以具体功能与抽象功能不一致为理由的无效性，据此，考虑的不是假设性的表述对缔约各方的意志过程的影响，而是它对合同的具体因素的影响。易言之，不存在在错误预设的相关性中找到该预设的实证基础之可能，尽管在特定情况下相关性可能确实存在，因为它符合《意大利民法典》第 1429 条第 2 款的要求，即一方之错误能为另一方所认知时，在这种情况下，对合同标的预设性认知错误使得合同无效。如果双方当事人在预设上都有错误，但同时其中一方可以抽象地认识到这一错误，结果并无二致；另外，如果双方间的错误甚至不存在抽象认识的可能，则关于错误的规范被认为是不适用的，该情形亦被归入无效的范畴（第 284 页）。

预设的概念模型，尽管有 Voraus-setzung（Windescheid）和 Geschaftsgrundlage（Oertmann）这两个原型，但仍被固定在一个主观层面上，由一方的可识别表示或各方的共同表示组成，在这方面，首先出现的问题是，一方的个人表示如何脱离动机的领域，上升到法律行为的规范层面（V. Pietro-Bon, Presupposizione, cit., p. 2），或是以通常性词汇给出其表述；给予原因以理由的客观性预设（E. Betti, Teoria generale, cit., p. 452），法律行为的真实理由空间在于能够填补一个原因的空白，其作为个别类型的交易行为的社会经济功能，并没有穷尽一系列相关的期望（M. Cassottana, Presupposizione e rischio con-trattuale, in Riv. dir. comm., 1977, II, p. 341 ss.），已成为合同实质性组成部分的要素，即在合同上可作为一个原因的期望，即使它属于被排除在对应于法典化类型的原因之外的抽象利益领域［A. Bessone, Presupposizione, causa tipica del negozio, economia del contratto (e l'equivoco delle formule sulla pretesa irrilevanza dei motivi), in Riv. dir. comm., 1979, II, p. 149］。一个具体的利益预设，以指导解决与个别合同有关名义的问题，这与合同风险管理的问题基本吻合（A. Bessone, Causa tipica e motivo del contratto, dogmi di teoria generale, orientamenti della giurisprudenza, in Riv. trim., 1979, p. 1098 ss.）。众所周知，学理上试图指出该预设在意大利法律体系中也具有相关性的基础，这遵循了对"法"的合法性进行探讨的法学的现实倾向，面对之前反对法典由于保护合同的信任和确定性的需求而在这一点上保持沉默的事实，首先将其论点建立在《意大利民法典》第 1467 条关于过重给付的一般规定之上（Cass. 1 luglio 1947, n. 1619, in Riv. dir. comm., 1948, II, p. 163 ss.; Cass. 6 luglio 1971, n. 2104, in Riv. not., 1973, p. 293; Cass. 9 maggio 1981, n. 3074, in foro it. Rep., 1981, voce Contratto in genere, n. 340），抑或"情势变更"（rebus sic stantibus）条款本应蕴藏于每一份合同之中（Cass. 9 luglio 1959, n. 2203, in Giur. it., 1959, I, pp. 1, 146; Cass. 28 maggio 1953, n. 1594, in Foro it., 1953, I, p. 1612），然后指出，为了确定合同的真正原因，不具有直接性特征的目的必须优先于交易性功能的概念（Cass. 28 agosto 1952, n. 2781, in Foro it. Mass., 1952, c. 654）。显然，关于预设的学术问题，在贝蒂（Betti）的法律行为的社会经济功能概念理论影响下受到了启发（R. Scognamiglio, Contratti in generale, in Tratt. di dir. civ. Grosso e Santoro-Passerelli, Milano, 1966, passim; L. Barassi, La teoria generale delle obbliga-zioni, II, Milano, 1946 passim, L. Cariota Ferrara, Il negozio giuridico nel diritto privato italiano, Napoli, s. d., p. 586; F. Messineo, Dottrina generale del contratto, Milano, 1948; E. Roppo, Il contratto, Bologna,（转下页）

事实上,从合意构成角度来看,由于确定了意思表示的缺陷(涉及共同错误或个体错误),若其对于对方来说是可识别的,则出现了《意大利民法典》第1429条第1款所规范的情形,即涉及合同性质或标的物的本质性错误[159],导致合同以假设性的错误为由被撤销,从而产生了一种对对方抱有信任态度的一方的法益似乎得到了更为周到保护的外观。[160] 根据预设的法律结构对家庭利益进行审查,其可能产生的影响是显而易见的。无论从何种理论角度出发,都将再次面临根据《意大利民法典》第186条承担债务的名义确定之问题,即需要考察客观动机。[161] 换言之,必须确定家庭利益的实现本身能否构成合同的根本目的,进而被认定为原因。[162] 如此检验可能会面临两种困难:其一与所采用的方法有更为密切的联系,暨源于一种不可能实现的信念,即在目前的学说和判例中,没有客观的模式来评价所涉及的利益。而现实愈是如此,其在教义学中被具象的渴望就愈发强烈。[163] 其二是在对客观存在的利益和非客观

(接上页) 1977, p. 173 ss.; Cass. 13 giugno 1957, n. 2213, in Foro it. Mass., 1957, c. 443),其对交易的社会化、典型性和抽象性提出了一系列激进的批评,并否认法经济目的的个人归属(G. B. Ferri, Causa e tipo, cit., p. 254),即其只要不具有社会危害性或非法性,就值得保护(G. Gorla, Il contratto, I, Milano, 1955, p. 213, contra, A. Di Majo, Causa del negozio giuridico, in Enc. giur. it., VI, Roma, 1988, p. 8),其中不乏教义学的形式主义之代表,就错误性预设的探讨始终此起彼伏(反对观点参见 M. Bessone, Causa tipica e motivo del contratto, cit., p. 1105),此种循序渐进的研究,意在通过辅助论证来简化交易原因的概念(具有反对倾向的观点参见 G. Palermo, Funzione illecita e autonomia privata, Milano, 1970 p. 61 ss; contra, A. Checchini, Regolamento contrattuale, cit., p. 230, nota 4)。对确定缔约的主观方面进行的类型化上,共同目的作为客观前提,并非两个单独目的之耦合,而是一个抽象的能够引起双方利益冲突的现实,从而构成证明合同的理由。共同目的不能简地以"合同是否满足主体之预期"进行评价,否则其永远不可能符合客观的预设(V. Pietrobon, Presupposizione, cit., p. 3),但必然要包含一个具有约束性规范意义上的肯定,而这种肯定必先于对信念的一致性认定(A. Cataudella, Sul contenuto, cit., p. 176 ss.)。关于合同要求当事人达成合意的问题,个人的意思自治本身在对方的意思自治中得到限制,因此,制度体系在合同问题上只考虑到共同意愿之名义,合意的要求使个人意志客观化,并限制了个人意志。事实上,合意的达成通常是通过相互妥协、让步和放弃原来的意图来实现的(Clarizia, La causa di finanziamento, in banca, borsa tit. cred., 1982, p. 591)。

[159] V. Pietrobon, Presupposizione, cit., p. 5. 作者强调,即使只有一方存在意思瑕疵,且存在一个构成合同原因的争议事实,若另一方对此本质性错误有所认知,合同即可撤销。

[160] A. Checchini, Regolamento contrattuale, cit., pp. 237-240 (spec, nota 48).

[161] P. Perlingieri, Il diritto civile nella legalita costituzionale, Napoli, 1988, p. 527. 作者认为名义仅作为债因而存在,即实施法律行为的现实性原因。

[162] A. Checchini, O. c., p. 231.

[163] A. Checchini, O. l. c.; M. Bessone, Presupposizione, cit., p. 154. 作者强调存在因合同的教义属性而产生的问题,并因此建议通过对合同的经济分析来解决合同风险管理问题。(转下页)

存在的利益进行考察的过程中,与评价模式应用的实用性更为相关。因为其与合同经济利益毫不相干,或者更为确切地说,《意大利民法典》第144条所规定的关涉预期及期望的合同的双务性(sinallagma contrattuale),其实并未进入法律行为正当性的考量范围,而只存在于婚姻家庭的经济范畴中。[164]

(接上页)对教义学的功能性竭力辩护,即始终强调共有状态的现实立场(A. Checchini, O. c., p. 240),尽管在因果关系的框架外,但在界定合同功能的概念时,需要满足的利益和当事人为实现期望而使用的法律手段之间的关系,教义学并未提供充分的解决方法。应当在一方面承认既定事实,将当事人期望与法律行为的原因相关联,另一方面又认识到,期望及其实现手段之间的组合或关系本身不能构成任何其他实体,而仅仅是一个相对的参考(A. Checchini, O. c., p. 234, nota 29, p. 245);同样的教义学论调参见 P. Perlin-Gieri, O. c., p. 36;其目的在于确定一个基准,即作为所指出的两个要素之间的关系的原因,而忽略了其具体实施的概念;一个给定的原因可能因时而异,因此,合同的性质也会因价值利益因素而在广义与狭义上产生变更。以此观之,在评估交易的客观性和合法性时,除交易结果客观上代表的未知因素,即两个实体之间产生的关系外,还增加了一个相对因素,挤压了功能层面的操作空间;即不认为就某一合同而言,实体因素的存在是绝对可以确定的(A. Checchini, O. c., p. 242, nota 57)。或有学者认为客体本身与原因存在区别,即后者是前者的参考因素(ID., O. e., p. 244)。按此分析路径,面对如停留在目的层面的要素,都必须接受这种关系判断规则。如果比较方法的目的是建立利益和方式之间的关系以确定合同的功能,则其标准并非适用于所有利益。比如,在实践中根据法官提供的裁判文书来核实与当事人使用的法律手段有关的利益本身,此即为不妥(F. Gazzoni, Manuale, cit., p. 730 ss.);但同样重要的是确定结构或方式在其特征方面的预期。就此点而言,理论界几乎一致认为,在识别原因的问题和与类型有关的问题之间存在联系点;在破除了对绝对认知的迷信之后,可以肯定原因是一个具有类型的个性化特征的要素,对原因而言,不能够进一步认知(E. Betti, Teoria generale, cit., p. 74)。关于澄清法律行为的结构和功能之间的区别的较新学说,参见 G. B. Ferri, Causa e tipo, cit., passim.。值得肯定的是,对一个倾向于某种利益的结构的类型化,通常最终会确定实现的利益,因此,该类型是某些功能的因果表现;然而,它的对象是个体层面的行为,应强调其具体的功能。原因的意义来自对一系列情况和结果的背景分析,这些情况和结果使我们有可能通过典型和非典型元素的结合来把握经济运行的本质;通过归纳过程将具体案例归于规范类型的操作的线性逻辑,在类型的逻辑类别与概念的抽象类别相对的视野中颇显复杂。后者是特征要素的总和,在数量上精确,而前者则不仅仅是其各部分的总和,当它不是通过单个特征,而是通过一个重要的框架来确定时,它不能被定义,而只能以重新归纳的过程的形式来描述,即相似具体案例始终保持一致性而非同一性的关系。很难去确定法学这一学科的基础模式与原则,对法律行为的研究和合同研究之间的比较是有用的,一方面是与判例法的比较,另一方面是学理提供的实践标准;因此,法学的应用取决于有关案件是否可以归入规范类型,而不是能否被归入有名合同的定义概念。此外,根据事实在逻辑类别中再现频次,法学的适用性也会有所区别,并与其他同样典型的学科共存(G. de Nova, Il tipo contrattuale, Padova, 1974, p. 120 ss.)。

[164] M. Bessone, Causa tipica e motivo del contratto, cit., p. 1098 ss.; ID., Presupposizione, causa tipica del negozio, cit., p. 146 ss. 质言之,当下的争议在于,配偶间具体协商确定的家庭利益只能作为促成合同订立的主观方面来考虑,抑或借用从分析"成本—效益"理论中得出的表达,作为配偶双方在评估了交换的边际效用后单独作出合同订立的依据;因此,家庭利益是典型的主观层面的假设,不能为或将出现的合同纠纷提供参照标准。

专家专稿

法学方法论在英国

格哈特·丹纳曼* 著　陶亚骏** 译

摘要：本文作者认为，英国法并不存在德国法意义上的法学方法论的概念。作者首先追溯历史并指出，英国的法学教育主要是由职业协会所主导。大学的法学教育相对起步较晚，其中法学方法论方面的内容和对于英国法律进行理论性、体系性的研究一直以来并不被受到重视。英国传统的培养法律人才的方式是实践性的、手工业行会式的。接受大学教育或者大学的法学教育并不是从事法律工作的必经之路。大学为了培养出被市场接纳的法律人才，其培养模式也更加趋向于实践性，因而没有给法学方法论方面的课程留有足够空间。作者又从课程和教科书的角度考察了现今的英国大学法学教育，进而指出，大学法学课程中涉及法学方法论内容的课程依然处于边缘位置。最后作者也观察到，自1990年以来，英国法院的判决在谨慎地推动英国法的体系化。

关键词：法学方法论；英国法学教育；法理学；英国法

---

* 德国法学家，自2003年至今任教于德国柏林洪堡大学，任该校英国研究中心主任，教授英国法、英国政治与经济，曾于1994年至2002年任教于英国牛津大学。丹纳曼教授研究涉猎广泛，尤其关注英国和德国法律体系、合同法、侵权法、不当得利制度以及国际私法等。此外，他还是《牛津大学比较法论坛》（Oxford University Comparative Law Forum）的创立者和主编。

** 上海政法学院法律学院讲师，哲学博士。

一、导论

如果我们严格依照德国法上的法学方法论的概念去理解"英国法学方法论",那本文将是在讨论一个不存在的主题(Phantomthema)。因为在英国法中并不存在德国法所理解的法学方法论。我们可以在英国法的三个领域探寻部分有关法学方法论的内容:判例法(Fallrecht)的发展、成文法的解释以及具有法哲学性质的作为上层建筑(Überbau)的法理学。作为可能的第四个领域,即对法律的体系化以及分类(Klassifizierung)相比较来说则没有得到足够关注。另外,大学提供的不少课程和一些教科书将其中两个领域结合起来,即成文法和判例法的发展与解释。[1]

在由沃尔夫冈·费肯杰*所著的《法学方法的比较论述》[2]第十一章中也可以找到关于这两者其他方面的联系。1975年他对法理学与判例法的发展进行了深刻的论述后,这样总结道:

> 尽管英国人对于法学方法论方面的研究是如此之少,但是在法律实践中,他们却能够以如此最优化的方式作出实体上具有说服力的决定,这可能是英国人永远的秘密。[3]

本文并不旨在解开这个谜团,但能让人对英国法的历程有一定程度的了解,同时勾勒出英国法最近四十年来的一些发展。

首先,我们要将目光投向过去,因为很大程度上对英国法来说,不考察其历史将难以理解其独特之处。

---

[1] 见第四部分。

* 沃尔夫冈·费肯杰(Wolfgang Fikentscher, 1928—2015),德国法学家,法律人类学家,主要研究领域为知识产权法、竞争法、比较法以及法律人类学。——译者注

[2] Wolfgang Fikentscher, Methoden des Rechts in vergleichender Darstellung, Bd. II, Angloamerikanischer Rechtskreis, 1975, S. 3-150. 但是费肯杰的研究仅是略微涉及作为法律渊源的英国立法及其解释。

[3] Fikentscher, Methoden (Fn. [2]), S. 150.

二、历史基础

(一) 中世纪至英国内战

英国法学教育历史非常悠久,但同时也惊人的短暂。历史悠久是因为剑桥大学与牛津大学一直以来都教授法律。梅特兰(Maitland)对此写道:

> 在教授罗马法方面,很少有大学能够吹嘘自己与牛津拥有同样悠久的历史。在我们的斯蒂芬国王(King Stephen)在位时,因为教会对脆弱的政府提出新的要求,国王面临重重困境。当时的西奥博得大主教(Archbishop Theobald)从意大利地区带来了一位名叫瓦卡利乌斯(Vacarius)*的伦巴第法学家。他在这里教授罗马法,完成了一本巨著,也许人们现在还会读这本书。此后不久,牛津大学的罗马法和教会法的教学很快蓬勃发展了起来。[4]

因此,从12世纪开始,牛津大学开始教授罗马法。因为普通法是在斯特芬(Stephen, 1135—1154)的继任者亨利二世(Herny Ⅱ, 1154—1189)统治时期才逐渐形成的,因此这并不令人惊讶。然而,令人费解的是,大约过了六百年,英国大学才第一次开设英国法的课程。在此之前,对于英国未来的法律人才的培养一直都是由法律实务工作者进行的,而女性直到1919年才被允许进入该行业。[5] 人们像从事手工业一样习得这一职业的技能,如高级律师**或者代理人(attorney),之后则是

---

* 罗格·瓦卡利乌斯(Roger Vacarius, 1120—1200?),意大利伦巴第地区教会法和罗马法权威学者,目前已知的第一个在英格兰教授罗马法的老师。——译者注

[4] Frederic William Maitland, The Collected Papers of Frederic William Maitland, hrsg. von H. A. L. Fisher, Bd. Ⅱ: Essays, 1911, S. 441.

[5] Sex Disqualification (Removal) Act 1919.

** 高级律师(serjeant at law),另有译为御用大律师,由国王任命。早期英格兰律师领域最高阶层,最早只负责王室法律事务,1845年之前他们垄断了民诉法庭(Common Bench)的出庭业务,并且在这个法庭之外的其他法庭享有受审豁免权。高级律师有独立的组织,即高级律师公会(Serjeants'Inn)。1877年高级律师阶层被解散,但是其头衔荣誉未被正式取消。——译者注

出庭律师(barrister)和事务律师(solicitor)。[6] 然而,自 1500 年后法学教育迎来了一个黄金时代,因为那个时代的法律实务工作者的目的共同体(Zweckgemeinschaft),即四大律师学院*联手预备律师公会**共同负责未来法律人才的培养,并且建立了一所自己的法学院(law school),其有固定的课程安排。法学院的规模几乎和剑桥大学相当,通常亦被誉为"英国第三大学"(Third University in England)。[7] 1642 年,这所法学院因为英国内战而遭到破坏,之后就被公众所遗忘。[8]

自那以后,可以想象的是,英国法的法学方法论也就遥遥无期了。特别是因为自中世纪大规模的普通法编纂活动,尤其是在格兰维尔(Glanvill)[9]与布拉克顿(Bracton)[10]的著作后,少有具有理性的论述英国法的文献,尤其没有至少对于英国法体系进行反思的整体性描述。哈利·劳森***对此写道:

> 直到 1750 年,人们才在爱德华·柯克爵士的晦涩难懂且极其缺乏系统性的著作中找到最接近对英国法作一个完整的表述的尝试。相较于爱德华·柯克的《英国法总论》(Institutes)的杂乱无章,17 世

---

[6] James H. Baker, An Introduction to English Legal History, 4th ed., 2002, pp. 156-164, 170.

* 四大律师学院(Inns of Court),位于伦敦的出庭律师职业协会,承担出庭律师的培养,英格兰及威尔士的出庭律师均来自其中一个律师学院。四大律师学院分别为林肯律师学院(Lincoln's Inn)、格雷律师学院(Gray's Inn)、内殿律师学院(Inner Temple)以及中殿律师学院(Middle Temple)。——译者注

** 预备律师公会(Inns of Chancery),共有九个类似的公会,公会为被出庭律师接纳的学徒提供住宿,其房屋是早期文秘署(Chancery)提供给学习草拟令状的书记员的宿舍,因此得名,19 世纪后期所有预备律师公会均被解散。——译者注

[7] Baker, English Legal History (Fn. [6]), 161.

[8] Baker, English Legal History (Fn. [6]), 162. 自1852年起,各律师学院才通过刚刚建立的法律教育委员会(Council of Legal Education)恢复了有组织的英国法教学。See Henry Lawson, The Oxford Law School 1850-1965, 1968, p. 31.

[9] Ranulf de Glanvill, Tractatus de legibus et consuetudinibus regni Angliæ (约 1187—1189).

[10] Henry de Bracton (一般将该著作归于布拉克顿名下), De legibus et consuetudinibus Angliæ (约 1220—1250, 1569 年第一次出版).

*** 哈利·劳森(Harry Lawson, 1897—1983),英国法学家,于1948—1964 年担任牛津大学比较法教授。——译者注

纪末苏格兰法官斯蒂尔子爵(Viscount Stair)*的《苏格兰的法律制度》(Institutions)则显得条理清晰,这种对比几乎令人难堪。[11]

(二)威廉·布莱克斯通

这种情况随着布莱克斯通而改变,他于1753年第一次在牛津大学开设英国法课程,1758年起成为第一个英国法教授。在1765—1769年间,他出版了四卷本的《英国法释义》(Commentaries on the Laws of England)。[12] 这套书也在很小的范围内涉及了方法论的内容。布莱克斯通以一种英国式幽默的轻描淡写的方式写道:迄今为止,基础的理论部分得到了非常节制的研究。布莱克斯通在其《英国法释义》中赞同了普芬道夫和格劳秀斯关于自然法的观点[13],但是在之后他发现很难坚持这一立场。[14]**

布莱克斯通在著作的开头用了几页的篇幅来阐述法律渊源的学说(Rechtsquellenlehre),尤其阐述了在当时英国宪法语境中立法的角色,习惯法、判例法的特点,尤其是当时所遵循的教义,即先例具有约束力这一特点。[15]

---

* 詹姆斯·达尔林普尔(James Dalrymple, 1616—1695),第一代斯蒂尔子爵(1st Viscount Stair),苏格兰法学家,政治家,著有《苏格兰的法律制度》(The Institutions of the Law of Scotland deduced from its Originals, and collated with the Civil, Canon and Feudal Laws and with the Customs of Neighbouring Nations),于1681年出版,是现代苏格兰法的奠基之作。——译者注

[11] Lawson, Oxford Law School (Fn. [8]), 3 f.

[12] William Blackstone, Commentaries on the Laws of England, Bd. I, 1765, Introduction, Section 1; Baker, English Legal History (Fn. [6]), 170.

[13] Blackstone, Commentaries (Fn. [12]), Introduction, Section 2.

[14] 详细论述参见 Fiktentscher, Methoden (Fn. [2]), 35.

** 费肯杰在其著作中写道,布莱克斯通在《英国法释义》的导论中赞同地援引了普芬道夫、格劳秀斯关于自然法的观点,且认同自然法作为法律渊源的普遍意义,但是在其他地方,布莱克斯通则与自然法保持距离,并且其观点也与当时的理性自然法的教义相冲突。因此有观点指出,布莱克斯通仅仅是表明援引自然法教义,在没有拒绝自然法的情形下,布莱克斯通在介绍英国法的细节的时候,并没有认真对待自然法。对于布莱克斯通主流的批判观点是,布莱克斯通的占主导的思想倾向是霍布斯式的(hobbesianisch),且明显有偏离自然法的倾向。Vgl. Fiktentscher, Wolfgang, Methoden des Rechts in vergleichender Darstellung, Bd. II: Anglo-amerikanischer Rechtskreis, Tübingen, 1975, S. 34 f.——译者注

[15] Blackstone, Commentaries (Fn. [12]), Introduction, Sections 2 (Of the Nature of Laws in General) und 3 (Of the Laws of England).

然而布莱克斯通在牛津大学也不培养未来的英国律师,而是给神职人员以及乡绅(country gentlemen)授课,让他们掌握一些有益的实用法律知识[16],而他们对于方法论方面的学说几乎不感兴趣。布莱克斯通在美国的影响要比在大不列颠大得多。[17]

(三) 19 世纪高校改革

直到 19 世纪中叶英国高校的法学教育才刚刚被提上政治议事日程。迈克尔·赞德*这样写道:

> 一个专责委员会**在 1846 年调查国内法学教育时,发布报道表示国内"目前尚未有值得一提的法学教育",然而比如在柏林就有 14 位教授,为数百名学生开设了大约三十个不同法律领域的课程。在牛津和剑桥似乎既没有课程,也没有考试和学生。[18]

牛津大学在一份 1852 年的报告中对此有更加详尽的论述。针对法律课程重新大量关注罗马法的这一情况,劳森总结如下[19]:

> 当时有一个教授民法的钦定讲座教授(Regius Professor),但他近年来都没有讲课。事实上,菲利莫尔博士(Dr. Phillimore)说道:"近一个世纪以来,几乎没有固定班级的学生参加民法课程。"……比列斯博士(Dr. Bliss)接着表示,目前没有办法来确定学生是否有资格取得民法学士学位(Bachelor of Civil Law,B. C. L),而当谈到民法博士学位(Doctor of Civil Law),他这样说道:"目前的培养仅仅就是等待一段时间,读三个讲稿,博士候选人有义务或者说应该有义务去读这些讲稿,然而积极的考试方式已经被弃置了一段时间。这就

---

[16] Baker, English Legal History (Fn. [6]), 171.
[17] Lawson, Oxford Law School (Fn. [8]), 4 f.
* 迈克尔·赞德(Michael Zander,1932—),英国法律学者,现为伦敦政治经济学院荣誉退休教授,主要研究领域为刑事诉讼法、民事诉讼法、法律体系、法律职业以及法律服务。——译者注
** 专责委员会(Select Committee)或称选任委员会,可以由英国下议院或上议院任命,也可由上下两院共同任命,专责委员会分为常设和有固定期限的,主要负责监督政府部门工作。——译者注
[18] Michael Zander, The Law-Making Process, 7th ed., 2014, p. 428.
[19] Lawson, Oxford Law School (Fn. [8]), 9 f.

是著名的'面壁式报告'*,博士候选人被关在学校一到两个小时。"

即便人们将这些面对墙壁作的报告理解为教学或者考试的方法,在英国,人们始终与法学方法论存在一定的距离。

(四)作为大学专业的英国法

虽然牛津大学于1852年再次为民法学士学位设置考试[20],剑桥大学于1855年开设法学学士(LL.B. Bachelor of Law)这一项目[21],但是牛津大学差不多在25年之后,也即1877年,才承担起其第一个独立的英国法专业的教学工作,即法学学士学位(Final Honour School in Jurisprudence)。[22] 其教学大纲第一部分安排如下:

一、一般法理学**:学生的考试将涉及法理学原则、立法理论以及早期历史上的法律制度;特别参考奥斯丁的《法理学或者实证法哲

---

* 所谓"面壁式报告"(wall-lectures)是指,博士候选人被单独关在学校教室里一到两个小时,在这段时间内,他应当作报告,但是台下并没有听众。等规定的时间到了之后,博士候选人被监考官从教室里放出来,即默认他已经完成了报告。这主要是因为当时的牛津大学民法学博士学位的考试仅仅是一种空洞的形式。这些候选人往往已经是其他学院的老师,应学院规定去取得这个学位,或者被提拔为大学或教堂里的特定职务。取得学位被一些人视为一种商业投资,或者可以得到社会上的认可。See Oxford University Commission, Report of Her Majesty's commissioners appointed to inquire into the state, discipline, studies, and revenues of the University and colleges of Oxford, 1852, p. 84; L. W. B. Brockliss, The University of Oxford: A History, Oxford University Press, 2016, p. 236.——译者注

[20] Lawson, Oxford Law School (Fn. [8]), 8:"包括了历史和法学方面的知识。"
[21] Zander, Law-Making Process (Fn. [18]), 428.
[22] 民法学士学位(B. C. L)历史更为悠久,但是早先涉及的是罗马法。如今民法学士学位是研究生学位(postgraduate degree)。1839年,伦敦大学(University of London)是第一个提供英国法学位的大学,但是并没有持久的影响(牛津大学和剑桥大学最早提供研究生阶段的民法学士学位,但是今天很多大学将学士阶段的法律学位亦称为民法学士学位——译者注);法学教育重归萧条,so Baker, English Legal History (Fn. [6]), 171.

** 奥斯丁在其著作中区分"一般法理学"(general jurisprudence)和"特别法理学"(particular jurisprudence),两者都专注于实在法,区别在于一般法理学关注的是普遍存在于不同法律体系中的原则、概念以及特点,而特别法理学关注的是某一特定国家地区当前或者曾经的实在法。See Wilfrid E. Rumble, "Introduction", in: John Austin, The Province of Jurisprudence Determined, Cambridge University Press, 1995, p. xiii.——译者注

学讲演录》*,边沁的《道德与立法原理导论》(The Principles of Morals and Legislation)以及亨利·梅因爵士的著作。他们也可以参阅霍布斯《利维坦》的第一部分以及第二部分,此外还有萨维尼的《当代罗马法体系》第一卷。[23]

"一般法理学"与奥斯丁的法实证主义紧密相连,"立法理论"基于边沁的功利主义,法律史教学则是与梅因的著作相关。然而所提及的边沁、霍布斯以及梅因的著作仅仅是法学方法论中处于边缘的内容。奥斯丁的《法理学或者实证法哲学讲演录》阐述其法实证主义的视角,他在讲演录第二部分讨论了法律渊源的学说(Rechtsquellenlehre),在给学生提供的简版中,该讲演录用了大约五页的篇幅,论述了一些对法律以及判决的不同解释的法学方法论方面的问题。[24] 学生主要是从萨维尼的著作中接触到德国法认知上的法学方法论,萨维尼的《当代罗马法体系》的第一卷在1867年被翻译成英语。[25] 然而我们无从得知,彼时的英国学生是否被要求详细了解萨维尼这部著作中的知识。[26]

如果我们迅速把时间回到21世纪,可以确定的是,很多英国法学院已经开设了"法理学"这门课,但是这门课越来越多地被作为选修课,较少被确定为必修课。从这个时期开始,奥斯丁被哈特与拉兹(Joseph Raz)所取代[27],尤其边沁和霍布斯目前必须给德沃金(Ronald Dworkin)腾出更多

---

* 《法理学或者实证法哲学讲演录》(Lectures on Jurisprudence, Or, the Philosophy of Positive Law),是奥斯丁在伦敦大学的法理学课程的记录,在奥斯丁去世后由其妻子整理出版。——译者注

[23] Lawson, Oxford Law School (Fn. [8]), 39 f.

[24] John Austin, Lectures on Jurisprudence or the Philosophy of Law, abridged from the larger work for the use by students, by Robert Campbell, 1880, pp.316-321. 该著作出版于奥斯丁去世后,最后一次课程时间是1832年(ebd. viii)。

[25] Carl Friedrich von Savigny, System of the Modern Roman Law, Bd. I, übers. von W. Hollway, 1867.

[26] Vgl. Lawson, Oxford Law School (Fn. [8]), 212 f. 在劳森的《1850年至1965年的牛津大学法学院》一书中收录的1880年圣三一学期(夏季学期)考试试题中没有包括专门的法学方法论方面的问题,但是方法论可以在所出的考题框架内进行讨论。

[27] H. L. A. Hart, The Concept of Law, 1st ed., 1962(目前最新第三版于2012年出版); Joseph Raz, The Authority of Law, 1st ed., 1979(目前最新第二版于2009年出版)。

的空间。[28] 萨维尼则彻底从现在的教学大纲上消失了。

(五) 法理学与体系化

现在我们再回到19世纪。随着法学教育的改革,法理学的教材也开始有了一定的市场。有两本教科书我们应该在这里提及一下,因为这两本教材显然被广泛参阅,而且同时吸纳了一定欧陆概念。[29] 第一本是由托马斯·霍兰德(Thomas Holland)所著,他是牛津大学维纳讲席教授(Vinerian Professor)*,牛津大学万灵学院成员。他这本导论性质的著作《法理学的要素》出版于1880年,至1924年已经是第13版了。[30] "在传统的英国律师眼中,令人满意的法律形式的体现就是一个带有完整索引的混沌(a chaos with a full index)"[31],或许霍兰德正是以这个对英国法的评论而在欧洲大陆广为人知。正如他在序言中言明的,他致力于将英国法完全体系化,同时也在书中引入了对法哲学与比较法的探讨。该书第五章论述了法律渊源的问题,其中对作为法律渊源的判例法的讨论仅仅占据了三页半,在其他地方,他还讨论了成文法解释的问题,但是仅仅用了不到一页的篇幅。[32]

第二本教科书则由弗里德里克·波考克(Friederick Pollock)所著,他是牛津大学法理学教授(Corpus Professor of Jurisprudence),同时也是一位声名显赫的出庭律师。这本《普通法的法理学学生用书》(A First

---

[28] 尤其是德沃金的《法律帝国》(Law's Empire, 1986)。

[29] 除此之外,有趣的是威廉·马克本爵士(William Markby)的《法律的要素》(Elements of Law,1871年初版,1905年第6版)最初是写给印度读者的,这本书的一个主要的目的就是将法律进行体系化,同时它也论述了一些方法论上的问题。劳森在《1850年至1965年的牛津大学法学院》一书中称赞马克本爵士的这一著作内容丰富(rich book),肯定了马克本爵士的著作以及霍兰德导论性质的《法理学的要素》(The Elements of Jurisprudence)这两本书在教育上的用处,然而马克本的这一著作并没有在那个时代被认为是一本对法学教育重要的教材;本书第55页。

* 维纳法律讲席教授由查尔斯·维纳(Charles Viner,1678—1756)资助。查尔斯·维纳是英国法学家,生前立下遗嘱,将自己一生的藏书都捐献给牛津大学图书馆,把所有的财产委托给牛津大学拍卖,设立英国法讲席教授基金,以资助英国法的教学与研究。——译者注

[30] 这本书的第四版(1887年版)已经被数字化,可供浏览。See http://archive.org/de tails/in.ernet.dli.2015.6902. (该网址目前已失效——译者注)

[31] Thomas E. Holland, Essays Upon the Form of Law, 1870, p. 171.

[32] Thomas E. Holland, The Elements of Jurisprudence, 4th ed., 1887, p. 348 f.

Book of Jurisprudence for Students of the Common Law）于 1896 年第一次出版，1929 年该书更新至第六版。这本教科书较少地涉及法哲学的内容，而更关注法律的分类，探讨了关于法律渊源的学说，详细论述了判例法的发展。作者用六页的篇幅来讨论对于法律规则（Rechtsregel）的解释，但是他完全没有讨论"如何解释法典（Gesetz）？"这一问题，也没有涉及成文法（Gesetzesrecht）。

然而英国法关于法律分类的热忱并没有持续太久。这个热度也许是随着 1905 年爱德华·詹克斯（Edward Jenks）主编的《英国民法汇编》（A Digest of English Civil Law）而达到高潮。作者竭力将英国判例法塞进全新的《德国民法典》总则的"紧身衣"（Korsett）中，并且取得了一定的成效。[33] 但是，从时间上看，在 19 世纪大规模改革之后，随着英国法的发展陷入停滞，英国法在体系化上发生了倒退。[34]

三、大学与职业教育

除了上文所述的历史发展轨迹，大学与职业教育的相互作用或许也促使了德国法所理解的法学方法论在当时没有在英国扎根下来。

（一）19 世纪的状况

事实上，当时牛津大学以及剑桥大学引入英国法作为大学专业绝不是旨在让学校成为一个英国法律人才的培训机构。虽然当时已经有一些其他英国大学开始效仿牛津大学以及剑桥大学：1908 年在英国已经有

---

[33] Edward Jenks, A Digest of English Civil Law, Book Ⅰ: General, 1905.
[34] 其中包括如 1832 年的《令状统一法》（Uniformity of Process Act 1832）以及 1852 年的《普通法程序法》（Common Law Procedure Act 1852）废除了诉讼程式（forms of action）；1873 年和 1875 年通过的《司法组织法》（Judicature Acts of 1873 and 1875）将之前在不同法院适用的普通法和衡平法统一到了新的高等法院（High Court）；1875 年成立英格兰和威尔士判例报告汇编联合委员会（The Incorporated council of Law Reporting for England and Wales, ICLR），自此该机构以"判例汇报"（Law Reports）的形式发布官方判例汇编以及成文法，其中重要的法典如 1862 年《公司法》（Companies Act 1862）、1890 年《合伙法》（Partnership Act 1890）以及 1893 年《货物买卖法》（Sale of Goods Act 1893）。

八所法学院了[35],到 1933 年这个数字上升到了 25 所。[36] 但这并不意味着英国法专业的毕业生将从事法律行业,同样,英国的法官、律师以及其他的法律从业人员并非必须接受过一个这样的大学教育。如果与德国情况进行对比的话,就能看出其中的意涵。自 1879 年起,德意志帝国《律师法》(Rechtsanwaltsordnung)开始规范律师执业,其第 1 条就规定了律师执业资格与法官任职资质相同。这在 1877 年《法院组织法》(Gerichtsverfassungsgesetz)第 2 条以及邦的法律中均有规定,如普鲁士的法律在 1869 年就对司法考试(juritische Prüfung)以及担任高阶司法人员的预备工作作出了规定。如今的《德国法官法》(Deutsches Richtergesetz)第 5a 条也将"法学方法"视为一个必修的内容。

但在英国 19 世纪末,存在大量的法律职业不受国家规制,这些职业在各自组织内依照其自我认知认为自己与手工业行会(die handwerkliche Zunft)相似。劳森认为,这种法律实践者的手工业式的自我认知很大程度上造成了法律实务工作者与法学家之间的紧张状态,而且在英国极大地阻碍了人们体系化地、人文化(humane)地研习法律。[37]

(二) 新的发展

虽然 19 世纪的部分法律职业现在已经退出了历史舞台[38],但是也有不少都保留了下来,尤其是出庭律师、事务律师以及法律行政人员*,即过去的

---

[35] Zander, Law-Making Process (Fn. [18]), 428.
[36] Baker, English Legal History (Fn. [6]), 171 f.
[37] Lawson, Oxford Law School (Fn. [8]), 3.
[38] 除了上文提到的高级律师和有法学博士学位的律师(advocate),还有例如教会和海事法院的律师(proctor)。See Baker, English Legal History (Fn. [6]), 159, 169.
* 法律行政人员(legal executive),系法律辅助人员,通常精通特定领域的法律,须在英国特许法律行政人员委员会(The Chartered Institute of Legal Executives, CILEx)进行培训,毕业后从事 3 年以上专业工作后,可授予特许法律行政人员(Chartered legal executive)资格。法律行政人员的工作内容与事务律师相近,由于专精于特定法律部门,因此学习内容要少于事务律师,在达到一定的要求后,特许法律行政人员也可以成为事务律师。法律行政人员可供职于律师事务所、政府机关、法务部门以及各种组织。——译者注

书记员*,还有行业规模较小的职业,如涉外公证人**。〔39〕 自 20 世纪以来,这些职业都是以自治的方式进行管理,其中也包括确定职业准入资格。自 2006 年以及 2007 年开始,律师标准委员会***以及律师监管局****从各自的职业协会,即出庭律师总理事会*****和事务律师协会******中被作为独立的机构建立起来。这些机构同样规制律师行业的准入资格。〔40〕

有相当部分(可能三分之一)的出庭律师和事务律师至今未在大学接受过法学教育,在大学中学习的是其他专业〔41〕,有的事务律师甚至完全没有接受过大学教育。〔42〕 而由于律师可因其执业经验而被任命为法官,因此直到今天,英国还有法官从没有在大学接受过法学教育,如历史

---

* 现代的法律行政人员是由 19 世纪的书记员(clerk)发展而来。书记员主要担任律师的助理,如为律师起草或者整理文件。在这个过程中,部分书记员习得大量法律知识,获得晋升并管理其他书记员,这种书记员被称为执行书记员(managing clerks)——译者注

** 涉外公证人(Scrivener Notary),要成为一名涉外公证人首先须取得公证人的资格,并且与涉外公证人事务所签订培训合同,由一名已经执业的涉外公证人带教 2 年。培训除专业技能外,还须掌握两门以上的外语以进行国际事务中的公证。——译者注

〔39〕 See www.scriveners.org.uk.

*** 律师标准委员会(Bar Standards Board,BSB),成立于 2006 年的独立出庭律师监管组织,主要负责监管出庭律师的职业行为以及提供的服务,同时负责制定出庭律师的培训标准以及执业后的培训要求以保证出庭律师执业水平,律师标准委员会还接受对于出庭律师的投诉,并可以对出庭律师进行适当的惩戒。——译者注

**** 律师监管局(Solicitors Regulation Authority,SRA),是成立于 2007 年的事务律师监管组织。形式上,律师监管局是事务律师协会中的一个委员会,但其运行独立于事务律师协会。律师监管局主要负责监管英格兰与威尔士的事务律师与事务所相关工作人员以及能够提供法律服务的非律师人员,以保障公共利益。律师监管局通过制定相关职业行为准则以及评估法律从业人员的服务进行监督,可以采取惩戒性措施,如警告、罚款或对相关个人或事务所提起诉讼。——译者注

***** 出庭律师总理事会(General Council of the Bar, Bar Council),成立于 1894 年,旨在对出庭律师进行管理,代表出庭律师的利益。2006 年出庭律师总理事会建立了律师标准委员会,并将监管出庭律师职能移交给律师标准委员会。——译者注

****** 事务律师协会(The Law Society),成立于 1825 年,旨在对事务律师进行管理,代表事务律师利益,为事务律师培养提供支持。2007 年,事务律师协会将监管职能移交至律师监管局。——译者注

〔40〕 See www.barstandardsboard.org.uk, and www.sra.org.uk.

〔41〕 对这两个职业来说,与大学法学学位同等的学历可以通过所谓专业共同考试(Common Professional Examination,CPE)来获得,在这个考试之前,通常来说必须进行 1 年时间的全日制学习。所得到的学位被称作"法律硕士学位"(Graduate Diploma in Law)。

〔42〕 如法律行政人员不需要大学学位,可以通过一系列的考试以及积累工作经验,同样达到专业共同考试的阶段,并以此获得事务律师的资格。See www.lawsociety.org.uk/Lawcareers/Becoming-a-solicitor/documents/becoming-a-solicitor-guide-2018.

学出身的萨姆欣勋爵（Lord Sumption）*，他自2012年起被任命为英国最高法院法官。此外还有一个因素:《德国法官法》对大学法学教育的预期为4年，大多数实际情况会超过4年，但是在英国，一般情况下大学学习时间为3年，绝大多数情况下也符合该时限。

但是这与法学方法论又有什么关系呢？在19世纪末，大学需说服职业协会，大学同样能够向其毕业生传授职业技能，然而未来大学毕业生的雇主们仍旧将这些职业技能理解为"手工业"性质（handwerklich）的技能。因而除了必修课，大学没有太多空余时间留给其他的课程。德国读者也许可以将其与今天大学中所开设的乐器方面专业进行比较。未来的雇主主要对毕业生的实用技能感兴趣。

四、现今大学法学教育

（一）法学必修科目

直到今天仍旧是由相关的职业协会来确定大学中法学教育的必修科目。随着1990年《法院及法律服务法令》（Legal Services Act 1990）的通过，职业协会的这一任务在法律上得到认可。[43] 事务律师协会以及出庭律师总理事会于1999年共同确定当时有效的课程列表，当然大学也参加了该决定的听证，之后即便新的规制机构成立也没有对课程列表作出改动。法学方法论没有被直接涵盖在里面。[44]

法学知识的基础：
——公法，包括宪法、行政法以及人权法；

---

* 乔纳森·萨姆欣勋爵（Jonathan Sumption, Lord Sumption, 1948—），英国作家，中世纪历史学者，前英国最高法院法官。他自2012年直接以出庭律师的身份被任命为英国最高法院法官，此前他未担任过全职法官，在担任出庭律师时期，代理过诸多具有影响力的案件，2018年萨姆欣勋爵从英国最高法院退休。他著有四卷本的《百年战争》（The Hundred Years' War）。——译者注

[43] See ss. 28, 31 Courts and Legal Services Act 1990.
[44] See http://www.sra.org.uk/students/academic-stage-joint-statement-bsb-law-society.page.

——欧盟法；

——刑法；

——债法（Obligations），包括合同法、返还责任法（Restitution）以及侵权法；

——财产法；

——衡平法以及信托法。

除此之外，学生还须接受法学研究方面的训练。

（二）当前法学课程中的法学方法论

目前大多数英国大学法学院所提供的关于法学研究方面的必修课程的主要内容，本文导论部分提及的四个领域中的两个领域与德国法所理解的法学方法相重叠，即通过对成文法的解释来探明现行法与查明判例法中的先例。在119所提供法学学士的大学中[45]，笔者只进行了一部分的抽样调查，仅根据这部分，就可以看出有一个相当大的范围。

首先引起注意的是，部分法学院完全不提供导论课或者所提供课程的主题与法学方法论并不相关。伦敦国王学院属于前者，牛津大学则属于后者。其他大学，如伦敦大学学院（University College London）仅仅提供非常初步的导论课。查尔斯·米切尔在给笔者的一则消息中将各种原因总结如下[46]：

> 当我于1996年刚开始在伦敦国王学院教书的时候，学生在第一学年有一个"法律论证与法律服务"（Legal Reasoning and Legal Service）必修模块，他们学的是先例的规则、成文法的解释以及法院系统……但是这个模块还是被取消了，因为我的同事们认为教授这个课程乏味，学生也觉得学起来无聊……一些批评认为，这个课程就很像学开车的时候，学习驾驶的理论而完全不上车实践。因此，负责第一学年课程的老师，如合同法、刑法、公法以及财产法的老师，被要

---

[45] 详细内容参见 whatuni.com。
[46] 查尔斯·米切尔（Charles Mitchell）于2018年5月27日发给本文作者的一则信息。

求在开始的时候布置给学生一些练习,让学生去研读案例、成文法,等等,通过这种方式来了解整个系统如何运作。在这之后,老师便期望学生能够在学习的过程中掌握这些知识。之后我在牛津大学和伦敦大学学院发现同样的事情又发生了,这两个大学都没有为学生提供系统学习法律渊源的完整课程(a full course),即便在伦敦大学学院,我们给一年级新生在学习起步阶段开设了四个相关课程以及一个练习课。这样的结果就是优秀的学生学习了这些内容,而且在3年学习后对于这些内容有相当深刻的理解,但是差一点的学生做不到这点。

除了上述提到的一些基础性的话题(Foundation Topics),很多其他大学也在入学第一年为新生提供导论课程,这些课程通常被冠以"法律技巧"(Legal Skills)、"法律体系及论证"(Legal System and Reasoning)或者"法律方法"(Legal Method)等名称。我们无法推测其具体的授课内容,但是其内容并不主要取决于课程名称。这些课程除了介绍作为法律渊源的成文法以及判例法,还会提供法院系统的概述。此外,这些课程同样会教授一些实用信息,如资料检索、使用目录以及数据库(完全是法律研究意义上的内容)。这些内容甚至往往受到普遍的重视。就比如在南安普敦大学(University of Southampton),对于"法律体系及论证"课程的教学内容是这样描述的[47]:

> 该导论课程主要基于实用技巧,学生通过对于法律、法学理论以及法学论证有更综合性的理解,以便研习英格兰以及威尔士的法律体系、制度和实践。

剑桥大学在其课程"法律技巧和方法"(Legal Skills and Methodology)的介绍中也强调了课程的实践性质。[48]

> 该课程提供学生法律方法以及研究方面的训练,旨在为法律学

---

[47] University of Southampton: Legal System and Reasoning (www.whatuni.com/degrees/law-llb-hons/university-of-southampton/cd/54980236/5625).

[48] See ba.law.cam.ac.uk/studying-law-at-cambridge/the-qualifying-law-degree.

习提供补充。这半个模块(half paper)*的课程旨在让学生掌握一些基础技能和理解,使他们能够识别、应用和分析大量法律资源(legal resources),以逐渐成长为律师。该课程目的是提高学生运用法律资源与观点进行论证的能力,将会对学生毕业后的研究或者实务工作带来帮助。

诺丁汉特伦特大学的"法律方法"课程的描述似乎最接近德国法上对于法学方法论的理解[49]:

>法律方法模块将介绍法律的概念和分类,为学生提供总体上的关于英格兰、威尔士法律系统以及普通法法律系统的知识与理解。

但也有可能这里仅仅是一个同形异义词(false friends),即听上去相同,但实际上并不是一样的事物。或许至少能够通过这门课的教科书《法律方法》(Legal Method)[50]就能让人明了,该书作者是伊恩·麦克劳德[51]。现在让我们转向下一个话题:当前的教科书。

(三)当前法学方法论领域的英语教科书

伊恩·麦克劳德的《法律方法》分为三个部分。第二部分讨论判例法和先例,第三部分讨论立法以及立法目的。在第一部分"概念与制度"中除了对法院体系的概念解释与论述,还有一页涉及霍姆斯法官(Oliver Wendell Holmes)[52],三页涉及德沃金[53]。一些为学生准备的导论书

---

* 剑桥大学的法学学士课程中,"法律技巧和方法"是必修课,但仅占半个模块。其他部门法课程,如宪法、刑法、罗马法(民法)等则是一个完整模块(full paper)。See https://www.ba.law.cam.ac.uk/studying-law-cambridge.——译者注

[49] See www.whatuni.com/degrees/law-senior-status-llb-hons/nottingham-trent-uni versity/cd/56680992/5490.

[50] Ian McLeod, Legal Method, 9th ed., 2013.

[51] 伊恩·麦克劳德(Ian McLeod),伦敦吉尔德霍尔大学(London Guildhall University)法学院资深教师,主要研究领域为公法、法律理论以及法律方法。

[52] McLeod, Legal Method (Fn. [50]), 4.

[53] McLeod, Legal Method (Fn. [50]), 7-10.

籍,如《学习法律规则》(Learning Legal Rules)[54]和《法律技巧》(Legal Skills)[55],与《法律方法》在内容上也具有可比性。

学生用书的作用就像很多缩减版的"英国法律体系"的教科书一样,这些关于法律体系的教科书还会对民事、家庭、刑事、行政程序法有简要的说明。[56]某种程度上,这些教科书不包含诉讼法是合理的,因为原则上诉讼法不属于英国法学学士的教学科目。然而关于"英国法律体系"的著作数量庞大且版本更迭频繁,因而使得这些书籍得以广泛传播。但有趣的是,几乎没有大学会开设一个名为"英国法律体系"的课程。更确切地说,这类书籍是推荐给初学者在大学学习之前或者大学学习刚开始的时候进行自学使用的。[57]

上文已经援引过的,迈克尔·赞德的现代经典著作《立法的历程》(The Law Making Process)一书是一本关于法律渊源及其发展和解释的优秀著作,1980年出版,到2015年更新到第七版。它不是一本传统的学生教科书,更确切地说,这本书对于很多问题都有深刻的分析阐述,如立法、法律解释、先例拘束力的学说、法官在法律续造中的角色、法律改革的努力,这本书在第一版出版面世时就对这些问题的重要沿革发展作了论述。但是如果有人对法学方法论的其他方面感兴趣,那这本书则会让他失望。法理学以及关于正义的理论在目录中无迹可寻,同样对于法律的体系化与分类的论述也不能在赞德的这本著作中找到。

当然还是有很多法理学的教科书,但是仅有少数大学将法理学视作必修课程。[58]这些课程的相同之处在于,它们内容丰富的讨论大多处于跨学科的边缘领域,涉及法律、正义、道德、哲学社会学以及政治学,而鲜

---

[54] James A. Holland and Julian S. Webb, Learning Legal Rules: A Student's Guide to Legal Method and Reasoning, 9th ed., 2016.

[55] Emily Finch and Stefan Fafinski, Legal Skills, 2017.

[56] 如以下著作:Martin Partington, Introduction to the English Legal System 2017-2018, 2017。

[57] 根据西门·惠特克(Simon Whittaker)于2018年5月2日在牛津大学圣约翰学院向本文作者的叙述。

[58] 伦敦国王学院将其作为必修内容。

有从实践的角度寻找现行法规(Rechtsfindung)。[59] 另外,哈特的《法律的概念》似乎仍然非常受欢迎,该书已经更新至第三版,第二版是在哈特去世后出版的。[60] 同时正如笔者上文所指出的,关于法律体系化与分类的主题已经从学生的法理学参考书籍中消失了。[61]

值得注意的是,在英语文献领域,声名显赫的法官贡献了相当多的著作,他们的著作总是关注司法之外(extra-judicially)的问题,即在判决之外,讨论一些诸如造法(Rechtsbildung)或是法律适用的基本问题,因此也会对方法论的问题发表看法。[62]

五、1990年以来英国法的发展

自本文伊始所提及的费肯杰教授的发现以来,英国法已经发生了一些变化。尤其是在英国法学文献圈中,笔者观察到了一个趋势,即法学文献不再仅仅阐述判例法,而是逐渐展示出对法律内容进行体系化,以及批判性质的特点,其中融入了经济、政治、社会、文化方面的观点,并且具有前瞻性。此外,大约自1990年以来,法院的判决有力地推动着判例法的发展和对成文法的解释。通过1992年的佩珀诉哈特案*,法院推翻了禁止通过《议会议事录》**,即英国议会讨论的记录,来推断历史上立法者意志的原则[63];显而易见的是,历史解释的方法随着判例法的发展变得

---

[59] 比如由一些著名法律书籍出版社出版的面向学生的导论性质的书籍,如肖恩·科伊尔(Sean Coyle)的《现代法理学———次哲学上的引导》(Modern Jurisprudence—A Philosophical Guide, 2017)、苏瑞·瑞特纳帕拉(Suri Ratnapala)的《法理学》(Jurisprudence, 2017)、雷蒙德·瓦克斯(Raymond Wacks)的《读懂法理学》(Understanding Jurisprudence, 2017)。

[60] 哈特的《法律的概念》第二版于1994年出版。

[61] 同样的情况也发生在注释58所提及的文献中。

[62] 这里仅列出以下具有代表性的三本著作:Patrick Devlin, The Judge, 1979; Alfred Denning, The Changing Law, 2nd ed., 1986; Thomas Bingham, The Rule of Law, 2010。

* 佩珀诉哈特案(Pepper v. Hart)的判决确立了一个原则,即当立法模糊的时候,在特定情况下,可以援引上议院或下议院就该法案的陈述来解释立法。在该案判决之前,此种解释方法被认为是违反议会特权原则(parliamentary privilege)。——译者注

** 议会议事录(Hansard)是英国议会辩论的记录。托马斯·科森·汉萨德(Thomas Curson Hansard)原为伦敦出版商,是第一个议会记录官方印刷者。——译者注

[63] Pepper (Inspector of Taxes) v. Hart [1992] UKHL 3.

愈加发达,随着这个禁令的取消,已被广泛运用的成文法的历史解释方法也取得了更大的空间。[64] 除此之外,经过较长的一段时间,法院的判决将过去仅仅只允许在"除弊规则"*以及"黄金法则"**的严格限制下运用的目的解释(teleologische Auslegung)上升为成文法解释的一般原则。[65]

另外,从1990年开始,上议院(目前已经被英国最高法院取代)已经回归到19世纪时期的广泛实践,作为英国法院而运行[66],即通过比较法发展判例法,在这个过程中它重视欧陆的法律经验,现在尤其是德国法。[67] 相较于过去,现在的判决更多地以经济、法政策(rechtspolitisch)方面的理由来论证最终决定。最后,自1990年起的法院判决极大地推动了以前混乱的法律领域的体系化。特别是在戈夫法官(Lord Goff)***的重要影响下,一个在概念上站不住脚的、基于虚构承诺(fiktives Versprechen)的、混乱的英国准合同制度(law of quasi-contract)被转变为一个现代的不当得利制度(law of unjust enrichment)[68],这种转变也得益于学者有力的影

---

[64] 比如在以下案件中:R v. Oxfordshire County Council and others Ex Parte Sunningwell Parish Council [1999] UKHL 28; Actionstrength v. Inglen and others [2003] UKHL 17。

* 除弊规则(mischief rule),是英国法院解释成文法的三大规则之一,其他两个分别为文义规则(literal rule)和黄金规则(golden rule)。除弊规则是指,法官在解释法律条文时,应了解该法律条文制定之前的法律状况以及缺陷,以探明该法律条文旨在解决的弊端以及制定该法律条文的目的,并按照解决弊端的方式进行解释。——译者注

** 黄金规则(golden rule),是指若法律条文按照文义解释产生明显不合理的结果,则法官应当寻找词句的其他的含义,以避免不合理的解释结果,黄金规则是对文义规则的修正。——译者注

[65] Vgl. Fn. [63]; Zander, Law-Making Process (Fn. [18]), 127 (golden rule), 128 (mischief rule), 189 ff. (teleologische Auslegung). Vgl. Stefan Vogenauer, Die Auslegung von Gesetzen in England und auf dem Kontinent-Eine vergleichende Untersuchung der Rechtsprechung und ihrer historischen Grundlagen, 2001.

[66] 如在以下案件中:Hadley v. Baxendale (1854) 9 Exch 341, Taylor v. Caldwell (1863) 3 B&S 826。

[67] White v. Jones [1995] UKHL 5; Kleinwort Benson Ltd v. Lincoln City Council and others [1998] UKHL 38; Aston Cantlow and Wilmcote with Billesley Parochial Church Council v. Wallbank and another [2003] UKHL 37; Cavendish Square Holding v. El Makdessi [2015] UKSC 67.

*** 罗伯特·戈夫男爵(Robert Goff, Baron Goff of Chieveley, 1926—2016),出庭律师,曾任上议院上诉委员会(Appellate Committee of The House of Lords)首席常任上诉法官,相当于现今英国最高法院院长,以建立英国不当得利制度而闻名,与加雷斯琼斯合著《论不当得利制度》(Goff & Jones, The Law of Unjust Enrichment),是该领域的权威著作,也被简称为 Goff & Jones。——译者注

[68] 尤其是以下案件:Lipkin Gorman v. Karpnale Ltd [1988] UKHL 12; Kleinwort Benson Ltd v. Lincoln City Council and others [1998] UKHL 38。

响,如彼得·伯尔克斯*等学者[69],法官在判决中也越来越充分认可他们的著作。[70] 这种通过比较法来论证、强调体系性的联系,并由法政策作为保障的修正往往走向了一种与大陆法系的谨慎趋同(Konvergenz),就比如 2015 年对违约金(Vertragsstrafe)判决的根本性改变。[71] 由于英国最高法院每年只需作出约 80 个判决,因此这就为判例法的这种谨慎且体系化的发展提供了便利。[72]

六、结论

本文伊始所提及的"英国人永远的秘密"(费肯杰语)仍有些方面尚未被揭晓。尽管在英国有数次那种萌芽产生,但为什么英国法在 21 世纪仍然没有一个与德国法学方法论真正相对应之物(echtes Äquivalent)?在历史与当前发展的相互作用下,部分可能的原因已经很明显了:

第一,19 世纪的英国法与德国法等面对的是完全不同的挑战。当时对英国法来说,最紧迫的是关于法律改革和判例法发展的问题,并且不用依靠当时本来就不完善的学术的参与,英国法就能克服这些问题。

第二,法学方法论从来没有被规定安排在英国的课程表上。

第三,英国法学学生的未来雇主仅仅重视实践型的"研究技能"。

第四,学生对于这门课程的需求一直以来都很低:在过去,奥斯丁的

---

* 彼得·伯尔克斯(Peter Birks,1941—2004),牛津大学钦定民法讲座教授(Regius Chair of Civil Law),英国国家学术院院士,牛津大学万灵学院成员,主要研究领域为返还责任法(restitution),被认为是 20 世纪英语世界最伟大的法学家之一。——译者注

[69] Peter Birks, An Introduction to the Law of Restitution, 1985; ders., Unjust Enrichment, 2005. 最初由戈夫男爵共同撰写的权威著作也同样很有影响力,Robert Goff and Gareth Jones, The Law of Restitution, 1st ed., 1966,目前被称为 Goff & Jones, The Law of Unjust Enrichment, 9th ed., hrsg. von Charles Mitchell / Paul Mitchell / Stephen Watterson (2016)。

[70] 如在以下案件中:Deutsche Morgan Grenfell Group Plc v. HM Commissioners of Inland Revenue and another [2006] UKHL 49。

[71] Cavendish Square Holding v. El Makdessi [2015] UKSC 67.

[72] The Supreme Court Annual Report and Accounts 2016-2017, 2017, p.23. 在该年度有 209 件上诉案件送到最高法院。其中 76 件以判决的方式结案,其余则是移送给其他法院,或者最高法院裁决上诉不许可(Nichtzulassung)。除此之外还有少部分的枢密院司法委员会(Judicial Committee of the Privy Council)的事务,枢密院司法委员会与最高法院在人事上是重叠的。

课程就已经出席者寥寥,以至于最后这门课也停了。[73] 另外萨维尼的阅读课程以及霍兰德与波考克在法理学进一步体系化上的努力也没有在英国法学教育的沃土持续扎根生长。[74]

第五,对于一个三年的大学教育大纲来说,能提供给必修课之外的内容的空间很小。

第六,从立法机关、司法界与学界之间的那种越来越具有建设性的合作来看,英国法能够满足法学方法论对于法律实践的主要关切。在奥斯丁的时代,成文法解释与判例法的发展遵循的是完全不同的方法:成文法解释几乎采用纯语义(rein wörtlich)上的方法,而判例法虽然少有语义解释(wortlautfern),但仍有少部分归纳的方法,同时也不考虑体系上的联系,然而这种时代早已过去了。也许在21世纪,英国法从德国法意义上的法学方法论中能借鉴的,要比德国从现代英国判例法的发展中所能学习的更少。[75]

总结:法学方法论在英国

在英国不存在与德国法学方法论相对应之物。法学方法论的四个领域以不同的程度、不同的组合、在不同的时期出现在英国的法学教育与教科书中:①以遵从先例为原则的判例法的发展;②成文法的解释;③法理学;④英国法的分类和体系化。从一种历史的视野去观察英国大学的法学教育,本文认为大学仍然讲授第一个领域,以遵从先例为原则的判例法的发展与第二个领域——成文法的解释,但是这两部分与法理学是分开的,法理学在很多大学不再是一门核心的课程,同时法律的分类和体系化

---

[73] Brian Bix, John Austin, in: Stanford Encyclopedia of Philosophy, 2018 (plato.stanford.edu/entries/austin-john/).

[74] Lawson, Oxford Law School (Fn. [8]) 74. 劳森对于霍兰德和马克本的著作这样评价(参见前注[29]):这些书已经不再被使用,通常它们被归类为分析法学的著作,并因此被束之高阁。然而它们并不仅限于此,因为它们能提供法学院的学生关于法律的更加总体的信息,而这些信息是学生在其他地方无法获得的。

[75] Vgl. Gerhard Dannemann, Rechtsvergleichung im Exil: Martin Wolff und das englische Recht, 2004, 22-26, (edoc.hu-berlin.de/handle/18452/2342).

经常被忽略,分类和体系化也从来不是普通法的长处。

本文提出了六个理由解释为什么与德国法学方法论类似的研究从来没有在英国法中成功:①当法学方法论在19世纪的德国已经发达且完善的时候,英国法面临的是不同的问题,而且英国大学法学教育才刚刚起步。②不同于德国,法学方法论从来都不是英国法学教育的必修内容。③雇主的职业协会仍然可以决定法学教育大纲中的必修内容。雇主对于毕业生期待的是更为实用的技巧而不是方法论方面的技能。④学生对于法学方法论这门课程的需求一直很小。⑤三年制的英国法学学士教学大纲所涵盖的内容要少于德国4~5年的第一个法学学位教学大纲中的教学内容。⑥尤其在过去几十年的判例法发展中,英国法已经证明了其能够达到德国法学方法论所追求的目标,甚至可以说做得比德国法更为出色。

行为基础:一个新的法律概念(下)[*]

保罗·厄尔特曼[**] 著 凌超羿[***] 王吉中[****] 译

摘要: 第13章详细列举了其他容易被误认为行为基础理论的适用情形,包括劳动合同与合伙合同中的重大事由终止权,承揽合同中的任意终止权,委托合同中的任意撤回权和终止权,赠与合同中因忘恩负义的撤回权,《出版法》第18条和第35条,《保险法》中的相关规定,《破产法》第17条及以下的情形,《海洋法》中的相关规定,《德国民法典》中第542条、第553条、第554条和第570条,以及战后《合同清理法》第1条中的情况。第14章开始了文章的第四部分,主要处理行为基础的效力来源,其并非源于当事人意思本身,毋宁说是一种法政策思考。"行为基础"是指法律行为当事人的一种主观设想,并非法律行为的任何真正组成部分。这种设想包含当事人之所以缔结法律行为的某种目的要素。在超出这种目的要素的主观界限时,法律行为的效力可能会受到影响。但对这种主观界限的判断,有时须借助客观的利益权衡。行为基础丧失与积极违反合同

---

[*] 本文译自 Paul Oertmann, Die Geschäftsgrundlage: Ein neuer Rechtsbegriff, Leipzig, 1921。
[**] 1865—1938,法学博士、哲学博士,曾先后任莱比锡大学副教授、埃尔兰根大学教授、哥廷根大学教授。
[***] 德国雷根斯堡大学法学院博士研究生。
[****] 德国奥格斯堡大学法学院博士研究生。

的机制有所不同。行为基础何时丧失,影响的究竟是整个合同抑或合同之部分,须交诸个案判断。在确定行为基础丧失直接导致的法律后果时,应规定当事人的合同废止权,不宜令整个合同无效或仅使合同当事人取得抗辩权,亦不应类推适用错误撤销与不当得利返还制度。为符合当事人利益,行为基础丧失时,可先建议相对人同意对合同给付内容进行调整,相对人拒绝磋商后,亦可解除或终止合同。行为基础之丧失有时不予考虑,不发生前述法律后果。

关键词:行为基础;补充性解释;诚实信用;合同终止

第13章 其他真实或误认为的适用情形

1. 上文已提及,在劳务合同与合伙合同[1]中,重大事由终止权不应在合同基础(Vertragsgrundlage)的角度下被阐明;这种终止权是以一种尽管类似但涉及面更广的思想为基础的。另外,在笔者看来,显而易见的是,在大多数情况下,合同基础的欠缺或嗣后丧失,可能总是同时会满足重大事由终止的要件。举例来说,若A雇佣B作为他工厂的负责人,而工厂由于未预料到的情事而倒闭,则毫无疑问地,既发生了合同基础之丧失,又同时满足了得立即终止的"重大事由"。

2. 与之相反,定做人在[承揽人]完成工作前可以"随时"终止劳务合同的权利,与前提或行为基础完全无关。柯勒(Kohler)[2]所引证的《德国民法典》第650条也并不适用于这种情况。因为,此处定做人并没有因为超出费用估计而被赋予一项特殊的终止权,其享有的仍然是根据其他规定(也即第649条)而已经存在的终止权,只是实际上由于超出费用估计现在行使它而已,这里仅需对报酬请求权的问题作特殊处理。

3. 同样,与柯勒[3]不同,委托中的撤回权和终止权(《德国民法典》第671条)也应该从我们的语境中剔除。因为在此,委托人和受托人都无

---

[1] §§ 626, 723, ferner die Fälle der §§ 671³, 696, 749; Ähnliche familienrechtliche Vorschriften bei Krückmann, Arch. Ziv. Prax. 116, S. 388 ff.

[2] Lehrbuch I, S. 575.

[3] A. a. O.

须特殊的事由,即完全无须合同基础的丧失。仅仅在受托人放弃终止权之时,这才会被限制在"重大事由"的情况;但这也不属于本书范畴,参见上文第1点。

4. 与前文引述见解一致,柯勒认为,《德国民法典》第528条的穷困赠与人的返还请求权更能被计入到[本书主题当中]。[4] 但是,为什么不提及《德国民法典》第519条、第530条的基于忘恩负义的撤回权,以及在较早共同法中由于嗣后子女出生[而产生]的这些形成权(Kompetenzrecht)?在所有这些情况中,都不应否认它们与合同基础丧失或相应的情事不变约款之间的某种相似性。但也仅限于此了。它们之间有巨大的不同;在所提及的情况中,全都涉及非常确定的、精准的、限定的事实构成,这些事实构成并不允许准用于其他案情或其他合同类型。另外,它们在内容上超出了前提或类似前提的观点:[赠与]返还在此被认为是完全新发生情事的结果,赠与人在进行赠与时很难考虑到此情事的发生或不发生,也完全无须考虑这些与赠与合同根本没有任何内在关联的想法。[5] 若人们不再能将"受赠人将永远感激赠与人"看作赠与的"目的"(Zweck),那就更不能将[认为受赠人会]永久感激这一设想当作赠与合同的基础。这完全是倒果为因(Hysteron proteron),感激之情是受赠人接受赠与之后可能且应该产生的,相反地,并不是在以之为基础的情况下再进行的赠与。人们虽然可以在继续性关系中(例如合伙、劳务关系、婚姻)将满意的人际关系作为可能的合同基础,但是在立即履行的关系例如赠与当中并不能如此。上述其他情况也是如此。

5. 与之相反,《出版法》提供了两种接近合同基础丧失的情况:

a)根据《出版法》第18条,在"作品所应服务的目的在合同缔结后丧失"之时,出版人可以终止合同关系。但是,作者的报酬(Vergütung)请求权不受影响。

第2款规定的"出版合同的对象是一篇汇编作品的文章,并且此汇编作品已经停止发售"的情形,也可同样处理。

---

[4] Ebenso Stahl, S. 23/4 (auch für §519); Rehbein, Kommentar II, S. 264 (desgl.).
[5] So auch Krückmann, Arch. Ziv. Prax. 101, S. 52, 116, S. 162.

法律在此谈及的目的当然不是出版人的主观目的,例如从作品中赚钱或者使他的排字工人忙于印刷。这样的主观目的在此处也是完全无关紧要的,参见上文第4章编号3。相反,它必须与出版作品所追求的客观目的有关[6],例如,它本是为了推翻政府,但是在出版前政府就垮台了;或者,它是为了处理一个科学问题,但是由于新的发现,此问题已被解决;再或者,它是为了解释法律,但是此法律现在已被废止(Aufhebung)。

随着这些目的嗣后丧失,合同基础也丧失了。笔者在上文已经尝试说明,两者并不相同。但是,这种不同仅仅在于,合同基础之丧失比目的之丧失具有更广的领域。在客观的[法律]行为目的(Geschäftszweck)丧失之时,若满足特定要件的话,合同基础仍然可能实现。从第18条意义上说,它处理的总是在合同缔结之后存在的情事:如果出版人已经意识到(通常的)目的的丧失,但还是缔结了交易,则当然可以证明,在这样的案情中,行为不应基于这一基础[即通常的目的],而是可能基于一个其他的异常的目的,例如,为了让印刷公司有业务。

但是,若出版商并未意识到,又该如何?从严格的措辞来看,第18条于此并不适用。卡尔费尔德(Allfeld)在此拒绝了对出版人的其他所有救济:它仅涉及动机错误,通常并不产生撤销权。笔者无法简单地遵循此种观点。可以肯定的是,《德国民法典》第119条并不适用于这种情况。并且,只要作品的目的在合同缔结之时并未以作者知道的方式显露出来,那么合同也将一直有效。因为行为基础之可斟酌性根据一般原则而至少必须依赖的条件(Bedingung)并未得到满足。在合同缔结之时并未表露出来的目的,不能被认为是行为基础。但是,若它显露出来了,则它的不存在就能够影响出版合同了,正如其他类型合同中的情况一样。作者还会失去报酬请求权——第18条在此情形中并不适用,并且内部的理由不支持一个这样的请求权:在我们的案例中作者已经意识到,这个特定的合同仅仅基于此被缔结,他必须考虑到此基础可能会不存在。通常,作者可以询问合同基础的存在,如果他不询问的话,则给予他报酬请求权无论如何都是不合适的。

---

[6] S. dazu Begründung des VerlVGes., S. 73; Allfeld, Kommentar zu §18, Ziffer 2.

与之相反,在第18条的情况中,并不需要合同目的(Vertragszweck)在合同缔结之时以作者知道且认可的方式作为行为的**基础**(Grundlage)而显露出来。这源于第18条文义上没有进行区分,并且在很大程度上有其特殊性。也就是说:第18条一般性地基于合同目的落空给予当事人一个终止权,而无须依赖于此目的在行为缔结时是否作为交易的基础。在此方面,第18条超出了一般被认可的合同基础规则。作为对作者的补偿,法律使他拥有约定中的报酬请求权。

即使在合同缔结时双方当事人都将此目的理解为基础,[作者]也必须享有这个请求权。因为法律并未对此加以区分,并且作者在此情况中可能已经投入了工作。人们不可以使他单方面地承担合同目的落空的风险,他本来就已经承担了他的工作结果付之东流和失去报酬中理想的部分(idealer Teil seines Entgeltes)的风险。

此外,不允许高估第18条对于报酬请求权的意义。一方面,作者本来就至少可以对其已经给付的工作要求相应的补偿:因为即使在原则上发生溯及效力的《德国民法典》第346条第2句的解除那里,也是这样的情况,那么在更弱的、无论如何都不会是更强效果的终止那里,情况也必然如此。另一方面,尽管存在第18条的规定,人们还是同意给予出版人扣除作者以下费用的权利:"由于合同废止(Aufhebung)所节省的费用,或者将其劳动力用于他处可获得的或恶意怠于取得的"费用。因为众所周知的是,根据《德国民法典》第649条,在承揽合同中,定做人即便完全无理由地终止合同,也享有这样的扣除权利。不过,在与承揽合同近似的出版合同中,当[出版人]出于一个像是在第18条中到处存在的那样有说服力的事由——出于正义的原因(ex iustissima causa)——终止合同时,是否应该丧失此扣除权?第18条可能是一个非常不妥的规则,其与《出版法》立法者的意图也相去甚远。[7] 法条中的"不受影响"一词并不能在这个意义上来使用;无须[试图]从这个词语中榨出意义,而是根据本书提出的解释[来操作]仍然在原则上是正确的;相对于最初"不受影响"的补偿权,本书提出的解释[方法]认为仅有一个特殊的扣除款项才

---

[7] So die Begründung S. 74, zustimmend auch Allfeld, Z. 4.

是可能的。

b)《出版法》在第35条中还规定：

> 直至印刷(Vervielfältigung)开始之前，当发生在合同缔结之时不可预见的且在知道事实并对情况进行合理评估的情况下[仍然]妨碍作品出版的情事的时候，作者有权解除出版合同。若出版人有权组织新版本，则此规定相应地适用于该版本。若作者根据第1款的规定表示解除合同，则他有义务向出版人赔偿由此产生的费用。若他在解除后一年内以其他方式出版该作品，则他负有基于不履行的损害赔偿义务；当作者请求出版人嗣后执行合同，而出版人并未接受此请求的时候，赔偿义务不发生。

学术界公认的是，在此涉及的是基于情事[不变约款][8]或前提丧失[9]而产生解除权的情形。对此不存在严肃的质疑。但是，一个另外的问题是，第35条的规定是否限于在除开该规定时，可能也会从合同基础之丧失的公认要点中所得出的东西。笔者认为确实应该强调这个。并非因为在第35条中必须涉及不可预见的情形的影响。在合同基础的意义上同样如此；这属于[认为]迄今所存之情况有一种根本性的持久性的观点，并且发生变化的情事的可预见性越少，那就越可作出这样的观点，即认为行为是在此设想的基础上而缔结的。在经常提及的消极动机的意义上，这必须涉及的是可能对当事人意思决定来说重大情事[10]的发生，并无特殊之处。更正确地说，其特殊之处在于，在此一个单方的要件被认为是重要的。因为，作者可以将所有对其文章有重大影响的情事认为是解除事由，无论出版商是否在合同缔结之时明知或应该知道，对于作者来说，其观点是以这些情事的不出现为要件的。举例来说，一部小说是基于特定的道德或宗教世界观写成的，而在印刷开始之前，作者经历了大马士革般的转变；或者，一个初学者认为自己对某科学问题第一次提出了处理方案因而将作品提交给出版社，而现在该领域中一位公认的大师给出了

---

[8] So Allfeld, §35, Ziffer 1.
[9] So Kohler, Lehrbuch Ⅰ, S. 575.
[10] 此措辞有意地依据《德国民法典》第119条。

详尽的解答。对于出版人来说，这些都不应产生影响，在合同缔结时他可能完全不知道作者的这些设想；因此，主观前提并没有被提升为客观的行为基础。尽管如此，法律仍允许解除。不过必须满足以下两个限制：

α）情事都必须在客观上未被预见。根据文义，作者主观上未预见它们还不行。也就是说，这种限制性措辞是蓄意［追求］的（absichtlich），并且是在否定相反观点[11]的情况下作出的。因此，如果问题在学术上已经得到了解决，而只是作者在订立合同时或多或少地不可原谅地对此不知道，那么他将不会拥有第35条的解除权。因而，在明知且理性评估后仍出版"脱节"（nachklappend）作品时，这个情事本来就会阻却它［解除权］。但是，在相关领域中已经存在并且在专业圈中周知的情事，就不是客观上不可预测的了。情事是过去的或是现在的，并不能当然地排除解除权，即认为——例外地，但并非不能考虑——能客观地预见既有情况。举例来说，问题的处理方案在战争期间在敌对的外国公开发表，因此在国内是未知的，或者它存在于早前遗失的、合同缔结后才重新发现的手稿之中［，便是前述情形］。

β）另外，第35条意义上的解除权使得解除合同的作者有义务根据第2款来赔偿费用甚或损害，这与众所周知的一般解除权规则并不相符。

以上两个限制从法政策上看来是可以理解的，甚至是值得赞同的，只要人们记得我们的解除权和通常基于合同基础理论产生的解除权并不相同。这里一个有趣的问题是，在第35条意义上的单方性的前提发展成为双方性的、客观的合同基础之后，我们是否还必须坚持这一点。举例来说，出版合同或前期书信中经常提到，作品是对相关问题的首次处理；或是提到陀思妥耶夫斯基或托尔斯泰作品的"首个德语完整版本"，而在其翻译出版之后查明，完整版本在此之前早就已经存在。

这些案例可能很罕见；但如果这些案例真的发生了，则在没有第35条的情况下，仍然可能因欠缺合同基础而发生解除权，只要其属于一般法律的话。在笔者看来，此时不再需要消极动机情事的不可预见性。这里

---

[11] So Allfeld, Ziffer 2c.

可以在不考虑消极动机情事的情况下根据其他规则来处理。[12]

更困难的问题是,此处是否应当排除第 2 款规定的赔偿义务。与第 18 条一样,笔者认为在此同样应该坚持适用特别规定。赔偿义务产生于出版关系的特殊性,笔者想说,该义务是如此的必要,以至于在这里所假设的情形中,我们也不能略过它,至少不能在第 2 款的情形中(作者于期限内以其他方式出版其作品)略过赔偿义务。笔者必须承认,这一判断在其他的情形中是存疑的。

6. 现行《保险法》为欠缺合同基础提供了重要而有趣的适用情形。就此,尤其要考虑下述要点:

每一份保险合同都以心理和经济的必要性(mit psychologischer und wirtschaftlicher Notwendigkeit)而建立在对某种危险状态的设想基础之上。保险合同都是基于此而被缔结的。并且就事物的本质(Natur der Dinge)而言,保险人大多数时候自己意识不到这些危险状态。因此,投保人必须首先向保险人提供相关信息。这就是法政策上经常被提及的所谓投保人的"告知义务"。[13] 若该义务被违反,则所缔结的合同的基础就可能丧失。我们的保险法就此规定了各种不同的结果,笔者在此不能一一赘述。就本书目的而言,最重要的是解除权,即保险人根据《保险法》第 16 条以下的规定在告知义务被有过错地违反时享有解除权,并且在[投保人]无过错的不完全通知或错误通知的情况下,[保险人的]不附期限的解除权被替换(subsidiär zustehende)[14]为附 1 个月期限的终止权,其与解除权毁灭整个合同关系(包括至今为止发生的效力)不同,仅仅对未来发生效力。

此外,在满足特定要件的前提下,根据《保险法》第 27 条,保险人还被允许基于嗣后风险增大而面向未来地终止合同关系,但风险增大非出于投保人的原因时,需遵循 1 个月的终止期限。根据《保险法》第 29

---

[12] 在这种情况下,通常出版人有根据[《出版法》]第 18 条的解除权,以至于在此可能彼此都有解除的权利。

[13] S. darüber neustens die hervorragende und umfassende Darstellung von Kisch, Handbuch des Privatversicherungsrechts, Bd. Ⅱ, S. 172 ff.

[14] VersVG. §41 (也就是说,附属于要求升高保险费的权利,第 2 款即如此规定)。

条,非实质的风险增大,不予考虑,"如果根据约定,可以认为风险增大对保险关系不应产生影响",那么实质性的风险增大也不予考虑。

基施(Kisch)[15]正确地指出,在此存在"对情事不变约款值得注意的(beachtenswerte)认可";但是,他的评论偏离了通常的合同法(sonstigen Vertragsrecht),至少在本书所持观点看来,是非常令人怀疑的。这里涉及的是一般的[情事不变]约款合同基础理论,尤其是在保险人的终止权中,根本不涉及一方当事人的主观前提的丧失,而是涉及双方约定的客观前提。在保险中即是指对某种危险状态的一致设想。该危险状态发生实质变化的话,行为基础相应地就变化(verschoben)或丧失了。这使得终止权——这个终止权与一个在时间上受限的、仅触及合同关系之未来部分的解除权并无不同——具有合理性。《保险法》第27条以下的中心思想在第29条结尾处的例外中被明确展示了出来:可以认为[保险]关系并不因为未来风险的增大而受影响,也就是说,该[保险]关系并非建立在原始风险状态的基础之上。这就是为什么在这种情况下没有终止权的原因。若终止权与合同基础无关,而仅与风险增大这一事实要件相关联,那么假定的当事人意愿就并不重要了,当事人最多只能被给予这样的可能性:通过特别约定而排除适用《保险法》中有关风险增大的任意性规定。因此原则上,相关规定的意义仅在于,法律在此作出了一项推定:当前危险状态之维持构成了保险合同的基础。因此,它不需要被主张和证明,而是有待于一个特别的反证,[反证]该推定在个案中被推翻。

相反的情况:相比于合同缔结时的状态,风险降低了。这一情形在《保险法》中并未被规定。[16] 基施由此得出结论,投保人对风险维持不变(gleichbleibend)的期待仅构成一种不重要的动机。若这仅仅涉及内在的、主观的期待,则是正确的。而且与之前的情况不同,法律在此并未推定风险不降低的设想构成客观的合同基础。但是,不言而喻的是,个案中仍然存在此种设想具有这种含义的可能性。而后便不能从法律[没有对其加以规定]中反面推论称,这种情况没有意义(Einflußlosigkeit);从[法

---

[15] A. a. O., S. 449.
[16] So Kisch, S. 447/8.

律]未提及风险降低中仅能得出,不能当然地认为合同基础已丧失。

7. 德尔努尔(Dernurg)[17]和雷拜因(Rehbein)[18]将《破产法》(Konkursordnung)第17条以下的规定与情事不变约款相联系。这肯定是错误的。因为在此涉及的是纯粹客观法上的规定(rein objektivrechtliche Anordnungen),与合同的成立、与现有的或尚不存在的当事人设想毫无关联。该规定的法政策理由绝不是当事人的目的、推定的合同意思,而是通过破产所要实现的清算目的。

8. 真正可适用于我们理论的例子是,柯勒[19]和克吕克曼(Krückmann)[20]提到的海洋法的某些规定:《德国商法典》第629条[现已删除——译者注]海洋法条约(Seerechtvertrag)中的解除权,以及《海员法》(Seemannsordnung)第70条第6项和第74条中的解雇权(Entlassungsrechte)或终止权。柯勒同时引用的《德国商法典》第547条并不适用于此:其仅处理被解雇船员剩余享有的请求权,而并未规定任何解雇的法律基础。船主毋宁可以根据第545条随时自由解雇[船员]。第547条的特殊之处仅仅在于,船员的损害赔偿请求权于特定的正当的解雇事由存在时会被削减。

但是,其他条文更接近重大事由终止权(参见前文第5章编码4),而非合同基础、前提或情事不变约款理论。法律在此并未要求任何行为缔结时现存的或假设的特定事实,因此同样不允许作这样的反证;所假设的事实在个案中不存在。相反,法律一劳永逸地认为某些嗣后的情事如此重大,对合同目的的可实现性如此地具有毁灭性,以至于不可能合理期待任何一方当事人在该情事出现之后还能再坚守合同。如此,双方当事人所设定的合同基础便可能因为该情事之发生而丧失。但为了让我们的规定可以适用,并不取决于此;我们的规定超越了对这个着眼点的运用,也就是说,并不是以这个着眼点为基础的。

---

[17] Bürg. Recht II, §111, II, 5.
[18] Kommentar II, S. 265 oben.
[19] Lehrbuch I, S. 575.
[20] Arch. ziv. Prax. 116, S. 382.

9. 施塔尔(Stahl)[21]所提及的作为情事不变约款适用情形的《德国民法典》第542条*、第553条**和第570条***，以及由克吕克曼(第381页)所提及的《德国民法典》第554条的情况也是如此。《德国民法典》第542条和第553条的终止权仅仅是基于合同义务的不履行，与合同缔结及相关设想关系不大，就像由于不履行而导致的其他解除权，例如《德国民法典》第325条、第326条那样。合同义务之不履行与单纯的[作为]合同基础[的情事]之不发生间的共同点实在太少了，毋宁说它们就是矛盾的。[22]

克吕克曼的反对观点是缺乏说服力的。根据《德国民法典》第536条****，租赁合同法定的内容是，[出租人]须向承租人移转租赁物的使用权，并且持续地满足其使用，这一内容也可以根据《德国民法典》第133条从约定中解释出来。因此，无法满足[持续使用]至少意味着客观的合同违反，《德国民法典》第542条众所周知地为此规定了特定后果。将该后果归因于特别的[情事不变]约款或合同基础理论，是矫揉造作的、不自然的——合同之缔结，是为了让承租人能够使用租赁物，而不是基于承租人能够使用租赁物的设想，才缔结的合同；那成了倒果为因，也即将借助行为实现的东西同时视为了[行为的]基础。

克吕克曼似乎完全认为，《德国民法典》第542条是基于对未来合同

---

[21] A. a. O. S. 22. Ebenso Krückmann, Arch. Ziv. Prax. 116, S. 241, 380; Stammler, Schuldverhältnisse, S. 94.

* 已删除，相应内容可参见现行《德国民法典》第543条。——译者注

** 已删除，相应内容可参见现行《德国民法典》第543条。——译者注

*** 已删除。——译者注

[22] 在这方面，顺带一提的是，出卖人或出租人也无法根据[《德国民法典》]第119条撤销[法律]行为，或是因为欠缺行为基础而将其予以解除，因为与其想法不同，其并非买受物或租赁物的所有权人。至少本身(an sich)不是，也就是说，并未以任何形式而对这种情况赋予其解除权，甚至将所有权之存在提升为(不真正的)行为前提。相反结论可能在法政策上是无法承受的：这可能会引向这样的情况，即出卖人和出租人在善意之时可以直接从不履行其权利谋得义务或使用谋得义务的后果中解脱出来。但是，原则上也应当反对的是：从意旨来看，当事人不能将一种相对人依合同内容对其存在已经作了担保的情事设置为[法律]行为的基础。出卖人根据[《德国民法典》]第433条、第440条(已删除，相应内容参见现行《德国民法典》第435条。——译者注)因权利瑕疵而负担的责任与认为出卖他人之物欠缺合同基础的想法是不同的。

**** 现行《德国民法典》第535条第1款第2句。——译者注

履行的不确定性而提供终止权,此结论既非出于文义,亦非出于规定之目的。

《德国民法典》第570条的终止权也完全与笔者的主题无关。只要人们认为它是强制性规定的话,它与当事人的意思或者设想就没有任何关系。即使通行的学说认为第570条是任意性的(更好的说法:补充性的)[23],结论也没有不同:因为非常肯定的是,此规定的适用并不要求承租人有此种积极的设想,即合同之缔结仅持续于公职期间、租赁地点。确实,根据十分通行的学说和在笔者看来唯独值得同意的观点,承租人在合同缔结之时是否就已经是官员,抑或在之后才成为官员,是无关紧要的。[24] 特别决定性地支持此点的是文义,其并不是处理官员缔结合同,而是处理官员的终止权,但也尤其处理平等的法政策需要。然而这样一来,此规定的基础就不可能是行为缔结的特殊性。在承租人死亡时,当事人双方都享有终止权(《德国民法典》第569条*),这一规定可以归入本书的主题下加以理解;被典型地假想为[法律]关系缔结的基础已丧失或发生了根本变化。

此外,第552条**也可相同处理,只要认为可以进行以下反面解释:承租人因客观原因——既非其个人原因,也非租赁物自身可使用性(Unzulänglichkeit der Mietsache)的原因——无法使用[租赁物],即可免付租金。这个反面解释是十分合理的,因为它符合共同法,参见 l. 27 §1 Dig. 19, 2:"某人因为恐惧而离开了[其]用益租赁的土地,是否负担租金义务?回答是,如果存在担忧的理由,那么即使危险在实际上并不存在,其也仍然不负租金义务(si quis timoris causa emigrasset, deberet mercedem necne. respondit, si causa cur periculum timeret, quamvis periculum vere non fuisset, fuisset, tamen non debere mercedem)。"转引自 RG. Z.-Sen. Ⅲ v. 19. Ⅹ. 1880, Seuff. A. 36 Nr. 118 S. 168。迄今为止,它在很大程度上已经脱离民法学了,参见例如 Kommentare von Oertmann zu §552 Ziff.

---

    [23] So bes. die Angaben bei Oertmann zu §570, Ziffer 9.
    [24] So die Angaben bei Oertmann, das. Ziffer 2.
    * 现行《德国民法典》第580条。——译者注
  ** 现行《德国民法典》第537条。——译者注

5 und Staudinger zu §542 Ziff. Ⅱ A. 2f,同样参见 Mot. Ⅱ S. 420。战争时期的法政治经验无可辩驳地证明了这一必要性,参见 Krückmann, Arch. ziv. Prax. 116 S. 263 ff., 304 对判例的详尽描述。这在理论上当然仍然是混沌的。一个理性的论证可以仅援引行为基础或情事不变约款理论,就像克吕克曼[25]所作的那样,或者同样在最终结论上援引动机理论,只是其考虑的是解除权的默示约定。

10. 最后,在此还应指出战后法(Nachkriegsrecht)中的一个非常特殊的情况[26],即 1919 年 8 月 8 日的所谓《合同清理法》(Vertragsablösungsordnung)的第 1 条:"若被军队或海军管理部门使用租赁或用益租赁的土地变得不必要,则帝国财政部可以在遵守法定期限(《德国民法典》第 565 条*和第 595 条**)的情况下,终止租赁或用益租赁关系。"

第四部分 行为基础受斟酌性问题之概述

第 14 章 导言以及对之前结论的回顾

1. 第三部分的研究提出了大量的(推测数量上还可以扩展)案例,在这些案例中,对行为基础的认可构成引领性的法政策原则。而且立法者是否熟悉其理论上的性质,对该原则之效力、发展动力来说也并不怎么重要。有时这种理论上的不清晰也对规定的意旨(Sinn)有所质疑;特别是在第 12 章继承法那里,立法者考虑的动机错误就是基本不合适且不充分的。但在总体上,就指导思想和法律上的处理而言,却存在着一幅相当统一的图景:合同对当事人来说欠缺基础之后,便几乎总是不应再拘束当事人了。因此,当事人可以解消(auflösen)合同关系;有时候是以有溯及力

---

〔25〕 当然,以权利行使"不可能"或"不合理"的形式。
〔26〕 Im Anschluß an Hedemann, Schuldrecht, S. 321.
* 现行《德国民法典》第 580a 条。——译者注
** 现行《德国民法典》第 584 条。——译者注

的方式,即解除,有时候则是以面向未来的方式,即终止或类似行为。[27]前一规则适用于行为基础被证明从来都没有存在过的情形,比如说,被当作真画卖掉的油画或者当作真的而卖掉的毛毯,被证明是伪造的;后一规则适用于最初存在的基础嗣后消灭的情形,也就是说,适用于通常所谓情事不变约款的情形。在这里,终止究竟是立即生效,抑或是要待一段或长或短的期限经过之后才生效,就原则性的思考而言并无区别;同样没有区别的是,在整个关系消灭之外是否还可允许保持个别的剩余效力(Restwirkungen),比如说,某项报酬支付义务或是损害赔偿义务。

解除或终止无法适用于欠缺行为基础的终意处分;如果被继承人还活着,那么他可以自由地撤回遗嘱;如果被继承人死了,那么[是否可]解除也就不成为问题了,因为都不存在可以享有该项权利的人了。法律在此容许的是撤销,但撤销实质上与解除区别很小。在继承合同那里,在被继承人生前,撤回(Widerruf)就被排除了,因此,被继承人在生存之时也需要《德国民法典》2281条的撤销,而如果被继承人在生前丧失了撤销权,那么根据第2285条,在遗嘱场合依第2280条本来享有撤销权的人现在也自然不再享有这项权利了。

这都是源于终意处分的特殊性,不应当类推至生前行为。在生前行为中,行为基础的欠缺是否在任何时候都导致可撤销而非解除,至少是有疑问的;第119条的错误撤销事由并非合同基础欠缺的情形,因为错误是单方的,与客观的合同事实构成(Vertragstatbestande)无关。但是,如果双方都将事实上并不存在的性质设想为合同基础,那么至少可以问道,此时是否还必然需要第119条以下的撤销,抑或可以被给予一项普通的解除权。

在买卖标的物有瑕疵的时候,法律没有提供[普通的]解除权,而是提供了一种在技术上作了特别设计的瑕疵解除权(Wandelungsrecht),这与买受人在这里还可选择行使的减价权(Minderungsrecht)有关。显然此

---

[27] 存在的是什么可能在个案中是有疑问的,在[《德国民法典》]第610条的贷与人撤回权那里即是如此。在这里,更好的理由所支持的是向未来生效的终止,so. Oertmann zu §610, Ziff. 3, Stahl, 3. 16。

处涉及的是买卖合同以及(根据第493条*)其他类似买卖的合同中的一种特别权利(Sonderrecht),该特别权利仅适用于货物瑕疵这一特定情形,不准许通过类推扩张至其他情形。

仅在两种情形中,民法典才将欠缺合同基础的后果设定为完全、当然的无效:和解错误,以及被继承人与遗嘱受益人间婚姻无效或被解消的情形。这与特殊的、一定程度上也不无疑问的考量(参见前文的第7章和第12章)有关,同样不能被认为是对一般原则的表达。[28]

因此,应当仍然维持这一点:在欠缺行为基础的法定情形中,一般运用的救济方法(Hilfsweise)是解除权或终止权。也就是说,如对当事人而言行为基础丧失,那么当事人便可自由决定,究竟是要让[法律]行为继续存在,抑或是想要废止该行为。

但是,还存在两种情形,其中的法律关系并没有因为行为基础受到动摇(erschütterten)而完全消灭,仅仅是发生了变更或受到了限制:第321条和第459条以下**的规定,其中都仅发生单纯的减价。立法者在这里认为,行为基础似乎没有完全丧失,而仅仅是受到了动摇,或者认为[行为基础]部分地消灭:一方当事人的财产恶化危险并没有消灭双务合同的全部基础,而仅仅是消灭了约定中的行为相对人之先给付义务的基础。因此,仅仅是先给付义务消灭了,或是通过第321条的抗辩权让先给付义务人享有消灭该义务的可能性。也就是说,在这里,抗辩权发挥了必要修正(mutatis mutandis)的作用,就像在行为基础完全消灭时的解除那样:抗辩权考虑到了在(当时的)设想与(现在的)事实之间的紧张关系。但在第459条的情形中则是这样:买受人可以认为,瑕疵使得买卖合同缔结的基础消灭,这样买受人便可以主张瑕疵解除(Wandlung);买受人也可以认为,其仅仅是改变(verschoben)了行为基础,从而阻碍了(beeinträchtigt)瑕疵产生的贬值,这样其追求的便仅仅是相应地减少价格。

2. 即使我们认为合同基础的思想不限于直接规定的这些情形,前文

---

* 已删除。——译者注

[28] 不同观点,v. Tuhr, LZ. 1921, Sp. 158/9。

** 已删除。——译者注

所讨论的特别规定仍然是有价值的。首先，或许可以从中提取出实证法素材(positivrechtliche Material)，以透过类推来实现对概念的一般性使用。但是，即便这种对概念的一般性使用应当从其他考量中得出，这些个别的规定仍然是有意义的。因为如果经过仔细思考，多数人不仅不会否认案涉情形中的合同在欠缺基础时可以解消，而且还会赞成可解消性并不限于眼前的个案，因为随后即可当然地认为欠缺基础，或至少是在保留反证的情况下假设欠缺基础。这样，通过[这些个别的]法律规定就产生了一种有时不可推翻而有时可推翻的推定，即在其适用范围(Geltungsgebiet)内，行为基础是欠缺的，由这种欠缺便可发生相应的效果。这类似于众所周知的这些情形——其中，法律规定[可以]基于重大事由废止雇佣关系(Anstellungsverhältnisse)，而且还援引了某些应被当然地视为这种重大事由的情事，比如《德国商法典》第71条、第72条[中规定的情事]；然后在前述情形中，无须特别证明情事是具有重要性的，而仅能反证，[这些]情事在给定情形中欠缺重要性。

据此理解的话，法律中的个别规定对笔者的论题而言便具有双重含义：一方面，这些个别规定证明，现行法对合同基础丧失这种法政策思想并不感到陌生，毋宁说在很多地方都熟悉它，而且在所有地方，这种法政策思想都以实质上相似的方式得到了适用。另一方面，这些规定还可以扩张为这样一个一般性思想：这些规定在其适用范围(Gebiet)当中而将行为基础欠缺的可推定性、概然性(Wahrscheinlichkeit)用于去一劳永逸地宣告一个特定法律后果，否则的话，这个特定法律后果[是否产生]便可能会仅仅以在个案中[是否]欠缺行为基础的证明为前提。也就是说，这些规定保留着其独立的、超脱于对指导性原则之一般承认的立法价值。但现在，我们则要面对此前尚未回答的这一问题：我们是否可以从[法律]行为之解释或者从实证法中，推导出对行为基础之一般性意义的承认？

第15章　行为解释与行为基础

1. 在那些重视行为基础欠缺或其他相似概念的作者中，大多数人都将这些概念归于(zurückführen)当事人意思的相应形塑(entsprechende Gestaltung

des Parteiwillens);这些作者将其效果(Bedeutung)看作是意思之效力(Willenswirkung),而非法律之效力(Gesetzwirkung)。属于这里的[作者]包括,所有那些或多或少被认为是温德沙伊德(Windscheid)前提理论一派的人,比如贝克尔(Bekker)[29]和柯勒,最近则还有克罗默(Crome)[30]。因为在温德沙伊德看来,前提毫无疑问是[法律]行为的组成部分,其意义植根于此:对法律后果具有决定性作用的当事人意思,也仅仅是相应受限地存在(参见 Voraussetzung S. 1, 210, 212)。

在情事不变约款[理论]的真正追随者那里,比如说在利茨(Leetz)的同名著作那里,思考回路(Gedankenkreis)并无不同。名称就已然向我们证明,在这里,人们考虑的是——或是明示约款,更经常的则是默示约款——[法律]行为的事实构成的一部分。如果有人将情事不变约款的效果归于法律规定,那就谈不上什么约款了。当克吕克曼和施塔尔在其著作的标题中这样做的时候,他们就已经知道,他们仅仅是在追随曾经存在的一种语言用法,并没有同时从中得出实质性推论。

最后,也有作者没有追随前提或[情事不变]约款理论,而是认为(被笔者称作为)行为基础的效果与《德国民法典》第 157 条的解释原则有关,即认为"诚实信用兼顾交易习惯"发挥了决定性作用。[31] 人们已经开始有越来越清晰的认识,笔者也强调过:此处涉及的不是或不仅仅是对经验中真实存在的意思的纯正解释,而是涉及基于客观行为目的来对已

---

[29] 这当然是不具决定性的,在根本上几乎不再支持法律效力,so Pandekten, S. 372。

[30] Arch. ziv. Prax. 115, S. 48,其将双方认可的前提视为[《德国民法典》]第 157 条意义上的默示的合同内容。

[31] 持此观点者,如 Dernburg, Bürg. Recht Ⅱ, §93 Anm. 10, §111 a. E. Endemann, Lehrbuch Ⅰ, §§63 Anm. 19, 106 Anm. 16, 184 Anm. 27; Oertmann, Rechtsordung und Verkehrssitte, S. 201 ff., Rehbein, Kommentar Ⅱ, S. 264, Heymann, Jur. Woch. 1921. S. 24/5; s. auch Siber, Gruchots B. 60, S. 464 ff., 473。而在判例中,"变化了的情事(veränderte Umstände)"的意义,就其得到了受或多或少之限制的认可而言,经常被归因于[《德国民法典》]第 133 条和第 157 条的解释原则,参见笔者在前面提及文献中的总结, S. 206。而完全拒绝对所谓战争前合同予以原则性的认可的帝国法院,so besonders Ziv.-Sen. Ⅱ v. 11. Ⅳ. 1902, Entsch. 50, Nr. 59, S. 257 u. v. 9. Ⅰ. 1906, das. 62, Nr. 65, S. 267,但也以各种形式提及,必须检验,"是否在个别情形中或者在整个合同种类中,根据当事人的意图以及合同的性质,并未因为变化了的情事而产生一项解除权"。Ziv.-Sen. Ⅶ v. 28. Ⅰ. 1905, Entsch. 60, Nr. 13, S. 59 ff.;几乎在文字上相同的,Ziv.-Sen. Ⅳ v. 6. Ⅲ. 1911, Warneyer Erg.-Bd. 4, Nr. 233, S. 246。在主张[《德国民法典》]第 157 条情况下也支持适用(转下页)

经存在的意思进行的续造和填补,是"建构出来的"或"假设的"当事人意思(a.a.O. S. 170 ff.)。由于人们据此已经超出了在事实上存在的当事人意思的领域,故而人们的观点与第二种基本观点十分接近,这派观点认为,行为基础(或者人们想要的其他名称)的效果并不建立在当事人的意思而是建立在法律承认的基础之上。这派观点认为,[行为基础]或是根据法律规定的具体情形[32],或是根据一般性地对这些特殊情形进行或多或少的扩张[33],或是在不考虑法律特别规定的情况下直接根据《德国民法典》第242条的原则。[34]

显然,主张第157条和主张第242条的两派代表间的差别并不大。《德国民法典》的这两项原则性规定彼此间有着非常近的亲缘,此种内容上的本质相似性,使得不清晰性占据了主导地位,有些法院和学者同时援引二者。[35] 然而根据正确的观点,它们之间存在一种有意义的原则性区分,第157条涉及的是事实构成(Tatbestand),也即对实然(Sein)世界的查明(Feststellung),第242条涉及的则是法律后果,即应然(Sollen)世界。这个区分至少是原则性的,也是有实践意义的,哪个规定可以适用这个问题,绝不是无关紧要的。而且在我们的问题上也不是[无关紧要的]:选择第157条的人,必然是意思效力(Wiilenswirkung)的追随者;选择第242

(接上页)情事不变约款的,还有 Ziv.-Sen. Ⅰ. v. 24. Ⅹ. 1908, Warneyer 2, Nr. 65, S. 61; Ziv-Sen. Ⅶ v. 11. Ⅶ. 1916, Jur. Woch. 45, S. 1184; s. auch Ziv.-Sen. Ⅱ v. 26. Ⅺ. 1912, das. 42, S. 194; Ziv.-Sen. Ⅲ v. 8. Ⅶ. 1920, Entsch. 99, Nr. 77, S. 259。帝国法院仅仅是批评了将解除权归因于一般性的法定基础的做法,但却又根据案件的情况容许在意思效力的意义上去这么做。S. ferner Pfersche, Irrtumslehre des Österr. Privatrechts, S. 223 ff.

[32] 大多数人都持此见解;尤其是温德沙伊德前提理论的反对者,z.B Lenel, a.a.O.。neuestens Kisch, Versicherungsrecht Bd. Ⅱ, S. 449; v. Tuhr, Allgemeiner Teil Ⅱ, S. 201/3, Reichel, Recht und Wirtschaft, 1920, S. 188 ff.。

[33] So die Sonderschrift von Stahl, Die sogenante clausula rebus sic stantibus im BGB., München 1909 (笔者早前的一个学生的博士论文) bes. S. 49 ff. 尤其是在公法中对情事不变约款的一般认可,[参见]考夫曼(Kaufmann)的著名著作, Das Wesen des Völkerrechts und die Clausula rebus sic stantibus, 1911, sowie Fleischmann, Gruchots B. 61, S. 728 ff. (尤其是对集体合同)。S. auch Hedemann, Schuldrecht, S. 321/2.

[34] Soe neuestens Nipperdey, Kontrahierungszwang, S. 141; ausführlicher Krückmann, Arch. ziv. Prax. 116, passim. 但是,克吕克曼有时候也考虑了合同解释的要点,so. z.B. S. 442, 473 租金(合同"根据所有理性解释",面对这种情形——权利行使不能的情形——甚至都没有缔结),475(合同必须"保持其内部的实践理性")。

[35] So z.B. RGEntsch. 94, S. 69; Rosenthal, Recht und Wirtschaft, 1920, S. 167 ff.

条的人,则意味着持有行为基础欠缺之效果源于法律规定的观点。

2. 笔者想要首先检验第157条是否可适用于笔者的主题;如果可以适用,那么依笔者所见就无须考虑第242条了。因为如果合同内容或者依意思填补被视为合同内容的东西是足够的,那么就不适用无关解释本身的法定规则了。除非合同意思具有违法或悖俗的内容,或者违反了强制性规定——但不言而喻的是,这里涉及的绝不是根据"诚实信用兼顾交易习惯"被建构出来的行为内容。根据第157条被确定的东西,在内容上根本不能与第242条中以相同原则确定的东西区分开来。

另外,[对第157条的]研究得出否定性的结论,当然也绝非就能证明第242条可以适用;完全有可能二者都不可适用,民法典可能完全拒绝合同基础的一般性效果。

3. 笔者以如下的坦白开始[笔者的研究]:笔者不再坚持早前的、仅适用于[情事不变]约款领域的观点;[笔者现在认为,]仅仅通过意思解释无法得出行为基础欠缺的效果。也就是说,无法一般性地得出。个案中的解释当然有可能得出,行为效力取决于某一行为基础的存在或者存续,或者同时取决于二者,这[种可能性]是不言而喻的,而且绝无争议。但是,如果绝大多数情形并非如此,那么就不能考虑意思之效力,而要考虑法律之效力。

a)首先非常明确的是,行为基础之欠缺所产生的单个后果,无须是当事人所追求的,也无须被其所预见到,这与条件和期限不同:以附条件的方式作出表示的人,通常就会说,条件事件成就时,行为发生效力;而基于某一特定基础缔结行为的人,通常会认为[该基础]是不言而喻的,甚至都不会考虑其可能丧失。在这方面,也没有提出在这种情况下什么应当来自行为的问题。

b)人们可能会质疑说,以当事人的意思去解释[行为基础欠缺的]法律效果,是不可或缺的;只要当事人对事实上的效力(tatsächliche Wirkung)或法律上的效力,在总体上而非所有细节上有所意愿,就足够了——解除、终止等细节可以根据法律规定发生。也就是说,仅有事实构成(Tatbestand)才具有法律行为性质(geschäftlich),法律后果则是法定的。

但即便在这个意义上,合同基础也不能被看作是某种法律行为性质的东西(etwas Geschäftliches)。[36] 法律行为由意思表示组成。笔者在前文(第4章编号2)已经尝试阐述,行为基础(前提)仅仅是法律行为之事实构成(Geschäftstatbestand)的基础,而不是组成部分。其既不是意思,也不是表示,而仅仅是设想(Vorstellung);意思与表示是在设想的基础之上形成的,设想没有被纳入成为它们自身的部分。而且与合同具有两项意思表示不同,合同基础本身是单方性的东西(Einseitiges),就像温德沙伊德认为的前提那样。当然,这里与前提理论还是存在关键性的不同:[这里要求]一方当事人的设想必须为另一方所知悉(erkannt),并进而被[另一方]作为其自己的[设想](zu eigen gemacht),被作为前提的情事单纯可为相对人知悉(Erkennbarkeit),还不足以使其被提升为有效的行为基础。因为否则的话,那就不是整个合同都以情事为基础,而只是某个意思表示以情事为基础。显然要区分单方的和双方的合同基础。只有在双方合同的基础上,各方当事人的表示自身(für sich)都建立在对事物发展或形成的设想的基础之上,这样在该基础丧失的时候,各方当事人才都有权从中得出相应的效果。相反,在单方的合同基础那里,仅仅是一方当事人的意思决定建立在设想的基础上;他方当事人只能去理解这种已经被建构好的东西(Aufgebautsein),并通过不提出异议来认可它对合同的影响,而无须还将相对人的设想也提升为自己意思决定的基础。如果收藏家A向销售商B就一枚看起来未使用但实际上被轻轻盖了邮戳的邮票——未被使用的邮票比使用过的更稀少也更昂贵——提供了特定的报价,并附上意见说,其仅仅收集未被使用过的邮票,那么B就知道,A的合同意思是以未被使用的设想为基础的。此时B出卖的意思当然并没有建立在其自身有相同设想的基础之上,因为就[A]提供的报价来说,B在知道真相的情况下,一般更可能会将邮票卖给别人。然而尽管如此,由于A的设想已然为B所知悉,因而其便被提升为决定性的合同基础,故而A可以主张合同基础欠缺所引发的相关后果。而B则不然;B顶多能在[与前述不同的其他]那些使用过的邮票更

---

[36] Anders besonders neuestens Leetz, cl. r. s. st., 1919, für deren Gebiet, bes. S. 10 ff., wie hier v. Tuhr, LZ. 1921, Sp. 159.

昂贵,且其以可识别的方式将之当作未使用过的而交出的案例中——比如一开始就当作没有使用过的而提供——才能这么主张。[37]

c) 我们的分析还没有结束。如果合同基础不是更为真实的(wirklich)、为自己(für sich selbst)而被表示出来的法律行为的组成部分,那么似乎还存在另外一种可能性:根据第 157 条,通过意思填补的方式,从法律行为中解释出一条默示的、处理[合同基础]不存在或丧失情形的约款。这是笔者在早期著作中的思路。[38]

但是如今笔者无法再坚持这个思路了。确实,正如笔者在前文详细阐述过的那样,从合同目的出发或许可以解释出个别的默示约款。比如,有关从给付、给付地点和给付时间的个别约定。但此处问题涉及的不是个别条款,而是整个合同关系的存在和基础。笔者不否认,有时可以从当事人的约定中解释出一项默示解除权。但这必须是在行为内容对此有所体现的时候才行,必须是从行为内容中可以得出,当事人想要在情事发生某种变化的时候否定行为的拘束力,必须是行为基础在行为本身中展露表达出来,只是有关基础丧失的后果没有被提及而已。例如,某人在租赁靠窗座位的时候说,是"为了参观游行",而游行被延期了。但这并不属于此种情况,行为基础本身没有成为行为的组成部分,因为在笔者看来,根据曾经没有成为行为内容的情事来变更行为的内容,或者因为某一情事(该情事之发生并不属于当事人的设想)而赋予当事人以解除权,这样的做法都是成疑问的。因为如果引发行为基础丧失的情事已然存在于当事人的视野(Gesichtskreise)之中,那么这些情事便不再是单纯的基础,而是通过条件或是解除约款进入了行为之中。这并不是根据事实上不存在的仅是假设性的事实来改动(umändern)曾经存在过的法律行为性的事实(rechtsgeschäftlichen Tatbestand)[的做法]。

d) 当然由此并没有得出结论说,行为基础与任何的法律行为性的事件(geschäftlichen Vorkommnissen)都无关。不言而喻的是,任何法律后果

---

[37] 双方错误的情形不应与双方合同基础的错误相混淆。在双方合同基础的错误那里,双方的错误设想仍然保留在内部,而没有以被他方当事人所知的方式展现出来。S. meinen Aufsatz im Arch. ziv. Prax., Bd. 117, S. 275 ff.

[38] Rechtsordnung und Verkehrssitte a. a. O.

都取决于某种事实构成,而且这个事实构成在这里具有广义的法律行为性的本质(geschäftlicher Natur)。这与比如因胁迫、欺诈、性质错误可撤销,并没有太大不同。可撤销也不是以当事人意思或当事人表示为基础的,而是直接[39]以法律规定为基础,但其还是涉及与法律行为事实构成(geschäftlichen Tatbestande)相关的情事。缔结法律行为事实构成时的一定有害性(Unzuträglichkeit)或者不一致性(Unstimmigkeiten),是法律否定行为之效力或者允许当事人消灭已经产生之效力的法政策理由。[40] 这种不一致性本身与当事人的意思形成过程相关,但其后果则来自法律。这在行为基础那里亦是如此。欠缺行为基础时的后果是法定的。但是,法律在设置这些后果的时候采纳了此种指导思想:行为基础被剥夺后还要求当事人坚守[合同],是在对当事人——用温德沙伊德的话说——"真正的""真实的"意思施加暴力(Gewalt antun)。当然这里并不像温德沙伊德及其追随者所认为的那样,涉及心理学问题,而是涉及法政策问题,即对当事人意思形成过程的作为他们意思决定基础的设想的那些因素,如何在法律上进行定位(Verwertung)。

因此,行为基础不应当存在于纯粹消极的(negativen)因素之中,不存在于单纯的对现在或将来之情事的不知情——比如说,[不知道]新引入了一种税、[获得]建筑许可的必要性。因为纯粹消极的东西,绝对无法成为意思决定及表示的基础。当然,情况也可能是这样:对这种情事的设想的存在已经排除了意思及表示的成立(Zustandekommen von Willen und Erklärung)。行为基础一直都是积极的(positive):[它是]对既存状态将延续的已经存在的设想(vorhandene Vorstellung),是对法律行为旨在实现的企图(Vorgaben)的可能性、容许性、可执行性已经存在的设想。然而,在当事人——像克吕克曼(Arch. ziv. Prax. 116 S. 216)引人误解地说的那样——"没想到任何东西(an nichts denken)或完全没想到什么东西(an gar nichts denken)"的时候,这种积极设想实际上几乎总是存在的。因

---

[39] 意思效力也是间接地以规定了当事人所表示的东西立即具有拘束力的法律为基础的。

[40] 被正确理解的意思说的合理性也得出了此点:法律从某种法政策的、在笔者看来是准确的思考出发,在一定的界限之内,将意思欠缺视为法律后果之丧失或者缓和的事由。

为这种不加疑虑(Nichtdenken)是对未来的进一步发展不提出疑虑。人们事实上仅会考虑现时的情事,而不会完全没想到什么东西(gar nichts)。

第16章 行为基础在客观法上的受斟酌性

上文已然证明,仅能够在法秩序的基础上来考察行为基础的受斟酌性(Beachtung)。然而,行为基础是否以及在何种程度上能够根据我们的现行法进行考察,还有待继续的研究。

但笔者目前相信,本书主题下的这个主要问题(Hauptfrage)原则上必须予以肯定回答。这有外部的和内部的理由:

1. 前文的研究为我们展现了现行法在许多地方都实质地——可能参与立法之人也未意识到——运用了[行为基础]思想,在一些地方甚至还将特定的情事一劳永逸地**假定**(Unterstellung)为行为基础,有的允许反证,有的则不允许。如果法律在很多地方都将行为基础理论作为立法理由,那么就不能认为,个案中的情事即使**被证明**是行为基础,法律也想要排除其效果。从实证法的规则中似乎可以得出,反面解释为,行为基础思想在此范围之外并未作为实证法理由被使用,是妥当的;而不能反面解释为,即使个案中可以证明存在行为基础,其也不应具有任何效果。

正如经常谈到的那样,更重要的仍然是主张《德国民法典》第242条。如果债务人仅是在诚实信用兼顾交易习惯的界限之内负有给付义务,那么当固守给付义务会抵触双方当事人缔结行为时所设想的基本原则(Grundsätzen),并进而会使法律行为的经济基础偏离当事人意思的时候,债务人就应当能够从给付义务中脱身。诚实信用原则不可能容许一方当事人违反最初的目的设想(Zweckidee),利用法律行为来追求某一经济结果,这只有在当事人的效果意思和行为内容的基础自始就有错误,或者最初存在的基础嗣后消灭的时候,才是允许的。如果人们认为这些情况也不受斟酌(unbeachtbar),那么就会或多或少地完全改动(Verschiebung)法律行为所致力的目标;债务人可能要承担使自己破产的义务,而债权人的怀里则会突如其来地多出上千万的收益。[41] 在理论和实践上信奉"为了正义,哪怕天崩地裂"(fiat iustitia, pereat mundus)的人可能会对此感到高兴;但在"诚实信用"的指导性思想之下,我们无法感到满意。

人们不应当质疑说,[允许受斟酌]的话,允诺人反而可以从自己的轻率中获利,错误投机的后果也可以不用投机者来承担。这里显然不会发生这种事情。如果某一法律行为的目的是投机,那么价格向上和向下的波动就不会是其基础;例如投机者相信某股票上升的风险比下降的风险更高而选择购买,就属于这种情形。相反,证券的上市资格(börsenfähig)则可能构成行为基础:如果投机者 A 购买了 B 的一张证券,此后才知道该证券被交易所排除上市,那么随着股票价格进一步上涨的可能性丧失,行为的经济和法律基础也就缺失了。在投机行为以外的其他行为中,一定程度的价格波动也会被当作不言而喻来考虑,确实,在不计其数的情形中,行为之缔结都是以期待价格会发生某种波动的设想为基础的——尤其是买受人"买入"*(eindecken)、出卖人通过行为"卖出"(entlassen)的情形[便是如此]。在这些情形中,构成行为基础的是价格的波动而非价格向上或向下波动后的结果,也就是说,无论如何,基础都不会因为结果抵触一方或他方当事人的主观期望而丧失。行为的客观经济基础与一方或他方当事人的主观获益期望(subjektive Gewinnsthoffung)在本质上完全不同(nicht im entferntesten wesensgleich)。

这种波动可否忍受以及与行为基础是否符合(Vereinbarkeit),则是根据某一界限来评价的(bannan)——超出该界限时,行为会具有一种完全不同于依当事人之意思所应当具有的性质。时代潮流越是平静(ruhiger),就越不容易发生[超出界限]。因此在民族战争

---

[41] 笔者回想起了 19 世纪 80 年代,故乡威斯特法伦的产业群中一起被经常提及的案件:一家大工厂以一个低价缔结了供应制造钢材时剩余的炉渣的持续合同。因为技术发明,后来炉渣出现了一种非常有意义的使用可能性,而那个在自己看来因为这个合同而无法自我维持的工厂将变得无竞争能力,且其生存将受到动摇。笔者不知道该工厂当时是否成功地从合同中脱身。但从前面论述的内容来看,或应毫无疑问地认为该工厂可以这么做。

* 指准备库存。——译者注

(Völkerkriege)之前两代人的平稳发展时代,前提或情事不变约款理论就缺乏正确的土壤,相比之下,温德沙伊德能写成1850年的著作,显然是受到1848年大革命(große Erhebungen und Umwälzung des Jahres 1848)的后果的影响。而最近,颠覆了全部经济和政治价值的世界大战,以最不令人感到舒适的清晰性向我们展示,僵硬地固守形式上的合同严守(formale Vertragstreue)会对诚实信用造成最严重的侵害,这种侵害可使一个没有参与、没有过错的当事人遭受完全的经济毁灭。因而,本书的问题是与大多数私法问题的平静安逸有所不同的;它是战争法在私法上的一个或者说全部核心问题,而且似乎不言而喻的是,依据当今时代的另一个作者的看法(Cohen, Jur. Woch. 1916 S. 109ff.),温德沙伊德的前提理论必须"重生"(redivida),必须欢迎其在当代新鲜的、虔诚的、令人快乐的重生(frisch-fromm-fröhliche Auferstehung in modernisierter Form)。[42]

相反,不能主张说,对法律和合同中的双方性规定(gegenteiligen Anordnungen)适用《德国民法典》第242条,是不被容许的。与许多人的观点不同,笔者[43]已经捍卫了此点,并坚定地坚持这一点。[一方面,]行为基础没有抵触法律的个别规定,在任何地方都没有排除适用行为基础;并非用来评价所缔结之行为的原则发生了变化,而是所缔结之行为本身的存续在一些时候受到了动摇。[另一方面,]其也不会抵触合同中的规范(Vertragsnorm)和当事人意思,相反,它们让——正如温德沙伊德所说的那样——当事人真正的、真实的意思得到了适用。[44]

当然,行为基础的受斟酌性(Berücksichtigung)并不是直接从行为内容本身所得出的——否则涉及的便不再是行为基础,而是行为的组成部分了!——这种考虑也没有与行为内容相抵触。仅在行为中具有如下约定——被设定为前提的情事在欠缺时仍具有牢不可破的效力——的时

---

[42] 反对最近判例的这种趋势的,Katz, Recht und Wirtschaft, 1920, S. 136 ff.; Reichel, das. S. 188 f.。支持这种趋势,但直接根据[《德国民法典》]第242条和单方的政治性理由的,Rosenthal, das S. 167 f.; Ruchs, das. S. 236 ff.。

[43] Rechtsordnung und Verkehrssitte, 1914, passim.

[44] 类似的像是Roth, Jur. Woch. 1920, S. 476, Sp. 2,其并不是直接因为给付变得困难而认可有解除权,而可能是[基于这个理由,即]根据合同的情事、内容和目的而为迟延方之给付量身定做的经济上前提……发生了一种本质性变化。

候,才会出现抵触。[45] 在这种——罕见的——情形中,无法否认,行为基础丧失了其法律作用,甚至可以说相关设想根本没有成为行为基础。

2. 前面的讨论已然得出了本书立场在法政策和社会伦理上的理由。第 242 条的讨论必然是与这种论理要素(Begründungsmomenten)相关的;用施塔姆勒(Stammler)的话说,这种讨论的基础是针对法律适用的"正确法"(richtigen Recht)思想、"社会理念"(sozialen Ideal)思想。

罗马人时代的全部法律发展都在告诉我们,不考虑行为基础在法政策上是行不通的。虽然没有对概念进行原则性的汇编(Erfassung),但罗马人还是一次又一次地——甚至无视实证法地——实现了突破,尽管这些突破仅是或多或少孤立的、无原则的适用情形。[罗马人]每次都根据不同的意旨(Sinnesart)和变化的时代需要,一会儿这样做,一会儿那样做。一个更个人主义取向的年代——如果其对问题的意义有所理解的话——会更加偏爱情事不变约款或前提理论;一个更社会主义取向的年代,则会寻求通过扩张给付不能的概念或通过"基于重大事由的抗辩权"来加以处理。二者都是不完满的尝试,是会遭受著名的自证(an sich begründet)非难(Ausstellungen)的尝试。但是,这些持续的、从未受阻碍的、重复的尝试,却最为清楚地表达出了法政策上的必要性。而且这些尝试在今天还仍然存在,自帝国法院以降的最高法院的判例,清晰无疑地向我们展示了这一点。我们在下文中还会再对其予以仔细分析。

本书所阐述的学说处在问题的旧的主观主义(subjektivistisch)处理方式和新的客观主义(objektivistisch)处理方式的中间。该学说并不认为在行为基础之中存在任何[法律]行为真正的组成部分,而且没有将行为基础对行为事实构成的作用归因于当事人意思。但该学说也不是与[法律]行为总体事实构成无关的纯粹客观法上的权宜之计。我们承认行为基础可对其施加影响的那个个体意思(Individualwille),并不是自在自为的(frei sich tummelnde)、无目的的,而是行为缔结时要致力去满足的、经济性的(大多数时候)、现实的[总是如此]需求(reale Bedüfnis)。但

---

[45] 比如说手艺人 A 把一幅画当作伦勃朗的卖给 B,但附带说,其必须否定对真实性的责任。

是,这种需求是什么,则取决于当事人;当事人缔结行为是为了满足这种或那种主观上被感受到的需求。[法律]行为是实现该目的的适当工具,而对当事人来说,这个工具建立在对特定情事的设想的基础之上。如果这些情事中的这一部分或那一部分此后被证明并不存在,那么行为所立足的基础就消灭了。行为本身也就因而陷入了疑问。这并不是因为其要实现的目的在客观上无法实现。而是因为,至此,行为本身被证明缺乏(darbend)实现该目的的能力(Eigung)。

当事人想要实现什么样的目的,为实现该目的要运用什么工具,当然都取决于当事人;从何种情事中推论出该工具具备实现该目的的能力,也取决于当事人的判断。但是,如果这种当事人缔结行为时作为基础的设想被证明是不正确的,那么行为就可以被废弃(antasten)。当事人从中得出的推论,以及经济上的判断是否正确,周围的人(Umwelt)是不感兴趣的;在个人主义主导的社会秩序下,个人必须担负起对实质正确性、对判断结果的责任。这是因为,这件事是纯粹主观性的,仅仅涉及一方或他方当事人,而不涉及行为本身。相反,如果一方当事人对行为可实现某一目的的能力的主观设想被相对人知悉,或至少被其默示同意了对行为缔结的影响,那么[该设想]就可上升为[可受斟酌的合同基础]。

但是,立法者为避免不公正的结果,也可能选择另一条路。立法者可以规定,如果有"重要的"或者"压倒性的"事由,那么当事人就无须再坚守合同关系,而可以将其解消。这实际上在继续性债务关系(参见前文第5章编号4)那里已经得到了公认,而且克吕克曼所谓"基于压倒性利益的抗辩权"——其致力于以此种抗辩权替代经济不能——也是以类似思想为基础的。

但是,现行法中并不存在这种一般性的制度;对仅适用于继续性债务关系的规定予以一般化的做法是非常有疑问的。而且在法政策上,人们可能也不会期望这么做会有好处。一方面,根据规范意旨,重大事由在多数情况中都仅仅涉及未来的情事,但毫无疑问的是,也需要能够消灭缔结时就建立在错误设想之情事的基础上的合同。另一方面,重大事由终止规则如果一般化,则可能走得过远了,会严重动摇法的安定性。因为那样的话,终止权将建立在当事人既未预见也无法预见的情事的基础之上,每个合同的命运都要取决于无法预见的未来发展了。这在继续性债务关系那里尚可以忍受,因为其仅是存续而非最初的生效会受到影响。但在以一次性给付为目的的合同那里,则并非如此,[情事的]丧失在那里通常会溯及地影响(mitergreifen)曾经的给付。

相反,在行为基础那里,相比于当事人约定的重要性,客观上的重要性是无关紧要的,客观重要性(objektive Wichtigkeit)在这里仅仅是推定当事人意思的标志,顶多是对[当事人意思]的可受斟酌性(Beachtlichkeit)划定的一种界限。行为基础之丧失并不发生在行为于客观上并非追求后果的适当工具的时候,而是发生在当事人将行为看作是追求后果的适当工具的那种意思所依据的情事欠缺的时候。这并不令人惊奇,毋宁是合乎逻辑的:如果人们容许当事人——基于深思熟虑的法政策理由——享有所谓法律行为交往的自治,那么仅在当事人既可以决定行为的内容(Inhalt),也可以决定行为的基础(Grundlagen)的时候,这种自治才是符合意旨的;从一者中可以导出另一者。如果合同标的究竟是 a 画还是 b 画,是土地 c 还是土地 d 取决于当事人,那么设想是否能够构成基础以及何种设想构成行为基础,同样也必须交给当事人决定。这样,法秩序仅仅是从将这个或那个情事作为行为基础的当事人意思中得出的[法律]效果。这样,相比于行为仅仅因为在客观上重要但在行为缔结时还不存在或者对行为缔结无关紧要的理由而被消除,当事人的合理信赖将受到少得多的撼动。因为在当事人将设想中的情事看作实施财货移转的基础的时候,他们的信赖并不会因为法秩序从中推出相应后果,以及行为仅在该主观设想中的基础在客观上存在和存续之时才被承认具有拘束力,而受到蒙骗。

在这个意义上对行为基础的认可,也并不意味着一种对交易有敌意的(verkehrsfeindlich)、形式法学的(formaljuristisch)个人主义的胜利(Triumph)——上一辈人已经在学说中以尽管夸张但并非完全不合理的方式对这种学术的胜利加以指责。与之不同的是,承认裸露出来的(nackt)、表示出来的意思本身才是决定性的,或者——如果人们要回到意思形成过程的话——对一方当事人单方的动机的考虑(当然无论如何必须对相对人来说是可识别的)。适用于这种法律思考的是该原则:"意志代表着一种理由"(stat pro ratione voluntes)。与之相反,双方的行为基础或者相对人知道并将之作为自己的(至少是经承认的)行为基础之[是否具有]可受斟酌[性],则是以对目的性要素的评价(Bewertung teleologischer Momente)为基础的,是以探究行为究竟在当事人的目的中处于何种地位,以及行为涉及什么样的利益状态(Interessenlagerung)为基础的。

因此,那些至少受到了"概念法学式"和"曼彻斯特式"(manchesterlich)思维方式影响的法秩序,在之前经常受到关注的情事不变约款的适用情形中,就已经使用了这一概念——来自启蒙的绝对主义时代(Zeit des aufgeklärten Absolutismus)的立法作品:普鲁士一般邦法(Ⅰ,5,§377/8)、《奥地利民法典》(第 936 条——最初仅是针对预约[46]),还有非常一般化的巴伐利亚州法(Ⅳ,5,§12)。相反,受抽象的自由主义精神影响的法典,比如法国民法典和德国商法典,都没有承认[情事不变]约款。[47]

3. 简单看一眼我们的判例集(其中得到处理的事实以及部分评价),也可以得出结论,要求行为基础可受斟酌在法政策上有着强烈需求。考虑到克吕克曼[48]的丰富整理,几乎没有必要在这里再去详细讨论这些判例了。我们可以将这些判例具体归纳为三类:

a) 在温德沙伊德的意义上使用前提理论的判例;

b) 以情事不变约款理论为基础的判例;

c) 以经过扩张的经济不能、给付的不可期待或者基于重大利益的抗辩权理论为基础的判例。

当然长久以来也并非所有涉及其中某一种理论的判决都持支持立场。相反,至少在不久之前,只要不存在支持前提或[情事不变]约款的具体法律规定,占据优势地位的仍然是否定观点。在这方面,众所周知的是,帝国法院根据待决事实是发生于不存在明确规则的市镇,还是发生于适用普鲁士邦法的市镇,来分别决定情事不变约款是否适用于产品制造

---

[46] 也参见奥地利法,Starke, Lieferungsverträge, Aufl. 2, 1917。
[47] S. wegen des Code auch RGEntsch. 60, S. 58.
[48] 在其关于情事不变约款的著作中,Arch. ziv. Prax. 116, S. 157 ff.。

税显著提高的情形。[49]

但在最近的时代,在民族战争不可抗拒的影响之下,出现了一种巨大的转向。数不清的判决[50]允许当事人基于经济状况之变动而脱离合同,其实质上——即使不是在文义上,而且多数情况下也并没有得到完全的原则性认可——就是以本书主张的观点为基础的。

有时候这——有时候也因为畏缩(schüchtern)而没有被强调出来——在文义上(wörtlich)凸显了出来。在 LZ 1915, Sp. 1330, Nr. 7 这个判例中即是如此,其认为合同表达出来的经济前提(wirtschaftliche Voraussetzung)是因战争而丧失的出口可能性,而且必须基于这个前提来评价双方的权利和义务。

此外,比如说在 Ziv.-Sen. III v 15. X. 1918, Jur. Woch. 1919, S. 44, Nr. 10 的判例——普鲁姆(Plum)对该判例有评论——以及尤其在 Ziv.-Sen. VII v. 2. V. 1919, Jur. Woch. 1920, S. 706 的判例中,也可以找到接近情事不变约款的表达。在这里要强调的是,情事在某一方向上的变化可能对一整类的合同都有影响;比如说在延期合同(Stundungsverträgen)那里,对债务人财产地位优化或至少是没有变差的设想是决定性的。因此,本来就可以不在法律上出错(ohne Rechtsirrtum)地认为,在财产状况实质恶化之时,债权人就不再受到这种约定的拘束了。

这里特别有名的是 Ziv.-Sen. III v. 21. IX. 1920, Jur. Woch. 1920, S. 961 ff., Entsch. 100 S. 129 的判例,该判决的影响范围(Tragweite)被支持者和反对者(Freund und Feind)都过分高估了。[51] 该判决并没有对[情

---

[49] 否定者,Ziv.-Sen. III v. 19. VI. 1888, Entsch. 21, Nr. 31, S. 180(反对前提[理论]和[情事不变]约款);Ziv.-Sen. II v. 11. 1902, das. 50, S. 255 ff.;肯定者,Ziv.-Sen. I v. 26. IX. 1888, das. 22, Nr. 14, S. 85。其他判决,见 Böckel, a.a.O., S. 13 ff.。

[50] 作了大部分总结的,参见笔者的论文,Jur. Woch. 1920, S. 476 ff.。最近帝国法院更进一步,在特定情事中,让单纯的制造成本升高也发挥了免除性的效果,Ziv.-Sen. VII v. 4. II. 1920, Jur. Woch. 1920, S. 434;这种情形已然在同一个审判庭的判决中了,v. 2. XII. 1919, das. S. 375。

[51] [克吕克曼在]Jur. Woch. [的文章中]注意到,这是"一个具有根本性意义的判决,在学术上和实践上都具有最高的重要性",而且克吕克曼完全地(Jur. Woch. 1920, S. 962)以狂喜的论调认为这里有一种"拯救性的言辞";该判决"拯救了德国法学阶层的名誉",将从该判决中"产生一种新的发展"。反对这种罕见的夸张的,so besonders Hachenburg, Jur. Woch. 1921, S. 23 und Heymann, das. S. 24/5; zu diesem Urteil auch oben §5, Ziffer 8 und unten §18。

事不变]约款予以一般性的、原则性的认可,这已然体现于同一审判庭在稍早前和稍晚后作出的判例之中。该审判庭在 8. Ⅶ. 1920, Jur. Woch. 1921, S. 24 的判例中说,[情事不变]约款并没有被接纳为一般原则,而仅仅是被例外认可的,尤其是,"并非所有在经济领域中的更大的变革(Umwälzung)都会产生"解除权,而仅仅是那些使得对合同当事人的关系产生了异常冲击(außerordentliche Einwirkung)的变革[才产生解除权]。而且最近的 22. X. 1920, das S. 23 的判例也再度强调,仅在例外的时候,才可以基于[情事不变]约款理论认为,对价格发展的错误期待产生解除权。因而仅仅是经济状况发生了这种异常变化,以至于合同履行不再符合在合同缔结时所理性追求的东西,也就是说,强制履行将违反《德国民法典》第 242 条的时候,[才可以被允许]。在此之外,当事人原则上必须承担价格升高或价格骤跌的风险。

前述[的那个著名的]判决也基本没有说出不同的东西。这个判决同样仅仅是例外容许在经济状况发生根本改变时根据《德国民法典》第 242 条和第 325 条*来解消合同。这在原则上并不是新东西;按照笔者的看法,毋宁说该判决的意义本质上仅仅在于以下两点。其一,赋予法官对合同所规定的给付的积极变更权(Abänderungsrecht),就此而言,Entsch. 99 S. 259 这个更早的判例已然是先驱;关于这点——被判决以各种形式强调的(参见第 963 页)——下文第 18 章会详细讨论。其二,关键性地将[情事不变]约款与经济不能理论关联在一起——在此之外,该判例就没有什么了,因为其一并援引了第 325 条和第 242 条。

与这种将[经济]不能与情事不变约款(行为基础)关联起来的做法不同,笔者已经在第 5 章编号 8 那里表达了自己的立场。[经济]不能的思想在那里是被放在了普洛克路斯忒斯之床(Prokrustesbett)上。实际上对司法来说,发挥推动作用的并不是[经济]不能的思想,而是行为基础理论,这尤其体现在以下两点:

---

* 已删除。相对应的内容可参见现行《德国民法典》第 275 条、第 280 条、第 323 条以及第 326 条。——译者注

a) 如果因为火灾[52]、战争或者其他自然事件,给付在一个特定时间上变得不能,但绝没有变得终局不能,且如果"必然发生的短暂推迟改变了给付的经济意义,以至于在未来进行给付的时候,将与合同中约定的[给付]具有本质差别",那么应当将其视为终局不能(这有时有利于一方当事人,有时有利于另一方)。[53]

因为这显然是以对经济上的变动(wirtschaftliche Verschiebung)的考虑为基础的:给付本身还是完全可能的,但行为在经济上的基本前提则丧失了。此外,当事人能够通过行为来满足特定经济需要的设想也落空了。

b) 第二点的意义还更为重大:如果债务人明示或以可识别的方式自己承接了未来发生[给付]困难的风险(Risiko der künftigen Erschwerung),那么给付困难(Lieferungserschwerungen)不会使债务人享有给付拒绝权。[54] 这也就是说:债务人知道或预见到价格或其他情事将发生变革,并允诺经济生活中现时状况的存续不会被当作行为基础。在客观上,[经济]变动(Verschiebung)当然是与其他情况相同的;而根据当事人的目的,情况就不同了——起到决定性作用的是,当事人是否将现时状况存续的设想作为其行为的基础。正确的观点是——当事人是其利益的最佳守护者,他们自己才可以最好地判断,要在何种基础、何种利益格局之上缔结合同。[55]

被帝国法院经常使用的所谓积极违反合同(positive Vertragsverletzung)理论,也同样不足以令需要得到保护的当事人从法律行为中脱身。

---

[52] 首先这么做的是在两个著名的耗时费力的诉讼中,Ziv.-Sen. III v. 12. VII. 1889, SeuffA. 45, Nr. 176, S. 282; Ziv.-Sen. I v. 6. VII. 1898. Entsch. 42, Nr. 27, S. 114 ff.,而此后[这种情况]是非常频繁的,几乎是持续性[地发生]的。

[53] RGEntsch. 88, S. 74, ebenso 90, S. 104, 94, S. 47.

[54] Angaben bei Oertmann, Jur. Woch. 1920, S. 978, Sp. 2, z. B. Entsch. des RG. 93, S. 343, 94, S. 47.

[55] 让债务人因为其允诺的标的仅仅构成其自身营业的货物而且其不再有能力提供给付而解除的认识不属于笔者的主题;也持此见解的,Ziv.-Sen. II v. 7. XII. 1917, Entsch. 91, Nr. 79, S. 312 ff.。因而仅仅存在一个有限的种类之债,对该债务之履行,无论如何在现在实际上是做不到的。如果被告实际上仅仅必须"供给来自其货物产出的牛奶",那么,在期待可能的给付会上涨的情况下将其营业置于另一个可能不经济的基础之上的做法,便会为其强加一项其依合同本身就已然不负有义务的更多给付了。

克吕克曼[56]已然令人信服地证明了这一点。该理论要求当事人——尽管可以证明相对人无法充分（Unzulänglichkeit）[履行]——一直等待，直至其自身的请求权被不良地履行，并由此可能遭受显著的损害。答案不应是这样的；如果一家啤酒厂经证明持续提供的是劣质啤酒，如果某个主刀医师被证明是不能胜任的，那么即便[啤酒厂和医师的]无能力（Unfähigkeit）没有针对他们或没有在要解除的合同之中出现，[啤酒]订购人和病人也应当能够在合同基础欠缺理论下从行为中脱身。这些情事对作为合同基础的性质或能力的欠缺（而非实际发生解除权的义务违反）来说，具有认识基础（Erkenntnisgründen）的意义。正如克吕克曼所阐述的那样，帝国法院有时也认可这一点；比如帝国法院（Jur. Woch. Bd. 35 S. 299）认为，一个本身无关紧要的[义务]违反也可能具有"撼动一方当事人对他方当事人会信守合同的信赖以及整个合同的基础"的效果。不言而喻的是，根据特别原则来处理真正的（wirklich）积极违反合同的做法，与此是不相符的。积极违反合同当然引发了相比于单纯行为基础丧失更为严厉的效果；积极违反合同的概念也没有完全融入行为基础；克吕克曼第245页的评论——其认为情事不变约款实际上随着积极违反合同被承认已经被引入[实证法]——显然走得太远了。

无论如何，克吕克曼的期望——前述那个著名的判决会为所有个案带来清晰性，从而"所有实践中的困难都会被克服"，帝国法院从此很快就会减负了（！）——是一个巨大的错觉（参见 Hachenburg, Jur. Woch. 20, S. 964）；在案例的复杂性面前，是不可能有这种效果的。

第 17 章 行为基础何时丧失？

1. 至此，仅能在并不存在的或者嗣后消灭的情事完全成了[法律]行为的唯一基础或基础之一（überhaupt die oder doch eine Grundlage des Geschäfts）的时候，才能提出有关行为基础丧失的问题。什么时候是这样，本书在总体上对此进行理论研究之时（尤其参见第5章）已然尝试给

---

[56] Archiv 116, S. 212 ff., 225, 229.

出了理解。决定性的判断,终究一直都仅仅能从对个案的谨慎考虑中获得[57];在这里,正如经常的那样,对个案的正确涵摄是一种最为精细的法学艺术活动,比单纯去设置抽象的法律准则或者理论公式的做法要更为重要和困难。

在这里尤其应当排除的系仅仅一方当事人的特殊的主观动机被证明为错误的情形。涉及一个明示的或默示的[法律]行为的组成部分——比如说条件(Bedingung)——的情形也应予以排除。

在个案中,区分可能是困难的——不知在什么地方必须进行区分。对有正确感受的、掌握了生活需要之语言的法学家来说,将更多是通过感觉来进行区分,而不是借助一个死板的公式(tote Formel)。正如已述,当然最后有决定性的一直都是应作评价的情事的性质。但是,无论如何还是存在某种典型的评价要素,这些要素为对其的评价作了预备;这些要素向我们展示,对某种情事的设想通常被视为是决定性的,对[法律]行为缔结来说具有基础性,相反,对其他某些情事的设想则看起来是典型地无关紧要的。

因而对既有的情事的不正确设想——可能仅仅是设想人(Vorstellende)自己就当然可以去澄清不正确的设想——似乎将是不重要的,比如说,设想人是否在其收藏中已经有了要购买的东西(书籍、硬币、邮票)。[存在]与设想人的一种非常特殊的利益关联(Interessenverknüpfung)相关的情况也是如此,比如说,设想人购买了一件婚礼燕尾服但退婚了。[58]

在那些——相对人知道的或被认为当然存在的——首先应由相对人来确认其正确与否的设想那里,比如说,想要购买的一册学术著作是最新版本,实则正好相反。或者在具有一般性地根据此类合同的通常目的而应视为决定性的设想的时候[亦是正好相反];因而比如说,要购买的西装、外套、一双靴子对买受人来说是贴身的。或是伊赫林(Ihering)的著名情形,即租了窗边位置而作展示的西装在事实上也是存在的[59];在租下

---

[57]　Ebenso Rosenthal, Jur. Woch. 1921, S. 17.
[58]　S. Kohler, Lehrbuch Ⅰ, S. 572.
[59]　So auch Kohler, Lehrbuch Ⅰ, S. 573.

的剧场座位上至少可以看到演出的主要过程；对出卖的建筑土地颁发了建筑许可。

在第一次战争时期经常出现的属于这里的情况是，某人在东普鲁士的海岸边租了一个夏日住宅，而现在因为俄国入侵，岸边所在变得荒凉了，而且实际上不再被考虑为居留地点。这当然不应根据《德国民法典》第552条被视为是不重要的。因为并不存在纯粹主观的使用障碍。然而，没有哪种法学艺术可以在这里构建出一方当事人或他方当事人的给付不能。在判例中为类似情形而采用的[60]见解——认为出租人在这样一种实际情况当中原本就仅仅能够提供不适于出租的房屋——也未能达致目的。因为战争状态并没有使得这个特定的租房蒙受瑕疵，而是整个地域、地区都以相同的方式遭遇了不幸；而且介入这种一般性[事态]发展之中的做法，显然超出了租赁义务。在这里，提供补救办法的显然仅仅是行为基础的着眼点。[61] 在没有正确认识到行为基础的着眼点的地方，比如说在汉堡地方高等法院的1915年2月11日判决（D. J.-Z. 1916 Sp. 351）那里，人们必然会得出一个有疑问的结论。

而如果买来作为花园的土地是不适合种植的，或者街道建设负担（Straßenbaulasten）的金额要比所认为的更高，那么便又有所不同。在后一种情况中[62]，仅在以一种出卖人知道的方式从特殊情事中得出[法律]行为的决定性基础对出卖人的效果意思具有决定性的时候，出卖人对金额的设想才能被评价为[法律]行为的决定性基础。这种情况可能就是[这一]著名的帝国法院的案件：买受人在出卖人在场的时候，向地方市长询问了街道建设负担的数额，并从他那里得到了一个完全错误的答复[错误的]530马克而非[真正的]3680马克。莱纳尔（Lenel）的令人惊讶的问题是："博肯海姆（Bockenheim）的市场的判断（Dicta）涉及土地出

---

[60] Erk. des OLG. Celle, LeipzZ. 15, Sp. 1041, Nr. 13.

[61] 在米特尔斯坦（Mittelstein）的案件中类似，Jur. Woch. 1915, S. 1329; Siber, Gruchots B. 60, S. 472，由此，那个合同目的之丧失将与和情事不变约款或者前提[理论]本质相同的"默示的战争条款"一样作为救济使用；s auch Krückmann, a. a. O., S. 263 ff.。

[62] RG. Ziv.-Sen. Ⅲ v. 3. I. 1888, Entsch. Bd. 19, Nr. 50, S. 260 ff; dazu Windscheid, Arch. ziv. Prax. 78, S. 191; Lenel, das 79, S. 89; BurchhardGruchots B. 39, S. 38.

卖人的什么?"回答是:买受人通过其现时对市长提出疑问的方式,将假设的情事对其意思决定的意义尽可能清晰地告知给了出卖人。比如说帝国法院认为这里涉及的仅仅是一种"缔约人的共同错误"的阐述则会被批评是牵强附会的(entschieden abwegig):实际上并不是内心追求的与外在表示的有所不同;确切而言,在外在的[法律]行为的事实构成那里,清晰地强调了所设想的金额数值对意思决定所具有的意义。法兰克福地方高等法院合理地阐述道,当事人对这种数额的共同设想将作为条件(Bedigung)附加在合同之中,如果当事人没有对向其所作之陈述的正确性有坚定确信的话。

但是,最为重要的是最初存在的基础嗣后消灭的情形。这里省略例子,因为这些例子已经由情事不变约款(cl. r. s. st)的作者作了应有尽有的讲述。[63]

2. 可能仅仅涉及行为基础在矛盾的对立面的意义上的存在或者欠缺,而行为基础实际上是有问题的情形:画是不是伦勃朗(Rembrandt)的,土地是否适于种植。但是,情况经常并非如此简单:对街道建设费用的数额的设想,可能在事实上是非常有意义的,但也可能仅仅是偏离了没几马克;供应商假设的"成本"可能升高了没几个百分比,但也可能升高了两倍、三倍甚至十倍。那么可以说是逐次地消除了行为基础;越来越脱离行为基础,直至最后达到了这样的程度,即根据众所周知的哲学公式,量变达成质变,然后人们必须说:行为基础丧失了。正是这些情况是最常见的,在评价上是最为困难的,但可能也是最为迷人的。确实:正确地评价极端状况,在大多数情况下并非高超艺术——因而没有人声称,将制造税(Herstellungssteuer)提高3%～5%,供给烈酒的合同就被杀死了。反过来,尽管其制造成本已经升高了比如说十倍,但有疑虑地看待我们的学说的人并不会轻易地去考虑让供应商固守在一个合同之上。[64]

但是,最重要的情形可能就是会如此极端。因而有的时候判决可能

---

[63] So von Stahl, S. 72 ff. (因而比如说这种情况,某人从一个著名的画家那里订购了一幅画像,而该画家在完工之前病得如此之重,以至于不再期待有什么艺术效果。)

[64] 这种类型的情形,众所周知出现在了战争和后战争时期,尤其是在连续供应合同的领域中;笔者本身已经对此出具过鉴定意见了。

是站在刀尖上的。比如说在税率升高的时候就是这样。笔者在别的地方[65]寻求为这个事件与类似事件画定界线:成本升高和税率升高是如此之大,以至于它们本身就达到了合同对待给付的总体金额甚至犹有过之,那么在这里,不再能期待供应商会将合同坚持到底了。因而就像供应商一直正确考虑的那样,就像他从一开始就是以优惠的方式缔结[合同]的那样,他被夺走了抽象的获利可能性(Verdienstmöglichkeit),而不仅仅是[被夺走了]实际、具体的获利(Verdienst)。在这个意义上,人们至少可以假设,在每个按照精神办事的供应商那里都具有对成本持久性的设想。

在帝国法院[前面的那则著名]判决所涉及的案情中,出现了类似的评价要素:每年的租金是9362马克;但是,原告——根据其仍然还要予以证明的主张——因为要供给其承租人的蒸汽的异常价格升高而亏损了89000马克;也就是说,不可期待的多余费用支出是如此之高,以至于这个费用支出超出了承租人全部对待给付的好几倍。在这个情形中,绝没有像帝国法院赞同的上诉判决所认为的那样,存在出卖人的"错误计算"(Verkalkulieren)。而且当人们追随多弗(Dove)(对帝国法院判决的评注),反对在这种合同中可以废止或变更,[并]主张"合同忠实"的思想,那么不管怎样笔者都无法追随这一点——合同忠实的理性(Vernunft)可能成了胡闹(Unsinn),而其善行(Wohltat)则变成了折磨(Plage);不认可这一点的人远远地偏离了无论如何主导了我们时代和相关立法(《德国民法典》第138条!)的社会伦理基本观念。

---

[65] Rechtsordnung und Verkehrssitte, 1914, S. 211ff. 类似思考,Endemann, Jur. Woch. 1921, S. 10, 其除此之外还——[他]可能是第一个[这样做的人]——在给付的"内容同一性"不再存在的时候也容许合同被废止。比如说,早前仅被视为废料的焦屑得到了一种作为燃料的独立意义。但是,这对笔者来说是不清晰的:在这些情形以及类似情形当中,内容上的同一性仅能在经济上以各种形式确定。

根据文本中所阐述的要点,克吕克曼的思路似乎也被涉及,他在关于前面(S. 145)所讨论的帝国法院的那个著名的评议(Jur. Woch. 1920, S. 963)中这样写道:"情事不变约款与合乎逻辑地施行的牵连性并无不同。"可是,该表述是引人误解的。因为每个合同都可以因为不妥当性(Unangemessenheit)而被解除时,那么这么做就是可能是不可救药的。此外,对[《德国民法典》]第138条的暴利规定来说,在双务合同的领域中可能完全不再有适用可能性了。

实际上仅仅以何者应当被视为合同基础为出发点——如果当事人有意地约定了一个不同寻常地高的或者低的报酬,那么在这里就必然会因为欠缺暴利性剥削而不了了之。

[前文]已经阐述的要点是否适用于所有情形,抑或可能除此之外还应当考虑其他要素,这里笔者想搁置不论;无论如何,笔者相信可以一般地维持在这里[的观点上]。[66] 每方当事人在履行时,凑合获得了甚至挣到了一个曾经经常不可能的经济最终后果,这确实并不属于合同基础。但是,在因为事物发展,从此完全排除了[可能获得]一方当事人的一种仅仅是可能的获益(Verdienst)的想法的时候,如果[法律]行为至少必须构建在一个对双方都有利的成果的可能性的基础上,那么整个[法律]行为的基础便都被改动了。

此外,相同情况也可能出现在买受人那方,也即总体而言在[法律]行为中,抽象获益可能性对其而言被消除的债权人那方。因而[67]如果一个工厂主(Fabrikant)负有义务为其工厂接受一定数量的煤,而且这些煤是在合同的持续期间内进来的,那么在这里笔者假设,这种进来并不是恣意地进行的,而是建立在法律或者经济的必要性的基础上。[68] 或者一个商人因为警察规定、强制管理的引入或者类似情况而不再被准许掌握所订购的货物。在所有这类情况中,事物发展所带来的结果是,将合同坚持到底可能不再会带来支持受影响的当事人的利益的结果;不仅仅是被假设为可变化的经济趋势发生了变迁,而且经济趋势所立足其上的、可能这样或那样对当事人发挥作用的、被设想或被假设不会变化的基础也发生了变迁。

不言而喻的是,绝不准许轻易地认定行为基础丧失;除所有其他更可以说是轻微触及的对既已取得的权利的必要保护的要点之外,可能重要的在社会伦理的和经济上的思考也会禁止这么做。首先应当确保的是合同忠实[69],而且仅在固守合同忠实会被更为重要的利益挫败的时候,才能主张诚实信用以反对之[指"合同忠实"——译者注],而不是主张诚实信用以支持之。

当然,根据本著作的基本思想,必须坚持的是,界限——超出该界限

---

[66] Abweichend Leetz, cl. r. s. st., 1919, S. 51.
[67] Beispiel Dernburge, Preuß. Privatrecht Ⅱ, § 100, Ziffer 3a.
[68] 这点消除了利茨的异议,a. a. O., S. 60.
[69] So auch Hedemann, Schuldrecht, S. 321/2.

后,合同基础即看起来已消灭或者发生了变化——最后更多是根据主观的也即当事人意义上的着眼点来确定,而非根据纯粹客观的着眼点。[70]但是,在这方面,这种变化的或多或少重大客观意义并不是全然无益的。情况就像是在《德国民法典》第677条及以下规定的事务管理那里那样:最后必须由当事人意思来作决定;但是,当事人意思是否存在、是否应作推定,在有疑义时,应当根据客观的利益状态来加以评价。

因而在笔者看来,克吕克曼将情事不变约款的全部领域概括为一个或多或少费劲的[案例]群之中的尝试,并不是特别值得赞同:a)"对对待给付具有重要性的不确定性";b)"自身给付的不可期待性"(s. S. 165)。在[其]后文的阐述中,还出其不意地加上了第三种情况:c)"权利行使的不可能"(S. 303, 308, 314, 377, 395);与之并列,顶多还能找到"个别法律关系在特定情况中的个别表现、特别规定"。这种线条分明的[案例]群构建(Gruppenbildung)在一定意义上可能是一本正经的(be lechrend)的;然而,首先,并不是所有被克吕克曼放在[这些案例群]之下的情况都确实属于这个主题;其次,[案例]群构建无论如何看起来并未穷尽;最后,完全拒绝将"下行经济趋势"作为解除事由(S. 165)的做法走得过远了,对此参见下文第19章。

3. 基础的丧失或欠缺可能并没有涉及整个合同关系,而仅仅涉及合同关系的一部分。这可能会是以非常不同的方式。

a)可能要在约定的法律关系已然存在了一定的持续时间且发挥了作用之后,行为基础才消灭。这种情况出现在继续性债务关系那里,比如说应当供给的啤酒变坏了,或是对负责接收一种营业产品有义务的商家嗣后放弃营业。

b)或者,基础在内容、时间、空间上并未完全消灭,而仅仅是部分地在质量上(in quali)或数量上(in quanto)消灭。

c)或者,设想的情事尽管本身完全消灭了;但是,该情事本身并不是作为全部[法律]行为的基础,而是作为从同一个[法律]行为中区分出来

---

[70] 支持客观上区分的,Stahl, a. a. O., S. 68, 与其原则性的态度相符;显然同样支持客观区分的,Krückmann, a. a. O.。

的部分的基础,或者仅仅作为个别条款的基础。比如说这种情况,即先给付的约定对双务合同的一方当事人来说,系建立在对相对人之信誉的想法的基础上,而这种想法被证明为受骗了,或者嗣后落空了——后者即《德国民法典》第321条的情形,参见前文第10章。

第18章 行为基础丧失的法律后果

1. 或是让行为基础的最初丧失,或是让行为基础的嗣后丧失使得[法律]行为无效,这些做法不应予以严肃考虑。这不是因为无法过分期待因此而受到影响的当事人使[法律]行为以违反其意思的方式消灭。这可能会以最剧烈的方式介入其决定自由(Bestimmungsfreiheit);尽管行为基础丧失了,但受到影响的当事人可能对[法律]行为仍然有充分的利益;尽管出现了不经济性(Unwirtschaftlichkeit),但可能该当事人因为伦理的原因,或是考虑到其[法律]行为上的名誉或信用,而仍然想要维持该[法律]行为。

另外:如果在错误涉及[法律]行为标的或[法律]行为内容的时候,错误本身没有使得[法律]行为无效,那么单纯欠缺(Mangel)并没有被提升为[法律]行为内容的单纯行为基础可能就会产生更强的不能的效果(unmöglich schärfer wirken)。

2. 法律在错误的情况中规定了可撤销,也就是说,根据《德国民法典》第119条第2款,在错误仅仅涉及人或物的性质而非[法律]行为的内容时。笔者已经在前文(第5章编号7)论述道,不应当扩展到欠缺行为基础的情形。行为基础的欠缺确实可能同时成为一方当事人的性质错误。而且并没有阻碍这个当事人去行使撤销权。不言而喻的是,不能严肃地声称,如果单方发挥作用的当事人的错误设想是双方当事人共有的,而且被提升为了行为基础,那么就已然赋予了当事人更少的权利。

但也很难说,在主题情形中进行撤销是必要的。因为具有严格期限的撤销和与之相关的损害赔偿义务是一种不舒服的而且在经济上有危险的法律工具。不能不加区分地主张说,赔偿义务在这里因为相对人知道而必须依《德国民法典》第122条消灭。可能仅是这种情况:相对人已经知道或应当知道"可撤销事由",也即撤销人的设想是不正确的。但在这里并非必要,甚至也不可作此推定;尽管相对人知道了在撤销人那里存在[认为]事物具有这种或那种性质的设想,但仍然长久地不知道这个设想是不正确的。

但是,作为因为欠缺基础而解消[法律]行为的后果的赔偿义务,在法政策上是非常且完全不妥当的。笔者几乎无须对此予以特别证明。当事人达成一致的是,[法律]行为应当具有基础,而且必须考虑到或多或少显而易见的此种可能:一旦脱离基础,[法律]行为就不会存在了。至于错误撤销时的赔偿义务的合理性:在这里立即去除了撤销事由的单方性和不可知性。

在这方面,《德国民法典》也没有在可以因为欠缺基础而废止[法律]行为的法定情形中规定赔偿义务。而且普鲁士邦法在Ⅰ,5,§380/1中对某些情形作了不同判断,规定赔偿义务的也仅是在此时,即"仅仅是一方当事人明示表示出来的或者不言而喻的目的因情事的变化而遭受了挫败",而且在变化同时出现在该方当事人的人身上时。

克吕克曼[71]在其认可的情事不变约款的部分公认情形——其中之一为"权利行使的不可能"——中尝试用现行法来为"利益平衡"的理念作宣传,尤其是在《德国民法典》第626条的终止那里。因而现在确实正确的是,在一方当事人本人身上或一方当事人所在的交易群体中发生的事件,以这样或那样的方式为该当事人造成了负担,尤其是没有通过多样的效果来阻止受领迟延,因而也没有赋予债权人为免其责而根据《德国民法典》第324条*主张对待给付出现了不能的权利。而且这样一来,(陷入了受领迟延的)债权人也确实将不会享有因为状况在此后发生了变化而通过解除来解消[法律]行为的权利。

但是,这在最好情况下也仅是涉及了适用范围的内容的一个小片段。而且也没有证明对这类情形有损害赔偿义务;《德国民法典》原则上对作为受领迟延之后果的损害赔偿义务是感到陌生的。克吕克曼(S.452)基于错误撤销的责任所作的类比推理是完全错误的;对于单方的、相对人仍

---

[71] A. a. O., S. 444 ff.
* 已删除。相应内容现可参见现行《德国民法典》第326条第2款。——译者注

然不知道的表示基础与双方的、相对人知道的表示基础之间的重大对立,笔者在本书中已经作了非常可观的详细论述,无须此外再作补充了。

西贝尔(Siber)[72]建议在(默示的)战争条款那里,一直都仅在解除人作出积极赔偿相对人损害——当然并不包括所失利益——的妥协的情况下才容许解除,这并不是没有疑虑的。这从现行法来看是未经证明的,而且法政策上的可能需要也可以通过其他较少强力性的(gewaltsam)方式来加以满足:通过允许提高相对人自身的给付——或根据情况——通过减少相对人的给付来避开解除。[73] 另外,顶多在证明基础自始即不存在之时方可因为欠缺基础而完全消灭[法律]行为[74],而并不包括基础最初存在、嗣后消灭的情况。

3.《德国民法典》个别地规定,[法律]行为因为欠缺基础而无效(第779条、第2077条,参见前文第7章、第12章)。笔者已经在前文(第14章)寻求证明这些准则是无法被一般化的特殊情况。[75] 对单纯的行为基础欠缺而言,无效可能是一种走得过远的后果;无效可能会让当事人的决定自由蒙受强制,而且在一个已经生效的债务关系嗣后丧失行为基础的情况下可能并不适合。仅在基础被视为默示条件(Bedingung)的时候才能作不同判断。人们当然会承认这是可能的,但这既非必然,也并非被推定的。而且如果涉及的不再是单纯的行为基础,而是一种真实的[法律]行为的组成部分,便会是此种情况。当然法律可以规定,本身仅仅是基础的东西要被当作[法律]行为的生效条件(Wirksamkeitsbedingung)来对待。但这种做法一直都是一种积极的特别规定(eine positive Sondervorschrift)。[76]

---

[72] Gruchot 60, S. 476 ff.

[73] S. unten S. 167.

[74] Krückmann, S. 234, 375,通过解除或者直接根据是否涉及欠缺所设想的"先合同的"或"内部合同的"情事而排除可撤销和废止可能性的领域。

[75] 支持此点但未区分行为基础与默示条件的,Leonhard, Allg. Teil, S. 480; ferner v. Tuhr, LZ. 1921, Sp. 158/9。

[76] 以前持情事不变约款的观点的个别人当然捍卫的是[法律]行为依法消灭(ipso-iure Wegfall)[的观点],埃伯哈德(Eberhard)即如此(bei Pfaff, S. 265),而且还从中得出了一种既臭名昭著又具有特色的推论,也即对变化了情事的回溯构建(Rückbildung der veränderten Umstände)不会重建合同!

4. 罗马[法]的不当得利返还(Kondiktion)和今天的[不当]得利请求权都并非当然可以用来消除欠缺基础的[法律]行为,这在第 1 章已经得到证明了。不当得利返还并没有涉及这种[法律]行为,而是涉及给付和其他财产变动(Vermögensverschiebungen)。返还并不是一直都可归因于[法律]行为的,但[当返还]归因于[法律]行为时,却无论如何并不是归因于正好由于财产地位而发生了无[法律上之]原因的变动的当事人之间的[法律]行为。在间接的财产给付那里即是如此;在指示等情形之中。此外,如果 A 向 C 为 B 的债务作了支付,目的是向 B 作赠与,而 B 作了拒绝,那么尽管 C 甚至都没有参与到[法律]行为之中,C 仍以抵触 B 的[意思]方式得到了一项不当得利请求权。如果欠缺行为基础,那么就必须可以废弃与 C 作的支付行为,但众所周知的是,不能称之为——"债权人得到他应得的"(creditor suum recepit)。

当然,在消除欠缺行为基础的[法律]行为之后,可以通过不当得利请求权来要求返还已经给付的东西。但是,这并不是行为基础丧失的直接后果,而是此后产生的要因行为消灭的后果,因要因行为之消灭,已经实施的给付从此丧失了其法律上之原因。

5. 行为基础欠缺的后果毋宁说或原则上说仅仅在下述方面[77]包含了此点:在[法律]行为丧失基础时可以废止(Aufhebungsmöglichkeit)[法律]行为。必须可以在[法律]行为丧失了基础的时候将其予以废弃,有时候是一方当事人可以这么做,有时候是他方当事人,也可能是双方当事人都可以这么做。但是,最后一种情况并非必然;确实,双方当事人都必须已经知道且认可所设想的情事对[法律]行为的效力(Geltungskraft)具有重要意义。但是,[双方当事人之知道]仅仅是像在比如说通过合同约定了一项解除权且限制在了一方当事人的时候的那个意义上。从行为基础成立时的双方性(Zweiseitigkeit)中是得不出效力(Wirkung)也是具有双方性的。

具体而言,在这里可能出现差异:

----

[77] 也就是说,无论如何根本(schlechthin)就不是——这会在下文证明。Vgl. auch Stahl, S. 69 ff.

a）比如众所周知的克吕克曼想要在所谓经济不能的情形中提供的基于重要或重大利益的抗辩权，对笔者的主题领域来说几乎没有问题的是，这种抗辩权在总体上是如何激发疑虑的，且如何在最近被其论证者自行以有利于解除权的方式而退居幕后的。显然，克吕克曼反对根据不能规则来处理包含情形的法政策理由在于，不准许以抵触债务人之意思的方式，将[给付]不能规则之适用强加给债务人。但是，这[种强加的后果]将同样可以通过许可一项解除权来实现。不言而喻的是，这种解除权可以由债务人在防守（Defensive）的时候作为对债权人之诉讼的防卫来予以主张。而且对于债务人在主张给付困难（Leistungserschwerung）的情况下反对指责而要求驳回起诉，就会被随意地理解为是对解除权的主张。但这样一来，这就不是抗辩权（Einrede），而是抗辩（Einwendung），是同时实施和主张了一种权利消灭事实（rechtsvernichtenden Tatsache）。[78] 这种处理方式在法政策上也得到了比单纯的抗辩权的法律构造要好得多的结果；这种处理方式可能不会得出平坦清晰的结论，不会毫无剩余地（restlos）消灭原告通过其有成果的执行来进行的请求，而且可能尤其不会触及原告的对待给付义务。尽管[存在]该义务，被通过抗辩权驳回的原告可以根据《德国民法典》第 320 条来避开主张（Inanspruchnahme）。但是，只要通过[主张]克吕克曼意义上的"抗辩权"而仍然没有毫无剩余地解消债务关系，那么原告应当如何论证，对已经作出的给付存在一项返还请求权（Rückforderungsanspruch）？因而克吕克曼的学说，如果在逻辑上继续下去，就会导致该结果：因为欠缺合同基础而解除合同的当事人，可以做的仅仅是通过对相对人的诉讼进行防卫的方式来进行抗辩。

b）主张行为基础欠缺的常规工具，毋宁说是解除，或者尤其是在单方表示[79]那里是撤回（Widerruf），[至于]撤回是以通常的私法上之表示的方式，抑或是在诉讼中以抗辩的形式来作出的则无关紧要。无论如何，在合同基础完全也就是说自始即欠缺的时候——比如说，一个经常提及的情形是，一件艺术品并不来自双方所设想的作者——可以进行撤回。

---

[78] So auch Nipperdey, Kontrahierungszwang, S. 105.
[79] 比如在一个当然也可能欠缺交易基础的合同要约（Vertragsangebot）的时候。

在这些情况下,债务关系不是以当事人"真正的"意思为基础的,绝无能力去符合所要追求的利益促进(Interessenförderung)。因而似乎妥当的做法是,嗣后发现[合同基础]欠缺的时候,也以有溯及力的方式进行解除,当事人必须在《德国民法典》第346条*、第347条**的意义上来返还已经作出的给付。否则——就笔者所能看到的而言——所有解除法的规则也即《德国民法典》第346—361条***都是完全适合于我们的情形的,而涉及的非约定的(vertragsmäßig)解除权也并未为此解决任何东西,因为法律经常甚至是根据合同解除权的规则来处理法定解除权和其他的废止权的,参见《德国民法典》第327条****、第467条*****。

在规范意旨上,解除的时点尤其可以根据《德国民法典》第355条******来确定:一旦确定合同基础丧失了,那么相对人就为因[合同基础]丧失而有权进行解除的人去决定一个妥当的期限,而[解除]权利在该期限徒劳届满之后消灭。但是,如果行为基础对双方当事人来说是共同的,那么并不需要为此设置期限,因为这样一来,每方当事人都可以自行废止[法律]行为。

但是,在行为基础嗣后才消灭之时,也就是说,尤其是在所谓情事不变约款的情形中,解除权原则上也可能是合同基础丧失最为妥当的后果。但是,在这里从规范意旨上说,不能认可解除有完全的溯及力。举例说,如果A对B允诺了一项借款,并在履行其允诺时陷入了迟延,那么他就不被准许嗣后避开已经发生的迟延效果,如果此后果会让B的财产关系变得更差,并因此而可以适用《德国民法典》第610条*******的话。可能是在考虑到这一点的情况下,法律在这里适用的是撤回权(Widerrufsrecht)而非解除权的要点。尽管如此,完全不说在这种情况中

---

* 可参见现行《德国民法典》第346—347条。——译者注
** 可参见现行《德国民法典》第346条第4款。——译者注
*** 现在解除法的规则规定在现行《德国民法典》第346—354条之中。——译者注
**** 已删除。——译者注
***** 已删除。相应内容现可参见现行《德国民法典》第437条第2款、第439条第5款、第441条第4款。——译者注
****** 已删除。相应内容现可参见现行《德国民法典》第323条。——译者注
******* 现行《德国民法典》第490条第1款。——译者注

是对合同的溯及解消,则可能是错误的。确切而言,在笔者看来,撤回也具有溯及力,但仅仅是对那个经过后行为基础即丧失且容许进行撤回的时点。确实,已经实施的合同给付在这里也必须予以返还。但在这里,直到行为基础丧失之前,已经实施的合同给付仍然是所负担的(geschuldet)[合同给付],而且让这种负担(Geschuldetgewesensein)产生后续效果(Folgewirkungen)就可以了:因迟延、积极违约等产生的责任。

在[其内容]并未穷尽于一项个别给付或是已经确定的多项个别给付,而是以一种构成经济和事实上之统一体(Einheit)的或多或少连续不断的总体行为(Gesamtverhalten)为内容的继续性债务关系那里,情况则有所不同。当然,按照正确的观点[80],在继续性债务关系那里也可能产生解除权;这显然是从《德国民法典》第346条第2句*中得出的。而且在笔者的主题的意义上,解除权至少在设想的行为基础最终被证明系自始不存在的时候是有问题的。笔者认为:在尽管欠缺合同基础而当事人仍然首先让关系继续生效的时候[81],这就与认为此后实施的解除让曾经发生的部分效力继续存在的观点相近,也就是说,[认为]仅仅想要向将来发生效力(ex nunc)。解除因而转变为了一种终止(Kündigung),此种终止完全没有触及债务关系之发生及其之前的存续,而仅是为债务关系创设了一种提前的或此前不存在的时间限制(zeitliche Begrenzung)。

而且,在继续性债务关系的合同基础要在嗣后消灭时才应考虑终止的做法可能是没有疑问的。在这里,如果[继续性债务]关系原本就能够在中途时间(Zwischenzeit)发挥合乎本旨的效果,而且基础是在此之后才丧失的,那么不言而喻的是,旨在满足之前合同利益的能力并没有嗣后消灭。举例说,如果根据一项长期啤酒供应合同而应当提供的啤酒在一年之后变得如此之差,以至于店主的客户都跑掉了,那么让关系进一步持续

---

[80] 参见笔者对这个争点的评注,Vorbem. Vor §§346 ff., Ziffer 1。

* 已删除。——译者注

[81] 比如说,A将B雇佣为"女主厨";因而B领导厨房的能力便显然成为了行为基础。后来,B被证明是无能力的,但A起初仍有耐心,并在数周之后才消解[法律]行为,因为[B]没有展现出[能力]改善。

的基础就消灭了[82],也就是说,可以向将来解消该关系。但不言而喻的是,第一年内已经产生了合乎本旨的效果的事实完全没有因此而受影响。

在概念上也可以这样来赋予前述以正当性,也就是说:在一个通过持续性行为来清偿、履行的债务关系那里,行为基础的嗣后丧失仅造成其部分欠缺,也就是说,仅仅是对尚未履行的部分[产生行为基础丧失]。也就是说,这种欠缺也仅能发挥部分影响,债务关系仅是在尚未履行完毕的时间段内存在问题。而在以一次性或个别的给付为内容的债务关系那里则有所不同:如果在这些债务关系那里,合同基础也是嗣后才消灭的,那么就不能以此种方式——至少让全部给付的基础在此之后丧失——来加以补救,比如说,一个工厂主对所要供给的机械的制造成本在完工之前就升高到了一个无法估量的程度;为参观入选赛而租下了靠窗的位置,而入选赛推迟了。在这里,终止(Kündigung)并没有意义,而仅仅是解除权,或者更妥当地说,撤回(Widerruf)才具有前面所讨论的意义。

6. 前述已然为我们提供了作进一步思考的线索:合同基础的丧失并非一直都是一种毫无剩余的丧失,而是可能仅仅涉及全部债务关系的一部分(参见前文第17章最开头部分的论述),因而从规范意旨上说,也仅仅是相应地产生了一个有限的后果。而我们在继续性债务关系中的行为基础在嗣后才消灭那里已经看到了这一点:据此,仅是触及了[继续性债务]关系的以未来为内容的继续存续。但此外,还出现了下述型构(Gestaltugnen):

a)[行为基础的]丧失或者欠缺可能没有对整个债务关系产生影响,而仅仅是对约定的给付的持续期间、时间、地点或数量,或者也仅仅对关系的一个个别特定条款产生影响,比如说在双务合同之中强加给一方当事人的先给付义务。接受这种先给付义务的基础可能无论如何都是对

---

[82] 通行学说在这里众所周知是透过给付不能的要点来进行救济的,但该要点很难起效;谁告诉我们说,啤酒厂无法制造更好的啤酒?在债务关系文本的情况中仅是以具有向将来之效力而进行解消,不仅是对啤酒厂有利,对店主亦然;店主保有了其因为不良供应而对过去的请求权,也就是说,对因为不履行的依[《德国民法典》]第480条第2款[已删除,相应内容参见现行《德国民法典》第437条第3项。——译者注)的损害赔偿请求权,以及因为所谓积极违约的损害赔偿请求权。

相对方之信誉的设想。在这方面(参见前文第 10 章),如果那个法律所假设的条款基础丧失了,那么《德国民法典》第 321 条的规定就让先给付义务一劳永逸地消灭了,或是用抗辩权来削弱该义务的效力。无论如何,整个[法律]行为都据此而崩溃了。

我们完全有可能得到一个一般性结论:行为基础的丧失原则上应当一直都可能仅仅使整个[法律]行为的一部分陷入疑问,而已然丧失的情事则构成这部分的基础。[83] 是否以及在何种程度上可以据此来间接地撼动整个[法律]行为,是在准用《德国民法典》第 325 条第 1 款第 2 句*的情况下来如此确定的,也即看维持其余部分的债务关系是否为当事人带来了利益。债务关系的其他存续本身则仍然不受影响。而且首先会去尝试,将在其之前意义上不可使用的条款予以转换(umdeuten),或者加以补充,即通过该条款所追求的目的,可以在这方面以可能的方式进行构建;举例说,先给付权人(Vorleistungsberechtigte)可以在其信用发生动摇之后,至少可以要求[先给付义务人]就其[即先给付权——译者注]提供担保的那部分进行先给付。必须给予先给付权人机会,以等值的其他方式来重新为其对先给付的权利构建本身已经丧失了的基础。此外还可以这么做:让行为基础的变更仅仅减少应当供给的或者接受的货物的数量——在相应减少对待给付的情况下——或是推迟供给时间。[84]

b)可能从总体上看,基础并没有丧失,而仅仅是或多或少地受限、消亡,也就是说,不是时间上或平常情况下的数量上[受限、消亡],而是内容上、质量上[受限、消亡]。因而举例说,被当作是一个特定大师的作品而卖掉的画作尽管不是不真正的,却被证明作了很大的修缮或者重新上了漆。或者被当作"至轻"(En tout cas)卖掉的雨伞尽管是轻盈的,却不能抵挡大雨。在这些情形和类似情形那里,在数量上削减债务关系或者在内容上进行变更的做法是没有问题的,但应当研究,行为基础是否在[法律]行为利益的意义上受到了如此之大的影响,以至于不可能再期待

---

[83] So auch Krückmann, S. 306; Siber Gruchots B. 60, S. 474.

* 已删除。相应内容现可参见现行《德国民法典》第 281 条第 1 款第 2 句和第 323 条第 5 款。——译者注

[84] So auch Siber, a. a. O.

当事人会坚持[法律]行为了。

c)现在可能经常出现的情况是,并不是整个[法律]行为的基础都丧失了,而仅仅是特殊的合同内容的基础丧失了。建造或者采购成本提升得如此之高,以至于不可能再期待工厂主或出卖人会以约定价格进行供给(也参见前文第17章)便尤其是这种情况。然后容许出卖人为此而解除整个合同,而不仅仅是消除特殊内容的做法是不妥当的;否则出卖人便可能会将成本上升作为受欢迎的借口(willkomenen Vorwand),以使他从对他来说可能是因为完全不同的其他原因而变得令人不快的[法律]行为中脱身。

另外,在笔者看来,完全不能赋予出卖人或出租人以单方地通过一种与现在的价格关系相符的方式改变合同的权利。[85] 尽管个别的出租人群体(Vermieterkreise)接受的是对立的东西(Gegenteil);从普鲁士最高租金法令的适用范围来说,这些出租人群体热衷于这样的观点:认为他们在一个长期的租金合同之内,可以与受容许的租金升高(Zinserhöhungen)相适应的方式来提升租金(Zins)。这些人有时候也对此主张前面讨论过的帝国法院的1920年9月21日判决(前文第16章)。

这个有关最高租金法令之规定的观点是否应当予以认可,笔者在这里搁置不论。笔者认为,这种在法律上和政治上都该诅咒的某些最为草率和片面的立法门道的文物是没有法律效力的,而且无论如何并没有理由让笔者在这里去进一步讨论这种文物。无论如何,根据一般的法律原则以及民法典的意旨看来,原则上不能说这是对已经缔结的合同作单方的内容变更。这种单方内容变更仅在这种意义上才可能出现:只要对一项广泛义务的接受基础丧失了,单务合同的债务人就准许对其债务予以缩减或作内容变更。比如说,一个善行者负有赠与义务,每年为一家医院或一个阅览室提供300公斤的煤,而现在,煤的价格提高了10倍至20倍,因此,完全坚持所承担的义务会让赠与人遭受一种过分的且可能无法承受的过度负担。从这种对之前债务内容进行变更的做法出发,《德国民

---

〔85〕 S. zum Folgenden auch Nipperdey, Kontrahierungszwang, S. 141; Fleischmann, Gruchots B. 61, S. 746/7.

法典》第 665 条(参见前文第 11 章)基于已经丧失的行为基础的着眼点提供了一个很好的例子。该条为受托人提供了偏离委托人指示的权利——而且在必要时甚至是义务——也就是说,据此而有义务去提供一种不同的内容,只要委托人在知道实际情况时会容许这么做的话。也就是说,具有决定性的并不是状况的客观变化,而是推定的委托人的主观意思方向(Willensrichtung),并根据这种意思方向来确定已经产生的重塑(Umgestaltung)的范围和类型。[86]

但在双务合同那里则有所不同。在双务合同那里,当然可以在相应减少对待给付的情况下来减少给付。甚至可能在大多数情况下都会涉及的情况是,债务人可以对在[法律]行为缔结时存在和设想的情事予以重塑(Umgestaltung)的做法加以利用,在不减少其对相对方的请求权的情况下,将义务的数额削减至一个无论如何符合现在情况的程度上,构成这种情况的比如说,对所约定的 1.5 马克的价格而言,现在无须提供 1 公斤煤,而仅仅应当提供比如说四分之一公斤的煤。因为这样一来,债务人至少是没有升高买受人负担的义务,仅仅是将给付和对待给付设定于现在市场状况下的一种可以承受的比例上。授予这样一种广泛许可的做法当然也并不是完全没有疑问的。而且无论如何都不能忍受的做法是,让相对人对保持不变的给付数量要求一个更高的金额,比如说,A 卖给 B 1000 公斤小麦,但三个月后才可以提供,而现在,A 在考虑到小麦升高了的价格的情况下,单方地在合同价格的基础上提升了相应的百分比。《德国民法典》第 242 条因为以存在一项债务为前提而已然没有提供这种权利,相比之下,在这里,强加一个之前未所负担的数额的做法是有疑问的。这可能会与[法律]行为相对人的值得保护利益完全抵触,[法律]行为相对人可能原本就已然依其状况或设想而谨慎地去避免购买货物或者避免以更

---

[86] 而众所周知的是,也经常出现对已经存在的债务内容进行法官变更的做法,这么做的有[《德国民法典》]第 315 条、第 319 条、第 343 条、第 655 条,也可能在[《德国民法典》]第 829 条以及《德国民事诉讼法》第 323 条的情况中这么做。因而许克(Hueck)(Jur. Woch. 1920, S. 489)一般性地声称法官依公正权衡(billigem Ermessen)来变更合同是无法从现行法中得到正当性[的见解]就走得过远了。

为困难的条件买来订购数量的货物了。根据反对者的观点[87],人们是以有利于工厂主和大零售商的单方利益之立场的方式毁弃了所有私法上的决定自由(Bestimmungsfreiheit),而且简直是唤起了那种构成最近经济发展之痼习的价格哄抬和过度索取价格的政策。人们在实践上是让因为价格升高而卖不掉货物的小微零售商为工厂主的单方利益作了牺牲——在笔者的私法经验中,这里的例子是过于常见的了!同时,对工厂主而言,人们轻易地就倾向于盲目和毫无痛苦地同意劳动者要求升高报酬的过度主张,因为[他们认为]工厂主可以将其损失转嫁给顾客。[88]

在最近的判例和学说中,确实显示了与这里所言并不十分相符的思潮:[前文的那个]著名的帝国法院的判决尤其属于此种思潮。最高法院早前[89]为了"减少战争的困苦"而想要赋予"在合同当事人之间创设平衡"的权利。但是,新的判决[90]改换至了其他轨道,在满足三个要件的情况下,其赋予法官以变更合同的介入权利:

a)必须存在这样的情况,即双方当事人依其意思都想让关系继续,也就是说,不作完全的[合同]解消(Lösung)。[91]

b)必须涉及一种"非常特殊和非常例外的新安排(Neugestaltung)和状况变化"。

c)双方利益必须是平衡的;不能仅仅以有利于因状况骤变(Umschwung)而遭受不幸的人的方式来进行变更,而是必须也考虑到他方当事人的利益。

存在这些要件时,帝国法院认为可以通过当然解释(argumentum a

---

[87] Gegen sie auch Siber, Gruchots B. 60, S. 474.
[88] 如果工厂主以极其著名的"价格不受拘束"的条款进行了出卖,那么对买主而言,遗憾的是未作出任何东西,只要在这里——正如可能轻易的那样——并不存在[《德国民法典》]第138条意义上的暴利性剥削的话。但是,偶尔为工厂主所保留的主张,即该条款在今天系被假设已默示地附加了,则必须以最大的果断性加以拒绝;而幸运的是,帝国法院迄今也没有承认这种主张,而是反复地予以了否定。参见笔者在„Deutschen Handelswerte" 1920, S. 324 ff.中的论文。
[89] Entsch. d. RG. 86, S. 398 und 90, S. 375.
[90] Entsch. 100 S. 129, Jur. Woch. 1920, S. 961 ff., s. oben §16 a.E. 支持这里帝国法院所采取的立场的,Rosenthal, HansRZ. 1920, S. 771 ff.;反对法官的减少权的,Darboven, das. S. 662 ff.。
[91] 反对此种限制的,Rosenthal, Jur. Woch. 1921, S. 7;最值得保护的情况,根据罗森塔尔(Rosenthal),是那些一方当事人坚持合同,他方当事人想要解除合同的情况。

fortiori)来证明变更可能性；甚至在解除整个合同是合理的时候,似乎更受容许的做法是在持续性的关系中仅仅去变更"一个个别的合同关系"。[92]

这个结论是正确的,只要变更仅仅是在数量上区别于解消（Auflösung）,也就是说,涉及在减少对待给付情况下的合同给付的一部分（参见前文 S. 167）。但在这种情况下,并不需要特别的法官行动,而是通过部分解除（Teilrücktritt）与在当事人那方通过解除进行完全废止（Vollaufhebung durch Gesamtrücktritt）那样相符的方式来进行减少（Ermäßigung）。但是,如果没有涉及对待给付,而仅仅是应当单方地升高或降低一方当事人的给付,那么情况就是完全不同的。在某种更进一步的关系中,这在原则上与合同解消（Vertragsauflösung）是有所不同的——因为其不仅仅包含了一种（消极的）减少（Abminderung）,而且还包含了一种（积极的）对合同内容的修正,相对方当事人被期望必须将其对待给付当作其在合同中并未表示过同意的甚至可能严重抵触其意思的条件。单方的当事人表示无法产生这种后果是不言而喻的。但是,对法官而言,这种从事形成权性质之活动（rechtsgestaltender Tätigkeit）的权利并不是从一般思考中得出的,而是需要来自法律的特别认可[93],也即存在于现在有关不同特殊情形的紧急法（Notrecht）之中的[94]但并未一般表达出来的、在法政策上也并非没有疑虑的认可。

帝国法院还补充了一种辅助思考,认为在一项合同给付因为经济状况的变化而不能时存在一个合同漏洞,法官必须像[填补]其他漏洞那样来填补该漏洞。但是,显然仅在当事人有意没有画上句号的地方方可进行这种填补性活动,而如果是为了在当事人约定的地方加入另一种内容的目的,那就无法做[这种填补性活动]。

---

[92]　Ähnlich schon vorher Rosenthal, Jur. Woch. 1920, S. 696.

[93]　So auch Hedemann, a. a. O. S. 321, Endemann, Jur. Woch. 1921, S. 10, Sp.2; auch wohl Krückmann, a. a. O.（这是"不必要的"）, vgl. auch Hueck, Jur. Woch. 1920, S. 489. 不同观点,Rosenthal, Jur. Woch. 1920, S. 696 ff., 1921, S. 6 ff.。

[94]　在普鲁士最高租金法令第 10 条（s. den Kommentar von Brumby, S. 255, vielleicht auch §9）中以及在 1920 年 6 月 9 日的用益租赁保护法令第 1 条那里也是如此。

帝国法院似乎本身有一定的疑虑,认为必须削弱其设置的附带条件:仅在双方当事人想要维持[法律]行为并尊重相对人的利益的时候,才可以进行内容变更。但是,法院如何进行这种考虑仍然是不清楚的:将内容变更维持在某种适度界限之内的做法仍然未实现目标。[95][96]

对笔者来说,正确的解决方案毋宁是这样:如果价格估计(Preisansatz)所立足的经济基础发生了一种完全的变革(Umgestaltung),那么供应商既无法单方地脱身于合同,也无法在坚持合同的情况下期待相对人去升高或者降低价格,也不能让法官来对这个内容进行裁判。但是,供应商可以建议相对人,在相应地升高价格估值的情况下,让[法律]行为继续存在。如果相对人拒绝这么做,那么这样一来便也仅仅是产生了在笔者之前论述意义上的解除权或终止权。抑或作不同的思考但本质上仍然[得到]相同的结论:供应商(出租人)可以解除或终止,但合同相对人也可以通过对想要在相应升高其应支付之价格的情况下仍然让[法律]行为存在的表示来阻止其[指解除或终止——译者注]生效。[97]

在笔者看来,这样一来,双方当事人的合理利益都得到了完全的考虑。人们也不能质疑说,实证法上欠缺对这种法律型构(Rechtsgestaltung)的任何认可。在每次思考行为基础之丧失的时候,可能都会以某种方式进行质疑。但是,这甚至也不会对此提出疑问,认为实证法没有提供任何有利于这里所说的东西:《德国民法典》第321条仍然为我们显示了一种值得注意的情况,其中,合同基础的变更导致的是一种妥当的转变,而不是导致[法律]行为的废止。而且正如在这里相对人可以通过担保给付来避免转变(Umwandlung)那样,笔者认为,在这种值得谴责的情况中,相对人可以通过同意以符合状况的方式升高给付来避免消除[法律]行为。但

---

[95] 也弄错的有,Reiling, Jur. Woch. 1921, S. 20ff.:[其认为]对以变更了的条件来持续合同的请求权已然包含在合同本身之中了,因为当事人原本就想要交换等价的给付。这[个观点]太过恣意了。当事人意思经常仅仅是透过一个[认为自己作了]一个特别有益的[交易]缔结的设想而显露出来的,相反,[法律]行为则是如无此点则本来就不会被接受。

[96] "和平协约"第299a条是一种完全特殊的情况:如果一个国家要求,尽管情况发生了变化,但在战争中搁置的合同应当被再度接受,那么就可以由混合仲裁法庭来强加一个补偿义务。

[97] 在 Crome, Arch. ziv. Prax. 115, S. 53/7 那里,所使用的着眼点支持让与合同(Konzessionsverträge)的领域。

是,也当然可以支持笔者的结论的方式来适用《德国民法典》第242条:根据诚实信用,人们在这里不再能够期待供应商以最初约定的价格来供应,但可以期待其以现在妥当的价格来供应。

最近时期的紧急立法(Notgesetzgebung)更是经常以各种形式实现了这里所阐述的思想,正如笔者已经简要提及的那样(S. 169 Anm. 3);尼佩代(Nipperdey)[98]清楚地告知了关于此的其他一些证据,如1919年2月1日、1920年3月11日的有关通过仲裁庭升高供应电力、燃气、自来水的价格的法令(RGBl. 1919 S. 135, 1920 S. 329),以及1920年2月21日有关通过仲裁庭升高铁路运输价格的法令(RGBl. 1920 S. 255)。据此,如果供应商的建造条件变得不合比例地昂贵,那么供应商也可以在没有合同保留的情况下升高价格,或是可以通过仲裁庭来这么做。但是,在这里必须自始被假设为不言而喻的是,合同相对人要在后来才可以解除合同,也就是说,不准许以违反其意思的方式,仍在保留造成困难的条件的情况下坚持合同;尼佩代也——但也可能缺乏必不可少的果断——强调了这一点。

此外,尼佩代在既有的继续性合同那里谈及的变更可能性首先限制在了这样的情形:受影响的人因为缔约强制而必须缔结合同,也就是说,必须以"永久规定下来的条件"缔结合同。在这里,情事不变约款的要点,或者按笔者的称呼,行为基础的要点,应在更大范围内适用。[99] 在一个自由接受下来的合同那里,可能且经常会是这样的情况,即当事人将承担未来价格发展的风险,并因而不准许把错误投机的后果推卸到相对人身上。[100] 但必须以特定条件缔约的人,比如说燃气企业、电力企业、铁路公司、公路公司以及其他公共必要的、不考虑有投机要素的营业[101],而且其合同当然是在满足一个至少是接近于已经存在的建造条件(Herstel-

---

[98] Kontrahierungszwang, S. 141.

[99] 对此也参见详细的、值得重视的论文 Crome, Arch. ziv. Prax. 115, S. 1 ff., sowie Bröckel, Wirkung des Krieges auf Rechtsverhätlnisse der Elektrizitäts-und Gaswerke, 1918。

[100] So auch Kohler, a. a. O., S. 574; Leetz, cl. r. s. st., S. 35 ff., 49.

[101] Ebenso die von Nipperdeyangezogene Entscheidung des Kammergerichts bei Mugdan-Falkmann, OLGRspr. 33, S. 201.

lungsbedingung)的不言而喻的基础上存在的。因而并不需要特别证明,合同在个案中是在这个基础之上缔结的,而仅仅要求[证明],费率或价格安排(Tarif-oder Preisgestaltung)所立足的——而且可能[存在]的有关收取(Entnahme)[费用或价格]的个别合同也将其作为缔约基础的——一般基础丧失了。

相反,对于为此而赋予承租人或用益承租人(Pächter)减少租金或用益租金的权利的做法,笔者可能会有严肃的疑虑,因为在出租地点营业的企业或被用益出租的营业,因为战争或类似的不可预见的事件,不再能够以旧的、获益性的方式举办了;在这方面,笔者认可尼佩代(S. 142)似乎赞同的帝国法院的早期判决。[102] 当然,人们也不能对此主张《德国民法典》第552条——[之所以不能主张,]一方面是因为出租人并没有被完全剥夺对租赁地点(Mietlokal)的使用,另一方面则是因为,障碍事由(Hinderungsgrund)并非基于承租人的主观状况而是基于完全一般的情事[才产生的]。理由并不在于——像帝国法院所想的那样——仅仅可以通过至少是默示的、特别的合同约定来认可因情事变化而产生的解除权。而直接在于,对使用租赁或者用益租赁交易场所或经济营业而言,每方当事人都必须考虑到的是,因为状况的发展,营业或者变得非常有利可图,或者变得非常无利可图。就像在用益承租人因为价格升高而在用益租赁土地(Pachtland)的收获中获得了不合比例的最多收益(Gewinnste)[103]的时候用益出租人不可以要求提高租金那样,如果租赁地点因为不可预见的交通增加(Verkehrssteigerungen)[104]而产生了巨大的收益,那么出租人也不可以这么做,而反过来,如果用益出租人因为危机的原因无法为其[收取的]用益(Nutzung)找到销路,[或其]用益租赁土地的地区交易许可被撤销了,他也不能要求减少租金。[105] 就此而言,用益租赁合同(Pachtvertrag)一直都应当被视为投机性行为;在这里通常不会

---

[102] Ziv.-Sen. Ⅲ v. 4. Ⅴ. 1915, Entsch. 86, Nr. 97, S. 397 n. v. 3. Ⅶ. 1917; das. 90, Nr. 95, S. 474.
[103] 众所周知,在领地和狩猎用益租赁那里并非罕见。
[104] 比如说在场所附近的大规模宿营、展览、建立一所大学或是学校。
[105] 可能是为火车站、汽车站铺路。

假设所有对结果在经济上具有决定性的情事都维持不变。[106]

如果因为军事的或是政治性的规定,用益租赁企业(Pachtunternehmen)的营业受到了各种形式的限制,比如说,[营业]地点实际上是一个夜总会。而停止营业时间(Polizeistunde)被提前了,或是嗣后使用了这个[提前了的]停止营业时间。在这些情况中,帝国法院[107]多次认可的做法,也是可以对合同进行废止或变更,但却借助了一种较不适当的给付不能或合同标的存在权利瑕疵的着眼点[来容许对合同进行废止或变更]。然而,在这种移转使用合同(Überlassungsverträgen)中,当事人在各种情况下都假设,在法律上是容许一项全面营业的。但是,营业的法律基础的变化不应当扩展到相同营业单纯在经济上的可营利性。

第19章 可斟酌性的界限

而行为基础在前述意义上消灭的时候,也存在无须斟酌(Unbeachtbarkeit)这种发展的情形:

1. 首先是在当事人以各种形式接受要将[法律]行为执行到底的做法的时候。举例说,一个在战争时或在与德国的外交关系破裂后到达美国,并对供给棉花(Baumwoll)、咖啡和类似的海外产品(Überseeerzeugnis)作出了允诺的当事人,根据帝国法院的准确观点,并没有因此而当然地承担价格上涨的风险。在我们外汇匮乏的时期(Zeit unseres Valutaelends)转让外国货物的供应商也没有承担进一步汇价变差(Valutaverschlechterung)的后果。在这些情况中,大多数时候,价格状况现在的稳定都不会被认可是行为基础,也就是说,甚至不属于这里的情况。但除此之外,也必须随后认为,当事人至少已经接受了行为基础或计算基础进一步发生变动的风险。

2. 更重要的是另一个着眼点:可能出现的情况是,行为基础尽管发生了变动,但这种变动是使其给付义务变得困难的当事人的自身行为造

---

[106] 人们也不能从合同基础的着眼点中得到晚期罗马中与降低租金(remissio mercedis)相应的结果。因而对那种机制在法政策上的可能合理性不作评判。

[107] S. Ziv.-Sen. Ⅲ v. 9. Ⅺ. 1915, Entsch. 87, Nr. 64, S. 277; v. 15. Ⅱ. 1916, das. 88, Nr. 23, S. 96; v. 20. Ⅱ. 1917, das. 89, Nr. 46, S. 203.

成的,比如说,货物订购人(Warenbesteller)恣意地放弃了其贸易或营业,而现在,因为这个自身行为,其对货物不再享有利益了。或者一个正在交战的国家订购了军备,并在接收之前就基于自由意志而缔结了和平条约。[108]

与之近似但非属同类[109]的情况是,在没有当事人参与的情况下就发生了状况的变更,但当事人应当因其没有利用阻止变动后果对其不利的可能性而受到指责。帝国法院的最新判决为我们展示了大量这样的例子。尤其如此的是这样的情况:一个大零售商出卖了货物,尽管存在可能性却仍然没有准备库存,而现在因为价格不合比例地上升而受到了严重影响。[110] 帝国法院在所有此种案件中都让买受人受到合同的拘束,但却并非以毫无疑问的理由,即认为这里,[在判断]损害在达到何种数额时方应认为解除是合理的[之时],是欠缺任何标准的。因为可以对所有使量的要素转换为质的要素的事实来主张这种理由,比如说[主张称],一个价格约定或租金约定(Zinsabrede)开始构成为暴利性剥削(wucherische Ausbeutung)。实际上有说服力的(durchschlagend)的理由毋宁说已经由最高法院作了正确的简要论述,最高法院强调,让出卖人解除的做法"无论如何在适用于大宗交易的时候"应当予以指责。对市场通行的货物的大宗贸易来说,这种解释的做法是尤其不可接受的,因为"出卖人本可以及早地准备库存,而解释的做法可能仅仅会有利于大胆而非谨慎的出卖人"。

这点应当予以完全赞同。[111] 如果当事人具有显而易见的、对避免重大风险而言不可忽视的准备库存可能性却没有对其予以使用,那么该当事人便有意地赋予此种情形以这样一种投机的性质:他不能够被准许将

---

[108] 1919年的凡尔赛"和平条约"是否针对德国,是不再有疑问的;德国因为这种[条约带来的]独裁而深陷于最为苦涩的、更多是因为内部消耗而非敌人武器所导致的紧迫状态之中。此外,持续性的战争供应合同的后果在这里众所周知是由特别法规定的,vgl. Hedemann, S. 73。

[109] 区别与在所谓的原因关系(Kasusalzusammenhang)之突破与过错抵销(Verschuldensaufrechnung)之间的差别相同。

[110] S. Ziv.-Sen. II v. 21. III. 1916, Entsch. 88, Nr. 42, S. 172 ff.; Ziv.-Sen. III v. 15. III. 1918, das. 92, Nr. 82, S. 322 ff.; Ziv.-Sen. II v. 25. II. 1919, das. 96., Nr. 15, S. 41 ff.

[111] 对帝国法院持怀疑的,Leetz, a. a. O., S. 44 ff.。

失误的后果推卸到合同相对人身上。在这种情况中，该当事人对自己作出了这样的评判：他赋予了[法律]行为一种浮动的基础，或想要让其具有这种基础。[该当事人在]嗣后没有准备库存[的情况]尽管并不是[要求认可]价格稳定性在任何意义上都不应是合同基础[之评价]的现实理由（Realgrund），却是[认可该评价的]一种完全充分的认知理由（Erkenntnisgrund）。而后，该当事人便将其[法律]行为上的计算建立在了极可能的价格浮动的基础之上，也就是说，该当事人无法再有理由断言称，价格维持不变就是[法律]行为的不言而喻的基础。但[该当事人的]这[种嗣后仍然声称价格维持不变系行为的不言而喻之基础的做法]也可能构成一种"与先前行为矛盾"（venire contra factum proprium）的情况，且实际上还并不亚于此，因为"先前行为"（factum proprium）在这里已然存在于不作为之中了。这点无法根据《德国民法典》第242条来加以考虑，也就是说，如果认为价格上涨系解除事由（Befreiungsgrund）的主张本身仅会援引第242条，也即一旦与诚实信用的要点相抵触则必然自始就不会有这种主张，那么就更无法考虑此点。如果人们对此还想要其他证据，那么除此之外，也可以指出类推《德国民法典》第162条和第242条的做法：如果损害主要是因受害者自身过错导致损害赔偿义务消灭，那么在主要是人们自行造成了经济变动——或更准确地说——[在当事人]使这种变动对[法律]行为的经济后果产生了影响的时候，从规范意旨上说，人们无法主张合同基础发生了丧失或变动，无法据此来论证可以脱离合同。

在这方面，无论如何都不能将[前文]提及的判决作这样的一般化：成本升高绝不会（niemals）使得出卖人有权利因行为基础丧失而摆脱合同。在要供给还没制造出来的工业产品的情况下尤其不能这么做。[112]工厂主并不是——或者说，通常并不是——在其所需的原材料或半成品在不久之后发生下降[的状况]当中寻求盈利，准确以言，其所寻求的盈利存在于其出卖价格对制造成本的完全正当的、不言自明的超出项当中。所要供给的制成品越是由大量或多或少根本不同的东西组成，比如说自

---

[112] Hedemann, Schuldrecht, S. 182. 他赋予情事不变条款在承揽合同中比在买卖中更大的意义那方面是完全合理的。

行车、摩托车、弹簧椅,或制造工作的成本越是超出了所使用的原材料或半成品的价值,那么这就越是确定会发生。而后才应当说,对成本没有升高或仅是在非常微小的范围内升高的危险作了"准备库存":唯一一次的罢工可能让计算的所有基础都如此转向反面,以至于可能得到的不再是计算出来的收益,而是一种在极端情形中几乎具有毁灭性影响的损失。根据所有已知的经验,缔结一个长期集体合同[的做法]本身,可能仅能为这些风险提供非常不完善的保护。

当然,情况也可能完全是反过来的:同样特别有可能的是,一个工厂主可以舒服地准备库存,同时单纯的零售商(der bloße Händler)则不具有这种可能性。对[能否]使用这种可能性的判断,不应根据人的阶层,而应当根据此种可能性究竟是存在抑或欠缺,以及应当根据诚实信用原则兼顾交易习惯对有无必要使用此种可能性的评判。

3. 在克吕克曼看来[113],如果仅仅是对待给付(尤其是出卖人的对待给付)在经济上贬值了,而"从经济趋势的波动来看",货物被支付了过多[的价金],那么"下行经济趋势"的所有表现形式都不属于情事不变约款的领域,也就是说,显然不属于行为基础的领域。笔者无法承认这种情况具有一般性;对这些情形予以特别对待[的理由],既没有得到证立,也没有哪怕是仅仅[对其]提出过证明。

当然在笔者看来正确的是,在界限之内的单纯的经济趋势波动——正如其更为经常地发生,且在交易生活中一般被假设为是可能发生的那样,在这里不再予以考虑——是有利于买受人的,而不再有利于出卖人。双方当事人在缔结[法律]行为时显然已经运用了这种可能性。但不能说,当事人设想(Parteivorstellung)不加限制地一并包含了所有可能的、仍然还会持续的价格发展;不能说,[法律]行为本身是在一种就像平常那样被谋得的情况的内容的基础(Grundlage einer wie immer beschaffenen Gestaltung der Verhältnisse)之上缔结的。

另外还要承认的是:不言而喻,逆向的(rückläufig)价格发展可能不会对货物债权人(Warengläubiger)产生灾难性的影响,也不会对货物债务人

---

[113] Arch. ziv. Prax. 116, S. 165.

(Warenschuldner)造成诱人的影响。在最坏的时候,逆向的价格发展本身是在约定价格的界限和零点之间活动的,也就是说,不可能超出约定的对待给付的规定价格,相比之下,在用价格进行吸引时,我们在理论上和实践上面对的都是一个"不受限制的可能性的国度"(Land der unbegrenzten Möglichkeiten)。由此毫无疑问地得到的结论是,相比于因市场趋势上涨而产生合同基础丧失,将会罕见地认可因逆向的市场趋势而产生的合同基础丧失。但是,逆向的市场趋势在法律上并无差异的无关紧要性是由这种事实上的使用可能性的差异构成的,也就是说,以具有双重标准的不当方法比较了货物债权人和货物债务人。此外,对债权人来说,不仅仅是货物的贬值有问题,货物的不可使用性(Unverwendbarkeit)亦然,举例说,一个工厂主或商人因为连续供应合同(Sukzessivlieferungsvertrag)而负有义务,要在一个更长的时间内,从一个特定的供应商那里接收某种数量的原材料或货物,而其现在放弃了工厂部门或交易部门(Fabrikations-oder Geschäftszweig),或者应当接受的货物因其制造方法(Herstellungsmethode)的变化而对其营业来说变得不可使用了。尽管如此,该工厂主是否仍然应当不间断地继续接受[货物]? 克吕克曼并没有对这类情形发表明确的意见;但是,其公式在这里运用的结果是否定采取救济措施。

但现在,不可能有人会严肃地注意,这种否定[采取救济措施的做法]随后完全会对顾客造成像是在制造条件变得对供应商具有不合比例的困难时那样的类似灾难性后果。[114]

因而人们会放弃克吕克曼意义上的那种限制性的法律公式,并认为指出此点就够了:相比于上升中的经济趋势,下行中的经济趋势和所订购货物的不可使用性在事实上仅可能会更为罕见地造成合同基础丧失的后果。

4. 克吕克曼的其他准则[115]也具有类似内容,即认为单纯的人身情事(persönliche Umstände),比如说缺少金钱(Geldmangel),无法根据情事

---

[114] 也对这类情况进行了考虑的,Siber, Gruchots B. 60 S. 469 ff., [其]准确地阐述道,人们在这里无法通过被如此随意理解的不能思想来达致目标。

[115] A. a. O., S. 166. vgl. oben § 10 a. E.

不变约款的着眼点来为债务人创设一项拒绝权(Weigerungsrecht)。

就此点而言正确的是,法律强使种类之债的债务人(Gattungsschuldner)——尤其是金钱债务人——作出一种对其主观上的经济给付能力的确保,就像特别是从《德国民法典》第279条*中所得出的那样。而且如果像克吕克曼所讲明的那样,情事不变约款实际上仅仅涉及一种并不依靠法律行为之事件的纯粹的客观法上的权宜之计,那么我们就必须在法定评价标准的着眼点之下毫无疑问地认为他是正确的。如果不是根据自身的力量,而是通过法律文义或精神认可当事人的设想是具有重要意义的中介,那么这就与认可视当事人设想(Parteivorstellung)为决定性的合同基础的思想的做法不同。然后要说的是:如果实际上确定,[法律]行为是在一方或他方当事人所设想的经济上之给付能力的基础上缔结的,那么在该基础丧失时就必然可以废止[法律]行为,就像随其丧失,也可废止其他基础那样(wie mit dem einer sonstigen Grundlage),比如说,A请求之前贫穷的B"在考虑到其偶然得到了其富有叔叔的遗产的情况下"提供一项借款;B允诺随后提供[借款],但在此期间却证明,叔叔死后没有为B留下任何东西。

当然,仍然正确的是,这种情事实际上可能仅会罕见地具有行为基础的意义,而且无论如何,无法在可能与法定态度相抵触的意义上予以推定[即推定这种情事具有行为基础的意义——译者注]。

---

* 已删除。——译者注

私法教室

"丢失的快递"案例研习报告

马 强[*]

基本案情[1]

2021年1月1日,甲向丙订购一颗市价为50000元的蓝宝石,当日甲支付定金2000元,1月15日,甲付清剩余全部价款。1月17日,甲与丙沟通,要求丙直接将蓝宝石通过快递寄给自己,货到付款。1月17日晚,丙选择了乙快递公司,并通过手机下单,乙安排其员工丁上门取件。快递单上载明:寄件人为丙,收件人为甲,收件地址为甲的住所,付款方式为到付现结,保价金额为5000元,运费为12元,保价费为25元。不料在运输途中,因乙的员工戊的过失导致该快递丢失,无法找回。

问:①甲能否向乙请求损害赔偿?如果可以的话,可以请求赔偿多

---

[*] 上海交通大学凯原法学院博士后研究人员。
[1] 本案改编自陈星与顺丰速运集团(上海)速运有限公司财产损害赔偿纠纷案,上海市静安区人民法院(2018)沪0106民初31612号民事判决书。原审法院认为,原告(甲)尚未取得蓝宝石的所有权,故被告不构成对宝石所有权的侵害,但被告因过失导致运输货物丢失,原告对第三人(丙)的价金支付义务却并不因此消灭,故被告丢失快件的行为侵犯了原告的财产权,造成了实际损失,应承担侵权责任。同时,法院认为第三人与原告之间存在委托关系,原告是快递运输合同的收货人,享有要求被告交付货物的请求权。依保价条款,被告的赔偿最高不超过托寄时保价的声明价值,原告提起侵权损害赔偿之诉,不能排除被告基于快递运输合同享有的抗辩权,被告有权向原告主张该保价条款为抗辩依据,即被告承担的赔偿责任以保价金额5000元为限。

少?②甲能否向丙请求损害赔偿?如果可以的话,可以请求赔偿多少?

解题结构

问题一:甲对乙的请求权

一、甲可否基于《民法典》第832条第1句结合第522条第2款前半句、第577条向乙请求损害赔偿?
 (一)快递服务合同的类型定位与规则适用
 (二)请求权是否产生
  1. 甲对乙是否享有交付货物的请求权
  2. 货物在运输的过程中是否毁损、灭失
  3. 甲是否因货物毁损灭失而遭受损害
  4. 是否存在免责事由
  5. 损害赔偿额的计算
 (三)结论

二、甲可否基于《民法典》第1165条第1款结合第1191条第1款第1句向乙主张损害赔偿责任?
 (一)请求权是否产生
  1. 加害行为
  2. 权益侵害及损害
  3. 因果关系
  4. 过错
 (二)结论

三、我国现行法上未规定的请求权:第三人损害清算

问题二:甲对丙的请求权

一、甲可否基于《民法典》第577条要求丙赔偿不能履行主给付义务所造成的损害?

(一)请求权是否产生

  1. 债之关系存在

  2. 基于嗣后不能而不履行

  3. 债务人的可归责

  4. 债务人给付义务之免除

  5. 损害

  6. 给付不能与损害之间的因果关系

(二)结论

二、甲可否基于《民法典》第509条第2款结合第577条向丙主张因附随义务违反所生的损害赔偿?

(一)请求权是否产生

  1. 丙是否违反了附随义务

  2. 损害及因果关系

  3. 过错

(二)结论

解　题

问题一：甲对乙的请求权

一、甲可否基于《民法典》第832条第1句结合第522条第2款前半句、第577条向乙请求损害赔偿？

(一)快递服务合同的类型定位与规则适用

本案中，丙通过手机下单，预约上门取件，乙安排员工丁上门取件，"快递服务合同"已成立并生效(暂且不论合同主体为谁)，此无疑义。快递服务合同是否属于《民法典》所规定的典型合同，尤其是可否归入货运合同之列，学理上存在不同观点。肯定说认为：第一，快递服务合同与货运合同的标的相同，均为承运人(快递公司)的货物运输行为；第二，快递服务合同与货运合同均会涉及第三人；第三，在合同履行完毕时间的判断上,二者采同一标准,即承运人(快递公司)需将货物(快递)交付收货人(收件人)才算履行完毕。[2] 实践中多有法院认为,快递服务合同属于货运合同,应适用货运合同的规则。[3] 否定说基于以下三点理由,主张快递服务合同不应归入货运合同之列:第一,快递服务组织在收寄快递时,寄件人只需告知快件的种类和性质,而依《民法典》第825条,货运合同托运人告知义务的范围更广;第二,快递服务合同中,快递服务组织有强制性的末端投递义务,而货运合同承运人无此义务;第三,快递服务合同对于快递服务组织履行合同的期限有强制要求,货运合同则无。[4]《民法典》制定过程中,有学者建议将快递服务合同典型化,作为一种独立的有名合同加以规定[5],但立法者最终没有采纳。

近十年,我国快递业发展极为迅速,快递运输服务已在全国范围内形成一个庞大的网络体系,甚至成为人们日常生活不可或缺的一部分。相较于传统的货运合同,其简化了寄件人的义务,强化了收件人的保护,但其最为核心的要素仍是快递公司按照与寄件人的约定,将货物寄送给指定的收件人,只不过当事人之间具体权利义务安排上不同于传统的货运合同。在《民法典》未将其典型化的前提下,笔者认为宜将之归入货运合同之列。纵然认为其属于无名合同,按照《民法典》第467条第1款,亦可参照适用与之最相类似的合同的规则,而与之最相类似的无疑就是货运合同。[6]

---

〔2〕 参见苏号朋、唐慧俊:《快递服务合同中的消费者权益保护》,载《东方法学》2012年第6期,第23页。

〔3〕 参见董齐国与聊城市东昌府区申通快递有限公司、申通快递有限公司运输合同纠纷案,山东省聊城市中级人民法院(2016)鲁15民终309号二审民事判决书;顺丰速运有限公司与黄某某运输合同纠纷案,湖南省衡阳市中级人民法院(2018)湘04民终850号民事判决书;南京博展通电子有限公司与江苏顺丰速运有限公司运输合同纠纷案,江苏省南京市中级人民法院(2019)苏01民终2759号民事判决书。

〔4〕 参见郑佳宁:《快递服务合同典型化的立法表达与实现路径》,载《法学家》2019年第1期,第128—129页。

〔5〕 参见朱广新:《民法典之典型合同类型扩增的体系性思考》,载《交大法学》2017年第1期,第112页;郑佳宁,见前注〔4〕,第124页;贾玉平:《民法典合同编快递服务合同条文建议稿》,载《河北法学》2019年第7期,第119页以下。

〔6〕 有学者在其提出的"快递服务合同建议稿"中设置兜底性的准用规则,即对于快递服务合同可以准用货运合同的规范,参见贾玉平,见前注〔5〕,第129页。实践中也有法院认为,快递服务合同是无名合同,可参照适用与之最相类似的货物运输合同,参见高翼飞:《快递公司对丢失的未保价贵重货物的赔偿责任》,载《人民司法》2013年第4期,第77页。

此外,实践中还有法院认为,快递服务合同属于《邮政法》上的邮寄服务合同,应适用《邮政法》的相关规定进行调整。[7] 尤其在2009年修订《邮政法》时,该法第六章为"快递业务",有学者主张邮寄服务合同与快递服务合同具有同一性,并将二者统称为寄递服务合同。[8] 就损害赔偿问题而言,《邮政法》第59条规定,第45条第2款关于邮件的损失赔偿的规定,适用于快件的损失赔偿,而《邮政法》第45条第2款规定,邮政普遍服务业务范围以外的邮件的损失赔偿,适用有关民事法律的规定,因此对于快件损失赔偿应适用民法的规定。[9]《邮政法》调整的主体是提供邮寄服务的邮政企业,邮政企业负有在我国境内提供邮政普遍服务的义务(《邮政法》第2条),其承担着一定的公共职能,受诸多强制性规范的制约,如强制缔约(《邮政法》第15条第1款)、法定的营业时间、邮件投递频率、固定的邮政资费等。因此,对提供邮政普遍服务的邮政企业的损害赔偿责任,有进行限制的合理性。快递公司并非为民众提供公共服务,其享有缔约自由等一系列自主经营的权利。这一差别决定了,至少在损害赔偿问题上,快递服务合同不宜适用或参照适用《邮政法》第五章损害赔偿的规则。

(二)请求权是否产生

《民法典》第832条第1句规定:"承运人对运输过程中货物的毁损、灭失承担赔偿责任。"本条系承运人承担损害赔偿责任的法律依据,但其并未指明请求权人是谁。有观点认为,托运人与收货人均可依该条请求承运人承担损害赔偿责任。[10] 比较法上,《德国商法典》第421条第1款第2句明确承认了收货人与托运人均可就货物的毁损、迟延交付或遗失主张损害赔偿责任,收受人与托运人属于《德国民法典》第428条和第

---

[7] 参见临沂申通快递有限公司、费县顺通快递有限公司服务合同纠纷案,山东省临沂市中级人民法院(2018)鲁13民终3045号民事判决书;贵州顺丰速运有限公司黔西县营业部、冯军服务合同纠纷案,贵州省毕节市中级人民法院(2017)黔05民终3192号民事判决书。

[8] 参见贾玉平、张毅:《寄递服务合同有名化研究》,载《邮政研究》2012年第1期,第42—43页。

[9]《快递暂行条例》第27条第1款亦规定:"快件延误、丢失、损毁或者内件短少的,对保价的快件,应当按照经营快递业务的企业与寄件人约定的保价规则确定赔偿责任;对未保价的快件,依照民事法律的有关规定确定赔偿责任。"

[10] 参见崔建远主编:《合同法学》(第7版),法律出版社2021年版,第389、391页。

429条意义上的连带债权人。[11] 货物运输合同也被理解为《德国民法典》第328条意义上的真正的利益第三人合同。[12] 我国台湾地区民法理论认为,在收货人确定取得权利后,如运送人有债务不履行者,其损害赔偿请求权即由收货人取得。[13] 而收货人之所以能够取得基于运送契约所生之权利,系基于法律规定(我国台湾地区"民法"第644条)[14],依该条,收货人并不因托运人之指定而直接享有请求给付之权利,毋宁须待运送物到达目的地,并经收货人请求交付后,收货人始取得托运人因运送契约所生之权利,此与一般的第三人利益契约有所不同。[15]

《民法典》第832条的内容与我国台湾地区"民法"第634条如出一辙,但在解释上不宜径采我国台湾地区的学理观点。因为《民法典》没有与我国台湾地区"民法"第644条相类似的规则,而仅在第830条规定了收货人的及时提货义务,该义务属于收货人的真正义务,收货人迟延履行该义务,要向承运人支付保管费。这一规定本身是有问题的,因为如果收货人对托运人向其寄送某物一事全然不知,即其根本没有参与到托运人与收货人的合同之中,法律何以能够为合同之外的第三人创设收货义务。[16] 本条适用的前提条件至少应是收货人有请求承运人交货的权利,但仅从本条关于收货人违反收货义务的规定无法推导出其享有交货及损害赔偿请求权。

《民法典》第832条第1句所规定之损害赔偿责任系针对货物的毁损、灭失,在性质上属于代替给付的损害赔偿。判断甲可否基于该条向乙

---

[11] 参见[德]C. W. 卡纳里斯:《德国商法》,杨继译,法律出版社2006年版,第761页。
[12] 参见 Justus Meyer, Handelsrecht: Grundkurs und Vertiefungskurs, 2. Aufl., 2011, Rn. 327;[德]卡纳里斯,同上注,第761页。
[13] 参见林诚二:《民法债编各论》(中),中国人民大学出版社2007年版,第336页;邱聪智:《新订债法各论》(中),姚志明校订,中国人民大学出版社2006年版,第386页。
[14] 史尚宽亦认为,收货人权利之取得,系基于法律规定。参见史尚宽:《债法各论》,中国政法大学出版社2000年版,第613页。
[15] 参见邱聪智,见前注[13],第385—386页。林诚二虽将之称作"广义第三人利益契约",但亦承认其与"狭义第三人利益契约"不同,故在方法论上只得类推适用"真正的第三人利益契约"的规则。参见林诚二,见前注[13],第336页。
[16] 详见朱晓喆:《寄送买卖的风险转移与损害赔偿——基于比较法的研究视角》,载《比较法研究》2015年第2期,第48页。

主张损害赔偿请求权,首先需确定甲对乙是否享有交付货物的请求权,在法律没有明文规定的前提下,应具体分析当事人之间的契约安排进行判断。除此以外,损害赔偿请求权的成立尚需满足以下条件:第一,货物在运输的过程中毁损灭失;第二,甲因货物毁损灭失而遭受损害;第三,不存在免责事由。这里的损害赔偿责任不以过错为前提,此为一致见解。[17]下面对上述要件逐一进行检视。

1. 甲对乙是否享有交付货物的请求权

如前所述,《民法典》没有如同我国台湾地区"民法"第 644 条的规则,甲不能直接基于法律规定取得请求权。甲的请求权可能通过以下方式产生:第一,甲是快递服务合同(运输合同)的当事人,直接基于该合同取得请求权;第二,乙与丙在签订合同时,将甲设定为利益第三人;第三,丙将自己对乙的请求权让渡给甲。仅就本案而言,不存在丙将请求权让渡给甲的事实,故仅讨论前两种情形。

(1) 甲是否属于合同当事人

本案中,甲要求丙将蓝宝石寄给自己,丙选择了乙快递公司,通过手机下单寄送,寄件人为丙,收件人为甲。由此可见,甲没有亲自与乙缔结合同,快递下单、寄送的整个过程均由丙完成,甲如果想成为快递服务合同的当事人,则必须是丙以甲的代理人或传达人的身份为甲缔约。代理与传达的区别在于,代理人作出的是自己的意思表示,而传达人仅传达他人的意思表示。[18] 代理人被授予了一定范围的代理权,其或多或少具有一定的决定自由,而传达人没有决定权。[19] 本案中,甲仅要求丙通过快递将蓝宝石寄给自己,此尚不构成与第三人缔约的意思表示,自然也就谈不上由丙传达甲的意思表示。因此丙不是甲的传达人。

丙若系代理甲缔结契约,并因此对甲发生效力,依《民法典》第 162 条,必须满足以下两项要件:第一,丙需获得甲的代理授权,即丙有代理

---

[17] 参见黄薇主编:《中华人民共和国民法典合同编释义》,法律出版社 2020 年版,第 735 页;林诚二,见前注[13],第 321 页;邱聪智,见前注[13],第 365 页。

[18] Vgl. Helmut Köhler, BGB Allgemeiner Teil, 39. Aufl., 2015, S. 154, Rn. 16.

[19] Vgl. Karl Larenz/Manfred Wolf, Allgemeiner Teil des Bürgerlichen Rechts, 9. Aufl., 2004, S. 848, Rn. 71.

权;第二,丙是以甲的名义发出意思表示,即满足显名原则的要求。就第一个要件而言,本案中,甲要求丙将蓝宝石通过快递寄给自己,从中能否解读出"甲授权丙以其名义与第三人缔结快递服务合同"的意思,存在疑问。甲最终所追求的结果是丙将蓝宝石通过快递寄给自己,丙不论以自己名义缔约,还是以甲的名义缔约,只要最终实现甲所欲追求的结果,应均在甲的意思范围之内。因此,至少不排除甲有授予丙代理权的可能。

就第二个要件而言,丙在下单时,将自己作为寄件人,将甲作为收件人,丙通过将甲填写为收件人,而使乙知悉了甲的存在,但这并不意味着丙的行为满足了显名原则的要求。学理上认为,显名原则要求代理人必须表明,(意思表示的)法效果不对他(代理人)而是对其他人(被代理人)发生。[20] 单纯从丙将甲列为收件人这一行为,不能推断出其是在以甲的名义缔约。反倒可从其将自己列为寄件人的行为推知其是将自己作为合同当事人。[21]

此外,亦可从代理的效果一般性地推导出寄件人并非收件人的代理人。因为代理行为直接对本人发生效力,代理人不因其代理行为享有权利或负担义务。[22] 而《民法典》关于货运合同的规定中设有大量关于托运人(寄件人)权利义务的规定。尤其是根据《民法典》第 829 条,在承运人将货物交付收货人之前,托运人可以要求承运人中止运输、返还货物、变更到达地或者将货物交给其他收货人。据此,托运人享有独立于收货人意志的变更契约的权利,乃至变更收货人,因此托运人(寄件人)并非收件人(收件人)的代理人。学理上也一致认为,货运合同的当事人是托运人与承运人,收货人为货运契约当事人以外的第三人。[23]

---

[20] Vgl. Helmut Köhler (Fn. [18]), S. 155, Rn. 18.

[21] 例如,按照顺丰公司所提供的《电子运单契约条款》第 1 条第 1 句,"本条款的缔约主体是您与寄件地的顺丰速运有限公司的子公司、分公司或关联公司",这里的"您"结合《电子运单契约条款》全文,所指的就是"寄件人"。而且《电子运单契约条款》第 6.2 条规定,如果您是受他人委托寄件,应当提供委托人的有效身份证件。可见,除非寄件人有特别表示,从快递公司的角度来看,其是将寄件人作为合同当事人。

[22] 参见王泽鉴:《民法总则》,北京大学出版社 2009 年版,第 430 页。

[23] 史尚宽,见前注[14],第 587 页;林诚二,见前注[13],第 302 页;邱聪智,见前注[13],第 302 页;崔建远主编,见前注[10],第 388 页。也有学者认为,收货人是货物运输合同的特殊当事人,是运输合同的关系人。参见孙林编著:《运输合同》,法律出版社 1999 年版,第 23—24 页。但何谓"特殊当事人""合同关系人",这本身就是模糊的,这两个概念只是为了迎合收货人有领取货物的合同权利而提出的,实际上并无必要。

(2) 甲是否属于利益第三人合同中获得利益的第三人

《民法典》施行以前,我国是否承认真正的利益第三人合同,存在争议。[24] 依《民法典》第 522 条第 2 款,法律规定或当事人约定第三人可以直接请求债务人向其履行债务,第三人未在合理期限内明确拒绝,债务人未按约定履行的,第三人可以请求债务人承担违约责任。由此,立法者明确承认了真正的利益第三人合同。[25] 基于该条,如果甲属于利益第三人合同中获得利益的第三人,则其可请求债务人乙交付货物,并于乙不履行或不按约定履行时,向其主张损害赔偿请求权。

在《民法典》生效以前,我国即有学者主张,纵使《合同法》未一般性地承认赋权型利益第三人合同,但根据 2018 年《民用航空法》第 120 条、第 121 条以及《最高人民法院关于新疆梧桐塑料厂与乌鲁木齐铁路分局铁路货物运输合同赔偿纠纷一案的请示的答复》,托运人与铁路或航空部门订立的运输合同,使收货人取得履行合同请求权和违约损害赔偿请求权,这完全符合利益第三人合同的法律结构,就货运合同收货人的权利而言,上述理论可应用于其他运输合同。[26] 在《民法典》承认真正的利益第三人合同后,这一理论更得到了法律的支持。因此,甲可作为快递服务合同这一利益第三人合同中获得利益的第三人,而对乙享有交付货物的请求权。

就具体构成要件而言,首先需要当事人约定或法律规定第三人可以直接请求债务人向其履行债务。丙与乙缔结合同时,即使没有明确约定,在快递寄送这种交易模式中,收件人对快递公司享有独立的请求权已经成为稳定的交易习惯,因此即使当事人没有约定,亦可通过交易习惯补充。另外,还要求第三人没有在合理期限内明确拒绝。本案中,甲要求丙将蓝宝石直接寄给自己,显然甲不会表示拒绝。

综上,甲属于利益第三人合同中获得利益的第三人,其可于乙不履行或不适当履行义务时,请求损害赔偿。

---

[24] 相关讨论,参见韩世远:《合同法总论》(第 4 版),法律出版社 2018 年版,第 364—371 页。

[25] 参见黄薇主编,见前注 [17],第 137 页。

[26] 参见朱晓喆,见前注 [16],第 47—48 页。

2. 货物在运输的过程中是否毁损、灭失

《民法典》第832条第1句将承运人承担无过错责任的情形限于货物毁损、灭失。学理上认为,标的物被盗、遗失,而无法依法律规定回复之情形,均属于灭失。[27] 本案中,蓝宝石在运输途中因乙的员工戊的行为丢失,无法找回,满足该要件。

3. 甲是否因货物毁损灭失而遭受损害

损害赔偿请求权的前提是请求权人遭受损害,并且该损害是由义务人的行为导致的。本案中,首先应判断甲是否受有损害,继而判断该损害是否因乙的行为所致。

首先需要明确的是,甲尚非蓝宝石的所有权人。依《民法典》第224条前段,动产物权的变动以交付为前提。甲、丙之间虽然已经达成买卖合同(仅从案件事实来看,不能确定是否也达成了所有权让与的合意),但甲尚未占有蓝宝石,故其尚未取得所有权。不过,动产物权的变动亦非要求受让人必须现实占有动产,交付这一要件可通过使用占有辅助人代为接受或指示交付的方式来完成。[28] 但在本案中,乙显然非属甲的占有辅助人,甲、丙之间亦不存在让与返还请求权的意思表示,故亦不构成指示交付。因为甲没有取得所有权,故其所遭受的损害不是蓝宝石所有权的消灭。

其次需要明确的是,甲、丙之间的买卖合同属于寄送买卖。根据《民法典》第603条第2款第1项,当事人对于标的物的交付地点没有约定或约定不明,且依第510条仍不能确定的,若标的物需要运输,出卖人应当将标的物交付第一承运人以运交给买受人。据此,在不能确定标的物交付地点的情形下,买卖需运输标的物的合同原则上属于寄送买卖。本案中,甲与丙并没有对标的物的交付地点作出约定,亦无事实表明二者之间存在交易习惯[29],所应讨论者,唯"甲要求丙直接将蓝宝石通过快递寄给

---

[27] 参见林诚二,见前注[13],第320页;邱聪智,见前注[13],第364页。

[28] 参见朱晓喆,见前注[16],第43页。

[29] 通过"淘宝""拼多多""京东"等电商平台购物的,一般认为出卖人必须送货上门,在这类通过电商平台的交易中,可认为存在于买受人指定的收货地址履行合同的交易习惯,即按照交易习惯,此类合同属于赴偿之债。另见朱晓喆,见前注[16],第38页。

自己"可否评价为达成了由丙送货上门(即赴偿之债)的补充协议。寄送买卖(送付之债)与赴偿之债区分的关键在于,当事人是否将寄送(Versendung)作为一项义务加入出卖人的义务中,出卖人通常并不承担该义务[30],在有疑义时,应认为属于送付之债[31]。在本案中,甲、丙所达成的事后补充协议只能表明丙愿意为甲办理托运(签订快递服务合同),即丙只有"寄快递"的义务,而没有承担运输风险的意思。甲、丙之间的买卖合同属于寄送买卖。

因为甲、丙之间的买卖合同属于寄送买卖,丙将标的物交付给承运人后,风险即发生转移(《民法典》第607条第1款),在出卖人将标的物运送至买受人指定的地点并交付给承运人后,即使标的物灭失,买受人亦需支付全部价款。也就是说,无论标的物是否安全交付给甲,抑或中途灭失,甲都要支付50000元的价金,故甲支出的50000元非其所遭受的损害。

如果蓝宝石没有在运送过程中灭失,甲可以在受领后取得蓝宝石的所有权,但现在因为乙的员工戊的行为,导致甲所享有的让与所有权并交付标的物的请求权不能实现,此即为甲所遭受的损害,即不能取得蓝宝石的所有权及占有,该损害与蓝宝石的丢失存在因果关系。甲所受损害的数额应按照蓝宝石的市价计算,即50000元。

4. 是否存在免责事由

根据《民法典》第832条第2句,如果货物的毁损、灭失是因不可抗力、货物本身的自然性质或者合理损耗以及托运人、收货人的过错造成的,承运人不承担赔偿责任。本案中,显然不存在这些事由。值得一提的是,蓝宝石丢失是因为乙的员工戊而非乙自己的行为所致,但第三人行为导致标的物毁损、灭失,不属于这里的免责事由,更何况乙本就应为其员工的行为负责。

5. 损害赔偿额的计算

甲可基于《民法典》第832条第1句结合第522条第2款前半句、第577条向乙请求损害赔偿。根据《民法典》第833条第1句前半句,货物

---

[30] Vgl. Wolfgang Fikentscher/Andreas Heinemann, Schuldrecht, 10. Aufl., 2006, Rn. 281.
[31] Vgl. Looschelders, Schuldrecht Besonderer Teil, 10. Aufl., 2015, Rn. 192.

毁损、灭失的赔偿额,依当事人约定来确定。在利益第三人合同中,第三人没有直接和债务人达成任何约定,债务人可否以相关合同中的约定对抗第三人,存在疑问。根据《民法典》第522条第2款后半句,债务人对债权人的抗辩,可以向第三人主张。这一规范调整的仅是抗辩的援引,从文义上看,损害赔偿额的约定非属抗辩,该规则不能直接适用。但法律之所以允许债务人援引对债权人的抗辩对抗第三人,是因为第三人的权利仅源于债权人与债务人之间的合同,第三人只能主张其实际被授予的权利,债务人的法律地位不能因为向第三人而非债权人给付而变差。[32] 损害赔偿额的约定属于合同的内容,而第三人的权利直接源于该合同,故该约定对第三人亦有拘束力。

本案中,丙在寄件时对蓝宝石保价5000元,保价条款属于对损害赔偿额的约定,但该约定对甲发生效力的前提是其本身必须有效。理论界与实务界一致认为,保价条款属于格式条款[33],因此对其效力的判断应适用格式条款订入与内容控制的一般规则。根据《民法典》第496条第2款,对于免除或减轻格式条款提供方责任等与相对方有重大利害关系的条款,应以合理方式提示对方,否则格式条款不能成为合同内容。通过手机下单,在点击"下单"前必须勾选"阅读并同意《电子运单契约条款》",选择后会自动跳出相应条款内容,其中关于赔偿责任与保价服务的条款均以红色字体加粗标识,因此应认为快递公司尽到了合理的提示说明义务。[34] 本案中丙还选择了保价5000元,因此格式条款已经订入,应无疑义。

就内容控制问题而言,根据《民法典》第497条,格式条款如果具备合同无效的一般事由,不合理地免除或者减轻格式条款提供方责任、加重对

---

[32] Vgl. MüKoBGB/Gottwald, 6. Aufl., 2012, BGB § 334, Rn. 1.

[33] 参见郑佳宁:《快递保价服务的规范结构与实现路径》,载《法学杂志》2019年第12期,第65页;沈明磊、董蕾蕾:《快递丢失损毁赔偿纠纷若干法律问题研究》,载《法律适用》2014年第6期,第64页;陈芸:《快递行业限额赔偿格式条款的效力及损失赔偿》,载《人民司法》2011年第24期,第71—74页。

[34] 相同观点,参见南京博展通电子有限公司与江苏顺丰速运有限公司运输合同纠纷案,江苏省南京市中级人民法院(2019)苏01民终2759号民事判决书;南京全傲盛制冷设备有限公司与江苏顺丰速运有限公司运输合同纠纷案,江苏省南京市中级人民法院(2018)苏01民终8309号民事判决书。

方责任、限制或排除对方主要权利,则该格式条款无效。保价条款是否系减轻格式条款提供方责任或限制对方主要权利,实践中存在不同观点。大多数法院认为,保价条款并未减轻格式条款提供方责任或限制对方主要权利,其原则上有效[35];也有部分法院认为,保价条款加重对方责任,排除对方主要权利,应属无效条款[36]。学理上认为,订立合同时,格式条款使用人提供多种价格套餐供相对人选择,而相对低价的套餐中含有责任免除或限制条款的,应当为法律所允许,此类条款并非一律无效[37]。保价条款与"价格套餐"颇为类似,寄件人可以在是否保价以及保价多少之间自由选择,以确定在损害发生时其可主张的赔偿额度;从快递公司的角度而言,收取不同额度的快递费(保价费)对应着不同程度的损害赔偿风险[38]。保价条款可以合理分配寄件人与快递公司之间关于标的物毁损、灭失的赔偿风险,寄件人如果按照标的物的实际价值保价,可于标的物毁损、灭失时,获得全额赔偿,此时因为快递公司可能承担的责任较重,故收取的费用较高;反之,如果寄件人选择不保价或保价金额低于标的物实际价值,则其仅需支付较低的费用,但应承担不能获得全额赔偿的风险。保价条款赋予了寄件人自由选择的空间,能够起到平衡快递服务合同当事人双方利益风险分配的功能,并非减轻格式条款提供

---

[35] 参见青岛欣悦天伦工贸有限公司、吉林省顺丰速递有限公司延吉分公司服务合同纠纷案,山东省高级人民法院(2018)鲁民申2724号民事裁定书;成都源广旺物流有限公司、魏东祥运输合同纠纷案,四川省成都市中级人民法院(2020)川01民终6400号民事判决书;深圳市快佳运物流有限公司与深圳市今朝阳物流有限公司运输合同纠纷案,广东省深圳市中级人民法院(2017)粤03民终3359号民事判决书。

[36] 参见桦南龙源雄亚风力发电有限公司与桦南申通快递有限公司、北京申通快递服务有限公司运输合同纠纷案,黑龙江省佳木斯市中级人民法院(2015)佳商终字第89号民事判决书;王辉与徐州申通为群快运有限公司财产损害赔偿纠纷案,江苏省徐州市中级人民法院(2016)苏03民终835号民事判决书。

[37] 参见贺栩栩:《〈合同法〉第40条后段(格式条款效力审查)评注》,载《法学家》2018年第6期,第187页。

[38] 实践中有法院认为:"民事行为以当事人的意思自治为首要原则,在签订协议时,双方都知道各自可能承担的风险,通过告知和签字进行合意确认已经达成了对自己权利的处分,法院尊重双方的约定。另外,快递行业面对众多顾客和多种托运货物,如不允许其采取必要的措施降低经营风险,则该行业将随时面临不可预知的巨大风险,从利益平衡的角度考虑,快递行业的保护措施是合理的。"参见江守万与遵义圆通速递有限公司习水县分公司运输合同纠纷案,贵州省遵义市中级人民法院(2015)遵市法民二终字第97号民事判决书。

方责任或限制对方主要权利的条款,原则上应属有效。

不过,根据《民法典》第506条第(二)项,因故意或重大过失造成对方财产损失的免责条款无效。据此,即使有保价条款,但如果财产损害是因快递公司的故意或重大过失行为导致的,快递公司应全额赔偿。本案事实仅交代快递公司的员工戊存在过失,并无事实显示其是否存在故意或重大过失。实践中有法院认为,货物在运输流转过程中毁损、灭失,即可认定快递公司存在重大过失,因此保价条款无效。[39] 但这种观点并不妥当,因为《民法典》第506条第(二)项中重大过失的判断是指向造成对方财产损失的行为,具体来说,就是判断快递公司对快递的损毁、灭失是否存在故意或重大过失,由快递在运输途中发生毁损、灭失的结果直接得出快递公司存在重大过失的结论,并不妥当。在本案中,没有任何事实显示乙存在重大过失,因此保价条款不会依《民法典》第506条第(二)项而无效。

综上,保价条款有效,并且其亦对甲发生效力,甲仅可向乙主张5000元的损害赔偿。

(三)结论

甲可基于《民法典》第832条第1句结合第522条第2款前半句、第577条向乙请求损害赔偿,赔偿数额为5000元。

二、甲可否基于《民法典》第1165条第1款结合第1191条第1款第1句向乙主张损害赔偿责任?

(一)请求权是否产生

依《民法典》第1165条第1款,行为人因过错侵害他人民事权益造成损害的,应当承担侵权责任。本案中,乙作为快递公司,其本身并没有独

---

[39] 参见华池县博华电子商务有限公司诉兰州顺丰速运有限公司庆阳分公司华池营业部运输合同纠纷案,甘肃省华池县人民法院(2020)甘1023民初199号民事判决书;张丽平、天津市西青区浩腾模具加工厂等与天津顺丰速递有限公司服务合同纠纷案,天津市津南区人民法院(2019)津0112民初6610号民事判决书;张婷婷与吉林省顺丰速递有限公司白山分公司临江第一营业部、吉林省顺丰速递有限公司运输合同纠纷案,吉林省临江市人民法院(2019)吉0681民初12号民事判决书。

立实施可能构成侵权的行为,而是因为其员工戊的行为,导致快递丢失。根据《民法典》第1191条第1款第1句,用人单位的工作人员因执行职务造成他人损害的,由用人单位承担侵权责任。学理上认为,用人单位为其工作人员承担侵权责任,应满足以下要件:第一,加害行为人是用人单位的工作人员;第二,工作人员的行为本身构成侵权;第三,他人所受损害系因执行工作任务所致。[40] 本案中,戊是乙的工作人员,快递的丢失是在戊运输快递时发生的,第一个和第三个要件均满足。有疑问的是第二个要件,即戊的行为本身是否构成对甲之权益的侵害。侵权行为的成立一般应满足以下要件:①加害行为;②权益侵害及损害;③因果关系;④过错。下面逐一展开分析。

1. 加害行为

加害行为是指侵害他人民事权益的,受意志支配的人之行为。[41] 本案仅交代"运输途中,因乙的员工戊的过失导致该快递丢失",没有具体交代戊实施了何种行为,不过其丢失快递的行为即足以评价为加害行为。

2. 权益侵害及损害

甲如欲基于侵权向乙主张损害赔偿,则需甲的权益受侵害,并因此遭受损害。基于前述,甲尚未占有蓝宝石,乙非属甲的占有辅助人,丙也没有将对乙的返还请求权让渡给甲,因此甲尚未取得蓝宝石的所有权,此时蓝宝石的所有权人仍然是丙,所以戊的行为不构成对甲的所有权的侵害。

基于前述分析,甲因为快递丢失无法实现其对丙所享有的交付标的物并移转所有权的请求权,因此可以认为甲的债权受到了侵害。债权是否受侵权法保护,学理上存在争议。《德国民法典》第823条第1款及我国台湾地区"民法"第184条第1项前段将侵权法的保护客体限定在生命、健康、所有权等绝对权,债权原则上被排除在保护范围之外,因为债权不具有所谓典型的社会公开性,第三人难以知悉,同一债务人的债权人有时甚多,加害人的责任将无限扩大,不符合社会生活上损害合理分配原

---

[40] 参见程啸:《侵权责任法》(第2版),法律出版社2015年版,第408页。
[41] 同上注,第210页。

则,仅在故意以悖于善良风俗之方法侵害他人债权时,始对之提供保护。[42] 我国大陆没有采取德国式的立法模式,学理上大多认可债权属于侵权法的保护客体,但同时也考虑到债权不具有典型的社会公开性,对其保护应低于绝对权,第三人侵害债权要求更严格的要件,即仅限于第三人明知债权之存在而故意加以侵害[43],有学者主张还必须同时违反善良风俗。[44] 本案中,甲的债权受到了侵害,并因此导致其不能取得蓝宝石的所有权及占有,甲所遭受的损害应以蓝宝石的市价计算,即 50000 元。

3. 因果关系

侵权法上的因果关系原则上采相当因果关系说,即无此行为,必不生此损害,有此行为,通常即足生此种损害,是为有因果关系。[45] 在本案中,快递丢失系戊的行为所致,若无此行为,甲不至于无法实现其对丙的请求权,不会遭受 50000 元的损失。通常来说,快递公司运输的货物丢失,会导致货物的所有权人遭受损害,快递丢失与所有权人遭受损害之间存在相当因果关系,此无疑义。在互联网交易极为发达的中国,快递公司所承运的货物更多是寄件人欲出卖给收件人,快递丢失会导致收件人(买受人)不能实现其对寄件人(出卖人)的债权,这完全可为一般社会生活观念接受。因此,戊的行为与甲的债权遭受侵害之间存在相当因果关系。

4. 过错

基于前述,侵权法对债权的保护以加害人有故意为前提,同时还要求悖于善良风俗。在因第三人行为导致债务人不能履行对债权人的义务的情形下,侵权责任的成立亦应以加害人的行为系故意悖于善良风俗为前提,此一方面是为了合理限制侵权责任,另一方面在给付不能的情形,债权人在契约法上有适当的救济方法。[46] 在本案中,戊没有故意,快递丢失更谈不上悖于善良风俗。因此戊虽有过失,但没有故意,不满足第三人

---

[42] 参见王泽鉴:《侵权行为》(第 3 版),北京大学出版社 2016 年版,第 219—220 页。
[43] 参见程啸,见前注[40],第 185 页。对我国学者观点的详细梳理,参见葛云松:《纯粹经济损失的赔偿与一般侵权行为条款》,载《中外法学》2009 年第 5 期,第 710 页。
[44] 参见葛云松,同上注,第 731 页。
[45] 参见王泽鉴,见前注[42],第 246 页。
[46] 参见王泽鉴,见前注[42],第 220 页。

侵害债权的构成要件。

(二)结论

甲不能基于《民法典》第1165条第1款结合第1191条第1款第1句向乙主张损害赔偿责任。

三、我国现行法上未规定的请求权:第三人损害清算

前述两项请求权在现行法中均有明确规定,学理及比较法上为解决寄送买卖中损失意外移转的问题,还提出了第三人损害清算理论。德国通说认为,在寄送买卖中,对待给付风险随标的物交付承运人而移转给买受人,若买卖物在运送途中灭失,出卖人仍然是买卖物的所有权人,其同时还享有基于所有权侵害以及运输契约违反所生的损害赔偿请求权,但出卖人此时没有损害,因为其可以向买受人要求支付价金,此时出卖人须就买受人所遭受的损害向承运人主张其所享有的请求权,买受人可基于《德国民法典》第285条请求出卖人让与其对承运人的请求权或所得代偿物。[47] 买受人可在受让该请求权后,向承运人主张损害赔偿。在本案中,若依该理论,丙可以就甲所遭受的损害向乙主张违约或侵权损害赔偿请求权,甲可请求丙将该请求权让渡给自己,并据此向乙主张损害赔偿。

但第三人损害清算理论有其特殊的适用前提,即为解决享有请求权者没有损害、受损害者没有请求权这一困境,而且从加害人的视角来看,损害的移转系出于意外。[48] 在本案中,收件人(甲)作为利益第三人合同中获得利益的第三人,对乙享有交货请求权,以及由此而生的损害赔偿请求权,因此没有必要引入第三人损害清算理论来处理该问题。德国法上也认为,在运输合同中,《德国商法典》第421条第1款赋予了收货人独立的请求权,受害人自己已经享有请求权,再适用第三人损害清算理论是多余的。[49]

---

[47] Vgl. Looschelders (Fn.〔31〕), Rn. 199; Wolfgang Fikentscher/Andreas Heinemann (Fn.〔30〕), Rn. 613.

[48] Vgl. Wolfgang Fikentscher/Andreas Heinemann (Fn.〔30〕), Rn. 611.

[49] Vgl. Wolfgang Fikentscher/Andreas Heinemann (Fn.〔30〕), Rn. 613; Looschelders (Fn.〔31〕), Rn. 192.

此外，第三人损害清算理论仅在损害按照差额说计算时才成立，即认为财产损害系现实状态及假设状态就被害人情事及整个财产比较的差额，从而认定寄送买卖的出卖人对买受人有价金请求权而未受损害；如果采取"客体损害"（Objektschaden）的认定方式，则所有权人（即出卖人）受有损害，出卖人可作为直接受害人享有损害赔偿请求权，依原《德国民法典》第281条（现《德国民法典》第285条），出卖人应将该损害赔偿请求权让渡给买受人或将所得代偿物交与买受人。[50]

第三人损害清算有其特定的理论背景，我国法对此并未承认，在收件人可作为利益第三人合同中的受益人独立主张损害赔偿请求权时，没有必要再适用该理论。[51]

问题二：甲对丙的请求权

一、甲可否基于《民法典》第577条要求丙赔偿不能履行主给付义务所造成的损害？

本案中，甲、丙之间缔结了以50000元的价格买卖蓝宝石的合同。根据《民法典》第598条，出卖人（丙）负有向买受人（甲）交付标的物并移转所有权的义务。现蓝宝石已在运输途中丢失，丙对甲所负担的交付标的物并移转所有权的义务不能再履行，这一情事发生在买卖合同缔结后，属于嗣后不能。根据《民法典》第580条第1款第（一）项，丙的给付义务被排除，但此仅涉及原初给付义务，出卖人可能仍然要承担次生给付义务，即损害赔偿。因嗣后不能所生的损害赔偿请求权一般应满足如下要件：①债之关系的存在；②基于嗣后不能而不履行；③债务人的可归责；④债务人给付义务之免除；⑤损害；⑥给付不能与损害之间的因果关系。[52] 下面逐一进行检验。

---

[50] 参见 Karl Larenz, Lehrbuch des Schuldrechts, Bd. 1, 14. Aufl., 1987, S. 464; Gerhard Walter, Kaufrecht, 1987, S. 285 f.; 王泽鉴：《损害赔偿》，北京大学出版社2017年版，第280页。

[51] 更详细的论述，参见朱晓喆，见前注[16]，第44页以下。

[52] 参见王洪亮：《债法总论》，北京大学出版社2016年版，第267页。另外，基于前述分析，因为丙不承担运送货物的义务，所以其无须为快递没能送至甲处承担任何责任。

(一)请求权是否产生

1. 债之关系的存在

甲、丙之间存在关于蓝宝石的买卖合同,存在有效的债之关系,此无疑义。

2. 基于嗣后不能而不履行

学理上认为,基于给付不能所生之损害赔偿同样要求存在义务违反,不过在这一点上是没有问题的,因为任何不履行均属义务违反。[53] 基于《民法典》第577条的违约损害赔偿请求权以存在违约行为为前提,履行不能属于该条意义上的违约行为。[54] 在本案中,蓝宝石在合同签订后丢失,丙所负担的交付标的物并让与所有权的义务不能再履行。

3. 债务人的可归责

比较法上对于债务人在给付不能情形下的损害赔偿以债务人可归责为前提,如德国法关于给付义务排除时的替代给付之损害赔偿援引了《德国民法典》第280条第1款,学理上认为这要求债务人对给付不能必须可归责,若债务人对给付不能不可归责,则其不承担损害赔偿责任。[55] 可归责性依《德国民法典》第276—278条判断,首先就是判断债务人对给付不能是否存在故意或过失。[56] 我国台湾地区"民法"第226条第1项更明确规定:"因可归责于债务人之事由,致给付不能者,债权人得请求赔偿损害。"此种给付不能,债务人虽亦毋庸为原定之给付,但既因可归责于其自己之事由所致,自应负损害赔偿责任,故债权人得请求损害赔偿。[57]

在我国法上,学界主流观点认为违约责任是无过错责任,债务人违约原则上即应承担损害赔偿责任,除非存在不可抗力等免责事由。具体到嗣后履行不能上,王洪亮教授认为:"如果债务人对于嗣后给付不能没有免责事由,则债权人可以请求损害赔偿";"一般情况下,对于替代给付的

---

[53] Vgl. Christoph Hirsch, Allgemeines Schuldrecht, 6. Aufl., 2009, Rn. 675.
[54] 参见崔建远主编,见前注[10],第238—239页。
[55] Vgl. Wolfgang Fikentscher/Andreas Heinemann (Fn. [30]), Rn. 424; Christoph Hirsch (Fn. [53]), Rn. 675.
[56] Vgl. Wolfgang Fikentscher/Andreas Heinemann (Fn. [30]), Rn. 424.
[57] 参见郑玉波:《民法债编总论》(修订第2版),陈荣隆修订,中国政法大学出版社2004年版,第267页。

损害赔偿请求权的构成,不需要过错要件,但需要考察免责事由"。[58] 韩世远教授也认为,"如果当事人不能履行又没有免责事由,相应地发生违约责任"[59]。《民法典》合同通则中明确规定的免责事由仅有不可抗力,除此以外,仅可诉诸合同分则中典型合同的具体规则。根据《民法典》第180条第2款,不可抗力是不能预见、不能避免且不能克服的客观情况,同时满足本款全部要求的,都是一些相对极端的情况。考虑到这一点,学理上也尝试将一些其他情形纳入免责事由的范畴,如将债权人的过错作为免责事由。[60] 王洪亮教授认为,《合同法》第110条(《民法典》第580条第1款)对于事实上与法律上不能履行,没有区分是由谁的过错导致的,通过漏洞填补的方式,可以认为,如果不能履行是由债权人造成的,债务人可以免责。

按照德国与我国台湾地区的处理方式,在给付不能的情形下,只要确定给付不能不可归责于债务人,债务人即不必负担损害赔偿责任。据此,本案中的丙不必承担损害赔偿责任,因为丙自身对于快递丢失并无过错,承运人(乙)系独立的第三人,出卖人无须按照《德国民法典》第278条对承运人的过错负责。[61] 这在结果上是妥当的。因为在寄送买卖中,标的物交付承运人后,只要出卖人在寄送标的物时尽到了合理选任承运人等义务,出卖人的义务即履行完毕,买受人没能取得标的物的所有权及占有系标的物于运输途中灭失所致,而这一风险应由买受人承担,不能归责于出卖人,故出卖人不必承担赔偿责任。而按照我国大陆的规则,因承运人过失导致标的物灭失难谓构成不可抗力,买受人也没有过失,故出卖人需承担损害赔偿责任。这一结果显然不妥。如前述,此时应认为,买受人没有取得所有权及占有的原因是标的物于运输途中毁损、灭失,而该风险应由买受人承担,即标的物在运输途中的毁损、灭失已经不在出卖人责任范围之内,此亦可成为出卖人的免责事由,其无须为此承担损害赔偿

---

[58] 王洪亮,见前注[52],第266、267页。
[59] 韩世远,见前注[24],第532页。
[60] 参见崔建远主编,见前注[10],第245页。
[61] Vgl. Looschelders (Fn. [31]), Rn. 198; Wolfgang Fikentscher/Andreas Heinemann (Fn. [30]), Rn. 826.

责任。蓝宝石在运输途中发生灭失不可归责于丙,该要件未得到满足。

4. 债务人给付义务之免除

丙出卖给甲的蓝宝石已于运输途中丢失,丙之给付义务根据《民法典》第 580 条第 1 款第 1 句被排除。

5. 损害

甲不能取得蓝宝石的所有权及占有,此为其所遭受的损害,具体损害数额为 50000 元。

6. 给付不能与损害之间的因果关系

甲所受损害系因蓝宝石灭失所致,此无疑义。

(二) 结论

甲不得基于《民法典》第 577 条要求丙赔偿不能履行主给付义务所造成的损害。

二、甲可否基于《民法典》第 509 条第 2 款结合第 577 条向丙主张因附随义务违反所生的损害赔偿?

合同当事人除负担主给付以外,还负有从给付义务和附随义务。《民法典》第 509 条第 2 款规定,当事人应当遵循诚实信用原则,根据合同的性质、目的和交易习惯履行通知、协助保密等义务。本条是我国法上附随义务的基础规范。违反附随义务而对债权人造成损害的,债权人得依不完全履行的规则,请求损害赔偿。[62] 除《民法典》第 509 条第 2 款以外,合同分则关于典型合同的规定中还有大量附随义务的具体规定,如交付单证(《民法典》第 598 条)、妥善包装(《民法典》第 619 条)等。《德国民法典》第 447 条第 2 款规定,买受人关于送交方法有特别指示,而出卖人无紧急之原因,违反其指示者,出卖人对于买受人因此所受之损害,应负责任。除遵照指示以外,德国法还认为,出卖人有义务对标的物进行妥善包装、选择可靠的承运人、投保等,违反这些注意义务,出卖人可能需承担损害赔偿责任。[63] 本案

---

[62] 参见韩世远,见前注 [24],第 343 页。
[63] Vgl. Günter Hager, Die Gefahrtragung beim Kauf: Eine rechtsvergleichende Untersuchung, 1982, S. 90 f.

中,丙是否违反了附随义务,并因此承担违约责任,首先需结合《民法典》第509条第2款,分析丙是否存在附随义务的违反,继而分析甲是否因此遭受损害。

(一)请求权是否产生

1. 丙是否违反了附随义务

依诚实信用原则,寄送买卖中的出卖人应当按照买受人的指示寄送标的物、对标的物进行妥当的包装并选择可靠的承运人。本案中,甲要求丙将蓝宝石通过快递寄给自己,而丙选择了乙快递公司寄送蓝宝石,属于遵循了甲的指示选择了合理的承运人,案例中亦未交代对蓝宝石的包装有任何不妥之处,因此应认为丙适当履行了前述义务。本案中,丙可能构成附随义务违反的行为仅有其没有全额保价这一行为,丙是否负有全额保价的附随义务,即为此处重点。我国对此讨论不多,比较法上亦少见关于保价义务的讨论,常见者,系出卖人是否负有对标的物进行保险的义务。保险与保价有区别,但亦有共通之处,因此下文先简单介绍比较法上关于出卖人投保义务的规则,进而分析在我国法上寄送买卖中的出卖人是否有保价义务,以及违反该义务是否会产生损害赔偿请求权。

德国学理上认为,在寄送买卖中,如无约定,出卖人无须为标的物投保,因为出卖人不知道买受人自己是否已经为标的物投保,而且在商事交易中或存在交易习惯时,出卖人也可能负有投保义务。[64] 此外,若存在充分的理由,亦应肯定出卖人有对买卖标的物投保的义务,通常来说,若可能的风险不能为运输责任险所覆盖并且有较高的价值处于危险之中,则应肯定之,如果标的物的价值超过了最高责任限额,通过相应的价值申报(Wertangaben)来充分覆盖(可能的损失),即属充分(的理由)。[65] 在有疑问时,应询问买受人并等待其决定。[66] 在涉及承运人责任限制时,出卖人须询问买受人是否希望投保。[67] 可见,德国法原则上

---

[64] Vgl. Günter Hager (Fn.〔63〕), S. 90; MüKoBGB/H. P. Westermann BGB, 6. Aufl., 2012, §447, Rn. 21.

[65] Vgl. Staudinger/Roland Michael Beckmann, 2014, §447, Rn. 31.

[66] Vgl. Staudinger/Roland Michael Beckmann (Fn.〔65〕), §447, Rn. 31.

[67] Vgl. MüKoBGB/H. P. Westermann BGB (Fn.〔64〕), §447, Rn. 21.

虽不承认出卖人有投保义务,但如果不投保,买受人在标的物灭失时可能无法获得全额赔偿,则出卖人应当对标的物投保,或者至少应询问买受人是否投保。英美法原则上也不承认出卖人的保险义务,但是出卖人必须确保买受人有缔结保险合同的可能,因此出卖人必须毫不迟延地通知买受人。[68]

对于保价与保险的不同之处,有学者归纳如下:第一,保价仅涉及两方主体,保价后风险由买受人移转给出卖人,保险涉及三方主体,投保后风险由保险人承担;第二,保价后,对于损害赔偿范围仍适用合同法的一般规则,投保后,保险人责任按照保险合同的约定及保险法的规则处理;第三,保价快件的赔偿由快递公司自主处理,欠缺专业性,易滋生事端,保险公司具有专业定损能力,发生纠纷可能性较低。[69] 这些不同固然存在,但却未道出二者最根本的区别,保价与保险的根本区别在于:如果出卖人在寄送货物时对货物进行了保价,于标的物毁损、灭失时,买受人可向承运人主张的责任上限即为保价金额(参见问题一中的相关论述);而如果出卖人对标的物投保(不考虑保价),若保险金额未能覆盖全部损失,出卖人仍可就未获得赔偿的部分向承运人主张损害赔偿(《保险法》第60条第3款)。也就是说,保价会限制买受人可向承运人主张的损害赔偿额,而保险原则上不会影响承运人的责任。因此,在通过快递寄送货物时,出卖人应当对标的物全额保价,或者至少应当询问买受人是否要对标的物全额保价,否则会限制买受人可向承运人主张的损害赔偿额。在本案中,没有事实显示丙就保价一事询问过甲,其对价值50000元的蓝宝石仅保价5000元,应认为其违反了附随义务。

学理上对于违反附随义务的法效果存在争议。有观点认为,违背买受人之指示不会阻止风险的移转,但出卖人要承担损害赔偿义务,这同样适用于一般的注意义务违反。[70] 拉伦茨认为,出卖人因过错违反合理选择承运人、对标的物进行包装、缔结运输保险合同等义务,并因此造成标

---

[68] Vgl. Günter Hager (Fn.〔63〕), S. 90.
[69] 参见郑佳宁,见前注〔33〕,第64页。
[70] Vgl. Günter Hager (Fn.〔63〕), S. 92, 93.

的物毁损、灭失时,风险不会移转,因为这不属于"意外"毁损、灭失。[71]如存在行业习惯或买卖物价值较高时,出卖人有投保义务的,其未尽到必要注意履行该义务,不会发生风险移转。[72] 笔者认为,如果附随义务的违反会增加标的物在运输途中毁损、灭失的风险(如包装有瑕疵),可以认为标的物的毁损、灭失可归责于出卖人,即非属"意外",因此风险不会发生移转;但如果附随义务对于标的物的运输风险没有影响,则应诉诸损害赔偿。[73] 保险与保价通常不会影响标的物在运输过程中发生毁损、灭失的风险,除非根据保险或保价之不同而采取不同的运输方式。因此笔者认为,出卖人违反保价或保险义务,原则上不影响风险转移,但其需承担损害赔偿责任。

2. 损害及因果关系

如果丙在寄送蓝宝石之时,按照 50000 元全额保价,则甲可以向乙主张 50000 元的损害赔偿,但因为丙只保价 5000 元,所以现在甲只能向乙主张 5000 元的损害赔偿,甲受有 45000 元的损害。该损害系因丙未全额保价所致,并且丙也没有询问甲是否要对蓝宝石全额保价,甲所遭受的损害与丙的附随义务违反之间存在因果关系。

3. 过错

我国法上,违约责任是否以过错为前提存在争议,主流观点认为我国采严格责任。[74] 本文对此不展开,仅就本案而言,即使采过错责任,丙作为蓝宝石的出卖人,明知蓝宝石价值 50000 元而仅保价 5000 元,其对于附随义务的违反存在过失,应无疑义。

(二) 结论

甲可以基于《民法典》第 509 条第 2 款结合第 577 条向丙主张因附随义务违反所生的损害赔偿,损害赔偿额为 45000 元。

---

[71] Vgl. Karl Larenz, Lehrbuch des Schuldrechts, Bd. 2, Besonderer Teil, 1. Halb Band, 1986, S. 101.

[72] Vgl. Gerhard Walter (Fn. [50]), S. 281.

[73] 德国学理上亦有观点认为应分别判断二者,参见 Jauernig/Christian Berger, 12. Aufl., 2007, § 447, Rn. 9。

[74] 韩世远,见前注[24],第 748 页。

法律法规

欧洲议会和欧盟理事会《关于货物买卖合同特定方面的2019/771/EU 指令》[*]

张　彤[**]　李祺含[***]　杜祎凡[****]　译

欧洲议会和欧盟理事会,根据《欧洲联盟运行条约》(TFEU),尤其是其中第 114 条,根据欧盟委员会的建议,并在将立法草案提交各成员国议会之后,且考虑到欧洲经济和社会委员会的意见[1],按照普通立法程序运行[2],基于以下原因制定本指令:

1. 为了保持在全球市场上的竞争力,欧盟需要完善其内部市场的功能,并成功应对当今日益由技术驱动的经济所带来的多重挑战。数字单

---

[*] 本指令系为执行"中国政法大学 2023 年科研创新项目"所译。本指令的德文名称为:Richtlinie (EU) 2019/771 des Europäischen Parlaments und des Rates vom 20. Mai 2019 über bestimmte vertragsrechtliche Aspekte des Warenkaufs, zur Änderung der Verordnung (EU) 2017/2394 und der Richtlinie 2009/22/EG sowie zur Aufhebung der Richtlinie 1999/44/EG。

[**] 中国政法大学比较法学研究院教授。
[***] 中国政法大学比较法学研究院硕士研究生。
[****] 中国政法大学比较法学研究院硕士研究生。

〔1〕ABl. C 264 vom 20. 7. 2016, S. 57.
〔2〕Standpunkt des Europäischen Parlaments vom 26. März 2019 (noch nicht im Amtsblatt veröffentlicht) und Beschluss des Rates vom 15. April 2019.

一市场战略制定了一个全面性框架,这一举措有利于将数字维度整合到内部市场。跨境电子商务是跨境企业对消费者进行货物销售的最重要组成部分,因此数字单一市场战略的第一大支柱就是要通过研究跨境电商发展中遇到的所有主要障碍,以解决欧盟内部贸易的碎片化问题。

2. 《欧洲联盟运行条约》第26条第1款和第2款规定,欧盟将采取措施以建立并确保内部市场的运行,该市场是一个无内部边界的区域,可以确保货物和服务自由流动。《欧洲联盟运行条约》第169(1)条和第169(2)条第1项规定,欧盟将在实现内部市场的基础上,采取该条约第114条所规定的措施,为提高消费者保护水平作出贡献。本指令旨在实现高水平的消费者保护和提高企业竞争力之间二者的合理平衡,同时确保不违反辅助性原则。

3. 为了实现真正的数字单一市场战略,增加法律确定性并降低交易成本,特别是对于中小型企业("SME")来说,货物买卖合同的某些方面应当协调一致,以作为高水平消费者保护的基础。

4. 电子商务是欧盟内部市场增长的关键驱动力。然而,它的增长潜力远未得到充分开发。为了加强欧盟竞争力并促进经济增长,欧盟需要迅速采取行动,鼓励经济参与者充分发挥内部市场的潜力。只有所有市场参与者都能顺利地进行跨境货物销售,包括跨境电商交易,才能充分发挥内部市场的潜力。合同法对合同进行了规定,市场参与者达成交易的依据是决定是否跨境提供货物的商业决策的关键因素之一。这些规则也会影响消费者接受和信任电子商务的意愿。

5. 技术的进步导致了包含数字内容或数字服务的货物市场及与这些内容相关联的货物的市场不断增长。由于这类产品的数量不断增加,加之消费者对此类产品的接受程度迅速上升,因此欧盟层面上必须采取行动,以确保消费者受到高水平的保护,并且提高适用于此类产品买卖合同的规则的法律的确定性。这一举措将有助于增强消费者和销售者的信任。

6. 尽管欧洲议会和欧盟理事会在2011/83/EU指令[3]中对交货条件

---

[3] Richtlinie 2011/83/EU des Europäischen Parlaments und des Rates vom 25. Oktober 2011 über die Rechte der Verbraucher, zur Abänderung der Richtlinie 93/13/EWG des Rates und (转下页)

的规则进行了全面的统一,并且对远程合同或非现场合同中的合同前信息义务和撤销权的规则进行了统一,但欧盟关于货物销售的规则仍然存在高度的分散性。合同的其他关键要素,例如适约性要求、不适约情况下的救济措施及其行使权利的基本方式,目前只是在欧洲议会和欧盟理事会1999/44/EG指令[4]的基础上进行了最低限度的协调。成员国可以针对合同的不同要素,制定不同程度的高于欧盟的标准,并引入或维持可以确保实现更高程度的消费者保护的规则。因此,各国在转化1999/44/EG指令时,在合同的基本要素上有很大的不同,例如是否存在现有救济措施的顺序适用制度。

7. 现有法律的差异会损害企业和消费者的利益。根据欧洲议会和欧盟理事会593/2008/EG条例[5],针对其他成员国消费者的企业必须遵守消费者经常居住地所在国的强制性消费者合同规则。由于不同成员国的这些规则之间存在差异,企业可能会产生额外的成本。因此,许多企业可能宁愿只在国内经营,或将出口限制在一个或两个成员国。这种将与跨境贸易相关的成本和风险降到最低的决定,导致企业丧失扩张机会,不能实现规模经济,中小企业尤受影响。

8. 虽然由于593/2008/EG条例的适用,消费者在国外购物时享有高水平的保护,但消费者对跨境交易的信心也受到当前法律碎片化的影响。虽然这种不信任的原因不一,但消费者的合同权利的不确定性尤受消费者关注。这种不确定性并不取决于消费者相对于在跨境交易活动中以其为目标的卖家是否受到本国强制性消费者保护规则的保护,也不取决于消费者是否与卖家签订了跨境合同,即使卖家在消费者所在国并未进行商业运作。

(接上页)der Richtlinie 1999/44/EG des Europäischen Parlaments und des Rates sowie zur Aufhebung der Richtlinie 85/577/EWG des Rates und der Richtlinie 97/7/EG des Europäischen Parlaments und des Rates (ABl. L 304 vom 22. 11. 2011, S. 64).

[4] Richtlinie 1999/44/EG des Europäischen Parlaments und des Rates vom 25. Mai 1999 zu bestimmten Aspekten des Verbrauchsgüterkaufs und der Garantien für Verbrauchsgüter (ABl. L 171 vom 7. 7. 1999, S. 12).

[5] Verordnung (EG) Nr. 593/2008 des Europäischen Parlaments und des Rates vom 17. Juni 2008 über das auf vertragliche Schuldverhältnisse anzuwendende Recht (Rom I) (ABl. L 177 vom 4. 7. 2008, S. 6).

9. 尽管到目前为止,欧盟跨境贸易中最大的份额是在线贸易,但各国国内合同法的差异阻碍了使用远程销售渠道的零售商和面对面零售商,使他们无法扩大其跨境活动。为了给所有向消费者销售货物的企业创造一个公平的竞争环境,本指令应涵盖所有销售渠道。通过为所有分销渠道建立统一的规则,本指令应防止欧盟内更多分销渠道齐全的零售商承担不相称的负担。2017年5月29日公布的消费者和营销法委员会的适应性检查中确认了所有销售渠道有必要适用统一规则,1999/44/EG 指令的内容也涉及适用统一规则的必要性。

10. 本指令应涵盖关于货物买卖的规则,包括具有数字元素的货物。本指令涉及合同中那些在克服内部市场的合同法障碍方面特别重要的内容。由此,适约性要求、消费者在货物不适约情况下可获得的救济措施以及行使权利的基本方式应完全统一,并应较 1999/44/EG 指令进一步提高消费者保护水平。全面协调消费者合同法的一些基本要素将使企业,特别是中小企业更容易向其他成员国提供其产品。消费者也将因合同基本规则的全面协调而获得高水平的消费者保护和其他福利。

11. 本指令是对 2011/83/EU 指令的补充。而 2011/83/EU 指令主要规定了合同前的信息义务、远程销售合同及在营业场所外订立合同中的撤销权以及货物的交付和风险负担条款,本指令引入了货物适约性规则、不适约情况下的救济措施以及行使这些规则的方式。

12. 本指令应仅适用于构成本指令所规定含义的有形可移动货物。因此,成员国可以自由地规范不动产的买卖合同,例如住宅建筑以及构成此类不动产主要部分的附属设施。

13. 本指令与欧洲议会和欧盟理事会 2019/770/EU 指令[6]应相互补充。2019/770/EU 指令规定有关提供数字内容或数字服务合同的某些要求,而本指令则对货物买卖合同作出了规定。因此,为了满足消费者的期望,并确保为数字内容或数字服务的交易者提供清晰、简单的法律框

---

〔6〕 Richtlinie (EU) 2019/770 des Europäischen Parlaments und des Rates vom 20. Mai 2019 über bestimmte vertragsrechtliche Aspekte der Bereitstellung digitaler Inhalte und digitaler Dienstleistungen (siehe Seite 1 dieses Amtsblatts).

架,2019/770/EU 指令适用于数字内容或数字服务的供应,包括以有体数据载体提供的数字内容,如 DVD、CD、U 盘和存储卡,以及有体数据载体本身,前提是该有体数据载体仅用作数字内容的载体。相比之下,本指令应适用于货物买卖合同,包括需要数字内容或数字服务才能行使其功能的具有数字元素的货物。

14. 本指令中规定的术语"货物"应理解为包括"具有数字元素的货物",因此也指包含货物内容或与货物相关联的数字内容或数字服务,如果没有该数字内容或数字服务,货物将无法发挥其功能。包含在货物中或与货物相关联的数字内容可以是以数字形式制作和提供的任何数据,例如操作系统、应用程序和其他软件。数字内容可以在签订买卖合同时预先安装,或者在合同约定的情况下,在合同成立后安装。与货物相关联的数字服务可以包括允许以数字形式创建、处理或存储数据或访问数据的服务,例如云计算环境中提供的软件、导航系统中交通数据的持续供应,或者在智能手表中持续提供个性化的训练计划。

15. 本指令应适用于货物买卖合同,包括带有数字元素的货物,如果没有包含在内或与其相关联的数字内容或数字服务,将会妨碍货物发挥其功能,并且该数字内容或数字服务是根据与这些货物有关的买卖合同与货物一起提供的。提供包含在内或者与其相关联的数字内容或数字服务是否构成销售者的买卖合同的一部分应取决于其合同的内容。其中包括合同明确要求提供的包含在内或者与其相关联的数字内容或数字服务。它还应包括被理解为涵盖特定数字内容或特定数字服务的买卖合同,因为它们对同类货物来说是正常的,考虑到销售者或代表销售者或包括生产者在内的其他人员在交易链的先前环节中所作的任何公开声明,消费者可以合理地期待货物的性质。例如,如果智能电视被宣传为包含特定的视频应用程序,则该视频应用程序将被视为买卖合同的一部分。无论数字内容或数字服务是预先安装在货物本身中,还是随后必须下载到另一个设备上,并且仅与货物互连,都应如此。例如,智能手机可能会附带买卖合同下提供的标准化预装应用程序,如报警应用程序或摄像头应用程序。另一个可能的例子是智能手表。在这种情况下,手表本身将被视为具有数字元素的货物,数字元素只能通过买卖合同提供,但必须由消费者下载到智能手机上的应用程序来执行其功能;该应用将是互连的数字元件。如果合并或相互连接的数字内容或数字服务不是由销售者自己提供,而是由第三方根据买卖合同提供,也应适用本指令。为了避免销售者和消费者的不确定性,如果对数字内容或数字服务的供应是否构成买卖合同的一部分有疑问,应适用本指令的规则。此外,确定销售者和消费者之间的双边合同关系,其中包含在内或者与其相关联的数字内容或数字服务的供应构成该关系的一部分,不应仅仅因为消费者必须同意与第三方的许可协议才能从数字内容或数字服务中受益这一事实而受到影响。

16. 相比之下,如果缺少包含在内或者与其相关联的数字内容或数字服务并不妨碍货物发挥其功能,或者如果消费者订立了提供数字内容或数字服务的合同,而该合同不属于含有数字元素的货物买卖合同的一部分,则该合同应被视为与货物买卖合同相区别,即使销售者作为中间人与第三方供应商签订第二份合同,但如果满足 2019/770/EU 指令的条件,也应属于 2019/770/EU 指令规制的范围。例如,如果消费者将游戏应用从应用商店下载到智能手机上,则游戏应用的供应合同与智能手机本身的买卖合同是分开的。因此,本指令应仅适用于智能手机的买卖合同,而游戏应用的供应如果符合条件,应当由 2019/770/EU 指令规制。另一个例子是,明确约定消费者购买没有特定操作系统的智能手机,消费者随后与第三方签订操作系统供应合同。在这种情况下,提供独立购买的操作系统将不构成货物买卖合同的一部分,因此不属于本指令的范围,但如果符合 2019/770/EU 指令的条件,则可能属于 2019/770/EU 指令的范围。

17. 为了实现法律确定性,本指令应规定买卖合同的定义,并明确规定其适用范围。本指令的范围还应涵盖尚未生产或制造的货物的合同,包括提供给消费者的货物说明书。此外,如果货物的安装构成买卖合同的一部分,且安装必须由销售者进行或由销售者负责,则货物的安装可能属于本指令的范围。如果合同包括销售货物和提供服务的要素,则应由成员国国内法来确定整个合同是否可以归类为本指令意义内的买卖合同。

18. 就本指令未规定的相关事项,本指令不应影响成员国国内法,尤其是在货物合法性、损害赔偿和一般性规则方面,如合同的成立、有效性、无效性或合同的效果。这同样适用于合同解除的后果以及本指令未规定的修理和更换的某些方面。在规定当事方有权在另一方履行其义务之前不履行其义务或部分义务时,应由成员国自主规定消费者暂不支付价款的条件和方式。成员国还应自由规范消费者对因销售者违反本指令而造成的损害获得赔偿的权利。本指令也不应影响不具体涉及消费者合同的国内法规则,并对某类在订立买卖合同时不明显的缺陷规定具体救济办法,也就是国内法可以对销售者隐藏缺陷的责任规定具体规则。本指令也不应影响成员国国内法,在货物不适约的情况下,由交易链先前环节中的主体为消费者提供非合同救济措施,例如生产者或履行义务的其他主体。

19. 本指令不应影响成员国允许消费者在货物交付后不久发现货物不适约时选择特定救济措施的自由,即国家规定消费者有权在货物交付后的特定时间内拒收有缺陷的货物并视合同为违约或要求立即进行赔偿,该特定期限不应超过30天。

20. 成员国应自由地规范销售者在缔结合同时的信息义务,或销售者就货物的某些特性、消费者所提供材料的适用性或消费者的特定要求可能导致的缺陷向消费者发出警告的义务,例如消费者要求使用特定织物缝制舞会礼服。

21. 成员国还应自由地将本指令的适用范围扩大到本指令范围之外的合同,或以其他方式对此类合同进行规范。例如,成员国应自由地将本指令为消费者提供的保护扩大到非本指令意义上的消费者的自然人或法人,如非政府组织、新设立的企业或小型及中型企业等。

22. 消费者的定义应涵盖在其贸易、商业、营业、手工业或职业以外从事活动的自然人。然而,成员国也应自由地确立双重目的的合同的规则,如果合同部分以营业为目的,部分以非营业为目的,并且如果合同的营业目的有限以至于在整个合同行为中不占据主要地位,成员国可以自由决定这些人是否以及在何种条件下,也应当被视为消费者。

23. 本指令应适用于销售者转让或承诺将货物所有权转让给消费者的任何合同。根据本指令,如果平台运营商出于与自身业务相关的目的行事,并作为买卖货物中的消费者的直接合同伙伴,则可被视为卖家。成员国应继续自由地将本指令的适用范围扩大到非本指令定义下所称销售者的平台运营商。

24. 为了平衡法律确定性的需要与法律规则的适当灵活性,本指令中提及的任何可预期的内容,应被理解为可合理预期的内容。合理的标准应当根据合同的性质和目的、合同的具体情况以及合同双方的交易习惯进行客观确立。

25. 为了明确消费者期望从货物中得到什么,以及如果销售者未能交付预期的货物将承担何种责任,有必要制定协调一致的规则以确定货物的适约性。本指令中提及的适约性应指货物是否符合货物买卖合同的要素。为了维护买卖合同双方的合法利益,对适约性的判断应结合主观和客观的要求。

26. 因此,货物应符合买卖合同中双方约定的要求。这些要求除其他外,可包括货物的数量、质量、货物类型和描述、其对特定目的的适合性,以及带有约定附件和任何说明的货物的交付。买卖合同的要求应包括根据 2011/83/EU 指令作为买卖合同不可分割的一部分的合同前信息义务。

27. 功能性的概念应该被理解为货物如何根据其用途发挥其功能。互操作性的概念是指货物是否以及在何种程度上能够使用不同于通常使用的同类货物的硬件或软件。例如,货物与其他软件或硬件交换信息并使用所交换信息的能力也可以体现一种良好的互操作性。

28. 鉴于包含在货物内或与其相关联的数字内容或数字服务是不断发展的,销售者和消费者可能同意为此类货物提供更新。根据买卖合同的约定,更新可以改进和增强货物的数字内容或数字服务元素,扩展其功能,使其适应技术发展,使其免受新的安全威胁或服务于其他目的。因此,带有包含其内容或与其相关联的数字内容或数字服务的货物的适约性也应判断此类货物的数字内容或数字服务元素是否按照买卖合同进行了更新。未能提供买卖合同中约定的更新内容应被视为货物不适约。此外,有缺陷的或不完整的更新也应被视为货物缺乏适约性,因为这意味着此类更新没有按照买卖合同约定的方式执行。

29. 为了达到适约性,货物不仅应符合适约性的主观要求,而且还应符合本指令中规定的适约性的客观要求。除其他外,适约性应基于此类货物的正常使用目的、是否带有消费者可以合理期待的附件和说明,以及是否与销售者提供给消费者的样品或图案相符进行判断。考虑到货物的性质以及销售者或交易链的先前环节中的其他人及其代表人所作的公开说明,该货物还应具有消费者合理期待的同类货物的正常性质和特性。

30. 除合同约定的更新外,销售者还应提供包括安全更新在内的更新,以确保带有数字元素的货物保持其适约性。销售者的义务应限于作出使此类货物保持符合本指令规定的客观及主观适约性要求所必要的更新。除非双方在合同中另有约定,销售者没有义务提供货物数字内容或数字服务的升级版本,或超出适约性要求扩大货物的功能。如果更新是由销售者所提供,或根据买卖合同提供数字内容或数字服务的第三方所提供,导致带有数字元素的货物缺乏适约性,销售者应负责使该货物重新符合合同约定。消费者应该自由选择是否安装所提供的更新。如果消费者决定不安装对于带有数字元素的货物所必要的更新,则消费者不应期待该货物保持适约性。销售者应告知消费者其决定不安装包括安全更新在内的,对保持货物适约性所必要的更新,将影响销售者对带有数字元素特征的货物的适约性的责任及销售者作出相关更新以保持货物适约性的责任。本指令不应影响其他欧盟法律或国内法规定的提供安全更新的义务。

31. 原则上,若带有数字元素,也就是带有包含在货物中或与其相关联的数字内容或数字服务的货物是通过单一的行为供应的,销售者仅应对交付时存在的货物不适约情况负责。但是,提供更新的义务必须考虑到此类货物的数字环境在不断变化。因此,更新是一个必要的工具,以确保货物能够在交付时发挥同样的功能。此外,与传统货物相比,带有数字元素的货物并没有完全偏离销售者的范围,因为销售者或者根据货物买卖合同提供数字内容或数字服务的第三方可能会远程更新货物,这种远程更新通常是通过互联网。因此,如果数字内容或数字服务是由单一供应所提供的,销售者应负责提供必要的更新,以使货物在消费者合理期待的一段时间内保持带有数字元素货物的适约性,即便货物在交付时是符合约定。消费者可期待的收到更新的期限应该根据货物的类型和用途以及数字元素,并考虑买卖合同的情况和性质进行评估。消费者通常希望至少在销售者对不符合规定负责的期限持续期间收到更新,而在某些情况下消费者的合理期待可能超越该期限,尤其是在安全更新方面会出现此现象。在其他情况下,例如具有数字元素的货物,其目的是有时间限制的,销售者提供更新的义务将受限于该期限。

32. 确保货物具有更长的耐用性对于促进更可持续的消费习惯和循环经济非常重要。同样,为了增强对内部市场运行的信心,通过加强市场监督和向经营者提供合理的奖励措施,将不合规的产品排除在欧盟市场之外是至关重要的。在此背景下,针对特定产品的欧盟立法是根据适当标准为特定类型或产品组引入耐用性和其他产品特性要求的最合适工具。因此,本指令的目标应与此类特定产品的欧盟立法所追求的目标相一致,并应将耐用性作为评估货物适约性的客观标准。本指令中的耐用性应指货物通过正常使用维持其所需功能和性能的能力。为了使货物具备适约性,其应具有同类型货物通常的耐用性,并且消费者根据特定货物的性质可对其合理期待,包括对货物进行合理维护,例如定期检查或更换汽车中的过滤器,以及由构成交易链一环的任何人或其代表人所作的任何公开说明。货物适约性判断还应考虑其他相关情况,如货物的价格和消费者使用该货物的强度或频率。此外,如果构成买卖合同一部分的合同前声明包含有关耐用性的具体信息,消费者应该能够将其作为适约性的主观要求的一部分。

33. 根据本指令,销售者有义务在货物交付时向消费者交付符合合同约定的货物。如果在货物交货时出现不适约的情况,销售者可以使用备件来履行其修理货物的义务。作为适约性的客观条件,虽然本指令不应强加义务给销售者以确保备件在一段时间内的可用性,但它不应该影响其他规定销售者、生产者或构成交易链环节中的其他人的义务的国内法律,以确保备件的供应或告知消费者备件的供应情况。

34. 许多货物需要进行安装才能被消费者有效使用。此外,带有数字元素的货物,通常需要安装数字内容或数字服务,以使消费者能够按照其预期用途使用这些货物。因此,在由销售者进行或者由销售者负责监督安装时,任何不当安装都可能会导致货物不适约,包括数字内容的不当安装以及包含数字服务内容或与其相关联的货物的不当安装,都应当被视为不适约。在货物是由消费者自行安装的情况下,如果货物安装不当是由于说明书的缺陷,例如说明书不完整或不清楚,使一般消费者难以使用这些说明书,则无论安装是由消费者进行或是由消费者负责监督安装的第三方进行,因不当安装而造成的不符合规定都应被视为货物不适约。

35. 货物的适约性应包括物的瑕疵和法律瑕疵。侵犯第三方权利,尤其是知识产权,可能会阻碍或限制货物根据合同内容的使用。成员国应确保在这种情况下,消费者有权就本指令中规定的不适约性条款获得救济,除非国内法规定在这种情况下合同无效或解除合同。

36. 为确保规则具有足够的灵活性,例如在有关二手货物的买卖方面的灵活运用,合同各方应能够偏离本指令所规定的适约性的客观要求。只有在消费者已被明确告知,且该告知独立于其他声明或协议时,通过消费者积极和明确的行为作出,这种偏离指令的情况才可能发生。

37. 为了给消费者和销售者提供更强的法律确定性,需要明确指出判断货物适约性的时间点。判断货物适约性的相关时间应为货物交付的时间。这也应适用于包含数字内容或通过单一供应行为与提供数字服务相关联的货物。然而,如果包含在货物中或与货物相关联的数字内容或数字服务将在一段时间内连续供应,为确定该数字内容或数字服务要素的适约性,相关时间不应该是一个具体的时间点,而是由交付时起算的一段时期。出于法律确定性的原因,这段时间应等同于销售者因货物缺乏适约性而承担责任的时间。

38. 交付的概念不应由本指令而应由国内法规定，特别是关于销售者必须做什么以履行其交付货物的义务问题。此外，本指令中提到的交付时间应不违背 2011/83/EU 指令中规定的风险转移规则，并相应地在成员国的法律中实施。

39. 若货物的物理组成部分已经交付，或者数字内容或数字服务的单一供应行为已经完成，或数字内容或数字服务的连续供应已经开始一段时间，带有数字元素的货物应该被视为交付给消费者。这意味着，销售者还应以适合于下载或者访问数字内容或数字服务的任何方式，向消费者提供数字内容或数字服务，货物到达消费者的支配范围内，销售者无须采取进一步行动以使消费者能够按照合同使用数字内容或数字服务，例如提供链接或下载选项。因此，如果货物的物理组成部分被提前交付，确立适约性的时间应该是提供数字内容或数字服务的时间。此种方式可以确保货物的物理交付和货物的数字元素交付责任期具有统一的起点。此外，在许多情况下，消费者在交付数字内容或数字服务之前无法识别货物物理部分的缺陷。

40. 若货物需要销售者进行安装，在某些情况下，消费者在货物安装完成之前不能使用或者发现货物的缺陷。因此，根据货物买卖合同，货物由销售者安装或由销售者负责监督安装时，货物应视为在安装完成时交付给消费者。

41. 为了确保销售者法律上的确定性以及提升消费者在跨境交易中的整体信心，有必要规定一个期限，在此期限内，消费者有权针对货物在适约性的确定期内存在的不适约情况要求采取救济措施。由于绝大多数成员国在转化 1999/44/EG 指令时提供了 2 年的期限，并且市场参与者在实践中认为该期限是合理的，因此该 2 年期限应得以保留。该期限也应适用于带有数字元素的货物。然而，如果合同约定了 2 年以上的持续供应期，在根据合同提供数字内容或数字服务的期限内，消费者也应该有权就数字内容和数字服务明显不适约的情况获得救济措施。为了确保成员国在其国内法中灵活提供高水平的消费者保护，成员国可以自由规定比本指令规定更长时间的销售者责任期限。

42. 鉴于与现有国家法律制度一致,成员国应自由作出规定,是销售者对既在责任期限内又在时效期间内的货物不适约负责,还是消费者的救济措施仅受时效期间的约束。在前一种情况下,成员国应确保销售者的责任期限不会被消费者救济的时效期间所规避。因此,虽然本指令不应协调成员国国内法中的时效期间的起算日,但应确保此类时效期间不会限制消费者对任何货物不适约的情况寻求救济的权利。在后一种情况下,成员国应该能够只维持或引入消费者救济措施的时效期间,而无须指定特定期限,要求货物达到明显不适约才能让销售者承担责任。为了确保消费者在此种情况下得到同等保护,成员国应确保在仅适用时效期间的情况下,使消费者能够至少在本指令规定的责任期限内对任何明显的不适约情况寻求救济措施。

43. 就某些方面而言,对二手货物采取不同的处理方式可能是合理的。虽然2年或2年以上的责任期限或时效期间通常能使销售者和消费者双方的利益得到协调,但对于二手货物来说,情况可能并非如此。因此,应允许成员国规定合同当事人就此类货物约定较短的保修期或时效期间。将此类问题交由合同双方当事人协商能够增加合同的自由度,并确保必须告知消费者该货物为二手货物以及适用较短的责任期限或时效期间。但是,合同约定的期限不应少于一年。

44. 本指令不应规定本指令含义内的责任期限或时效期间的中止和中断条件。因此,成员国可以规定中止或中断责任期限或时效期间,例如进行修理、更换或在销售者和消费者之间进行谈判以期达成和解。

45. 在一年或成员国选择适用的2年期限内,消费者只需证明货物不适约,而不必证明货物的不适约实际存在于确定适约性的相关时间点上。为了反驳消费者的主张,销售者需要证明在建立适约性的时间点上不存在不适约的情况。此外,在某些情况下,在确定货物适约性的相关时间存在不适约情况的假设,其可能与货物的性质或不适约的本质不相符。前一种情况可能是指那些自然会变质的货物,如鲜花等易腐烂的产品,或只用于单一用途的货物。后一种情况是完全由消费者的行为或货物交付后产生的明显外部原因导致的货物不适约。对于带有数字元素的货物,如果合同约定可以持续提供数字内容或数字服务,消费者无须证明数字内容或数字服务在确定适约性的相应时间内不适约。为了反驳消费者的主张,销售者需要证明数字内容或数字服务在此期间是符合合同约定的。

46. 应允许成员国维持或引入此类规定,根据该规定内容,消费者在发现货物不适约之日起两个月内告知销售者货物不适约的情况下才能行使其权利。成员国也应被允许通过不引入此类义务来确保更高水平的消费者保护。

47. 为了增加法律确定性并消除内部市场发展的其中一大主要障碍,本指令应充分协调消费者因货物不适约而可获得的救济措施及获得此类救济措施的条件。特别是在货物不适约的情况下,消费者应有权要求使货物适约,或按比例减价,或解除合同。

48. 消费者应该能够在修理和更换之间作出选择,以使货物符合合同规定。消费者可以选择要求修理,这有助于促进可持续消费,并有助于增强产品的耐用性。只有其所选方案在法律上或事实上不可能,或者与可考虑的其他方案相比会给销售者带来不成比例的费用时,才应限制消费者在修理和更换之间作出选择的可能性。例如,如果因为一个小的划痕而要求更换货物,可能是不相称的,因为这样的更换会导致大量的费用,而划痕可以很容易去除。

49. 如果修理和更换都不可行,或者修理与更换会给销售者带来不成比例的费用,则应允许销售者拒绝使货物符合合同要求。如果无法进行修理或更换,且替代救济措施将使销售者承担不相称的费用,则同样适用这一规定。例如,如果货物所在地与最初交付地不同,则销售者的邮费和运输费用可能会不成比例。

50. 当货物不适约的情况显著时,消费者应将情况告知销售者,以便销售者有机会使货物适约。销售者应在合理期限内做到这一点。因此,原则上,消费者无权立即要求减价或解除合同,而应给予销售者合理期限修理或更换不适约的货物。如果销售者未在该期限内完成货物的修理更换,消费者应有权要求立即获得减价或者解除合同,而无须等待。

51. 如果修理或更换未能为消费者有效补救货物的不适约,消费者应有权要求减价或解除合同,尤其是如果销售者未完成修理或更换,或者从情况来看,销售者显然不会完成修理或更换,或销售者因无法修理和更换货物而拒绝使货物符合合同约定,抑或修理更换将使销售者承担不相称的费用而拒绝使货物符合合同约定的。

52. 在某些情况下,消费者有权要求减价或立即解除合同是合理的。如果销售者已采取措施使货物符合合同约定,但随后出现明显的不适约情况,则应客观地确定消费者是否应接受销售者为使货物符合约定而作出的进一步尝试,同时考虑到该状况的所有情况,比如货物的类型和价值,以及不适约的性质和重要性。特别是,对于昂贵或复杂的货物,允许销售者再次尝试补救不适约货物的情况是合理的。此外,还应考虑到消费者是否信任销售者使货物达到适约性的能力,例如,同一问题已经是第二次出现。同样,在某些情况下,货物不适约的情况可能非常严重,以至于消费者不能再信赖销售者使货物适约的能力,比如说货物不适约的情况已经严重影响了消费者对货物的正常使用,而且这一问题不能指望消费者依靠销售者的修理或更换来补救。

53. 为了平衡合同双方权利义务关系,只有在合同不适约性显著时,消费者才有权解除合同。

54. 成员国应规定第三人代为履行债务人义务的条件,例如,销售者修理货物的义务可由消费者或第三方代为履行的条件,费用由销售者承担。

55. 为了保护消费者免受重大迟延,修理或更换应在合理期限内成功完成。完成修理或更换的合理期限应为可以进行修理或更换的最短期限。该期限应根据货物的性质和复杂程度、不适约的形式和严重程度以及修理或更换所需的努力来客观决定。在转化本指令时,成员国应规定通常情况下公认的合理修理更换期限,尤其是针对特定种类的货物,以此来解释什么是合理的修理或更换期限。

56. 本指令不应规定债务人义务的履行地点。因此,本指令既不应该规定交货地点,也不应该规定修理或更换地点。这些问题应该留给国内法处理。

57. 如果销售者通过更换货物将货物恢复到合同约定的状态，消费者不应该为货物更换前的正常使用付费。如果货物的使用符合货物的性质和目的，则应视为正常使用。

58. 当消费者购买多种货物且其中仅有部分货物不适约时，为了有效落实消费者解除合同的权利，消费者应有权对与不适约的货物一起购买的其他货物也解除合同，即使这些其他货物的交付符合合同约定，但可以合理预见到消费者会接受并保留符合合同约定的货物的情形除外。

59. 如果消费者因为货物不适约而解除合同，本指令仅应规定行使终止权后的主要影响和行使方式，尤其是应规定双方当事人的返还义务。因此，销售者有义务退还消费者支付的价款，而消费者应该退回收到的货物。

60. 本指令不应限制成员国对本指令规定以外的合同解除后果作出规定的自由，如货物贬值的后果或者货物销毁或丢失的后果。此外，还应允许成员国规定向消费者退还价款的方式，例如退款的方式或因退款而可能产生的成本和费用的支付方式。再例如，成员国还应该可以自由规定退还价款或退回货物的具体期限。

61. 销售者的损害赔偿责任原则是买卖合同的一个基本要素。因此消费者应有权要求销售者因违反本指令规定所造成的损害承担损害赔偿责任，包括因货物不适约而产生的损害赔偿责任。这种赔偿应尽可能使消费者处于货物适约情况时所处的状态。由于所有成员国都保障这种损害赔偿请求权，因此本指令不应影响各国国内法中消费者对违反这些规则而产生的损害请求赔偿的规定。除此之外，成员国还应进一步规范消费者在修理或更换造成重大不便或迟延的情况下获得赔偿的权利。

62. 为了确保法律透明度，除2011/83/EU指令中规定的关于商业担保是否存在及其条件的合同前信息要求外，还应提供有关商业担保的特定要求。此外，为了提高法律的确定性，避免消费者受到误导，本指令还应该规定，如果相关广告中包含的商业担保条件相比担保声明中包含的条件对消费者更有利，应适用更有利的条款。最后，该指令应包含关于担保声明的内容以及如何向消费者提供担保的规定。例如,担保声明应包含商业担保的规定,并说明商业担保不影响符合合同约定的法律担保,同时明确强调商业担保是法律担保之外的一项义务。成员国应可自由地对本指令未涵盖的商业担保的其他方面作出规定,如将担保人以外的债务人纳入商业担保,前提是这些规则不得剥夺消费者在本指令关于商业担保的规定被完全协调转化时所获得的保护。虽然成员国应保持要求提供商业担保免予收费的自由,但也应确保销售者或生产者在本指令中规定的商业担保定义范围内的任何承诺符合本指令的统一规定。

63. 鉴于因销售者或第三方的作为或不作为而导致货物不适约时销售者须对消费者承担责任,因此销售者应有权向交易链中前手责任主体行使追索权。内容应包括因遗漏更新(包括安全性更新)而导致的货物不适约的救济措施,此举对于保证带有数字元素的货物的适约性必不可少。然而,本指令不应影响销售者与交易链中其他主体之间的合同自由原则。成员国应规定行使该权利的细节,尤其是谁行使权利、如何诉诸此类救济措施,以及救济措施是否具有强制性。消费者是否也可以向交易链中的前手直接提出索赔则不受本指令的管辖,除非生产者也向消费者提供货物的商业担保。

64. 根据国内法,在保护消费者的合同权利方面有合法利益的个人或组织应有权向法院或行政机关提出申请,由其对诉讼作出裁决或采取适当的法律行动。

65. 本指令不应妨碍国际私法规则的适用,特别是欧洲议会和欧盟理事会通过的 593/2008/EG 条例以及 1215/2012/EU 条例[7]。

66. 1999/44/EG 指令应予废止。废止日期应与本指令的转化日期相一致。确保成员国适用本指令所需的法律、法规和行政规定统一适用于转化日期之后签订的合同,本指令不应适用于其转化日期之前签订的合同。

---

〔7〕 Verordnung (EU) Nr. 1215/2012 des Europäischen Parlaments und des Rates vom 12. Dezember 2012 über die gerichtliche Zuständigkeit und die Anerkennung und Vollstreckung von Entscheidungen in Zivil-und Handelssachen (ABl. L 351 vom 20. 12. 2012, S. 1).

67. 欧洲议会和欧盟理事会通过的 2017/2394/EU 条例[8]的附件应予修改,纳入对本指令的引用,以促进在执行本指令方面的跨境合作。

68. 欧洲议会和欧盟理事会通过的 2009/22/EG 指令[9]的附件一应予修订,纳入对本指令的引用,以确保本指令中提及的消费者的集体利益得到保护。

69. 根据 2011 年 9 月 28 日成员国和欧盟委员会联合政治宣言[10]中公布的文件,成员国有义务在合理情况下通过公布一份或多份文件来公告其转化措施,文件中应阐明指令与国内法转化措施二者各部分之间的对应关系。就本指令而言,立法者认为公布这些文件是合理的。

70. 成员国自身无法充分实现本指令的目标,即以一致的方式克服欧盟境内货物跨境销售的合同法相关障碍来促进国际市场的运转,因为单个成员国不能通过确保其法律与其他成员国的法律相一致来解决欧盟法律框架中现存的碎片化问题,但通过欧盟层面的全面协调有可能更好实现这一目标,因此欧盟可以根据《欧洲联盟运行条约》第 5 条规定的辅助性原则开展行动。根据该条规定的相称性原则,本指令不能超出为实现本指令的目的所必需的程度。

71. 欧盟委员会宜在本指令生效五年后审查其适用情况,特别是有关救济措施和举证责任的规定,包括关于二手货物和公开拍卖的货物,以及生产者的商业耐用性担保的规定。欧盟委员会还应评估本指令和 2019/770/EU 指令的适用是否为数字内容或数字服务的供应以及具有数字元素的货物提供了一致协调的法律框架。

72. 本指令尊重基本权利和基本自由,特别是《欧盟基本权利宪章》中所承认的那些原则,包括其中的第 16 条、第 38 条和第 47 条所规定的内容。

特颁布本指令。

---

[8] Verordnung (EU) 2017/2394 des Europäischen Parlaments und des Rates vom 12. Dezember 2017 über die Zusammenarbeit zwischen den für die Durchsetzung der Verbraucherschutzgesetze zuständigen nationalen Behörden und zur Aufhebung der Verordnung (EG) Nr. 2006/2004 (ABl. L 345 vom 27. 12. 2017, S. 1).

[9] Richtlinie 2009/22/EG des Europäischen Parlaments und des Rates vom 23. April 2009 über Unterlassungsklagen zum Schutz der Verbraucherinteressen (ABl. L 110 vom 1. 5. 2009, S. 30).

[10] ABl. C 369 vom 17. 12. 2011, S. 14.

第1条 调整对象和目的

本指令的目的在于,通过对销售者和消费者之间订立的买卖合同制定共同规则,特别是规定货物适约性、货物不适约情况下的救济、行使救济的方式以及商业担保等规则,进而提供高水平的消费者保护以及促进欧盟内部市场的正常运行。

第2条 定义

为本指令之目的,以下概念将被定义为:

(1)"买卖合同",指销售者将货物所有权转移或者承诺转移给消费者,消费者支付或者承诺支付货物价款的合同。

(2)"消费者",指为在其贸易、商业、手工业或职业活动范围之外的目的,签订本指令意义下的合同的自然人。

(3)"销售者",指为其贸易、商业、手工业或职业活动的目的,自行或通过他人代表其名义,签订本指令意义下的合同的自然人或法人,无论其为私人或公共拥有。

(4)"生产者",指货物生产者,将货物进口到欧盟的进口商或者通过在货物上贴上其名称、商标或其他显著标记来表明自己是生产者的任何其他人。

(5)"货物",指

(a)动产有体物。此外,如水、天然气及电力以特定容量或确定数量销售的,则应视为本指令所指的货物。

(b)包含数字内容或数字服务或者与其相关联的动产有体物,如果缺少该数字内容或数字服务,则该货物将无法实现其功能,也就是带有数字元素的货物。

(6)"数字内容",指以数字形式制作和提供的数据。

(7)"数字服务",指

(a)允许消费者以数字形式创建、处理、存储或访问数据的服务;

(b)允许消费者或相关服务的其他用户将其以数字形式上传或制作的数据共享或以其他形式进行互动的服务。

(8)"兼容性",指货物与通常使用同类型货物的硬件或软件一起运行而无须转换该货物、硬件或软件的能力。

(9)"功能性",指货物在考虑其用途的情况下实现其功能的能力。

(10)"互操作性",指货物与通常使用同类型货物不同的硬件或软件协同工作的能力。

(11)"耐用性媒介",指能够使消费者和销售者以某种方式存储个人信息并且为实现信息目的可供日后合理期间内查阅,能够多次不变化地提供所存储的信息的介质。

(12)"商业担保",指销售者或生产者(提供担保者)对消费者所承担的担保义务,特别是销售者承担的与适约性相关的法律义务,如果货物与其在合同订立时或合同订立之前可获得的保修声明或相关广告中描述的特征不相符,或是不符合其他规范,销售者需要对此承担退款或者更换或修理和提供货物服务的义务。

(13)"耐用性",指货物在正常使用中保持其所需功能和性能的能力。

(14)"免予收费",指免予为使货物达到适约性而产生的必要费用,特别是邮费、运输费、人工费或材料费。

(15)"公开拍卖",指由销售者提供给参加拍卖的消费者或被提供机会参加拍卖的其他人的一种货物和服务,通过由拍卖人进行的透明的、竞争性的投标程序,中标人有义务购买该货物或服务。

第3条 适用范围

1. 本指令适用于消费者和销售者之间的买卖合同。

2. 消费者和销售者之间为供应将要制造或生产的货物而签订的合同也应被视为本指令目的的买卖合同。

3. 本指令不适用于提供数字内容或数字服务的合同。然而,本指令应当适用于第2条第(5)款第(b)项意义上包含在货物中或与货物相关联的数字内容或数字服务,并与买卖合同项下的货物一起提供,无论该数字内容或数字服务是由销售者还是由第三方提供。如果对包含或与之相关联的数字内容的供应或者对包含或与之相关联的数字服务是否构成买卖合同的一部分存在疑问,则应假定该数字内容或数字服务属于买卖合同的范围。

4. 本指令不适用于:

(a)作为数字内容的唯一载体的有形介质;

(b)通过执行或其他法律授权而出售的货物。

5. 成员国可以将以下货物排除在本指令的买卖合同范围之外:

(a)公开拍卖的二手货物;

(b)活体动物。

在第(a)项所述的情况下,消费者更容易获得由本指令产生的权利不适用的明确而全面的信息。

6. 本指令不影响成员国自由规范合同法的一般性规定,如合同的订立,合同有效、无效或合同的效果,包括合同终止的后果,以及在本指令没有规定的情况下的损害赔偿的权利。

7. 如果货物在交付后的一段时间内(不超过30天)明显不符合合同约定,本指令不影响成员国允许消费者选择特定救济办法的自由。此外,本指令不应影响不针对消费者在订立买卖合同时产生的不明显特定类型的缺陷规定具体救济办法的国内法规则。

第4条 协调的程度

除非本指令另有规定,成员国不得在其国内法中保留或引入与本指令相悖的规定,包括那些或多或少使消费者保护处于不同水平的严格规定而制定的更严格或更宽松的法律规定。

第5条 货物适约性

销售者应当在不违背第9条的前提下,向消费者交付符合本指令第6条、第7条、第8条规定的货物。

第6条 适约性的主观要求

为了与买卖合同相符,货物供应应特别注意:

(a)应符合买卖合同的描述、类型、数量和质量,并具有买卖合同要求的功能、兼容性、互操作性和其他特性;

(b)应符合消费者要求的特定目的,消费者最迟在订立买卖合同时已告知销售者并且经销售者同意；

（c）按照买卖合同的约定，随带所有配件和说明书，包括安装说明书；

（d）根据买卖合同的约定提供更新。

第 7 条　适约性的客观要求

1. 除符合适约性的主观要求外，货物应：

（a）符合使用同类货物的一般性目的，并在适用时考虑到任何现有欧盟和成员国法律、技术标准，或在没有此类技术标准时考虑到适用的特定部门行业行为守则；

（b）应符合销售者在订立合同前提供给消费者的样品或模型的质量和描述；

（c）应随配件一起交付，包括包装、安装说明或消费者合理期待收到的其他说明；

（d）考虑到销售者自己作出或以销售者名义，或者其他（包括生产商）在交易链的先前环节，特别是在广告或标签方面作出的公开声明，关于货物的数量、质量和其他特性，包括耐用性、功能性、互操作性和安全性等，对于同类货物来说是正常的，而且消费者根据货物的性质可以进行合理期待。

2. 销售者若能证明以下情况，则不受第 1 款第（d）项的公开说明的约束：

（a）销售者不知情，也不可能有理由知情有关的公开说明；

（b）相关的公开声明在合同订立时已经以相同或类似的方式更正；

（c）购买货物的决定不可能受到公开说明的影响。

3. 对于带有数字元素的货物，销售者应确保在一段时间内告知消费者并向其提供各种安全更新等在内的更新服务，以保持货物的适约性：

（a）如果买卖合同是提供数字内容或数字服务的单一行为，消费者可以合理期待货物和数字元素的类型和用途，并考虑到合同的情况和性质；

（b）如果买卖合同约定在一段时间内连续提供数字内容或数字服

务,则适用第 10 条第 2 款或第 5 款所述期间。

4. 如果消费者未能在合理的期限内安装第 3 款所述的更新,销售者不对仅因缺乏相关更新而导致的不适约情况负责,但前提是:

(a)销售者告知消费者更新的可行性以及消费者安装失败的后果;

(b)消费者没有安装更新或安装更新不当不是由于提供给消费者的安装说明的缺陷所导致的。

5. 如果在订立买卖合同时明确告知消费者货物的特性偏离了第 1 款和第 3 款规定的适约性的客观标准,并且消费者在订立合同时明确接受了该偏离,则不存在第 1 款或第 3 款意义上的不适约。

第 8 条　不适当安装

由于货物安装不当而造成的不符合约定,在下列情况下,应视为货物不适约:

(a)安装构成买卖合同的一部分,由销售者进行或在销售者负责监督下进行;

(b)安装若应由消费者进行,消费者的安装不当是由于销售者提供的安装说明有缺陷,或者对于带有数字元素的货物,是由于销售者或者数字内容或数字服务的提供者提供的说明带有缺陷。

第 9 条　第三人权利

因侵犯第三方权利,特别是因侵犯知识产权而造成依照本指令第 6 条和第 7 条的规定限制货物的使用,成员国应确保消费者有权就本指令第 13 条规定的货物不适约获得救济,除非成员国法律规定此种情况下买卖合同无效或解除。

第 10 条　销售者责任

1. 销售者应对交付货物时存在以及在货物交付后 2 年内出现的货物不适约情况向消费者负责。在不违背第 7 条第 3 款的情况下,本款也应适用于带有数字元素的货物。

2. 对于带有数字元素的货物,如果买卖合同约定在一定期限内持续供应数字内容或数字服务,则销售者也应对带有数字元素的货物交付后 2 年内发生的或变得显著不适约负责。如果合同约定连续供应的时间超过2年,则销售者应对根据买卖合同供应数字内容或数字服务期间发生的或变得显著的数字内容或数字服务的不适约负责。

3. 各成员国可保留或施行比第1款和第2款所述更长的期限。

4. 根据成员国法律,如果第13条规定的救济措施受时效期间的限制,成员国应当确保消费者能够在时效期间内可以对本条第1款和第2款规定应由销售者承担的,且出现的显著不适约情况行使第13条规定的救济措施。

5. 尽管有本条第1款和第2款的规定,成员国对第13条规定的救济措施仍能保留或引入一个时效期间。成员国应确保该时效期间可以使消费者对本条第1款和第2款规定应由销售者承担的,且出现的显著不适约情况行使第13条规定的救济措施。

6. 成员国可以规定,对于二手货物的买卖,销售者和消费者可以就比第1款、第2款和第5款中提到的更短的责任期限或时效期间达成合同条款或协议,前提是这些更短的期限不少于1年。

第11条　举证责任

1. 自货物交付之日起1年内出现的货物显著不适约应推定在货物交付时已经存在,除非有相反的证明或者这种推定与货物的性质或不适约性质不相符。本款也适用于带有数字元素的货物。

2. 成员国可以保留或引入自货物交付之日起2年的期限,而不是第1款规定的1年期限。

3. 对于买卖合同规定在一段时间内持续提供数字内容或数字服务的带有数字元素的货物,如果在第10条第2款所述的期限内不适约的情况变得明显,数字内容或数字服务在本条规定的期限内是否适约的举证责任应由销售者承担。

第12条　告知义务

为了维护消费者的权利,成员国可以保留或引入相关条款,规定消费者必须在发现货物不适约之日起2个月内通知销售者货物不适约。

第13条　货物不适约的救济

1. 在货物不适约的情况下,消费者有权在本条规定的条件下使货物适约,或获得减价,或解除合同。

2. 为了使货物适约,消费者可以在修理和更换之间作出选择,除非选择的救济措施是不可能的,或者与其他救济措施相比会给销售者带来不成比例的高成本,救济措施的选择应当考虑到所有情况,包括:

(a)货物不适约时的价值;

(b)货物不适约的重要性;

(c)替代的救济措施是否可以在不给消费者造成重大不便的情况下实施。

3. 考虑到所有情况,包括第 2 款第(a)项和第(b)项中提到的情况,如果无法进行货物的修理和更换或者救济措施将使销售者承担不成比例的高成本,销售者可拒绝使货物适约。

4. 有下列情形之一的,消费者有权依照第 15 条规定要求降低价格,或者依照第 16 条规定解除买卖合同:

(a)销售者未进行修理或者更换工作,或者未依照第 14 条第 2 款和第 3 款规定进行修理或更换,或者销售者拒绝按照本条第 3 款的规定使货物适约;

(b)销售者未完成修理或更换工作,或(在适用情况下)未依照第 14 条第 2 款和第 3 款规定完成修理或更换工作,或销售者拒绝依照本条第 3 款规定使货物适约;

(c)尽管销售者试图使货物适约,但货物不适约的情况仍然出现;

(d)由于货物不适约严重,有理由立即减价或终止买卖合同;

(e)销售者已经声明或者以行动明示其不会在合理期限内使货物适约,或者不会给消费者带来重大不便。

5. 如果货物不适约的情况只是轻微的,消费者无权解除合同。有关货物不适约是否轻微的举证责任应由销售者承担。

6. 消费者有权拒绝支付任何未支付的价款或部分价款,直到销售者履行其在本指令下的义务。成员国可以自由决定消费者行使拒付权利的条件和方式。

7. 成员国可以规定由消费者导致的产品不适约是否以及在多大程

度上影响其获得救济的权利。

第14条 货物的修理与更换

1. 货物的修理或更换应按以下方式进行。

(a)无偿;

(b)在消费者将货物不适约的情况告知销售者后的合理期限内;

(c)考虑到货物的性质和消费者需要货物的目的,不对消费者造成重大不便。

2. 如果需要通过修理或者更换来救济货物的不适约性,消费者应将货物提供给销售者。销售者承担取回更换货物的费用。

3. 如果货物的修理需要拆除在货物不适约情况出现前的且根据与其性质和目的相符的方式安装的货物,或者如果需要更换此类货物,则销售者应履行修理或更换此类货物的义务,包括拆除不适约的货物、组装或安装用于修理更换的货物,或者承担拆除费、组装费或安装费。

4. 消费者无须为其在更换货物前的正常使用付费。

第15条 减价

减价的比例应根据消费者实际收到的货物价值与货物符合合同约定时的价值之间的比率来计算。

第16条 买卖合同的解除

1. 消费者有权向销售者声明解除买卖合同的决定,行使解除买卖合同的权利。

2. 如果根据买卖合同而交付的货物仅有部分不适约,而同时满足第13条规定的解除买卖合同的条件时,则消费者可就该部分不适约的货物主张解除合同。如果不能合理预见到消费者会保留符合合同约定的货物,则消费者也可以就与不适约货物共同购买的其他适约货物解除合同。

3. 如果消费者解除整个买卖合同,或依据第2款规定解除与部分货物相关的买卖合同,则:

(a)消费者应将货物退还给销售者,费用由销售者承担;

(b)销售者应在收到货物或收到消费者提供的已退回货物的证据后,向消费者偿还其所支付的货物价款。

为本款之目的,各成员国可自行规定退换货物和返还价款的方式。

第17条 商业担保

1. 任何商业担保都对担保人具有约束力,其条款见于相应的担保声明和订立合同时或订立合同前相关的广告。根据本条规定的条件,在不影响其他适用的欧盟或其成员国国内法的情况下,如果生产者向消费者提供特定货物在特定时期内的商业耐用性货物担保,生产者应在整个商业耐用性货物担保期间,依据第14条规定直接对消费者承担修理货物或更换货物的责任。生产者可以在耐用性货物担保声明中向消费者提供更为有利的条件。

如果担保声明中所述的条件比相关广告中所述的条件更不利于消费者,则商业担保应以该广告中所述的条件为准,但相关广告在订立合同前以相同或类似的方式作出了更正的除外。

2. 担保声明应最迟在交付货物时以耐用性媒介提供给消费者。担保声明应以明确易懂的语言起草。其应包含以下内容:

(a)明确表示消费者在货物不适约的情况下有从销售者获得无偿救济的法律权利,这些救济措施不受商业担保的影响;

(b)担保人的姓名和地址;

(c)消费者根据商业担保提出索赔时应遵循的程序;

(d)商业担保所适用的对货物的描述;

(e)商业担保的规定。

3. 即使不符合第2款的要求,商业担保对担保人也有约束力。

4. 成员国可就本条款未涉及的与商业担保有关的其他方面出台规则,包括关于向消费者提供担保声明所必须使用的语言的规则。

第18条 追索权

如果销售者因交易链先前环节的人员作为或者不作为,包括依据第7条第3款规定对包含数字内容元素的货物负有更新义务而不履行,进而导致货物不适约,销售者需要对消费者承担责任。销售者有权向交易链中需要承担责任的主体行使追索权。销售者行使追索权的对象、采取的相应措施以及行使追索权的条件由成员国国内法确定。

第 19 条　法律实施

1. 成员国应制定适当且有效的措施,确保本指令的遵守。

2. 第 1 款所称的措施,包括由以下一个或几个经成员国法确定的机构所采取的,能够据此诉诸法院或主管行政机关,以确保国内的本指令转化法适用的法律规定:

(a)公共机构或其代表;

(b)有权对消费者利益进行保护的消费者协会;

(c)有权利采取行动的行业协会。

第 20 条　消费者知情权

成员国应当采取适当措施确保消费者在本指令项下所享有的全部知情权利,以及知其行使相应权利的方式。

第 21 条　指令的强制性

1. 在销售者提醒消费者注意货物的不适约性之前,任何涉及为转化本指令而采取之措施的效力的排除适用、减损或修改,损害了消费者利益的合同条款或协议,对消费者没有约束力,但本指令另有规定的除外。

2. 本指令不应阻止销售者向消费者提供超出本指令规定保护范围的合同安排。

第 22 条　2017/2394/EU 条例和 2009/22/EG 指令之修改

1. 2017/2394/EU 条例之附件第三点应作如下修改:

"欧洲议会和欧盟理事会 2019 年 5 月 20 日关于货物买卖合同某些方面的 2019/771/EU 指令,修订 2017/2394/EU 条例和 2009/22/EG 指令,并废除 1999/44/EG 指令。"

2. 2009/22/EG 指令之附件一第七点应作如下修改:

"欧洲议会和欧盟理事会 2019 年 5 月 20 日关于货物买卖合同某些方面的 2019/771/EU 指令,修订 2017/2394/EU 条例和 2009/22/EG 指令,并废除 1999/44/EG 指令。"

第 23 条　1999/44/EG 指令的废除

1999/44/EG 指令自 2022 年 1 月 1 日起废止。

参考已废除指令应被解释为参考本指令,并应根据附录中相关联的事项进行解读。

第 24 条 转化

1. 成员国应当在 2021 年 7 月 1 日前根据本指令制定并颁布相关的转化措施。成员国应当把相关情况立即向欧盟委员会报告。

成员国自 2022 年 1 月 1 日起施行这些措施。

在采取相关措施时,成员国应在条文中对本指令予以说明,或在官方公告时附以说明。说明的方法应当由成员国制定。

成员国应当向欧盟委员会报告其在本指令调整的领域内通过的国内法条款。

2. 本指令的规定适用于 2022 年 1 月 1 日后签订的合同。

第 25 条 审查

欧盟委员会应当在 2024 年 6 月 12 日之前审查本指令的适用情况,包括指令中关于救济措施和举证责任的规定,关于二手货物和公开拍卖出售的货物的规定以及要求生产者对耐用性货物作出商业担保的规定,并向欧洲议会、欧盟理事会和欧洲经济和社会委员会提交报告。该报告中应专门评估本指令和 2019/770/EU 指令的应用是否为内部市场的正常运行提供了一个统一协调的框架,以确保内部市场在数字内容供应、数字服务和具有数字元素的货物领域与欧盟政策的原则相符。该报告还应酌情附有立法建议。

第 26 条 生效

本指令自公布于《欧洲联盟官方公报》之日起第 20 日生效。

但是,本指令第 22 条应自 2022 年 1 月 1 日起开始适用。

第 27 条 调整对象

本指令的调整对象为成员国。

于 2019 年 5 月 20 日在布鲁塞尔签订。

《提供数字内容和数字服务的合同特定方面指令》的转化法[*]

毛添萌[**] 译 李源粒[***] 校

联邦议院通过了以下法律：

第1条 民法典之修正

2002年1月2日公布的《德国民法典》(《联邦法律公报》第1部分第42页、第2909页；2003年第1部分第738页)，已经经由2021年6月25日法律第2条(《联邦法律公报》第1部分第2114页)修订，现作如下修订：

1. 目录变更如下：
a) 在第2编第3章第2节之后插入以下内容：
  第2a节 数字产品合同
    第1小节 有关数字产品的消费者合同

---

[*] 原文出自德国《联邦法律公报》[Bundesgesetzblatt(bgbl. de)]。
[**] 中国政法大学法律硕士。
[***] 中国政法大学刑事司法学院讲师。

第 2 小节　数字产品商事合同的特别规定

b) 第 2 编第 8 章第 5 节第 3 小节的条目变更为：

第 3 小节　其他物品和数字产品的租赁关系

2. 第 312 条第 1 款由以下第 1 款和第 1a 款替代：

1. 本小节中的第 1 部分和第 2 部分的规定应适用于消费者承诺支付价金的消费者合同。

1a. 本小节中的第 1 部分和第 2 部分的规定也适用于消费者向经营者提供个人数据或作出提供个人数据承诺的消费者合同。如果经营者仅为履行义务或对其提出的法律要求，而不出于任何其他目的地处理消费者提供的个人数据，前述规定不予适用。

3. 在第 312f 条第 3 款中，第 1 分句前的短句"提供不在物理数据载体上的、以数字形式生成和提供的数据（数字内容）"变更为"不在物理数据载体上提供的数字内容（第 327 条第 2 款第 1 句）"。

4. 第 327 条由以下第 2a 节替代：

第 2a 节　数字产品合同

第 1 小节　有关数字产品的消费者合同

第 327 条　适用范围

1. 本小节的规定适用于经营者根据所支付对价提供数字内容或数字服务（数字产品）的消费者合同。本小节中所指的价格也指以数字形式呈现的价值。

2. 数字内容是指以数字形式生成和提供的数据。数字服务是指为消费者提供的以下服务：

（1）生成、处理或存储数字形式的数据，或者提供此类数据的访问权限，或者

（2）实现对于由消费者或该服务的其他用户以数字形式上传或生成的数据的共享，或与此数据产生其他交互。

3. 本小节的规定也适用于由消费者向经营者提供个人数据或作出提供个人数据承诺的提供数字产品的消费者合同,除非满足第312条第1a款第2句的前提条件。

4. 本小节的规定也适用于根据消费者需求形成的以数字产品为标的物的消费者合同。

5. 除第327b条和第327c条外,本小节的规定还适用于以提供物理数据载体为对象的消费者合同,且该物理数据载体仅作为专门数字内容的载体。

6. 本小节的规定不适用于如下情形:

(1)数字服务以外的服务合同,无论经营者是否以数字形式或数字手段来生成服务结果,或向消费者交付或传输服务结果;

(2)2021年6月23日《电信法》(《联邦法律公报》第1部分第1858页)第3条第61款所指的电信服务合同,但《电信法》第3条第40款意义上的不依赖号码的人际电信服务除外;

(3)第630a条规定的诊疗合同;

(4)根据受领人要求在电子或其他通信技术帮助下提供的,以金钱价值为赌注的赌博服务合同;

(5)金融服务合同;

(6)经营者以免费和开放源代码许可的方式提供的消费者无须支付对价的软件合同,其前提是消费者提供的个人数据仅由经营者处理,以此提高经营者所提供软件的安全性、兼容性和互操作性;

(7)提供数字内容的合同,其中数字内容作为表演或活动的一部分,通过信号传输以外的方式向公众提供;

(8)经2015年7月8日法律第1条(《联邦法律公报》第1部分第1162页)修正的2006年12月13日《信息再利用法》(《联邦法律公报》第1部分第2913页)中所指的信息提供合同。

第327a条 适用于一揽子合同和具有数字特点的物的合同

1. 本小节的规定也适用于在同一缔约主体之间的合同中,除提供数字产品外,还提供其他物或其他服务的消费者合同(一揽子合同)。但是,除非下文另有规定,本小节的规定仅适用于一揽子合同中与数字产品相关的合同组成部分。

2. 本小节的规定也适用于包含数字产品或与数字产品相结合的物的消费者合同。但是,除非另有规定,本小节的规定仅适用于与数字产品相关的合同组成部分。

3. 第2款不适用于包含数字或结合数字产品的物的买卖合同,因为该情形下的物在欠缺数字产品(具有数字特点的物)的情形下无法实现其功能。在购买具有数字元素的物时,如有疑问,应假定出卖人的义务包括提供数字内容或数字服务。

第327b条　提供数字产品

1. 如果经营者根据第327条或第327a条之规定,在消费者合同中有义务向消费者提供数字产品,则以下规定适用于确定经营者的提供时间以及提供方式。

2. 如果合同当事人未按照第1款约定数字产品的提供时间,消费者可以在合同签订后立即要求提供,经营者可以立即执行。

3. 数字内容或用于访问或下载该数字内容的适当手段已经直接或通过消费者指定的设备向消费者开放访问时,数字内容即已提供。

4. 数字服务直接或通过消费者以此为目的指定的设备向消费者开放访问时,数字服务即已提供。

5. 如果经营者基于合同要求有一系列单独提供义务的,则第2款至第4款应适用于该系列中的每项提供义务。

6. 与第363条不同,应由经营者承担根据第1款至第4款规定实施提供的举证责任。

第327c条　未提供情形下的权利

1. 如经营者未应消费者的要求立即履行已届期的提供数字产品义务,消费者有权解除合同。在根据第1句提出请求后,双方仅能以明示方式来约定其他的提供时间。

2. 在满足第1款第1句所规定的合同解除条件时,消费者可以根据第 280 条和第 281 条第 1 款第 1 句请求损害赔偿,或在符合规定条件的情形下,根据第 284 条请求偿还无效费用。在满足第 281 条第 1 款第 1 句的情形下,合理期限的确定应被第 1 款第 1 句规定的要求所替代。消费者根据第 283 条和第 311a 条第 2 款提出的损害赔偿请求权不受影响。

3. 在下列情形下,根据第 1 款第 1 句和第 2 款第 2 句提出请求是非必要的:

(1) 经营者拒绝提供数字产品的;

(2) 根据具体情形可以确切认定,经营者不会提供数字产品的;或者

(3) 经营者未在特定日期或某一时间段内提供数字产品,尽管双方在签订合同时已明确约定,或根据合同签订情形确切可知经营者如期提供数字产品对消费者至关重要。

在第 1 句的情形下,无须根据第 286 条进行催告。

4. 基于第 1 款第 1 句解除合同及其法律后果,参照适用第 327o 条和第 327p 条,消费者在第 2 款情形下请求损害赔偿以替代全部给付时亦同。第 325 条应当参照适用。

5. 基于第 1 款第 1 句解除合同,第 218 条应当参照适用。

6. 在消费者满足第 1 款第 1 句中合同解除的条件且消费者在未被提供数字产品的情形下对一揽子合同的另一部分没有利益时,消费者可以就一揽子合同所有组成部分退出合同。前句不适用于另一部分为《电信法》第 3 条第 61 款所指的电信服务合同的一揽子合同。

7. 在消费者满足第 1 款第 1 句中合同解除的条件且该产品由于未提供数字产品而不能正常使用时,消费者可以根据第 327a 条第 2 款就一揽子合同所有组成部分撤销合同。

第 327d 条　数字产品的适约性

在经营者基于第 327 条或第 327a 条意义上的消费者合同有义务向消费者提供数字产品时,经营者所提供的数字产品应不存在第

327e 条至第 327g 条的产品瑕疵和权利瑕疵。

第 327e 条 产品瑕疵

1. 在特定时间内,如果数字产品符合本规定的主观要求、客观要求和集成要求,则该数字产品不存在产品瑕疵。除非另有规定,否则特定时间即以第 327b 条所规定的提供时间为准。如果合同规定经营者基于合同负有持续提供的义务,则特定时间即为双方约定的提供期限。

2. 在下列情形下,数字产品满足主观要求:

(1)数字产品:

(a)具备约定品质,包括对其数量、功能、兼容性和互操作性的要求;

(b)适于合同的预设用途。

(2)按照合同约定提供配件、说明和客户服务;以及

(3)在合同规定时间内按照合同约定进行更新。

功能指数字产品根据其目的执行其功能的能力。兼容性指数字产品无须转换即可与同类型的数字产品通常使用的硬件或软件配合使用的能力。互操作性指数字产品与同类型的数字产品通常使用的硬件或软件以外的其他硬件或软件配合使用的能力。

3. 在下列情形下,数字产品满足客观要求:

(1)符合通常的使用要求;

(2)具备同类数字产品的通常品质,包括数量、功能、兼容性、可访问性、连续性和安全性,并且鉴于数字产品的性质,消费者可以对数字产品具备以上通常品质有期待;

(3)符合经营者在合同签订前向消费者提供的试用版本或事先告知的品质;

(4)提供了消费者能够期望得到的配件和说明;

(5)根据第 327f 条向消费者提供更新,并就该更新向消费者告知;以及

(6)除非双方另有约定,否则将提供签订合同时的最新可用

版本。

根据第(2)项,通常品质还包括消费者根据经营者或分销链的先前环节中的其他人员自己或受其委托所作的公开声明,特别是在广告或标签上作出的声明,而提出的可期待的要求。如果经营者当时不知道并且不可能知道该声明,或在签订合同时以相同或等效方式更正了该声明,或该声明无法影响购买数字产品的决定,则该规定不适用。

4. 就进行集成而言,在下列情形下,数字产品符合集成要求:

(1)已正确执行;或者

(2)尽管执行不当,但这既不是由于经营者的集成不当,也不是由于经营者提供的指示存在瑕疵。

集成是指将数字产品与消费者的数字环境组件连接与融合,或者将其连接或融入消费者的数字环境中,以便该数字产品可以按照本小节规定的要求使用。数字环境是指消费者用于访问或使用数字产品的各种类型的硬件、软件以及网络连接。

5. 如果经营者提供的数字产品是合同要求以外的数字产品,则其等效于产品瑕疵。

第327f条 更新

1. 经营者应确保在特定时限向消费者提供为保持数字产品适约性所需的必要更新,并将这些更新告知消费者。必要更新也包括安全更新。第1句的特定时限指:

(1)在持续性提供数字产品合同的情形下,特定时限指提供期间;

(2)其他情形下的时限指,根据数字产品的性质和目的并基于对具体情形及合同性质的考虑,消费者可以期待的期间。

2. 如果消费者未能在合理期限内安装根据第1款已提供的更新,经营者不应对仅因缺乏该更新而导致的产品瑕疵承担责任,但条件是:

(1)经营者已将该更新的可用性以及未安装更新的后果告知消费者;以及

(2)消费者未安装或未正确安装更新的事实不是由于经营者提供的安装说明有瑕疵造成的。

第327g条 权利瑕疵

如果消费者能够按照第327e条第2款和第3款的主观要求或客观要求使用数字产品且不侵犯第三人权利,则数字产品不存在权利瑕疵。

第327h条 对产品特征的另行约定

如果消费者在其自身的合同声明作出之前已被明确告知数字产品的某项特征偏离了客观要求,且合同对此种偏离进行了单独的明示约定,则此种偏离满足第327e条第3款第(1)项至第(5)项以及第2款,第327f条第1款和第327g条所规定的客观要求。

第327i条 瑕疵情形下的消费者权利

如果数字产品存在瑕疵,在满足下列前提条件下,消费者有权:

(1)根据第327l条请求补正履行;

(2)根据第327m条第1款、第2款、第4款和第5款请求解除合同,或根据第327n条请求减价;

(3)根据第280条第1款或根据第327m条第3款请求损害赔偿,或根据第284条请求偿还无谓的费用。

第327j条 时效

1. 第327i条第(1)项和第(3)项中赔偿请求权的时效为2年。时效期间自提供数字产品之日开始计算。

2. 在持续性提供数字产品的情形下,请求权在提供时限届满后的12个月内不丧失效力。

3. 因违反更新义务而产生的请求权,不会在根据更新义务所确定的期间届满后的12个月内失去效力。

4. 如果瑕疵在时效期间内显现,则时效期间不得在瑕疵首次显现之日后4个月内开始。

5. 第327i条第(2)项规定的权利应参照适用第218条。

第 327k 条　举证责任倒置

1. 如果数字产品在提供后 1 年内显示偏离第 327e 条或第 327g 条要求的状态,则推定该数字产品在提供时已经存在瑕疵。

2. 如果持续性提供的数字产品在规定期间显示偏离第 327e 条或第 327g 条要求的状态,则推定该数字产品在此前的提供期间存在瑕疵。

3. 根据第 4 款,第 1 款和第 2 款所述推定不适用于下列情形:

(1)消费者的数字环境在相关时间内与数字产品的技术要求不兼容;或者

(2)经营者无法确定是否符合第(1)项中规定的条件,因为消费者没有为此目的进行必要的并且对其而言是可能的合作行为,且经营者希望使用对消费者干扰最小的技术手段来确定情形。

4. 第 3 款仅适用于经营者在签订合同前以清晰易懂的方式告知消费者的情形:

(1)在第 3 款第(1)项所述的情形下,数字产品对数字环境的技术要求;或者

(2)第 3 款第(2)项规定的消费者应承担的义务。

第 327l 条　补正履行

1. 消费者要求补正履行时,经营者应按照合同约定履行并承担为补正履行所支出的必要费用。经营者应在消费者告知其瑕疵后的合理时间内予以补正,且不得对消费者造成重大不便。

2. 如果补正履行陷于给付不能,或仅在经营者以不合比例的代价方能履行时,则排除第 1 款的请求权。特别是,必须考虑无瑕疵条件下数字产品的价值和瑕疵的重要性。第 275 条第 2 款和第 3 款不适用。

第 327m 条　合同解除和损害赔偿

1. 数字产品存在瑕疵时,消费者可以根据第 327o 条解除合同,如果

(1)根据第 327l 条第 2 款提出的补正履行请求权被排除;

(2) 消费者的补正履行请求权不满足第327l条第1款；

(3) 经营者在尝试补正后仍存在瑕疵；

(4) 瑕疵严重，以至于立即解除合同是合理的；

(5) 经营者拒绝根据第327l条第1款第2句之规定对瑕疵补正履行；或者

(6) 在具体情形下可显然看出，经营者不会根据第327l条第1款第2句适当补正。

2. 如果瑕疵不重大，则不得根据第1款解除合同。本款规定不适用于第327条第3款意义上的消费者合同。

3. 在第1款第(1)项至第(6)项所述情形下，消费者可以根据第280条第1款的条件要求主张替代给付的损害赔偿。第281条第1款第3句和第4款应参照适用。如果消费者主张替代给付的损害赔偿，经营者有权根据第327o条和第327p条要求返还已提供的给付。第325条应参照适用。

4. 在消费者满足第1款中合同解除的条件且消费者在未被提供数字产品的情形下对一揽子合同的另一部分没有利益时，消费者可以就一揽子合同所有组成部分退出合同。前句不适用于另一部分为《电信法》第3条第61款所指的电信服务合同的一揽子合同。

5. 在消费者满足第1款中合同解除的条件且该产品由于未提供数字产品而不能正常使用时，消费者可以根据第327a条第2款就一揽子合同所有组成部分解除合同。

第327n条　减价

1. 如果不根据第327m条第1款解除合同，消费者有权以向经营者发出声明的方式主张减价。第327m条第2款第1句的除外事由不适用。第327o条第1款应参照适用。

2. 减价金额应按数字产品在无瑕疵时的价值与提供时的实际价值成比例降低。在持续性提供数字产品的合同中，应参照适用第1句并仅在瑕疵期间按应占份额减价。

3. 必要时，应通过估价确定减价金额。

4. 如果消费者支付的金额超过减价后的价格,经营者应退还额外费用。额外费用应立即退还,且在任何情形下都应在14天内退还。退还期限从经营者收到减价声明开始计算。对于退款,经营者必须使用与消费者支付时相同的支付方式退还,除非另有明确约定,且消费者不会因使用其他支付方式而产生任何费用。经营者不得向消费者主张其为退还额外费用而产生的费用。

第327o条　合同解除的声明及法律后果

1. 合同解除是通过消费者向经营者发出表达消费者解除合同决定的声明来实现的。第351条应参照适用。

2. 合同解除时,经营者应向消费者退还其为履行合同所支付的款项。经营者对于因合同解除而不再需要提供的服务,其约定的价款请求权消灭。

3. 与第2款第2句不同,经营者的请求权在数字产品存在瑕疵的期间内因已提供服务而消灭,但其仅限于持续性提供数字产品的合同。根据第1句经营者在已不具备请求权的期间内被给付的价款,应归还给消费者。

4. 对于第2款和第3款规定的退款,应参照适用第327n条第4款第2句至第5句。

5. 如果经营者至迟在合同解除后14天内提出请求,消费者应立即将经营者提供的物理数据载体归还经营者并由经营者承担归还费用。第348条应参照适用。

第327p条　合同解除后的继续使用

1. 合同解除后,消费者不得再继续使用数字产品或将其提供给第三人。经营者有权阻止消费者继续使用。第3款不受影响。

2. 合同解除后,经营者不得继续使用那些消费者在使用经营者提供的数字产品时生成的非个人数据的内容。除非该内容:

(1) 在经营者提供的数字产品范围之外无其他用途;

(2) 仅与消费者使用经营者提供的数字产品有关;

(3) 已由经营者与其他数据合并,无法分离或仅能以不成比例

的费用方能分离;或者

(4)由消费者与他人共同生成,而其他消费者能够继续使用该内容。

3. 经营者应根据第2款第1句并根据消费者的要求向其提供(数字)内容。前述规定不适用于第2款第2句第(1)项至第(3)项意义上的内容。这些内容必须在合理期限内以通用和机器可读的格式无偿提供给消费者,经营者不得阻碍。

第327q条　消费者数据保护声明的合同后果

1. 消费者在合同签订后行使数据保护权利和提交数据保护声明,不影响合同的效力。

2. 如果消费者撤回其授权的数据保护同意或者反对继续处理其个人数据,鉴于继续允许的数据处理范围并权衡双方利益,不能合理期望经营者维持合同关系直至约定的合同终止期或者直至法定或约定的解除期届满时,经营者可以在不遵守解除期限的情形下,解除一系列单独提供或持续性提供数字产品的合同。

3. 因消费者行使数据保护权利或提交数据保护声明导致数据处理受到限制的,经营者对消费者的补偿请求权被排除。

第327r条　数字产品变更

1. 在持续性提供的情形下,经营者可以根据第327e条第2款、第3款以及第327f条对数字产品进行维持适约性所必需的变更,但仅限于:

(1)合同约定此种可能性,并为变更提供了正当理由;

(2)变更不会为消费者带来额外费用;以及

(3)以清晰易懂的方式告知消费者有关变更。

2. 如果变更损害消费者对数字产品的访问可能性或损害数字产品对消费者的可用性,则经营者仅在变更前的合理期限内通过非易失性数据载体将变更告知消费者的情形下,方可进行变更。该告知必须包括如下信息:

(1)变更特征及变更时间;以及

（2）第 3 款和第 4 款的消费者权利。

如果对可访问性或可用性的影响微不足道，则第 1 句不适用。

3. 变更数字产品存在影响第 2 款第 1 句所指的访问可能性和可用性时，消费者有权在 30 天内无偿解除合同。该期限应从收到第 2 款所述告知之日起算。如果在收到告知后进行变更，则接收告知的日期应替换为变更时间。

4. 在下列情形下，排除根据第 3 款第 1 句的合同解除：

（1）对可访问性或可用性的影响微不足道；或者

（2）使消费者保有对未变更数字产品的使用权和未变更数字产品的访问可能性，而无须额外费用。

5. 对于第 3 款第 1 句解除合同及其法律后果，应参照适用第 327o 条和第 327p 条。

6. 如果一揽子合同的其他内容是根据《电信法》第 66 条第 1 款在一揽子合同框架内提供因特网接入服务或可公开访问的与号码绑定的人际电信服务，则第 1 款至第 5 款不适用于一揽子合同。

第 327s 条　另行约定

1. 经营者不得以与消费者订立的偏离本小节规定而不利于消费者的合同为依据，除非该合同是在消费者告知经营者未提供数字产品或数字产品存在瑕疵后才签订。

2. 经营者不得以与消费者订立的偏离本小节规定而不利于消费者的合同为依据，对数字产品进行损害消费者的变更，除非是在根据第 327r 条告知消费者数字产品的变更之后作出的。

3. 如果本规定被其他安排规避，本规定也应适用。

4. 第 1 款和第 2 款不适用于对损害赔偿权利的排除或限制。

5. 第 327h 条不受此影响。

第 2 小节　数字产品商事合同的特别规定

第 327t 条　适用范围

经营者之间的提供数字产品的商事合同，如为根据第 1 小节第 327 条和第 327a 条规定的适用范围所涵盖的消费者合同，应由本小节的规定进行补充。

第327u条　经营者的追索权

1. 经营者可以要求承诺提供数字产品的销售合作伙伴赔偿其因销售合作伙伴未能提供应提供的数字产品而产生的与消费者有关的费用,该笔费用因消费者根据第327c条第1款第1句行使权利产生。如果消费者对经营者提出的瑕疵在经销商提供数字产品时已经存在,或经销商违反了经营者根据§327f第1款的更新义务,则经营者同样应根据第327l条第1款承担费用。

2. 根据第1款提出的偿还费用的请求权,在6个月后丧失效力。时效期间开始于:

(1)在第1款第1句所指的情形下,即消费者行使其权利的日期;

(2)在第1款第2句所指的情形下,经营者根据第327l条第1款满足消费者的要求时。

3. 第327k条第1款和第2款应参照适用,但条件是该期间应从经营者向消费者提供数字产品时开始。

4. 在主张偿还第1款所述费用之前,经销商不得依据其与经营者达成的偏离第1款至第3款的合同损害经营者的利益。如果第1款至第3款被其他安排规避,则第1句应适用。

5. 《德国商法典》第377条不受此影响。

6. 上述各款应参照适用于分销商和分销链中的其他合同伙伴对有义务提供服务的各自合同伙伴提出的索赔。

5. 在第445b条之后插入第445c条:

第445c条　数字产品合同的追索权

如果供应链中的最后一份合同是第327条和第327a条中规定的提供数字产品的消费者合同,则不适用第445a条、第445b条和第478条。对于第1句规定中的不适用条款,以第3章第2a节第2小节的规定予以替代。

6. 第453条修改如下：

a) 在标题中添加分号和"买卖数字内容的消费者合同"字样。

b) 第1款增加以下内容：

以下规定不适用于经营者销售数字内容的消费者合同：

(1) 第433条第1款第1句和第475条第1款关于交付买卖标的及给付时间的规定。

(2) 第433条第1款第2句，第434条至第442条，第475条第3款第1句、第4款至第6款以及第476条和第477条关于权利瑕疵的规定。

对于第(2)项规定中的不适用条款，以第3章第2a节第1小节的规定予以替代。

7. 在第475条之后，插入以下第475a条：

第475a条　数字产品的消费品买卖合同

1. 在消费品买卖合同中，如其标的物是专门作为数字内容载体的物理数据载体，则第433条第1款第2句，第434条至第442条，第475条第3款第1句、第4款至第6款，第475b条至第475e条以及第476条和第477条关于权利瑕疵的规定不适用。对于第1句规定中的不适用条款，以第3章第2a节第1小节的规定予以替代。

2. 以下规定不适用于以某种方式涵盖数字产品或与数字产品相关联商品的消费品买卖合同，即使该商品的功能在缺乏这些数字产品的条件下也能得以满足：

(1) 第433条第1款第1句和第475条第1款关于交付买卖标的及给付时间的规定。

(2) 第433条第1款第2句，第434条至第442条，第475条第3款第1句、第4款至第6款，第475b条至第475e条以及第476条和第477条关于权利瑕疵的规定。

对于第(1)项不适用的条款，以第3章第2a节第1小节的规定予以替代。

8. 在第516条之后,插入以下第516a条:

第516a条 赠与数字产品的消费者合同

1. 在消费者合同中,经营者向消费者提供:

(1)数字产品;或者

(2)赠与专门用作数字内容载体的物理数据载体,以及消费者向经营者提供或承诺提供第327条第3款规定的个人数据时,第523条和第524条关于权利瑕疵或物的瑕疵的赠与人责任的规定不适用。对于第1句规定中的不适用条款,以第3章第2a节的规定予以替代。

2. 对于经营者向消费者提供的包含数字产品或与数字产品相结合的物的消费者合同,根据第1款参照排除适用于与数字产品相关的合同组成部分。

9. 在第548条之后,插入以下第548a条:

第548a条 数字产品的租赁

关于物的租赁的规定应参照适用于数字产品的租赁。

10. 第2编第8章第5节第3小节的标题修改如下:

第3小节 其他财产与数字产品的租赁

11. 在第578a条之后,插入以下第578b条:

第578b条 数字产品的租赁合同

1. 经营者承诺向消费者出租数字产品的消费者合同,不适用以下规定:

(1)第535条第1款第2句和第536条至第536d条关于权利瑕疵的规定;以及

(2)第543条第2款第1句第1分句和第4款关于未能提供时的权利。

当上述规定无法被适用时,以第3章第2a节的规定替代适用。如果合同的标的物是提供专门用作数字内容载体的物理数据载体,则上述第(2)项中的排除适用条款不得适用。

2. 如果消费者因数字产品尚未提供(第327c条)、存在瑕疵(第327m条)或变更(第327r条第3款和第4款)而根据第1款解除消费者合同,则第546条至第548条不适用。对于第1句规定中的不适用条款,以第3章第2a节的规定予以替代。

3. 对于经营者承诺向消费者出租包含数字产品或与其相关物品的消费者合同,根据第1款和第2款参照排除适用于合同中与数字产品相关的部分。

4. 第536a条第2款关于经营者向销售合作伙伴索取赔偿费用的请求,即根据第327l条其在与消费者的关系中必须承担的费用,不适用于经营者之间根据第1款或第3款的消费者合同提供数字产品的合同。对于根据第1句所述第536a条第2款规定中的不适用条款,以第3章第2a节第2条的规定予以替代。

12. 第580a条第3款修改如下:
a)在第1分句之前的部分,在"动产"之后插入"或数字产品"。
b)增加以下内容:
　　解除数字产品消费者合同的规定不受影响。

13. 第620条增加以下第4款:
　　4. 数字服务的消费者合同也可以根据第327c条、第327m条和第327r条第3款和第4款解除。

14. 第650条修改如下:
a)标题修改如下:
　　第650条　定作合同;生产数字产品的消费者合同
b)文本变更为第1款。
c)增加以下第2款至第4款:
　　2. 在消费者合同中,经营者承诺:

(1)制作数字内容;

(2)通过数字服务取得效果;或者

(3)生产专门用作数字内容载体的物理数据载体,不适用第633条至第639条关于权利瑕疵的规定和第640条关于受领的规定。对于第1句规定中的不适用条款,以第3章第2a节的规定予以替代。第641条、第644条和第645条适用,但前提是以提供数字产品来替代受领(第327b条第3款至第5款)。

3. 第1款第1句和第2句,第433条第1款第2句、第434条到第442条,第475条第3款第1句、第4款至第6款,第476条以及第477条关于权利瑕疵的规定不适用于经营者承诺交付其生产的专门用作数字内容载体的物理数据载体的消费者合同。对于第1句规定中的不适用条款,以第3章第2a节的规定予以替代。

4. 对于经营者承诺生产包含数字产品或与数字产品相关物品的消费者合同,根据第2款相应地排除适用于合同中与数字产品相关的部分。对于经营者承诺提供包含数字产品或与数字产品相关的待生产物品的消费者合同,根据第3款相应地排除适用于合同中与数字产品相关的部分。

第2条 《民法典施行法》之修正

1994年9月21日公布的《民法典施行法》第229条(《联邦法律公报》第1部分第2494页;1997年第1部分第1061页),已经经由2021年6月25日法律第3条(《联邦法律公报》第1部分第2114页)修订,增加以下第57条:

第57条 《〈提供数字内容和数字服务的合同特定方面指令〉的转化法》的过渡性规定

1. 2022年1月1日之后签订的以提供数字产品为目的的消费者合同,仅适用2022年1月1日公布的《德国民法典》和《强制执行法》版本的相关规定。

2. 除非第 3 款另有规定,2022 年 1 月 1 日之前签订的以提供数字产品为目的的消费者合同,如果合同所涉提供行为于 2022 年 1 月 1 日之后发生,应适用 2022 年 1 月 1 日公布的《德国民法典》和《强制执行法》版本的相关规定。

3. 2022 年 1 月 1 日之后签订的以提供数字产品为目的的消费者合同,适用《德国民法典》第 327r 条的相关规定。

4. 2022 年 1 月 1 日之后签订的合同,适用《德国民法典》第 327t 条和第 327u 条的相关规定。

第 3 条 《强制执行法》之修正

2002 年 8 月 27 日公布的《强制执行法》第 2 条第 2 款第 1 句第 1 分句(《联邦法律公报》第 1 部分第 3422 页、第 4346 页),已经经由 2021 年 6 月 23 日法律第 20 条(《联邦法律公报》第 1 部分第 1858 页)修订,现作如下修订:

1. 在 b)点之后插入以下 c)点:

   c) 数字产品的消费者合同,

2. c)点至 i)点应重新编号为 d)点至 j)点。

第 4 条 《欧盟消费者保护施行法》之修正

2006 年 12 月 21 日公布的《欧盟消费者保护施行法》第 2 条第 1 分句 a)点(《联邦法律公报》第 1 部分第 3367 页),已经经由 2021 年 5 月 12 日法律第 7 条第 1 款(《联邦法律公报》第 1 部分第 990 页)修订,将"25 和 26"替换为"25、26 和 28"。

第 5 条 生效

本法于 2022 年 1 月 1 日生效。

联邦参议院的宪法权利得以维护。

特此制定上述法律。本法将在《联邦法律公报》上公布。

2021 年 6 月 25 日于柏林。

联邦总统
施泰因迈尔
联邦总理
安格拉·默克尔博士
联邦司法和消费者保护部部长
克里斯汀·兰布雷希特

学术信息

《中德私法研究》学术报告会

自《中德私法研究》总第 1 卷开始编辑至今,编辑委员会不定期举办"《中德私法研究》学术报告会"共计 32 场,现将有关系信息汇总,谨供各位读者参考。

第 1—13 场信息,见《中德私法研究》总第 6 卷。

第 14 场(2011 年 11 月 21 日)

傅广宇(法学博士,对外经济贸易大学法学院副教授),萨维尼的不当得利理论及其渊源与影响,参见《中德私法研究》总第 8 卷

第 15 场(2012 年 9 月 1 日)

易军(法学博士,中国政法大学民商经济法学院教授),慎思我国合同法上违约损害赔偿责任的归责原则,参见《中德私法研究》总第 8 卷

第 16 场(2012 年 10 月 12 日)

柳经纬(法学硕士,中国政法大学比较法学研究院教授),当代中国私法进程中的法人制度

朱庆育(法学博士,原中国政法大学民商经济法学院副教授,现南京大学法学院教授),重访法人权利能力的范围,参见《中德私法研究》总第 9 卷

第 17 场(2013 年 10 月 23 日)

吴从周(法学博士,台湾大学法律学院教授),台湾民法解释学之发

展现况——着重在本土判决实践的印证,参见《中德私法研究》总第10卷

第 18 场(2014 年 10 月 9 日)

吴香香(法学博士,原外交学院国际法系副教授,现中国政法大学民商经济学院教授),占有保护缘由辨,参见《中德私法研究》总第卷 11 卷

第 19 场(2015 年 6 月 6 日)

孙维飞(法学博士,华东政法大学法律学院副教授),《侵权责任法》第 12 条之解释论及其体系辐射力研究,参见《中德私法研究》总第 12 卷

第 20 场(2015 年 12 月 20 日)

金可可(法学博士,华东政法大学法律学院教授),强行规定与禁止规定,参见《中德私法研究》总第 13 卷

第 21 场(2016 年 8 月 5 日)

唐勇(法学博士,中央民族大学法学院副教授),共同共有语义考,参见《中德私法研究》总第 14 卷

第 22 场(2016 年 11 月 6 日)

纪海龙(法学博士,原华东政法大学国际金融法律学院副教授,现北京大学法学院长聘副教授),现代商法的特征与中国民法典的编纂,参见《中德私法研究》总第 15 卷

第 23 场(2017 年 5 月 31 日)

苏永钦(法学博士,台湾政治大学法学院教授),司法如何造法,参见《中德私法研究》总第 17 卷

第 24 场(2017 年 7 月 8 日)

高圣平(法学博士,中国人民大学法学院教授),混合共同担保中担保人的顺序利益和免责条件,参见《中德私法研究》总第 16 卷

第 25 场(2017 年 10 月 28 日)

王轶(法学博士,中国人民大学法学院教授),中国民法语境下的民法规范论,参见《中德私法研究》总第 18 卷

第 26 场(2017 年 10 月 28 日)

申卫星(法学博士,清华大学法学院教授),民法的体系化思维——以"纯获利益"为例

第 27 场(2018 年 12 月 16 日)

方新军(法学博士,苏州大学法学院教授),融贯民法典内在体系和外在体系的编纂技术,参见《中德私法研究》总第 19 卷

第 28 场(2019 年 9 月 9 日)

吴从周(法学博士,台湾大学法律学院教授),情事变更原则在工程契约上的几个实务问题,参见《中德私法研究》总第 20 卷

第 29 场(2019 年 11 月 11 日)

约翰尼斯·哈格尔(Johannes Hager,德国慕尼黑大学民法与媒体法讲席教授),网络服务商责任

第 30 场(2020 年 12 月 18 日)

柯勇敏(法学博士,中国政法大学法学教育研究与评估中心讲师),私法上决议与法律行为的关系,参见《中德私法研究》总第 21 卷

第 31 场

贺剑(法学博士,北京大学法学院长聘副教授),夫妻财产法的精神——民法典夫妻共同债务和财产规则释论,参见《中德私法研究》总第 22 卷

第 32 场(2021 年 11 月 27 日)

汪洋(法学博士,清华大学法学院长聘副教授),婚内房产归属与份额的理论重构,参见《中德私法研究》总第 22 卷